현대 중국경제와 통상제도 (제4판)

김동하 지음

부산외국어대학교 출판부

현대 중국경제와 통상제도(제4판)

2012년 8월 24일 1판 1쇄 발행
2013년 9월 1일 2판 1쇄 발행
2014년 2월 25일 2판 2쇄 발행
2016년 8월 31일 3판 1쇄 발행
2018년 6월 1일 3판 2쇄 발행
2022년 5월 31일 4판 1쇄 발행

저 자 | 김 동 하
발행인 | 김 홍 구
발행처 | 부산외국어대학교 출판부
등 록 | 제 14-11-15호
주 소 | 46234 부산 금정구 금샘로485번길 65
전 화 | 051) 509-6448 팩스/ 051) 509-6468
편 집 | 주간 손기섭 디자인 권병철
인쇄처 | ㈜광장에이앤씨 (051) 583-8722

ISBN 978-89-8312-458-6 93320
정가 31,000원

| 4판 머리말 |

「현대 중국경제와 통상제도」가 출간된 지 벌써 10년이 지났다. 부족한 졸저임에도 불구하고 중국경제를 강단에서 가르치는 여러 후배 및 동료 교수님들의 격려로 제3판(2016)에 이어 부분 개정을 거친 4판을 출간하게 되었다. 4판에서는 다음과 같은 내용이 수정·보완·개정되었다.

첫째, 통계수치를 최근 자료로 업데이트 하였다. 둘째, COVID-19 이후 전개되고 있는 중국경제 현황 및 이슈를 서술하고, 중국경제와 통상제도를 소개할 수 있는 원론적 내용을 충실히 기술했다. 셋째, 중화경제권을 구성하고 있는 타이완, 홍콩에 대한 경제 및 통상 분야를 중국과의 관계에 중점을 두어 보완하였다. 넷째, 그동안 필자가 중국경제 관련 작성하였던 각종 논문, 단행본, 기고문 등에서 본서에 필요한 내용들을 발췌하여 정리·보강하였다. 다섯째, 중국 관련 FTA 자료와 수치를 보강하였다. 여섯째, 민법전, 대외무역법, 외상투자법, 주요 세율 등 그간 수정·개정되었던 중국 내 법률·법규 정보를 업데이트 하였다.

중국경제는 4차산업 혁명 시대를 맞아 '디지털 경제'와 '쌍순환'으로 대표되는 전혀 새로운 성장 패러다임을 제시하고 있다. 또한 COVID-19 사태로 인한 거시경제에 대한 영향을 고려하여 14차 5개년(2021~2025) 경제발전 규획을 실행하고 있다. 이런 맥락에서 본서가 중국경제의 현재는 물론 미래를 조망할 수 있는 가이드가 되기를 감히 기원해 본다.

2022년 3월

남산동에서 지은이 김 동 하

| 머리말 |

민간 경제·경영연구소에서만 12년간 근무했던 필자가 부산외국어대학교에 부임한지도 벌써 4년째이다. 그간 현대중국경제의 이해, 중국통상제도와 법규 등 전공과목을 가르치면서 '사회주의 시장경제'를 추구하고 있는 현대중국의 경제 시스템을 시의적절하고도 입체적으로 설명해 줄 교재에 목말라 있었다.

중국에서는 기존 경제·사회시스템을 전면적으로 개편할 정도의 파급력 있는 새로운 법제도가 거의 매년 공포 되고 있어, 사회주의 시장경제는 탈바꿈을 거듭하고 있다. 따라서 간행한 지 수 년만 지나도 관련 교재의 현실 반영범위와 정확도에서 넓어지는 간극을 메우기 어려웠다. 따라서 필자의 연구물들과 국내외 연구기관에서 발행한 자료를 활용하여 매 학기마다 수업을 진행하였으나, 체계적인 면에서 부족함이 적지 않았다. 이에 그동안 축적해 놓은 연구실적, 수업자료 등을 종합하여 부족하지만 중국경제와 통상제도를 이론과 사례 측면에서 다각적으로 고찰할 수 있는 교재를 편찬하게 되었다.

본 교재를 작성함에 있어 활용한 자료는 다음과 같다. 첫째는 필자가 발표한 논문, 단행본, 대외기고문, 연구용역 결과물 등을 활용하였다. 둘째는 KIEP, KOTRA, 한국은행, KIET, 한국수출입은행 해외경제연구소, 한국무역협회 국제무역연구원, POSRI, SERI, LG경제연구원, 현대경제연구원, 중국한국상회 등 국책 및 민간연구기관과 단체에서 발행된 보고서 등을 참고하였다. 셋째, 기존 연구자들이 발표한 학술 논문을 참조하였다.

집필 방향은 '사회주의 시장경제'와 관련된 중국경제 이론에 대한 이해를 토대로 가장 중요한 법제도 변화에 따른 중국경제와 통상관련 시스템을 소개하는데 중점을 두었다. 또한 중미 통상마찰, 한·중 FTA 협상 같은 실제 사례와 최근 이슈를 입체적으로 다루었다.

각 장 중간에는 [키워드]를 통해 필요한 용어를 설명하였으며, 각 장 말미에는 [주요용어]를 두어 중요개념을 명시하고, [연습문제]를 두어 강의교재로써 임무에 충실하고자 하였다.

한 권의 책에 너무 많은 내용을 담으려는 필자의 욕심 때문에 출처를 정확하게 표기하려는 노력에도 불구하고 누락되거나 불명확한 참고문헌 표기가 있을 것이다. 이는 전적으로 필자 개인의 책임임을 밝힌다.

대학출판부에서 간행된 책은 외부에서 나온 단행본에 비해서 개정판 간행이 비교적 용이하다는 장점이 있다. 본서에서 멈추지 않고, 여건이 허락하는 한 적시에 개정판을 출간하여 중국경제의 이론뿐만 아니라 실정을 강단에서 반영하려는 노력을 게을리 하지 않을 계획이다. 국내 80여개 대학에 설치된 국제학부(중국전공), 중국학과, 중국지역학과, 중국통상학과 등에서 중국경제와 통상제도를 가르치시는 여러 선배 및 동료 교수님들에게 미력하나마 본서가 도움이 되길 감히 기원한다.

2012년 8월

濱海校園

지은이 김 동 하

목 차

제1장 사회주의 시장경제의 시작

제1절 계획경제 체제의 특징

1. 계획경제 형성 배경

마르크스주의의 기존 관점에 따르면 상품화폐와 시장교환은 사회주의 공유제 경제와 본질적으로 상치되는 것으로 절대 공존할 수 없는 개념이다. '계획'은 사회주의 경제의 본질로 자원의 배치, 경제 순환, 산업구조조정 등 모든 경제 문제의 직접적인 '해결사'였다.[1)]

이러한 '계획체제'의 지도하에 중국은 1950년대부터 1970년대 후반까지 기타 대다수의 사회주의 국가와 마찬가지로 '시장무용론'과 '계획만능론'을 신봉하면서 고도로 집중된 중앙계획경제 체제를 실행하였다.

중국은 1953년부터 5개년 경제개발 계획을 집행하여 왔다. 계획경제시기 중국경제의 특징을 보기 위해, 1·5기간, 즉 국민경제 1차 5개년 계획기간(1953~1957년)의 주요 중국 체계별 특징을 보면 다음과 같다.

1949년 이전 각 혁명의 근거지와 해방지구는 모두 각자의 전쟁을 위해서 각자가 화폐를 발행하였고, 수입과 지출을 관리하는 자급자족의 경제 위에 '통일적 지도와 경영분산'이라는 방침을 시행하였다. 동시에 전쟁 환경으로 말미암아 당·정부·군대의 모든 구성원들에게 대체적으로 균등한 공급제를 꾸준히 시행하였다. 이와 같은 新중국 설립전 각 지역 내 경제체제는 新중국 설립후 경제체제 형성에 큰 영향을 미치게 된다.

1949년 新중국이 성립되자 공산당과 정부는 시장안정, 물가통제, 재정경제 등에서 근본적인 국면 전환을 위해 전국의 재정체제를 통일하였고, 재정사업(세입, 세출, 화폐발행)의 통일 관리를 시행하는 중대한 조치를 취하였다.[2)]

1·5기간에는 건설자금, 물자, 기술 능력 등 모든 것이 결핍된 조건이었다. 이러한 상황에서

---

1) 상품화폐(商品貨幣)는 실물화폐(實物貨幣, commodity money) 혹 물품화폐라고도 한다. 원시사회에서 물물교환의 수단으로 이용된 물품화폐, 즉 실물화폐는 비교적 처분이 쉬운 물건으로서 곡물, 포(布), 가축, 농기구, 무기, 모피, 우모(羽毛), 장식품 등이었다. 그후 상품경제의 발전과 함께 금속, 특히 금·은 등의 귀금속이 실물화폐로 사용되었으며, 19세기부터는 금이 세계적 지위를 획득하여 이 시기의 실물화폐를 금속화폐(metalic money)라고 한다.

2) 증벽균·임목서(1993), 『중국현대경제사』, 매일경제신문사, 114쪽.

한정된 자원을 특정 분야에 집중시키기 위하여 소련의 원조로 설계된 156개 건설단위와 기타 694개 건설단위를 중심으로 공업건설을 진행시켰다. 이는 사회주의 계획경제 공업화의 초보적인 기반을 마련하게 된다.

국가는 중·대형 건설프로젝트에 대하여 집중적이고 통일적인 관리체계를 유지하게 된다. 즉 국가가 통일적으로 계획을 수립하여 프로젝트를 집행하고, 재력과 물력 그리고 주요 기술과 관리 인원을 집중시켜 건설 수요를 확보하였다.

新중국 성립후 경제관리의 경험부족으로 경제체제를 수립할 때 특히 공업, 기본건설, 계획관리, 물자분배, 노동임금체계 등을 수립할 때는 계획경제 체제를 유지하고 있던 소련의 경험을 참고로 할 수 밖에 없었다.

2. 계획관리 체계

1·5기간(1953~1957년) 계획관리체계의 주요한 특징은 국영경제의 지도 아래 여러 경제성분이 병존하는 소유제 구조로부터 출발하여 계획관리상 직접계획과 간접계획이 결합된 형식으로 확정시켜 시행하였다는 점이다.[3]

국영경제와 국가가 안배한 제품을 생산하는 소수 '공사합영기업'에 대하여는 '직접계획'을 실시하였는데, 국가로부터 하달되는 지령성 목표로 각 주관부처의 계획에 따라 필요한 생산설비를 공급하며, 제품은 상업과 물자 부문(부처)에서 수매하거나 조달하였다.[4]

'합작사 경제'와 일반 공사합영경제에 대해서는 '간접계획'을 시행하면서 간단명료한 계획편제를 요구하였고, 원칙상 국가계획의 지도를 받아들이도록 하였다. 사영기업과 수공업에 대해서는 예측성 계획을 시행하였다. 국가는 주로 각종 경제정책과 조치 및 계약 등의 수단으로 계획 부처의 방향성 규제목표를 제기함으로써 그것들의 경제활동을 국가계획에 포함시켰다.[5]

---

3) 국영경제(國營經濟): 국영경제는 생산자료(생산수단)를 국가소유로 귀속하는 경제형식을 말한다. 국영공장, 국영상점 등으로 호칭했으며, 국가 투자나 사영기업의 국유화 과정을 통해서 생산된 경제 형태이다. 한편, 주요 생산수단은 토지, 공장건물, 설비기계, 공구, 원재료 등을 말한다.

4) 공사합영기업(公私合營企業): 공사합영기업은 기존 사영기업에 공기업 지분을 증강시키거나, 국가가 간부를 파견하여 기업경영관리를 책임지도록 전환된 기업을 말한다. 1956년초부터 중국 내 많은 사영기업들은 자본가 소유에서 公私 공유로 전환되었으며, 자본가는 경영관리권을 상실했고, 기업 이윤을 1/4만 취득하게 된다. 나머지 기업이윤은 기업소득세, 기업공적금, 직원복리비로 나뉘어 지급되었다. 중국 정무원은 1954년 9월에 〈공사합영잠행조례〉를 공포하며, 그 법률 근거를 제공하였다. 이들 공사합영기업은 약 10년간 존속하다가 1966년 9월에 일괄적으로 국유기업(사회주의 전민소유제)으로 전환되게 된다.

5) 합작사 경제(合作社經濟): 합작 경제라고도 칭하며, 1·5기간 당시 집체경제의 일종이었다. 근로자가 자원하여 설립하는 원칙아래 발기한 경제조직이다. 그 특징을 보면 입사와 퇴사가 자유롭고, 사원은 공동 투자자 신분으로 참여하고 그 자산은 개인소유이자 집체소유이다. 관리는 민주적으로 하며, 최고경영자는 사원들이 선거로 선출하고, 중대사안은 사원 토론 혹 표결(1인 1표)으로 결정한다. 이익은 지분율에 따라 분배한다.

사회주의로의 개조가 기본적으로 완성된 이후에는 '간접계획'을 실시했던 공사합영기업에 대해서도 모두 '직접계획'을 시행하였다. 농업 부문을 보면 1956년 이후에는 국가가 가격, 영농대부, 예약구매계약, 조세수입 등의 경제수단으로 조정을 강화하면서, 국가계획에 따라 농민의 경제생산활동을 이끌었다. 이 시기 식량, 면화, 식용유는 일괄 매매되었으며, 판매 임무에 대해서는 지령성 지표로 하달되었다.

이러한 계획체제의 특징은 전반적인 국면과 관련된 중대한 경제활동에 대해서는 통일적인 집중관리를 시행하는 것이었는데, 주로 중요 기초건설 프로젝트는 국가계획에 따라 통일적으로 관리하였다. 그로 인해 생산력을 합리적으로 배치할 수 있었고, 지역적으로 유리한 조건을 충분히 이용하여 국민경제를 계획적이고 균형적으로 발전하고자 하였다.

1953년부터 1956년까지 국가계획위원회가 통일적으로 관리하달한 제품은 115종에서 380종으로 증가되었는데, 이들 제품이 공업총생산액에서 차지하던 비중은 60% 정도였다. 또한 1953년부터 1957년까지 중앙의 각 부처 직속기업은 2,800여개에서 9,300여개로 증가되어 과다한 기업통제와 지나치게 경직된 관리에 따른 부작용이 나타나기 시작했다.

[사진 1-1] 계획경제 시절 산동성에서 발행되었던 식량 배급표(糧票)

자료: 바이두 사진 DB (2021.2)

3. 상업 체계

계획경제시기 중국정부는 국영상업에 대하여 고도로 집중된 상업체계를 수립하여 운영하였다. 즉 주요 제품은 국가가 판매, 유통하는 원칙을 정한 후에, 각 행정구역에 따라 차등적으로 관리하는 '통일적 지도와 차등관리' 체제로 운영하게 된다. 1·5기간, 중국정부는 행정구역을 규모에 따라 3등급으로 구분하고, 도매기구를 설치하여, 차등 관리를 시행했다.

전문업종으로 생산이 집중된 도시와 주요 수입항구에는 1급 구매공급기관을 설치하여 현지의 제품을 책임 수매하고 수입물자를 접수하며, 전국적으로 2급 기관조직에 제품을 조달했다.

성(省)의 공사(公司·회사)는 성내 주요 생산도시와 교통 중추(Hub)도시에 2급 도매기관을 설치하여 현지 제품을 책임지고 수매하면서 1급기관의 상품을 사들이고, 공급구역 내의 3급 도매상점에 대하여 상품을 공급했다. 시(市)와 현(縣)의 지사에는 3급 도매상점과 소매상점을 두어 시장의 도매와 소매업무를 관장하도록 했다.

각급 공사와 기업은 상급 공사와 현지 상업행정 부처의 이중지도를 받는데, 업무상 상급공사의 지도를 위주로 했다. 이들 상업기업들은 '독립채산제'를 시행하였다. 국가계획의 지도 아래 기업이윤은 중앙정부 재정에 포함시켜 이윤은 바로 예금하며, 최종적으로는 전문업종 본사와 재정을 단일 결산했다.[6]

이전의 물자조달제도를 폐지하고 상품의 차등관리를 시행하며, 업무거래에 계약제를 시행했다. 상업부, 상업국유기업 본사, 성 상업청(상업국), 성 공사, 시 공사 등은 모두 일정한 상품 분배권을 가지도록 했다.[7]

[사진 1-2] 계획경제 시절 베이징에서 발행된 일용품 구매권(購貨券)

자료: 바이두 사진 DB (2012.2)

4. 물자유통체계

1·5기간 물자유통 측면의 조직은 소련 방식을 답습하여 계획유통을 위주로 하는 물자 유통체계를 세워 주요 생산재에 대해 단일분배를 시행하였다. 그 중에서 국가경제와 민생에 관련된 가장 중요한 통용물자, 예를 들면 철강재, 목재, 시멘트, 석탄, 자동차 등은 국가계획위원회가 균등하게 분배를 하였다. 이를 '통제물자분배'라고 하였고, 중요한 전용물자는 중앙정부의 각 부처가 분배를 주관하였는데 '부처(부문) 물자관리'라고 칭하였다.

6) 독립채산제(獨立採算制, self-supporting accounting system): 단일기업 또는 공장·사업부 등의 기업 내 경영 단위가 자기의 수입지출(收支)에 의해 단독으로 사업을 운영할 수 있도록 하는 경영관리제도.
7) 중앙정부 부처였던 상업부는 1952년 8월에 설립되었으며, 1993년 3월에는 국내무역부 설치로 폐지되었다.

계획적 분배물자에 포함된 물자는 모두 중앙정부와 성·시 관리의 국영기업, 공사합영기업의 제품 및 수입품과 국가에서 일괄 수매한 물자였다. 이들 물자 모두는 전국의 물자분배계획에 편입하여 통일된 지출계획을 세우고 시행하였다. 생산기업과 기타부처 및 지방정부는 모두 이들 물자를 분배할 권한이 없었다.

1·5기간에 중앙이 계획분배한 물자는 1953년의 227개 품목에서 1957년에는 532개 품목으로 증가하였다. 그중 중앙정부 부처인 국가계획위원회에서 관리하는 통제물자는 112개 품목에서 231개 품목으로 늘어났고, 중앙의 각 부처에서 관리하는 물자는 115개 품목에서 301개 품목으로 증가하였다.

이러한 제도는 집중적이고 한정된 물자에 대해 중점적인 수요를 확보하는데 중요한 역할을 하였다. 일부분 물자는 상업 부처의 유통채널을 이용함으로써 시장공급과 유통이 비교적 활발하였지만, 지나친 정부부처의 관리·간섭의 문제가 폐해로 점차 부각되었다.

5. 계획경제의 특징

이상과 같이 살펴본 계획경제 체제에 대하여 주요 특징을 다음 6가지로 요약 할 수 있다.

첫째, 고도의 중앙집권적 군대식 혹은 반군대식 경제정책 집행이 통일적으로 관리되는 형태였다. 따라서 상품의 생산, 판매관리, 분배 및 소비가 모두 중앙 집권화 되어 모든 통제권이 중앙정부의 손에 달려 있었다.

둘째, 지령 또는 명령식 위주의 계획경제를 실행함으로써 일체의 상품은 모두 국가에서 통일적으로 가격을 결정하고 수익 및 지출이 통일관리 되었으며 구매와 판매행위도 일률적으로 통제되었다.

셋째, 국가가 경제수단이 아닌 행정수단을 통해 경제를 통제하고 정부가 직접 기업의 생산경영 활동에 관여함으로써 기업은 경영방면에 자주권이 없었으며, 정치와 기업의 일체화(政企不分) 체제가 유지되어, 기업경영에 활력이 없었다.

넷째, 분배 면에서는 평균주의, 즉 업적이나 능력에 상관없이 일률적으로 평균 원칙에 의거하여 분배하는 평균주의가 도입되었으며, 이로 인해 근로자들은 자신의 업무수행에 있어서 적극성과 도전성을 상실하였다.

다섯째, 상품경제와 가치법칙을 무시함으로써 사회주의 경제발전과 상품경제·가치법칙을 상호 대립하는 관계로 보았으며, 이로 인해 생산력 발전을 심각하게 저해하는 부작용을 야기하였다.[8)]

8) 가치법칙(Law of Value): 상품을 만드는 데 소비된 사회적 필요노동의 양에 따라 생산, 교환되는 상품생산의 경제법칙. 가치법칙은 가격법칙으로서 현상화된다. 가격은 상품을 생산하는 사회적 필요노동의 지출에 대한 화폐형태의 가치표현이다. 상품이 교환될 때 작용하는 가치법칙에 따라 등가물, 즉 똑같은 양의 물화된 노동이 교환된다. 가격 또는 가치에 따른 시장조절 기능을 의미한다.

여섯째, 경제 운용상의 관리체제가 지나치게 경직되고 폐쇄적이었던 관계로 경제발전을 가로막는 후유증이 나타났다.9)

[그림 1-1] 중국 경제체제의 발전 추세

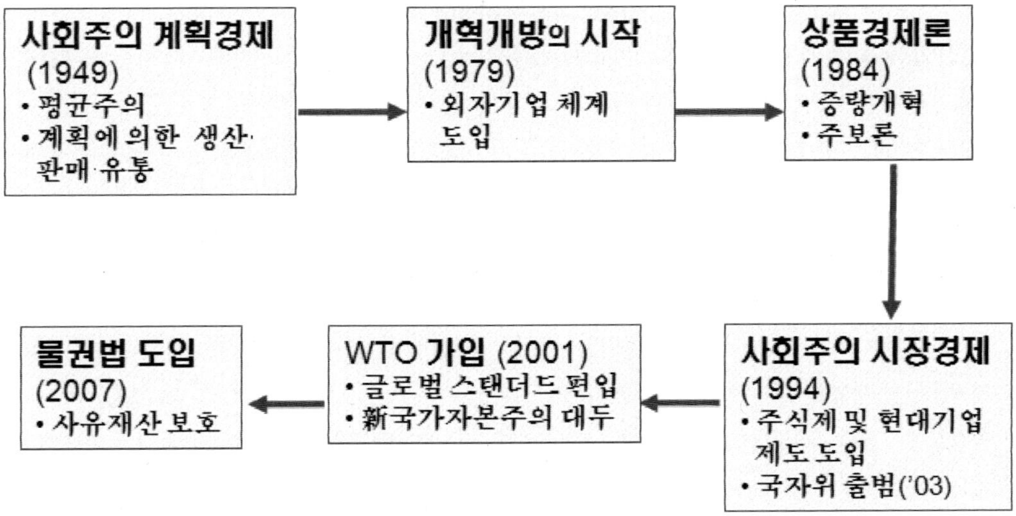

주: 〈물권법〉은 2021년에 시행된 민법전에 편입(민법전 물권편) 되었음.

9) 신주식(2006), 중국 사회주의 시장경제 이론형성의 근원과 발전과정에 관한 연구, 「중국연구」 제38권, 202-203쪽.

제2절 상품경제론

1. 주보론(主補論)의 등장

1979년 2월, 前국가주석 리셴녠(李先念)은 중국공산당 중앙공작회의에서 '계획경제와 시장경제를 결합하여 계획경제를 위주로 하고, 시장경제를 보조수단으로 하는 체제를 수립하자'라는 의견을 제시한 바 있다.

같은 해 3월, '조롱 경제학(鳥籠經濟學)'을 주창했던 천윈(陳雲) 공산당 중앙위원회 부주석은 〈계획과 시장문제〉라는 담화를 통해, '전체 사회주의 시기의 경제는 두 부분으로 구성되어 있다. 하나는 계획경제 부분이며, 다른 하는 시장조절 부분이다. 계획 부분은 기본적이고 가장 중요한 것이며, 시장조절 부분은 종속적이고 부차적인 것이지만 필수적인 것이다.' 라고 강조하였다. 그는 여기에서 '시장 조절'이라는 개념을 처음으로 사용하였다. 이는 중국 공산당 문헌에서 '시장 조절'이라는 개념이 최초로 제기 된 것이다.[10)]

덩샤오핑 역시, 1979년 11월 26일, 미국 브리테니커 백과사전사 편집부국장과의 인터뷰에서, '시장경제를 자본주의 사회나 자본주의적 경제로만 국한시키는 것은 정확한 것이 아니다. 우리는 계획경제를 위주로 하여 시장경제를 결합시켰다. 그러나 이도 사회주의 경제이다. 시장경제는 자본주의의 전유물이 아니며 사회주의도 시장경제를 실행할 수 있는 것이다.' 라고 말한 바 있다. 이는 시장의 역할을 강조한 것으로 해석된다.

이와 같은 중국 공산당 고위 지도자들의 '계획경제'와 '시장경제'간 공존 가능성에 대한 상황인식으로 말미암아, 1982년에 열린 중국 공산당 12차 전국대표대회에서, '계획경제를 위주로 하고 시장조절을 보충으로 하는' 주보론(主補論) 체제를 공식 이론으로 천명한 바 있다.

2. 상품경제론

1) 도입 배경

앞서 설명한 것처럼, 1982년 9월의 제12차 공산당 전국대표대회에서는 '계획경제를 주로 하고 시장의 조절을 부수적으로 한다'는 '주보론'에서 '시장'의 개념이 처음으로 도입되었다.

그로부터 2년 후인 1984년 10월의 공산당 제12기 3중전회에서는 '사회주의 경제는 공유제를

---

10) 조롱경제(鳥籠經濟): 제한된 개방정책을 의미한다. 1989년 여름, 중국공산당 중앙고문위원회 주임직에 있던 천윈이 제시한 의견이다. 마치 새장(鳥籠) 안에 새를 가두어 놓고 관리하듯이, 계획경제(새장) 안에 시장경제(새)를 두고 관리해야 한다는 주장을 담고 있다. 개혁개방이 한창이던 당시 덩샤오핑은 전면적인 개방을 주창하였으나, 천윈은 관리가 되는 개방정책인 조롱경제 개념을 주장한 것이다.

기초로 한 계획적 상품경제'라고 천명하였다. 이는 중국에서 공식적으로 '사회주의 상품경제' 개념이 도입된 것을 의미한다.

계획적 상품경제론(有計劃的商品經濟)은 계획과 시장이 상호 배척되는 것이 아니라 상호 보완관계에 있다는 논리에 입각해서 시장의 기능과 역할을 적극 도입하려는 개혁파들의 이론이다.

이는 1984년 10월 중국공산당 12기 3중전회에서 통과된 〈경제체제개혁에 관한 결정〉에서 공식 확인되었다. 개혁파들은 기본적으로 사회주의 계획경제와 상품경제가 서로 상반되는 것으로 파악했던 과거의 이론이 잘못된 것이라면서, 상품경제와 사회주의는 상호공존할 수 있을 뿐만 아니라, 사회주의 경제는 상품경제의 발전을 통해 완성될 수 있다고 주장했다.

따라서 사회주의 경제하에서도 가치법칙과 시장 메커니즘을 적극 활용하고, 경제적 수단에 의한 거시경제 관리체제로 전환해야 한다는 논리로 발전하게 되는 개혁파들 경제이론의 토대가 되었다.

1987년 10월의 제13차 공산당 전국대표대회에서는 '사회주의의 계획적 상품경제 체제는 계획과 시장이 내재적으로 통일된 체제'라고 하여 사회주의 경제에서 시장기능의 강화를 주장하였다. 1992년 10월에 열린 제14차 공산당 전국대표대회에서 장쩌민(江澤民) 주석은 드디어 중국의 경제체제 개혁의 목표는 '사회주의 시장경제의 건설'에 있다고 선언하게 된다. 그리고 '사회주의 시장경제'란 용어는 1993년 3월 제8기 전국인민대표자대회 제1차회의에서 개정된 〈헌법〉에 명시됨으로써 중국이 지향하는 경제체제로 확립되었다.

2) 정의와 특징

상품경제란 상품생산과 상품교환의 통칭이다. 상품생산이 존재하는 곳에 필연적으로 상품교환이 있게 되는데, 이를 상품경제라고 한다. 사회주의 상품경제의 존재 원인은 바로 집단소유제 경제 상호간 또는 집단소유제 경제와 전민소유제간의 관계, 즉 소유제의 개별성을 들어 설명할 수 있다.

자본주의 사회에도 소상품경제 혹은 자본주의 상품경제가 존재한다. 그렇다면 사회주의 상품경제의 특징은 무엇인가? 1958년 11월에 개최되었던 공산당 제8기 6중전회 결의(決議)에서는 다음과 같이 규정한 바 있다. '이러한 상품생산과 상품교환은 자본주의 상품생산과 상품교환과는 다르다. 왜냐하면 그것은 사회주의 공유제에 기초해서 계획을 가지고(有計劃的) 진행하는 것이며, 자본주의적 사유제에 기초한 무정부 상태에서 진행되는 것이 아니기 때문이다.'[11]

이러한 인식의 토대를 통해서 상술한 바와 같이, 1984년에 '계획적 상품경제론'이 천명되게 된 것이다.

11) 이은호(1985), 중국 사회주의 상품경제론, 「중국연구」, 제9권, 22-23쪽.

사회주의 상품경제의 특징을 다시 한번 정리하면 다음과 같다. 첫째, 공유제에 기초하여 자본가(資本家)가 참여하지 않은 상품경제이다. 사회주의 노동자들이 상호협력과 평등호혜의 노동관계로 생산된 상품이어야 하며, 착취계급이 존재하지 않는다. 둘째, 전 사회적으로 실행되는 계획경제의 전제하에서 발전하는 것으로, 무정부 상태의 상품경제와는 다르다.

즉 상품의 생산과 교환이 이루어지지만 그 주체는 사유기업이나 민영기업이 아닌 국유기업과 집체기업(향진기업 포함)인 점을 의미한다.

[키워드] 증량개혁(增量改革)

증량개혁은 기존자산에 대한 재배치에서 개혁을 시작하지 않고, 계획메커니즘이 제한적 시장화로 늘어난 자산 증가분의 배치에 대해 기능을 발휘하게 하는 개혁방식이다. 증량개혁은 구체제에 놓여 있던 국유부문의 존량개혁(存量改革, 근본적인 개혁)을 일부 추진하기도 하였으나, 국유부문은 여전히 행정부서의 통제하에 있어, 가격, 이윤, 자본증식을 목표로 하는 현대기업제도를 적극 도입하지 못했다. 따라서 국유기업 소유 제도개혁에 앞서서 가격제도 개혁을 추진할 수 밖에 없었고, 그 결과 '자원(資源)의 자본화'라는 방식의 개혁이 선택되었다.

(자료: 林毅夫,『中國奇迹：發展戰略與經濟改革』, 上海人民出版社, 1994年)

[그림 1-2] 도식화 시켜본 '상품경제' 개념

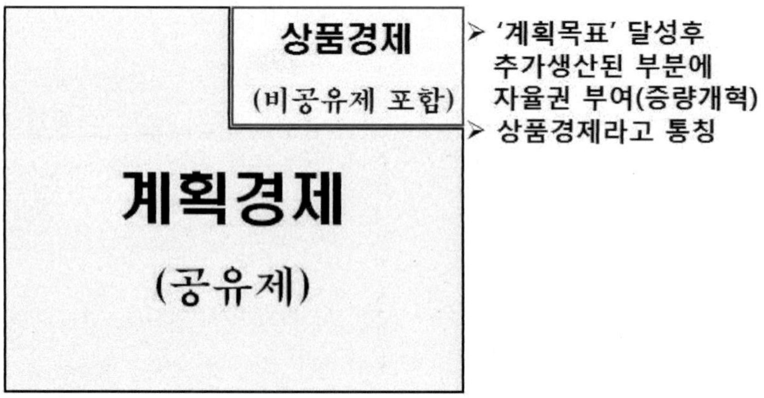

제3절 사회주의 시장경제 이론과 특징

1. 사회주의 시장경제의 정의와 기본 원칙

현재 혹은 21세기 이후 중국 경제체제는 어떠한 유형을 가지고 있는가? 라는 질문에 대한 정답은 '사회주의 시장경제'이다. '사회주의'와 '시장경제'라는 두 개의 전혀 다른 개념을 합쳐 놓은 '사회주의 시장경제' 이론은 1992년 10월 중국 공산당 제14차 대표대회에서 처음 제기되었다. 이어 1993년 3월에 거행된 제9차 전국인민대표대회(우리 국회에 해당)는 이 이론을 추인하게 된다.

'사회주의 시장경제'에 대한 중국의 정의를 살펴보자. 중국정부의 해석에 따르면 사회주의 시장경제 체제란 사회주의 기본제도를 기초로 정부의 거시적인 조절 아래 시장 매카니즘이 사회자원 배분에 있어서 기초적 작용을 하는 경제체제이다. 또한 사회주의와 시장경제가 상호 결합된 체제이다. 이와 같은 중국정부의 해석법에서 알 수 있듯이 사회주의 시장경제 체제는 태생적으로 대립요소인 시장경제의 속성과 사회주의의 제도적 특징을 공유하고 있다.

1992년 10월, 중국 공산당 제14차 대표회의 보고서가 '시장'이라는 단어를 공식적으로 처음 사용했다고 해서, '시장경제'가 이때부터 시작된 것을 의미하는 것은 아니다. 1992년 당시 중국에는 이미 계획경제 체제와 시장경제 체제가 병존하고 있었으며, 개혁개방 정책의 시작을 선언한 1978년 중국 공산당 제11차 3중전회 이후 '시장경제'가 싹트기 시작했다는 주장도 있다.[12)]

1) 정의

1992년 공산당 14대 〈정치보고〉에서 제기된 사회주의 시장경제에 대한 정의는 다음과 같다.

첫째, 시장경제는 사회주의 국가의 거시적 조절아래 자원배치에 대한 기초적 기능을 발휘한다.

경제활동을 가치법칙에 의거한 수급관계의 변화에 적응하도록 한다. 가격조절과 경쟁 매커니즘의 작용을 통해 자원의 배치를 효율적으로 전환시켜 기업에 추진력과 압력으로 작용하게 함으로써 적자생존의 경쟁체제를 실현한다. 각종 경제신호에 대한 시장의 기능을 발휘시켜 생산과 수급관계에 대한 즉시 협조를 촉진한다.

둘째, 사회주의 시장경제는 사회주의의 기본제도와 일치한다.

이는 사회주의 시장경제 제도가 사회주의 노선의 범주를 벗어나서 안 된다는 원칙을 천명한 것이다.

중국 공산당은 1993년 11월 14일, 14기 3중전회에서 '사회주의 시장경제체제 수립의 약간

---

12) 강준영(1999), 중국 사회주의 시장경제체제의 발전과 한계, 「중국연구」 제24권, 182쪽.

문제에 관한 중공 중앙의 결정'을 통과 시킨다. 동 '결정'에서는 '공산당 14대 전국대표회의에서 확정된 경제체제 개혁의 목표와 기본원칙을 체계화하고 구체화하는 것이 중국 사회주의 시장경제 체제의 전체적인 계획을 수립하는 것이며, 1990년대 경제체제 개혁을 진행하는 행동방침이다'라고 제시하고 있다. 또한 동 '결정'은 다음과 같은 내용을 포함하고 있다.

① 경제체제 개혁이 직면하고 있는 새로운 상황과 새로운 임무에 대한 재인식
② 국유기업의 경영 매커니즘 개선을 통한 현대적인 기업제도 수립
③ 시장체계의 육성과 발전
④ 정부 직능의 전환과 건전한 거시경제 조정체계의 수립
⑤ 합리적인 개인소득 분배 및 사회보장제도 수립
⑥ 농촌 경제체제 개혁의 심화
⑦ 대외경제체제 개혁의 심화와 대외개방의 가일층 확대
⑧ 과학기술체제와 교육체제의 진일보한 개혁
⑨ 법률제도 수립의 강화
⑩ 공산당의 영도 개선 강화를 통한 금세기말(1999)까지 사회주의 시장경제체제의 초보적인 확립을 위한 분투

2) 기본 원칙

상술한 1992년과 1993년 공산당 문건에 근거하여, 사회주의 시장경제를 둘러싼 각 구조별 기본 원칙과 특징을 살펴보면 다음과 같다.

가. 소유제 구조

전민소유제와 집체소유제를 포함하는 공유제가 주체가 되고, 개체경제, 사영경제, 외자경제가 보충 형식이 되어, 여러 경제성분의 장기간에 걸친 공동발전을 도모한다. 각종 경제성분은 자체적으로 여러 가지 형태의 경영방식을 실행할 수 있다. 국유기업, 집체기업과 기타 기업은 모두 시장에 참여한다. 평등경쟁을 통해 국유기업의 장점을 발휘해 각종 소유제도를 이끄는 주도적 기능을 한다.[13)]

나. 분배 제도

노동의 양에 따른 분배를 주체로 기타 분배 방식을 보충하며 효율과 공평을 동시에 고려한다.

13) 집체(集体)에 대한 개념과 정의는 본고 4장 1절에서 집체기업에 대한 설명을 참고할 것.

다. 거시조절 혹은 거시조정

인민들의 단기이익과 장기이익, 국가이익과 전체이익을 상호 결합하여 계획경제와 시장경제 두 제도의 장점이 충분히 발휘되게 한다. 국가계획은 중요한 거시적 통제수단의 하나이다.

이상에서 볼 때 중국의 사회주의 시장경제 제도 수립에는 소유제 구조, 현대화된 기업제도, 현대적인 시장시스템과 가격형성 메커니즘, 분배제도, 사회보장제도, 거시경제와 간접조절 시스템, 국제관례에 부합하는 대외개방체제, 농촌경제의 시장화, 법률체계, 규범적인 중앙과 지방관계, 과학기술 교육 및 기타분야의 유기적 개혁 등이 핵심이 됨을 알 수 있다.[14]

당시 여러 중국 내 이론가들의 의견을 종합해 보면 중국이 추구하는 사회주의 시장경제의 전제는 '이익주체의 다원화', '소유권의 명료화', '국가계획 지도하의 자원배치 시장화', '경제운영의 법제화'로 요약할 수 있다.

2. 사회주의 시장경제의 특징

1) 특징

사회주의 시장경제의 특징을 우선 중국 교육부가 지정한 교과서와 중앙공산당학교(中共黨校) 교안에서 찾고자 한다. 현재 중국의 2년제 이상 대학에는 모두 당대 중국 사회주의경제(當代中國社會主義經濟)라는 필수과목이 개설되어 있으며, 同과목에 쓰이는 교재는 중국 교육부가 따로 정하여 놓았다. 이중 허깐창(何干强)편을 보면, 사회주의 시장경제는 '사회주의 성질의 경제이며, 생산재료가 자발적으로 노동자의 공동소유로 귀속되거나 노동자가 지배하는 경제'로 정의되어 있다.[15]

또한 사회주의 경제는 공산주의 사회와 본질적으로 연결된 경제이며, 공산주의 사회는 고급단계와 저급 단계로 나뉘는데, 저급 단계가 바로 사회주의 단계이다. 경제에서의 공산주의 저급단계와 사회주의 단계의 공통점은 생산재료의 사회 점유이며, 다른 점은 前者는 개인 소비품을 노동량에 따라 분배하며(按勞分配), 後者는 수요에 따라 분배(按需分配)한다는 점이다.

1981년 중국공산당 제11차 6중전회에서 최초로 '중국의 사회주의 제도는 초급 단계이다'라고 언급되며, 1987년 8월 등소평은 '사회주의 자체는 공산주의의 초급단계이다. 중국은 사회주의 초급단계에 처해 있으며, 발전되지 않는 단계를 이야기한다.'라고 말한바 있다.[16] 사회주의 초급단계는 공유제를 주체(主體)로 하며, (사유제도를 포함한) 여러형식의 경제 구성요소가 존재하고

14) 經濟參考報 (1993.8.19)
15) 何干强主編(2005), 『當代中國社會主義經濟』, 中國經濟出版社, 6~7쪽
16) 鄧小平(1993), 『鄧小平文選』 第3卷, 人民出版社, 252쪽

발전하는 기본경제제도이다. 즉 중국 공산당의 주장에 따르면 사회주의 경제는 非사회주의 경제와 공통발전을 해야 하나, 非사회주의 경제의 발전 방향은 사회주의 경제가 결정하는 것이다.

중국 공산당 고위 간부의 이념 교육을 전담하고 있는 중앙공산당학교 교육부장 리싱산(中央黨校敎育長 李興山)은 사회주의 시장경제를 보다 명확하게 구분하고 있다. 사회주의 시장경제라 함은, ① 사회주의 조건하의 시장경제, ② 사회주의 기본제도와 결합한 시장경제, ③ 사회주의를 위해 서비스하는 시장경제, ④ 사회주의 제도 안에서 존재하는 시장경제, ⑤ 사회주의 성질에 속하는 시장경제, ⑥ 실질적인 현대시장경제이다.[17]

리싱산이 지적하는 사회주의 시장경제의 특징으로는, 행정수단이 아닌 시장(市場)이 자원배치 과정중 기초적인 조절작용을 하는 경제이며, 시장 매커니즘과 공유제(公有制)를 주체로 하고 다양한 소유제도와 병존하는 소유제 구조를 가졌다. 또한 사유제도 기초에서 설립된 시장경제가 아님을 분명히 했다. 사회주의 시장경제는 정부가 거시조정을 하는 경제이며, 자유방임 경제가 아니다. 효율 우선의 경제가 아니고, 공평을 고려하는 경제이다. 공통의 부를 위해 점차 나아가는 경제이며, 평균주의 경제도 양극화 및 분화를 초래하는 경제도 아니다. 사회주의 시장경제는 지방보호주의, 행정 독과점, 폐쇄적인 경제요인이 없어야 하며, 대내외 개방된 경제이어야 한다.

2) 중국 경제체제에 대한 이해

1949년 10월 1일에 성립된 국체(國體)인 중화인민공화국(中华人民共和国)의 현재 경제체제는 무엇인가?

경제학 원론에서는 경제체제를 세종류로 나누어 보고 있다. 먼저 시장경제(market economy)는 국민경제의 여러 문제들을 기본적으로 시장의 힘에 의해서 해결하려고 노력하는 체제를 말한다. 시장경제의 특징은 모든 상품들의 가격이 시장에서 자유로이 결정된다는 것을 가장 중요한 특징으로 갖고 있다.[18]

또 하나의 특징은 재산권(property rights)의 확립에서 찾을 수 있다. 재산권이 확립된 상태에서 경제주체는 열심히 일하려는 유인을 가질수 있기 때문이다. 시장경제는 생산자, 소비자들 사이에 자유로운 경쟁을 허용한다는 특징도 가지고 있다. 자유로운 경쟁이 허용될 때 경제의 효율성은 최고점에 이를 수 있기 때문이다.

시장경제는 국내외의 자유로운 교역을 보장한다. 사람들과 국가간은 교역을 통해서 이득을 얻게 되며, 교역은 분업(division of labor)과 전문화(specialization)를 통해서 이익을 얻게 하여준다. 시장경제는 자유로운 교역을 보장함으로써, 교역의 이득(gains of trade)을 극대화 시켜준다.

이러한 시장경제와는 달리 정부의 통제가 중요한 역할을 하는 체제는 통제경제(command

17) 李興山主編(2004),『社會主義市場經濟理論與實踐』, 中共中央黨校出版社, 93쪽.
18) 이준구(2003),『경제학원론』, 법문사, 16쪽.

economy)라고 하며, 이러한 통제경제가 주로 정부의 계획에 의해서 움직여지는 체제라는 의미로, 계획경제(planned economy)라고 칭하기도 한다. 계획경제는 가격이 계획당국에 의해서 인위적으로 결정된다는 점에서 시장경제와 대조를 이룬다. 계획경제에서는 모든 경제주체들이 계획당국의 엄격한 통제에 놓기 때문에 자유로운 경쟁을 볼 수 없다.

그러나 시장기구는 언제나 이상적으로 작용하는 것은 아니어서, 정부가 개입을 해서 시장의 불완전성을 보완해주어야 할 필요성이 생길수 있다. 따라서 현대 사회에서는 정부가 경제적 영역에서 개입하는 폭이 점차 넓어져가고 있다. 이렇듯 시장과 정부가 역할을 분담하는 경제체제를 혼합경제(mixed economy)라고 칭한다.

2004년 3월 14일, 제10기 전국인민대표대회 2차 회의에서 통과된 개정 중국 〈헌법〉은 그 13조[19]에서 공민의 합법적인 사유재산의 보호를 규정하고 있다. 또한 10년 동안 극심한 논쟁과 심의를 거쳐 2007년 3월 16일에 개최된 제10기 전인대 5차 회의에서 제정된 〈물권법(物權法)〉은 사유재산을 명문화한 사유재산법 성격을 띠고 있다.

또한 수정된 〈헌법〉 1조에서 중국은 사회주의 국가(The socialist system)임을 천명하고 있으며, 서언(序言)에서는 중국 인민들은 '사회주의 시장경제'를 발전시켜야 한다고(develop the socialist market economy) 명시하고 있다.

〈헌법〉 제11조는 법률에서 규정한 범위내의 개체경제, 사영경제 등 非公有制 경제는 사회주의 시장경제의 중요한 구성 부분임을 밝히고 있으며, 국가는 개체경제, 사영경제 등 非公有制 경제의 합법적인 권리와 이익을 보호해야 한다고 명시하고 있다. 국가는 비공유제 경제의 발전을 격려, 지원, 지도하며, 동시에 법에 근거하여 비공유제 경제에 대한 감독과 관리를 해야 한다.

〈헌법〉 제15조에서는 국가는 '사회주의 시장경제'를 실시한다고 다시금 천명하였으며, 국가는 경제 입법을 강화하여, '거시경제조정'을 완벽히하며, 법에 의거, 어떠한 조직이나 개인이 사회경제 질서를 혼란시키는 것을 금지한다고 명시하였다.

이처럼 〈헌법〉 조문에 따르면, 중국은 시장기구와 계획경제가 혼재하고 있는 혼합경제 형태를 띠고 있으며, 법에 의거 경제질서를 수호하기 위해 '거시경제조정(정책)'을 실시하고 있음을 알 수 있다. 이러한 중국 경제체제는 '사회주의 시장경제'로 대내외에 천명되고 있는 것이다.

19) 수정 헌법 제13조: 公民的合法的私有财产不受侵犯。国家依照法律规定保护公民的私有财产权和继承权。国家为了公共利益的需要, 可以依照法律规定对公民的私有财产实行征收或者征用并给予补偿。

3. 중국 경제체제에 대한 평가

1) 제도적 문제점

1979년 개혁개방 정책을 실시한 이래, 중국경제는 '계획경제를 주로 하고 시장조절을 보충으로 함(1982년 9월), 계획 있는 상품경제(1984년 10월), 계획경제와 시장경제의 결합(1989년 6월), 사회주의 시장경제(1992년 10월)'라는 변화를 보여 왔다. 이는 시장화의 진전 과정이라고 표현할 수도 있을 것이다.

중국이 1992년에 '사회주의 시장경제'를 표방하기 전까지 중국의 시장 메커니즘 성격에 대한 정의는 다음 몇가지로 축약된다.

Janos Kornai[20]는 한 경제체제의 시장성격 파악을 위해서, 압력형 경제(pressure economy), 흡입형 경제(suction economy) 개념을 사용하였다. 시장이란 한 경제체제에 있어서의 복잡한 의사결정 과정을 반영하는 것으로서 단편적인 것이 아니고, 시간의 흐름 속에서 파악된다. 압력형 경제에서는 한 사회의 제품중 많은 부분이 장기간 동안 평균적으로 구매자 시장(공급>수요)을 형성하며, 흡입형 경제에서는 반대로 판매자 시장(공급<수요)이 형성된다.

또한 Janos Kornai는 생산을 위해 투입될 원자재와 최종제품의 재고비율을 이용하여 시장성격을 규명하는 지표로 사용하였다. 이 지표를 이용한 Zhang(1987)[21]의 중국에 대한 분석결과에 따르면, 중국경제는 1983~1985년간 높은 성장률에 따른 거시경제적 불균형 상황에 놓여 있었음에도 불구하고, 다른 사회권 국가에 비해서는 Kornai 지수가 상당히 낮게 나타나고 있다. 따라서 중국은 다른 선진경제에 비해서는 '흡입형 경제(판매자가 시장을 주도)'에 속하고 있으나, 1980년대 시장기구의 확대과정에서 '압력형 경제(구매자가 시장을 주도)'로 중요한 진전을 하고 있다고 판단된다.

오승렬(1994)[22]은 중국 시장기구 성격에 대해 구매자시장, 판매자시장의 구분을 통해서 규정할 것을 주장하였다. 이는 중국의 경제객체 행위 및 경제구조가 시장경제적으로 형성되어 있다고 보지 않기 때문이며, 따라서 단순한 시장균형가격의 형성 유무보다는 한 경제체제가 경제객체의 행위 패턴에 미치는 영향을 가지고 사회주의 경제제체의 분석이 요구되기 때문이다. 그 결과, 1990년초에 확장되고 있는 중국시장을 전형적인 판매자 시장에서 구매자 시장으로 전환되는 과도기적 시장으로 규정하였다.

Gregory C. Chow[23]는 현재의 중국경제를 이전의 계획경제에서 시장경제로 전환중인 상태로

---

20) Janos Kornai(1980), *Economics of Shortage(Volume A, B)*, Amsterdam, North-Holland Publishing Co.
21) Zhang, S. and Zhang, A(1987). "The present Management Environment in China's Industrial Enterprises, " *Reform in China : Chanllenges and Choices*, Reynolds, B.L., pp.74~58.
22) 오승렬(1994), 중국경제개혁과 시장기구의 역할, 「현대중국연구」 제2집, 77쪽.
23) Gregory C. Chow(2002), *China's Economic Transformation*, Blackwell Publishing, pp.1~6.

표현하였으며, 그 증거로 정부, 시장, 금융, 기업 등 여러가지 경제주체의 제도적인 변화들(institutional changes)을 들고 있다.

이와 같은 전문가들의 견해를 종합하면, 사회주의 시장경제 체제에 대한 제도적인 문제점은 다음과 같이 요약 될 수 있다.

첫째는 공유제 원칙과 이익주체 간의 모순이다. 공유제 원칙은 소유권의 모호화를 불러일으킨다.

둘째는 노동에 따른 분배원칙과 이윤장려 정책과의 모순이다. 이윤 자극은 반드시 소득의 격차를 초래한다. 그러나 노동에 따른 분배는 기업경영의 좋고 나쁨과 근본적인 관계가 있는 것은 아니므로 모순을 피할 수 없다.

셋째는 경쟁적이 되어갈 시장체제가 가질 모순이다. 경쟁체제를 통해 도태된 기업은 살아남을 수 없다. 그러나 중국이 항상 강조하고 있는 안정과 단결은 국민의 취업보장을 전제로 하고 있어 근본적인 모순이 내재되어 있다.

2) 시장경제로의 접근

중국 경제체제에 대한 중국 외부의 시각은 사뭇 다르다. 중국 상무부에 따르면, 2001년 12월 중국이 WTO에 가입한 이후, 2011년말까지 중국에게 시장경제지위(MES. Market Economy Status)를 부여한 국가는 모두 81개국에 달한다. MES는 시장에서 정부의 인위적 간섭없이 원자재 가격이나 임금, 환율, 제품가격 등이 결정되는 경제체제를 갖춘 교역상대국을 인정하는 것을 의미한다. 따라서 WTO 회원국 153개중 중국의 교역 상대국인 53%가 중국을 시장경제(market economy)로 보고 있는 셈이다. 여기에는 1천억달러 교역대상국중 첫번째로 MES를 인정한 한국과, FTA에 합의한 ASEAN 10개국 등이 포함된다.

MES 부여를 통해 2004년 4월 뉴질랜드를 시작으로 ASEAN(10개국) 등이 중국을 시장경제국가로 인정하였다. 2005년에는 한국, 호주, 이스라엘, 카자흐스탄, 우크라이나, 백러시아, 아이슬란드 등 13개 국가가 인정하였다. 중국은 2001년 WTO에 가입했지만 미국·일본·EU 등 선진국은 중국정부가 경제 및 가격통제 등을 한다는 점을 이유로 MES를 인정하지 않아, 중국은 '비시장경제지위(non-market economy status)'를 최장 15년간(2015년까지) 감수키로 했다.

이 배경에는 막대한 대중 무역적자를 보유한 미국과 EU 등이 비경제적지위를 통상카드로 활용하려는 점도 있다. 반덤핑 판정 등 통상분쟁이 일어나면 비(非)시장경제지위 국가는 불리한 입장에서 고율의 관세를 적용 받는다. 그러나 2005년 상반기 EU의 반덤핑 판정중 42개 중국기업이 MES를 인정 받았으며, 현재는 70개사에 달해 중국기업의 시장화 대우 추세는 늘어나고 있다. 하지만 중국의 주요 교역 대상국인 미국, EU, 일본 등은 MES 인정에 대해서 부정적인 상태이다. 이들은 중국정부가 여전히 경제 통제를 하고 있다고 보고 있기 때문이다.

3) 미국의 시각

중국경제를 바라보는 미국의 시각은 가혹하다. 미국의 헤리티지재단(The Heritage Foundation)은 1973년에 설립된 보수주의 성향의 싱크탱크이다. 워싱턴 D.C.에 본부를 두고 있으며, 기업의 자유, 작은 정부, 개인의 자유 및 전통적인 미국의 가치관, 국방의 강화를 기치로 내걸고 미국 정부의 정책결정에 영향력을 행사한다. 위 재단은 1995년부터 세계각국 경제의 자유화 지수(index of economic freedom. IEF)를 발표하여 오고 있다.

동 재단이 정의한 경제적 자유는 모든 인간이 자신의 노동과 재산을 통제할 수 있는 기본적인 권리이다. 경제적으로 자유로운 사회에서 개인은 원하는 방식으로 자유롭게 일하고, 생산하고, 소비하고, 투자할 수 있다. 경제적으로 자유로운 사회에서 정부는 노동, 자본, 재화의 자유로운 이동을 허용하고 자유 자체를 보호하고 유지하는 데 필요한 범위 이상으로 자유에 대한 강압이나 제약을 삼가해야 한다. 동 재단은 경제적 자유를 4가지 범주로 나누고, 하부에 아래와 같은 12개의 양적 및 질적 요인을 기반으로 경제적 자유화 지수를 측정하고 있다.

① 법의 지배 (재산권, 정부 청렴도, 사법 안정성)

② 정부 규모 (정부 지출, 세금 부담, 재정 건전성)

③ 규제 효율성 (사업 자유, 노동 자유, 통화 자유)

④ 시장의 공개성 (무역의 자유, 투자의 자유, 금융의 자유)

이상 12가지 평가 지표에서 경제적 자유도는 각각 0에서 100까지 등급이 매겨진다. 즉 한 나라가 사업 자유도에서 100점을 받으면 사업을 하기가 최대한 자유롭다는 의미이다. 실제 2021년 국가별 지수에서 1위를 한 싱가포르는 사업 자유도에서 93.8점을 받았으며, 중국(107위)은 80.2점을 기록한 바 있다. 한 국가의 전체 점수는 동일한 가중치가 부여된 12가지 평가지표의 자유도를 평균하여 도출된다.

점수 별 특성을 보면, 80~100점 자유로움, 70~79.9점 대부분 자유로움(Mostly Free), 60~69.9점 적당히 자유로움(Moderately Free), 50~59.9점 대부분 자유롭지 못함(Mostly Unfree), 0~49.9점 억압적임(Repressed)로 구분된다. 2021년 중국의 12개 지표 전체 평균 점수는 58.4점으로 미국 시각에 중국경제는 '대부분 자유롭지 못한' 국가인 셈이다.

[표 1-1] 헤리티지 재단이 본 중국 및 주요국의 경제 자유화 지수 (2021년 기준)

범주	지표	중국 (58.4점 107위)	같은 해 다른 국가들의 점수, 순위		
			싱가포르 (89.7점 1위)	한국 (74점 24위)	미국 (74.8점 20위)
법의 지배	재산권 보호	62.2	97.5	80.7	79.7
	정부 청렴성	46.4	93.2	68.9	76.8
	사법 안정성 (엄정한 집행, 권리 보호)	71.5	90.8	63.4	72.4
정부 규모	정부 지출	67.6	94.1	86.9	62.2
	세금 부담	72.6	90.5	63	76
	재정 건전성	54.8	80	96.7	34.9
규제 효율성	사업 자유	80.2	93.8	89.5	82.5
	노동 자유 (고용과 해고)	64.9	91.5	55.8	87.1
	통화 자유 (가격, 금리)	69.8	85.4	84.4	81.1
시장의 공개성	무역의 자유	71.2	95	79	80.4
	투자의 자유	20	85	60	85
	금융의 자유 (은행, 주식 등)	20	80	60	80

주: 각 지표의 만점은 100점임. 높은 점수일수록 자유화 된 것을 의미함.
자료: 헤리티지 재단 IEF 리포트 (2021).

중국에 대한 동 재단의 평가는 다음과 같다. 중국의 경제자유 점수는 58.4점으로 2021년 지수에서 107번째로 자유롭다. 중국의 종합 점수는 1.1점 하락했는데, 주된 이유는 재정 건전성의 저하 때문이다. 중국은 아시아 태평양 지역 40개국 중 20위권이며, 전체 점수는 지역 및 세계 평균 이하를 기록하고 있다. 중국은 대부분 자유롭지 못한 경제로 남아 있다. 최근 몇 년간 경제자유점수의 소폭 개선은 주로 재산권, 사법의 효과성, 기업 자유지표의 상승에서 비롯되었다. 전반적으로 중국에 존재하는 경제적 자유는 깊이와 폭이 부족하며, 베이징이나 주요 상업 중심지가 다른 지역에 비해 비교적 더 자유롭다.

[표 1-2] 헤리티지재단의 연도별 경제자유지수 주요국 순위

국가	2010년 순위	2011년 순위	2015년 순위	2018년 순위	2021년 순위
홍콩	1	1	1	1	미평가
싱가포르	2	2	2	2	1
호주	3	3	4	5	3
뉴질랜드	4	4	3	2	2
아일랜드	5	7	9	6	5
스위스	6	5	5	4	4
캐나다	7	6	6	9	9
미국	8	9	12	18	20
영국	11	16	13	8	7
에스토니아	16	14	8	7	8
일본	19	20	20	30	23
마카오	20	19	34	34	미평가
독일	23	23	16	25	29
대만	27	25	14	13	6
한국	31	35	29	27	24
UAE	46	47	25	10	14
프랑스	64	64	73	71	64
브라질	113	113	118	153	143
인도	124	124	128	130	121
중국	140	135	139	110	107
러시아	143	139	143	107	92
베트남	144	143	148	141	90
북한	179	179	178	180	178

주: 2021년부터 독립적 경제권을 행사하지 못한다는 이유로 중국에 반환된 홍콩과 마카오를 평가하지 않음.
자료: 헤리티지재단 홈페이지(www.heritage.org. 2022.2)

재산권 보호는 여전히 취약하다. 중국의 모든 토지는 국가 또는 집체 소유이다. 일방적인 정부의 토지 수용은 흔하다. 외국인이 소유한 지적 재산에 대한 침해가 만연해 있다. 공산당은 사법제도를 지배한다. 부패는 정부의 모든 수준에서 여전하며 정부의 부패 단속이 일관되지 않고 재량적으로 적용된다.[24)]

개인 소득세 최고 세율은 45%이고 기업소득세(법인세) 최고 세율은 25%이다. 기타 세금으로는 부가가치세와 부동산세가 있다. 전체 세금 부담은 국내 총 소득의 9.4%에 해당한다. 최근 3년간 정부지출이 GDP의 32.9%에 달하고 예산적자는 GDP의 평균 5.0%에 달하며 공공부채는 GDP의 54.4%에 해당한다.

24) The Heritage Foundation(2021), 2021 Index of Economic Freedom.
(www.heritage.org/index/country/china)

외국기업이 중국에서 사업을 시작하거나 전기를 얻기 위해 필요한 단계들이 줄어들었다. 소액주주 보호는 서류상으로는 늘었지만 실무상으로는 확실성이 떨어진다. 중국의 노동법과 사회보험법은 너무 복잡하다. 중국정부는 수많은 비효율적인 국유기업들을 위한 광범위한 보조금 체계를 유지하고, 필수 상품과 서비스의 가격을 통제한다. 중국은 15개의 특혜 무역 협정(FTA)을 체결하고 있다. 무역가중 평균관세율은 4.4%로 397건의 비관세 조치가 시행 중이다. 전국인민대표대회는 외국인 투자 기존 법규를 대체하는 새로운 〈외상투자법(2020)〉을 통과시켰지만 중국의 보호무역주의 성격의 외국인투자 승인 시스템은 여전히 제한적이고 투명성이 부족하다. 중국정부는 금융시스템에 대한 엄격한 통제력을 계속 유지하고 있다.

[키워드] 시장경제지위(Market Economy Status. MES)

한 국가의 원자재 및 제품가격, 임금, 환율 등이 정부간섭이 아니라 시장에 의해서 결정되는 경제체제를 갖추었음을 교역상대국이 인정할 때 부여하는 지위. 과거 사회주의체제 국가의 덤핑수출을 규제하기 위하여 도입된 개념임. EU의 경우 MES를 판단하는 기준은 ① 가격·요소비용 투입이 시장수요에 의하여 결정되고, 요소가격이 시장가치를 반영할 것, ② 기업은 국제회계기준에 의거한 투명한 회계기록을 가질 것, ③ 기업의 생산성 및 재무현황은 비시장경제주체의 영향을 받지 않거나 왜곡되지 않을 것, ④ 관련기업은 파산법과 자산법에 의하여 제약받고 법률의 확정성과 기업운영의 안정성을 보장할 것, ⑤ 환전이 시장환율에 의해 이루어질 것 등임. MES를 인정받지 못한 국가 즉 비시장경제지위 국가는 덤핑이 쟁점인 통상분쟁에서 불리한 상황에 처함. 자국의 국내가격이 아닌 MES를 지닌 제3국의 가격과 비용을 기준으로 반덤핑 조사가 이루어지기 때문에 패소율이 높아지는 것은 물론, 고율의 반덤핑관세를 부과 받게 됨.

중국은 비시장경제지위를 15년간(2001~2015년) 적용받는다는 조건으로 2001년 WTO에 가입함. 이후 중국은 개별국가를 상대로 MES를 인정받기 위하여 주력하여, 2004년 4월 뉴질랜드 가 처음으로 중국의 MES를 인정. 이후 인도네시아·말레이시아·그루지아 등 22개국(2004년), 호주·이스라엘·카자흐스탄·우크라이나·아이슬란드 등 13개국(2005년)이 중국의 MES를 인정하였고, 2011년말 기준으로는 세계 81개국의 인정을 받음. 한국은 2005년 11월 교역액 1천억 달러 이상의 5대 교역국 중 처음으로 중국에 MES를 부여함. 2021년말 현재도 중국의 주요 교역국인 미국·EU·일본 등은 중국의 MES를 인정하지 않고 있음.

제4절 물권법 제정과 그 영향

1. <물권법> 제정 쟁점과 의의

1) 쟁점

재산권을 명확히 규정하고 사유재산을 국유재산과 동등하게 보호하는 내용의 〈물권법(物權法)〉이 오랜 진통 끝에 2007년 3월 16일 전국인민대표대회에서 채택되어, 2007년 10월 1일부터 정식 발효되었다.

〈물권법〉은 부동산, 동산에 대한 소유권·담보권 등 재산의 보호와 이용권리를 규정하는 민법의 중요 구성 법률이다. 〈물권법〉은 국가소유로 되어 있는 토지의 재산권 인정 등 사회주의 공유제 원칙에 반하는 내용 때문에 2002년부터 8회에 걸친 장기간의 심의 끝에 제정되었다.

〈물권법〉은 '시장경제'의 기초가 되는 사유재산권을 기본법으로 보장했다는데 의의가 있다. 이를 기반으로 중국의 '사회주의 시장경제'의 '자본주의식 시장경제화'는 더욱 속도가 붙을 것으로 전망된다. 수년간의 논쟁을 거치고 제정된 〈물권법〉의 주요 논점을 살펴보면 다음과 같다.

2004년 7월 〈물권법〉 초안이 공개된 후 적지 않은 전문가들의 비평과 우려가 잇달았다. 북경대 법학과 궁시엔티엔 교수는 헌법과 사회주의 기본원칙에 위배된다는 주장을 폈다. 사회과학원 경제연구소 주어따페이 연구원은 '동산(動産)의 점유자는 해당 동산의 권리자'라고 명시한데 대하여, '초안'은 동산 권리자의 근거로 '점유'만을 강조하고 있음을 지적했다. 점유의 정의는 부동산 또는 동산의 현실적 보유를 말하며, 따라서 이 조항은 불법행위로 얻는 동산을 합법적인 재산으로 만들 수 있게 하는 허점이 있다는 지적이었다. 즉 공유재산을 불법으로 사유화하기가 쉬워진다는 우려를 표명한 것이다. [25)]

제정 과정에서 〈물권법〉이 이와 같은 논쟁을 촉발한 배경은 동법이 '사회주의 시장경제'의 성격을 한 단계 바꾸어 놓는 계기가 되었기 때문이다.

2) 의의

먼저 〈물권법〉은 재산권 관련 각종 행정법규를 〈물권법〉으로 통합한 것에서 첫번째 의의를 찾을 수 있다. 여러 행정관리법규에 산재된 사유재산 관련 법규정을 재산권에 초점을 맞추어 〈물권법〉으로 통합한 것이다. 이와 관련된 주요 법률·법규로는 〈민법통칙〉, 〈담보법〉, 〈토지도급경영법〉, 〈토지관리법〉, 〈도시부동산관리법〉 등을 들 수 있다.

〈물권법〉은 행정법규에 우선하는 기본법의 위상 보유하고 있다. 상위법인 〈물권법〉은 하위

25) 中国青年报 (2006. 3.20)

법인 행정부서나 지방정부의 법규·조례에 영향을 미치며, 행정권 행사에 대해 법적인 제약을 가할 수 있다. 〈물권법〉은 재산권에 대한 기본적인 원칙을 규정한 것이므로 이를 기초로 관련 하위 행정법규가 마련된다. 2007년 8월에 수정된 〈물업관리조례(物业管理条例)〉는 그 대표적인 경우이다.

2004년 〈헌법〉의 수정과 〈토지관리법〉의 수정을 통해, 중국정부는 토지 사용에 따른 국가 우선주의를 다시 한번 확인 시킨바 있다. 그로부터 3년이 지난 2007년 10월 1일. 사회주의 시장경제를 완결하는 법률이 발효되었으며, 그 주인공이 〈물권법〉이다. 물권(物權)은 특정한 물건을 타인의 매개없이 직접 지배할 수 있는 배타적 권리로, 점유권·소유권·지상권·지역권·전세권·유치권·질권·저당권 따위를 지칭한다.

중국에서의 물권에 대한 정의도 이와 유사하나, 용익물권(用益物權)의 의미를 강조하고 있다. 즉 남의 토지를 일정한 목적을 위해 사용하고 수익할 수 있는 물권이며, 지상권·지역권(地役權)·전세권 등이 이에 해당된다.

중국은 개정된 〈헌법〉 제13조에서 '공민의 합법적 사유재산은 침범 받지 않는다'라고 분명이 규정하고 있다. 즉 '중국에서 사유재산도 국유재산과 동등하게 보호하느냐?'라는 질문에 대한 대답인 셈이다. 문제는 중국의 모든 토지는 국가의 소유라는 점이다. 따라서 토지 위에 건설한 모든 건축물은 땅 주인인 국가가 원할 경우, 언제라도 철거를 당할 수 있는 제도적 위험이 상존하고 있다.

2007년에 발효된 〈물권법〉은 이러한 제도적 위험에서 한시적이나마 토지 사용권(용익물권)을 보장 해준 획기적인 법률이다. 중국은 사회주의 공유제라는 대원칙을 가지고 성립된 국가이다. 따라서 〈물권법〉의 제정을 두고 2002년부터 8회에 걸친 심의 과정을 통해 중국 내 정치가, 학자, 언론인 등은 끊없는 논쟁을 벌여왔다.

〈물권법〉의 골자는 토지 위에 건설된 건축물에 대한 안정적인 소유권을 보장해준 것. 〈물권법〉 149조는 주택건설 용지에 대한 기한 만료후 자동연장됨을 규정했다. 따라서 국가소유의 토지 위에 건설된 주택은 사실상 영구적인 사유재산임을 보장 받은 것이다. 그러나 사용권 기한을 70년으로 두었고, 기한 만료후 국가는 우선적으로 토지사용권 회수권리를 보유한다. 현재 주택을 소유한 국민의 연령대가 20대라고 가정한다면, 일단 90살까지는 국가가 절대 살고있는 집을 허물라고 명령할 염려가 없으니 걱정하지 말고 살라는 의미이다.

주택과 달리 공장과 쇼핑몰에 대해서는 중국정부는 더 이상 양보하지 않았다. 오히려 제약 요인이 더욱 분명해 졌다. 비주택건설용지, 즉 공업용지와 상업용지의 사용권 연장은 인가절차가 필요하다. 즉 공장과 상업건물은 토지 사용기간 만료후 재산권이 보장되지 않는다. 토지 불하금을 지불하고 인허절차를 다시 밟아야 하며, 이때 공공이익을 이유로 연장이 불허되고 토지가 국가로 회수될 수 있다. 따라서 상업용지에 건축되는 주상복합건물의 경우, 비록 주민이 거주하고 있는 주택이라고 하더라도 재산권 보장이 안되는 것이다. 이들 비주택건설용지의 토지 사용권 기한은 〈도시부동산관리법〉에서 공업용지는 50년, 상업용지는 40년으로 규정하고 있다.

최근 농촌지역에 도시화가 급속하게 진행되고 있는데, 이미 아파트로 둘러쌓인 공장과 쇼핑몰의 경우, 토지사용기한이 만료되면 특별한 사유가 없는 한 건축물이 철거되어야 한다고 봐도 틀리지 않을 것이다. 향후 미래에는 중국 국민들이 풍요롭게 살고자 하는 행복추구권이 더욱 중요시해 질 것이 분명하기 때문이다.

[표 1-3] 중국 물권법의 구성

구분	주요 내용
1편 총칙	물권의 설정, 변경, 양도 및 소멸, 부동산 등기, 동산(動産)의 인도, 물권의 보호
2편 소유권	국가소유권, 집체 소유권, 개인 소유권, 주택주(業主)의 건물(주택단지) 구분 소유권, 인접(相隣) 관계, 공유
3편 용익(用益) 물권	토지도급 경영권, 건설용지 사용권, 농가택지(宅基地)사용권, 지역권(地役權)
4편 담보물권	저당권, 최고액 저당권(근저당권), 질권(質權), 동산질권, 권리질권, 유치권
5편 점유	점유

자료: 중국법률망(2010.5)

2. <물권법>의 통과 배경 및 영향

1) 배경

〈물권법〉의 통과 배경으로 먼저 후진타오 중국 4세대 지도부의 '민생(民生)' 중시 정책의 일환이었음을 들 수 있다. 부정한 이익을 추구하려는 공무원과 기업가들의 관상(官商)결탁에 의한 농지 및 도시 재개발지의 무분별한 토지수용행위를 규제하고, 보상원칙을 〈물권법〉에서 명시하고자 했다.

두번째로는 사영(私營)기업의 발전촉진 필요를 들 수 있다. 즉 '공유제'를 표방하고 있는 중국에서 약자에 속하는 사영기업가의 재산권 보호와 재산의 담보물 이용편의를 제공하여, 민간 경제활동의 촉진을 꾀하고자 했던 것이다. 세번째로는 부(富)의 재분배에 초점을 둔 新세제 도입근거를 마련한 점을 꼽을 수 있다. 토지, 주택 등 부동산의 소유권 인정을 통해 부동산세, 상속세, 증여세 등 관련 세금부과를 위한 법적 기반 구축한 것이다. 마지막으로 新농촌건설을 위해 법적기반 조성이 필요했다. 즉, 농지의 소유권 인정을 통해 향후 농업 구조조정을 위한 여건 조성했다는 평가이다.

이상과 같은 배경으로 제정된 〈물권법〉의 주요 특징을 요약하면 다음과 같다. 첫째, 사유재산권에 대한 법적보호를 추진했다. 재산권 침해에 따른 손해배상 제기 행정책임 부담 등 명시하였다.

또한 공권력에 의한 사유재산의 권리침해 규제하였다. 둘째, 토지의 재산권 인정했다. 주택용지의 계속사용 허용으로 주택의 영구적인 사유재산화를 용인하였다. 농지 도급경영권을 조건부 매매가능한 재산권으로 인정하였다. 셋째, 토지수용 억제와 보상원칙 명시했다. 토지수용 요건을 '공공이익의 수요'로 제한하여, 지방정부의 무분별한 토지수용을 방지할 수 있는 근거를 마련하였다. 또한 토지수용시 보상 원칙과 내용을 명확하게 명시하였다. 넷째, 재산의 담보물권 활용 범위를 확대했다. 담보 가능한 재산과 권리의 범위를 대폭 확대하였다. 또한 채무불이행시 담보물 실현제도 간소화하였다.

2) 영향

〈물권법〉은 부동산, 투자, 금융, 세제(稅制) 등 여러 부문에서 직간접적으로 기업경영에 많은 영향을 미치고 있다. 따라서 한국을 비롯한 중국내 외국투자기업들은 공장, 설비, 주택 등 투자재산의 적절한 보호와 보유자산의 효율적 활용 측면에서 〈물권법〉의 이해와 관련 동향에 대한 주목이 요구된다. 〈물권법〉 제정에 따른 영향을 살펴보면 다음과 같다.

가. 부동산

부동산 개발업체의 개발비용이 증가할 전망이다. 즉, 개인의 재산권에 대한 의식이 높아져 도시재개발 농지수용시 보상금 급증으로 부동산업계의 이윤 하락이 예상된다. 이는 부동산 가격의 상승요인으로도 작용할 수 있다. 주택의 영구소유로 내재가치 증가 및 지상건물의 재산권 보장으로 부동산 구입수요 증가가 예상되기 때문이다.

지방정부의 도시 개조 및 재개발 속도는 저하될 전망이다. 공권력을 동원한 강제철거가 어려워지고 보상비 부담으로 지방정부의 개발정책 추진에 제동이 걸릴 것이다. 이전 관례를 보면, 〈도시부동산 철거이전 관리조례〉에 근거하여 지방정부는 피수용자가 제시한 보상조건수용 불응시 공권력을 동원하여 강제집행을 하여왔지만, 이러한 강제적 행정집행은 불가능해 질 전망이다.

나. 민간경제

민간기업의 사업의욕 및 투자활동 증가될 전망이다. 투자자산에 대한 불안감 해소에 따라 민간기업인의 사업확장 및 장기적인 투자 활동은 촉진될 것이다. 또한 담보물권의 이용확대로 중소기업의 자금난이 완화될 전망이다. 〈물권법〉 제정에 따라, 담보물권이 재고자산, 미회수 판매대금 및 기업의 유동자산으로까지 확대됨으로서, 부동산 담보물을 이용한 은행자금 대출이 활발해 질 것이기 때문이다.

다. 사회제도의 변화

먼저 재산권 확정에 따른 세제(稅制)개편이 촉진될 전망이다. 과세의 법적근거가 확보됨에 따라 부동산세(物業稅)의 도입 및 상속세, 증여세 등 세제 개편이 가능해졌기 때문이다. 특히 보유단계의 세금부과를 통한 부동산 투기의 억제를 위해 부동산세의 도입이 전망된다. 실제 2011년 상하이, 충칭시에 시범적으로 부동산세(보유세)가 도입된 바 있다.

〈물권법〉의 출범에 따라 소유권 분쟁이 심해질 전망이다. 또한 〈물권법〉으로 인해 개인재산의 안정적인 보호를 받게 된 사영기업주 계층은 정치, 경제, 사회, 문화 각 분야에서의 영향력을 확대해 나갈 전망이다. 부의 재분배로 새로운 계층분화가 가속화 될 전망이며, 이에 대응하여 정부의 통제력이 상대적으로 약화될 수 있다. 향후 공공개발과 개인의 이익이 충돌하는 사회불안 요인도 급증할 전망이다.[26]

3. <물권법>의 주요 규정 해설

1) 부동산

가. 건설용지사용권

건설용지사용권은 토지상에 건물 등 건설하고 이용하기 위한 토지사용권을 의미한다. 주택용과 비주택용으로 크게 양분할 수 있다.

이중 주택건설용지 사용권은 자동연장을 허용하여, 주택의 사유재산화를 사실상 인정했다. 중국의 토지는 국가소유이며 기한부 토지사용권을 유상불하 받아 사용하고 있어, 기한만료후 지상 주택과 건물에 대한 재산권 행사문제는 불분명한 상태로 남아 있었다. 이에 〈물권법〉은 주택건설용지에 대해 기한 만료후 자동연장 된다고 규정함으로서 주택은 사실상 영구적인 사유재산으로 인정받게 되었다.

주택건설용지의 사용권기한은 70년이며, 기한 만료후 국가는 토지사용권 회수권리를 보유한다.

그러나 비주택건설용지(공업용지, 상업용지) 사용권 연장은 인가절차가 필요하다. 공업 및 상업용지의 경우 토지사용권 기한만료시 관련 법규정(〈도시부동산관리법〉 등)에 따라 처리된다고 규정되었다. 즉 주택과는 달리 공장 등 지상건물의 경우 기한만료후 재산권이 보장되지 않는 것이다.

따라서 토지사용의 만료시 소정의 토지불하금을 지불하고 인가절차를 다시 밟아야 하며, 이때 공공이익을 이유로 연장이 불허되고 토지가 국가로 회수될 수 있다.

한편 상업용지에 건축되는 주상복합건물의 경우 주택용지가 아니므로 기한 만료시 사용권이 자동연장되지 않는다는 점에 유의해야 한다.

〈도시부동산관리법(城市房地产管理法 1995년 제정, 2007년 수정)〉과 〈도시국유토지사용권

26) 권용옥(2007), 중국의 물권법 제정과 그 사회적 영향, 「중국연구」 제40권, 299쪽.

양도 전매잠정조례(城镇国有土地使用权出让和转让暂行条例 19990년 제정)〉 제12조에 따르면, **공업용지의 토지사용권 기한은 50년**, 교육 · 과학기술 · 문화 · 위생 · 체육용지는 50년, **상업 · 관광 · 오락용 용지는 40년, 종합 혹 기타용지 50년**으로 규정하고 있다.

나. 토지수용 및 보상

기업 토지수용시 보상원칙을 명시했다. 지방정부는 도시개조와 개발구 정비 등 명분으로 낮은 보상비를 지급하고 토지를 수용하는 경우가 많으며, 실제 중국에 진출한 외국기업중에 토지개발에 따라 공장과 사무실의 퇴거를 요구받는 사례가 발생하고 있다.

하지만 〈물권법〉의 제정으로 토지수용시 보상문제에 대해 효율적으로 대처할 수 있는 법적 기반이 마련되었다. 〈물권법〉은 공공이익을 위해 기업의 건물과 부동산이 수용되는 경우, 철거이전 보상금을 지급하고 피수용자의 합법적 권익을 보호하도록 규정해 놓고 있다.

불하받은 토지사용권이 수용당하는 경우, 상응하는 토지사용권 불하금은 물론 지상건물에 대한 보상도 명확히 규정되었으며, 임대건물(용익물권)도 상기규정에 의거 보상받을 수 있도록 규정되었다.

농촌 집체토지(농민이 공동으로 소유한 토지)수용의 보상기준도 명확화 하였다. '공공이익'의 필요시 집체토지의 수용을 허용하고 있으나 토지수용시, 토지보상비, 이주보조비와 지상 정착물 및 재배중인 농작물의 보상과 아울러 농민의 사회보장비용을 마련하고 생활을 보장하도록 규정했다. 이 때문에 향후 농촌토지의 수용에는 막대한 보상비 부담이 뒤따르게 될 것이다.[27]

공개경쟁 방식에 의한 국유토지의 불하 원칙을 명시했다. 국유토지를 공업, 상업, 주택건설 등 용지로 불하하는 경우, 반드시 입찰경매 등 공개가격경쟁 방식으로 유상 불하토록 규정되었다.

농지의 건설용지 전용을 엄격히 제한했다. 농지의 건설용지 전용이 엄격히 제한되고 건설용지 총량의 통제가 규정 됨으로서 현행의 농지 보전정책 기조가 반영되었다.

다. 농촌 집체(集體) 토지 및 농가택지

농지의 재산권은 인정했으나, 처분권은 제한했다. 농촌 집체토지의 토지도급경영권(농지사용권) 은 이전 법률 하에서 일종의 임차권(租賃權)으로 취급되고 있으나, 〈물권법〉은 이를 물권으로 명확하게 규정하고 등기대상에 포함시킴으로서 도급발주자(村·촌민위원회)가 임의로 도급권을 회수할 수 없도록 했다.

즉 〈물권법〉은 도급경영권의 기한 만료후도 계속사용을 허용함으로서, 농지의 장기경영권을 보장하여 농민들의 장기적인 투자의욕을 촉진시키고 있다. 또한 사용기간내 양도, 전환도급 등 도급경영권의 유통권리를 허용했으나, 非농업 용도의 유통은 금지시켜 농지의 시장개방은 보류하였다.

27) KOTRA(2007), 중국투자뉴스, 2007.4.27, 제49호. 2-10쪽.

농가택지(宅基地) 사용권은 시장유통을 금지했다. 농가에 제공되는 농가택지사용권은 양도, 저당권 설정 등 시장유통을 금지하는 현행 〈토지관리법(土地管理法) 1986년 제정, '88년1차 '98년2차, 2004년 8월 28일 3차수정〉을 따르도록 규정되었다.

반면에 농지의 시장화 정책조정이 가능한 여지를 마련하여 두었다. 현재 중국은 대규모 기계화 된 영농이 요구되고 있으나 경지유실과 농촌 공동화(空洞化)에 대한 우려가 상존한다. 〈물권법〉은 농지 도급경영권의 비농업부문 사용을 금지하고, 농가택지의 매매를 불허하는 기존의 보수적인 정책기조를 따르고 있다. 그러나 〈물권법〉에서는 농지 및 농가택지의 매매에 대해 규제조항을 직접 명시하지 않고 관련 법규정에 따른다고 규정함으로서, 향후 관련정책의 조정여지를 남겨두었다.

농촌집체토지 및 도급경영권: 농촌토지는 집단소유제로 농민집체인 촌·촌민위원회 소유이며 농민은 촌으로부터 도급경영권을 배정받음. 도급 기간은 경지 30년, 초지 30-50년, 임지 70년.

농가택지(宅基地) 사용권: 농민에게 농가주택(1채)용으로 제공되는 건설용지에 대한 사용권한

2) 담보물권

부동산 담보 범위를 대폭 확대했다. 부동산 담보능력이 취약한 중소기업의 자금난을 해소하기 위해 현행 〈담보법〉에 비해 생산설비, 원재료, 반제품, 제품, 재고품 등 동산에 대한 저당권 설정을 폭넓게 허용했다.

부동담보 제도(Floating Charge)를 도입했다. 당사자간 합의를 거쳐 현재 및 장래에 보유하는 설비, 원재료, 제품 등 유동적이고 특정되지 않은 기업자산 전체에 대해 포괄적인 저당권 설정을 허용했다. 즉, 농민의 경우 파종후 수확이 예상되는 미래 농산물에 저당권 설정이 가능해졌다.

권리질권의 범위를 확대하여, 미회수판매대금(征收帳款)도 포함했다. 부동산·동산 등 담보여력이 없는 중소기업을 위해 미회수판매대금을 권리질권의 설정대상에 신규로 포함하였다. 실제 담보물권으로서의 유효성에는 의문이 제기되나, 신용도가 높은 기업을 대상으로 한 미회수판매대금의 경우 이를 이용한 자금융통이 법적으로 가능해졌다.

담보물권의 실현수속이 간소화 되었다. 현행 〈담보법(担保法 1995.10.1실시)〉은 채무불이행시 채권자는 우선 담보제공자와 담보물권 실현에 대해 합의해야 하며, 합의가 안되면 법원에 제소하여 판결을 받아야 강제집행이 가능하다.

〈물권법〉도 채권자와 담보제공자간 합의를 요구하고 있지만, 합의가 안될 경우 곧바로 법원에 경매 또는 환가(換價) 처분요청이 가능하므로, 담보실현의 비용과 시간이 대폭 절약되어 담보물권의 이용이 한층 편리해졌다.

건물의 단독 저당권 설정을 불허했다. 건물이나 村운영기업의 공장에 저당권을 설정하는 경우 해당 건설용지 사용권도 동시에 설정토록 규정 했다.

담보물권(擔保物權): 저당권, 질권(質權), 유치권(留置權) 등 종류가 있음.

저당권(抵當權)과 질권(質權): 채권담보물을 채무자가 계속 점유사용하면 저당권, 채권자에게 인도되면 질권이며, 저당권은 부동산, 질권은 동산(動産) 권리증에 주로 적용됨.

3) 부동산 거래질서

부동산 물권의 등기를 효력 발생요건으로 명시했다. 〈물권법〉은 부동산거래의 분쟁방지를 위해 부동산에 관한 물권변동은 등기를 하여야 효력이 발생한다고 규정했다.

선의취득(善意取得) 제도를 도입했다. 분쟁의 소지가 있는 부동산을 사실관계를 인지하지 못한 채 구입한 취득자의 이익을 보호하기 위해, 선의로 취득한 경우 법적보호를 받을 수 있도록 명시했다.

예를 들면, 외국기업 투자자들이 중국의 건물, 지분 등을 중국인(차명) 명의로 등기하는 경우가 적지 않다. 만약 명의만 빌려준 중국인이 제3자(선의취득자)에게 건물을 매각할 경우, 실제 권리자(외국기업 투자자)는 제3자에게 건물반환을 요구할 수 없었다. 〈물권법〉의 제정에 따라, 선의취득으로 권리를 취득한 자는 원 권리자에게 대하여 법적근거를 가지고 부당이득의 반환의무를 부담하지 않게 될 것이므로, 차명으로 부동산을 등기하고자 하는 외국 투자자는 더욱 세심한 고려가 필요하다.[28]

예고등기(가등기) 제도를 도입했다. 주택개발업자 등의 이중 판매행위를 막기 위해 주택구입 계약시 구매자가 등기기관에 예고등기하여, 채무자(개발업자)의 자의적인 처분을 제한했다.

선의취득제도: 공동소유재산 등 분쟁중인 부동산을 등기증만을 근거로 구입 했을 경우, 선의취득으로 간주될 때에는 원 부동산소유인이 반환을 요구할 수 없음.

4) 건물 구분소유권 및 일조권

건물(주택단지) 구분 소유권을 인정했다. 토지가 국가소유인 중국에서는 개발업체가 주택건설 용지사용권을 불하 받아 그 위에 주택단지를 건설·분양하고 있어 공유(共有) 부분의 소유권과 관리권을 둘러 싸고 주택주와 개발업체간 많은 분쟁이 발생하고 있다.

〈물권법〉은 이를 해소하기 위해 주택주에게 전유(專有)와 공유(共有)부문에 대한 구분 소유권을 부여하고 있다. 즉 주택주는 본인주택 등 전유 부분에 대해서는 소유권을 보유하고, 전유부분 이외의 복도 엘리베이터, 녹지, 도로 주정차 면적 등 공유부분에 대해서는 다른 주택주와 함께 공유권과 공동관리의 권리를 보유한다고 규정하였다.

일조권(日照權)의 보호도 받게 되었다. 도시지역에서 고층빌딩의 건설 인구밀도의 증가에 따라 주변 주민의 권리를 보호하기 위해 인접 건물의 통풍, 채광, 일조권을 침해하는 건축행위를 규제했다.

---

28) 권용옥(2007), 중국의 물권법 제정과 그 사회적 영향, 「중국연구」 제40권, 294쪽.

4. <토지관리법>과 주택 문제

1) 토지 공유제

사회주의 시장경제는 현재 중국경제 시스템에 대한 통칭이다. 사회주의 시장경제 혹은 지금의 중국경제 특징이 무엇인지 딱 하나만 꼽으라면 '모든 토지의 소유는 국가가, 사용권은 개인에게'라고 할 수 있다. 먼저 한 나라 통치체제의 기본원칙을 정하는 최상위 법률인 중국 헌법을 보자. 중국 헌법은 가장 최근인 2018년 3월 11일 수정된 바 있다.[29)]

먼저 〈헌법〉 제15조는 '국가는 사회주의 시장경제를 실시한다'라고 천명하고 있다. 〈헌법〉 제6조는 '중국 사회주의 경제제도의 기초는 생산재료의 사회주의 공유제이며, 이는 전민소유제와 노동대중의 집체소유제이다'라고 천명하고 있다. 여기서 생산재료는 생산수단을 의미한다. 즉 생산에서 물질적 조건으로서 사용되는 것인, 도구·기계·노동력·건물 등 노동수단과, 토지·삼림·지하·매장물 등을 의미한다.

〈헌법〉 제10조는 보다 분명히 토지의 소유자가 누구인지 밝히고 있다. '도시의 토지는 국가소유이다. 농촌과 도시 교외지역의 토지는 법률규정에 의거 국가소유를 규정한 경우를 제외하고는 집체소유에 속한다.'라고 천명하고 있다.

토지 소유가 국가라면, 국가가 마음데로 징용하거나 징발할 수 있지 않겠느냐는 의문이 든다. 실제로 상황에 따라서는 유사한 사례가 발생하고 있다.

2004년 8월 28일 수정된 토지관리 관련 최상위법인 〈토지관리법〉 역시, 물론 '공공의 이익'이라는 단서조항을 달기는 했지만 분명하게 토지사용에 있어서 국가의 절대 우위권을 명시하고 있다.

즉 〈토지관리법〉 제2조는, '중국은 토지의 사회주의 공유제 즉 전민소유제와 노동대중 집단소유제를 실행한다. 전민 소유, 즉 국가가 소유한 토지의 소유권은 국무원이 국가를 대표하여 권한을 행사한다. 어떠한 단위나 개인도 토지를 침탈, 매매 또는 그 밖의 형식으로 불법양도할 수 없다. 국가는 공공이익의 필요에 의하여, 법에 따라 토지를 징수 혹은 징용할 수 있으며, 동시에 보상한다. 국가는 법에 따라 국유토지의 유상 사용제도를 실행한다. 그러나, 국가가 법률규정에 근거한 범위 내 징발한 국유토지 사용권은 예외로 한다.'라고 명시하고 있다.

두 법률을 다시 정리해 보면 이렇다. 토지는 국가소유다. 그러나 국가가 원하면 법률에 의거 개인이 사용하던 토지를 징수, 징용할 수 있다. 물론 보상은 해준다.

2) 주택의 사유화(1998)

중국에서 아파트를 돈을 주고 구매할 수 있을까? 물론 정답은 Yes이다. 그러나 이 질문을

29) 이번 수정 헌법(2018)의 특징은 ①공산당의 영도 강화, ②국가주석의 연임제한 철폐, ③구를 설치한 시의 지방입법권 인정, ④국가감찰위원회 신설 로 요약된다.

1998년에 받았다면, 정답은 No가 되어야 한다. 1998년까지 주택은 사고 팔수 있는 상품이 아니었다. 즉 국가 혹은 국유기업만 소유할 수 있었고, 국유기업은 소속 직원에게 임대를 해주는 물품이었기 때문이다. 물론 거주하는 직원은 소액의 임대료를 지불하고 퇴직 때까지 거주할 수 있었다. 이런 주택을 공팡(公房)이라고 불렀다. 즉 국가소유 주택이라는 뜻이다.

1994년 사회주의 시장경제를 표방한 중국정부는 경제 시스템을 점차 시장화 하기 시작한다. 드디어 1998년에 주택이 시장화 했다. 즉 주택도 사고 팔수 있도록 상품화 한 것이다. 먼저 공팡은 저리 대출금과 함께 살고 있는 직원에게 판매하였다. 그리고 거주연한, 재직기간 등 일정 조건이 충족되면 일반 상품처럼 타인에게 매매할 수 있도록 허용했다. 드디어 주택을 사고 팔수 있는 시대가 된 것이다. 이처럼 중국에서 주택에 대한 재산권을 행사할 수 있게 된 것은 지금으로부터 불과 20여년전에 일어난 일이다.

주택이 사유화 되었으니, 이제 건설회사들은 아파트를 지어서 팔수 있게 되었다. 이렇게 팔수 있는 아파트를 상품방(商品房)이라고 불렀다. 물론 1990년말까지도 주택시장이 활성화 될 수 없었다. 평생 임금을 모은 것보다 더 비싼 아파트를 덥썩 살 소비자는 많기 않았기 때문이다. 게다가 당시 중국의 아파트 분양제도는 100% 선시공, 후분양이었다. 중국정부가 주택제도를 개혁한 이유는 여러가지가 있지만 그중 하나는 주택시장 형성을 통한 경제 활성화였다. 주택시장이 생각만큼 활성화 되지 않자, 중국정부는 2000년초 주택대출제도를 도입한다. 이제 계약금 20%만 가지면 나머지는 주택담보 대출을 받아 아파트를 구매할 수 있게 되었다.

그 결과, 2002년부터 중국의 부동산 시장은 '폭발적'이라는 형용사 말고는 달리 묘사할 적당한 단어가 없게 되었다. 둘째가라면 서러울 천하의 장사꾼들인 중국 각지의 상인들이 부동산 투기에 뛰어 들었다. 게다가 지방정부는 이처럼 쉬운 돈벌이가 없다. 국가(지방정부)가 무상으로 소유하던 토지에 대한 사용권을 양도하여 개발상(디벨로퍼)에게 아파트를 짓게 하고, 지방정부 소속 건설사가 이를 건설한다. 지방소재 은행은 개발상에게 막대한 건설자금을 대출해주고, 또 주택을 사려는 소비자에게도 주택대출을 집행한다. 은행도 돈을 계속 벌 수 있다. 부동산 투자는 지방의 GDP를 확실하고도 신속하게 올려준다. 결국 부동산 공급은 계속 확대되어 지금까지 진행되고, 그 결과 다음에 소개할 '헝다 사태(2021)'를 야기하게 되었다.

3) 헝다 사태로 불거진 부동산 문제(2021)

허난성 출신 쉬자인(许家印. 1958년생) 회장이 설립한 헝다그룹은 부동산개발 사업으로 급성장하였다. 금융, 건강관리, 여행 등으로 사업을 확장하여 베이징, 상하이 등 139개 도시에서 부동산 프로젝트를 진행하며 업계 2위 규모이다. 쉬 회장은 무한철강학원을 졸업하고 1982년부터 허난성 무양철강 생산라인에서 근무하다가 1992년 광둥성 선전시 중달그룹으로 이직하면서 부동산을 처음 접하게 된다. 그가 헝다그룹을 만들고 부동산에 뛰어든 1996년 광둥성 광저우는 '사회주의 시장경제'가 본격 궤도에 오르면서 건설 광풍이 불던 시기였다. 그는 24년만에 헝다그룹을 2020년 말 기준 자산 및 부채 각각 2.3조 및 1.95조 위안 규모의 거대 기업으로 키워냈다.

2021년 9월 부도 위기설이 대두된 헝다그룹 등 중국 부동산 개발기업의 과도한 레버리지에 대한 우려는 이전부터 제기되어 왔다. 이에 중국 정부는 건전성 규제 등을 통해 디레버리징(부채축소)을 유도해왔다. 헝다그룹 사태는 부동산에 의존해 온 성장모델의 취약성, 누적된 부동산 개발기업의 과잉부채, 기업 한계를 초과한 정부의 규제가 동시에 맞물려 나타난 결과이다.

2008년 미국발 금융위기 이후 경기부양 수단으로써 인프라·건설 투자가 증가하였고, GDP 대비 부동산 부문 비중이 지속 상승해왔다. 투자의 GDP 성장 기여율이 연평균(2008년~2020년) 50%에 달했다. 결국 부동산 개발기업의 부채비율이 상승할 수밖에 없었고, 분양시장 둔화로 경영여건이 악화된 것이다. 부동산 개발기업의 부채비율은 396.5%로 제조업의 108.0%에 비해 높은 수준이며, 헝다그룹은 그중에서도 특히 높아 2021년 상반기에 478.4%를 기록했다.

설상가상 이러한 문제를 바로잡기 위한 중국정부의 강도 높은 규제는 헝다그룹에게 회복할 수 없는 타격이 되었다. 중국정부는 2020년부터 레드라인 규제를 통해 부동산 개발기업의 디레버리징을 유도했다. 2020년 8월 20일 공포된 기준을 보면, 부동산 개발기업은 ① 선수금을 제외한 자산부채율 70% 초과 금지, ② 순 부채율 100% 초과 금지, ③ 유동부채가 현금성 자산보다 배 이상 많아서는 안 된다. 헝다 그룹은 2020년 상반기에는 3개 모두를, 1년 후인 2021년 상반기에도 2개 기준을 위반한 것으로 드러났다.

주요 기관들은 헝다그룹의 디폴트가 발생하더라도 구조조정 과정에서 금융시스템 리스크로 확산될 가능성은 낮은 편이라고 본다. 이는 중국정부가 헝다그룹 상황이 구조적 위기로 확대되는 것을 막을 수 있는 정책 수단이 있기 때문이다. 긍정적인 시각의 근거는 헝다그룹 부실은 중국정부의 부동산 시장 규제로 촉발된 것으로 정부가 사전에 헝다그룹 사태가 미칠 영향을 고려했을 가능성을 들었다. 그 전제 조건은 헝다그룹의 자산 매각이 질서 있게 처리된다는 점이다. 그러나 이들도 헝다그룹의 디폴트 위기로 인한 투자심리 악화 및 단기적 시장 변동성 확대는 불가피할 것으로 예상했다.

헝다그룹 사태는 다음과 같은 방향으로 중국경제에 부정적 영향을 미칠 것으로 예상된다. 첫째, 부동산 관련 부문의 부진에 따라 건설투자를 중심으로 성장에 부정적인 영향이다. 헝다그룹 자산 중 미완공 주택(150만 가구)은 53.8%(1.28조위안)에 달하나 당국의 대응 기조를 감안할 때 주택시장 및 건설투자에 대한 영향은 제한적일 것이다. 둘째, 헝다그룹 및 관련업체의 보유자산 매각, 투자심리 위축 등이 소비심리에 영향을 미쳐 소비 회복세 지연을 초래할 수 있다. 부동산 경기 부진으로 지방정부의 주요 재원인 토지사용권 판매수입이 줄어들어 재정악화 요인으로 작용할 수 있다. 다만, 관리 가능한 부실채권 규모, 정부의 금융시장 통제력을 감안할 때 금융위기로 이어질 가능성은 높지 않다. 헝다그룹 차입금(금융부채) 규모(5,718억위안, 2021.6월)는 금융기관 전체 대출(193.9조위안, 8월)의 약 0.3%로 감내 가능한 수준으로 평가되기 때문이다.[30)]

[사진 1-3] 헝다 그룹

자료: 헝다그룹 홈 페이지 (www.evergrande.com)

5. 중국 민법전에 포함된 물권법

2021년 1월 1일부로 중국 최초로 시행된 민법전(中华人民共和国民法典)은 1954년에 최초 입법준비가 개시된 후 2020년 5월 28일에 제13회 전인대 3차회의에서 통과됐다. 전(典)은 여러 가지 규범을 한데 모았다는 의미를 가지고 있다. 이에 따라 기존 물권법 외에도 혼인법, 상속법, 민법통칙, 입양법, 담보법, 계약법, 권리침해책임법, 민법총칙은 폐지되었고, 새롭게 구성된 민법전에 편입되었다. 민법전은 총칙편, 물권편, 계약편, 인격권편, 혼인가정편, 상속편, 권리침해책임편의 총 7편으로 구성돼 있으며 부칙으로 모두 84장, 1260조로 구성돼 있다.

민법전에 새롭게 편입된 물권편(2021)이 이전의 물권법(2007)과 달라진 내용은 다음과 같다.

1) 부동산이나 동산 징용 사유에 전염병 예방과 통제 추가

긴급 재난 구조, 전염병 예방과 통제 등 긴급 수요에 따라 법정 권한과 절차에 따라 조직이나 개인의 부동산이나 동산을 징용할 수 있다. 징용한 부동산 또는 동산을 사용한 후 피징용자에게 반환해야 한다. 조직 및 개인의 부동산 또는 동산이 징용되거나 징용된 후 훼손, 멸실된 경우에는 보상해야 한다.

30) 김동하(2021.10.29), CSF 전문가 오피니언, 최근 중국 경제의 리스크 요인 분석과 시사점. KIEP.

2) 주택토지사용권 자동연장 규칙 강화

기존 '물권법'은 주택 토지사용기한을 최장 70년으로 규정하고 계속해 사용할 경우 다시 계약을 체결하고 비용을 납부해야 한다고 규정돼 있으나, 민법전은 주택건설용지 사용권이 만기되면 자동적으로 연기된다고 개정했다. 이는 주택재산권자의 합법적 권익을 보호하는데 유리하다. 단, 납부 비용, 납부 여부 등 관련 문제점은 민법전이 단독 법률과 행정법규에 사후 규정하도록 권한을 부여했다.

3) 거주권 규정 추가

'거주권'이라는 신형의 용익물권을 추가하고 거주권은 무상 설정을 원칙으로 한다고 명시했다. 거주권자는 계약 약정이나 유서에 따라 등기하고 타인의 주택을 점유, 사용해 안정된 생활거주수요를 만족시킬 권리가 있다.

4) 동산질권과 권리질권 등록제도의 통일적인 관리 추세

≪물권법≫ 중의 동산질권과 권리질권의 구체적 등기기구의 내용을 삭제함으로써 앞으로 통일적인 동산질권과 권리질권 등기제도를 구축하는데 여유를 남겨뒀다.

5) 담보계약의 범위 확대

비즈니스 환경에 최적화된 법적 보장을 확보하기 위해 현행 물권법 규정을 기반으로 담보물권 제도를 보완하고 융자 대여, 팩토링, 소유권 보류 등 전형적인 담보 계약이 아닌 담보 기능을 명시했다. 담보물권을 설정할 경우, 민법전 및 기타 법률 규정에 따라 담보계약을 체결해야 한다. 담보계약에는 저당계약, 질권계약 및 기타 담보기능이 있는 계약이 포함된다. 담보계약은 주채권채무계약의 종속계약이다. 주채권채무계약이 무효하면 담보계약도 무효하다. 단, 법률에 별도의 규정이 있으면 제외된다.[31]

31) KOTRA 해외시장뉴스(2020.11.24), 중국 최초의 민법전, 2021년 1월 1일부 시행, 중국 난징무역관 왕레이, 주경희 변호사 대성법률사무소.

[주요 용어]

계획경제, 구매권, 주보론, 상품경제론, 증량개혁, 사회주의 시장경제, 시장경제지위(MES), 물권법, 토지공유제, 평균주의, 조롱(鳥籠)경제, 독립채산제, 공사합영경제(기업), 압력형 경제·흡입형 경제, 주택건설용지, 담보물권, 저당권, 질권, 농가택지, 농촌집체토지, 민법전

[연습문제]

1. 중국 계획경제의 특징을 서술할 것.
2. 1차 5개년 경제개발계획 기간(1953~1957년) 중국 계획관리 체계의 특징을 설명할 것.
3. 1984년, 중국에서 상품경제론이 대두된 배경을 설명하시요.
4. 상품경제론의 특징을 계획경제와 비교하여 서술하시요.
5. 1993년, 중국 공산당이 제시한 '사회주의 시장경제'의 주요 원칙을 설명하시요.
6. 1992~1994년간 사회주의 시장경제에서 명시한 소유제 구조의 특징은 어디에 있는가?
7. 서방국가들이 중국을 시장경제(Market Economy)로 보는데 주저하는 이유를 헤리티지재단의 경제자유화지수 항목을 중심으로 설명하시요.
8. 〈물권법〉 제정 의의를 토지공유제와 관계지어 설명하시요.
9. 〈물권법〉에서 주택건설용지, 공업용지, 상업용지에 대한 토지사용권 기한을 각기 다르게 규정한 이유와 배경은 무엇인가?
10. 〈물권법〉 제정으로 기업과 개인이 받을 영향을 설명하시요.
11. 1998년, 중국의 주택의 시장화 조치에 대해서 설명하고, 그에 따른 부동산시장에서의 영향에 대해 서술하시오.

제2장 중국 금융구조

제1절 중국 은행구조

1. 중국 금융제도의 특징

新중국이 수립된 1949년 이후부터 개혁·개방이 시작된 1978년 이전까지 유지되어온 전통적 사회주의체제는 생산수단의 국유화, 수익창출을 위한 생산활동 억제, 시장교환과 화폐사용의 최소화 등으로 특징지을 수 있다. 이러한 정치제도적 기틀을 바탕으로, 금융부문은 단순히 중앙집권적 계획경제의 자금전달 창구로 머물렀다. 이는 개방경제하 금융부분의 고유기능인 신용배분과 위험관리와 동떨어진 역할이었다.

1978년 개혁개방 정책의 개시와 함께 전통적인 사회주의 계획경제체제에서 벗어나 자본주의적 시장경제 요소를 도입하기 시작하면서 금융개혁이 실시되었다. 이에 따라 은행제도의 조직체계가 바뀌고, 새로운 형태의 금융기관이 등장하였다. 그 결과, 체계적인 금융제도가 구축되기 시작하였으며, 이러한 역사적 배경을 바탕으로 발달한 중국의 금융제도는 다음과 같은 특징을 가지고 있다.

1) 정부 소유의 금융기관

국유 금융기관이 과점체제를 유지하고 있어 은행·증권·보험·투자신탁 등 각 영역에서 국유금융기관이 시장을 주도적으로 장악하고 있다. 먼저 은행의 경우, 점차적으로 과점체제가 약화되는 추세이나 Big4로 불리우는 4대 국유상업은행(중국은행, 농업은행, 건설은행, 공상은행)이 전체 은행 자산의 52%를 보유하고 있다.

보험업 역시 Big3로 통칭되는 국유생명보험인 中國人壽(China Life), 太平洋人壽(China Pacific Insurance), 平安人壽(Ping An Insurance)가 시장 점유율 77%를 점유하고 있다. 손해보험 Big 3는 中國人保(PICC), 太平洋, 平安 등 3사가 78%를 차지하고 있다. 또한 증권회사의 경우에도 국유증권회사가 비교적 높은 시장점유율을 나타내고 있다.[32]

---

32) 이창영(2008), 중국 금융산업 현황과 유망분야에 대한 진출전략, 「한중사회과학연구」 제6권 제2호, 133쪽.

2) 금리규제

중국은 이자율을 엄격히 통제하기 때문에 경제성장률에 비하여 현저히 낮은 이자율 수준이 장기간 지속되고 있으며, 이에 따라 상당기간 마이너스 실질 이자율을 기록하고 있다. 2007년의 경우를 보면, 물가상승율은 4.8%였던데 반해, 1년제 정기예금이율은 4.14%에 불과하여, -0.66% 포인트의 마이너스 이자율을 나타낸 바 있다.

그 이유중 하나는 만약 금리를 인상할 경우, 미국과의 금리차가 더욱 벌어져 핫머니 유입이 가속화되고, 효율성이 낮은 국유기업에 심각한 부담이 되어 금융기관 부실채권을 발생시킬 우려가 있기 때문이다. 이에 따라 은행권의 예금이 보다 높은 수익을 쫓아 부동산 투자와 증권(주식)시장으로 이탈하는 추세가 매년 반복적으로 나타나고 있다.

2012년 6월 7일, 인민은행이 3년반 만에 기준금리 인하를 단행했다. 인민은행은 6월 8일부터 예금금리와 대출금리를 각각 0.25%포인트씩 인하했다. 이에 따라 1년 만기 대출금리는 기존의 6.56%에서 6.31%로, 1년 만기 예금금리는 3.50%에서 3.25%로 각각 25bp(0.25%. 1base point=0.01%) 낮췄다. 또한 인민은행은 금융기관이 기준금리를 기준으로 적용하는 대출금리 하한을 기존의 0.9배에서 0.8배로 낮췄고, 예금금리 상한은 1.1배로 결정했다.

중국이 기준금리를 내린 것은 2008년 12월 말 0.27% 포인트 인하한 이래 3년반 만이다. 이후 금융당국은 통화긴축의 고삐를 죄며 다섯 차례 0.25%포인트씩 금리인상을 단행했다. 그러나 2011년말부터 통화 긴축기조를 완화하며 세 차례 지급준비율을 인하한 바 있다. 금융당국이 기준금리를 인하한 것은 최근들어 중국경제 성장둔화세가 뚜렷해지고 있기 때문이다.

반면, 전병서 중국금융경제연구소장은 이번 금리인하를 '금리 자유화의 시발점'으로 보았다. 중국 규정상 대출은 예금의 75% 안에서만 할 수 있고 실제로는 70% 밑으로 운영된다. 따라서 예대금리를 같이 내리면 예금과 대출이 함께 줄어든다. 따라서 이번 예대금리 동시인하는 경기부양책이 아니라 금리 자유화의 시발점으로 봐야 한다는 주장이다. 금리를 낮추면서 당국은 은행이 예금금리는 기준금리 위 10%, 대출금리는 아래로 20% 안에서 자유롭게 정하도록 했다. 중국은 최근 글로벌 경제위기를 위안화를 국제화할 절호의 기회로 보고 있다. 이미 2012년 6월부터 일본과의 무역대금 결제를 위안화로 하기 시작했다. 즉, 자본시장 개방에 앞서 금리 자유화를 하려는 것이다.[33]

2015년 10월 24일, 드디어 중국정부는 금리 자유화를 선언한다. 즉 상업은행에 대한 예금금리 상한선을 폐지한 것이다. 인민은행은 기준금리를 0.25% 포인트, 은행 지급준비율을 0.5% 포인트 내린다고 발표하면서 금리 자유화 조치도 함께 취했다. 마쥔(馬駿) 인민은행 수석 이코노미스트는 예금금리에 대한 상한선 폐지가 금리 시장화의 중요한 이정표라고 평가했다. 이번 금리 자유화

33) 중앙일보(2012.6.18)

조치는 2013년 7월 대출금리 하한선 폐지에 이은 것이다. 중국 당국은 은행들이 예금금리를 그동안 기준금리의 1.5배까지 올릴 수 있도록 허용해왔다. 인민은행은 2년 전 대출금리 자유화를 단행하면서 예금금리 자유화는 금리 개혁에서 위험이 가장 큰 단계라고 밝혔다. 이번 예금금리 상한선 폐지 의미가 적지 않은 이유다.[34)]

인민은행은 금리자유화는 신·구 성장동력이 교체하는 중요한 단계에 시장이 자원 배분의 결정적 역할을 하도록 해 경제의 성장 방식 전환을 촉진할 것이라고 논평했다. 인민은행은 동시에 예금금리 상승 압력을 줄이는 노력을 해왔다. 2014년 11월 이후 이번까지 6차례 금리를 내리면서 예금금리 상한선을 확대한 게 대표적이다. 또한 2015년 8월 금리와 은행 지준율을 동시에 낮추면서 1년이 넘는 중장기 예금금리에 대해 상한선을 폐지한 게 대표적이다. 2015년 5월에 예금보험제도를 시행하고, 6월 거액 양도성예금증서(CD) 발행을 허용한 것도 금리자유화를 위한 정지 작업이었다.

2019년 8월 17일, 인민은행은 LPR(Loan Prime Rate. 대출우대금리. 贷款市场报价利率) 제도 도입했다. LPR은 인민은행의 기존 대출기준금리를 대신하고 있다. 중국 내 18개 시중은행이 제출한 금리에서 최고 최저치를 제외한 수치를 산술 평균을 내서 구하는 방식으로 LPR이 결정된다. 이러한 배경으로 중국 금융계에서는 LPR을 사실상 인민은행의 금리 기준으로 본다. 2022년 1월 20일 기준 중국의 LPR은 3.7%를 기록하고 있다.

[표 2-1] 중국의 금융기관 예대 기준금리 및 LPR 추이

시행일	2008.11.27	12.23	2010.10.20	12.26	2011.2.9	4.6	7.7
대출(1년)	5.58	5.31	5.56	5.81	6.06	6.31	6.56
예금(1년)	2.52	2.25	2.50	2.75	3.00	3.25	3.50
시행일	2012.6.8	2012.7.6	2014.11.21	2015.3.1	5.11	6.28	10.24
대출(1년)	6.31	6.0	5.6	5.35	5.10	4.85	4.35
예금(1년)	3.25	3.0	2.75	2.5	2.25	2.00	1.5
LPR (대출우대금리)	2019.9	2019.11	2020.2	2020.4	2021.12.20	2022.1.20	
대출(1년)	4.2	4.15	4.05	3.85	3.8	3.7	

자료: 한국은행 북경사무소(2012) China Weekly (2012.6.11.), ChosunBiz (2015.10.24.), 인민은행(2022.1).

34) 조선일보 (2015.10.24)

[표 2-2] 중국 금리의 자유화 및 금융 개방 과정 (2004년 이후)

기간	세부 내용
2004.1	대출금리 상한선 기준금리 1.7배, 하한선 0.9배로 확대
2004.10	대출금리 상한선 폐지
2007	개인 외화 매입 한도액 5만달러 설정
2012.6	대출금리 하한선 기준금리 0.8배로 확대
2012.7	대출금리 하한선 기준금리 0.7배로 확대
2013.7.30	대출금리 자유화 (하한선 폐지)
2014.11.22.	예금금리 상한선 확대(예금기준금리의 1.1배 → 1.2배)
2015.3.1	예금금리 상한선 확대(예금기준금리의 1.2배 → 1.3배)
2015.5.1	예금자 보호제도 시행 (50만 위안)
2015.5.11	예금금리 상한선 확대(예금기준금리의 1.3배 → 1.5배)
2015.6.2	거액 양도성 예금증서(CD) 발행 허용
2015.8.25	1년 이상 정기예금금리에 대한 상한선 폐지
2015.10.8	위안화 국제결제시스템(CIPS) 공식 운영
2015.10.9	4/4분기부터 매주 3개월 만기 할인국채 발행 결정
2015.10.24	상업은행과 농촌금융기관에 예금금리 상한선 관리규제 폐지
2015.10.30	상하이 자유무역구에서 자본계정의 위안화 자유태환 허용
2015.11.4	외국 중앙은행의 중국 본토 은행에 외화 전용계정 설립 허용
2019.8.17	LPR(Loan Prime Rate. 대출우대금리. 贷款市场报价利率) 도입. 인민은행의 대출기준금리를 대신함. 18개 시중은행이 제출한 금리에서 최고 최저치를 제외한 수치를 산술 평균을 내서 구하는 방식으로 금리가 결정됨.

자료: 「중국경제론(2판)」(2015), 인민은행 공개자료 종합(2021.2).

3) 은행 중심의 금융제도

금융제도는 직접금융과 간접금융의 상대적 중요성을 기준으로 시장중심 금융제도(market-based financial system)와 은행중심 금융제도(bank-based financial system)로 분류된다.

직접금융은 자금의 공급자와 수요자가 계약 당사자로써 직접 금융거래를 하는 것을 의미하며, 간접금융은 금융회사가 자금 공급자와 수요자를 대신하여 계약의 일방이 됨으로써 이들을 연결하는 금융형태를 말한다. 대표적인 직접금융수단으로는 회사가 자기 신용에 근거하여 직접발행하는 회사채를 들 수 있다. 대표적인 간접금융수단으로는 은행 대출을 들 수 있는데, 즉 은행이 예금 등을 통하여 자금 공급자(예를 들면 개인)로부터 조달한 자금을 대출계약을 통해 자금 수요자(기업 등)에게 공급하는 것이다.

시장중심의 금융제도에서는 주식과 채권이 거래되는 자본시장이 중요한 역할을 하며, 은행중심 금융제도에서는 은행이 중추적인 기능을 한다. 중국은 아직도 은행중심, 간접금융 중심의 금융제도를 보유하고 있다. 시장중심 금융제도가 발달한 나라로는 미국과 영국을, 은행중심 금융제도가 발달한 나라로는 독일과 일본을 들 수 있을 것이다.[35)]

많은 아시아권 국가들이 그렇듯이 중국은 특히 간접금융에 대한 의존도가 지나치게 높다. 2005년 하반기 이후 약 2년간 중국 주식시장이 최대 활황을 보였지만, 주식시장을 통한 자금조달 총액은 금융기관 대출총액에 비하면 극히 미미한 수준을 나타내고 있다. 즉 은행여신이 82%인데 반해, 주식발행은 5.6%, 채권발행 12.4%에 불과하다(2006년 12월 기준). 그러나 국유은행 및 우량 대기업의 지속적인 상장으로 직접금융이 지속적으로 확대되고 있다.

실제 2007년 1~11월 중 상해증권거래소를 통한 신규 주식상장 조달 자금액은 약 536억 달러로 추계되며, 이는 뉴욕, 런던시장을 추월하여 세계 1위를 차지하고 있다.

은행업은 중국의 전체 금융시장에서 가장 큰 비중을 차지하고 있는데, 2010년 기준으로 실물부문의 전체 자금조달 중 은행대출에 의한 간접금융 비중은 75.2%에 달해 은행부문 의존도가 여전히 매우 높다.

2000년대 후반에 회사채 발행을 통한 자금조달 비중이 꾸준히 증가하여 은행대출 비중이 감소 추세에 있기는 하지만 여전히 매우 높은 수준이다. 또한 은행부문의 총자산이 중국내 금융기관 총자산의 90%를 상회하는 등 아직까지 중국의 금융산업은 주로 은행업을 위주로 한 발달단계에 있다고 할 수 있다. 2000년대 이후 은행산업은 중국정부의 부실자산 정리, 추가 자본투입, 기업공개, 해외투자 유치 등 지속적인 구조조정 결과, 양적으로나 질적으로 모두 양호한 성장을 기록하고 있다.

[그림 2-1] 중국의 은행 체계

· 중국의 은행 체계

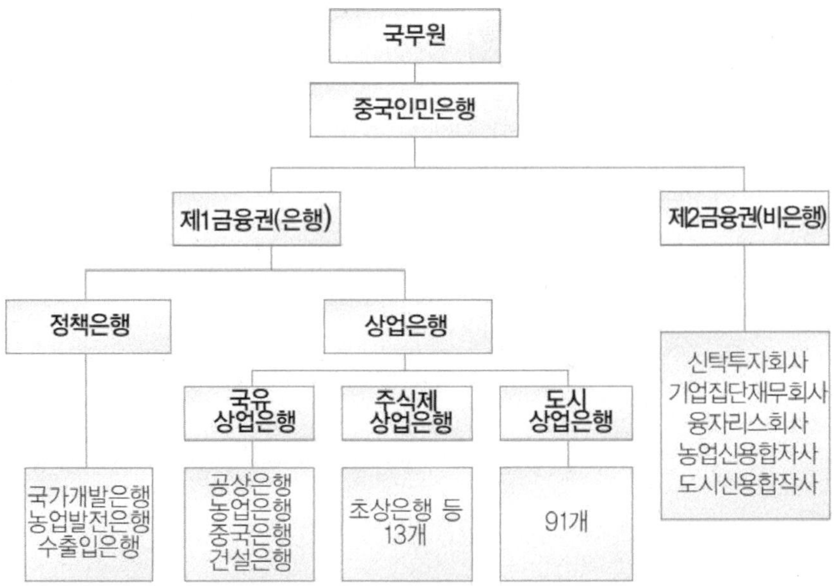

주: 2005년부터 인민은행은 국유상업은행에 교통은행을 포함하여 관리·감독하고 있다.

35) 이창영(2009), 『중국의 금융제도』, 한국금융연수원, 9쪽.

4) 분업주의(전업주의) 채택

금융제도는 금융회사의 업무영역을 제한하는 정도에 따라 분업주의(전업주의) 제도(specialized banking system)와 겸업주의 제도(universal banking system)로 분류된다. 분업주의 금융제도에서는 금융회사가 은행, 증권, 보험 등 여러 금융서비스를 함께 취급할 수 가 없으며, 각 금융서비스는 해당 금융회사에 의해서만 제공될 수 있다. 반면, 겸업주의 금융제도에서는 이러한 제한이 없을 뿐만 아니라 이사회 활동 등을 통해 비금융기업의 경영참여가 허용되기도 한다.

각 제도에는 장단점이 상존하는데, 먼저 겸업주의의 경우, 이익상충 문제를 단점으로 들 수 있다. 즉, 금융회사가 여러 고객과 거래하면서 한 고객의 이익을 위하여 다른 고객을 희생시키거나 고객의 이익보다 금융회사 자신의 이익을 위해 거래하는 것을 말한다.

또한 겸업 금융회사는 그렇지 않는 회사보다 규모가 크기 때문에 경영부실에 빠질 경우, 해당 도시나 해당 국가 전체의 금융 시스템이 불안해지는 단점도 있다. 실제 해당 겸업 금융사가 은행업무와 증권 업무를 동시에 수행할 경우, 위험성이 높은 증권업무에서 생성된 부실채권 리스크가 건전한 은행 부문으로 전이되어 전체 금융사가 위험에 빠질 수 있다.

겸업 금융회사의 장점은 정보생산의 우월성을 기반으로 고객에게 다양한 금융 서비스를 제공할 수 있는 역량을 들 수 있다. 또한 은행과 증권업무를 모두 가지고 있는 겸업 금융사는 주 고객인 기업의 발전단계에 따라 대출(은행)에서 상장(증권)까지 단계별로 최적화된 서비스를 제공할 수 있다. 또한 한 회사가 동일한 고객에 대해 다양한 서비스를 제공하는데 따른 정보조사비용, 마케팅 비용, 소비자 탐색비용 등을 절감하는 장점도 있다.

1990년대 이후 세계 각국은 업무영역 규제를 완화하는 방향으로 분업주의에서 겸업주의 방향으로 발전해 왔다. 그러나 2008년말 미국발 금융위기와 이어진 EU의 재정위기로 인해, 대표적으로 겸업주의를 표방하던 미국에서부터 근본적인 변화를 모색하고 있다.

중국의 금융기관 업무는 철저한 분업주의를 채택하고 있기 때문에 기본적으로 은행, 증권, 보험회사는 업무상 겸업이 금지되어 있고, 금융지주회사를 통한 광의의 겸업은 허용하고 있다.

따라서 WTO 가입 및 개방으로 진입하는 겸업화 외자은행과의 경쟁에서 불리한 처지에 놓여 있다. 이러한 분업경영으로 감독기관도 은행, 증권, 보험별로 분리 설립되어 있다.

위 〈그림〉은 중국 금융시장 관련 법률 및 감독체계를 보여주고 있다. 중국이 분업주의를 채택하고 있음에 따라 법률체계 및 감독기구 역시, 은행·증권·보험 등으로 관련 법률·법규와 감독기구가 나누어져 있음을 알 수 있다. 2018년 3월에는 기존 은행감독관리위원회와 보험감독관리위원회를 통합하여 중국은행보험감독관리위원회(中国银行保险监督管理委员会)가 출범 하였다.

[그림 2-2] 중국 금융시장 관련 법률 및 감독체계

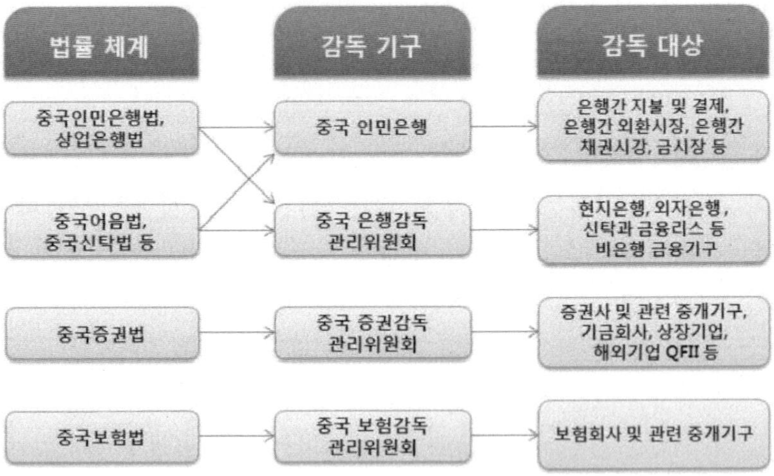

주: 2018년 3월 은행감독관리위원회와 보험감독관리위원회를 합병하여 중국은행보험감독관리위원회를 출범시킴.

[키워드] 위안화, 인민폐

중국의 법정화폐는 그 명칭이 런민비(人民幣)로 중국 내에서 호칭된다. 런민비의 중국어 발음표기법은 'Ren Min Bi'. 따라서 약칭으로 RMB로 표기되기도 한다. 국제표준화기구(ISO)가 정한 ISO4217(통화코드)에 따르면 런민비는 CNY 이며, 이는 'China Yuan'에 근거한 것이다. Yuan은 중국어 위안(元)의 발음 표기이며, 런민비의 통화 단위이다. 또한 숫자 앞에 쓸 때는 기호로 Yuan의 Y자에 통화를 뜻하는 가로선 두 개를 넣어 ¥로 표기하기도 하는데, 이는 일본 엔화 표기와 같아 혼란을 야기하기도 한다. 국내 언론에서는 위안화, 런민비, 인민폐 등으로 표기하는데, 본고에서는 위안화로 표기했다.

2. 은행업 현황

1) 은행업 구조

가. 국유상업은행

1979~1984년간 개혁개방에 따른 현실적 필요에 따라 국유상업은행이 잇따라 설립되었다. 1979년에 중국농업은행(中國農業銀行), 1980년 중국은행(中國銀行), 1981년 중국건설은행(中國建設銀行), 1984년에 중국공상은행(中國工商銀行) 등 현재 중국을 대표하는 4대 은행(Big 4)이 이때 탄생하였다.

중국 은행업 법인기관수는 2008년을 기준으로 5, 634개, 영업지점 19.3만개, 종업원이 271.9만명이고, 법인수는 2007년에 비해 37.2% 감소하였다. 이는 중국정부가 꾸준히 은행업 구조조정에 나서고 있음을 보여주는 방증이다.

중국의 은행업은 1980년 중반까지만 해도 사실 4대 국유상업은행으로 구성된 매우 단순한 구조였다. 1994년 3대 정책은행을 설립하여 국유상업은행들이 맡아온 정책업무를 이관하기 전까지 4대 국유상업은행들은 이름 그대로 각각의 업무 영역이 전문화 된 전업은행(專業銀行)으로서 국유기업에 대한 정부의 지원을 전달하는 창구역할을 해 왔다. 현재에도 정부의 금융제도에 대한 규제는 주로 국유상업은행을 통해 이루어지고, 금리규제와 차별적 신용배분으로 특징되는 금융압박도 주로 국유상업은행을 대상으로 이루어진다.

이들 4대 국유상업은행의 자산규모는 2010년말 기준으로 GDP의 1.18배, 주식시장 시가총액의 1.2배, 채권시장의 2.3배로 압도적이다. 또한 2010년말 기준 4대 국유상업은행이 중국의 총대출에서 차지하는 비중은 36%로, 신규대출의 경우 4대 은행의 비중은 오히려 지속적으로 증가하고 있는 상황을 나타내고 있다.

이들 4대 국유상업은행은 2005년 10월, 건설은행의 홍콩증시 상장을 시작으로 모두 홍콩 및 상하이 증시에 상장됨으로써 지분구조 다양화를 위한 1차적인 소유권 개혁을 완결한 바 있다. 그럼에도 불구하고 정부의 영향력은 절대적이다.

중국은행과 농업은행의 경우, 국부펀드인 CIC의 자회사인 중앙회금투자유한공사(中央汇金投资有限责任公司)가 대주주(중국은행 지분 96%, 농업은행 지분 44%)이며, 건설은행과 공상은행 역시 중앙정부의 통제를 받는 국유기업들이 경영권 확보가 가능한 수준의 주식을 보유하고 있다.

[표 2-3] 중국 주요 상업은행의 증시 상장 현황

구분	상장 시기		공모규모 (억달러)
	홍콩 증권거래소	상하이 증권거래소	
교통은행	2005.06	-	21.6
건설은행	2005.10	-	92.2
중국은행	2006.06	2006.07	132.5
초상은행	2006.09	-	26.6
공상은행	2006.10	2006.10 (동시상장)	191.0
농업은행	2010.07.06	2010.07.06 (동시상장)	192.1

자료: 중국내 언론 및 각사 홈 페이지 종합 (2012.4)

나. 정책은행

국가개발은행(國家開發銀行), 중국농업발전은행(中國農業發展銀行), 중국수출입은행(中國進出口銀行) 등 3대 정책은행(Policy Banks)들은 국유상업은행의 정책성 업무와 상업성 업무를 분리하기 위해 1994년에 설립한 국가소유의 특수은행이다.

이중 국가개발은행은 한국의 산업은행과 비슷한 성격이다. 사회간접자본(SOC), 중점건설사업, 신생 유망산업 등을 망라하는 국가 전략산업에 집중적으로 투자하며, 자금의 대부분을 재정자금(국가예산)과 장기 금융채의 발행을 통하여 조달하고 있다.

먼저 국가개발은행은 중국정부 산하 개발금융 취급은행으로 정부의 정책금융을 취급하여 왔다. 주로 사회기반시설(SOC)의 건설과 기초산업, 핵심산업, 전략산업 및 하이테크산업 등에 자금을 공급하였다. 또한 국가정책에서 우선순위가 있는 산업과 중소기업의 성장에 중점 지원하였다. 수출입은행은 인민은행의 100% 출자로 설립되었으며, 중국정부 산하 수출신용 제공기관으로 자금조달은 주로 금융채 발행이나 국제금융시장을 통하고 있다. 주요 업무는 기계전력 생산품 및 플랜트 수출관련 무역금융지원, 기계전력부문 지원대출, 수출신용보험 및 담보업무 등이다. 실제 본고 제5장에서 소개한 '신국가자본주의'에 등장하는 수출입은행을 보면 그 역할을 잘 알 수 있다.[36)]

농업발전은행은 중국농업은행으로부터 정책대출 기능을 인수받아 설립되었다. 대출자금은 주로 인민은행에서 차입이나 금융채 발행을 통해 조달한다. 식량, 면화, 유류, 육류, 사탕 등 주요 농산품에 대한 국가의 비축·구매자금 대출, 농업종합개발 대출, 농림수산업에 대한 인프라건설 및 기술발전 관련 대출을 주요 업무로 하고 있다.

다. 주식제 상업은행

1986년부터 중국정부는 주식제 상업은행(Joint-Stock Commercial Bank)을 설립하여, 금융제도 보완에 나서게 된다. 개혁개방 이전 중국의 금융제도는 중앙은행인 인민은행이 상업은행 기능까지 담당하는 단일 은행제도(mono-banking system)였다. 그러나 개혁개방 이후 순차적으로 추진된 금융개혁으로 다수의 상업적 금융기관이 설립되면서 상업은행의 기능이 인민은행으로부터 분리되는 이원적 은행체제(two-tier banking system)가 출범했다.

이 과정에서 1984년까지 중국의 대표 은행인 4대 국유상업은행이 탄생했지만 이 은행만으로는 자금배분 기능을 효율화하는데 한계가 있었다. 이러한 문제점을 해결하고 자본주의 금융제도를 구축하기 위해 주식제 상업은행을 설립하였다.

주식제 상업은행은 금융산업 경쟁과 상업적 영업활동 촉진을 목적으로 1986년부터 1996년까지 모두 10개가 설립 되었다. 주식제 상업은행의 지분은 대부분 정부가 보유하고 있지만 '민생은행, '초상은행'처럼, 민간주주, 해외전략 투자자가 대주주인 은행도 있다.

---

36) 2009년 8월말에 이란 NITC사는 12척의 초대형유조선(VLCC)을 발주했다. 한국과 중국기업이 막판 수주전을 벌였으나, 12척 모두 중국업체가 수주했다. '선주에 배 값의 90%를 융자해 주겠다'는 파격적인 조건 때문이었다. 미국발 경제위기로 선박금융이 얼어붙은 상황에서 배 값(1척당 약1억 달러)의 90%를 빌려주겠다고 나선 곳은 바로 중국수출입은행이었다. 이 은행은 2008년 4월 자국 조선업계에 1600억 위안(약 27.2조원)을 지원키로 했고, 그중 일부가 이란 배 수주전에 사용됐다. (중앙일보. 2009.12.1)

2010년말 기준으로 주식제 상업은행은 모두 13개로 늘어났는데, 교통은행(交通银行), 중신은행(中信银行), 광대은행(中国光大银行), 화하은행(华夏银行), 광동발전은행(广发银行), 심천개발은행(深圳发展银行), 초상은행(招商银行), 상해포동개발은행(上海浦东发展银行), 흥업은행(兴业银行), 민생은행(中国民生银行), 절상은행(浙商银行), 항풍은행(恒丰银行), 발해은행(渤海银行) 등이 이들이다.

단 교통은행은 2005년 홍콩상장에 따라 5대 국유상업은행에 포함되게 된다. 2006년 5월 16일, 금감위는 <국유상업은행공사 처리 및 관련감독관리 가이드>를 공포하며, 정식으로 교통은행을 '국유상업은행'에 포함시켰다. 이는 기존 4개 국유상업은행(Big4)과 동일한 기준으로 관리·감독을 하겠다는 의미이다. 교통은행은 홍콩상장에 따라 중앙정부 부처인 재정부가 1대주주로 등장하였으며, 자산 역시 1조위안을 초과하여 '국유상업은행' 범주에 포함되게 된 것이다.

라. 도시상업은행

도시상업은행(城市商业银行)은 1990년대 중반 도시신용합작사들이 경영난에 직면하자 구조조정차원에서 1995년부터 동일한 지역이나 시에 위치한 수십 개의 도시신용합작사들을 합병하면서 탄생한 것이다. 이들 은행의 대주주는 해당지역 지방정부인 경우가 대다수이며, 따라서 은행영업에 있어서도 적지 않은 영향력을 행사하고 있다. 도시상업은행은 주식제 상업은행에 비해서 규모가 작고 지점수가 적으며, 경영범위가 제한되어 있는 특징을 가지고 있다. 2011년 9월말 기준으로 중국에 모두 138개의 도시상업은행이 있으며, 주요 은행을 보면 다음과 같다.

북경은행(北京银行), 상해은행(上海银行), 남경은행(南京银行), 영파은행(宁波银行), 평안은행(平安银行 이전 深圳市商业银行), 휘상은행(徽商银行), 강소은행(江苏银行), 길림은행(吉林银行), 장안은행(长安银行) 용강은행(龙江银行), 화융상강은행(华融湘江银行), 호북은행(湖北银行), 동영시상업은행(东营市商业银行), 포상은행(包商银行) 등이다.

마. 농촌상업은행

농촌지역에는 농촌상업은행(农村商业银行 Rural Commercial Bank)과 농촌합작은행(农村合作银行 Rural Cooperative Bank)이 있는데, 전자는 지역 내 농민, 농촌 공상호, 기업법인과 기타 경제조직이 공동으로 투자하여 형성된 주식제 지역금융기관이다. 농촌상업은행은 도시상업은행과 달리 농촌경제 활성화를 위해 만든 단순 여수신 업무 위주의 소규모 은행으로 2011년말 현재 155개가 설립되어 있다. 북경에 있는 北京农商银行(옛 北京农村商业银行), 상해의 上海农村商业银行, 중경시의 重庆农村商业银行, 천진시의 天津农村商业银行(옛天津农村合作银行), 天津滨海农村商业银行, 광동성의 深圳农村商业银行, 广州农村商业银行 등을 들 수 있다. 이들은 비은행 금융기관인 농촌신용합작사를 토대로 설립된 경우가 많으며, 이들 중 일부는 후자인 농촌합작은행으로 발전하기도 했다.

농촌합작은행은 2011년말 현재 210개가 있으며, 규모가 커진 농촌신용합작사가 〈상업은행법〉 규정에 따라 은행업을 영위하기 위하여 법인체로 경영 체제를 전환한 금융기관으로 이해할 수 있다.

바. 기타 금융기관

그 밖에 비은행금융기관으로는 합작사 금융기관(농촌신용합작사, 도시신용합작사), 신탁투자공사, 융자리스공사(金融租賃公司), 기업집단재무공사 등이 있다.

도시신용합작사(城市信用合作社 Urban credit cooperative)는 상술한 도시상업은행으로 많은 수가 전환되어, 현재 22개사에 불과하다. 반면에 농촌신용합작사(农村信用合作社 Rural credit cooperatives)는 개인의 투자를 기초로 형성된 합자금융기관으로 현재까지도 4,965개사가 존재하며 여전히 소규모 농촌 금융의 근간을 담당하고 있다.

사. 외자계 은행

1979년 일본수출입은행이 베이징에 대표처를 설립하면서 외자은행의 중국 금융시장 진출이 시작되었다. 이후 1981년에 홍콩남양은행(Nanyang Commercial Bank)이 광동성 심천에 영업점을 설치했다. 1982년부터 중국정부는 외자계 은행에 대해서 외국투자기업(삼자기업-독자, 합자, 합작)을 대상으로 한 외환업무와 경제특구 내에서의 설립을 허용하게 된다.

1994~1997년간, 외자계 회사의 중국 내 진출이 많아지면서 현지회사의 글로벌 경영활동 확대로 외자계 은행도 빠른 성장세를 시현했다. 동 기간에는 경제특구 외 지역에서도 외자계 은행의 부속회사 설립이 허용되었으며, 1996년에는 상해 포동지역에 한해 외국투자기업과 해외국적자를 대상으로 한 위안화 업무까지 허용하게 된다.

2001년 중국의 WTO 가입후, 외자은행 진출의 전환점이 마련된다. 중국은 WTO에 가입시 약속한 시장개방계획에 따라 2006년에 새로운 〈외자은행 관리조례〉를 시행하고 위안화 업무 취급지역과 고객에 제한을 두던 규정을 폐지하였다. 또한 2003년에 중국은행감독관리위원회가 설립되면서 관련규정을 제정하여 외자계 은행의 운영자금, 시장진입 등 규제를 완화한 바 있다.

이를 계기로 외국계 은행의 진출이 급속하게 진행되어 2008년말 현재 HSBC, 씨티은행 등 74개 외자계 은행이 중국에서 영업을 하고 있다. 하지만 외자은행 전체 자산이 중국 은행권 총자산의 2.3%에 불과해 아직 중국 은행들과 본격적인 경쟁 구도는 형성되지 못했다.[37]

외자은행 중국법인은 경영과 책임이 모두 모은행과 독립되고 본사가 중국에 있는 외자계 은행을 의미한다. 2007년부터 중국은행감독관리위원회가 외자계 은행의 중국법인 설립 촉진책을 제정한

37) 안병국(2009), 중국은행체계의 변화, 친디아저널 2009년 9월호. 57쪽.

後, 외자은행 중국법인이 24개에서 37개로 증가했다.

[표 2-4] 중국 진출 외자계 은행 현황 (2010년말 기준)

	외자계 은행	외상독자 은행	외·중합자 은행	독자재무 회사	합계
외자은행 중국법인 본사	-	37	2	1	40
외자은행 중국법인 지사 및 부속회사	-	223	7	-	230
외자은행 중국지사	90	-	-	-	90
합계	90	260	9	1	360

자료: 중국은행감독관리위원회 (2012)

외자은행 중국법인과 외·중 합자은행이 인민은행의 인가를 받은 후 모든 지역에서 업무대상 차별 없이 외환 및 위안화 업무를 수행할 수 있는 반면, 외자은행 중국지사는 중국에서의 현금카드 업무가 불가하고 중국 국민 대상으로의 위안화 업무가 금지된다.

2010년말 통계를 보면 외자은행 중국법인, 외자은행 중국지사, 외·중 합자은행 등 3종류를 포함하여 동 외자계 은행들의 지사 및 부속 회사를 포함한 중국 외자계 은행수는 360개로 늘어났다. 이는 2004년의 188개의 2배에 달하는 수준이다. 2010년 외자계 은행의 자산총액은 1조 7,423억 위안으로 전체 은행산업 자산의 1.85%를 차자하고 있다.[38]

2020년말 현재 중국 내 최대 외자은행인 HSBC은행(汇丰银行)은 중국 내 34개의 지점을 보유하고 있고, 영업소는 130개를 설치하고 있다. 그 다음 규모를 가진 동아은행(东亚银行)은 자산규모가 1803억 위안으로 중국 내 31개 지점과 51개 분점을 가지고 있다.[39]

2018년 중국은행보험감독관리위원회에 따르면, 중국 내 외자 은행 및 보험기구는 100여개가 있다. 또한 41개 외자법인은행이 설립 되었고 이들은 115개 지점과 139개 대표처를 두고 있다. 외자은행의 각종 영업점은 총 930개이다. 중국 내 외자은행 총 자산은 3.73조 위안인데, 이는 중국 내 은행 총자산 261.4조 위안의 1.42%에 불과한 수준이다.[40]

38) 왕양비(2011), 중국 금융시장 – 은행산업 현황, KIRI Weekly 2011.12.12. 보험연구원, 19-21쪽.
39) sohu.com(2020.12.21.), 数据公布：汇丰银行关闭国内9大网点！占外资银行的1/4.
40) 中国经营报 (2021.9.11).

[표 2-5] 중국 내 외자계 은행 허용업무 및 영업지역 개방 과정

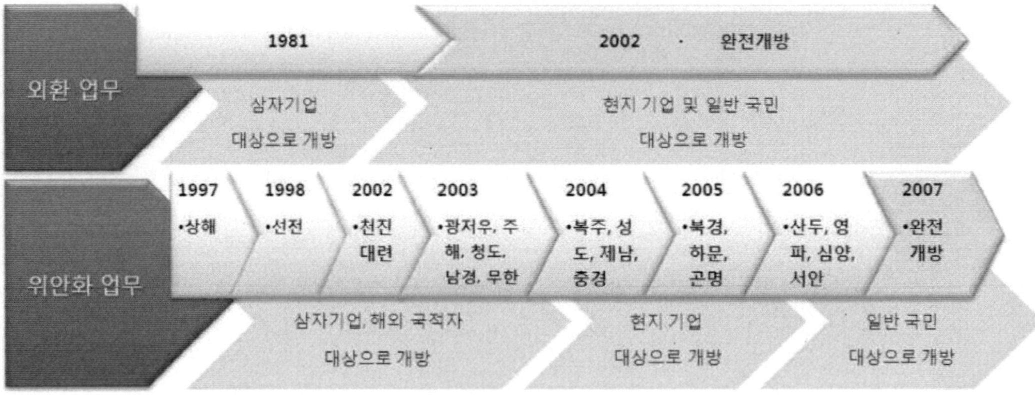

자료: 중국은행감독관리위원회.

[표 2-6] 외자은행의 중국 은행업 총자산 중 비중

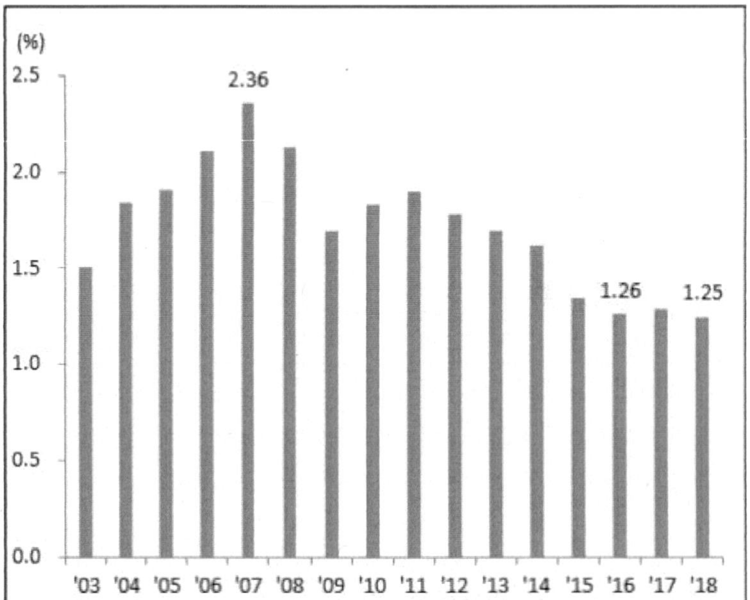

자료: 중국은행보험감독관리위원회

2) 은행업 현황

중국 금융기관들의 자산규모는 지속적으로 증가했는데, 2010년 총자산은 2005년 대비 약 154.4%가 증가하여 95조 3,000억 위안에 이르렀다. 대형 상업은행이 전체 은행자산의 약 절반을 차지하고 있고, 기타 상업은행의 자산도 빠르게 증가하고 있다. 외자은행의 자산은 전체의 2%미만으로 외국은행의 중국 진출이 매우 제한적임을 알 수 있다.

특히 부실자산을 제거하고 자본구조를 강화한 것은 기존 중국 금융시장의 주요 불안요인이던 은행의 높은 부실대출 비율을 낮추는 결과를 가져와, 자산건전성이 크게 개선되는 모습이 나타났다. 실제 중국 주요 상업은행의 부실대출 총액은 최근 급격히 하락하였으며, 이에 따라 부실대출 비율은 2005년 8.9%에서 2010년 1.1% 수준까지 하락하였다. 중국정부는 또한 은행들의 자산건전성 개선을 위해 대손충당금 적립비율 인상을 요구하였으며, 2005년 24.8% 수준에서 2010년 217.7%로 8배 이상 증가하며 은행들의 자산건전성이 개선되었다.

이러한 중국 은행업의 질적인 발전으로 인해 BIS 적립비율을 충족하는 은행도 크게 증가하였다. 2005년의 경우 BIS 비율 적합판정을 받은 은행이 53개에 불과하였으나, 2010년의 경우 281개의 은행이 적합한 것으로 나타나 중국의 모든 은행이 BIS적합비율을 유지하고 있는 것으로 보인다.[41]

[표 2-7] 중국의 유형별 자금조달 비중

(단위:%)

	2005년	2006년	2007년	2008년	2009년	2010년	2020년
회사채	6.6	5.7	4.4	9.1	9.5	10.5	13.2
국채	9.8	6.7	3.6	1.7	6.3	8.8	24.7 (지방정부채권포함)
주식	3.4	5.6	13.1	6.1	3	5.5	2.7
대출	80.2	82	78.7	83.1	81.2	75.2	59.4

자료: 중국인민은행(2011), 智研咨询(2021.1.28.), 2021-2027年中国社会融资行业市场研究分析及投资战略规划报告.

세계은행 업계에서 중국 은행들은 2010년 6월 시가총액 기준으로 건설은행이 1 위를 차지하였으며, 기본자본 기준으로는 공상은행 6위, 건설은행 8위, 중국은행 9위, 농업은행이 14위를 차지하였다. 세계 25대 은행 순위에 미국에 이어 두 번째로 많은 은행이 포함되어 이미 규모 면에서는 세계정상 수준을 기록하고 있다. 총자기자본을 기준으로 한 세계 1,000대 은행 중 중국계 은행의 수는 2004년 16개에 불과하였지만 2008년에는 52개, 2010년에는 101개로 아시아 지역에서는 일본 103개에 이어 두 번째로 많은 수를 기록하고 있다.[42]

2018년에 이르러서는 중국이 사상 처음으로 세계 은행 순위 1~4위를 독식했다. 영국 잡지

41) BIS 비율: Bank for International Settlement(국제결제은행)가 정한 은행의 위험자산(부실채권) 대비 자기자본비율로 1988년 7월 각국 은행의 건전성과 안정성 확보를 위해 최소 자기자본비율에 대한 국제 기준을 마련하였다. 이 기준에 따라 적용대상은행은 위험자산에 대하여 최소 8% 이상의 자기자본을 유지하도록 하였다. 즉, 은행이 거래기업의 도산으로 부실채권이 갑자기 늘어나 경영위험에 빠져들게 될 경우 최소 8% 정도의 자기자본을 가지고 있어야 위기상황에 대처할 수 있다는 것이다. BIS 비율을 높이려면 위험자산을 줄이거나 자기자본을 늘려야 하는데 위험자산을 갑자기 줄이는 것은 불가능하므로 자기자본을 늘려 BIS 비율을 맞추는 것이 보통이다. BIS 비율이 떨어지면 은행의 신인도 하락으로 고객 이탈이 우려되어 은행들은 BIS비율 유지가 생존의 관건이다.

42) 박복영·오승환·정용승·박영준(2011), 『국제금융에서 중국의 위상 변화와 시사점』, KIEP, 29-31쪽.

더 뱅커(The Banker)가 발표하는 세계 1000대 은행 2018년판에서 기본자본 기준으로 1~4위를 중국의 공상은행·건설은행·중국은행·농업은행이 차지했다. 2017년에 5위권에 들었던 미국의 JP모건(3위)과 뱅크오브어메리카(BOA, 5위) 모두 순위가 밀렸다. 아울러 2018년에 세계 1,000대 은행 리스트에 든 중국계 은행은 126개 달했다.[43]

[표 2-8] 중국 금융기관 총자산 추이 및 비중

(단위: 억 위안)

은행금융기관	2010년	2010년 비중	2021년 11월말 기준	비중
전체	95조 3,053억	100%	335조 2,634억	100%
대형상업은행	468, 934	49.2%	131조 5,753억	39.2%
주식제 상업은행	149, 037	15.6%	60조 7,017억	18.1%
도시상업은행	78, 526	8.2%	44조 7,962억 (도시상업은행)	13.4%
도시신용사	22	0.0%		
농촌상업은행	27, 670	2.9%	45조 6,449억 (농촌금융기구)	13.6%
농촌협력은행	15, 002	1.6%		
농촌신용사	63, 911	6.7%		
정책은행 및 국가개발은행	76, 521	8.0%	52조 5,452억 (기타 금융기구)	15.7%
비은행 금융기관	20, 896	2.2%		
외자은행	17, 423	1.8%		
신형농촌금융기관 및 우체국저축은행	35, 101	3.7%		

主: 2010년의 신형농촌금융기관은 2021년 통계에서는 기타 금융기구에는 포함되지 않고 농촌금융기구에 포함됨.
자료: 중국은행감독관리위원회 (2011), 중국은행보험감독관리위원회(2022.2)

3) 부실채권 문제

중국은 1999년에 4대 자산관리공사(중국장성, 중국신달, 중국화융, 중국동방)를 설립하여, 2000년말까지 국유상업은행의 부실 채권 1조 3,939억 위안을 장부가로 양도받았다. 당초 자산관리공사의 부실채권 매입은 2000년으로 종료되었으나, 추가 부실채권 처리를 위해 2004년부터 장부가액 이하로 매입을 재개한 바 있다.

그 결과 2004년 중에는 건설은행에서 1,289억 위안, 중국은행으로부터 1,498억 위안 상당의 부실채권을 추가로 매입하였다. 또한 2005년에는 공상은행으로부터 7,050억 위안의 부실채권을 매입하였다.

한편, 가장 부실정도가 심한 농업은행으로부터는 2008년중 재정부와 공동으로 관리기금을 만들고 7,000억 위안의 부실채권을 이 기금의 장부에 이전하는 방식으로 잔여 부실채권을 처리했다.

중국정부는 자산관리공사가 매입한 부실채권을 국내는 물론 해외에까지 적극적으로 매각하고

43) 조선일보(2018.7.3)

있다. 2004년 5월, 건설은행이 국제입찰을 통해 부실채권의 담보 부동산을 14억 위안(장부가 40억 위안)에 매각한 것이 그 시초이다.

중국 부실채권은 2004년 이후 지속적으로 감소 추세를 보이고 있다. 은감회 자료에 따르면 2009년말 현재 중국 상업은행 부실채권은 4,830억 위안으로 전년말보다 143억 위안 감소했다. 또한 부실채권 비율 역시 2009년말에 1.58%를 기록하여, 2003년 17.8%의 1/11 수준까지 감소했다. 부실채권은 이후에도 지속적으로 감속세를 시현하여 2011년말에는 4,279억 위안으로 전체 여신 중 1% 수준까지 떨어졌다.

2019년 COVID-19 사태로 중국 수출기업들의 경영이 악화되었고, 이는 헝다그룹 파산 위기 등 중국 내 부동산 기업들에게까지 전이되었다. 이를 반영하듯이 2021년 1분기 기준 중국의 상업은행 부실채권 비중은 1.8%로 다소 증가하는 추세이다.44)

[표 2-9] 중국 상업은행 부실채권 추이

(단위: 억위안, %)

	2004	2005	2006	2008	2009	2010	2011	2021. 1분기
부실채권액	17, 176	13, 134	12, 549	5, 603	4, 973	4, 336	4, 279	27,883
부실채권비중	13.21	8.61	7.09	2.42	1.58	1.1	1.0	1.8
-그중 고정	2.36	2.19	1.51	1.13	0.65	0.4	0.4	0.85
-그중 회수의문	6.84	3.27	2.93	1.04	0.74	0.5	0.4	0.69
- 그중 추정손실	4.0	3.15	2.65	0.25	0.2	0.2	0.2	0.26

자료: 중국은행업감독관리위원회(2011), 중국은행보험감독관리위원회(2022.2)

44) 금융기관 대출은 정도에 따라 정상(normal), 요주의 (precautionary), 고정(substandard), 회수의문(doubtful), 추정손실(estimanted loss) 5단계로 나뉜다. '정상'이란 신용상태가 양호한 거래처에 대한 대출금으로 연체기간이 1개월 미만인 경우다. '요주의'는 연체기간이 3개월 미만으로 현재는 원리금 회수에 문제가 없으나 신용상태가 악화될 가능성이 있는 대출이다. '고정'은 연체기간이 3개월 이상으로 신용상태가 악화돼 채권회수에 상당한 위험이 발생한 대출이다. '회수의문'은 연체기간이 3개월 이상 1년 미만이면서 채권회수에 위험이 발생한 대출이다. '추정손실'은 연체기간 1년 이상으로 손실처리가 불가피한 대출이다. 이중 '고정여신(sub-standard) 이하의 부실여신' 즉 고정, 회수의문, 추정손실(연체 1년이상)을 '부실채권'이라 한다. '고정이하 여신'의 비율은 은행의 자산건전성을 평가하는 대표적인 지표 중 하나이다. 상기 5단계를 중국어로는 正常(정상), 关注(요주의), 次级(고정), 可疑(회수의문), 损失(추정손실)라고 표기하며, 중국 역시 하위 3단계를 불량자산 혹 불량대출로 정의한다.

3. 은행업 감독체계

1) 중국인민은행

중국인민은행은 국무원의 직속기구이며, 마오쩌둥이 주도하는 사회주의 계획경제에 따라 모든 은행이 국유화되면서 당시 중화인민공화국의 유일한 은행이 되었다. 중국인민은행의 전신은 1948년 12월 1일 화북은행(華北銀行), 북해은행(北海銀行), 서북농민은행(西北農民銀行) 등이 통합하면서 탄생했다.

인민은행은 설립 직후 위안화로 화폐를 일원화하고 모든 현금 수수와 교역에서 위안화를 기준통화로 사용할 것을 선언하였다. 1979년부터 경제개혁이 시작되면서 중국인민은행은 중앙은행업무만 전담하고, 1998년 대규모 정부기구 개혁을 실시하면서 9개 지점만 남기고 통폐합하였다. 본점은 베이징에 있다. 현재는 중앙은행이 하는 발권(發券)은행업무 이외에 현금의 결제·출납 경제계획을 위한 장단기 자금의 공급과 국고의 대행, 일반금융과 신탁업무 등을 담당하고 있다.

2003년 4월 인민은행은 중앙은행 기능에 집중하기 위해서 은행업감독관리위원회(은감회)를 설립하여, 은행, 자산관리회사, 신탁회사 및 예금수취기관에 대한 은행 감독기능은 은감회로 이관하였다. 그러나 실제로 인민은행은 여전히 금융업에 대해 상당한 영향력을 발휘하고 있다. 〈중국인민은행법〉 제2조에서도 중앙은행으로써 인민은행의 역할로 '통화정책의 수립 및 집행, 금융위기의 방지 및 해결, 금융안정유지, 금융업 전반에 대한 거시적 조정' 등을 규정하고 있다.

일반적으로 한 국가의 중앙은행은 행정부와 독립적으로 운영되며, 자율적으로 금리를 조절한다. 그러나 인민은행의 경우, 〈중국인민은행법〉에 따라 최고 행정기구인 국무원의 영도를 받도록 되어 있으며, 따라서 '전국인민대표대회 상무위원회는 국무원의 업무를 감독한다'라는 〈헌법〉 제67조 6항 규정에 따라, 인민은행은 우리의 국회에 해당되는 전국인민대표대회(전인대)의 감독관할이기도 하다.

인민은행 본부는 베이징에 있으며 주요 부서로는 통화정책국, 금융시장국, 회계재무국, 발권국, 신용관리국, 금융안정국, 지급결제국, 국고국, 반자금세탁국, 조사통계국, 국제국 등 19개 본부 부서로 구성되어 있다. 중국인민은행은 업무수요에 따라 천진, 상해, 심양, 남경, 제남, 무한, 광주, 성도, 서안 등 9개 지역에 분행(分行)을 설치하여, 구역을 나누어 중앙정부가 직접 관리하고 있다. 이는 지방정부의 대출 개입을 차단하고 지방정부의 영향력을 감소시켜 중앙정부 및 인민은행 본부 권한을 집중 강화하려는데 목적이 있다. 또한 북경과 중경에 2개의 영업관리부, 20개 성 소재지 및 5개 도시에 중심지행(中心支行), 기타 시급, 현급 지방도시에 2천여개의 지행을 설치하여 통일된 영도와 관리를 실행하고 있다.

경제금융발전의 수요와 관리감독 강화를 위하여 2005년 8월에 상해본부를 설립하였는데, 이곳에서는 중앙은행 업무의 구체적인 처리업무와 관리업무를 수행한다. 또한 중국인민은행은 해외에

7개 사무소(미국, 유럽, 아프리카, 동경, 프랑크푸르트, 호주 등)를 설치하여 국제금융문제를 연구하고, 세계 중앙은행과 연락 및 협조업무를 수행하고 있다.

[표 2-10] 중국인민은행의 주요 임무

- 금융관련 법령 및 규정의 제정
- 통화정책의 수립 및 집행
- 위안화 발행 및 유통 관리
- 은행간 콜시장 및 채권시장 감독
- 외환거래관리 및 은행간 외환시장 감독
- 금시장 감독관리
- 외환보유고 관리
- 국고 관리
- 결제시스템의 정상적인 운영유지
- 금융업 자금세탁 관리 및 감독
- 중앙은행으로서 국제금융활동에 종사
- 기타 국무원이 부여한 업무 수행

자료: 중국인민은행 홈페이지 (2012.3)

[사진 2-1] 중국인민은행

자료: 중국인민은행(2016.7)

2) 통화정책위원회

〈인민은행법〉 제11조에 따르면, '중국인민은행은 통화정책위원회를 설립하고, 직책 사업절차는 국무원이 규정하며, 전인대 상무위원회에 보고한다'라고 규정되어 있다. 통화정책위원회(貨幣政策委員會)는 거시경제정책 및 통화정책의 제정과 관련하여 국무원에 정책 건의를 하는 자문기관이며 1997년 7월, 국무원의 비준을 받아 설립되었다.

통화정책위원회의 주요 임무를 보면 다음과 같다. 거시경제 목표에 따른 통화정책을 제정한다. 다음으로 일정기간 내 통화정책 목표, 통화정책 도구의 사용과 관련된 조치를 집행한다. 또한 통화정책과 기타 거시경제정책간 협력을 도모하는 사안에 대해서 토론하고 정책 건의를 제출한다.

이는 한국 금융통화위원회처럼 통화신용정책을 수립하고 중앙은행(한국은행)의 운영에 관한 주요 사항을 결정하는 정책결정기구의 성격과는 판이하게 다른 것이다.

[그림 2-3] 중국 은행업 기관 구성과 감독체계

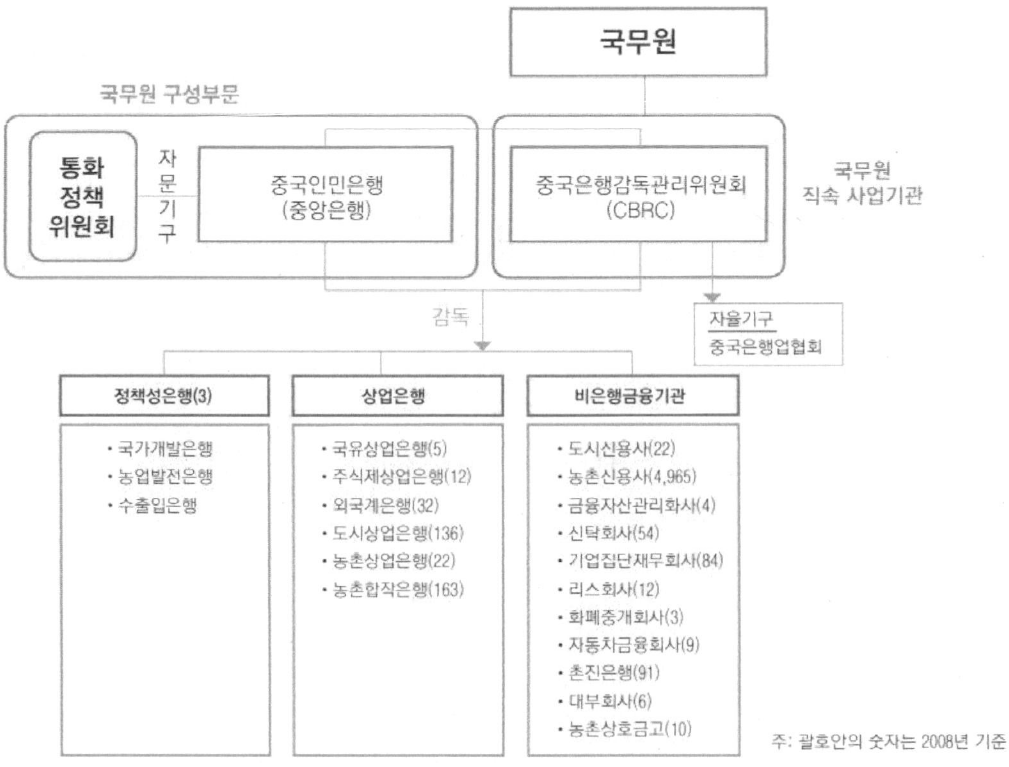

주: 중국은행감독관리위원회는 2018년 3월에 중국은행보험감독관리위원회로 통합·개편 되었음.

중국인민은행이 통화공급량, 금리, 환율 혹은 기타 통화정책에 관한 결정방안을 국무원에 보고 시 통화정책위원회의 건의서 혹은 회의록을 첨부하도록 하여, 이를 토대로 통화정책이 결정될

수 있도록 하는 '정책 건의' 구조는 갖추고 있다.[45)]

통화정책위원회는 총 15명의 금융관련 부처의 장과 전문가로 구성되어 있으며 그 구성인원 구조를 보면 다음과 같다. 2016년 7월말 현재, 인민은행장, 부행장 2인, 행장보, 국무원 부비서장, 국가발전계획위원회 부주임, 재정부 부부장(차관), 국가통계국장, 국가외환관리국장, 중국은행업 감독관리위원회 주석, 중국증권감독관리위원회 주석, 중국보험감독관리위원회 주석, 중국은행업 협회장, 대학교수 3인(민간학자) 등이다.

3) 중국은행보험감독관리위원회(中国银行保险监督管理委员会)

중국은행업감독관리위원회(은감회)는 국무원 직속 사업부서로 국무원의 은행감독 관리기관이다. 2003년 3월 10일, 제10기 전인대 3차회의에서 국무원의 기구개혁방안이 통과됨에 따라 은감회가 정식 설립되었다. 같은 해 2월 1일에 〈은행업감독관리법〉이 공포됨에 따라, 은감회의 감독기능에 대한 법률적 근거가 마련되었다. 또한 은감회의 등장은 앞서 설명한 중국의 분업경영, 분업감독시스템을 규정하는 기준이 된다.

은감회의 설치에 따라 중국인민은행의 은행감독업무 중 대부분이 은감회에 이관되었고, 인민은행은 금융정책 수립과 금융거시조정에 치중하게 되었다. 은감회는 금융정책의 집행과 금융 미시적 감독관리권을 행사하게 된다. 여기에는 은행업 금융기관의 업무활동·감독규정 제정, 인허가, 경영진 직무자격 관리, 은행업 경영규칙제정 등이 포함되어 있다.

은감회가 관리하는 금융기관을 보면, 상업은행(국유 및 주식제), 외자은행, 도시신용합작사, 농촌신용합작사, 정책성은행, 금융자산관리회사(AMC), 신탁투자회사, 재무회사, 금융리스회사 등이 있다.

2018년 3월에는 국무원의 기구개혁 방침에 따라 기존 중국은행감독관리위원회(中国银行业监督管理委员会)와 보험회사를 감독하던 중국보험감독관리위원회(中国保险监督管理委员会)와 합병하여 지금의 중국은행보험감독관리위원회를 출범시켰다.

45) 김은화(2009), 중국의 금융감독관리시스템은 어떻게 구성되었는가, 중국금융시장 포커스 2009년 12월호, 자본시장연구원, 5-6쪽.

4. 중국의 어음 · 수표제도

1) 어음(汇票. Bill of Exchange/Postal Order/Draft)

어음은 발행인이 그 어음의 수취인 또는 소지인에게 일정한 금액을 지급할 것을 제3자에게 위탁하는 것으로 발행인에 따라 은행어음과 상업어음으로 구분된다. 은행어음은 은행이 자기 이름으로 발행하는 어음이며, 상업어음은 은행 이외의 기업이 발행하는 것이다.

어음 발행에 따른 법률 근거 및 규칙은 1996년에 공포된 〈어음법(票据法)〉에 근거하며, 7장 110조로 구성된 〈어음법〉은 2004년 8월에 한 차례 수정되어 지금에 이르고 있다.

먼저 은행어음(银行汇票)의 경우, 은행은 지급인의 요청에 따라 은행에 충분한 보증금을 입금시킨후 발급하는 어음으로, 당사자는 은행과 수취인이고 은행은 발행인이면서 지급인이 된다. 은행어음은 사용이 간편하고 안정성이 탁월하기 때문에 많은 기업과 자영업자 및 개인들이 사용하고 있으며, 사용범위가 넓고 사용량이 방대하여 지급수단 중 가장 활용도가 높은 편이다.

다음으로 상업어음(商业汇票. Commercial Bill of Exchange)의 경우, 기업이 발행하며 지급인에게 일정기일에 일정금액을 무조건적으로 지급할 것을 위탁하는 어음을 말한다. 상업어음은 보증인의 종류에 따라 기업보증어음과 은행보증어음으로 분류된다. 이중 은행이 보증한 어음을 은행보증어음(银行承兑汇票)이라고 하고, 은행 이외의 기업이 보증한 어음을 기업보증어음(商业承兑汇票)이라고 칭한다.

상업어음은 상품 매매 후 즉시 대금을 지급하거나 혹은 외상으로 상품을 매매하고 일정기간 경과후 대금을 지급하는 경우에 사용되는 어음으로, 기업이나 혹은 은행의 보증하에 대금지급이 약정된다. 보증인은 기일도래시 대금을 지급할 책임을 부담하며, 이를 다시 지급인에게 청구할 권리가 있다. 매매 상대방은 약정에 따라 지급기일을 정할 수 있으나, 6개월을 초과할 수 없다.[46]

일반적으로 상품을 매입한 기업이 일시적인 자금부족에 처할 경우 상업어음으로 상품을 매입하고 있으며, 매출한 기업은 지급기한 도래 전에 은행을 통하여 어음할인을 하거나 이면에 배서하여 제3자에게 양도할 수 있다.

거래를 하고 난 후 판매업자는 구매업자로부터 판매 대가로 현금이나 어음을 받게 된다. 어음을 받은 경우에는 지급기일까지 기다렸다가 결제를 요구해야 한다. 하지만 자금이 필요한 경우 이자를 내고 만기일 이전에 현금으로 바꾸게 되는데 이를 어음할인(discounting of bill)이라 한다. 그리고 이때 낸 이자를 할인료라 한다.

1995년부터 석탄, 알루미늄, 전력, 화공, 철도 등 5개업종에서 상업어음을 처음으로 사용하기 시작한 이후 대다수의 상업어음은 은행이 보증하는 은행보증어음이었으나, 기업보증어음도 점차 사용범위가 확대 되고 있다.

46) 이창영(2009), 『중국의 금융제도』, 한국금융연수원, 52쪽.

[표 2-11] 중국의 어음·수표 제도

<table>
<tr><th colspan="2">종류</th><th>특징</th><th>사용범위</th><th>안전성</th></tr>
<tr><td colspan="2">수표
(支票)</td><td>① 당좌입금수표: 은행에서 추심하여 계좌간 대체, 결제용
② 현금수표: 은행에서 현금으로 교환
- 유효기간은 10일</td><td>① 상업거래에 사용
② 소액 현금인출용
- 전국적 사용</td><td>불안전
(발행인 계좌잔고 확인필요)</td></tr>
<tr><td colspan="2">은행발행
자기앞수표
(本票)</td><td>- 은행이 고객으로부터 보증금을 수취한 후 발행
- 기간은 최장 2개월</td><td>전국적 사용</td><td>안전
(은행보증)</td></tr>
<tr><td colspan="2">은행어음
(銀行匯票)</td><td>- 고객의 예금담보를 전제로 발행
- 기간은 최장 2개월, 전국유통
- 지급기한 미설정(수령인 어음제시시 은행은 언제든 인수)</td><td>상거래에 자주 사용
- 사용빈도 가장 높음</td><td>안전
(은행보증)</td></tr>
<tr><td rowspan="2">상업어음</td><td>은행보증
어음</td><td>- 기업발행 어음(은행보증 있음)
- 60일, 120일 등 지급기한 6개월 이내 설정 운용
- 지급기한 도래전 은행할인거래 가능</td><td>상거래에 자주 사용</td><td>안전
(은행보증)</td></tr>
<tr><td>기업보증
어음</td><td>- 기업발행 어음(은행보증 없음)
- 우량기업만 발행가능했으나, 점차 확산중</td><td>기업간
신용거래</td><td>불안전
(기업신용도 확인필요)</td></tr>
</table>

자료: 이창영(2009), 『중국의 금융제도』, 한국금융연수원, 57쪽

[사진 2-2] 은행어음 견본

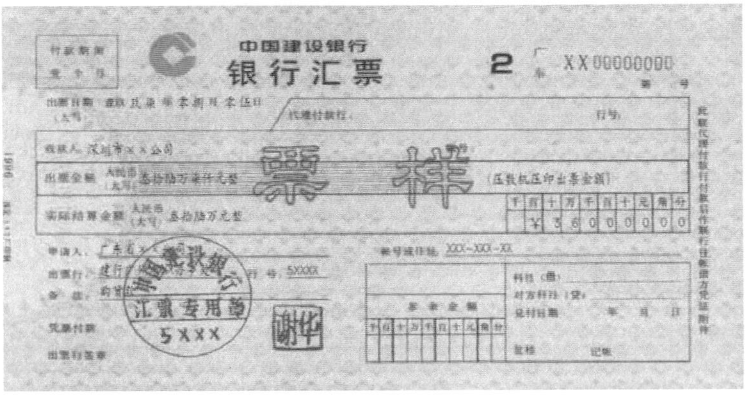
中国建设银行
银行汇票 2
XX 00000000
票 样

자료: 바이두 이미지 D/B (2012.3)

[사진 2-3] 은행보증어음 견본

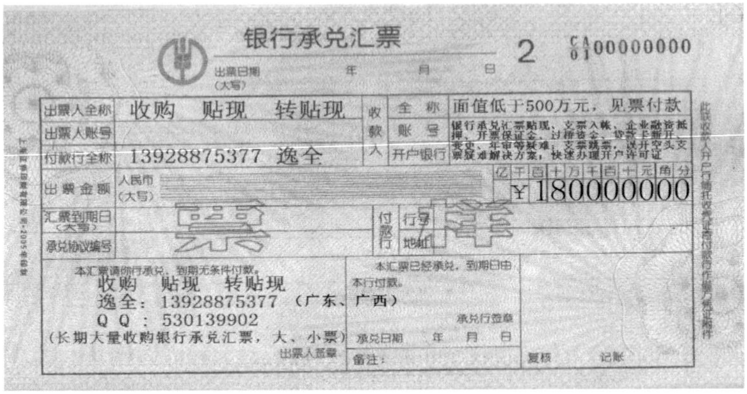
银行承兑汇票 2
00000000
出票人全称 收购 贴现 转贴现
付款行全称 13928875377 逸全
面值低于500万元，见票付款
¥180000000
票 样
收购 贴现 转贴现
逸全：13928875377 （广东、广西）
Q Q ：530139902
（长期大量收购银行承兑汇票，大、小票）

자료: 바이두 이미지 D/B (2012.3)

[사진 2-4] 기업보증어음 견본

商业承兑汇票 2
XX 00000000
北京市××公司
天津市××公司
票 样
财务专用章
财务专用章

자료: 바이두 이미지 D/B (2012.3)

2) 수표(支票. Check)

수표는 발행인이 수취인 또는 소지인에게 소정 금액을 지급해 줄 것을 지급인(은행 또는 기타 금융회사)에게 위탁하는 증권으로서, 〈어음법〉상의 기재사항을 반드시 갖추어야 하는 요식증권이다. 〈어음법〉 제84조에 따르면, 수표에는 '수표'임을 표시하는 문자, 일정한 금액을 지급할 뜻의 무조건 위탁, 지급인의 명칭, 발행일, 발행인의 기명날인이 있어야 하며, 이중 하나라도 누락되면 해당 수표는 무효 처리된다.

수표는 현재 중국에서 가장 보편적으로 사용되는 비현금 지급수단으로, 동일 시내에서 현금을 수취하거나 상품거래, 노무제공, 채무상환 등 대금 지급시 주로 이용되고 있다.

만약 수표의 소지인이 은행에 대금추심을 의뢰하면 은행은 위탁 받은 모든 수표를 동일 시내 어음교환소를 통하여 발행은행에 제시하게 된다. 만약 규정된 시간 내에 이의통보가 없으면 위탁 받은 은행은 의뢰인의 구좌에 해당금액을 입금시키게 된다. 중국 각 도시에는 어음교환소가 설립되어 있고, 베이징, 톈진, 상하이, 난징, 광저우, 선전 등지에는 여러 행정구역을 관할하는 광역 어음교환소가 설치되어 있다.

수표는 지급방식에 따라 현금수표(现金支票)와 당좌입금수표(转账支票, Cheque for Transfer)로 나뉘게 된다. 현금수표는 수표 제시후 직접 현금인출이 가능하며, 당좌입금수표는 제시후 지정된 계좌로 송금만 가능하며, 현금인출은 불가능하다. 또 다른 비현금 결제수단인 자기앞 수표(本票 Promissory Notes)는 은행이 고객으로부터 현금을 수취한 후 자신을 지급인으로 하여 발행하는 수표로 도난·분실의 경우를 제외하고는 부도의 우려가 없다. 자기앞 수표는 발행지역 내에서만 어음교환소를 통한 자금이체나 현금수취가 가능하다. 1988년 중국인민은행이 은행의 지급결제제도를 전면적으로 개혁한 후 사용되기 시작한 새로운 지급결제수단으로 경제가 비교적 발달한 도시나 상품매매가 활발히 일어나는 시장에서 주로 사용되고 있다.

[사진 2-5] 은행발행 자기앞 수표 견본

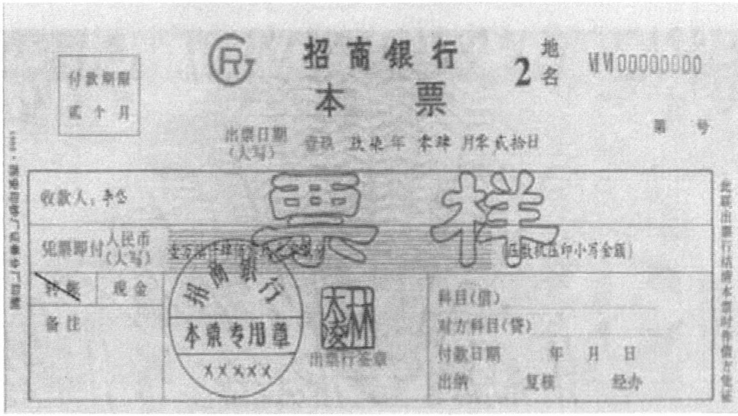

자료: 바이두 이미지 D/B (2012.3)

[사진 2-6] 현금수표 견본

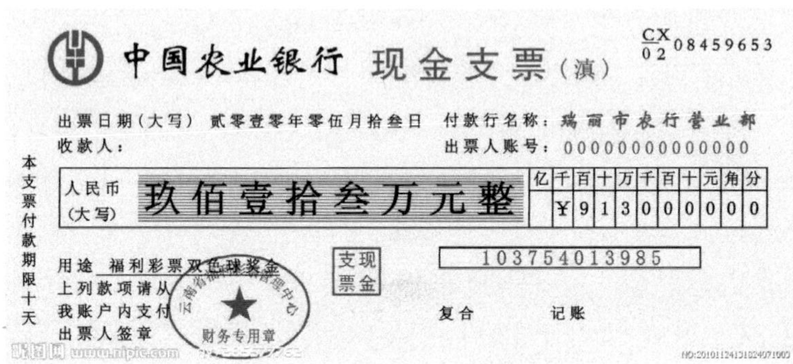

자료: 바이두 이미지 D/B (2012.3)

[사진 2-7] 당좌입금수표 견본

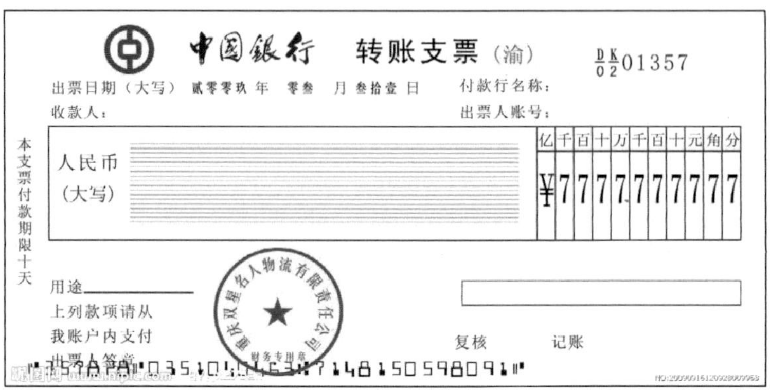

자료: 바이두 이미지 D/B (2012.3)

5. 한국계 금융사의 중국 진출

2001년 중국의 WTO 가입으로 혜택을 본 한국기업과 업종이 많지만 그중에서도 최근 그 효과를 톡톡히 실감하는 대표적 업종을 꼽으라면 은행을 빼어 놓을 수 없다. 이제 중국에 진출한 우리 은행들이 중국 인민들을 상대로 위안화 예금, 대출 및 기타 금융 서비스를 펼치고 있기 때문이다. 2008년말 현재 중국에는 모두 12개 나라에서 28개 금융기관 법인을 두고 있으며, 46개국 196개 은행은 사무소를 설치해 놓고 있다.

중국에 진출한 한국계 은행들은 관련 규정에 따라, '현지사무소 개설→ 지점 승격→ 위안화 업무 취급→ 현지법인 설치후 전국지점 확대'라는 순서로 발전을 거듭해 왔다. 2009년 8월말 기준, 한국계 은행의 중국 내 지점 수를 보면 하나은행 12개, 우리은행 11개, 신한은행 9개로 기본적인 권역별 네트워크를 형성하고 있다.[47]

2005년 5월 20일, 외환은행은 베이징에 진출한 한국계 은행 중 처음으로 위안화 업무 본인가를 취득했다. 따라서 위안화를 이용한 예금, 대출 및 중국내 은행간 이체거래업무 등을 시행하고 있다. 이후 위안화 거래를 위해 중국계 은행을 이용해야 했던 국내기업(중국 내 한국투자기업)들이 겪는 불편함이 해소되었으며, 베이징지역에 거주하는 개인 고객들의 거래 편의성을 향상시켰다. 외환은행 베이징지점은 지난 1996년 개점해 한국계 은행으로서는 최초로 중국에 진출한 이래 2004년말까지 9년 연속 흑자를 시현(누적 당기순이익 2천2백만 달러)한 바 있다.

2007년 10월 26일에는 우리은행이 국내은행 최초로 중국 은감회로부터 중국현지법인 개업인가를 획득했다. 이는 우리은행이 1995년에 상하이지점을 개점한 지 12년만이다. 우리은행은 베이징에 중국현지법인 '우리은행(중국)유한공사'를 설립해 현재 상하이·베이징·선전·쑤저우·상하이포서에 있는 5개 영업점을 법인소속 지점으로 전환시킨 후, 중국기업 및 개인을 대상으로 본격적인 위안화 업무를 보고 있다. 우리은행은 향후 톈진, 칭다오, 난징 등 국내기업 진출지역과 교민집중지역, 중국 부유층 밀집지약을 중심으로 2010년까지 중국 내 점포망을 53개까지 확대해 나갈 계획이다. 같은 해 12월 27일, 하나은행도 베이징에서 현지법인인 하나은행(중국) 유한공사를 출범했다. 이날 납입자본금 20억위안으로 출발한 중국현지법인은 신설 영업점인 베이징분행 및 본점 영업부와 기존 영업점에서 전환된 상하이, 선양, 칭다오, 옌타이 분행 및 성양지행 등 총 7개의 점포로 영업을 시작했다. 2009년 12월에는 신한은행 역시 신한은행(중국)유한공사 법인을 설립하였다.

한국계 은행들도 짧은 진출 기간에도 불구하고, 현지화, 고객 서비스 강화 등을 내세워 성과를 올리고 있다. 중국 내 하나은행은 현재 전체 직원 344명 중 319명(93%)이 중국인이다. 이사회 의장, 부행장은 물론 6명의 지행(출장소)장 중 5명이 현지인이다. 중국 내에서 가장 앞서가는

47) 중국은행감독관리위원회(2009)

외자은행인 HSBC는 분행장(지점장)을 모두 중국인으로 쓰고 있다. 성과와 보상을 철저히 연결시키는 현지 문화에 맞춰 평가·보상 시스템도 전면 바꾸었다. 신한은행도 베이징 분행에 VIP 코너를 따로 만들어 놓았다고 한다.[48)]

한국 금융사의 또다른 전략은 미개척시장 진출이다. 2009년 기업은행은 외국계 은행으로는 처음으로 톈진에 법인본부를 설치했다. 국내은행 간 출혈경쟁을 피하고 시장선점 효과를 노리기 위한 것. 이 지역에는 200여 개 국내기업이 진출해 있고, 요즘 톈진시의 성장 속도는 베이징·상하이 등 '1급 도시'들 못지 않다.

[표 2-12] 한국 금융사의 중국 내 점포 현황

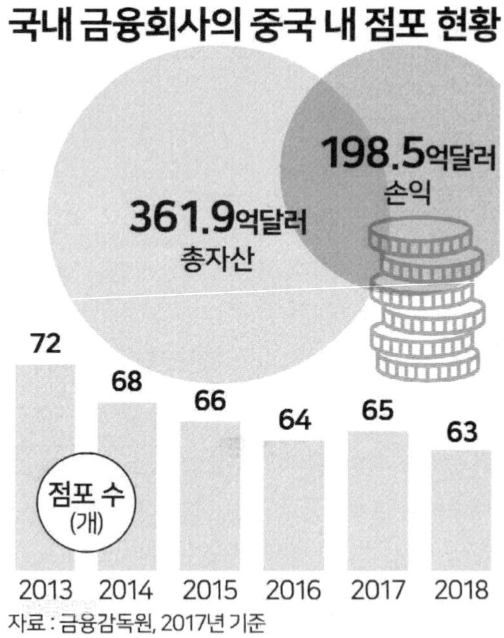

자료: 한국일보(2019.5.20.)

우리은행은 2012년 1월 16일 중국 서부지역의 물류·교통·IT·통신 중심지인 쓰촨성 청두시에 청두분행(成都分行)을 개설했다고 밝혔다. 중국우리은행은 2011년 9월 장자강지행(張家港支行) 개설 이후 4개월만에 청두시에 점포를 개설함으로써 중국내 총 15개의 점포망을 구축하게 됐다. 중국우리은행 청두분행 개점은 한국 금융 최초의 중국 서부지역 진출이라는 상징적 의미뿐만 아니라 현지화에 성공한 외국계 은행으로 발전할 수 있는 중요한 시금석 역할을 기대한다는 평가이다.

48) 중앙일보(2010.1.11)

[표 2-13] 중국 주요 도시, 한국계 금융사 진출 현황

베이징		은행	우리, 하나, 신한 등 6개사
		보험	삼성생명, 현대해상 등 10개사
		증권	우리투자, 미래에셋, 대우, HMC 사무소 등 4개사
		캐피털	현대 두산 등 2개사
상하이		은행	우리, 하나, 신한, 외한 등 13개 점포
		보험	삼성화재 등 3개사
		증권	삼성, 한화, 현대, 대신, 신한, SK사무소 등 6개사
		투자자문, 벤처캐피털	미래에셋, 한화, KTB네트워크, 키움닷컴 등 4개사
톈진		기업은행 등 4개사, 삼성생명 지점	
산동성	칭다오, 옌타이	칭다오 은행 4, 보험 1, 옌타이 은행 2	
강소성	난징, 우시, 쑤저우, 장자강	난징 LIG보험, 우시 은행 1, 쑤저우 은행 2·보험 1, 장자강 은행 1	
요녕성	다롄	은행 1(외환)	
	선양	은행 3(하나, 산업, 기업)	
광동성	선전	은행 1 보험 1(우리, 삼성화재)	
	광저우	은행 3(국민, 하나, 산업)	
길림성	창춘	은행 1(하나)	
흑룡강성	하얼빈	은행 2(하나, 국민)	
사천성	청두	은행 1(우리)	

자료: 중앙일보(2010.1.11), 매일경제(2012.1.17),), 서울신문(2012.8.10)

1995년 중국 상하이에 첫 진출한 뒤 2007년 현지법인으로 전환한 중국우리은행은 현재 중국계 은행과 동일하게 모든 은행업무 취급이 가능하며, 중국 고객의 비중이 총고객의 62%를 넘어서는 등 현지화 영업에 박차를 가하고 있다. 또한 중국에서 한국계 은행 최초로 직불카드 업무 및 파생상품 취급 승인을 받았다.[49)]

한국계 보험사들 역시 중국 지방을 목표로 하여 진출을 서두르고 있다. 삼성생명은 2009년 톈진으로 영업 반경을 넓혔다. 2005년 진출한 베이징에는 이미 45개 보험사가 치열한 경쟁을 펼치고 있었고, 인력도 구하기 어려웠다. 하지만 새롭게 진출한 톈진에선 1년이 못 돼 전문인력 300여 명을 모았다. LIG보험도 2009년 중국에 진출하면서 법인본부를 장쑤성 난징에 두었다.

글로벌 금융사들도 서부대개발 정책 등에 발맞춰 지방 공략을 본격화하고 있다. 먼저 2009년 8월말 기준 외국계 금융사 중 HSBC가 중국에 보유한 은행 지점은 90개로 가장 많으며, 스탠다드 차타드(52개), 씨티(31개), ABN암로(14개) 순이다. 씨티는 2009년 충칭에 9번째 지역본부를

49) 매일경제(2012.117)

설립하고, 후베이·랴오닝성에도 대출회사를 냈다. 실제로 2008년에 개설된 외자 은행들은 24개 주요 도시에 위치하고 있는데, 동부연해지역에 치중했던 이전과는 달리, 이중 9개가 서부지역에, 각각 4개가 중부와 동북지역에 위치했다.

6. 글로벌 금융기관(증권·펀드·보험사)의 중국 진출 현황

1) 현황

중국에 진출한 외자은행이 수익률과 점유율이 정체 상태인데 반하여 외국계 증권사를 중심으로 한 금융기관들은 최근에 기존 지분 확대, 신규 설립 등으로 중국에 적극진출하고 있다. 2020년 9월말 기준으로 외자 지배 증권사를 보유하게 된 글로벌 투자은행(IB)은 총 8곳에 이른다. 2018년 말 UBS가 기존 합자사 지분 확대로 최초의 외자 지배 증권회사를 보유하게 되었고, 이후 3개 업체도 이러한 대열에 합류한 것이다.

2006년 중국 증권업에 처음 진출한 UBS AG는 2018년 11월 기존 합자 증권사의 지분을 24.55%에서 51%로 확대했다. 2020년 3월부터는 Goldman Sachs, Morgan Stanley, Credit Swiss 등도 연이어 중국 합자 증권사 지분을 51%로 확대했다. Goldman Sachs의 골드만삭스가오화증권 기존 지분율은 33%, Credit Swiss의 크레디트팡정증권 기존 지분율은 33.3%였다. 또한 Morgan Stanley의 중국내 합자 증권사는 모건스탠리화신증권으로, 기존지분율은 49%이었다.

2019년부터는 JP Morgan 등 글로벌 IB 4곳이 외자 지배 합자 증권사를 신규로 설립했다. JP Morgan과 Nomura는 2019년 3월 외자 지배 증권사 신규 설립 승인을 취득했다. DBS와 Daiwa는 2020년 8월에 외자 지배 증권사 신규 설립 승인을 확보했다. [50]

[표 2-14] 글로벌 투자은행의 중국내 증권사 설립 현황

(단위: 억위안, %)

	기관명	외자출자액	내자출자액	외자비율	승인시점	비고
기존 지분 확대	UBS증권	7.60	7.30	51	2018.11월	2006.12월 설립
	골드만삭스가오화증권	5.58	5.36	51	2020.03월	2004.12월 설립
	모건스탠리화신증권	5.20	5.00	51	2020.03월	2011.05월 설립
	크레디트스위스팡정증권	5.55	5.34	51	2020.04월	2008.10월 설립
신규	JP모건증권	4.08	3.92	51	2019.03월	100% 지분 목표
	노무라둥팡국제증권	10.20	9.80	51	2019.03월	-
	다이와증권	5.10	4.90	51	2020.08월	
	DBS증권	7.65	7.35	51	2020.08월	

자료: 이은영(2020), 글로벌 금융기관의 중국 진출 확대와 시사점, 「산은조사월보」 제779호(2020.10), p.6.

50) 이은영(2020), 글로벌 금융기관의 중국 진출 확대와 시사점, 「산은조사월보」 제779호, 2020년 10월.

세계 최대 자산운용사인 BlackRock은 2020년 8월 중국 최초 외자 독자 공모펀드 관리회사 및 외자 지배 합자 웰스매니지먼트사 설립 승인을 취득했다. 중국의 외자 독자 공모펀드사는 BlackRock이 지분 100%를 보유한 블랙록 펀드관리회사가 최초로, 2021년부터 본격적으로 공모펀드 상품을 출시할 예정이다. 동 회사 등록자본금은 3억위안이고, BlackRock은 중국 건설은행 산하 웰스매니지먼트회사인 건신리차이, 싱가포르 테마섹 산하 Fullerton Management와 합자 웰스매니지먼트사 설립했다. 동 회사의 명칭은 블랙록건신리차이로, 지분구조는 BlackRock 501%, 건신리차이 40%, Fullerton Management 9.9% 수준이다.

세계 최대 보험사인 Allianz는 중국내 보험지주사 체제를 출범시켰고, AXA와 AIA 등은 재산보험, 생명보험 분야에 대한 투자 확대하고 있다. AllianI는 2019년 11월 외자 최초로 독자 보험지주사 설립 승인을 취득하고 2020년부터 영업을 개시했다. 현재는 보험자산관리회사 설립 신청을 준비 중이다.

AJA는 2019년 2월 중국악사재산보험의 중국측 지분 50%를 인수해 이를 외자독자 재산보험사로 전환했다. AIA는 2020년 6월 상하이 지점을 생명보험 자회사로 전환하는 데 대한 승인을 받고, 2020년 8월 중국 최초 외자 독자 생명보험회사인 AIA생명보험회사 출범시켰다. 상하이 이외 기존 지점들은 AIA생명보험회사의 하부조직으로 재편했다.

[표 2-15] 글로벌 투자은행의 중국내 증권사 업무 현황

	기관명	증권업 관련 라이선스 보유 분야				
		중개	인수보증	자문	자산관리	자기거래
기존 지분 확대	UBS증권	V	V	V	V	V
	골드만삭스가오화증권		V			
	모건스탠리화신증권		V			채권
	크레디트스위스팡정증권	V	V			
신규	JP모건증권	V	V	V		V
	노무라둥팡국제증권	V		V	V	V
	다이와증권	V	V			V
	DBS증권	V	V	V		V

자료: 이은영(2020), 글로벌 금융기관의 중국 진출 확대와 시사점, 「산은조사월보」 제779호(2020.10), p.11.

Oaktree Capital, Carlyle 등의 미국계 대형 사모펀드들은 최초의 외자 AMC 설립 등을 통해 중국 부실자산 시장 공략 강화하고 있다. Oaktree Capital(홍콩)은 2020년 2월 100% 자회사인 Oaktree(베이징)투자관리회사를 설립하고 외자 단독으로는 최초로 자산관리회사(AMC) 업무 라이선스를 신청했다. CarlQle은 2020년 9월, 20년만에 처음으로 전국 규모 AMC 설립 승인을 받은 중국 인허금융지주 산하 '중국인허자산관리회사'와 공동으로 부실자산 처리 펀드 출시를

준비 중이다. 중국의 자산관리회사는 전국 규모의 4대 금융자산관리회사(동팡·창청·신다·화룽)와 지역 AMC, 그리고 5대 대형 은행이 채권-주식 전환을 위해 설립한 은행계 AMC로 구성되어 있다. 중국 금융당국으로부터 AMC 라이선스를 취득한 지역 AMC는 2019년말 기준 59개에 불과하다. 그 밖에도 2020년 Citibank는 펀드 수탁업무 라이선스를, 신용카드사인 American Express(Amex)는 중국 합자사는 은행카드 청산 업무 라이선스를 취득한 바 있다.

2) 배경

이 같은 진출의 첫 번째 배경은 외자계 은행들의 경영 부진에 기인한다. 2010년 중반 들어 외자은행의 영업점 수가 정체되고 중국 로컬 은행에 대한 지분 투자를 회수하는 사례 증가하고 있다. Citibank, Deutsche Bank 등은 2015년 전후 중국내 일부 영업점을 폐쇄하고 로컬 중국계 상업은행의 지분을 매각했다. Citibank 중국법인은 2015년 4월부터 1년간 5개 영업점을 폐쇄하였고 2016년에는 보유 중이던 광파은행의 지분 20%를 전량 매각했다. Deutsche Bank도 2016년 화샤은행 보유 지분 19.99%를 전량 매각했다. 이는 금리자유화가 진전되고 중국내 은행간 경쟁이 확대되면서 은행업 전반의 수익성이 지속적으로 약화되었기 때문이다. 중국 전체 상업은행의 순이자마진(NIM)은 2011년말 2.7%에서 2017년 말 2.1%로 하락했다. 중국 전체 상업은행의 자산수익률(ROA)은 동기간 1.9%에서 0.9%로 하락했다.

외자은행들이 로컬은행과의 경쟁에서 두각을 나타내지 못한 결과, 이들의 시장 점유율은 지속적으로 하락했다. 외자은행의 중국 은행업 자산 비중은 2007년 2.36%에서 2018년 1.25%로 하락했다. 외자은행 대부분은 점포 네트워크 등이 중국계 은행에 크게 못 미치나 이를 극복할 전략이 미흡하여 수익성도 비교적 낮은 편이다. 실제 중국 내 최대 외자은행인 HSBC 중국법인의 영업점 수는 2019년 기준 171개로, 자산규모 1위 공상은행의 1.6만개는 물론 중국 상장은행 18위 저상은행의 260개에도 미달한다. 외자은행의 순이자마진은 2020년 2분기 1.67%로 여타 은행 수준을 하회하고 있다.

이러한 경영 부진을 타계하기 위해 외자 금융기관들은 다양한 증권 업무 라이선스 확보, 중국내 계열사 지배구조 강화 등을 통해 종합 금융 서비스 체계를 구축하려 하는 것이다. 신규 진입한 글로벌 투자은행들은 기진출 업체들과 비교하면 사업 초기부터 다양한 증권 업무 라이선스를 확보했다. 기진출 투자은행들의 영업 범위는 UBS증권을 제외하면 증권 중개와 인수(underwriting) 및 보증(A.nAring) 분야로 한정되었다. 반면에 최근 합자 증권사를 신규 설립한 IB들은 모두 3~4개 업무 라이선스를 확보했다.

JP Morgan은 중국내 합자 선물, 펀드, 증권사 모두 외자 독자 회사로 전환한다는 계획이며, 그 사전 작업의 일환으로 선물, 옵션 업무 라이선스를 신청했다. JP Morgan은 2020년 4월 단독

선물, 옵션 업무 라이선스를 신청하면서 합자 선물 회사인 JP모건선물회사의 독자 전환 계획 공식화했다. 동 기간에 JP Morgan Asset Management는 합자 펀드관리사인 상토우모건펀드관리회사(지분율 51%)의 중국 측 지분을 인수하여 독자 회사로 전환할 것이라고 발표했다.

둘째로는 중국정부의 금융업 대외 개방 기조가 주요 동력으로 작용하고 있기 때문이다. 중국정부는 2018년부터 미국의 보호무역주의 공세가 본격화되자, 대응전략의 일환으로 '금융업 개방 로드맵'을 발표했다. 2018년 4월 발표된 동 로드맵은 금융업 전반의 외자 지분 제한 완화, 보험업 등의 내국민대우, 외국인의 증권 투자한도 확대 등에 초점을 맞추었다. 이에 따라 외자의 중국 로컬 및 합자은행 지분 제한 폐지, 증권·펀드·선물회사의 지분 한도 49%에서 51%로 확대 등이 이루어졌다. 2019년 7월에는 외자의 자산관리시장 진입 장려, 채권 업무 편의성 제고, 非은행업 지분 제한 폐지 시기 단축 등의 추가개방 조치 발표됐다. 현재까지 이러한 로드맵을 점진적으로 법제화하면서 일관성 있게 실행 중이다. 2019년말 〈외자보험회사관리조례실시세칙〉, 〈외자은행관리조례실시세칙〉 등을 발표하고 로드맵 일부 내용 반영했다.

2020년 1월에는 1단계 미·중 무역합의문을 공개하고, 금융업 개방 의지 재확인했다. 동 합의문에는 증권, 펀드, 선물회사의 외자 지분 제한을 폐지하는 시점을 2020년 4월로 앞당기고 미국계 독자 증권사의 설립을 허용한다는 내용 명시했다. 또한 합의문 발효일로부터 5개월 이내에 미국 금융기관의 펀드 수탁 업무를 허용한다는 내용을 포함했다. 2020년 6월 공개한 외국인투자 네거티브 리스트에는 증권사, 펀드사, 옵션회사, 생명보험사 등의 외자 지분 제한 항목 삭제했다.

셋째, 기업공개(IPO) 등록제 도입, 금융지주사 제도 정비 등의 대내 개혁도 영향을 미쳤다. 2020년 3월 〈新증권법〉이 발효되어 민영 IT기업의 주식상장이 활성화 되었고, 기업 위법 행위 억제, 투자자 보호 등을 위한 법적 토대 마련했다. 중국의 IPO 제도는 당국이 기업 상장 여부를 결정짓는 '승인제'에서 기업이 제출한 서류의 사실 여부 확인으로 상장이 가능해지는 '등록제'로 간소화 되었다. 그간 중국 금융당국은 '승인제'를 통해 주식발행에 직접 개입했으며, 이는 상장기업 대부분이 국유기업에 편중되고 민영기업의 주식발행을 통한 자금조달이 제한되는 원인으로 작용해 왔다. 동 제도 개혁으로 IPO 소요 기간이 1년 이상에서 1년 미만으로 단축되고 민영 IT기업의 상장기업 비중은 확대될 것으로 기대된다.

실제 2019년 출범한 첨단기술 기업 위주의 커촹반(科創板)부터 시범 도입했고, 2020년 8월에는 '기술 스타트업' 위주인 촹예반(創業板)에 도입되었으며, 향후 메인 보드로 확대 적용될 예정이다. 또한 상장기업 위법행위에 대한 처벌과 정보 공시 의무 등을 강화하여, '내부자 거래' 등 위법행위로 발생한 소득에 최고 10배의 벌금 부과한다.

제2절 중국 금융시장

1. 주식시장

1) 주식시장의 등장과 발전

중국의 주식시장은 국유기업의 개혁을 위한 역할을 담당하고 있으며, 정부는 채산성이 열악한 소규모 기업은 정리하고, 대규모 기업은 정부가 독점하던 경영권의 일부를 투자자에게 양도하기 위해 주식회사 형태로 점차 전환시키고 있다. 이에 따라 1990년대에는 상장기업의 90% 이상이 국유기업이었으나 2006년말 시점에는 국유기업이 상장기업의 약 80%를 차지하고 있다.

주식시장은 상해, 심천, 홍콩 증권거래소로 나누어지는데, 상해증권거래소는 1990년 12월, 심천증권거래소는 1991년 7월 각각 설립되었고, 홍콩증권거래소는 1947년에 이전의 두 개 증권거래소가 합병되어 설립되었으며, 2000년 주식과 선물 및 청산거래소를 묶어 홍콩거래소가 탄생되었다. 이외에도 상해선물거래소, 대련상품거래소, 정주상품거래소 및 중국금융선물거래소 등 4개의 선물거래소가 있으며, 모두 증권감독관리위원회의 감독을 받는다.

주식 종류는 A주, B주, H주 및 Redchip으로 구분되는데 A주는 내국인 전용, B주는 외국인투자 전용이 기본이고, H주는 홍콩시장에 상장된 중국기업 주식이며, Redchip은 홍콩에서 설립되어 상장된 중국기업 주식을 말한다.

[표 2-16] 중국 주식시장의 구분

지역	구분	종류	투자대상	거래화폐	비고 (투자 가능자)
대륙	상하이	A주	중국 국내 투자자	위안	QFII
		B주	외국인투자자 전용	미국달러	외환 소지 내국인
	선전	A주	중국 국내 투자자	위안	QFII
		B주	외국인투자자 전용	홍콩달러	외환 소지 내국인
홍콩		Redchip	홍콩에서 설립되어 상장된 중국기업(중국지분 35% 이상)	홍콩달러	-
		H주	대륙에서 설립된 중국기업으로 홍콩시장에서 상장	홍콩달러	-

자료: 이창영(2008), 중국의 금융산업 현황과 교역장벽 분석, KIEP, 24쪽

중국 특유의 국유기업 상장에 따른 비유통주 제도가 주식시장의 발전을 저해하고 있는데 비유통주란 정부의 규제에 의해 증권거래소에서 거래될 수 없는 주식이다. 이는 정부가 직접 보유하는 국가주, 국유기업 등이 보유하는 국내 법인주, 기타(종업원 보유주 등)로 구분된다. 국가주는

재정부가 보유하고 있다. 2006년말 현재 거래 금지된 비유통주는 9,259억 주로, 전체 주식(1조 4,896억 주)의 62.2%를 차지하고 있다.

[그림 2-4] 중국 증권시장의 구조

(억위안, 억홍콩달러, 개)

	상해증권거래소 (1990.12 개장)		심천증권거래소 (1991.7)				홍콩증권거래소 (1891)		
주 식	A 주	B 주	A 주[2]	B 주	중소판	창업판	H 주	레드칩	기타
	내국인전용 QFII(2002)	외국인전용 내국인(2001)	내국인전용 QFII(2002)	외국인전용 내국인(2001)	중소기업 자본금 3천만위안	중소벤처 자본금 3천만위안	중국기업의 홍콩상장주식	중국국영기업 해외법인의 홍콩상장주식	
자 본	중 국		중 국				중 국		홍콩 등
기업소재지	중 국		중 국				중 국	홍콩 등	
투자자	중국인	내외국인	중국인	내외국인	중국인		홍콩인(중국인 불가) · 외국인		
거래통화	위안화	미달러화	위안화	홍콩달러	위안화		홍콩달러		
시가총액[1]	147,693	683	30,754	765	27,429	7,434	175,370		
업체수[1]	921	54	472	54	646	281	168	107	1,221

자료: 한국은행(2012), 『중국의 금융제도』, 338쪽.

유통주 중 B주식은 상해와 심천증권거래소에 상장되고 거래되며, 1992년 도입 당시에는 외국인만 투자가능한 주식이었으나 2001년 이후 외환보유 내국인의 투자를 허용하고 있다. 주식의 액면가치는 위안화로 표시되어 있으나 주식의 청약 및 매매는 외국통화로 이루어지고 있다. B주식은 당초 국유기업 개혁을 위해 외국인 투자자로부터 외화자금을 조달할 목적으로 도입되었고 중국 주식시장의 국제화를 위한 첫번째 조치였다. 최근(2009년말)에는 시가총액 기준으로 전체 주식의 3%에 불과한 미미한 수준이어서, A주와 B주의 통합 작업이 거론되고 있다.

외국주식은 외국 주식시장을 통해 자금을 조달하기 위해 발행하는 주식으로, 중국기업이 홍콩에 상장되면 H주식, 뉴욕에 상장되면 N주식, 싱가포르에 상장되면 S주식 등으로 구분된다. 비유통주 제도의 성공적인 개혁으로 주식시장이 활황으로 전환되었으나, 비유통주 매각에 따른 공급과잉으로 침체기를 맞은 바 있다. 즉 2005년 4월부터 다시 시작된 비유통주 개혁조치의 진전으로 주가는 2001~2005년 기간의 장기침체에서 벗어나 상승세로 전환할 수 있었다. 개혁조치의 내용을 보면, 유통권을 얻기 위한 대가로 유통주 1주당 0.3주에 해당하는 대가를 지불하였으며, 비유통주 매각제한기간을 설정하여 발행주식의 5% 이상 보유한 비유통주주는 비유통주 개혁안 결정 후 1년간 매각을 금지하고, 2년 동안 보유주식의 5%까지, 3년 동안 10%까지 매각을 가능하게 조치하였다.

2006년말 현재 상장기업 1,434개사 가운데 거의 전부가 비유통주 개혁안을 임시주총 등을 통해 의결하였다. 중국내 상장회사는 1994년에 비해 약5배 증가하였으나 연간 증가율은 1996년에 64% 증가하여 정점을 기록한 후, 점차 둔화되는 추세이다.[51)]

2) 주식시장 개황

가. 상하이 증권거래소

중국 양대 증권거래소는 상해증권거래소(Shanghai Stock Exchange)와 심천증권거래소(Shenzhen Stock Exchange)가 있다. 이곳에서 산출되는 주가지수는 중국 주식의 전반적인 흐름을 보여주는 대표적 지수로 꼽힌다. 상하이거래소에서는 보통 전통산업 위주의 대형주를 중심으로, 선전거래소에서는 IT와 바이오 등 신(新)경제산업 종목을 중심으로 거래가 이뤄지고 있다. 중국 주식시장에는 홍콩증권거래소(Hong Kong Stock Exchange)도 포함된다. 홍콩증권거래소는 홍콩에 소재하고 있어 이론상 장내시장으로 분류되지는 않으나, 중국 유망 기업들이 주목하는 상장지이자 외국인 개인 투자자들이 A주(중국 본토증시에 상장된 주식) 투자를 위해 거쳐야 할 필수 관문으로서 그 입지는 더욱 커지고 있다.

상하이증권거래소는 1990년 11월 26일 설립돼 같은 해 12월 19일 처음으로 거래를 시작했다. 2020년 9월 2일 기준 상하이거래소에 상장한 기업 수는 1,714곳, 전체 시가총액(이하 시총) 규모는 43조4,530억 위안이고, 2019년 한 해 기준 누적 거래액은 54조4,000억 위안에 달했다. 상하이 메인보드 상장사 중 3대 시총 기업은 귀주모태(貴州茅臺), 공상은행(工商銀行), 농업은행(農業銀行)이다. 2020년 9월 2일 기준 이들의 시총은 2조2,549억 위안, 1조3,265억 위안, 1조184억 위안으로, 전체 시종에서 각각 5.56%, 3.27%, 2.51%의 비중을 차지한다. 상하이증권거래소에서 운영되는 시장은 크게 메인보드(상해 A주와 상해 B주)와 커창반(科創板·스타마켓)으로 구성된다. 본래 상해 A주 시장은 중국 내국인만 투자가 가능한 중국기업 주식이 거래되는 시장이였다. 과거 외국인 개인투자자들이 A주 종목을 사는 것은 아예 불가능했고, 외국인 기관 투자자들의 경우에도 적격해외기관투자(QFII)와 위안화적격외국인투자자(RQFII)의 자격을 취득한 기관에 한해서만 허용됐었다.

---

51) 이창영(2008), 중국 금융산업 현황과 유망분야에 대한 진출전략, 「한중사회과학연구」 제6권2호, 141쪽.

하지만, 2014년 11월 17일 중국 상하이 증시와 홍콩 증시를 잇는 후강퉁(滬港通)이 시행된 이후 해외 개인 투자자들 또한 홍콩증권거래소를 통해 상하이증시에 상장된 A주 후구퉁(滬股通, 홍콩거래소를 통한 상하이 주식 거래) 대상 종목에 투자할 수 있게 됐다. 후강퉁은 후구퉁과 강구퉁(港股通, 상하이거래소를 통한 홍콩 주식 거래)으로 나뉘며, 후구퉁은 위안화로 강구퉁은 홍콩달러로 거래된다.

상해 B주 시장은 외국인만 투자가 가능한 중국기업 주식이 거래되는 시장이다. 1992년 2월 21일 설립된 B주 시장은 해외자본의 직접 유치를 위해 설립됐으나, 중국 당국의 여러 규제에 막혀 A주에 비해 활성화되지 못했고, 이에 후강퉁 개통 전까지는 사실상 외국인의 직접투자는 불가능했다. 외국인 전용 투자 시장인 만큼 미국 달러로 거래가 되며, 본래 중국 내국인의 투자가 금지됐으나 2001년부터 2월부터 내국인 투자 또한 허용됐다.

커촹반은 중국 과학기술 기업들의 주식이 거래되는 시장이다. 2018년 11월 5일 중국 상하이에서 열린 중국국제수입박람회 개막 연설에서 시진핑 국가 주석이 직접 설립 계획을 밝힌 후 8개월여 이후인 2019년 7월 22일 출범했다. 출범 당시 수익성 등 상장 기준을 대폭 완화하고, 주가 상·하한 제한폭도 20%로 조정하는 등 과거 중국 자본시장에서 볼 수 없었던 새로운 방식의 제도 개혁을 시도해 '중국 자본시장 개혁의 시험대'로 불리기도 했다. 커촹반에서 처음으로 시도된 제도 개혁 중 가장 대표적인 것이 기업공개(IPO. Initial Public Offering)의 '등록제 개혁'이다.

IPO 등록제란 IPO 예정 기업들이 상장에 필요한 서류를 제출해 서류 적격 여부만 검증 받으면 등록 절차에 따라 곧바로 상장할 수 있는 제도로, 다른 시장에서 도입하고 있는 '승인제'와 차별화된다. 등록제 개혁은 수익 기반이 약한 중소 과학기술 기업들의 상장 문턱을 낮춰주는 동시에 자금조달 통로를 확대하는 데 그 시행 목적이 있다. 2020년 7월 21일 출범 1주년을 맞이한 커촹반은 중국 주식시장에서 '과학기술주의 상장 메카'로 떠올랐다. 특히, 올해 미중 갈등 속 미국 증권당국이 중국 기업에 대한 규제를 강화하고 나서면서, 커촹반은 홍콩시장과 함께 중국 IT 기업의 대체 상장지로 주목 받고 있다. 2020년 9월 2일 기준 커촹반에 상장된 기업 수는 168개이고, 이들 기업의 전체 시총은 2조8740억 위안에 달한다. 커촹반 상장사의 지난 3년간 영업수익 평균 증가율은 2.7배인 것으로 나타났다. 이는 A주 상장사의 2.1배를 웃도는 수치다. 특히, 과학기술 기업들이 집중돼 있는 시장인 만큼 연구개발 비용 규모에서 매우 두드러진다. 커촹반 상장사의 평균 연구개발 투자비율은 11%에 달해, A주의 4.1%를 크게 웃돌았다. 커촹반 상장사 중 시총 규모로는 금산반공(金山辦公·KINGSOFT), 중심국제(中芯國際·SMIC), 호석산업(상하이실리콘 산업)이 상위권 3위를 차지하고 있다. 2020년 9월 2일 기준 시총은 각각 1,612억8,085만 위안, 1,243억9,117만 위안, 1,041억7,092만 위안이고, 이들이 전체 시총에서 차지하는 비중은 각각 5.61%, 4.33%, 3.62%에 달한다.[52)]

[그림 2-5] 중국 증권시장의 구조

자료: 뉴스핌(2020.9.3.), 30년 역사 '중국 주식 시장' 구조의 이해.

나. 선전증권거래소

선전(深圳)증권거래소는 1990년 12월 1일 거래를 시작했다. 2020년 9월 2일 기준 선전증권거래소에 상장한 기업 수는 2,283곳, 전체 시총 규모는 32조9,937억 위안이고, 2019년 한 해 기준 누적 거래액은 73조314억 위안에 달했다. 선전 증시에 상장된 전체 기업 중 3대 시총 기업은 오량액(五糧液), 메이디그룹(美的集團), 닝더스다이(寧德時代·CATL)로 2020년 9월 2일 기준 이들의 시총은 각각 9,121억7,800만 위안, 4,981억4,300만 위안, 4,922억4100만 위안에 달하는 것으로 집계됐다.

선전증권거래소에서 운영되는 시장은 크게 메인보드(선전A주와 선전B주), 중소판(中小板·SME), 창업판(創業板·차이넥스트)으로 구성된다. 선전 A주·B주는 상해 A주·B주와 마찬가지로 각각 내국인 전용과 외국인 전용 주식시장이다. 2016년 12월 5일 중국 선전 증시와 홍콩 증시를 잇는 선강통이 시행된 이후 외국 개인 투자자들 또한 홍콩증권거래소를 통해 선전 증시에 상장된 A주 선구퉁(深股通, 홍콩거래소를 통한 선전 주식 거래) 대상 종목에 투자할 수 있게 됐다. 선강통은 선구퉁과 강구퉁(港股通, 선전거래소를 통한 홍콩 주식 거래)으로 분류되며, 선구퉁은 위안화로 강구퉁은 홍콩달러로 거래된다.

52) 뉴스핌(2020.9.3.), 30년 역사 '중국 주식 시장' 구조의 이해.

중소판은 그 이름에서 알 수 있듯이 중소기업이 상장돼 있는 시장이다. 2020년 9월 2일 기준 중소판에 상장한 기업 수는 962곳, 전체 시총은 13조5,748억 위안 규모에 달했다. 가장 높은 몸값을 자랑하는 중소판 3대 상장사는 입신정밀(立訊精密), 순펑홀딩스(順豐控股), 해강위시(海康威視)로 2020년 9월 2일 기준 각각 4,011억2,600만 위안, 3,826억5,000만 위안, 3,590억3,500만 위안 규모의 시총을 기록했다.

창업판은 중소벤처기업 전용 주식시장이다. 2020년 9월 2일 기준 중소판에 상장한 기업 수는 852곳, 전체 시총 규모는 10조267억 위안에 달한다. 창업판 상장사 중 3대 시총 기업은 닝더스다이, 매서의료(邁瑞醫療), 지비바이오(智飛生物)로 2020년 9월 2일 기준 각각 4,922억4,100만 위안, 4,197억1,700만 위안, 2,114억7,200만 위안 규모를 기록했다. 2020년 8월 24일 중국 창업판은 커창반에 이어 IPO의 등록제를 정식 시행했다. 이와 함께 주식시장 거래 활성화를 위해 일일 주가 상·하한 제한폭도 기존의 10%에서 20%로 늘렸다. 이 같은 개혁 움직임에 힘입어 창업판은 2020년 상반기 전 세계 주가 지수 중 가장 높은 32.5%의 주가 상승률을 기록하기도 했다.

다. 홍콩증권거래소

홍콩증권거래소는 1891년에 설립됐다. 2019년 말까지 홍콩증권거래소에 상장한 기업 수는 2449곳, 총 시총 규모는 38조2,000억 홍콩달러에 달했다. 홍콩증권거래소에서 운영되는 시장은 크게 메인보드와 성장기업시장(GEM, Growth Enterprise Market)으로 구성된다. 메인보드 시장은 다시 H주와 레드칩(R주), 항셍주로 분류된다.

H주는 중국에 설립된 기업의 홍콩상장 주식으로, 자본(모기업)과 등록지 모두가 중국 소재인 기업이 상장된 시장을 의미한다. R주는 중국 국유기업 해외법인의 홍콩상장 주식으로, 자본(모기업)은 중국이나 등록지는 홍콩인 기업이 상장된 시장을 뜻한다. 항셍주는 H주와 R주를 제외한 홍콩 및 외국기업 주식이 거래되는 시장을 지칭한다. 홍콩 GEM은 홍콩 메인보드 시장 상장에는 적합하지 않으나 성장성이 높은 중소기업이 상장할 수 있는 시장을 지칭한다.

홍콩증시에 상장된 중국기업 중 시총 규모 3대 기업은 텐센트홀딩스(騰訊控股), 공상은행(工商銀行), 건설은행(建設銀行)으로 2020년 9월 2일 기준 각각 5조1,120억 홍콩달러, 1조4,933억 홍콩달러, 1조3,475억 홍콩달러의 시총 규모를 기록했다. 미국 당국의 거세진 규제 속 탈(脫)미국을 추진하는 중국 기업들에게 있어 홍콩 시장은 가장 유력한 2차 상장지로 주목받고 있다. 지난해 미국 나스닥에 상장된 알리바바가 홍콩 증시에 재상장했고, 또 다른 나스닥 상장사인 왕이(網易·넷이즈)와 징둥(京東)도 2020년 홍콩행 대열에 합류했다.

3) QFII 제도

중국의 주식시장은 규모 면에서 크게 성장하였으나, 실질적으로는 이원화된 시장으로 아직 국제적으로 폐쇄되어 있는 시장이다. 상술한 바와 같이 주식의 종류는 A주, B주, H주, Redchip 등 네 가지로 구분하고 있다. 이와 같은 구분은 해외투기자본 유출입에 따른 외환시장의 과도한 변동성을 통제하기 위한 목적 때문이다. 따라서 외국인투자자가 중국증시에 투자할 수 있는 주요 경로는 B주와 H주이다. 하지만 B주의 경우는 상장기업이 적어 시장유동성이 낮기 때문에 외국인 거래가 활발하지 않은 상황이며, 2010년 기준으로 전체 상장회사의 90% 정도는 A주에 상장되어 있다. 따라서 중국정부는 주식시장의 활성화 및 국제화를 위해서 지난 2003년부터 내국인에게만 허용된 A주 투자를 일정요건을 갖춘 외국인 적격기관 투자자에게 QFII를 부여하여 투자를 제한적으로 허용하고 있다.

적격외국기관투자자를 의미하는 QFII(Qualified Foreign Institutional Investor)는 일정요건을 갖춘 외국기관투자자에게 중국 A주에 대한 투자를 허용하는 것으로 중국 주식시장 개방의 일환으로 2002년 11월에 도입되었고, 2007년 12월말 현재 54개 외국기관투자자가 QFII의 자격을 취득하였으며 100억 달러 한도 내에서 A주에 대한 투자를 실시하고 있다.

증권업의 개방 정도는 은행이나 보험업에 비해 매우 제한적이어서 외국 금융회사의 지점 또는 법인설립이 금지되어 있고 영업활동을 할 수 없는 대표처 설립만 가능하도록 되어 있다. 증감회는 해외금융기관이 매입할 수 있는 국내 증권사 지분을 20%로 제한해 놓고 있으며, 신규 합작기업의 경우 2005년까지 33%, 2006년부터 49%까지 지분 보유를 허용하고 있다. 실제 1995년 첫 중국 내 합작증권사가 설립되었으며, WTO 가입후 외국계 증권사의 중국 진출이 가속화 되고 있다. 2009년 6월말 기준 중국에는 모건스탠리, CLSA, BNP파리바, 다이와, UBS 등 6개의 합자 증권사와 33개의 합자 펀드회사가 설립되어 있다. 또한 4개의 외자 증권기관 사무소가 상해·심천증권거래소 특별회원 자격을 취득하였고, 상해와 심천거래소에서 직접 B주식 업무를 운영하는 해외 증권기구도 각각 39개와 19개에 달한다.[53)]

53) 김은화(2010), 중국의 금융시장 개방 현황은, 중국금융시장 포커스 2010년 3월호, 자본시장연구원, 5쪽.

[그림 2-6] 상하이 종합지수 추이

자료: 구글(2022.1.4)

QFII 한도 확대, 즉 외국투자기관이 중국증시에 투자할 수 있는 한도가 점차 확대됨에 따라 세계자금은 지속적으로 중국증시에 유입되고 있다. 중국정부는 2009년 9월, 증시 부양을 위해 내국인 전용 A주에 투자할 수 있는 QFII별 투자 한도를 10억달러로 상향 조정했다. 즉 개별 QFII 투자 한도가 기존 8억달러에서 10억달러로 25% 확대됐다. QFII의 총투자 한도도 300억달러로 늘어났다. 이번 조치로 인해 증시에 1024억위안의 투자자금이 새로 들어오는 효과가 있다. 2009년 9월말 현재 한국의 삼성투신운용, 한국투신운용, 산은자산운용 등 전 세계 76개 QFII가 138억달러를 중국 증시에 투자하고 있다.

2009년말까지 92개 외국계 금융회사가 QFII 자격을 이미 획득했으며, 허용한 투자금액은 157억 2000만달러다. 또한 중국정부는 2012년 4월 3일자로, 해외자본 유치를 통한 경제 활성화를 도모하기 위해 QFII 한도를 대폭 증액했다. 증권감독관리위원회(CSRC)는 QFII한도를 종전 300억달러에서 800억달러로 500억달러 증액 했다. QFII 신규승인액도 2011년 연간 19억달러에서 2012년 1월 1일~3월 9일중 19개 외국기관에 대해 29.1억달러로 확대하는 등 자본시장 개방을 가속화하고 있다.

중국정부는 2012년 3월말까지 23개국, 158개 기관투자자에 대해 QFII 자격을 부여하였으며, 총 245.5억달러의 투자한도를 승인한 바 있다. 금융기관별로 보면 자산운용사 82개, 국부펀드·연금 등 29개, 상업은행 23개, 증권사 및 보험사 각 11개의 순으로 구성되어 있다. 2012년 3월

23일 현재 QFII 계좌의 총자산가치는 2, 656억달러로 주식 74.5%, 채권 13.7%, 은행예금 9.6% 등으로 구성되어 있으며, QFII 주식지분은 중국 A주 시가총액의 1.1%를 차지하고 있다.

2011년 11월에는 RQFII 제도를 도입했다. QFII는 달러 기준으로 투자 한도를 받는 외국 기관을, RQFII는 위안화 기준으로 투자 한도를 받은 외국 기관을 가리킨다.

2012년 5월 9일, 중국 증권감독관리위원회(이하 증감회)가 발표한 QFII리스트에 따르면, 2012년 4월 QFII 신규허가를 받은 기업은 예측투자관리회사(남아공), 동부자산운용(한국), 야누스캐피탈(미), 미즈호파이낸셜(일), 핸더스글로벌인베스터스(영)의 5개사로 지금까지 QFII자격을 보유한 기관은 163개사에 달한다. 2011년 12월, 증감회는 14개 기업에게 QFII를 허가했고, 이후 신임의장 취임과 함께 44개 기업에 허가를 내주었다. 증감회는 2012년 4월초 국무원의 비준을 받아, 증감회, 중앙은행 및 외환관리국이 500억 달러 규모의 투자를 늘리면서 QFII의 총 투자액이 800억 달러에 달한다고 발표한 바 있다. 국가외환관리국 통계에 따르면 2012년 4월 16일까지 133개사의 QFII 투자액은 251.93억 달러이다.[54)]

2019년 9월 10일에는 QFII 제도 개혁이 또 한번 이루어졌다. 바로 QFII와 RQFII의 투자 한도를 폐지한 것이다. QFII와 RQFII 의 투자 금액에 대한 규제가 사라지면서 외국자본의 중국 자본시장 투자 편리성이 대폭 제고되고, 외자의 중국 유입도 더욱 늘어날 것으로 기대된다.

2020년 5월 기준, 현재 295개 QFII 자격을 보유한 외국 기관투자자들이 중국 시장에 투자하고 있다. 이들에게 할당된 투자 한도는 1,146억 6,000만 달러다. 이들 QFII가 2020년 1분기 말 기준 보유한 A주 투자 종목은 371개로 집계됐다.[55)]

---

54) 證券日報 (2012.5.10)
55) 뉴스핌(2020.5.8.)

[그림 2-7] 중국 QFII 제도 변천 과정

시기	제도 수정 및 보완	특징
2002년	중국 증감회·인민은행 '적격외국기관 투자자(QFII)의 역내 증권투자 시행 방법' 발표	**-QFII 제도 공식 도입** QFII 투자 상한액 100억 달러
2006년 08월 24일	증감회·인민은행·외환관리국 QFII 제도 수정	-QFII 자격 완화, 심사 기간 축소 -퇴직연금, 보험기금, 자선기금 등 장기자본 우선 심사
2006년 말	QFII 심사 잠정중단	
2007년	2차 미·중 전략경제대화 성과, QFII 심사 재개	QFII 투자 총한도 300억 달러로 증액
2009년 09월 04일	외환당국 QFII 제도 규정 발표	단일 QFII 투자 한도 1회 2000만 달러 이상, 누적 총액 10억 달러 이하로 제한
2010년	증감회 QFII 자산 구성에 관한 규정 발표	QFII 자산 구성 주식 비율 50% 이상, 현금 비율 20% 이하로 규정
2011년 5월	증감회 'QFII 주가지수 선물 거래 가이드라인' 발표	QFII 주가지수 선물 거래 허용
2011년 11월	증감회·인민은행·외환관리국 '펀드사·증권사의 위안화 적격외국기관 투자자(RQFII)의 역내 증권투자 시행 방법' 발표	**RQFII 제도 시행**
2012년 4월	증감회·인민은행·외환관리국 QFII 투자한도 500억 위안 상향 조정	QFII 투자한도 300억 달러에서 800억 달러로 증액
2012년 07월 27일	증감회, QFII 제도 수정	QFII 투자 범위 확대, 지분보유 제한 20%에서 30%로 확대
2013년 7월	-	QFII 한도 1500억 달러로 재상향 조정
2016년	인민은행, 외환관리국 QFII·RQFII 제도 개혁. QFII·RQFII 관리 규칙 통합, 단일 기관 투자 상한 규제 취소	-QFII·RQFII 관리 자산 규모에 따라 일정 한도 자동 획득, 한도 내 금액에 대한 별도 심사 불필요. -기관투자자 자금 납입 기한 규정 취소 -투자 자본금 보호예수기간(Lockup Period 이하 '락업') 1년에서 3개월로 축소 등
2018년 6월	QFII 제도 개방 확대	- QFII 월별 자금 해외 송금 규모 규제(전년도 총자산의 20% 이내로 제한) 취소 -QFII·RQFII 자본금 락업 기간 취소 -QFII·RQFII 외환 헤지(hehge) 허용
2019년 1월		QFII·RQFII 총투자 한도 1500억 달러에서 3000억 달러로 확대
2019년 09월 10일	외환관리국 QFII·RQFII 제도 개혁	**QFII·RQFII 투자 한도 폐지**

자료: 뉴스핌(2019.9.11.)

4) QDII 제도

QDII(Qualified Domestic Institutional Investor)는 적격 국내기관 투자자, 즉 중국 외환관리 당국으로부터 해외 자본시장에 투자할 권리를 부여 받은 금융기관을 뜻한다. QDII는 중국 국내 은행, 증권사, 자산관리사, 보험회사, 신탁회사 등 금융회사가 당국의 승인을 얻어 일정 한도 내에서 펀드를 조성해 해외 주식 및 채권에 투자할 수 있도록 허용하는 제도다. 중국 금융회사들은 이 자격을 얻어야 해외 자본시장에 투자할 수 있다.

중국에서는 QDII 자격을 얻어야 한국 같은 해외 주식시장 투자가 가능하다. 2009년 10월까지 중국 당국에 승인된 한도는 559억 5,000만달러였고, 2012년말 기준으로는 106개사 866.47억 달러로 늘었다.

'차이나 머니'는 중국 본토에서 나온 투자자금을 일컫는 말이다. 주로 중국 국부펀드 운용사인 중국국제금융공사(CICC)와 QDII에서 나온다. 국내 기관투자가로 선정된 중국 내 금융기관이 일정 한도(Quota) 내에서 고객들로부터 펀드를 조성해 해외 자본시장에 투자할 수 있다. 중국 주요은행의 해외점포를 통한 자산운용 외에 개인투자자들이 해외에 투자할 길을 열어준 것이다. 2006년 7월부터 중국·홍콩 금융기관과 국제은행 등 12곳, 자산운용사 1곳 등 13개 금융기관이 QDII로 지정되었다. 이들에게 최초에 허용된 2006년 투자한도는 모두 126억 달러였다.

국가외환관리국에 따르면, 2010년 3월말까지 은행, 펀드회사, 증권사, 보험 및 신탁회사의 QDII 투자액은 총 642.62억달러에 달하며, 그중 26개 펀드회사가 385.27억달러의 비준을 획득하였다.

최근 위안화는 절상압력을 받고 있어 QDII 펀드는 수익률을 보존하는데 리스크를 안게 되었다. 따라서 전문가들은 QDII펀드가 일정자금을 위안화 절상 리스크에 따른 환율 헤지(hedge)를 해놓아야 한다고 조언하고 있다. 바꾸어 말하면 QDII 펀드의 동향(투자규모의 증감)은 위안화 평가절상의 선행지표가 될 수도 있다는 의미이다.

실제 중국정부는 꾸준히 QDII 한도를 확대하고 있다. 2021년에도 국가외환관리국은 위안화 강세 행진이 이어지자 외화예금 지급준비율(지준율)을 인상한 데 이어 QDII 해외 투자 한도도 확대했다. 2021년 12월 15일 QDII의 투자 한도를 35억 달러로 확대했다. 2021년 들어서만 7번째 한도를 늘린 것이다. 국가외환관리국은 2020년 4월부터 8월까지 약 5개월간 자금 유출과 위안화 약세 현상을 우려 해 QDII 신규 쿼터를 부여하지 않다가, 2020년 9월부터 QDII 제도를 재개해 한도를 확대하고 있다. 2020년 11월 말 기준 누적 한도액은 1540억 달러였는데, 이번 한도 확대로 누적 승인 한도액은 1575억 달러로 높아졌다.

2021년 1월 13일까지 중국 당국의 QDII 누적승인 한도액은 1,257억 1,900만 달러였고, QDII를 부여받은 금융회사는 은행 33곳, 증권사 67개, 보험사 47개, 신탁기관 24개 등 171개에 달했다.

[그림 2-8] 한국 채권에 대한 해외 투자 현황

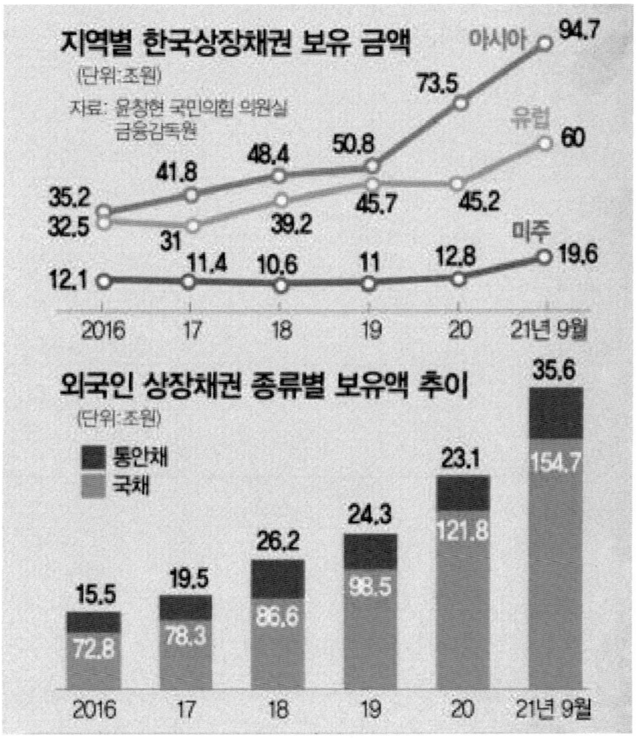

자료: 서울경제(2021.10.21.)

QDII 중에서 한국증시에 투자하는 '차이나 머니'가 늘고 있다. 한국 금감원 자료에 따르면, 2008년초 2459억원에서 2008년 6월 4,668억원, 2009년 4월 4,583억원으로 증가하였다. 가장 최근인 2010년 1월 말에는 1조 1,695억원으로 2008년초 대비 5배 가까이 급증했다. 이처럼 한중 양국의 주식시장은 급격히 가까워지고 있다.

2021년 9월 말 기준 아시아 국가들이 보유한 국내 상장채권은 총 94조 6,510억 원이었다. 5년 전인 2016년 말(35조 1,660억원)보다 2.7배나 급증했다. 9월 말 외국인의 국내 상장채권 보유액은 203조 6,140억 원을 기록해 월말 기준 사상 최초로 200조 원을 돌파했다. 2016년 말 89조 3,360억 원에 비해 2.3배 불어난 액수다. 증권가에서는 중국 등을 위시한 아시아계 자금이 증가세를 주도했다는 분석이 나온다. 실제로 외국인의 한국 상장채권 보유액 가운데 아시아 국가들이 차지하는 비중은 2016년 39.4%에서 2021년 9월 말 46.5%로 7.1%포인트 증가했다.

금감원은 2016년 이후부터 국적별 상장 채권 보유액을 공개하지 않고 있다. 그러나 전문가들은 과거 한국 상장 채권 보유액, 외환 보유액 등을 종합할 때 중국이 전체 아시아계 자금 중 60% 수준을 차지하고 있을 것이라 추정한다. 이를 환산하면 약 50조 원으로 외국계 자금의 20~30%, 국내 전체 상장 채권의 2~3%를 차지하고 있는 셈이다.[56]

[표 2-17] 중국 주요 QDII 자격취득 기관 및 한도 (2009년 9월말 기준)

기관명칭	투자한도 (억달러)	기관명칭	투자한도 (억달러)
중국은행	25	화하기금관리공사	50
중국공상은행	20	가실기금관리공사	50
교통은행	15	상투모건기금관리공사	50
자오상은행	10	공은서신기금관리공사	40
민생은행	5	화보홍업기금관리공사	40
건설은행	20	HSBC(중국)	10
중국광대은행	5	중국국제금융유한공사	50
북경은행	5	평안보험	88.9
중국농업은행	10	중국인수보험	15
남방기금관리공사	50	캉타이 보험	3.85

자료: 국가외환관리국(2010.1)

5) 비유통주

중국 주식은 해당기업의 주식을 시장에서 거래할 수 있는지의 여부에 따라 유통주와 비유통주로 구분할 수 있고, 비유통주는 국가가 보유한 주식인 국유주와 법인이 보유한 주식인 법인주로 분류된다.

중국정부는 1990년 주식시장을 개설한 이후 총 발행주식의 66%를 국가소유 주식, 즉 국유주 형태로 묶어 비유통주로 제한했다. 따라서 발행 총 주식의 2/3 정도가 국가나 국유법인이 보유하고 있는 비유통주로 시장에서 격리된 상태이다. 이는 국유기업을 주식회사로 전환하는 과정에서 나타난 중국 특유의 현상이다.

중국정부는 1999년과 2001년에 비유통주의 유통화를 계획했지만, 시장의 수급악화에 대한 부담 때문에 개혁을 단행하지 못했다. 이러한 비유통주 문제는 중국 주식시장의 불투명성을 심화시켰고, 주식시장은 2001년 이후 하락하기 시작해 5년간 침체에 빠졌다. 또한 상장기업 지분의 2/3를 보유하고 있는 정부가 회사경영에 미치는 영향력이 컸고, 이러한 지배력을 이용하여 무리한 증자를 진행시키거나 우량자산을 가로채는 등 기업가치를 하락시키는 일들이 많았다. 이로 인해 유통주 주주들이 해당 기업의 주식을 포기하거나 매각하기 시작했고, 이는 주식시장의 장기침체로 이어졌다.

이를 해결하기 위해 2005년 5월 중국증권감독관리위원회는 비유통주를 전부 유통화하겠다는 개혁안을 발표했다. 2005~2007년 중국정부는 비유통주 개혁에 나선다. 이를 통해 비유통주를 유통주로 전환하였다. 이 조치로 비유통주를 보유한 국유기업 대주주(국가)는 유통주 주주와

56) 서울경제(2021.10.21.)

협의를 통해 비유통주 유통화 방안을 실시할 수 있게 했다. 기존 유통주 10주 당 3주를 무상 증여하는 방식을 통해 비유통주를 유통주로 전환할 수 있게 됐다.

[표 2-18] 중국 주식시장 유통주 추이

(억주, 십억위안, %)

	2004	2005	2007	2008	2009	2010	2011
총발행주	7,149	7,630	22,417	24,523	26,163	33,185	35,811
유통주	2,577	2,915	10,332	12,579	19,760	25,642	28,512
유통비율	36.0	38.2	46.1	51.3	75.5	77.3	79.6
시가총액	3,706	3,243	2,714	12,137	24,394	26,542	21,476
유통주	1,169	1,063	9,306	4,521	15,126	19,311	16,492
유통비율	31.5	32.8	28.4	37.3	62.0	72.8	76.8

자료 : CSRC

[표 2-19] 중국 주식시장 주요 지표 추이

(개, 억위안, 억주, %)

	1992	1995	2000	2005	2007	2009	2010	2011
국내상장사(A,B주)	53	323	1,088	1,381	1,550	1,718	2,063	2,342
B주	18	70	114	109	109	108	108	108
국외상장사(H주)	-	18	52	122	148	159	163	168
총발행주	69	848	3,191	7,630	22,417	26,163	33,185	35,811
유통주식	21	301	1354	2915	10,332	19,760	25,642	28,512
(유통비중)	(30.4)	(35.5)	(42.4)	(38.2)	(46.1)	(75.5)	(77.3)	(79.6)
시가총액	1,048	3,474	48,091	32,430	327,141	243,939	265,423	214,758
유통주식		938	16,088	10,631	93,064	151,259	193,110	164,921
(유통비중)		(27.0)	(33.5)	(32.8)	(28.4)	(62.0)	(72.8)	(76.8)
對GDP비율	0.8	5.7	48.5	17.5	123.1	71.6	66.2	46.7
거래액	683	4,036	60,826	31,665	460,556	535,987	545,634	421,645
상해 종합지수	780	555	2,073	1,161	5,262	3,277	2,808	2,199
심천 종합지수	241	113	636	279	1447	1201	1291	867
평균PER(상해)	..	15.7	58.2	16.3	59.2	28.7	21.6	13.4
평균PER(심천)	..	9.5	56.0	16.4	69.7	46.0	44.7	23.1

자료 : CSRC, 상해 · 심천 · 홍콩증권거래소, 중국증권선물통계연감 각호

개혁 실시 약 1년 만인 2006년 4월 상하이와 선전 거래소 상장사 1344개 기업 가운데 65%인 868개 기업이 비유통주의 유통화 개혁을 마무리했다. 시총 기준으로는 총 시총의 70%에 해당한다. 주식 수 기준으로는 67%의 성과를 거뒀다. 이러한 과정을 통해 점진적으로 비유통주의 유통화를 진행하고 있다. 2008년말 69.6%에 달했던 상해증시의 비유통주 비중은 2011년말에는 11.1% 수준으로 감소했다. 그럼에도 불구하고 2020년말 현재 중국 A주 주식의 전유통화(모든 주식의 유통화)는 아직 실현하지 못했다. 다만 비유통주 비중이 점차 축소되고 있는 상황이다.

6) 중국증권감독관리위원회(中国证券监督管理委员会.China Securities Regulatory Commission)

금융시장의 발전에 따라 증권 감독체제는 지방감독으로부터 중앙감독, 분산감독으로부터 집중감독의 과정을 거쳤다. 1992년 10월에 설립된 중국증권감독관리위원회(약칭:증감회)는 〈증권법(证券法) 1998.12제정, 2005.10수정〉에 국무원 증권감독관리기구로 명시되어 법률적 근거를 보유하게 된다. 증감회는 국무원으로부터 권한을 위임받아 전국 증권시장을 통일 감독관리하고 있다.

1998년 8월, 국무원은 증감회와 국무원증권위원회를 개편된 증감회로 통합하고, 증감회를 기존의 부성급(副省級)에서 성급(省級) 사업기관으로 격상하였고, 지방증권 부처에 대하여 수직적 지도를 실시하여 통일적인 감독관리시스템을 형성하는 동시에, 양 증권거래소(심천, 상해), 증권업협회, 선물업협회 등 자율기관으로 구성되는 증권시장의 '이중적 감시시스템'을 구축했다. 증감회 조직은 본부(베이징)에 19개 본부 부서, 4개 직속사업부서, 주식발행심사위원회, 행정처벌위원회가 있다. 증감회는 31개 성, 직할시, 자치구 수도에 지방증권감독국을 설립하였으며, 이외에도 심천(광동성), 대련(요녕성), 영파(절강성), 청도(산동성), 하문(복건성) 등에도 파출기구를 두고 있다. 또한 양대 증권거래소가 있는 상해와 심천에는 증권감독전문위원 사무소가 설치되어 있다. 증감회 주요업무를 보면, 증권시장 감독관리에 관한 제도·규칙 연구 및 제정, 증권선물시장 관련 법률·법규·규정 제정, 주식·전환채·증권투자펀드의 발행·거래·보관과 청산 규제, 기업체 상장 비준, 상장국채와 기업체의 거래활동 감독관리, 선물시장 규제, 상장회사 및 정보공개 의무가 있는 주주의 증권업무활동 감독관리 등을 들 수 있다.

[키워드] 중국 주식용어

A주(A股): 보통주로 중국 국내회사가 발행하여 국내기관 및 개인(홍콩, 대만 제외)에게 제공하며, 위안화로 주문하고 거래. A주 투자자격은 중국국적을 소유한 자연인과 법인으로 제한. 중국정부는 2002년 12월 외국인 기관 투자자(QFII)에게 A주에 대한 투자를 허용.

B주(B股): 액면가는 위안화로 표시되고 외화(미달러나 홍콩달러)로 주문하고 거래하는 주식으로 중국 본토 개인과 외국인 개인만 거래 가능. 2001년 2월 28일부터 내국인에게도 외화저축 범위 내에서 매입을 허용. 주식배당금, 순이익, 거래수입에 대하여 해외이동이 가능.

H주(H股): 회사 등록지는 중국대륙이지만 홍콩에 상장한 기업주식(외국인 거래 가능)
레드칩(Red Chips, 紅籌股): 등록지와 상장지 모두 홍콩이지만 중국대륙의 기관(국유기업 및 대륙의 각 성의 기관)이 그 회사의 지배권을 갖고 있는 주식(외국인 거래 가능)

국가주: 중앙정부 또는 지방정부가 기업공개발행 전에 발기인 형식으로 투자한 기업의 지분으로 대부분 국유기업의 정부참여지분을 말함.

법인주: 기업이 법에 의해 운영할 수 있는 자산을 타 기업에 투자하거나 또는 법인자격을 갖고 있는 사업단체 및 기타 사회단체가 정부 허가를 받아 투자매입한 주식.

2. 선물시장

선물(先物)은 파생상품의 한 종류로서 품질, 수량, 규격 등이 표준화되어 있는 상품 또는 금융자산을 미리 결정된 가격으로 미래 일정시점에 인도·인수할 것을 약정한 거래를 말한다. 중국어로는 치훠(期貨)라고 하며, '(매매)기간을 정해놓은 상품'으로 해석될 수 있을 것이다.

중국은 1990년에 이미 정주상품거래소에서 선물거래를 시작하여 그 역사는 짧지 않으나, 규모나 운영방식은 사회주의 시장경제 시스템에 맞추어져 있었다. 이후 다롄(1993년 2월), 상하이(1999년 12월)에도 선물거래소가 개설되었다. 이외에도 상하이에 중국금융선물거래소(2006년 9월)가 있다.

이들은 중국경제 규모의 급증에 따라 미국에 이은 세계 2위 상품 선물시장과 세계 1위 농산품 선물시장으로 성장하였다. 2009년 기준, 전세계 상위 10대 농산물 선물 상품에 7개가 중국 선물이다. 거래 규모를 보면 2009년 중국 선물시장 거래량은 21억 5,743만 계약으로 전년비 36.7% 성장하였고, 거래금액은 130조 5,107억 위안으로 100조 위안을 넘어섰다.

중국의 4대 선물시장을 살펴보면, 허난성 정저우시에 위치한 정주상품거래소는 1990년 10월에 설립되었지만 1993년 5월에서야 정식으로 거래를 시작하였다. 222개 회원사가 있으며, 주요 상품으로는 목화, 벼, 유채유, 백설탕, PTA(테레프탈산, 폴리에스터 원료), 소맥, 강글루텐 소맥(强筋小麦) 등이 있다. 주 거래 품목이 농산물인지라 거래 규모의 성장속도는 그리 빠르지 않다.

대련상품거래소는 동북3성(省) 최대 항구 도시인 랴오닝성 다롄시에 1993년 2월 개설되었다. 220개 회원사가 있으며, 대두, 옥수수, LLDPE(선형저밀도폴리에틸렌, Linear Low Density Polyethylene, 비닐원료), 대두박, 종려유, 폴리에틸렌, 대두유 등 총 8가지 상품 선물이 거래되고 있다. 다롄상품거래소 거래량은 지속적으로 증가하고 있으며, 특히 2009년 폴리에틸렌이 새로 상장되어 거래량이 급증했다.

상해선물거래소는 상하이시에 위치하고 있으며, 기존 상하이금속거래소, 상하이 곡물 및 오일 거래소, 상하이상품거래소가 통합된 거래시장이다. 1999년 12월부터 영업을 하였으며 212개 회원사가 등록되어 있다. 현재는 구리, 알루미늄, 아연, 금, 천연고무, 유류, 철근, 선재(건축용 철강제품) 등 9개 상품 선물이 거래되고 있으며, 특히 2009년 많은 논란을 거친 끝에 철근이 새로 상장되었다. 중국 부동산 투자 증가로 선재와 철근이 주도하는 선물거래가 급증하고 있다.

마지막으로 중국금융선물거래소는 2006년 9월 상하이에 설립되었으며, 총 260개 회원사가 있다. 거래소 설립후 4년동안 거래할 상품이 없었으나, 2010년 4월에 중국 최초의 주가지수선물(CSI 300)이 상장되면서 그동안의 개점 휴업상태를 끝낼 수 있었다.

CSI 300은 상하이와 선전증권거래소에 있는 중국의 대표적 A시장 주식 300개 기업(상하이 208개, 선전 92개)의 시가총액가중평균으로 지수가 만들어 졌으며, 기준일은 2004년 12월 31일, 지수 포인트는 1,000포인트 이다. CSI 300 지수의 시가총액은 중국 주식시장 전체의 60%에 달한다.

현재 중국정부는 CSI 300 출현을 계기로 2006년부터 준비해온 〈선물법(期貨法)〉의 제정을 서두를 전망이다. 2021년 4월 26일, 13차 전인대 상임위원회에서 〈선물법 초안〉을 심의하였고, 중국정부는 14·5 규획 기간 내 제정을 목표로 하고 있다. 〈선물법〉이 제정되어 각종 선물 거래가 상위법으로 제도화 될 경우, 코크스(공업용 석탄), 백은, 생돈과 같은 상품은 물론 다른 금융파생상품도 출시될 전망이다. 또한 선물시장의 발전은 중국경제를 전망하는 유력한 선행지표 종류를 다양하게 해 줄 수 있을 것이다.

3. 채권시장

1) 발전 과정

중국은 1949년 성립직후부터 국채를 발행해 왔으며, 공채권(公債券) 및 국고권(國庫券)으로 불렸다. 중국의 국채 발행은 3단계로 나누어 볼 수 있는데, 먼저 新중국 성립 다음 해인 1950년에 국가 기초 인프라 건설에 쓰일 자금을 모집하기 위하여 302억 위안의 인민승리공채(人民胜利折实公债)를 발행 것이 그 효시이다. 이후 1954년부터 1958년까지 사회주의 경제건설을 위해 5차례에 걸쳐 3,546억 위안 규모의 국가경제건설공채(国家经济建设公债)를 발행하여, 본격적으로 사회 인프라 건설에 투입하기 시작한다. 마지막으로 3단계는 1979년 개혁개방 정책의 착수 이후에 국채발행을 재개하기로 결정한 후, 1981년부터 8종류의 국채를 발행하였으며 1995년까지 총 3,300억 위안 규모의 국채를 발행하여 각기 목적에 맞게 사용한 바 있다.

이 시기 발행된 주요 국채로는 국고권(国库券), 국가중점건설채권(国家重点建设债券), 재정채권(财政债券), 특종채권(特种债券), 정향채권(定向债券·특수목적채권), 가치보전채권(保值债券), 전환채권(转换债券) 등이 있다.

이러한 채권, 특히 국채를 중심으로 한 채권이 거래되는 채권시장은 1981년에 재개설 되어 주로 은행간 시장 형태로 국유상업은행 간에 국채를 거래하는 형식으로 운영되어 왔다. 중국 내에서 본격적으로 채권시장이 형성된 것은 상해 및 심천증권거래소가 개설되고 이곳에서 국채가 거래되기 시작한 1994년부터이다.

이후 1994년에 국가개발은행에서 정책성 금융채를 발행하였으며, 1998년에는 중앙은행인 인민은행이 중앙은행 어음 형식으로 통화안정채권(Monetary Stabilization Bond.中央银行票据)을 발행하기 시작하였다.

기업이 자신의 신용을 담보로 발행하는 회사채는 중국에서 기업채권(企業債券)으로 통칭된다. 중국은 1983년에 처음으로 기업에게 채권 발행을 허용하였으며, 회사채 발행의 규범화를 위해 1987년에는 국무원이 〈기업채권관리잠행조례(企业债券管理暂行条例)〉를 공포하여, 회사채 발행의 조건, 기준, 감독 등 필요한 사항을 규범화 하기에 이른다. 이 시기 허용된 기업채권은 주로 대형 국유기업 위주였다.

이처럼 정부의 정책적 필요에 따라 중국 내 채권시장이 발전하였으며, 따라서 아직도 채권시장에 대한 정부 개입이 적지 않다. 중국 채권은 '국채→통화안정채→금융채' 순서로 발전해 왔으며, 회사채 발행시장은 아직도 활성화 되지 못하고 있다. 1981년부터 단순한 정부의 재정자금 조달수단으로 채권시장에서 국채를 발행한 이후, 채권시장은 중앙은행의 공개시장조작을 위한 통안채 발행과 금융기관의 대출자원 확보와 자본충실화의 수단으로서의 금융채 발행 순으로 점차 그 역할이 확대되고 있다.

채권시장의 주요 상품은 국채, 정책금융채(Policy Financial Bond), 중앙은행어음(Central Bank Bills), 회사채(Corporate Bond) 등이 있는데, 2006년중 전체 채권발행규모는 5조 7,096억 위안이다. 중앙은행어음이 3조 6,574억위안(64.1%)으로 가장 많고 그 다음은 금융채 9,550억위안(16.7%), 국채 6,933억위안(12.1%) 등의 순서를 나타내고 있다.

[표 2-20] 중국 채권시장 주요 발전 연혁

기간	발전 연혁
1950	중국 최초의 국채인 인민승리공채 발행
1981	국고권(國庫券) 외 8종 국채 발행 재개
1983	국유기업 중심의 기업채권(企業債券) 발행 허용
1994	국가개발은행 정책성 금융채 발행
1998	인민은행 통안채 발행 개시 (중앙은행 어음)
2003	흥업은행 후순위 채권 발행
2005	IFC, ADB *판다본드발행 (*비거주자가 중국본토에서 발행하는 위안화 채권)
2009	HSBC와 동아은행 현지법인은 *딤섬본드발행 (*비거주자가 홍콩에서 발행하는 위안화 채권)
2010	도쿄-미스비시은행 현지법인은 외자은행으로서는 최초로 중국본토에서 위안화 채권 발행

자료: 중국인민은행 (2012.3)

[사진 2-8] 1996년에 발행된 중국의 기업채권(회사채)

자료 : 바이두 이미지 D/B (2012.4)

[사진 2-9] 1981년에 발행된 10만 위안 국고권(國庫券)

자료 : 바이두 이미지 D/B (2012.4)

채권유통시장은 상해 및 심천의 거래소시장, 은행간시장, 장외시장(OTC. Over-The-Counter Market)으로 구분되는데 은행간시장은 은행, 농촌신용협동조합, 보험회사, 증권회사 등 금융회사만 참여 가능하며 총 1,193개사(2005년말)가 참가하고 있다. 또한 인터넷의 보급 확대로 2002년 6월부터 4대 국유상업은행의 인터넷망을 통해 OTC 방식에 의한 국채매매가 개시되고 있다.

발행금리는 정부가 결정해 왔으나 점차 경쟁요소가 가미된 시장 지향적 발행방식에 의해 결정되었다. 1980년대 초반 국채발행 초기에는 정부가 강제할당방식으로 국유기업과 개인투자자를 대상으로 국고권을 배정하는 형태로 사실상 발행시장은 존재하지 않았다. 1998년 발행금리 자율화를 추진하기 위하여 국가개발은행 채권에 대한 공개입찰 방식 도입하였다. 2010년말 현재 국제기관 채권과 회사채를 제외한 모든 종류의 채권 발행금리는 공개입찰방식에 의해 결정되고 있다. 국채를 제외한 모든 채권은 수익률이 고시된 예금이자율보다 높게 형성되어 발행물량 대부분이 소화된다.

2) 채권시장 현황

2006년말 현재 채권유통시장의 채권거래규모는 41조 582억 위안이고 이중 은행간시장 거래규모는 전체 거래의 93.4%를 차지했다. 은행간시장 거래 비중의 경우 1998년에는 전체 채권유통시장의 4.7%에 불과했으나, 중앙은행어음 거래의 급증으로 대폭 확대되고 있다. 거래방식은 국채와 금융채는 단순매매거래와 RP거래(Repurchase Agreements. 환매조건부 채권매매)가 함께 이루어지고 있으나 회사채는 주로 단순매매방식으로 거래되고 있다.[57)]

중국의 채권시장규모는 발행잔액 기준으로 2010년 2조 6,000억 달러 정도로 1996년의 620억 달러에 비하면 40배 이상 증가하였지만, 미국의 25조 달러, 일본 9조 8, 000억 달러에 비하면 아직 국제적으로는 규모가 작다. 또한 GDP 대비 비중이 50% 수준에 불과해 아직 전체 자본시장에서 차지하는 비중 역시 낮은 상황이다. 이는 경제규모에 비해 채권시장이 아직 덜 발달되었으며, 향후 발전 가능성이 높은 시장이라고 할 수 있다.

2011년 채권발행액은 7조 8,143억 위안으로 발행비중을 보면 금융채가 29%로 가장 큰 비중을 차지하고 있으며, 국채 20%, 중앙은행 어음 18%, 단기융자채 13%, 중기어음 10%, 회사채 5%, 지방정부채 3% 순이다. 채권의 주요 발행주체는 재정부, 중앙은행, 국유상업은행이며 이들은 전체 발행시장에서 약 90%를 점유하고 있다.[58)] 이중 국채와 중앙은행 채권이 높은 비중을 차지하고 있다. 회사채의 경우에도 주로 국유기업의 회사채 비중이 높아 채권발행은 대부분 정부에

57) RP거래: 일정기간이 경과한 후 일정한 가격으로 동일한 채권을 다시 사거나 파는 조건으로 채권을 매매하는 금융거래방식이다. 매도기관은 수익성이 높으나 팔기 어려운 채권을 RP거래를 통해 유동화 하여 일시적으로 필요한 자금을 구할 수 있고, 매수기관은 국채 등을 담보로 자금을 안전하게 운용할 수 있다. 통화정책 수단으로서 중앙은행은 금융기관에 대하여 RP거래를 집행한다. RP는 중국어로 同业附买回 혹은 回购 라고 한다.

58) 김은화(2012), 중국 위안화 역내·역외 채권시장 현황과 전망, 중국금융시장 포커스 2012년 4월호, 4쪽.

의해 주도되고 있다고 할 수 있다. 중국에서 발행되고 있는 채권은 발행주체에 따라 국채, 금융채, 중앙은행채권, 회사채로 구분되며 주로 정부의 정책적 필요에 따라서 채권 발행규모가 결정되는 경향이 높다. 2011년 현황을 보면 국채, 중앙은행채, 금융채의 비중이 높으며 회사채시장은 아직 활성화되지 못했었다. 따라서 이 시기 기업의 자금조달은 주로 은행대출을 통한 간접금융의 형태이며 회사채를 통한 직접금융의 비중은 아직 낮은 상태였다.

실제 2010년 중 회사채 발행규모는 4천억 위안 정도로 전체 채권발행액인 9조 5천억 위안의 3.8% 수준에 불과했다. 이는 2005년 〈증권법〉과 〈회사법〉 개정으로 회사채(公司債) 발행요건, 심사절차를 대폭 강화하였기 때문이다. 또한 기업의 파산여파를 우려한 당국이 부도가능성이 현저히 낮은 일부 초우량 국유기업과 SOC(기초건설, 사회간접자본투자) 관련 기업에 대해서만 은행보증을 조건으로 발행을 허용하면서 기업채 발행도 위축된 바 있다. 이에 따라 기업의 자금조달은 주로 은행대출을 통한 간접금융에 의존하고 있으며 주식, 회사채 등 직접금융을 통한 자금조달 의존도는 여전히 매우 낮은 상태이다.

이로부터 10년 후인 2020년에는 상황이 많이 바뀐 것을 알 수 있다. 2020년 채권 발행액 37조 7500억 위안 중 발행 비중을 보면, 회사채 비중이 21.3%로 가장 큰 폭으로 늘어났다. 이는 회사가 직접 금융을 통해 필요한 자금을 적극적으로 조달했음을 보여준다. 또한 정부 정책 변화로 지방정부 채권 발행 비중도 17%로 늘어났다. 국채 발행 비중은 18.3%로 여전히 큰 역할을 하고 있다. 반면 금융채 비중은 18.1%로 줄어들었다.

[표 2-21] 중국 채권별 발행 비중

	2011년	2020년
총 발행액	7조 8143억 위안	37조 7500억 위안
금융채	29%	정책금융채 13% 상업은행채 5.1%
국채	20%	18.3%
중앙은행어음	18%	4%
단기융자채	13%	13.2%
중기어음	10%	6%
회사채	5%	21.3%
지방정부채	3%	17%
기타	2%	신탁자산자본증권 2.1%

자료: 자본시장연구원(2012.4), 중국인민은행(2022.2)

가. 국채

최근 글로벌 금융위기 기간 동안 중국에서는 위기극복을 위한 각종 경기부양조치 시행으로 정부의 재정적자가 확대되었으며 국채 발행규모도 크게 확대되었다.

국채는 이자소득에 대한 면세혜택 부여로 고시된 은행예금 금리보다 다소 낮은 금리로 자금모집이 가능한데, 기장식(Book-entry T-bond. 记账式国债)국채와 증빙식(Certificate T-bond. 凭证式国债)국채, 무기명 국채(无记名/实物国债)로 분류된다. 기장식 국채는 대부분이 은행간 시장과 거래소시장을 통해 발행 및 거래되며, 기관투자자가 대부분을 거래(전체 국채의 약 80% 정도)하고 있다. 저축채권(Saving bonds)으로도 불리는 증빙식 국채는 은행 등을 통해 주로 개인투자자에게 매각되며 만기전 거래는 불가능하나 중도환매는 가능하다.

국채는 2009년 글로벌 금융위기 극복을 위한 각종 부양조치 시행으로 정부의 재정적자가 확대되면서 크게 증가하였으며, 2010년에는 1조 8000억 위안으로 통화안정채에 이어 두 번째의 발행규모를 보이고 있다.[59)]

나. 통화안정채권

통화안정채라 불리는 중앙은행 어음(中央银行票据)은 국채 및 정책성 금융채와 함께 공개시장 조작의 주요 정책수단으로 사용되고 있다. 주로 중국의 높은 무역흑자 및 외국인투자 증가 등 해외부문으로부터 발생하는 과잉유동성을 흡수하기 위해 중앙은행(인민은행)에 의해 발행되고 있으며, 발행규모는 지속적으로 증가하고 있다. 은행간 시장에서만 발행되고 있으며 국채와 함께 공개시장 조작의 주요 수단이다. 통화안정채권은 무역수지 흑자 및 외국인투자 증가 등으로 외환보유액이 지속적으로 증가하면서 발행규모도 지속적으로 증가하여, 2010년에는 4조 7천억 위안으로 전체 채권 발행량의 49%를 차지하고 있다.

다. 금융채

금융채는 3대 정책은행이 재원조달을 목적으로 하는 정책성 금융채(Policy Financial Bonds)와 상업은행, 증권회사, 캐피털 회사 등이 발행하는 일반 금융채로 구분할 수 있다. 정책성 금융채는 주로 은행간 시장에서만 거래되고 인민은행의 공개시장 조작 대상증권으로 활용되기도 하며, 3대 정책은행 즉 국가개발은행, 수출입은행, 농업발전은행의 주요 자금조달원으로 사용되고 있다. 일반 금융채는 상업은행의 후순위채, 일반금융채, ABS 등을 중심으로 발행규모가 계속 증가하는 추세이다.

라. 회사채와 기업채권

회사채는 주식회사 또는 유한회사가 증감회(CSRC) 심사후 발행하는 회사채(公司債)를 말하나, 1990년대 초부터 국유기업들이 국가발전개혁위원회의 허가를 받아 발행하던 기업채(企業債)를 포함한다. 반면, 기업채는 중앙정부의 부속기관 또는 국유기업 등이 발행하는 채권으로 채권 발행주체 및 허가기관, 채권규모로 볼 때 지방정부의 자금조달 방식 중 하나이다.

59) 이원호(2011),「중국 채권시장 대외개방 동향과 시사점」, 글로벌경제이슈, 산은경제연구소, 149-150쪽.

회사채(公司債)는 일반회사가 발행하는 진정한 의미의 회사채로 볼 수 있으며 기업의 중장기 자금조달의 주요 방식 중 하나이다. 회사채는 일반회사채, 전환사채, 기업단기융자채권으로 다시 분류할 수 있다. 전환사채는 증감회로부터 발행 승인을 받은 주식회사에 의해 발행되는 것으로 일반적인 의미의 회사채로 볼 수 있으며, 기업의 주요 중장기 자금조달원 중 하나로 사용되고 있다.

[표 2-22] 중국 주요 채권 발행기관 및 유형

발행기관		채권유형	발행목적	만기
중앙정부(재정부)		국채	부족한 재정자금 마련	3개월~50년
지방정부		지방정부채	지방정부 재정자금 마련 · 사회간접시설 확충 등	3~5년
인민은행		통화어음	과잉유동성 흡수, 공개시장조작 수단	3개월~3년
정책은행	국가 개발은행	정책금융채	인프라 · 에너지 · 교통등 국가프로젝트 추진을 위한 자금 조달	2~20년
	수출입은행		상품 및 서비스 무역 촉진	2~20년
	농업 발전은행		중요 농산물 저장 · 수매 · 농업개발 등 농업정책 관련 자금 조달	2~20년
상업은행		금융채	기업 대출 등 상업금융자금 조달	2~20년
기업	국영기업	기업채	사회간접자본 투자자금 조달	6개월~10년
	민간기업	회사채 · 기업어음	기업 운영자금 · 시설투자자금 조달	3개월~10년
국제기구		국제기구채	중국내 대규모 프로젝트 자금 조달	3~10년

자료: 한국은행(2012), 『중국의 금융제도』, 310쪽

4. 보험시장

1) 발전 과정

중국정부는 1949년 중국 설립 직후 그동안 보험산업을 지배해오던 외국계 보험회사들의 영업을 제한하는 한편, 기존 민영보험사를 통합하여 국영보험사인 中國人民保險公司(People's Insurrance Company of China: PICC)를 설립하였고, 1952년 1월까지 모든 외국 보험사들을 중국시장에서 철수시켰다. 이후 中國人民保險公司는 중앙은행인 인민은행의 한 부서로 편입되었다.

중국이 개혁개방 정책을 착수함에 따라 인민은행 내 보험업무가 재개되었고, 1979년 11월에는 중국보험학회가 설립되는 등 20여년간 중단되었던 중국내 보험업무가 재개되었다.

1988년에는 민영보험회사의 설립을 허용함으로써 1979년부터 약 10년간 유지되어 오던 PICC 독점체제가 붕괴되었고, 최초 민영보험회사인 주식회사 형태의 中國平安保險公司가 설립되었으며, 그로부터 1996년까지 10개 이상의 민영보험회사가 설립되었다. 1992년에는 중국정부가 외국자본에 대한 보험산업의 조건부 개방을 발표하면서, 미국 AIG사가 외국보험회사 중 처음으로

1992년 9월부터 상해에 지사를 설립하고 영업을 시작하였다. 1980년에는 도쿄해상일동화재보험도 지사를 개설한 바 있다.60)

1995년에 이르러 〈보험법〉, 〈보험계약법〉 등과 같은 이 보험업 발전을 위한 법제도가 마련되기 시작하면서, 중국 보험업이 본격적으로 발전 궤도에 오르게 된다. 1996~1999년간 중국경제가 디플레이션 국면으로 진입함에 따라 중국정부는 4년간 7차례에 걸쳐 예금이자율 인하를 실시하여 국내 소비를 자극하였으며, 이에 따라 생명보험 상품의 경우, 금리 경쟁력이 제고되어 빠르게 성장했다.

[그림 2-9] 중국의 보험 분류

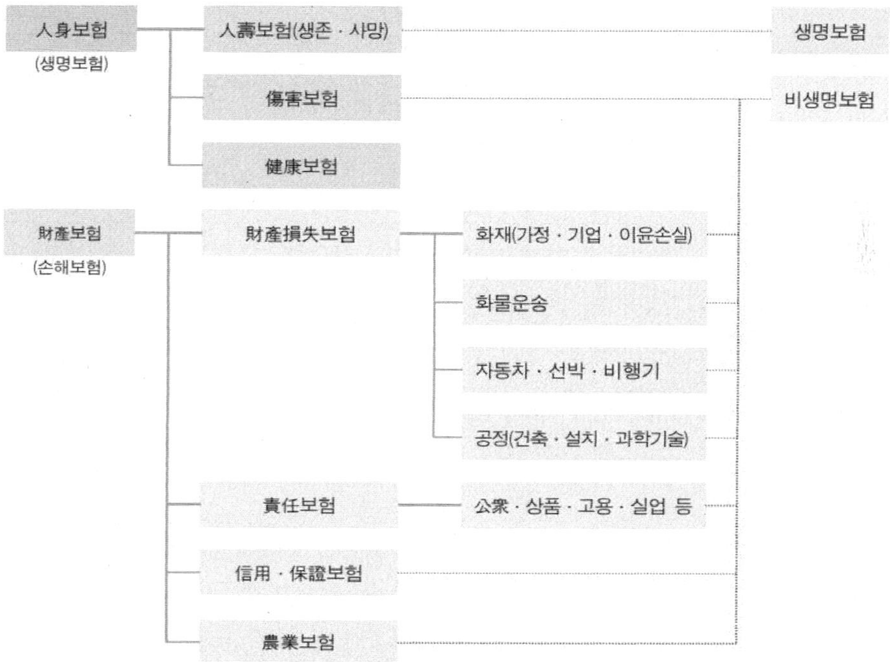

자료: 한국은행(2012), 『중국의 금융제도』, 136쪽

2) 시장 현황

1997년, 중국 생명보험 수입보험료 규모가 사상 최초로 손해보험 수입보험료 규모를 초과하였고, 이후 매년 격차가 확대되어 왔다. 2000년 이후 보험시장은 경제성장과 더불어 빠르게 성장하였으며, 2011년 한 해를 제외한 11년 동안 수입보험료 두 자릿수의 고성장을 기록했다. 즉 중국 전체 보험산업 수입보험료는 2000년 997억 위안에서 2011년에 1조 4,339억 위안으로 증가 하였으며, 이를 연평균으로 계산하면 증가율이 22.1%에 달한다.

60) 왕양비(2012), 중국 금융시장 – 보험산업 발전 역사와 현황, KIRI Weekly 2012.3.5. 보험연구원, 16-18쪽.

2011년 현재, 중국에는 손해보험회사 59개, 생명보험회사 61개가 있으며, 손해보험 수입보험료는 4, 618억 위안(비중은 32.2%), 생명보험 수입보험료는 9,721억 위안(비중은 67.8%) 수준이다. 즉 2006년과 비교하여 손해보험 성장이 가파름을 알 수 있다.

중국의 보험시장은 크게 생명보험과 손해보험 시장으로 나누어지며, 생명보험은 개인보험과 단체보험으로 분류되고, 손해보험은 기업보험, 자동차보험, 화물적하보험, 책임보험 등으로 나누어진다. 개인보험은 세부적으로 생명보험, 사고보험, 건강보험으로 나누어지며, 단체보험의 경우 개인보험에 비해 규모는 작은 편이나 외국사들이 거의 진출을 하지 못하고 있다.

[표 2-23] 2020년 기준 중국의 10대 생명보험사 및 손해보험사 현황

(단위: 억 위안, %)

순위	보험회사	수입보험료	시장점유율	보험회사	수입보험료	시장점유율
1	중국인수생명보험회사	6,129	19.4	중국인민손해보험회사	4,320	31.8
2	중국평안생명보험회사	4,761	15	중국평안손해보험회사	2,859	21
3	중국태평양생명보험회사	2,085	6.6	중국태평양손해보험회사	1,467	10.8
4	신화생명보험회사	1,595	5	중국인수손해보험회사	864	6.4
5	태강생명보험회사	1,497	4.6	중화손해보험회사	527	3.9
6	화하생명보험회사	1,471	4.6	대지손해보험회사	478	3.5
7	중국태평생명보험회사	1,444	4.5	양광손해보험회사	373	2.7
8	중국인민생명보험회사	962	3	중국태평손해보험회사	281	2.1
9	중국우정생명보험회사	820	2.6	중안온라인손해보험회사	167	1.2
10	전해생명보험회사	783	2.5	중국수출신용보증보험회사	165	1.2

자료: 안철경(2021),「중국 보험산업의 현황과 특징」, 이슈보고서(2021-17), 보험연구원.

개인보험시장에서는 총수입보험료 중 외국보험사가 차지하는 비중은 9%에 불과하다. 생명보험시장은 Big3인 中國人壽(China Life), 太平洋人壽, 平安人壽가 시장점유율 77%를 장악하고 있으며, 특히 中國人壽(China Life)는 44%의 점유율을 차지하고 있다.

손해보험시장에서 자동차보험이 차지하는 비중이 69%로 월등하나 외국 보험사들은 강제보험인 제3자 책임보험에 진출하지 못하고 있으며, 주로 기업보험, 화물적하보험 등 중국에 진출한 자국기업이나 그들의 무역관련 보험에서 주수입원을 얻고 있다.

외국보험사들의 시장점유율은 1%대의 미미한 수준이며, 생명보험시장과 마찬가지로 손해보험 시장 또한 Big3인 中國人保(PICC), 太平洋, 平安 등 3사가 시장점유율 78%를 차지하고 있으며, 中國人保(PICC)는 손해보험 시장의 절반 이상인 55%의 시장을 점유하고 있다.

3) 해외 개방

가. 현황

보험업은 중국 금융산업 중 개방속도가 가장 빠른 산업이다. 중국의 WTO 가입에 따라 보험 분야는 연평균 30% 고성장을 보이고 있다. 2008년말 외국계 보험사는 41개사로 개방정도도 타업종에 비해 양호하다. 2004년 12월 11일, 국무원의 보험업 대외개방 조치에 따라 외자의 생명보험에 대한 50%의 지분소유 제한, 외자의 생명보험 투자시 합자회사 설립형식 제한 등을 제외한 기타 보험업무의 대외개방이 완결되었다. 이를 단계별로 나누어 보면 다음과 같다.

준비 단계(1990~1992): 외자 보험사 사무소 설립 허가

시범 단계(1992~2001): 상하이를 보험업 대외개방 시범도시 선정 (국무원)
최초 외자보험사 상하이에 지사 설립
보험업 대외개방 시범도시, 광저우로 확대 (1995년)
12개 국가 29개 외자보험사 영업기관 설립 (2001년말)

과도단계(2001~2004): WTO 가입 양허안에 따라 전면적 대외개방 과도기 3년 설정
14개 국가 37개 외자보험사 영업기관 설립 (2004년말)

개방단계(2004년 이후): 2004년 12월 11일부터 외자 생명보험사의 건강보험, 단체보험, 양로보험업무 허가, 설립지역제한 취소, 합자보험 중개회사 외자지분 51%까지 확대, 생명보험 외자지분 50% 초과금지 유지
- 중외합자 생명보험사 30개, 외자재산보험사 17개 설치
- 중국인보, 중국인수, 중국평안은 해외상장 후 487억 위안 자본 조달
- 삼성생명, 삼성화재, 현대해상, LIG재산보험은 현지법인 설립

[표 2-24] 중국 내 외자보험회사 명단(2001~2017년)

생명보험회사	설립 시기	외자 지분	손해보험회사	설립 시기	외자 지분
이탈리아 General China	2002. 1	50.00%	미국 Liberty Insurance	2003. 12	100%
네덜란드 BOB-Cardif Life	2002. 11	50.00%	프랑스 AXA Tianping P&C	2004. 12	100%
영국 Aviva-Cofco Life	2002. 12	50.00%	한국 Samsung P&C	2005. 4	100%
일본 PKU Founder Life	2002. 11	29.20%	일본 Sompo Insurance	2005. 5	100%
네덜란드 Aegon THTF Life	2003. 4	50.00%	한국 Hyundai Insurance	2007. 3	100%
일본 Great Wall ChangshengLife	2003. 9	30.00%	영국 Lloyd's Insurance	2007. 3	100%
미국 Cigna CMB Life	2003. 8	50.00%	이탈리아 Generali China	2007. 4	49.00%
영국 Heng An Standard Life	2003. 12	50.00%	일본 Mitsui Sumitomo Insurance	2007. 9	100%
남아공 Old Mutual Life	2004. 1	50.00%	미국 Chubb Insurance	2008. 2	100%

생명보험회사	설립 시기	외자 지분	손해보험회사	설립 시기	외자 지분
대만 Cathay Life	2004. 12	50.00%	스위스 Swiss Re Corporate	2008. 3	100%
미국 Huatai Life	2005. 3	20.00%	대만 Cathay Insurance	2008. 8	49.00%
한국 BOC-Samsung Life	2005. 5	25.00%	일본 Aioi Nissay Dowa Insurance	2009. 1	100%
남아공 Ping An Health	2005. 6	25.00%	일본 NIPPONKOA Insurance	2009. 6	100%
미국 Met Life	2005. 8	50.00%	한국 LIG China	2009. 10	100%
프랑스 Sino-French Life	2005. 12	25.00%	독일 Allianz Jindong	2010. 1	50.00%
싱가포르 Evergrand Life	2006. 5	25.00%	대만 Fubon P&C	2010. 10	80.00%
대만 King Dragon Life	2008. 11	50.00%	프랑스 Groupama-AVIC P&C	2011. 2	50.00%
대만 Ding Cheng Life	2009. 3	25.00%	프랑스 AXA	2011. 3	100%
영국 HSBC Life	2009. 6	50.00%	스위스 Zurich General Insurance	2013. 7	100%
미국 PF Life	2012. 9	50.00%	미국 Starr P&C	2014. 6	97.00%
한국 Sino-Korea Life	2012. 11	50.00%	-	-	-
독일 Ergo Life	2013. 7	50.00%	-	-	-

자료: 안철경(2021),「중국 보험산업의 현황과 특징」, 이슈보고서(2021-17), 보험연구원.

나. 한국업체의 중국 보험시장 진출

중국보험시장이 빠르게 확대되고 있지만 한국보험사들의 진출성과는 미흡하다. 중국보험 시장은 연간 20% 이상 높은 성장세를 시현하여, 생명보험 수입보험료는 2010년 26.5% 상승했고, 손해보험의 연평균 수입보험료 성장률도 26.3%에 이른다. 그러나 중국에 진출한 한국보험사의 시장점유율은 삼성화재, LIG손해보험, 현대해상, 동부화재 등 4개 업체가 진출해 있는 손보시장의 경우 0.1% 수준에 머물고 있다.

일찌감치 중국 시장에 진출한 삼성화재는 1995년 북경에 사무소를 세우고, 2005년도에는 상해에 현지법인을 세운바 있다. 전문가들은 한국손보사들의 중국 시장점유율이 제자리 걸음을 하고 있는 이유로 자동차책임보험 영업에 진입장벽이 존재하는 것을 들고 있다.

중국의 생명보험시장은 2010년 1,429억달러의 수입보험료를 올려 세계 5위권으로 부상했다. 보스턴 컨설팅그룹과 중국사회과학원에 따르면 중국 생보시장은 2020년까지 연평균 15% 이상의 성장을 지속할 것으로 전망된다. 또 이 시기의 수입보험료 규모는 약 5,000억 달러로 세계 최대 생보 시장인 미국과 유사한 규모가 될 것으로 예상했다.

그러나 중국 생보시장에 진출한 기업은 삼성생명과 2011년 11월 9일 중국 합작생명보험사 설립 인가를 취득한 대한생명 두 곳에 불과하다. 이제 설립인가를 취득한 대한생명은 조직, 인프라 구축 등 법인설립 작업에 착수해 2012년부터 현지에서 보험영업을 개시할 계획이다. 앞서 중국시장을 두드린 삼성생명은 중국 생보시장에서 0.1% 미만의 시장점유율에 머무르고 있는 것으로 알려졌다. 중국시장은 자국업체들이 과점하고 있어서 20개가 넘는 외국계 기업이 들어가 있지만 수익을 내는 곳이 서너 곳에 불과할 정도로 쉽지 않은 시장이다.61)

대한생명은 2010년 10월 중국 보험감독위원회로부터 합작 생명보험사 설립 인가를 취득한 이후 2011년 12월 20일 저장성 항저우시에서 저장성 국제무역그룹(저장성 국유기업. 자산 2.7조 위안)과 합작 생명보험사 설립을 위한 본계약을 체결했다. 양측은 자본금 5억위안(한화 약 900억 원)을 50%씩 투자하고, 합작 생보사의 본사는 항저우시에 두며, 일상경영과 보험영업부문은 대한생명이 담당한다. 대한생명은 2003년에 베이징 사무소를 열었고, 한국계 보험사로서는 삼성생명·현대해상·삼성화재·LIG손보에 이어 다섯 번째로 중국 시장에 진입하게 됐다.62)

[표 2-25] 중국 내 한국 보험사 진출현황(2011년말 기준)

	회사명	지역	설립년도	진출형태	비고
생명보험	삼성생명	북경	2005	합작법인	지 점: 천진, 청도 사무소: 북경(1995)
	대한생명1)	항주	2012	합작법인	사무소: 북경(2003)
	교보생명	북경	2004	사무소	
	흥국생명	북경	2008	사무소	
손해보험	삼성화재2)	상해	2005	단독법인	지 점: 북경·소주·심천·청도 사무소: 북경(1995)
	LIG화재	남경	2008	단독법인	사무소: 북경(1996), 상해(2003)
	현대해상2)	북경	2007	단독법인	사무소: 북경(1997)
	동부화재	북경	2007	사무소	
재보험	Korea Re	북경	1997	사무소	
기타	서울보증	북경	2008	사무소	

주: 1) 현재 설립 인가중
2) 삼성화재 및 현대해상이 각각 천진 및 청도에 지점을 설립중
자료: CIRC, 금융감독원 북경사무소

2008년 5월, 현대해상은 국내 손해보험사 중 처음으로 중국 자동차보험 시장에 진출했다. 그 배경은 베이징현대차. 현대해상은 100% 출자한 베이징 법인인 현대재산보험유한공사를 통해 중국인들을 상대로 자동차보험 영업을 하고 있다. 중국에서 자보 영업을 하는 것은 현지진출 외국계 보험사 중에서도 처음이다. 영업·업무·보상·콜센터 등 4개 조직, 직원 30명으로 출발하는 현대재산보험은 현대기아차의 현지 판매업체인 '4S점'(판매·정비·부품·정보 서비스 대리점)들을 주요 판매채널로 삼고 있다. 베이징에는 독자적인 보상서비스팀을 두었고, 타 지역에서 사고가 발생할 경우 업무를 제휴한 평안보험의 보상 서비스망을 이용한다. 중국 손보시장은 매년 30% 이상 성장하고 있으며 그 중 70% 이상을 자동차보험이 차지하고 있다.63)

61) 뉴시스(2011.11.17)
62) 한국금융신문(2011.12.22)

5. 외환 시장

1) 개요

외환시장(Foreign Exchange Market)이란 외환의 수요자와 공급자 간에 외환거래가 정기적 또는 지속적으로 이루어지는 시장을 가르킨다. 기업의 경우, 수출후 받은 달러화를 환전해서 자국화폐로 임금을 지급해야 하기 때문에 직접 혹은 은행을 통해서 외환시장에 참여하여, 보유한 외환을 팔고 자국화폐를 매입하게 된다. 그 반대의 경우도 마찬가지이다. 해외에서 상품을 수입하려는 기업 역시 국제통용 화폐로 상품대금을 지급해야 하기 때문에 외환시장에서 필요한 외환(달러, 엔화 등)을 구매하게 된다. 외환시장은 이처럼 외국 화폐를 공급하는 측과 필요로 하는 측이 만나는 시장이며, 그 균형점에서 특정 외환의 환율이 결정되는 것이다.

한국에서 해외로 나가려는 해외여행자가 늘어나서 여행경비인 달러를 원하는 사람이 많아지면, 외환시장에서 달러로 환전하려는 한국 원화의 공급이 늘어날 것이다. 그 결과, 공급이 늘어난 화폐인 원화의 경우 달러화에 대한 가치가 떨어질 것이고, 반대로 필요하는 사람이 늘어난 달러화는 원화에 대한 가치가 오르게 된다. 이와 같은 두 종류의 화폐(외환)의 수요와 공급의 움직임에 따라 외환시장에서 원화대 달러화, 혹은 달러화대 원화 환율이 결정되는 것이다.

2) 발전 과정

철저한 계획경제를 유지했던 개혁개방 정책전 중국에서 외환시장은 거의 존재하지 않았다. 新중국 성립후 1953년부터 당시 외환업무는 4대 국유은행 중 하나인 중국은행(中國銀行)에게 전담하도록 하였으며, 외환 수지균형 업무의 원칙은 '외환수입에 맞추어 지출을 정하며, 수출을 참고하여 수입을 확정(以收定支, 以出定进)'하는 외환 수급균형 정책을 고수하였다. 이는 모든 외환 수입은 국가에게 보고후 납입하며, 외환 지출은 국가에게 신청하여 할당 받는 외환관리 시스템이였기에 가능했다.

1979년 개혁개방 정책이 시작된후, 막대한 외국인 투자자금이 중국에 유입되기 시작했다. 그 결과 단계적으로 외환거래시스템이 개선되기 시작했다. 중앙정부는 외환 수입액 중 일부를 지방정부나 기업에게 유보할 수 있게 하여, 지역 및 기업 발전을 위해 사용하는 것을 허용했다. 그 결과 1980년 10월부터, 중국은행은 북경, 천진 등 12개 대도시에서 제한적으로 기업간 외환조절을 위한 중개업무를 시작할 수 있었다. 그후 심천시에 외환조절센터가 설립되었고, 중앙정부와 외환업무를 총괄하는 국가외환관리국(国家外汇管理局)을 설치함에 따라 기업간 외환 조절업무도 국가외환관리국으로 이관되었다.

---

63) 한국일보 (2008.5.6)

1988년 3월에는 외환 조절업무가 일부 개방되어, 환율이 일방적으로 결정되지 않고, 매도자와 매입자 간에 협의를 거쳐서 결정되는 진전이 있었다. 그후 상하이에 중국 최초로 회원제 및 공개경쟁매매방식으로 운영되는 외환 조절센터가 개설되었는데, 당시 외환시장은 주로 수출입 기업간에 외화 과부족을 조정하는 역할에 한정되었다. 그후 하문, 심천, 대련 등에도 유사한 외환조절센터가 추가 설립되고 거래량도 크게 늘게 되었다.

1985년부터는 중국정부가 개인이 외국으로부터 송금되어 온 외환을 100% 보유하고, 개인 외환통장에 입금하도록 허용하여, 외환 공급측면에서 개인 부문이 개방되기 시작했다. 1991년 11월에는 개인이 외환시장에서 이민, 유학, 해외취업 관련 증빙서류에 근거하여 필요한 외환을 매입하도록 허용함에 따라 외환 수요측면에서도 개인 부문이 허용되었다.

[그림 2-10] 외환시장의 수급 구조

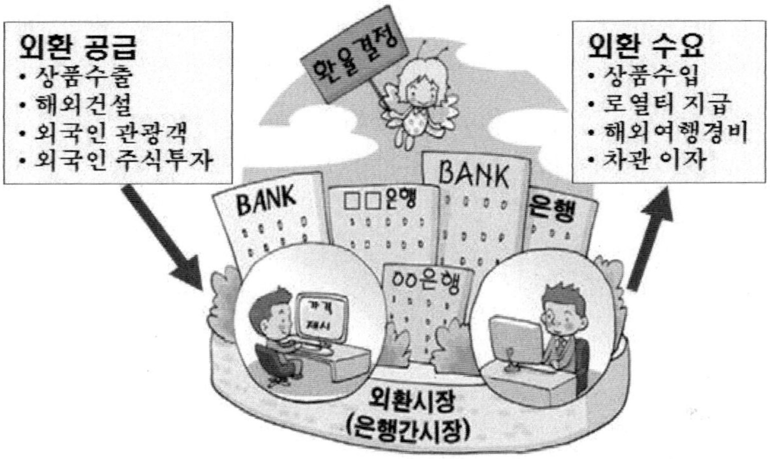

자료: 한국은행(2008), 한국은행의 알기 쉬운 경제 이야기

1994년 4월, 대대적인 외환제도 개혁조치로 일부 경상항목에서 외화 태환이 조건별로 자유화되었으며, 모든 외환은 은행을 통해 결제하도록 하였고, 위안화 환율을 기존 시장환율과 관방환율에서 1개로 통일하였으며(1994.1.1), 상하이에 전국 단일체계의 은행간 외환시장(1994.4.1)인 중국외환교역중심(中国外汇交易中心 CFETS: China Foreign Exchange Trade System)이 개설되어 현지까지 중국 외환수급의 중추적 역할을 하고 있다.

1996년 11월 1일 중국정부는 경상항목에 존재하던 외화 태환과 관련된 모든 제한조치를 철폐하여, 수출을 통해 벌어들인 외환 혹은 수입을 위해 필요로 하는 외환에 대해서 자유롭게 외환시장에서 수급할 수 있도록 허용하였다. 즉 경상거래에 관한 지급제한을 대부분 폐지하고 자유태환을 허용하도록 규정한 IMF 8조국에 중국이 가입(1996.12.1)함에 따라, 이루어진 결과이다. 현재 외환시장 참가자의 조건은 일정한 요건을 갖춘 외국환 은행이다. 종전에는 은행 및 일부 금융회사로 제한하였으나, 2005년 8월부터 실수요 거래를 위한 비은행 금융회사 및 자격을 갖춘 비금융회사(보험사, 증권사, 신탁사, 캐피탈회사, 자산운용사, 일반기업)까지 참가범위가 확대되었다. 중앙은행인 인민은행도 외환시장 회원 자격으로 거래에 참가하며, 필요시 외환시장에 개입한다. 2009년 3월말 현재 은행간 외환시장 회원수는 755개이며, 이중 은행이 85개, 보험사 9개, 증권사 44사, 기업 367개 수준이다.

거래 구조를 보면 금융회사간 포지션 조정을 위한 위안화와 4종 통화(미달러, 유로, 엔화, 홍콩달러)간 현물환 거래가 주류를 이루고 있다. 거래 방식은 경쟁매매방식은 물론 개별협의를 통한 상대매매방식도 허용되고 있다.[64]

3) 외환시장 현황

1998년 이후 달러당 8.28 위안 수준을 유지해오던 위안화 환율은 2005년 7월 약 2% 폭의 절상을 단행하며 달러화 페그제에서 통화바스켓에 기초한 미달러화 대비 일일변동 폭 ±0.3%의 관리변동환율제도로 바뀌었다. 이후 2007년 5월에는 일일변동 폭을 ±0.5% 확대하였고, 2008년 중반까지 점진적으로 약 12% 정도의 위안화 가치절상을 실행하였다. 하지만 2008년 6월 금융위기가 심화될 조짐을 보이자 변동 폭의 제한은 유지하였으나, 실질적인 고시환율을 미달러화에 고정시키며 실제적으로 더 이상의 절상을 허용하지 않았다.

이후 중국정부는 미국을 중심으로 한 대중 무역수지 적자국의 지속적인 위안화 절상압력으로 인해 2010년 6월 위안화 환율의 유연성 확대를 내용으로 한 성명을 발표하며 최근 다시 위안화의 절상추세를 유지하고 있다. 최근 칸 G20 정상회의에서는 중국의 환율문제가 주요 의제로 다뤄졌으며; 위안화의 시장결정 환율시스템으로의 보다 신속한 전환과 이에 따른 환율유연성 제고를 위해 중국정부와 합의가 이뤄졌다. 이처럼 중국 외환시장에서 위안화 환율은 중국정부의 경제정책 목표에 따라서 좌우되고 있으며 앞으로도 위안화가 자유변동환율제로 변화하는 데는 오랜 시일이 걸릴 것으로 예상된다.

2010년 4월을 기준으로 중국의 외환거래규모는 일평균 198억 달러로 2004년 6억 달러에 비해 거래규모가 약 30배 이상 증가하였다. 이는 같은 시기 세계 외환 거래규모가 약 2배 정도 증가한 것과 비교하면 빠른 속도의 증가율이다. 그러나 세계 외환시장에서 중국이 차지하는 비중은 0.4%로 영국 36.7%, 미국 17.9%, 일본 6.2%에 비하면 아직 미미한 수준이다.

국가외환관리국에서 공포한 최근 수치를 보면 2020년 말 기준 중국 외환시장의 거래액은 206조 위안으로 전년대비 5조위안(2.73%) 늘어난 수치를 보였다. 또한 2021년 1-11월말 기준으로 거래액은 213조 6,700억 위안으로 이는 미화 33.08만 달러에 해당된다. 이를 연율로 계산해보면 2021년 거래량은 전년비 약 13% 증가할 전망이다.

---

64) 이창영(2009), 『중국의 금융제도』, 한국금융연수원, 346-347쪽.

[표 2-26] 2015-2020년간 중국 외환시장 거래액 추이

	2015	2016	2017	2018	2019	2020	2021.1-11
시장 거래액 (조 위안)	111	135	162	193	201	206	213.67
증가율 (%)	-	21.6%	20%	19.1%	4.1%	2.5%	-

자료: 국가외환관리국 (2022.2)

[표 2-27] 주요국 외환보유고 현황 (2015년 및 2020년 기준)

(단위: 억달러)

순위	2015년			2020년		
	국가	외환보유고(억$)	비중	국가	외환보유고(억$)	비중
1	중국	34,061	32.3%	중국	33,989	22.8%
2	일본	12,332	11.7%	일본	14,057	9.4%
3	사우디아라비아	6,164	5.8%	스위스	10,861	7.3%
4	스위스	6,025	5.7%	인도	6,350	4.3%
5	러시아	3,684	3.5%	러시아	6,305	4.2%
6	한국	3,680	3.5%	대만	5,473	3.7%
7	홍콩	3,588	3.4%	홍콩	4,995	3.3%
8	브라질	3,565	3.4%	한국	4,639	3.1%
9	인도	3,504	3.3%	사우디아라비아	4,505	3.0%
10	싱가포르	2,477	2.3%	싱가포르	4,181	2.8%
11	멕시코	1,776	1.7%	브라질	3,703	2.5%
12	독일	1,737	1.6%	독일	2,967	2.0%
13	태국	1,565	1.5%	태국	2,821	1.9%
14	영국	1,559	1.5%	미국	2,512	1.7%
15	프랑스	1,382	1.3%	프랑스	2,444	1.6%
16	이태리	1,308	1.2%	영국	2,299	1.5%
17	미국	1,185	1.1%	이태리	2,269	1.5%
18	터키	1,105	1.0%	이스라엘	2,087	1.4%
19	인도네시아	1,059	1.0%	멕시코	2,023	1.4%
20	말레이시아	953	0.9%	체코	1,716	1.2%
20개국 소계		92,709	87.9%		120,203	80.6%
77개국 합계		105,458	100.0%		149,193	100%

자료: SWIFT (2015.12), IMF(2022.2).

[키워드] 경상항목과 자본항목

경상수지(經常收支, balance on current account) 항목과 자본수지(資本收支, balance of capital account) 항목을 중국에서는 축약하여 경상항목, 자본항목으로 통칭한다. 먼저 경상항목은 상품수지, 서비스수지, 소득수지, 경상이전수지로 구성된다. 상품수지는 상품의 수출입을 포함하는 일반적인 무역거래이며, 일반상품, 가공상품, 운송조달재화, 재화의 수리 및 비화폐용 금으로 구분한다. 서비스 수지는 서비스의 수출입을 나타내며, 운송, 여행, 통신서비스, 금융과 보험서비스, 특허권 등의 사용료, 사업컨설팅 서비스, 정부서비스 및 기타서비스로 구분된다. 소득수지는 외국노동자에게 지급하는 소득이나, 내국인의 해외근로로 인해 수취하는 급료와 기타임금, 그리고 해외자산의 보유와 매매로 인해 발생하는 해외이자 및 투자소득의 수입과 지급을 나타낸다. 다음으로 자본항목은 외국인의 국내주식·채권매입, 자국기업의 해외직접투자, 외상 수출입에 따라 발생하는 채권·채무 등에 따른 자본의 유출입차를 나타내는 항목이다. 자본수지는 투자수지와 기타자본수지로 구성된다. 이중 투자수지는 FDI, 내국인의 FDI와 관련된 직접투자, 주식·채권에 대한 투자와 관련된 증권투자, 직접투자와 증권투자에 속하지 않는 대출 및 차입, 무역관련신용 등이 계상되는 기타투자로 구분된다. 중국에 투자한 외국기업은 경상항목에서는 자유롭게 거래할 수 있으나, 자본항목에서는 관련 법률·법규에 따라 각기 다른 정도의 제약을 받고 있다.

<1절-2절>

[주요 용어]

비유통주, QFII, QDII, 선물거래, 중앙은행 어음, 정책성 금융채, 국고권, 분업주의(전업주의), 전업은행, 정책은행, BIS비율, 자산관리공사, A주, B주, H주, Red Chip, IPO, 차스닥, RP거래, LPR(대출우대금리), 커창반, 중소판, 후강퉁, 선구퉁

[연습문제]

1. 중국 은행업 감독기관의 명칭과 역할에 대해 설명하시요.
2. 중국의 통화정책위원회(화폐정책위원회)가 한국과 다른 점은?
3. 2011년 당시, 중국 채권시장에서 회사채(기업채권)가 활성화 되지 못한 원인은?
4. 중국 손해보험 시장의 특징에 대해서 설명하시요.
5. 외환시장에서 환율이 결정되는 원리에 대해서 설명하시요.
6. 중국의 현금수표와 당좌입금수표의 차이점은?
7. 중국이 1990년대말 2000년초에 은행권 부실채권을 해소한 방법은?
8. 외자은행 중국법인과 외자은행 중국지사 간 업무영역에서의 차이점은?
9. 중국정부가 비유통주 제도를 유지했던 이유는?
10. QDII 투자액 증감추이와 외환 보유고와의 관계는?
11. 차스닥의 출범이 중국 주식시장에 주는 의미는?

12. 상해상품거래소에서 선물거래되는 상품은 주로 어떤 것이 있는가?
13. 중국이 QFII 제도를 만든 이유는?
14. 중앙은행 어음(통화안정채권)의 역할은?
15. 회사채(公司債)와 기업채권의 차이점은?
16. 중국인민은행을 감독하는 기관, 기구에는 어떤 곳이 있나?
17. 중국에서 LPR(대출우대금리)의 역할은?
18. 상해증권거래소의 커창반의 특징은?

제3절 중국 환율제도

1. 환율제도의 이해

1) 환율의 원리

한 나라의 돈과 다른 나라 돈 사이의 교환비율을 환율이라고 한다. 똑같은 품질의 물건 값이 세계 어느 나라에서나 같다는 가정 하에 다음과 같은 예를 들어보자. 햄버거 1개 가격이 미국에서는 2달러이고 한국에서는 2,000원이라고 한다면, 이 경우 한국 돈과 달러화 사이의 환율은 달러당 1,000원이다. 여기서 환율을 1달러당 1,000원으로 표시한 것은 국제 금융거래에 있어 기축통화인 미국 달러화를 기준으로 나타낸 것으로, 외국통화 1단위와 교환할 수 있는 자국통화의 단위수를 표시하였다는 점에서 자국통화표시법이라고 한다.

한국의 환율은 자국통화표시법을 사용하는데 따라서 달러당 원화금액이 커지는 경우, 원화환율이 상승하고 원화가치는 하락하였다고 한다. 따라서 자국통화표시법에 의한 환율은 그 나라 돈의 대외가치와 반비례한다. 예를 들어 환율이 달러당 1,100원에서 1,150원으로 변동한 경우, 원화환율은 상승하고 반대로 원화의 가치는 달러화에 대하여 하락한 셈이다.

자국통화표시법에 따라 1달러당 1,000원으로 표시했던 환율은 '0.001달러/원'으로 표시할 수도 있는데 이는 '외국통화표시법'이라고 한다(1원=0.001달러 혹은 1원=1/1000$). 즉 자국통화 1단위와 교환할 수 있는 외국통화 단위의 수를 표시한 것이다.

실생활에서 사용되는 환율의 종류를 보면 다음과 같다. 보통 은행에 가면 객장에 환율고시 전광판이 있는데, 이중 먼저 매매기준율을 보면, 말 그대로 여러 가지 외화매매의 기준이 되는 환율로서 외환시장의 평균 환율을 의미한다. 구체적으로는 외국환중개회사를 통해 거래된 미 달러화의 현물환 거래환율을 거래량으로 가중 평균하여 산출한다. 이 매매기준율에 은행들은 거래대상 외환에 따라 약간의 스프레드(가산 환율)를 가감하여 전신환 매도·매입률, 여행자수표 매도·매입률, 현찰 매도·매입률 등을 고시한다. 스프레드는 현찰환율, 여행자수표환율, 전신환환율 순으로 큰 것이 일반적이다.

해외여행을 하려고 우리 돈을 외화로 바꿀 때 현찰과 여행자수표(T/C) 가운데 어느 하나를 선택할 수 있는데, 현찰매도율보다 여행자수표 매도율이 낮기 때문에 여행자수표를 이용하는 것이 유리하다. 환율하락이 예상될 경우에는 현금보다 신용카드를 사용하는 것이 유리하다. 실제 사용한 날짜와 결제 날짜가 차이가 있으므로 더 나은 환율로 결제할 수 있기 때문이다. 해외송금할 경우와 해외에서 신용카드를 사용하였을 경우에 적용되는 환율은 전신환매매율이다.

[그림 2-11] 자국통화표시법에 따른 원화 가치 변동

자료: 한국은행(2008), 한국은행의 알기 쉬운 경제 이야기

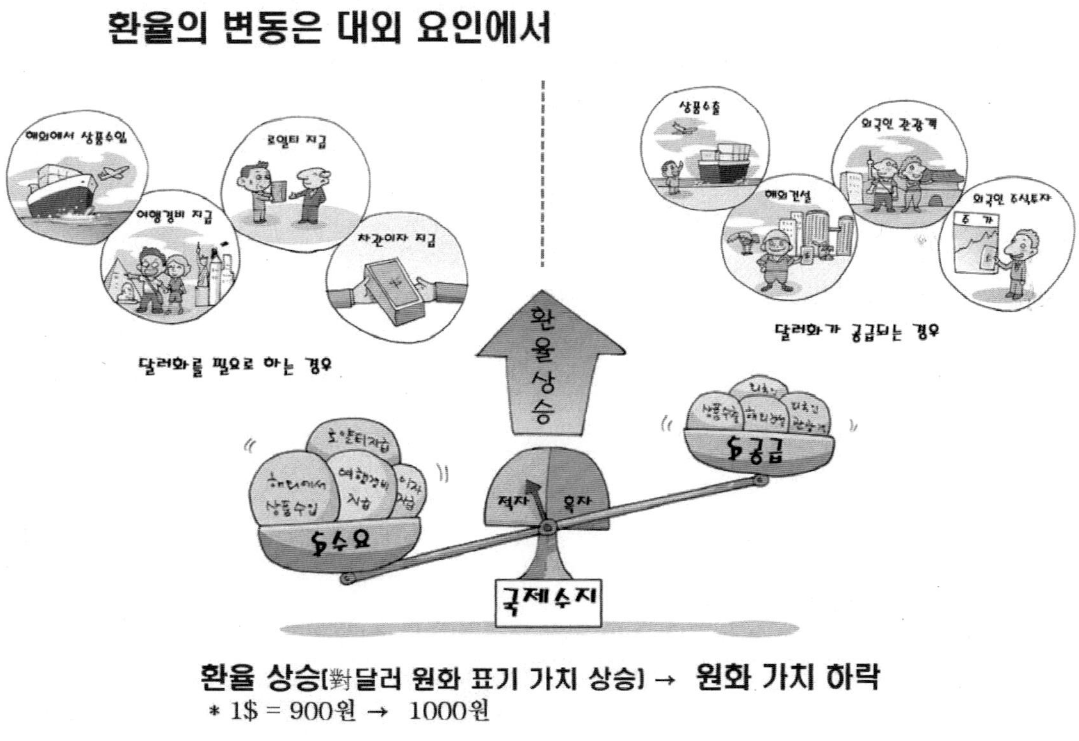

2) 환율 결정요인

식품이나 TV와 같은 상품의 가격이 시장에서 정해지듯이, 돈의 대외 가치인 환율은 외환이 거래되는 시장에서 외환의 수요와 공급에 의해 결정된다. 여기서 외환이란 외국의 화폐나 외국화폐를 청구할 수 있는 외화표시 예금, 수표 등으로서 외환시장에서 거래 대상이다.

외환시장에는 주로 은행과 같은 금융기관들이 참가하고 있다. 금융기관은 국내기업이 외국기업으로부터 물건을 사고자 할 때, 국내 소비자가 해외여행이나 자녀의 유학자금을 송금하고자 할 때 또는 국내투자가들이 외국주식이나 외국채권을 사고자 할 때 외환시장에서 달러를 산다. 금융기관은 한국 기업이 수출대금으로 받은 달러나 외국투자가들이 한국 주식이나 채권에 투자하기 위해 바꿔간 달러를 외환시장에서 팔기도 한다.

이와 같이 달러를 사고자 하는 금융기관의 외환 수요와 달러를 팔고자 하는 금융기관의 외환 공급이 균형을 이루는 수준에서 그때그때의 시장 환율이 결정되는 것이다. 물론 금융기관은 고객을 대신해서 거래할 뿐만 아니라 주식을 사고팔 듯 외환자체의 매매차익을 목적으로 거래할 수도 있다.

이처럼 한국의 환율제도는 외환시장에서의 수요와 공급에 따라 결정되는 변동환율제도를 채택하고 있다. 환율제도는 나라마다 그 결정방식이 다른데 크게 고정환율제도와 변동환율제도로 나누어진다. 고정환율제도는 정부 또는 중앙은행이 외환시장에 개입하여 환율을 일정한 수준으로 유지시키는 제도이다. 한국 환율제도는 정부수립 이후 고정환율제도로 출발하여 경제여건 변화에 따라 계속 변천해 오다가, 1997년 외환위기를 계기로 변동 폭에 제한이 없는 자유변동환율제도로 변경하였다.

환율이 오르내리는 이유는 상품시장에서의 균형가격 결정원리와 동일하다. 즉 환율은 외환시장에서 외환의 수요와 공급에 따라 결정되므로 해당 화폐에 대한 수요가 커지면 그 화폐의 가격이 오르고 그 수요가 작아지면 가격은 떨어진다. 공급 면에서는 그 반대이다. 따라서 화폐의 수요와 공급에 영향을 주는 요인들이 바로 환율변동 요인인 것이다.

외환시장에서 외환의 수요와 공급에 영향을 주는 요인은 다양하다. 각국의 경제활동 수준, 즉 경기의 좋고 나쁨이 외환수요에 영향을 준다. 국내경기가 좋아지면 수입이 증가되고 따라서 수입결제에 필요한 외환수요가 증가한다. 반면 외국의 경기가 좋아지면 수출이 증가하므로 외환의 공급이 증가하게 된다. 수출과 수입의 차이인 경상수지가 흑자이면 자국통화가 강세로 되어 환율이 하락하고, 적자이면 그 반대로 상승한다. 즉 한국의 경상수지가 흑자인 경우 벌어들인 달러가 사용한 달러보다 많게 되어 외환시장에 달러의 공급을 늘리므로 달러 가치가 떨어지고 원화 가치는 올라가는 것이다.

또한 환율변동은 장기적으로 국가 간의 물가상승률 차이를 반영한다. 물가상승은 경제성장률이나 경제정책과도 연관되어 있으므로 환율의 움직임은 다양한 요인으로 움직인다고 할 수 있다. 실제 외환시장에 참가하여 외환을 사고파는 사람들은 경제성장률, 물가상승률, 경상수지, 실질금리 차이 등과 같은 경제의 기초여건(fundamentals)뿐만 아니라 지정학적 위험 또는 컨트리 리스크라고 하는 국가위험도를 고려하고, 또 이러한 모든 변수들의 장래 움직임까지 고려한다.

3) 환율 변동이 경제에 미치는 영향

가. 원화 기준으로 본 효과

먼저 일반적으로 환율이 오르면, 즉 '1달러=1,100원'에서 '1달러=1,200원'으로 달러기준 원화표시액면가격이 오르면, 원화가치가 떨어지게 되어 경상수지가 개선된다. 환율이 오르면 수출에 있어 한국 제품의 가격경쟁력이 높아지기 때문이다. 예를 들어 달러당 1,100원이면 채산성이 맞는 상품을 제조수출하는 기업 입장에서 달러당 1,200원이 되면 순이익이 전보다 더 많아지게 된다. 수출하는 상품의 단가를 낮추어도 물량증가 효과는 더 크므로 수출액(수출물량×수출단가)이 증가하게 된다. 반면, 수입액은 감소하게 된다. 달러표시 수입단가가 동일하더라도 환율이 오르면 원화로 환산한 수입품 가격이 오르게 되어 국내 수요자 입장에서는 수입품을 덜 사용하기 때문이다. 결국 수출에서 수입을 뺀 경상수지는 개선되는 것이다.

또한 환율이 오르면 원화로 환산한 수입 원자재 및 부품의 값이 올라 국내 물가수준이 높아지게 되고, 반대로 환율이 하락하면 국내물가수준이 내려간다. 특히 한국은 수입의존도가 높아 환율변동이 국내물가에 미치는 영향이 큰 편이다. 한편 환율의 상승은 외채상환부담의 증가를 초래하기도 한다. 원화환율 상승은 해외여행을 하거나 해외거주가족에게 송금하는데도 이전보다 더 많은 원화가 소요되어 불리하다.

나. 환율 정책

외환위기 이후 한국의 환율제도는 자유변동환율제도로 바뀌었지만 일부에서는 여전히 정부와 중앙은행이 항상 외환시장에 개입하고 있는 것으로 보는 시각도 있다. 지구상에 정부가 외환시장을 방임하고 있는 국가는 거의 없다. 미국과 일본을 비롯한 많은 나라가 외환시장 개입을 하고 있는 것으로 알려졌다. 일반적으로 정부나 중앙은행은 환율을 안정화시키기 위해 또는 균형환율로 되돌리기 위하여 외환시장에 개입한다. 한국의 경우, 환율의 급변동을 초래하는 외부충격이 발생하는 경우에 한해 정부나 중앙은행이 외환시장에 참가하고 있다. 이것을 스무딩 오퍼레이션(smoothing operation)이라고 한다. 환율의 급격한 변동으로 수출입 업체나 일반 국민이 큰 피해를 입거나 경제의 불확실성이 확대되는 것을 방지하기 위하여 실시하는 외환정책의 한 수단이다.

경상수지가 지속적으로 적자 또는 흑자의 불균형을 보이는 경우와 같이 시장에서 형성되는 환율이 한나라 경제의 대외균형을 이루는 환율과 상당히 차이가 나는 경우가 있을 수 있다. 예를 들어 경상수지가 만성적인 적자를 보이는 경우, 정부와 중앙은행은 환율을 약세로 유도함으로써 대외균형의 달성을 도모할 수 있다. 또 내수부족으로 인해 경제가 침체되어 있는 경우 정책당국이 수출 진작을 통해 경기를 부추기기 위하여 외환시장 개입을 통해 환율의 상승을 유도하는 경우도 있다. 그러나 현실에서는 환율의 상승이 경상수지를 개선시키는 효과가 크지 않거나 상당한 시간이 소요되고 수입비용 상승 등을 통해 내수를 위축시키는 부작용과 같이 환율정책의 한계가 존재한다.

다. 외환 보유액의 의미

외환보유액은 정부나 중앙은행이 경상수지 흑자 등으로 늘어난 시중의 외환을 매입함으로써 늘어난다. 이렇게 축적된 외환보유액은 각종 요인에 의한 외환시장의 충격에 안전판 역할을 수행한다. 예를 들어 경제의 기초여건이 양호한데도 불구하고 불완전한 정보(예를 들면 사실과 다른 전쟁위협) 때문에 외환시장에서 환율이 과도하게 움직이는 경우가 있다.

또한 아시아 인접국가의 경제가 좋지 않아 주식자금 등 외국자본이 일거에 빠져나가는 경우, 그 국가의 통화가치가 폭락하여 수입대금과 대외부채의 지급, 국민의 해외여행 등 여러가지 면에서 혼란에 빠질 수 있다. 이러한 사태는 인접국가들에게 전염될 가능성이 있다.

외환시장에서 외국인 투자가는 나중에 투자결정에 따른 책임소재를 회피하기 위해 다른 투자가와 같이 행동하는 군집행동을 보이기 쉽다. 이러한 외환시장의 패닉 현상이 있는 경우 외환보유액이 충분하다면 시장에 외환을 매각하여 외환시장의 안정성을 유지할 수 있다. 따라서 외환 보유액이 넉넉하다는 사실은 국가신인도를 높여 주는 역할을 하기도 한다.[65]

4) 환율제도의 종류

국제통화기금(IMF) 분류에 따르면 고정환율제도는 총 6가지가 있다.

첫째는 유럽연합(EU) 16개국처럼 공동 통화인 유로를 사용하는 통화 동맹, 자국 화폐를 없애고 미국 달러화를 화폐로 사용하는 남미 일부 국가의 달러화 통용제도(Dollarization)이다.

둘째는 홍콩처럼 자국 내 화폐를 달러에 고정시킨 후 외화준비자산 범위 내에서만 화폐를 발행하고 자국통화와 기축통화 간 무제한적인 태환을 허용하는 통화위원회제도가 있다.

셋째는 자국통화를 기축통화나 복수의 통화 바스켓(무역비중에 대한 가중평균으로 구함)에 연동시켜 고정된 환율을 유지하는 전통적인 페그제가 있다.

이 같은 고정환율제도는 환율이 안정되고 거래가 안전하다는 장점이 있다. 그런데 단점도 많다. 양국간 물가상승률, 이자율, 경쟁력 차이에서 발생하는 화폐가치 격차가 해결되지 않고 누적되기

65) 한국은행(2008), 한국은행의 알기 쉬운 경제 이야기, 269-282쪽.

때문이다. 고정환율제도는 국가간 거시경제적 차이를 자동으로 교정하는 수단이 없다. 따라서 일시적으로 환율을 조정하는 일이 불가피할 경우, 조절 충격이 크다. 수시로 가격이 변하는 과일값보다 권장소비자가격이 있는 라면 값이 인상될 때 충격이 더 큰 것처럼 말이다.

고정환율제도의 이 같은 문제에 따라 한국을 비롯한 많은 나라가 변동환율제도를 채택하고 있다. 변동환율제도는 이론상 국가간 거시경제적 차이에 따라 시장에서 가격이 수시로 조절돼 일시에 환율을 조정해야 하는 불편함과 충격이 덜하다. 또 환투기도 예방할 수 있다. 하지만 환율이 변동해도 무역적자나 흑자는 지속되며 자본자유화에 따른 환투기는 피할 수 없다. 또 환율 변동이 잦아지면서 외환보유액을 확충해야 할 필요도 커져 글로벌 불균형의 주원인으로 지목되기도 한다. 결국 환율제도는 무엇이 좋은지 정답이 없다는 판단이다. 한국의 환율제도 변천을 보면 다음 〈표〉와 같다.

[표 2-28] 한국의 환율 제도

기 간	제도 내역
1945.10~80.1	고정환율제도
1980.2~90.2	복수통화바스켓제도*
1990.3~97.11	시장평균환율제도**
1990.3~91.8	일일환율변동 허용폭 ±0.4%
1991.9~92.6	±0.6%
1992.7~93.9	±0.8%
1993.10~94.10	±1.0%
1994.11~95.11	±1.5%
1995.12~97.11.18	±2.25%
1997.11.19~97.12.15	±10%
1997.12.16~현재	자유변동환율제도

주: * 모든 대외거래에 단일환율이 적용되며, 환율이 외환시장에서 수요와 공급에 따라 결정
** 전일 모든 외환은행이 국내 외환시장에서 거래한 원화와 달러화의 현물환 거래율을 거래량으로 가중평균하여 당일 시장평균환율을 결정
자료: KIEP(2005), 중국 위안화 환율제도 변경의 시사점, 오늘의 세계경제 제05-26호, 5쪽.

5) 빅맥지수와 구매력 평가(PPP)

가. 빅맥지수

빅맥(Big Mac Index) 지수는 각 나라의 구매력 평가를 비교하는 경제지표로, 1986년 9월에 영국의 이코노미스트지에서 처음 사용하였다. 맥도날드사의 대표적인 햄버거 빅맥은 전세계 120개 국가 어느 매장에서나 살 수 있고, 크기와 값이 비슷하기 때문에 각국에서 팔리는 빅맥 값을

통해 물가를 예측할 수 있으며, 이는 환율보다 더 현실적인 지표가 된다. 이는 동일 제품의 가격은 세계 어디서나 같다는 '일물일가의 법칙'과 각국의 물가수준을 반영해 환율을 비교하는 구매력평가이론(PPP)을 기반으로 국가별 빅맥 가격을 미 달러화로 환산해 비교한 것이다.

2016년 1월말 빅맥지수를 보면, 미국에서 4.93달러에 팔리는 빅맥 한 개의 가격이 중국에서는 17.6위안에 팔리고 있다. 당시 1달러당 위안화 환율은 6.56 위안. 따라서 중국에서 팔리는 빅맥 한 개의 가격을 당시 환율로 환산하면 2.68달러가 되는데, 이는 미국에서 팔리는 가격보다 45.6% 낮은 수준이다. 즉 미국과 중국에서 팔리는 빅맥이 100% 동일제품이라고 가정하면, 위안화는 달러에 대해 환율이 45.6% 저평가 되어있다는 주장이 가능해지는 것이다. 참고로 같은 시기 한국 가격은 4,300원이었고 환율은 1달러=1,198원이었으며, 27.2% 저평가 되었다.

[그림 2-12] 빅맥지수 (이코노미스트지)

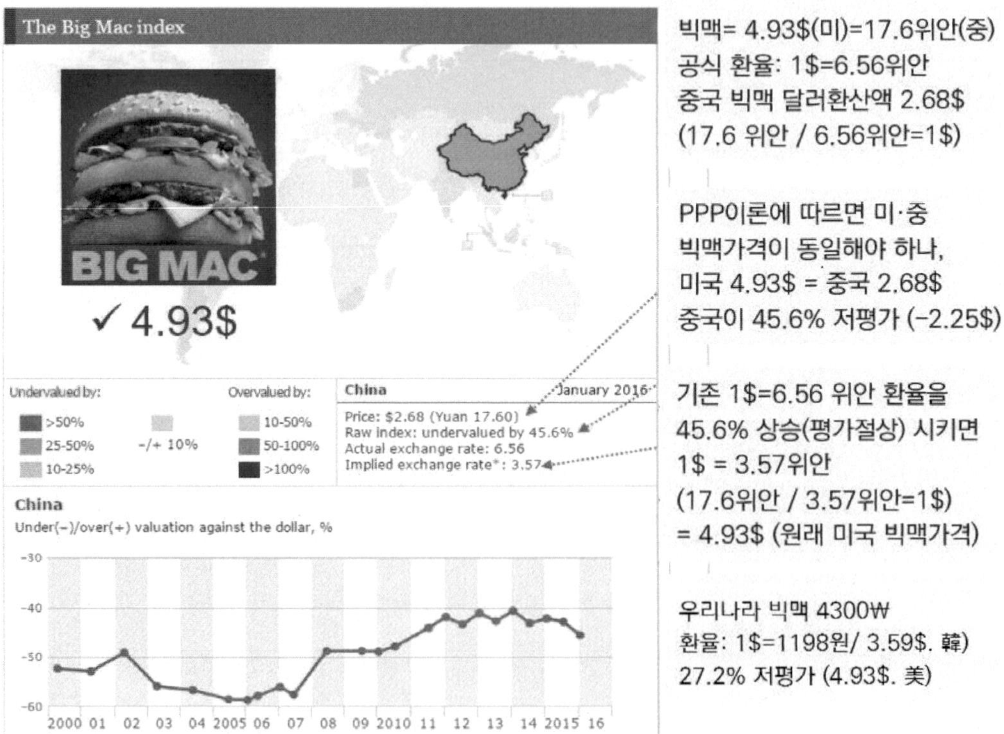

영국에 '빅맥지수'가 있다면, 한국에는 농심이 생산하는 신라면 지수가 있다. 신라면은 1986년 출시된 이후 현재까지 국내에서 210억봉, 해외에서 30억봉 등 총 240억봉이 판매됐다. 이 제품은 1987년부터 수출을 시작, 전세계 80여 개국에 수출되고 있다. 신라면 지수는 주요 10개국의 신라면 1봉지 가격을 미국 달러로 환산한 후 미국 가격을 1로 놓았을 때의 수치로 각국 구매력을 비교 평가한 것이다. 2011년말 현재, 신라면이 가장 비싼 나라는 주요 10개국 중 호주인 것으로 나타났다. 즉, 신라면 1봉지 가격(2011년 12월말 기준)은 호주가 1.92달러(약 2,210원)로 가장 비쌌고, 홍콩이 0.58달러(약 668원)로 가장 싼 것으로 조사됐다. 중국은 0.59달러로 미국 대비 41%가 저렴했다. 앞서 소개한 빅맥지수에서 나타난 위안화 저평가율과 근사치임을 알 수 있다. 한국은 0.68달러(780원)였다. 미국에서의 신라면 가격을 1로 봤을 때 호주는 1.94로 나타나 호주의 높은 물가수준이 신라면 지수에도 반영돼 있는 것으로 분석됐다.

나. 중국의 GDP와 PPP

PPP(purchasing power parity) 구매력 평가는 환율과 물가상승률의 관계를 말해주는 개념인데 절대적 구매력 평가는 일물일가의 법칙(모든 물품가격은 동일)을 물가수준에 확대 적용시킨 것이다. 한 국가의 물가가 다른 국가에 비해 상대적으로 높으냐 낮으냐에 따라 환율이 결정되어야 한다는 주장이다. 환율은 양국 통화의 구매력에 의하여 결정되어야 한다는 이론이다.

PPP 개념을 한 나라의 국내총생산(GDP)에까지 적용시킨 것이 PPP 소득이다. PPP 소득은 환율은 물론 물가까지 전세계가 같다는 조건에서 상품을 구매할 수 있는 능력인 것이다. 그 나라의 물가를 세계 평균적인 물가로 치환해서 GDP를 계산한 것이다.

이발이라는 서비스를 보자. 투입된 재화가 국제가격에서 거래되는 것(원유)은 모든 나라에서 똑같이 계산이 되지만 노동력 단가, 부가가치, 서비스 이용료(이발)는 국가별로 차이가 있다. 이것을 평균적인 물가로 바꿔서 계산한 것이 PPP GDP이다.

- 이발 요금: 미국 $50, 중국 $5, 한국 10$. 전세계 평균은 $25
- $5를 받은 중국 이발사는 실제로 평균치 $25 서비스를 생산한 것.

따라서 PPP를 적용하면, 중국처럼 임금이 낮은 나라의 PPP GDP 수치는 증가하나 미국처럼 임금이 높은 나라의 PPP GDP는 감소한다. 다만, 양국 국민들이 누리는 서비스의 수준(이발)은 동일하다. 이러한 기준으로 세계 각국의 GDP를 다시 계산해 본 결과, 2014년에 처음으로 중국은 PPP 기준으로 미국을 제치고 세계 1위로 부상했다.

• 2014년 PPP GDP: 중국 17조 6,300억달러, 미국 17조 4,600억달러.

• 2018년 PPP GDP: 중국 25.4조 달러, 미국 20.5조 달러. (美 규모는 중국의 80.7%)

2014년 명목기준으로 중국 GDP는 미국의 61.3% 수준이나, PPP기준으로 미국의 GDP는 중국의 89%에 불과하다. 즉, 중국 PPP GDP는 명목GDP의 1.83배 수준인 것을 알 수 있다.

[그림 2-13] GDP(명목 및 PPP) 기준으로 본 세계 국가별 경제 규모

면적 | 인구 | **GDP** | 빅맥지수

✔ **명목기준** · 1인당기준 · PPP기준

순위	국가명	GDP($)	기준년도
1	미국	18조 5,581억	2016
2	중국	11조 3,830억	2016
3	일본	4조 4,126억	2016
4	독일	3조 4,678억	2016
5	영국	2조 7,610억	2016
6	프랑스	2조 4,648억	2016
7	인도	2조 2,887억	2016
8	이탈리아	1조 8,487억	2016
9	브라질	1조 5,348억	2016
10	캐나다	1조 4,623억	2016
11	**대한민국**	**1조 3,212억**	2016
12	스페인	1조 2,424억	2016
13	오스트레일리아	1조 2,008억	2016
14	러시아	1조 1,327억	2016
15	멕시코	1조 824억	2016
16	인도네시아	9,370억	2016

면적 | 인구 | **GDP** | 빅맥지수

· 명목기준 · 1인당기준 ✔ **PPP기준**

순위	국가명	GDP($)	기준년도
1	중국	20조 8,533억	2016
2	미국	18조 5,581억	2016
3	인도	8조 6,428억	2016
4	일본	4조 9,011억	2016
5	독일	3조 9,347억	2016
6	러시아	3조 6,846억	2016
7	브라질	3조 1,012억	2016
8	인도네시아	3조 107억	2016
9	영국	2조 7,567억	2016
10	프랑스	2조 7,034억	2016
11	멕시코	2조 3,032억	2016
12	이탈리아	2조 2,131억	2016
13	**대한민국**	**1조 9,164억**	2016
14	사우디아라비아	1조 7,200억	2016
15	스페인	1조 6,740억	2016
16	캐나다	1조 6,719억	2016

자료: 네이버(2016.7)

2. 중국의 환율 제도

1) 환율 제도의 변화

중국의 환율제도는 시기별로 큰 변화를 겪어 왔다. 또한 환율제도의 변화는 중국경제 시스템의 변화와 그 맥락을 같이 한다. 먼저 중국이 건국된 1949년부터 개혁개방정책 실시 직전인 1980년까지는 계획경제하에서 '계획 환율제도'를 운영하였다. 즉 외환이 부족했기 때문에 엄격하게 외환수지를 통제하였고, 유입되는 모든 외화는 정부에 매각하도록 하였다. 또한 필요한 외환은 국가가 직접 분배 하였다.

중국이 부분적으로 환율제도를 자율화 한 것은 '이중환율제도'를 도입하면서부터이다. 개혁개

방 정책으로 대외무역이 늘어나면서 더 이상 정부가 100% 주도적으로 외환시장을 통제할 수 없었다. 따라서 1981년부터 1993년까지는 공정환율과 조절환율이 공존하는 '이중환율제도'를 운영하였다. 즉 중앙은행인 인민은행은 거의 변동이 없는 공식환율을 공포하였으며, 외환조절센터에서 실제 외환 거래시 적용되는 시장환율도 공존하였다.

1994년부터 중국은 '사회주의 시장경제'를 시작하였다. 보다 시장경제 시스템에 가까히 다가가게 된 것이다. 이 시기 중국은 '관리변동 환율제도'를 1997년 9월까지 운영하였다. 이전 제도와 비교하여 가장 큰 특징은 소폭의 환율변동을 허용한 점이다.

1997년 10월에는 다시 고정환율제도(1997년 10월~2005년 7월)로 후퇴하였다. 그 이유는 아시아발 금융위기였다. 환율은 정부에 의해서 고정되었으며, 제도상 환율 변동이 허용되었으나, 실제는 미화 1달러당 8.27위안으로 고정되어 있었다.

2001년 중국의 WTO 가입으로 전 세계의 환율제도 개혁에 대한 열망은 높아졌다. 문제는 중국의 자본수지 항목이 자유화 되지 않았다는 점. 중국은 '점진적인 외환제도 개혁'이라는 단골 레퍼토리만 반복하며 꿈쩍도 하지 않았다. WTO 가입후 대미 무역흑자는 갈수록 불어났고, 미국 및 유럽의 불만도 고조되었다. 결국 중국의 고정환율제도는 사실상 국유기업에게 수출보조금을 주는 제도라며, 통상마찰이 빈번해지자 중국이 움직이기 시작한다.

시계를 2004년으로 돌려 보자. 미국의 지속적인 압력, 중국 금리인상 및 자유화 조치, 핫머니의 유입 급증, 수입물가 상승 압력 완화 필요성 등을 이유로 위안화 환율제도 변경 가능성을 모두들 전망하고 나섰다. 먼저 미국의 재무장관은 2004년 9월 20일 중국이 서둘러 변동환율제로 전환하기를 희망한다고 말했다. IMF는 환율자유화는 인플레이션 목표관리 등 중앙은행의 정책독립성 확보를 위해 필요하며, 중국은 상당량의 핫머니가 유입되어 과잉 유동성 문제가 심각하며 이를 해결하기 위해서는 환율의 변동 폭 확대, 통화바스켓제도 도입을 권고했다.

이에 중국은 2004년 10월 G7정상회의에 참여, '점진적'으로 위안화 환율제도를 개선해 갈 것임을 밝혔다. 그러나 위안화의 평가절상에 대한 기대로 2005년 상반기에만 400~700억달러 규모의 핫머니가 유입되어 위안화 평가절상 압력을 가중시키고 있었다. 결국, 중국정부 내에서도 더 이상 버틸수 없다는 공감대가 형성되어 있었던 것으로 해석되는 징후들이 나타났다.

원자바오 총리는 2004년 9월 28일, 위안화 가치의 기본적인 안정을 유지하는 가운데 시장 움직임에 보다 유연하게 대응할 수 있는 시스템을 도입할 방침이나, 그 이전에 거시경제 상황, 국제수지 및 은행개혁의 진전 등이 선결되어야 할 과제라고 언급했다.

[표 2-29] 중국의 환율제도 변천 및 주요 환율 변동 내역

기 간	제도 내역
계획경제체제 (1949~1980년)	**고정환율제(계획환율)** : 외환 부족으로 외환수지를 통제, 유입되는 모든 외화는 정부에 매각, 국가가 외환을 분배
1981년 1월	**이중환율제**: 공정환율과 조절환율 공존(인민은행 공식환율과 외환조절센터 환율) (무역거래: 2.80위안. 무역외거래: 1.5위안)
1984년	두 종류 환율을 달러당 2.8 위안으로 수렴
1986년	달러당 3.2위안으로 평가절하
1986년 7월	달러당 3.7위안으로 평가절하
1989년	달러당 4.7위안으로 평가절하
1990년	달러당 5.2위안으로 평가절하
1994년	**관리변동환율제**: 소폭 환율변동 허용 달러당 8.7위안으로 고정. 단일환율제도/관리변동, 미달러화에 페그되어 운영
1995년 6월	달러당 8.3 위안으로 평가절상. IMF Article 8 채택 (IMF 8조국)
2005년 7월	복수바스켓제도 도입후, 변동환율제 채택
2007년 5월	1일 변동폭 ±0.3%에서 ±0.5%로 확대
2008년~2010년 6월	2008년 미국발 금융위기 대응, 달러당 6.83~6.85위안에서 사실상 고정관리
2010년 6월 19일	인민은행 변동 재허용
2012년 2월 10일	달러당 6.2937 위안 (6.3 위안 돌파)
2012년 4월 16일	1일 변동폭 ±0.5%에서 ±1.0%로 확대
2014년 3월	1일 변동 폭 확대 ±2%. (1$=6.16186. 2014.3.30)
2015년 8월	위안화 환율 결정방식 시장화. 달러당 6.11(8/11) → 6.40위안(8/13)

자료: 김동하(2010), 『위안화 경제학』, 한스미디어, 113쪽 및 기타 공개자료(2016.8)

저우샤오촨 인민은행장은 2004년 9월 30일 '확실하게 그리고 점진적으로' 시장에 기반한 변동환율제도로 옮겨 갈 것이라고 밝혔다. 비슷한 시기에 위용딩 통화정책위원은 중국 통화정책의 독립성을 유지하고 자본자유화를 추진하기 위해서는 위안화 페그제를 장기적으로 유지하기 어렵다고 주장했다.

청스웨이 전인대 부위원장은 2004년 11월 11일 조만간 위안화 변동 폭을 확대하고 중장기적으로 통화바스켓 제도를 도입할 것을 검토 중이라고 밝혔다. 드디어 중국 당국자의 입에서 '통화바스켓 제도'가 나온 것이다. 인민은행 부총재 겸 국가외환관리국장 궈슈칭은 안정성은 'not fluctuating'을 의미하지는 않으며, 환율제도가 일정 수준의 유동성(fluctuation)을 가지되, 급격한 변동성이나 위기를 통제할 수 있기를 원한다고 밝혔다. 중국이 구상하고 있던 '바스켓'을 시사하는 발언이었다. 드디어 2005년 7월 21일(목) 19시, 인민은행은 홈페이지 공고를 통해 위안화 환율을 달러당 8.27 위안에서 8.11 위안으로 절상(절상폭은 2%) 한다고 전격 발표한 것이다.

2) 복수통화 바스켓을 참고하는 관리변동 환율제도

환율 제도는 간단히 양분된다. 고정이냐 변동이냐? 그리고 변동이면 얼마나 허용할거냐? 따라서 현행 중국의 환율 제도를 설명하면 관리가 들어가는 변동환율제도, 즉 관리변동 환율제도라고 설명할 수 있다. 그런데 얼마나 변동시킬지는 여러나라 돈이 들어있는 바구니(바스켓)를 참고하겠다는 의미이다. 따라서 현재 중국의 환율 제도는 조금 복잡하지만 '복수통화 바스켓을 참고하는 관리변동 환율제도'라는 호칭이 정확하다.

이는 중국이 2005년 7월 21일, 달러화에 고정(페그)되어 있던 제도를 폐지하고, 유로, 엔화, 홍콩달러 및 11개 통화를 바스켓으로 묶은 뒤 이들 통화의 환율 움직임을 반영해 가중평균 방식으로 적정환율을 산출해 고시하는 방식이기 때문이다. 이는 고정환율제도에 비해 훨씬 유연하지만 환율을 시장에 완전히 맡기는 게 아니기 때문에 관리변동 환율제도라고 칭한다.

전세계의 관심사는 얼마나 관리할 거냐, 즉 변동 폭이었다. 최초 중국정부가 발표한 변동 폭은 전일종가 대비 ±0.3% (달러), ±3% (유로, 엔, 홍콩달러) 였다. 또한 각 통화별 비중은 미달러화 44%, 엔화 18%, 유로 14%, 한국 원화 9% 수준이었다. 변동 폭은 공식적으로 공포된 것이지만 바구니(바스켓)에 어떤 통화가 얼마나 들었는지는 아무도 모른다. 위 비중은 발표 당시 유일하게 중국 내 언론에서 언급된 금융 전문가의 추산일 뿐이다. 그리고 중국과의 통상(무역 및 투자) 비중에 따라 그동안 통화별 비중도 변동이 있었을 것은 쉽게 짐작할 수 있다.[66)]

그로부터 약 2년후. 중국 환율제도에 작지만 또 한걸음의 진전이 있었다. 2007년 5월 20일, 중국정부는 위안화 환율 변동폭을 종전의 ±0.3%에서 ±0.5%로 확대하였다. 하지만 실제로 변동 폭을 확대하여도 중국정부가 막대한 외환보유고를 동원하여 외환시장에 개입한다면, 정부가 원하는 방향으로 환율을 좌지우지 할 수 있다. 그 결과가 8.11에서 16% 평가절상된 6.8이라는 수치이다. 1달러당 6.8위안 이라는 환율은 글로벌 금융위기에 대응하기 위해 수출기업을 보호할 목적으로 2008년 6월말부터 중국정부가 '관리'하고 있는 환율인 셈이다.

외환시장에서 전세계에서 가장 외환을 많이 가지고 있는 중국정부에 대항할 세력은 아무도 없다. 따라서 변동 폭은 중국에서 큰 의미가 없는 것으로 판단된다. 어찌하건 ±0.5% 변동 폭은 2012년 4월 15일까지 유지된 바 있다.

가. 복수통화 바스켓 제도의 특징

복수통화 바스켓제도는 주요 교역 상대국이나, 외환시장에서 거래 비중이 높은 국가들의 통화 가치를 가중 평균하여 환율을 결정하는 방식이다. 몇 개국 통화를 하나의 바구니 안에 넣어서 경제적 연관 관계나 중요도에 따라 가중치를 두고, 이를 평균해서 환율을 결정하는 것. 이 방식을

66) 홍콩발행 일간지인 사우스차이나 모닝포스트(2005.7.23)는 홍콩 달러를 제외하고 '바스켓'에 들어갈 통화 비중으로 미달러화 33%, 일본 엔화 29%, 유로화 27% 한국 원화 11% 수준을 전망한 바 있다.

이용하면 자국통화의 가치가 달러화와 같은 특정 외국 통화에 대해 고정돼 있는 것이 아니라, 바스켓에 포함된 다른 통화의 가치 변화에 따라 변동하게 된다. 그러나 달러연동 환율제도 하에서는, 달러화가 약세를 보이더라도 자국통화의 가치가 달러화에 대해서는 변화가 없고, 달러화 이외의 다른 통화에 대해서는 달러화의 가치가 하락하는 만큼 약세를 보이게 된다.

미국이 중국에 대해 불만을 제기했던 이유도 여기에 있다. 위안화의 가치가 달러화에 고정돼 있는 단일통화 연동제도 하에서는, 달러화의 약세에 따라 위안화의 가치도 하락하고, 따라서 미국은 對중국 교역에 있어서 무역수지 개선의 효과를 못 보기 때문이다. 유럽국가들의 입장에서도 달러화에 대한 유로화의 강세가 위안화에 대한 유로화의 강세로 연결되어 對중국 교역조건과 미국시장 등에서의 중국 상품에 대한 유럽산 제품 가격 경쟁력이 악화된다.

하지만 복수통화 바스켓 제도 하에서는 달러화가 바스켓에 포함된 통화들에 대해 약세를 보일 경우 달러화에 대한 자국통화의 환율도 영향을 받게 된다. 즉 달러화에 대한 자국통화의 가치가 평가절상 된다. 이는 달러화뿐만 아니라 바스켓 안에 들어있는 다른 통화들의 가치를 동시에 평가해서 최종환율을 결정하기 때문이다. 따라서 달러화 이외의 통화에 대한 가치하락도 완화되는 효과가 있다.

문제는 바스켓 안에 어떤 통화를 포함시킬 것인가, 또 각 통화에 대한 가중치를 어떻게 부여할 것인가 하는 점이다. 중국의 경우는, 달러화, 유로화, 엔화와 함께 한국 원화가 바스켓에 포함되는 주요 통화이며, 對中 교역이 연간 100억 달러 이상인 싱가포르, 영국, 말레이지아, 러시아, 호주, 태국, 캐나다 등의 통화가 바스켓에 포함될 것이라고 인민은행의 저우샤오촨 총재가 밝힌 바 있다. 그동안 알려진 정보를 종합하면 각 통화의 비중은 달러화가 약 35%, 유로화와 엔화가 각각 20%, 원화가 10% 정도를 차지할 것으로 추정된다.

하지만 이 제도 하에서도 환율이 바스켓에 포함된 통화들의 가치 변동을 그대로 반영해서 결정되는 것은 아니다. 과거 한국의 경우 바스켓에 의해 산출된 환율을 기준으로 한국은행 총재가 국내외 금리차, 국내외 물가상승률차, 외환시장 전망 등을 감안해서 당일의 환율을 결정하도록 했는데, 일종의 관리변동 환율제도라고 할 수 있다.[67]

67) 한국은행, 환율제도의 종류와 국가별 차이점 (2005.5)

3) 최근 변화

2012년 4월 16일자로 중국정부는 위안화 환율의 1일 변동 폭을 기존의 ±0.5%에서 ±1.0%로 확대하였다. 이번 조치의 배경은 환율결정 시스템을 좀 더 시장 친화적으로 바꿔 위안화 국제화를 촉진하고, 인플레 압력을 줄이고 기업투자를 활성화해 성장을 촉진하겠다는데 있다. 물론 미국의 위안화 절상 압력에 반응을 보인 것이란 해석도 가능하지만, 인민은행은 주체적 결정임을 강조하고 있다. 인민은행은 '외환시장이 성숙해감에 따라 교역 주체 스스로 환율을 정하고 위험을 관리할 수 있는 능력도 증강되고 있다. 이번 조치는 시장수급에 따라 위안화 환율의 탄력성을 높이기 위한 것'이라고 밝혔기 때문이다.

2014년 3월에는 위안화 환율 1일 변동 폭이 ±2.0%로 다시 확대되었으며, 2015년 8월 중국정부는 위안화 환율 결정 방식을 시장화 하겠다고 선언하기에 이른다.

[키워드] '환율 상승', '환율 하락'의 기준은?

환율 상승과 환율 하락

환율 상승 : 미 달러화에 대한 원화 표기 가치가 올랐다
☞ 원화 가치는 하락
환율 하락 : 미 달러화에 대한 원화 표기 가치가 내렸다.
☞ 원화 가치는 상승

환율의 기준점은? ·········미달러화 (상승 · 하락의 기준)

4) 중국 환율제도를 보는 시각

미국과 유럽 각국이 글로벌 금융위기로 죽을 쑤고 있던 2009년, 중국은 나홀로 9.2%의 경제성장을 달성했다. 2010년 1/4분기에는 오히려 한 걸음 더나가 11.9% 성장을 기록, 이젠 경기과열을 우려해야 할 처지에 놓이게 되었다. 사정이 이렇게 급변하자 더 이상 미국과 유럽은 중국의 저평가된 위안화 환율을 못참을 지경에 이른 것으로 보인다.

중국 입장은 무역흑자의 상당부분은 외국계 기업이 거둬가고 있으니 미국·유럽의 위안화 평가절상 요구는 어불성설이라는 논리이다. 유엔무역개발회의(UNCTAD) 역시 위안화 환율을 시장에 맡기면 오히려 시장 위험이 높아질 수 있다며 중국정부의 손을 들어주고 있다.

중국 관영 신화통신은 중국이 미국에 수출하는 제품 대부분이 중국 대륙에 진출한 미국 기업이 생산한 것이고 이익의 상당액이 미국 주머니로 들어가는 것을 미국에서 간과하고 있다고 지적한다. 중국 수출을 제재하면 중국에 진출한 미국 자국기업의 사업을 곤란에 빠뜨리게 된다는 논리다. 중국 상무부 통계는 이를 뒷받침 한다. 2009년 중국에서 수출한 제품 중 55.9%는 중국에 진출한 외국기업이 생산한 것. 하이테크 제품과 전자제품은 비중이 83%와 75%로 더 높다. UNCTAD는 중국이 시장에 환율을 맡기고 과거 일본처럼 평가절상 충격을 감수할 것으로 기대하는 것은 중국의 안정이 세계에 얼마나 중요한지를 무시하는 처사라고 지적했다.[68]

[표 2-30] 달러대비 위안화의 저평가율 추정

구분	피터슨 연구소	폴 크루그먼	IMF	미 의회
저평가율	25~40%	40%	76%	30~50%
발표일	2009.10	2010.3	2009.10	-

자료: 공개자료 종합(2010.3)

중국이 고정환율에서 변동환율로 바꾼 게 2005년 7월이었다. 그 후 위안화 가치는 2008년 7월까지 약 20%나 평가절상됐다. 서방의 주장대로라면 위안화 가치 상승으로 중국의 수출은 줄어야 했다. 그러나 현실은 반대다. 이 기간 오히려 매년 20% 안팎으로 늘었다. 중국으로의 핫머니 유입을 촉발해 과열을 유발했을 뿐이라는 게 중국 금융당국의 시각이다.

중국의 과도한 수출이 불균형의 요인이었던 것은 사실이다. 그러나 문제의 근원은 환율이 아닌 금리에 있었다. 세계적으로 돈 값(금리)이 너무 쌌다. 이 덕택에 중국은 싸게 제품을 만들었고, 미국은 마구 소비할 수 있었다. 금리를 올려 제품 가격을 높이고, 소비를 줄여야 한다. 그게 중국이 생각하는 불균형 해소 방안이다. 그러나 지금 미국 금리는 또다시 제로 수준이다. 달러가 또다시 중국으로 흘러들어 버블을 키우고 있다.

미국 측 시각은 어떠한가? 2009년 중국은 대미 흑자 1,708억달러 등 총 2,974억달러에 달하는 무역흑자를 기록했다. 흑자 누적으로 외환보유액은 2009년말 2조4,000억달러로 급증했다. 중국 인민은행은 사실상 환율을 고정시키기 위해 외환시장에서 끊임없이 달러화를 사들이고 대신 위안화를 풀어내고(위안화 가치상승을 억제) 있다. 2008년 8월 이후 달러당 위안화 환율이 6.8위안에서 요지부동인 것은 강력한 시장 개입의 증거다. 시장 개입으로 외환보유액은 급증하지만

68) 매일경제(2010.3.17)

유동성 팽창과 자산 거품이라는 부작용을 낳고 있다. 정부가 금리인상이라는 긴축조치를 취하려 하지만 환율제도를 그대로 놔두고서는 별 소용이 없다.

자국 통화를 저평가시키면 그 나라 수출업자는 수출단가를 낮게 유지할 수 있기 때문에 정부가 수출업자에게 보조금을 지급하는 것과 마찬가지다. 또 수입제품 가격은 높기 때문에 관세를 부과하는 효과가 있다. 이는 일종의 불공정 무역행위다. 앨런 스펙터 미국 상원의원은 최근 중국은 보조금과 덤핑으로 국제법을 어기고 있다고 말했다.[69]

[표 2-31] 무역 불균형에 대한 미 중의 입장 차이

원인	중국의 주장	미국의 주장
원인	미국은 과도한 수입, 과다소비 국가 경쟁력 없어 팔리지 않는 미국상품 (美 무역적자)	환율 조작으로 너무 싸게 파는 중국산 중국의 불공정 행위로 미국산 제품이 안 팔림
해결 방안	美 정부도 민간도 긴축해야 수출 경쟁력을 올려서 판매를 늘려야	위안화 절상으로 물건 값을 올려야 수출 치중하지 말고, 내수를 진작해라 (中 사회복지 강화 등)
무역분쟁 대응 전망	미국 수입과중금에 대한 무역 보복 외환 보유액중 미국 국채 매각	환율조작국 지정, 위안화 절상 압박 지속, 수입과징금 징수
WTO 대응 조치	WTO에 미국 수입부과금에 대한 제소	WTO에 중국 보복조치에 대한 제소 IMF 통한 압력제고(中 외환정책 등)

3. 위안화 평가 절상에 따른 영향

1) 중국 수출에 대한 영향

위안화 가치가 올라가면, 수입확대와 수출위축 효과가 나타날 것이다. 수입이 확대되면 중국정부가 추진 중인 내수진작에 유리한 요소가 될 수 있으나, 수출 회복세가 아직은 안정적이지 않은 상황이라면, 수출가격 경쟁력이 타격을 받게 된다. 수출은 얼마나 줄어들까? Shaghil Ahmed 연구 결과에 따르면 실질 실효 환율 기준으로 위안화 1% 평가절상시 중국 수출의 1.1~1.8% 감소를 전망한다.[70]

수입의 경우 최근 상승세를 보이는 원유 등 자원 수입가격 인하라는 긍정적인 효과도 있으나, 유입 물량이 일정폭을 넘어서면 수입성 인플레이션 유발 효과를 우려해야 한다. 수출의 경우 심각한 타격을 입는다면 제조업 일자리 감소로 실업이 증가하고, 국가경제성장(GDP)에도 충격을 주게 된다.

---

69) 매일경제(2010.2.11)

70) Shaghil Ahmed (2009), Are Chinese exports sensitive to changes in the exchange rate?, International fianance discusiion papers 987, Board of Governors of the Federal Reserve System.

실제로 중국 상무부는 위안화가 5% 절상될 경우 대부분의 중소 수출기업이 적자로 전환될 것이라고 분석한 바 있다. 즉 위안화 1% 절상시 기업 마진은 1% 감소한다는 주장이다. 중국 수출기업의 평균 이익률은 5~6% 수준이므로 큰 타격이다. 특히 경영이 어려운 섬유업종의 경우, 위안화가 3%만 절상되더라도 수출기업 5만개중 90%(45, 000개, 근로자 2.5만명)가 적자를 기록할 것으로 전망하고 있다.[71)]

평가절상으로 위안화 가치가 상승하면 고비용 구조로 인해, 중국의 외자유치(FDI) 실적이 타격을 받을 수 있다. 한편으로 중국 기업의 해외투자는 비용 하락효과를 누려, 가전 등을 중심으로 대미 직접투자가 확대될 수 있다.

위안화의 가치상승으로 외채 원리금 상승 압력이 경감되나, 한편으로 위안화의 추가 평가절상 기대심리가 커져 국제 투기자금(핫머니)의 유입이 가속화돼 자산버블을 키울수 있다.

위안화의 평가절상으로 한국경제와 한국기업도 긍정적이거나 부정적인 양면의 영향을 받게 될 것이다. 위안화가 평가절상된다면 한국의 수출가격 경쟁력이 상대적으로 높아진다고 볼 수 있지만 다른 한편으로 한국 원화에 대한 평가절상 압력도 커질 수 있으며, 한국 내 기업들과 2만 개를 상회하는 중국 내 한국투자기업들은 상반된 영향을 받게 된다. 즉 평가절상 여부보다는 시기와 폭이 한국기업에게는 더욱 중요한 문제이다.

LG경제연구원 분석에 따르면 위안화가 10% 절상될 경우, 중국을 제외한 해외시장에 대한 한국의 총수출을 2.8% 증가시킬 것으로 분석되었다. 이는 한국과 중국의 산업구조가 유사해지고, 특히 많은 한국기업들이 중국에 투자한데도 기인한다. 위안화 절상은 우리가 중국에서 수입하는 물품 가격을 올린다. 하지만 이미 저렴한 중국산 물품을 대체할 상품은 전세계 어디에서도 당장 보이지 않는다. 따라서 위안화 10% 절상시 중국으로부터 수입은 4.3%나 감소하게 될 전망이다.

수출은 수출에 필요한 원부자재 수입을 유발시킨다. 2005년 산업연관표에 따르면 1억 달러의 수출은 0.4억 달러의 수입을 유발하는 것으로 나타났다. 따라서 위안화 평가절상시 한국에 대한 반사혜택은 적지 않을 전망이다.

2) 한국 무역에 대한 영향

2009년 한국은 총 수출중 23.9%가 중국으로 나갔으며, 이중 12~14% 정도가 중국 내수를 목적으로 했고, 10~12% 정도는 중국을 경유하여 해외로 다시 수출 된 것으로 추정된다.[72)] 같은 해 한국은 중국으로부터 총수입량중 16.8%(542억 달러)를 수입했으며, 역시 가장 큰 수입 대상국이다.

위안화가 절상되면 한국 무역에 어떤 영향을 미칠 것인가? 2005년부터 위안화 환율은 평가절상

71) 한국은행 북경사무소(2010.4.6)
72) 이봉걸(2010), 위안화 절상이 우리 무역에 미치는 영향, 국제무역연구원(Trade Focus), Vol9. No.14.(2010.3)

되어 왔다. 따라서 이 시기 우리의 무역 추이를 보면 향후 전망도 가능할 것이다. 2005~2008년간 전세계 수출 중 중국의 비중은 1.61%포인트 상승하였으며, 같은 기간 한국이 비중은 0.03% 포인트 하락하였다. 즉 위안화 평가절상 후 중국의 수출비중이 한국보다 더 커진 것이다.

그러나 이것은 전체적인 수치에 대한 조망이며, 각 품목별로 들어가면 달라진다. 이는 한국과 중국간에 가격우위를 보이는 제품과 품질우위를 보이는 제품이 나뉘어 공존하기 때문이다. 세계시장에서 경합도가 높고 중국이 더욱 가격 경쟁력이 있는 제품은 플라스틱, 비철금속, 섬유 등을 들 수 있다. 따라서 이들 제품은 위안화 환율이 올라가면 우리 제품의 수출이 더 늘어날 전망이다. 한국이 품질 우위를 나타내고 있는 조선, LCD 등도 수출 확대가 기대된다.

위안화 절상으로 중국 내수용 수출은 증가할 것이다. 그러나 중국을 경우하는 해외 수출(가공무역)의 감소로 증가효과는 상당부분 상쇄 될 것이다. 즉 우리 대중 수출중 93% 이상이 원자재 및 자본재(소비재는 6.2%에 불과)이고, 이중 50% 가량이 가공무역용임을 고려하면 중국의 위안화 절상은 우리기업의 대중 수출 감소를 의미하는 것이다. 실제로 중국의 대세계 수출과 한국의 대중국 자본재 수출간 상관계수는 0.96으로 아주 높다.

그러나 대신경제연구소에서 최근에 수행한 회귀분석 결과는 그 효과가 거의 없음을 나타내고 있다. 추정 결과를 해석하면 대중 수출은 위안화의 변화 보다는 중국의 경기상황과 보다 밀접한 관련을 가지고 변동하는 것으로 해석할 수 있다. 보고서의 결론은 위안화 평가절상이 전문가 예상대로 5% 내외의 점진적인 수준에 그치고, 중국경제의 성장세가 지속된다면 한국의 대중국 무역거래상에서는 큰 변화가 없다는 것이다.[73)]

그러나 한가지 잊어서는 않될 부분이 있다. 2010년 4월말 현재, 우리는 중국에 20, 102개 기업이 총 286억 달러 규모(계약 기준으로는 408억 달러)의 투자를 하고 있다. 이들 중 수출형 기업은 위안화 평가절상시 즉각적인 영향을 받는 것이다.

2007년 KOTRA의 Grand Survey에 따르면 대중국 한국투자기업의 경우, 매출액의 지역별 구성을 보면, 중국이 27.3%, 한국은 55.3% 제3국이 15.1%로 나타나고 있다. 따라서 생산품의 70.4%를 수출해야 될 대중국 투자기업으로써는 위안화 절상이 곧 수익감소로 나타날 전망이다.

73) 김윤기·문정희(2010), 위안화 평가절상이 국내 원화 및 대중 수출에 미치는 영향(이코노믹이슈), 대신경제연구소 (2010.4.7)

[표 2-32] 한국의 수출구조

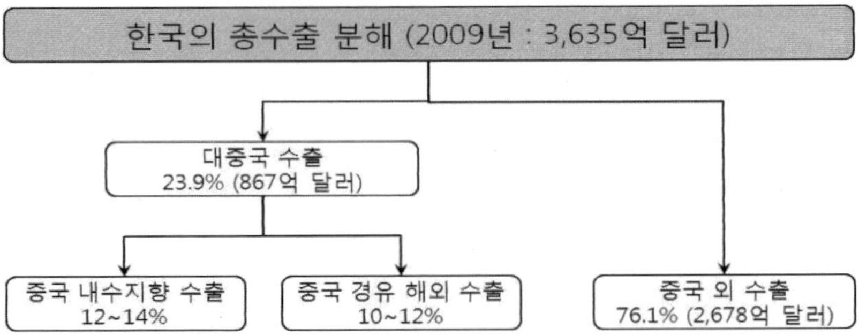

자료: 국제무역연구원(2010.3)

[키워드] 환율과 무역

> 1$=1206원 (7/10) 일때와 1173원 (9/28)일때, 누가 언제 돈을 더 많이 벌까?
> 수출상: 7/10에는 1$짜리 수출후 환전해서 1,206원 획득, 9/28에는 33원 손해.
> 수입상: 7/10에는 1$짜리 수입에 환전시 1,206원 필요, 9/28에는 33원 이득.
> * (미달러 기준) 환율이 높으면 수출상은 유리, 수입상은 불리. 낮으면 그 반대.

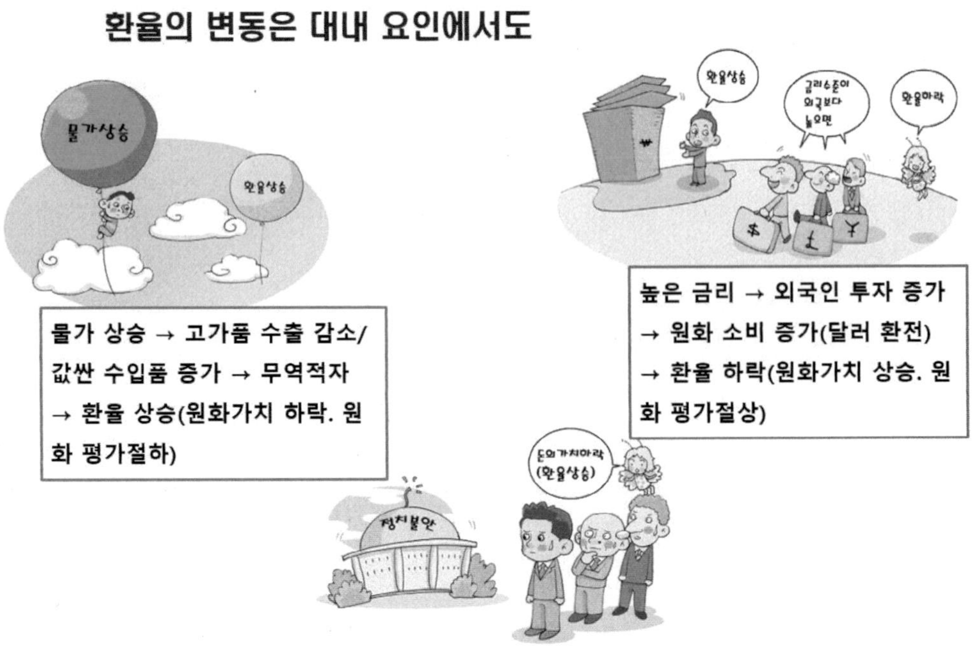

제4절 위안화 국제화

1. 위안화 국제화 배경

위안화 국제화는 비거주자 사이의 위안화 거래와 위안화 표시 금융자산의 해외발행 및 대외거래의 결제통화로서 위안화의 사용비중이 확대되는 것을 의미한다. 이러한 위안화의 국제화 현상은 1997년 아시아 외환위기 이후에 중국 주변국을 중심으로 시작되었다. 당시 위안화는 주로 무역결제수단으로 사용되면서 점차 사용범위를 확대하였다.

위안화 국제화 과정에서 중국은 외환시장이나 자본시장의 규제를 해제하는 접근방법보다는 실물 무역거래에서 위안화 결제를 확대하는 방식을 채택했다. 이는 국제화의 초기 단계에서 외환 및 자본 규제를 급격히 해제할 경우에 발생할 수 있는 투기자본의 금융시장 교란에 대한 우려 때문이었던 것으로 보인다. 하지만 근래에는 외환시장과 자본시장의 규제 완화 및 개방 정책도 함께 실시하면서 위안화 기능의 다변화도 꾀하고 있다.

위안화의 국제화는 외환시장 개혁 및 관련 법제도 개정을 통해서도 이루어지고 있다. 1996년 12월, 경상계정의 외환거래에 대한 자유태환을 허용하면서 외환통제에 대한 개혁이 시작되었다. 하지만 1997~1998년 아시아 외환위기를 겪으면서 중국정부는 외환시장 개방으로 인한 부작용을 우려하여 일시적으로 외환시장 개방 확대보다는 해외자본에 대한 통제를 강화하기도 하였다. 이후 2001년 WTO가입을 계기로 환율제도의 점진적 개정을 통해 위안화 기준환율의 산정방식에 시장메커니즘을 반영하였다. 그리고 일정 자격요건을 갖춘 금융회사나 기업들에 대해 외환거래를 허용하기도 했다.

한편 인민은행은 2005년 7월 위안화 환율제도 개혁도 실시하였다. 중국은 아시아 외환위기 이후 사실상 미달러 페그제를 운용했는데, 이에 따라 당시 위안화는 미달러 대비 2% 정도 평가절상되었다. 2007년 4월에는 위안화 국제화의 중요한 요건 가운데 하나인 외환시장 기반시설 확충을 위해 위안화 외환 현물·선물·스왑 거래와 외환거래가 일원화된 외환거래시스템을 구축하였다. 같은 해 8월부터는 은행간 외환시장에서 위안화와 미달러, 유로화, 엔화, 홍콩달러, 영국파운드 등과 통화스왑 거래를 개시하기도 했다. 이어 2008년 8월 중국은 톈진에 위안화 역외 거래시장 개설 계획을 발표했으며, 인민은행도 외환정책국을 신설하여 위안화의 자유태환 및 외환제도 개혁을 추진 중인 것으로 알려졌다.

드디어 '위안화 국제화'의 단초는 중국 중앙은행 총재의 입에서 나오게 된다. 2009년 3월 24일, 인민은행 총재인 저우샤오촨은 인민은행 홈페이지에 공개된 보고서를 통해 '트리핀의 딜레마'에 갇힌 달러 대신 IMF의 특별인출권인 SDR(Special Drawing Rights)을 기축통화로 택해야 한다고 주장했다. 하지만 아래 〈표〉에서 보이는 중국의 위안화 국제화 관련 정책조치로 인해 저우 총재의

新기축통화론의 주인공은 SDR이 아닌 위안화임이 드러나게 된다.

중국은 중기적으로는 아시아에서 위안화 사용을 확대함으로써 위안화의 국제적 저변 확대를 꾀하고 있다. 중국은 위안화 국제화의 지리적 확대범위를 다음 세 단계로 구분하여 추진하고 있는 것으로 보인다. 첫 번째 단계로 홍콩·마카오·대만을 포함한 중화권지역, 두 번째 단계는 ASEAN 지역, 마지막 단계에서는 전 세계에 걸쳐 위안화의 국제화를 추진하려는 계획이다. 이렇게 진행되는 위안화 국제화는 '중화권 지역과의 무역거래와 결제통화 확대를 통한 주변화→ 동남아시아에서 지역통화의 역할 증대를 통한 지역화→ 달러나 유로와 같은 기축통화의 지위확보를 통한 세계화'의 단계로 국제화를 추진한다는 구상이다. 또한 최근 중국-대만관계의 급속한 진전 등으로 가속화되고 있는 대중화경제권(The Greater China)의 형성은 향후 위안화의 성공적인 국제화를 위한 발판이 될 것으로 예상된다.

2010년 중국-대만간 ECFA(경제협력기구협정)체결에 따른 FTA 시대의 개막 역시 위안화 국제화를 가속화하고 있다. 2008년 6월 중국인 단체 관광객의 대만 관광 허용으로, 양안간 매주 270편에 달하는 직항기 항로가 개설되었다. 2008년 6월에 대만 당국은 대만 내 시중은행의 위안화 환전을 허용했으며, 그 결과 위안화 평가절상을 겨냥한 대만인들의 위안화 환투기(사재기)가 나타나기도 했다. 2009년 5월, 대만 금융감독원은 중국 투자자들의 대만 증시에 대한 투자 허용하였고, 2010년 4월에는 대만 6개 은행(토지·제일·화남·창화·합작금고·국태세화)이 중국 대륙에 지점 개설을 신청했다.

[키워드] 기축통화(基軸通貨. Key Currency)

기축통화는 국제간의 결제나 금융거래의 기본이 되는 통화이다. 기축통화가 되기 위한 기본적인 조건으로는, ① 국제무역결제에 사용되는 통화, ② 환율평가시 지표가 되는 통화, ③ 대외준비자산으로 보유되는 통화 등이 꼽힌다. 기축통화를 보유한 국가는 상당규모의 경제력, 통화가치 급락이 없는 환율의 안정성, 자유로운 교환성을 실현할 수 있는 금융시스템, 국제화 된 금융시장을 보유해야 한다. 1960년대 기축통화는 미 달러화와 영국의 파운드화였다. 현재는 유로화가 準기축통화 기능을 수행하나, 전세계 외환보유고 중 달러비중이 높은 점(2008년말 64%)을 고려하면, 미 달러만이 기축통화 조건들을 충분하게 유지하고 있다.

[표 2-33] 위안화의 국제화 추진현황

일 시	주요 조치
2009. 04	상하이·광저우·선전·주하이·둥관(5개 시범도시) 소재 홍콩·마카오 기업에 위안화 무역결제 허용
2009. 07	광시·윈난지역 내 중국기업의 對아세안 10개국 거래시 결제허용 - 상하이 등 5개 시범도시 내 중국기업에도 허용
2009.10	브라질과 자국통화로 무역결제 착수
2010.04.28	우리은행 위안화 결제은행 자격을 취득(2010.3) - 의류수입업체인 FnC코오롱 상해법인, 우리은행 중국법인을 통해 한국의 수출업체에게 수입대금 20만 위안을 위안화로 지급
2010. 06	20개 省·市로 확대, 대상 국가도 전세계 모든 국가로 개방
2010. 08	홍콩에서 맥도날드사 위안화 채권 발행 성공(2억 위안)
2010.10	터키와 무역시 양국통화로 결제('09년 170억$ 규모) 러시아와 무역시 양국통화로 결제('09년 400억$ 규모)
2010.12	수출분야 위안화 무역결제 시범기업 365개에서 67, 359개로 확대(인민은행) * 수입분야는 제한 없음
2011. 01	중국 시범기업의 위안화 해외직접 투자 허용
2011. 03	위안화 무역결제 지역을 중국 전역으로 확대(인민은행)
2011.10	외국인의 위안화 직접투자(FDI) 허용
2012.03	모든 수출기업에 위안화 결제 허용 - 무역거래시 위안화 결제 등록제 폐지
2012.07	아시아개발은행 위안화 결제 허용(Trade Financial Project 분야)
2013.06	영국과 위안화 통화스왑 체결(2000억 위안)
2013.07	상하이, 자유무역지역(Free Trade Zone)으로 선정
2013.10	유럽중앙은행(ECB)과 위안화 통화스왑 체결
2014.09	공상은행 룩셈부르크지점, 중국은행 파리지점 위안화 청산결제은행 지정
2014.11	공상은행 서울지점, 위안화 청산결제은행 지정 후강퉁(상하이·홍콩증권거래소 교차거래) 시행
2014.12	원화·위안화 직거래시장 출범. 중국기업에 해외 위안화 채권 발행 허용
2015.05	예금자 보호제도 도입(한도 50만 위안)
2015.10	런던에서 첫 국외 위안화 국채 발행. 독일 위안화상품거래소 설립 및 위안화 국제결제시스템 구축·운영
2015.11.30	IMF 이사회, SDR 통화바스켓에 위안화 편입 결정(2016.10부터 산정)

자료: 국내외 공개자료 종합 (2016.8)

2. 위안화 국제화 과정

1) 무역결제를 통한 국제화

중국은 무역결제통화로서 위안화의 기능을 강화하기 위해 위안화 무역결제를 위한 다양한 규제완화조치를 시행하였다. 2003년부터 국경무역을 중심으로 위안화 무역결제협정을 유지하고 있고, 중국과 홍콩·마카오 기업 간 위안화 무역결제 개시를 추진하였다. 2009년 4월부터 중국정부는 상하이와 광동 지방의 기업을 대상으로 외국계 은행을 통해 홍콩과 마카오 내 해외기업과 위안화 결제시스템을 가동하였으며, 2010년 6월 22일부터는 그 대상을 국내 20개 기업으로 확대했다. 특히 2010년에는 위안화 무역결제 해외대상지역에 대한 제한을 철폐하고, 외국기업의 위안화 결제계좌 개설을 허용하였다. 또한 중국은 무역결제에서 브라질(2009년 12월) 및 러시아(2010년 11월) 와 상호 자국통화를 이용하기로 합의하였다.

2010년 3월 21일 중국정부는 우리은행(한국)의 중국 현지법인인 중국우리은행에 위안화 결제은행의 자격을 부여했다. 이와 같은 위안화 무역결제에서 대리결제는 역외기업이 외자은행의 대리은행을 통해 개설한 위안화 계정을 통해 이루어지고, 청산결제는 주로 역외기업이 중국은행의 역외지점에 개설한 위안화 계정을 통해 이루어진다.

2010년 2/4분기 중 위안화 무역결제규모는 전분기 대비 두 배 이상 늘어난 487억 위안(약 72억 달러)을 기록하였고, 2010년 11월에는 연간 500억 달러가 넘는 중국·러시아간 교역에서 달러 대신 자국통화를 사용하여 결제하기로 합의했다. 최근 들어 동남아시아에서 위안화의 사용범위가 확대되면서 무역결제수단으로 통용될 뿐만 아니라 거래통화로도 사용되고 있다. 2011년 1/4분기 동안 중국의 무역결제에서 위안화의 비중은 7%에 달했으며, 그 액수는 3,603억 위안으로 2010년에 비해 20배가 증가한 것이다. 본격적으로 위안화 무역결제가 시작된 2010년에는 무역총액 중 위안화 결제비중이 2.49%에 머물렀으나, 이후 매년 급속히 증가하여 2011년에는 8.8%, 2012년 12%, 2013년 17.9%, 2014년 22.3% 그리고 2015년에는 위안화 결제액이 7조 2,300억 위안으로 29.4%까지 늘어났다.

이후 2017년에는 전체 무역액 중 위안화 결제 비중이 6.35% 수준까지 떨어졌으나, 2021년에는 14.8% 수준을 보이고 있다.

[표 2-34] 중국의 위안화 무역결제 추이

(단위: 억위안)

	결제액 합계	무역총액	점유비 (%)		결제액 합계	무역총액	점유비 (%)
2010년	5,026	201722	2.49	2016년	52,274	244720	21.4
2011년	20,800	236402	8.8	2017년	17,600	277231	6.35
2012년	29,400	244160	12.0	2018년	36,600	305543	11.7
2013년	46,339	258168	17.9	2019년	42,400	315416	13.4
2014년	59,000	264241	22.3	2020년	47,800	320182	14.8
2015년	72,300	245741	29.4	2021년	57,700	391000	14.8

자료: 인민은행 각 연도 「人民币国际化报告」 (2022.2)

[그림 2-14] 은행의 위안화결제서비스 구조도

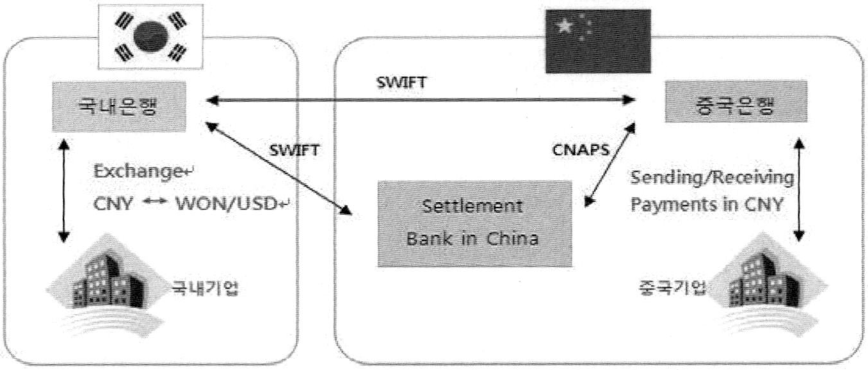

자료: KB국민은행
주: SWIFT(국제은행간 자금결제 통신망. Society for Worldwide Interbank Financial Telecommunication), CNAPS (중국국가자동결제시스템. China National Automatic Payment System)

2) 투자통화로서의 기능 확대를 통한 국제화

중국은 금융자산에 대한 투자통화로서의 기능 확대를 위해 해외금융시장에서 위안화 표시 채권을 발행하고 있다. 이에 따라 최근 홍콩과 싱가포르를 중심으로 위안화 표시 역외 채권시장의 확대를 도모하고 있다. 2007년 홍콩에서 위안화 표시 채권(딤섬본드) 발행이 시범적으로 허용되었고, 2010년에는 위안화 펀드와 보험의 판매가 허용되었다. 이러한 딤섬본드의 규모는 2007년말 100억 위안 정도였던 것이, 2010년말에는 410억 위안으로 급증하였다.

중국은 은행간 위안화 표시 채권 투자를 허용하면서 채권시장을 개방하였다. 이와 함께 채권시장을 육성하기 위해 2004년부터 금융당국의 규제 완화가 점진적으로 진행되었다. 따라서 국제개발기구의 중국 내 위안화 표시 채권(판다본드)발행이 가능해지고, 보험회사의 해외 증권투자가 허용되는 등 다양한 자본자유화 정책을 시도하였다. 이에 따라 2004년에 HSBC상하이지점이 외국은행지점으로는 처음으로 중국 내에서 발행되는 중국 국채 발행업무를 취급할 수 있게 되었다. 2005년에는 국제개발협회(IDA)의 위안화 채권 발행이 허용되었으며, 국제금융공사(IFC)와 아시아개발은행(ADB)도 다자개발은행으로는 처음으로 중국 내 위안화 채권을 발행하였다. 이후 2007년에는 인민은행과 국가발전개혁위원회의 승인을 얻은 중국 은행에 한해 홍콩에서 위안화 표시 채권을 발행할 수 있도록 규제를 완화했다.

또한 인민은행이 해외투자자들의 투자를 확대하기 위해 2010년 8월 17일 외국계은행 및 해외 중앙은행 등에 대해 중국 내 위안화 표시 은행간 채권시장 참여를 허용하였다. 이에 따라 홍콩과 마카오에서 위안화 결제업무를 담당하는 외국계은행, 중국과 위안화 통화스왑 계약을 체결한 해외 중앙은행, 그리고 중국내 20개 지방 소재의 기업과 글로벌 위안화 결제계약을 체결한 외국계 은행 등이 위안화 표시 은행간 채권시장에 참여할 수 있게 되었다.

중앙정부, 은행, 기업 등의 주요 채권발행 주체인 중국의 은행간 채권시장 발행규모는 2010년 6월말 14조 3,000억 위안으로 중국 전체 채권시장 규모의 97%를 차지하고 있다. 이러한 조치 발표이후 Citigroup, HSBC, Standard Chartered, CIMB 등 외국계 은행들이 은행간 채권시장 투자자격 취득 의사를 표명하는 등 관심이 높아지고 있다. 최근에는 중국이 홍콩에서 60억 위안 규모의 위안화 표시 국채 발행과 함께 은행들이 발행하는 금융채도 위안화로 발행하도록 허용했는데, 이는 위안화의 태환성을 제고하기 위한 노력으로 평가된다.

주식시장에서도 위안화 국제화를 위한 조치들이 제한적이지만 단계적으로 이루어지고 있다. 중국은 기본적으로 내국인이 투자할 수 있는 A주식시장과 외국인투자자가 거래할 수 있는 B주식시장으로 분할하여 통제하고 있다. 하지만 투자통화로서 위안화의 기능을 확보하기 위해 중국은 QFII 제도를 도입하여 외국기관투자자의 A주식시장 투자를 제한적으로 허용하고 있다. 2003년 6월 UBS와 노무라증권에 QFII 자격을 부여하였고, 2012년 4월에는 QFII의 총투자한도를 최초 100억 달러(2002년)에서 800억 달러로 확대하면서, 자격요건을 완화했다.

가. 맥도날드 위안화 채권 발행

맥도날드는 2010년 8월, 다국적 기업 최초로 홍콩에서 위안화 채권을 발행했다. 맥도날드는 주관사를 스탠다드차타드은행으로 하여 홍콩에서 만기3년 위안화 표시 채권 2억위안 분량을 발행했다. 이번 채권 발행은 위안화 채권이 중국사업을 하는 외국기업에 새 자금조달원으로 부상, 위안화의 국제화 행보가 빨라지고 있음을 보여준다. 또한 위안화 표시채권인 딤섬본드의 기업 활용도가 제고되였음을 보여주었다. 맥도날드는 이번 조달자금을 매장확대 등에 사용할 계획이며, 2010년에 175개 매장을 개설할 계획(현재 1,100개)이다. 2009년 홍콩에서 HSBC와 동아은행(BEA)이 비중국계 은행 처음으로 위안화 표시채권을 발행했는데, 홍콩당국은 2010년 2월, 위안화 채권 발행사를 외국기업으로 확대, 그 결과 맥도날드 채권이 발행된 것이다.

위안화 채권발행은 다국적기업 사이에 유행하고 있다. 중국에 진출한 월마트 역시 위안화 채권 발행 계획을 밝힌 바 있다. 다국적 기업이 발행하는 위안화 채권은 새로운 투자 상품으로 부상하고 있다. 홍콩에서 위안화 채권은 위안화 절상에 베팅하는 투자자들에게는 새 투자 대상이다. 실제 맥도날드 위안화 채권은 수익률이 연 3%로, 위안화 예금금리(0.5%)를 크게 웃돌아 발행 물량의 수배가 넘는 주문이 몰렸다. 구매자 대부분은 기관투자가, 전문투자자였다.[74]

---

74) 한국경제 (2010.8.20)

[표 2-35] 주요 통화의 국제통화로서의 국제화 정도[1)]

지표		달러	유로	엔	파운드	위안
국제적 사용도	외환보유통화 사용도	●	●	●	●	×
	자본·무역거래 사용도	●	●	△	△	×
	외환시장 사용도	●	●	●	●	×
경제력 및 금융경쟁력	경제규모	●	●	●	●	●
	무역네트워크	●	●	●	●	●
	투자적격성	●	●	●	●	●
	자본거래 개방성	●	●	●	●	×
	양적 금융심화정도[2)]	●	●	●	●	●

주: 1) ●는 기준을 완전충족, △는 일부충족, ×는 전혀 충족시키지 못하는 경우
2) 중국의 경우 금융제도의 발달정도는 낮으나 국내 채권발행규모가 큰 점등으로 양적 금융심화정도는 높게 평가됨

자료: IMF(2011.10)

3) 비축통화를 향한 국제화

중국은 위안화 국제화의 최종목표인 국제적 준비자산(reserve assets)으로서의 비축통화기능을 갖추기 위해 지속적으로 통화스왑 협정을 확대하고 있다. 중국은 세계 1위 규모의 외환보유고를 유지하면서 유동성 부족으로 어려움을 겪을 가능성이 있는 국가들과 위안화 통화스왑계약을 체결해왔다. 2008년부터 한국, 말레이시아, 인도네시아, 벨라루스, 아르헨티나, 홍콩, 아이슬란드, 싱가포르, 뉴질랜드, 우즈베키스탄, 카자흐스탄, EU 등 27개국(지역)과 총 2조 7,282억 위안(4,330억 달러) 규모의 통화 스왑계약을 체결하였다.

한편 2011년 4월 브릭스(BRICS: 브라질, 러시아, 인도, 중국, 남아프리카공화국) 정상회의에서 브릭스 국가 간의 금융거래에서 현행 기축통화인 미달러 대신에 자국통화를 사용하기로 합의하기도 했다. 하지만 중국의 이러한 행보는 당장 미달러를 대체하기보다는 위안화를 달러·유로에 이어 세계 3대 국제통화로 통용시키겠다는 목표를 위해 진행되고 있는 것으로 판단된다.

2010년 10월 26일, 한국과 인민은행간 통화스왑 규모를 현재의 1,800억 위안에서 3,600억 위안(약 568억 달러, 약64조원)으로 확대했다. 이번 한·중 통화스왑은 2009년 4월에 체결하였던 원/위안 통화스왑 계약을 조기종료하기로 하고, 그 규모를 확대하여 새롭게 체결한 것이다.

최근 인민은행과 홍콩금융관리국은 통화스왑 협정을 또 체결했는데, 그 규모는 기존의 2,000억 위안(2,270억 홍콩달러)에서 4,000억 위안(4,900억 홍콩달러)으로 확대하였다. 또한 한국과 홍콩 모두 3년의 유효기간과 함께 양측이 동의한다면 기간을 연장할 수 있도록 했다.

[표 2-36] 위안화 통화스왑 체결 현황

(단위: 억위안)

대상국	규모	시기	대상국	규모	시기
한국	1,800	2008년 12월	태국	700	2011년 11월
	3,600(확대)	2011년 10월	파키스탄	100	2011년 12월
홍콩	2,000	2008년 12월	UAE	350	2012.1.17
	4,000(확대)	2011년	터키	100	2012.2.21
말레이시아	800	2009년 2월	몽골	100	2012.3.20
	1,800(확대)	2012.2.8	호주	2,000	2012.3.22
벨라루스	200	2009년 3월	우크라이나	150	2012.6.26
인도네시아	1,000	2009년 3월	브라질	1,900	2013.3.26
아르헨티나	700	2009년 3월	영국	2,000	2013.6.22
아이슬란드	35	2010년 6월	헝가리	100	2013.9.9
싱가포르	1,500	2010년 7월	알바니아	20	2013.9.12
	3,000(확대)	2013.3.7	EU	3,500	2013.10.10
뉴질랜드	250	2011년 4월	스위스	1,500	2014.7.21
우즈베키스탄	7	2011년 4월	스리랑카	100	2014.9.16
몽골	50	2011년 5월	합계	2조 7,282억 위안	
카자흐스탄	75	2011년 6월			

자료: 인민은행(2012.4), 중국 및 국내 언론자료 종합(2016.8)

[표 2-37] 중국의 위안화 국제화 전략

단계	내용
1단계	- 홍콩을 포함한 마카오, 대만을 포함한 중화권 지역에서 위안화 국제화 추진 * 2003년 6월, 홍콩과 CEPA(포괄적 경제동반자협력)을 체결한 후, 홍콩에서 위안화 국제화를 본격적으로 추진 * 2010년 6월, 대만과 ECFA 체결후, 위안화 국제화에 급속하게 합류
2단계	- ASEAN 지역으로 범위를 확대 * 아세안과 상품 부문 FTA는 2005년 7월에 기체결 * 2010년 1월, 아세안 6개국과 FTA 전면 발효 (싱가포르, 태국, 말련, 인니, 필리핀, 브루나이) * 기타 아세안 4개국(베트남, 캄보디아, 라오스, 미얀마)과는 2015년 발효 * 중국은 아세안의 3대 교역국, 아세안은 중국의 4대 교역 파트너
3단계	- 전세계적 범위에서 위안화의 국제화를 실현

자료: 중국 내 언론공개 자료 종합(2012.3)

[키워드] 통화스왑(Currency Swap)

통화스왑 거래란 미래의 특정일 또는 특정기간 동안 어떤 상품 또는 금융자산(부채)을 상대방의 상품이나 금융자산과 교환하는 거래를 말한다. 국가간 통화스왑 협정은 두 나라가 자국통화를 상대국 통화와 맞교환하는 방식으로, 외환위기가 발생하면 자국통화를 상대국에 맡기고 외국통화를 단기차입하는 중앙은행간 신용계약이다. 이 협정을 국가간에 체결하면 어느 한 쪽이 외환위기에 빠질 경우 다른 한 쪽이 미달러화 등을 융통해준다. A국가에서 외환보유액이 바닥나 환란사태에 직면했을 경우 B국가에서 돈을 빌려오고 그 액수에 해당하는 자기나라(A국) 화폐를 B국에 담보로 맡기는 것이다. 내용상 차입이지만 돈을 맡기고 돈을 빌려오는 것이기 때문에 형식은 통화교환이 된다.

3. 위안화의 SDR 편입

1) SDR

2015년 12월 30일, IMF는 미국 워싱턴에서 집행이사회를 열고 SDR(Special Drawing Rights, 특별인출권) 통화 바스켓에 위안화를 편입하기로 결정했다. 이에 따라 2016년 10월 1일부터 위안화는 SDR 구성통화로 역할을 하게 된다. 국제준비자산으로 불리는 SDR는 그 동안 달러화, 유로화, 엔화, 파운드화 등 4종의 화폐로 구성돼 있었다. 개발도상국 및 신흥경제국의 화폐가 SDR 통화 바스켓에 편입되긴 처음이다. 특히 위안화의 편입 비율은 10.92%로 정해졌다. 이는 달러화(41.73%)와 유로화(30.93%)보다는 낮은 것이지만 엔화(8.33%)와 파운드화(8.09%)보다는 높은 것이다. 이 비율만 보면 위안화를 세계 3대 기축통화로 인정한 셈이다.

IMF는 2010년 11월에 이미 '자유로운 사용'이 불가능하다는 이유로 당시 논의되었던 위안화의 SDR 편입에 대해 거부 판정을 내린 바 있으며, 중국 역시도 자신이 보유한 '국제화' 시간표에 따라 차근차근 위안화의 힘을 키워왔다. 이제 다시 5년이 흘렀다. IMF는 5년마다 SDR 통화바스켓을 평가하는데, 강력한 후보였던 위안화가 선정된 것이다.

그렇다면 SDR(Special Drawing Rights. 특별인출권)이란 무엇인가?

SDR은 IMF가 창출하는 국제통화로 1968년부터 운용하고 있다. SDR은 IMF에서 담보없이 외환을 인출할 수 있는 권리이다. 가치는 달러(비중 41.9%), 유로(37.4%), 파운드(11.3%), 엔화(9.4%)의 통화바스켓으로 구성하며, 최근(2022.2.4) 가치를 보면 1U$=0.710926 SDR 수준이다. SDR은 일종의 국제준비통화로 IMF회원국이 IMF로부터 무담보로 외화를 인출할 수 있는 권리, 즉 국제유동성을 인출할 수 있는 권리이다. 해당국 국제수지가 적자상태에 빠졌을 경우에 SDR을 외국중앙은행에 인도함으로써 필요외화를 입수, 그 외화를 국제결제에 이용하는 형식의 대체통화로 유형(有形)의 실물통화는 아니다. SDR 가치는 당초 1달러와 같은 0.888671g의 순금과 등가(等價)로 정했으나, 이후 기준을 표준바스켓방식(standard basket system), 즉 세계무역비중이 큰 16개국 통화시세를 가중평균하는 방법으로 계산·표시하였고, 1980년부터는 5개국(미·영·프·독·일) 통화로 축소하였으며, 유로화가 출범한 후, 2001년에 다시 4개 통화(미달러, 유로화, 영국 파운드, 일본 엔화)로 조정되었다. 이제 다섯 번째 SDR 기준통화 자격을 위안화가 획득한 것이다. [75]

SDR는 IMF가맹국에게 출자액 비율에 따라 무상배분되며 사용은 IMF내에 설치된 SDR계정을 통해 이루어진다. 2015년 11월말 현재, SDR 배분총액은 2,041억 SDR(약 2,850억$. 1SDR =1.39637U$)이며, 이중 미국이 17.68%로 최대이며, 중국은 4%에 불과하다. 이외에도 독일 6.12%, 프랑스 4.51%, 일본 6.56%, 한국 1.41%, 영국 4.51% 수준이다. SDR 바스켓에 포함되는

75) www.imf.org (IMF 홈 페이지)

화폐들은 국제적 기축통화로 통용된다. 그래서 위안화가 SDR 바스켓에 편입된다는 것이 국제화 통화 자격증을 의미하는 것이다.

미국 등 서구가 주도하는 세계은행, 미국과 일본이 주도하는 아시아개발은행(ADB) 등 기존의 국제금융기구에 대항해 2014년 7월, BRICS(브라질, 러시아, 인도, 중국, 남아공) 국가 중심의 신개발은행(NDB)이 설립되었다. 이어 중국의 신실크로드(일대일로) 정책의 일환으로 아시아 인프라 투자은행(AIIB)이 2015년 6월 29일(창립회원국 협정체결)에 탄생한 것이다. 2016년 1월 16일자로 출범한 AIIB는 한국과 영국·프랑스·독일 등 57개국이 창립회원국으로 참여를 확정 지었다. 따라서 중국은 NDB, AIIB 등을 통해 미국 주도의 금융질서에 대응하고 있는 셈이다.

2) SDR 편입과 위안화 국제화

중국정부는 위안화 역외 인프라 구축을 확대해 오고 있다. 즉 위안화 청산결제 은행을 확대하고 있으며, 2016년 1월에 출범한 AIIB(아시아 인프라투자은행) 역시 중요한 위안화 인프라로 작용할 전망이다. 2015년 5월 현재, 한국을 비롯하여 유럽(영국, 독일, 프랑스, 스위스) 미주(캐나다, 칠레) 등 16개 국가에 위안화 청산결제 은행을 설치하였으며, 이들 지역에 RQFII(위안화 적격외국인 기관투자자, 위안화QFII)를 승인함으로써 위안화 역외 인프라 구축에 힘쓰고 있다.

위안화 청산결제은행은 중국 본토 밖에서 위안화 결제대금의 청산을 담당하는 은행을 의미하며, 무역에서의 결제 등 위안화 사용이 증대될수록 기업들의 위안화 청산결제은행 수요가 늘어나는 점이 확대 배경이다. 2014년 7월자로 위안화 청산결제은행(교통은행)이 지정된 한국의 경우를 보면 이전에는 위안화의 결제에 홍콩청산결제은행을 거쳤으나, 이제는 이를 생략하고 한국 국내은행들이 직거래할 수 있어 비용과 절차가 절감된다. 즉 한국기업의 위안화 결제는 '국내 은행-국내 청산은행(교통은행 한국지점)-중국 현지 청산결제시스템'으로 간소화 되었다.

이제 3단계가 IMF, SWIFT(국제은행간통신협회) 같은 국제금융기구로부터 위안화 국제화를 인정을 받는 일이다. 그 증빙이 SDR 통화 바스켓 편입인 셈이다. 주요 통화의 국제화 정도를 IMF에서는 외환 보유 통화 사용도, 지본무역거래 사용도, 외환시장 사용도 등으로 평가한다. 또한 해당 통화국의 경제규모, 무역네트워크, 투자 적격성, 자본거래 개방성, 양적금융심화 정도 등으로 평가한다. 위안화 국제화의 걸림돌 중 하나는 '국제적 사용도'이다. 매달 SWIFT에서는 글로벌 통화의 국제결제 비중을 발표하는데, 2013년 5월에는 전세계 거래 통화 비중 0.8%로 13번째에 머물렀던 위안화는 2014년에는 2.17%로 5위로 뛰어 올랐다. 또한 2015년 5월에도 2.2%(5위)로 사용 비중이 늘어났다. 2015년 8월에 드디어 SDR 편입에 청신호 하나가 더 켜졌다. 2015년 8월 위안화가 처음으로 엔화를 제치고 4위 거래통화에 올라선 것이다. 전 세계 거래 통화에서 차지하는 비중은 2.79%로 최고치를 기록했다. 같은 달 달러화가 44.8%로 1위를 고수했으며, 유로화와 파운드화가 각각 27.2%, 8.5%로 뒤를 이었다. 위안화는 신용장 발급 비율로는 9.1%로 80.1%를 기록한 달러에 이어 2위에 오른 것으로 집계됐다.

<3절-4절>

[주요 용어]

자국통화 표시법, 고정환율제도, 복수통화바스켓 제도, 자유변동 환율제도, 페그제도, 빅맥지수, 이중환율제, 평가절상, 평가절하, 관리변동환율제, 플라자합의, 핫머니, 기축통화, 비축통화, 통화스왑, 시뇨리지, 트리핀의 딜레마, 자본항목, 경상항목, SDR(특별인출권), 매매기준율, 태환(兌換), 달러함정

[연습문제]

1. 아래 환율을 자국통화 표시법에 따라 미달러화에 대한 한국 원화 환율로 설명하시오.
   (1$=1131원, 1원=0.00088$, 1원=1/1131$, 1000원=0.88$)
2. 외환시장(한국 외환시장)에서 외환(미달러)이 공급되는 때는 어떤 경우인가?
3. 미달러화에 대한 원화 환율이 오르게 되면 수출기업에 어떠한 영향을 미치는가?
4. 미달러화에 대한 원화 환율이 오르게 되면 한국 국내물가에 어떠한 영향을 미치는가?
5. 환율결정에 영향을 줄 수 있는 비경제 요인들에 대해 한국과 중국으로 나누어 설명해 보시요.
6. 고정환율제의 단점과 변동환율제의 장점은?
7. 외환 보유고의 주요 활용처는?
8. 구매력 평가설과 빅맥지수와의 관계를 설명하시요.
9. 고정환율제도였던 중국이 1981년 이중환율제도를 도입한 배경은?
10. 현행 중국의 환율제도의 주요 특징은?
11. 복수통화 바스켓제도의 특징을 중국의 상황을 들어 설명하시요.
12. 위안화의 평가절상을 요구하는 미국 의회 주장의 배경은?
13. 중국의 막대한 외환보유액과 위안화 환율과의 관계를 서술하시요.
14. 위안화 평가절상이 중국경제에 미치는 영향은?
15. 중국의 위안화 국제화 전략을 3단계로 나누어 설명하시요.
16. 중국이 무역결제 분야에서 위안화 국제화를 먼저 시작한 배경은?
17. 세계 주요국가들이 위안화를 비축통화로 채용하게된 배경은?
18. 위안화 평가절하시 중국경제에 대한 영향은?

1) 5개년 경제개발 계획의 의미

중국정부는 1953년부터 경제개발 계획을 5년 단위로 책정하여 향후 5년간 중점을 둘 분야 혹은 중점 지원할 산업 등을 지정한 후 가능한 재정적, 정책적 지원을 통해 그 목표를 달성해 왔다. 제1차 5개년 계획은 1953년부터 1957년까지 5년간 진행되었으며, 이를 줄여서 1.5계획으로 부른다. 이후 2.5 계획(1958~1962년)이 실행되었고, 농공업 증산운동인 대약진운동에 따른 공백기를 거쳐, 3.5계획(1966~1970년), 4.5계획(1971~1975), 5.5계획(1976~1980년), 6.5계획(1981~1985년), 7.5계획(1986~1990년), 8.5계획(1991~1995년), 9.5계획(1996~2000년), 10.5계획(2001~2005년), 11.5규획(2006~2010년), 12.5규획(2011~2015년), 13.5규획(2016~2020년), 14·5규획(2021~2025년)에 이르고 있다.

[표 2-38] 중국의 5개년 경제개발 계획

구분	기간	주요 내용	비고
1·5계획	1953~1957년	소련 지원으로 프로젝트 건설	공업기지 건설착수
2·5계획	1958~1962년	중공업 중심 발전계획 추진	대약진운동으로 경제부진 중소이념분쟁으로 소련기술진 철수(1960년7월)
3·5계획	1966~1970년	농업, 경공업 분야 지원 개시	문화대혁명기간 (1966~1976년)
4·5계획	1971~1975년	삼선건설로 인해 중공업분야 중점 지원	
5·5계획	1976~1980년	철강, 석유화학 중점 발전	개혁개방 정책 시작
6·5계획	1981~1985년	난개발 정리, 경공업과 중공업 균형발전 도모	개혁개방 심화
7·5계획	1986~1990년	인프라 분야 투자 증대, 과학발전 도모	천안문사태 발발(1989년)
8·5계획	1991~1995년	사회주의 시장경제 체제 수립	남순강화(1992년)
9·5계획	1996~2000년	샤오캉(중산층) 목표 수립	민생문제 대두
10·5계획	2001~2005년	경제발전 모델 전환 착수 (투자 지양, 내수 중심)	WTO 가입(2001년) 두자리수 고성장 지속
11·5규획	2006~2010년	도시화를 통한 경제발전 도모	시장화에 중심을 두고, '계획'을 '규획'으로 변경
12·5규획	2011~2015년	뉴노멀 시대 민생경제에 중점	7% 중속성장 시대 진입
13·5규획	2016~2020년	중산층 시대 진입	중국몽 실현(China Dream)
14·5규획	2021~2025년	쌍순환, 디지털 경제로 성장도모	지속가능 경제구조 구축

주: 11·5 규획부터는 정부간섭 최소화와 시장화 강조위해 '계획' 대신 '규획'을 사용함.
자료: 『中国经济年鑑』 각호 참조하여 저자 구성.

특히 11.5 규획에 이르러서는 이전에 쓰던 계획(計劃)이라는 명칭을 규획(規劃)으로 변경했다. 이러한 명칭 변경의 가장 큰 이유는 '계획경제' 느낌을 주는 이전의 '계획'을 버리고, WTO 가입후 심화된 시장경제 시스템 도입을 강조한데 있다. 그 결과, 5년 이상의 마스터 플랜을 의미하는 '규획'을 사용하게 된 것이다.

또한 중국 측 해석에 따르면 첫째는 자원분배에 있어 시장의 역할을 더욱 강화하기 위해서 변경했다. 현재 95% 이상의 상품이 시장에 의해서 분배가 되는 반면, 정부에 의해 가격이 정해지는 상품은 5%가 되지 않기 때문이다.

둘째로 정부의 거시경제 조절능력이 강화되었음을 '규획'을 통해서 나타내고자 하였다. 셋째로는 취업, 의무교육, 공공위생, 사회보장 등 사회적 문제에 대한 정부 의지가 큰 비중을 가지고 '규획'에 포함되었기 때문이다. 계획(計劃)과 규획(規劃)의 중국 내 사전적 의미를 보면, '계획'은 일이나 행동을 하기 전 내용과 단계를 확정하는 구체적인 Plan인 반면, '규획'은 비교적 종합적이고 장기적인 Master Plan을 의미한다.

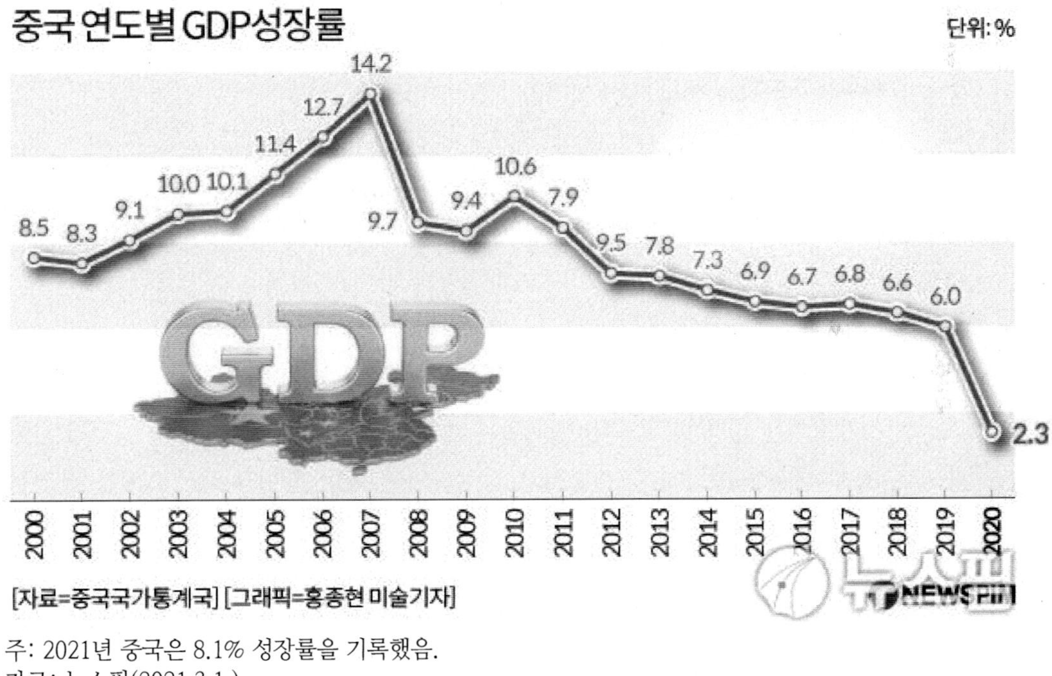

주: 2021년 중국은 8.1% 성장률을 기록했음.
자료: 뉴스핌(2021.3.1.)

제3장 중국의 거시경제 조정정책

제1절 개방경제 하의 경제정책

1. 경제정책의 정의와 수단

1) 정의

먼저 경제학에서 독립된 위치를 차지한지 얼마 되지 않는 경제정책론에서 이야기하는 경제정책의 정의를 살펴보면 다음과 같다. 왓슨(D.S.Watson)에 의하면 정부가 경제생활에 영향을 미칠 목적으로 하는 행동을 경제정책이라고 하였고, 커센(E.S Kirschen)은 정부가 일정한 목적을 추구하기 위해서 취하는 행동을 경제 정책이라고 칭하였다.[76]

볼딩(K.E. Boulding)은 경제정책에 대해 주어진 목적을 지향하는 행동을 지배하는 제원리로 파악하고 있다. 여기서 주어진 목적이란 경제정책의 목표를 나타내며, 이는 국민경제에 좋은 효과 또는 국민의 복지로 보고 있다. 그리고 경제의 주체는 국가 또는 정부로 보고 있다.

거쉬(Herbert Giersch)는 경제정책이란 경제의 흐름에 영향을 주거나 직접적으로 진로를 확정시키기 위해서 경제적인 인과관계를 조정하고 영향력을 행사하며 제도화 시키는 행위라고 정의하고 경제정책의 체계를 구성하는 요건으로 합리성, 포괄성, 계획성 등을 들고 있다. 쉴러(Karl O. Schiller)는 경제정책은 국가나 그 수임기관 또는 이들에게 영향을 미치고자하는 단체가 경제과정, 경제구조, 경제 질서를 형성하는 조치라고 정의하였다. 틴버겐(J. Tinbergen)은 경제정책은 특정한 목적을 달성하기 위한 수단의 의도적인 변경이라고 정의하고, 경제정책을 투입된 수단의 종류에 따라 개혁, 질적 및 양적 정책으로 구분하였다.[77]

김적교(1996)는 경제정책이란 경제문제와 관련된 국가의 정치적 행위로서 국가또는 국가로부터 특정한 기능을 위임받은 기관들이 경제문제에 개입하여 경제질서와 경제과정에 영향을 주는 활동으로 정의하고 있다. 즉 경제정책은 특정 목표를 실현하기 위해 국민경제에 개입하여 경제활동의 여건과 흐름을 조성하고 영향을 미치도록 하는데 목적이 있는 것이다.[78]

76) 김윤환(1985), 『경제정책』, 박영사, 20쪽
77) 김효명(2003), 『경제정책의 이해』, 박영사, 1쪽
78) 김적교(1996), 『경제정책론』, 박영사, 1쪽

이상의 문헌을 종합하면, 경제정책의 일반적 정의는 경제문제와 관련된 공공단체의 선택적 행동이라고 할 수 있다. 즉 국가나 국가로부터 특정권한을 위임 받은 기관들이 특정 목표를 달성하기 위하여 국민경제 개입하여 경제 과정에 영향을 미치거나 경제구조와 경제질서를 형성 또는 변화시키도록 정책수단을 운용하는 행위로 정의된다.

이러한 경제정책의 체계는 기본적으로 추구해야 할 궁극적인 목적(일반적으로 사회전체의 후생 증대, social welfare), 그 목적을 달성하기 위한 설정해 놓은 목표, 그리고 이를 수행하기 위한 수단으로 구성된다. 이때 여러가지 정책 수단 가운데 가장 효과적인 수단을 선택하는 것을 최적정책(optimum policy)이라고 한다.

2) 경제정책 수단

한 나라의 경제가 국제시장에 개방되면 정부는 경제성장, 소득분배 그리고 대내적 균형(완전고용 및 물가안정) 이외에도 대외적 균형(국제수지)의 문제를 정책목표로서 고려해야 한다. 위 네 가지 정책목표를 달성하기 위한 정책수단으로 다음의 세가지를 들 수 있다. 첫째는 지출변화정책(expenditure-changing policy)으로서 통화 및 재정정책이 있고, 둘째는 지출전환 정책(expenditure switching policy)으로서 환율조정 정책이, 셋째로는 직접규제(direct control)으로서 관세, 쿼터 등이 있다.[79)]

통화정책과 재정정책은 기본적으로 국민경제의 안정적 성장을 도모하기 위한 정책수단이다. 구미선진국가나 중국에서 공통적으로 이러한 경제정책의 중요한 목표로 등장하는 것은 물가안정이다. 그 근본 이유는 인플레이션(inflation)이 유발하는 여러가지 해악(害惡) 때문이다. 소득 및 부의 바람직하지 못한 분배를 가져오고, 노동자 및 국민들의 저축 의욕을 감퇴 시키며, 기업은 생산활동 보다는 투자활동에 관심을 갈게 하여 경제성장이 저하된다. 인플레이션 만연으로 경제자원이 합리적으로 배분되지 못하고 왜곡된다. 또한 수입이 증가하고 수출이 감소하여, 국제수지 악화가 초래되기 때문이다.

경제정책 수단은 크게 재정 및 금융적 수단, 직접통제, 환율변경 등으로 나누어 볼 수 있다. 정책 목표의 달성에 사용할 수 있는 재정항목, 특히 비교적 쉽게 변경이 가능한 항목을 재정적 수단이라고 한다. 이는 재정수지, 세출면에서의 제항목, 세입면에서의 제항목 등이다.[80)] 또한 통화적 수단으로는 공개시장조작, 재할인율 조정, 지불준비율 조정, 기타 선별적 규제수단 등으로 나뉜다. 통화적 수단은 재정적 수단과 큰 차이가 있는데, 재정적 수단은 비교적 공개적이고 국회의 승인을 받아야 하는 복잡한 과정을 거쳐야 하는 반면, 통화적 수단은 외부사람이 잘 모르는 사이에 기동성 있게 처리된다는 점이다.

---

79) 조하연(2004),『거시경제이론 (제2판)』, 세경사, 392쪽
80) 박유영(2000),『생활의 질 향상과 경제정책』, 삼영사, 81~83쪽

직접통제는 대외경제에 대한 통제(무역, 환율, 대외지불, 인구이동), 재화 및 용역의 가격통제(자금, 배당, 임금, 상품, 수수료), 국내경제에서의 통제조치와 행정관청의 인허가제 등이다. 직접통제는 정부주도형의 성장을 추진하는 과정에서 많이 나타난다.

환율의 변경은 수출 및 수입에 큰 영향을 미치므로 국제수지에 영향을 미칠 뿐만 아니라, 고용, 물가, 경제성장 등에도 영향을 미치는 경제정책 수단이다. 또한 환율변동에 따른 자국경제 변화는 수출입 상대국 경제에도 영향을 미치게 되므로, 국제수지의 균형, 기타 경제조정을 위해서 환율변경이 자주 사용되고 있다.

2. 통화정책과 그 수단

1) 정의

중앙은행이 경제가 안정적으로 발전하는 것을 돕기 위해 돈(통화)의 양이나 금리를 조절하는 정책을 통화정책이라고 한다. 국민들의 경제활동에 있어 필요한 돈보다 너무 많은 돈이 공급되거나 금리가 지나치게 낮을 경우 경기과열과 이에 따른 물가불안이 나타나기 쉽다. 반대로 돈이 지나치게 적게 공급되거나 금리가 너무 높으면 경기가 침체되고 실업이 늘어나게 된다. 따라서 경기의 과열이나 침체 없이 경제가 안정적으로 성장하기 위해서는 돈의 양이나 금리를 적정한 수준으로 조절하는 것이 중요하다.

통화정책은 물가안정, 경제성장, 국제수지균형, 고용 및 금융안정 등을 달성하는 것을 목표로 한다. 이 중에서도 특히 물가안정에 초점을 맞추는데 이는 물가가 안정되지 않고서는 경제 내의 불확실성을 줄일수 없고, 장기적인 경제성장과 국제수지균형 등 다른 목표도 달성할 수 없기 때문이다.[81)]

중앙은행이 활용하는 통화정책 수단은 직접조절수단과 간접조절수단으로 구분된다. 직접조절수단은 시장원리보다 정책당국의 행정적 권한에 의해 이루어지는 정책으로 은행 여수신금리 규제, 대출규모 통제 등이 있다. 간접조절수단은 중앙은행이 시중에 공급하는 돈의 양이나 금리를 변경함으로써 간접적으로 시중의 통화량을 조절하는 것으로, 공개시장조작정책, 여수신정책 그리고 지급준비정책 등이 있다. 현재 한국은 중앙은행인 한국은행이 간접조절 수단을 주로 이용하여 통화정책을 수행하고 있다.

81) 한국은행(2008), 한국은행의 알기 쉬운 경제이야기, 291쪽.

2) 통화정책의 주요 수단

가. 중앙은행 대출정책

은행 등 금융기관이 기업이나 가계에 자금을 대출해 주는 것과 마찬가지로 중앙은행은 금융기관에 자금을 대출해 준다. 중앙은행 제도가 형성되기 시작했을 때 중앙은행은 상업은행이 기업에 할인해 준 어음을 다시 할인·매입하는 형식으로 자금을 지원했기 때문에 중앙은행 대출제도를 통상 재할인제도라 부르기도 한다.

가장 먼저 중앙은행 대출제도를 발전시킨 영란은행(Bank of England)은 20세기 초까지 주로 어음을 재할인하여 통화를 공급하되 그 어음의 적격(eligibility) 여부를 엄격히 관리함으로써 유동성이 생산적인 부문으로 흘러갈 수 있도록 하였다. 이는 실물거래의 결과 발생한 진성어음(real bills)만을 재할인하면 자금의 공급량이 전체 경제활동 수준에 맞게 조절될 뿐만 아니라, 적격요건의 변경을 통하여 상업은행의 대출종류도 통제할 수 있다는 진성어음주의(real bills doctrine)에 입각한 것이다.

이후 각 국가의 중앙은행은 어음재할인 방식뿐만 아니라 증권을 담보로 해서도 금융기관에 대출을 해 주게 되었다. 일반적으로 중앙은행이 대출시 징구하는 담보는 국채를 비롯하여 안전성이 높은 적격증권으로 한정되는데, 이는 중앙은행 대출이 부실화될 경우 국민경제 전반에 나쁜 영향을 미친다는 점을 감안하여 마련된 안전장치이다.[82)]

중앙은행 대출제도는 도입초기 상당기간 동안 은행들이 중앙은행으로부터 일상적인 영업자금을 조달하는 수단으로 활용되었다. 그러나 근래 들어서는 자금이 부족한 은행이 스스로 힘으로 필요자금을 조달하기 어려울 경우, 마지막으로 의존하는 창구로서의 성격이 강해졌다. 선진국의 경우 대출제도는 매우 제한적으로 활용된다. 자금이 부족한 금융기관들이 중앙은행으로부터 차입할 수는 있지만 이는 자금조달 및 운용능력의 부족을 스스로 인정하는 것으로서, 신용과 신뢰에 타격을 입게 되므로 금융기관들은 가급적 중앙은행 차입을 피하려고 한다. 따라서 중앙은행 대출제도는 대출금리의 변경을 통해 통화정책 기조를 시장에 알리는 공시기능과 금융위기시 시중에 충분한 유동성을 공급하는 최종대부자로서의 기능에 중점이 두어져 있다.

과거 미 중앙은행(연방준비제도이사회)의 경우 공시기능을 잘 활용하였다. 1999년까지 미 중앙은행은 금리를 조정할때 정책기조 변경의지를 강하게 전달할 필요가 있다고 판단될 시에는 연방기금 목표금리와 중앙은행 대출금리인 재할인금리(discount rate)를 동시에 조정하고, 그 정도가 약할 시에는 연방기금 목표금리만 조정하였다. 1990년 이후 1999년 12월까지 총 35회의 금리조정 가운데 재할인금리까지 함께 변경하여 시장에 강한 신호를 준 경우는 모두 16회였다. 그러나

---

82) 한국은행(2005), 우리나라의 통화정책, 94-95쪽.

2000년 이후부터는 연방기금 목표금리 조정시 재할인금리도 동일한 폭으로 함께 조정하고 있다.[83)]

한편 개도국의 경우 중앙은행 대출제도는 고도성장을 뒷받침하기 위한 통화공급 창구로 많이 활용되어 왔으며, 특정산업에 대해 금리 또는 한도를 우대적용하는 등 산업정책을 위한 선별금융 수단으로 이용되기도 하였다.

그러나 이로 인해 통화가 늘어나고 인플레이션 압력이 증대되는 등 부작용이 나타남에 따라 대부분 나라에서는 중앙은행 대출제도의 정책금융적인 성격을 없애 나가고 있다. 금융시장 발전이 상대적으로 늦어 중앙은행 대출정책에의 의존도가 높았던 일본과 독일에서도 금융시장의 고도화 진전으로 중앙은행의 시장조절능력이 향상됨에 따라 중앙은행 대출보다는 공개시장조작의 활용도가 크게 높아졌다.

나. 지급준비정책

금융기관은 고객으로부터 예금을 받아 이를 여러 형태의 자산으로 운용한다. 이러한 자산 가운데는 장기채권, 대출 등 짧은 시간에 현금화하기 어려운 자산도 있으므로 고객이 예금을 찾으러 왔을 때 이에 순조롭게 응하려면 현금화가 가능한 자산을 미리 준비해 놓고 있어야 한다. 이처럼 금융기관이 고객의 지급요구에 부응하기 위해 미리 준비해 놓고 있는 유동성 자산을 지급준비금(reserve)이라 한다. 지급준비금은 가장 유동성이 높은 현금과 금융기관이 중앙은행 계정에 예치하고 있는 자금으로 구성된다. 중앙은행은 무제한적 발권력을 가지고 있기 때문에 금융기관이 중앙은행에 맡겨 놓은 자금은 언제라도 현금화가 가능한 유동성 자산이라는 점을 고려한 것이다.

그런데 가능한 수익을 높이고자 하는 금융기관은 수익성이 낮은 유동성자산을 적게 보유하려고 할 것이다. 금융기관이 받은 예금의 99%를 장기채권이나 대출로 운용했다고 하자. 이 경우 수익성은 높아지겠으나 예금자의 인출요구가 한번에 집중된다면 1%의 유동자산만으로 고객의 지급요구를 충족시키지 못할 수도 있다. 그러면 이 금융기관은 다른 금융기관으로부터 높은 금리를 주고라도 자금을 빌리려고 할 것이므로, 금리가 뛰고 시장이 불안해진다. 따라서 각 금융기관들이 보유해야 할 최소한의 지급준비금을 법적으로 강제할 필요가 있는데, 이런 필요에 의해 중앙은행의 지급준비제도가 생겨나게 되었다.

지급준비제도는 법에 의해 예금의 일정비율(지준율)에 해당하는 금액을 지급준비금으로 보유

83) 연방기금(Federal Fund): 미국 금융시장에서만 발달한 초단기 금융수단으로 연방준비제도 가맹은행은 각 은행의 관할지역 연방은행에 지급준비금으로 일정수준의 자금을 예치해야 하는데 이 예치금을 페더럴 펀드라고 한다. 연방기금금리(Federal Funds Rate): 미국 연방정부에서 은행간에 매매 형태로 지급준비자금을 거래할 때 적용하는 단기시장금리로 금융당국의 정책의지와 상업은행의 차입비용을 반영하며 미국내 금리뿐 아니라 전세계 각국 금리에도 영향을 주는 대표적 단기금리이다. 미 중앙은행인 연방준비제도이사회(FRB)가 공개시장위원회(FOMC)에서 결정하는 연방기금금리 정책목표는 제한적인 인플레이션 하에서 지속가능한 경제성장을 달성하는 것이다.

토록 하는 제도이다. 역사적으로 보면 1863년 제정된 미국 'National Bank Act'가 은행권의 유통성 확보와 예금자 보호차원에서 은행 및 예금에 대해 법정지준을 부과한 것이 그 효시라 할 수 있다. 그러다가 1930년대 들어 지준율을 변경하여 본원통화를 조절하면 승수효과를 통해 통화량에 영향을 준다는 사실이 밝혀지면서 지급준비제도는 중앙은행의 유동성조절 수단으로 그 위상이 높아졌다. 특히 1933년 미 의회가 연준에 대하여 일정 범위내에서 지준율을 변경할 수 있는 권한을 부여함으로써 지급준비제도는 중앙은행의 정통적 통화정책수단으로 자리잡았다.

이후 지급준비제도는 여러 나라에 보급되어 2차대전 이후 설립된 대부분의 중앙은행들이 이 제도를 중요한 통화정책수단의 하나로 활용하였다. 특히 개발도상국들은 고도성장과정에서 통화공급이나 외자유입 등으로 유동성이 과잉공급되는 경우가 많았으므로 통화를 적정수준에서 관리하기 위해 지준율을 높은 수준에서 유지하였다. 또한 금융시장이 발달되지 못한 상황에서 법령의 제·개정만으로도 강력한 통화량 조절효과를 거둘 수 있는 지급준비정책은 이들 나라에 매력적인 정책수단이었다고 할 수 있다.

그러나 1980년대 이후 금융의 자유화 및 개방화 등으로 법적 강제력보다는 시장기능에 바탕을 둔 통화정책의 필요성이 부각되면서 공개시장조작이 주된 통화정책수단으로 떠오르고, 여러 제약점을 가지고 있는 지급준비정책의 역할은 상대적으로 축소되었다. 이에 따라 많은 나라들이 지준율을 인하하였으며, 일부 국가에서는 지급준비제도 자체를 아예 폐지하기도 하였다. 지급준비정책의 역할이 축소된 이유는 다음과 같다.

첫째, 금융기관에 가해졌던 각종 규제가 완화되거나 철폐되는 상황에서 강제적·무차별적으로 이루어지는 지급준비정책도 금융기관의 자율적 자금운용을 제약하는 규제의 하나로 인식되었다.

둘째, 각국의 중앙은행들이 통화정책의 조작목표로 지준보다 금리를 중시하게 되면서, 금리를 목표수준에 접근시키기 위한 미세조정(fine tuning)의 필요성이 높아졌다. 그러나 지준율은 조금만 조정하더라도 전체 유동성 수준이나 금융기관의 수지에 강력하고 지속적인 영향을 미치기 때문에 이를 빈번히 사용할 수는 없었다. 지급준비정책은 일상적인 유동성조절 수단으로 활용하기 어려운데, 이러한 특성 때문에 지급준비정책으로 통화량을 조정하려는 시도는 망치로 다이아몬드를 다듬으려는 것에 비유되기도 한다.

셋째, 형평성의 문제가 제기되었다. 지급준비의무는 모든 금융기관에 부과되는 것이 아니며 주로 중앙은행 통화정책의 대상인 은행권에 부과된다. 그런데 지급준비금은 무수익 자산이므로 이를 강제로 보유하는 금융기관은 간접적인 세금, 즉 지준세(reserve tax)를 납부하는 셈이 된다. 이는 증권사·보험사 등 여타 금융기관과의 공정경쟁을 저해하는 요인이 된다.

이처럼 과거에 비해 지급준비정책의 위상이 약화된 것은 사실이지만 그 역할을 과소평가할 수는 없다. 지급준비정책은 그 자체보다는 공개시장조작 등 다른 통화정책 수단이 원활히 수행될 수 있는 여건을 조성해 준다는 점에서 아직도 중요하다.[84)]

다. 공개시장조작

공개시장조작(open market operations)이란 중앙은행이 단기금융시장이나 채권시장과 같은 공개시장에서 금융기관을 상대로 국공채 등 증권을 사고 팔아 이들 기관의 자금사정을 변화시키고 이를 통해 통화나 금리를 조절하는 정책수단이다.

공개시장(open market)은 고객시장(customer's market)에 대비되는 개념으로 구매의사와 구매력만 있으면 누구나 참여하여 상품이나 서비스를 매입할 수 있는 시장을 말한다. 이에 비해 고객시장은 구매의사와 구매력뿐만 아니라 일정한 자격을 구비한 사람만이 참여할 수 있는 시장이다. 백화점이 공개시장이라면 대학은 전형적인 고객시장이다. 즉 돈이나 참여의사만 있다고 누구나 대학에 입학할 수 있는 것은 아니며 고교졸업, 수능시험 등을 통해 일정자격을 갖춰야만 하기 때문이다. 단기금융시장, 채권시장 등은 자금과 매매의사만 있으면 누구나 참여할 수 있기 때문에 공개시장이라고 부른다.

금융기관은 자금운용을 위해 채권을 매입하여 보유한다. 만약 금융기관이 고객에게 자금을 지급해야 할 필요가 생겨 채권을 현금화시켜야 한다면, 이를 유통시장에 내다 팔아 유동성을 확보할 수 있다. 그러나 채권을 매입한 상대방의 현금보유는 그만큼 줄어들기 때문에 금융기관 전체로 볼 때 유동성 규모는 변함이 없다. 금융시장이 불안해져 사람들이 일단 현금을 확보하려는 동기가 커지거나 중앙은행에 예치해야 할 지급준비금이 모자란다면 금융기관이 채권을 팔려고 하더라도 이를 사고자 하는 상대가 없을 수 있다. 이 때는 금융권 전체의 유동성 공급이 수요에 미치지 못하기 때문에 중앙은행이 개입하여 채권을 매입해 줌으로써 새로운 유동성을 공급한다. 반대로 시중에 유동성이 풍부하여 채권을 사고자 하는 수요는 많은데 채권물량이 부족하다면 이때는 중앙은행이 보유하고 있는 채권을 금융기관에 팔아 과잉유동성을 흡수한다.

이처럼 개별 금융기관의 입장에서 보면 보유채권을 유통시장에서 사고팔아 자신의 유동성 포지션을 조절할 수 있지만, 시장전체로는 유동성의 보유주체만 바뀔 뿐 총규모에는 변화가 없다. 그러나 중앙은행이 공개시장조작을 통해 채권을 매매하면 시장전체의 유동성이 늘어나거나 줄어든다. 금융기관들은 늘어난 유동성을 활용하여 대출을 해주거나 다른 채권을 매입하게 되는데, 이는 승수과정을 거쳐 통화량을 늘리고 금리를 낮춘다.

84) 한국은행(2005), 우리나라의 통화정책, 109-111쪽.

[그림 3-1] 공개시장조작의 원리

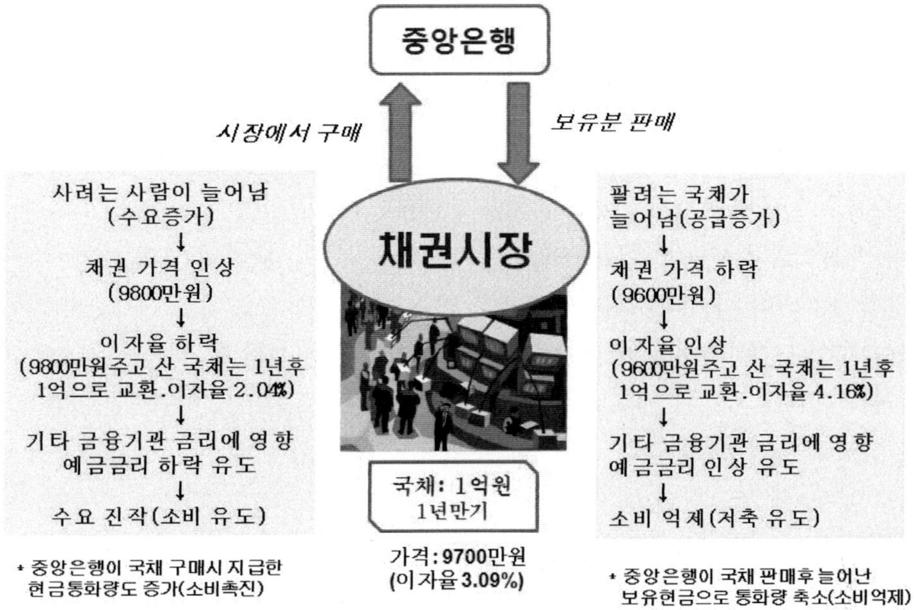

1980년대 들어 금융자유화와 혁신의 진전으로 금융시장 발전이 가속됨에 따라 많은 나라들은 공개시장조작을 주된 통화정책 수단으로 활용하게 되었다. 공개시장조작은 재할인정책이나 지급준비제도와 비교할 때 여러가지 장점을 지니고 있다.

첫째, 중앙은행은 공개시장조작을 통해 자신의 주도하에 능동적으로 시중 유동성을 조절할 수 있다. 이에 비해 중앙은행 대출정책은 중앙은행이 금리나 규모를 변경하여 금융기관들로 하여금 중앙은행 대출창구 이용을 권장하거나 아니면 이용을 하지 못하도록 유도할수 있을 뿐, 직접적인 영향을 주지는 못한다. 즉 후자의 경우 주도권은 금융기관에 있는 셈이다.

둘째, 공개시장조작을 통해 섬세한 유동성 조절이 가능하다. 필요한 조절 규모가 아무리 작더라도 그만큼만 채권매매를 하면 되기 때문이다. 또한 공개시장조작의 실시시기, 빈도, 조건 등을 필요에 따라 수시로 조절할 수 있어 신축적이다. 이에 비해 지급준비정책은 지준율을 소폭 변경하더라도 금융기관 유동성 사정에 강력한 영향을 미칠 뿐 아니라, 지준율을 수시로 조정하기도 어렵다. 중앙은행 대출금리나 대출규모를 수시로 변경하기 어려운 것도 마찬가지다.

셋째, 공개시장조작은 신속하다. 중앙은행 대출정책이나 지급준비정책은 제도를 변경하는 것이므로 상당한 행정적 절차가 뒤따라야 하나, 공개시장조작은 중앙은행과 시장참가자 간의 즉각적인 매매거래만으로 절차가 시작되고 종결된다.

넷째, 중앙은행과 시장참가자간의 지속적인 피드백을 통해 정보의 신속한 교류가 이루어지므로 정책판단의 오류를 최소화할 수 있다.

이처럼 공개시장조작은 시장친화적이면서 일상적인 유동성 조절수단이라고 할 수 있지만, 조작 대상이 되는 국공채 물량이 풍부해야 하고, 금융시장이 잘 발달되어 있어야 하며, 금융자산의 만기별 금리체계(term structure)가 합리적으로 형성되어 있어야하는 등 갖추어야 할 조건도 많다. 이 때문에 개도국들은 초기에는 주로 중앙은행 대출정책이나 지급준비정책에 의존하다가, 금융경제가 어느 정도 발전한 단계에 와서야 공개시장조작을 활용하는 것이 보통이다.

공개시장조작은 채권을 단순매매 하거나 환매조건부매매(RP: Repurchase Agreement)하는 두 가지 방식으로 수행된다. 단순매매는 중앙은행이 채권을 완전히 사거나 파는 것을 말한다. 다시 말해 소유권이 이전되는 거래방식이다. 이는 시중 유동성을 기조적으로 조절하고자 할 때 활용한다. 환매조건부매매는 중앙은행이 일정기간 후 다시 매입할 것을 조건으로 보유채권을 매각하거나, 반대로 일정기간 후 다시 매각할 것을 조건으로 채권을 매입하는 것을 말한다. 이는 채권을 담보로 일정기간동안 자금을 빌려주거나 빌리는 형태인데, 시중 유동성을 단기적으로 조절하고자 할 때 활용한다.[85]

3) 정책 파급경로

통화정책은 길고 복잡한 경로를 거쳐 실물경제에 영향을 주는데, 통화정책의 파급경로에는 금리경로, 자산가격경로, 환율경로, 신용경로 등이 있다.

금리경로는 정책금리의 조정이 장단기 시장금리와 금융기관 여수신금리를 변동시키고, 나아가 소비와 투자 등 총수요와 물가에 영향을 미치는 경로를 말한다. 중앙은행이 기준금리를 발표하고 공개시장조작 등으로 통화량을 조절하면 콜금리가 그 의도에 따라 반응한다. 그 후 양도성예금증서금리, 기업어음금리와 같은 단기금리(90일 이내)도 콜금리와 거의 같은 방향으로 움직인다. 이에 따라 장기금리, 은행 여수신금리도 차례로 변동한다. 이러한 금리수준의 변화는 가계의 소비나 기업의 생산투자활동에 영향을 미치고 이 과정에서 총수요와 물가도 변동하게 되는 것이다.

중앙은행의 통화정책은 주식이나 부동산과 같은 자산의 가치를 변화시켜 총수요와 물가에 영향을 미칠 수 있다. 이러한 자산가격 경로(정책금리의 조정이 주식과 부동산 등 자산가치를 변동시키고 이로 인해 총수요와 물가가 영향을 받는 경로)는 가계의 주식이나 부동산 보유가 증가하고 주식 발행을 통한 기업의 자금조달이 늘어나면서 더욱 중요해졌다.

예를 들어 중앙은행의 금리인하로 채권수익률이 낮아지면 주식과 부동산에 대한 수요가 늘어나고, 그 결과 이들 자산의 가격이 상승한다. 이렇게 되면 그만큼 가계의 부(富)가 커져 소비를 늘릴 수 있는 여력이 늘어날 것이다. 또한 금리인하로 주가가 오르면 기업의 시장가치가 커진다. 이에 따라 기업들은 높은 가격으로 주식을 발행할 수 있고, 그 결과 상대적으로 더 적은 비용으로

---

85) 한국은행(2005), 우리나라의 통화정책, 119-122쪽.

더 많은 투자를 할 수 있게 되는 것이다.

정책금리를 조정하면 내외금리 차(差)가 변하며 이는 자본유출입에 영향을 미쳐 환율을 변동시킨다. 환율변동은 다시 수출입, 경상수지, 물가 등에 영향을 준다. 이러한 환율경로(정책금리의 조정에 따른 내외금리차 변화가 자본 유출입에 영향을 미쳐 환율이 변동함으로써 수출입과 물가 등이 변하는 경로)는 국제화가 진전되고 자유변동환율제도를 채택하는 나라들에서 관심이 높다.

정책금리 인하로 국내금리가 하락하면 원화로 표시된 금융자산의 수익률이 떨어지게 된다. 그러면 사람들은 상대적으로 수익률이 높아진 달러화 표시 금융자산을 사려고 하는데, 그렇게 하기 위해서는 원화를 팔고 달러화를 사야 한다. 이는 원화의 초과공급과 달러화의 초과수요를 가져와 원화가치를 떨어뜨리게 된다(원화환율 상승). 원화환율의 상승은 달러화로 표시한 수출품 가격을 낮추는 반면, 원화로 표시한 수입품 가격을 상승시킨다. 이러한 가격변화로 수입은 줄어들고 수출은 늘어 경상수지가 개선된다. 또한 환율상승은 수입가격을 높여 국내물가를 오르게도 한다.

위의 세 가지 경로의 공통점은 금융시장 가격변수의 변동을 통해 정책효과가 경제에 파급된다는 점이다. 이에 반해 신용경로(통화정책의 방향이 바뀔 경우 기업과 가계에 대한 금융기관의 대출태도가 변하고, 이에 따라 소비와 투자가 변하고 물가가 영향을 받게 되는 경로)는 통화정책이 양적인 측면, 즉 은행대출 규모에 영향을 미쳐 정책효과가 경제에 전달된다는 점이 다르다.

통화정책의 방향이 바뀌면 기업이나 가계에 대한 금융기관의 대출태도가 달라지는데, 이 과정에서 소비와 투자가 변하고 물가가 영향을 받게 된다. 예를 들어 중앙은행이 통화량을 늘리면 금융기관은 대출할 수 있는 여력이 커진다. 이를 이용해 금융기관이 대출을 늘리면 기업들은 이 돈으로 기계 설비를 사거나 공장을 짓는 등 투자를 더많이 하고 가계도 소비를 늘리게 된다. 그 결과 경제활동이 활발해지고 물가가 상승압력을 받게 된다. 이와 같이 통화정책은 다양한 경로를 거쳐 경제전반에 영향을 미치는데 경제상황에 따라 경로별로 영향의 크기가 달라질 수 있다.

[표 3-1] 통화정책의 파급경로

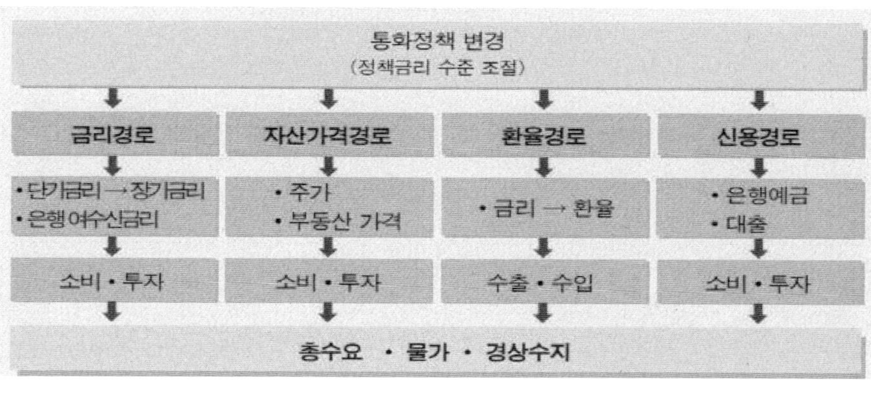

4) 운영 체계

통화정책이 결정되고 집행되는 제도적 장치를 통화정책 운영체계라고 하는데 구체적으로 다음과 같은 네 가지 요소를 포함하고 있다.

첫째, 통화정책의 최종목표이다. 일반적으로 통화정책은 물가안정, 경제성장, 국제수지 균형, 고용 및 금융안정 등의 여러 가지 목표를 달성하고자 한다. 이중에서도 가장 중요한 목표는 물가안정이다. 둘째, 명목기준지표이다. 중앙은행이 최종목표인 물가안정을 달성하기 위해 특히 관심을 갖고 관리하는 변수를 명목기준지표라고 한다. 통화량, 환율, 인플레이션 등이 있다.

셋째, 통화정책의 제도에 관한 것이다. 중앙은행이 어느 정도의 독립성, 그리고 투명성과 책임성을 갖고 있는지와 같은 제도적 요소들을 말한다. 끝으로 앞서 상술한 통화정책 수단이다. 중앙은행은 공개시장조작정책, 여수신 정책, 지급준비정책 등의 정책수단을 갖고 있다.

통화정책 운영체계의 구성요소 가운데 첫 번째인 최종목표나 셋째·넷째 요소인 중앙은행의 독립성, 투명성, 책임성과 정책수단의 종류 등은 본질적인 면에서는 나라마다 비슷하다. 그러나 두 번째 요소인 명목기준지표의 선택은 나라마다 확실한 차별성이 있다. 그래서 통화정책 운영체계의 형태는 보통 어떤 명목기준지표를 활용하느냐에 따라 달라진다. 즉 특정 통화량지표를 목표로 하는 통화량목표제, 환율을 목표로 하는 환율목표제, 그리고 특정 물가수준을 목표로 하는 물가안정목표제 등으로 구분된다.

한국은 1997년말 외환위기 이전에는 통화지표를 중간목표로 하는 통화량목표제를 채택하였으나, 1998년부터 물가안정목표제를 도입·운영하고 있다. 물가안정목표제란 중앙은행이 일정기간 동안 달성해야 할 물가 목표치를 제시하고 이를 달성하기 위해 콜금리를 운용목표로 삼아 정책을 펴는 방식을 의미한다.

한국의 운영체계는 ① 최종목표 면에서는 물가안정, ② 명목기준지표 면에서는 인플레이션율, ③ 제도 면에서는 독립성·투명성·책임성의 강조, ④ 정책수단 면에서는 보다 선진화되고 시장기능에 초점을 맞춘 수단과 분석기법의 활용 등으로 특징지을 수 있다.

한국의 물가안정목표제는 중앙은행이 일정기간 동안 달성해야 할 물가목표치를 미리 제시하고, 이를 달성하기 위해 단기금리(콜금리)를 운용목표로 정하여 통화정책을 펴는 방식이다. 중앙은행은 통화량, 금리, 환율 등 여러 정보변수를 활용하여 앞으로의 인플레이션을 예측하고, 실제 물가상승률이 목표치에 도달할 수 있도록 정책을 편다. 그리고 정책 운영성과를 평가하고, 시장의 기대와 반응을 반영하면서 정책을 수정해 나간다. 2010~2012년 중 한국은행의 물가안정목표는 소비자물가상승률(전년동기 대비) 기준 3.0±1%로 설정돼 있다. 그러나 2011년 소비자물가상승률은 4%를 기록해 목표치를 초과한 상태이다.

또한 한국은행은 금융시장의 발달로 금리의 기능이 활성화됨에 따라 통화량보다 금리를 중시하는 정책을 펴고 있다. 기준금리를 발표하고 통화정책수단을 이용하여 운용목표인 콜금리가 이에 일치하도록 하는 형태로 통화정책을 시행하고 있다. 한국은행은 매월 물가변동, 실물경기의 움직임, 금융·외환시장 동향 등을 종합적으로 검토하여 기준금리 수준을 결정·공표하고 있다.[86)]

최근 동향을 보면, 한국은행 금융통화위원회는 2012년 6월 8일, 기준금리를 현 수준인 3.25%로 동결해 통화정책을 운용키로 결정했다. 이날 한은이 발표한 '통화정책방향'에 따르면 유로지역 리스크에 따른 국제금융시장 불안 및 주요국 경제의 부진 가능성 등으로 성장의 하방위험이 더 커지고 있는 점이 금리동결이 원인으로 작용했다. 한은은 미국은 일부 경제지표의 개선추세가 주춤하는 모습을 보였으며, 유로지역에서는 경제활동이 계속 부진했다고 세계경제를 진단했다. 국내경제 또한 해외 위험요인 증대 등으로 성장의 하방위험이 더 커지고 있는 상황이라고 평가했다.

인플레이션 기대심리가 높은 것도 통화정책 변화에 어려움으로 작용했다. 2012년 5월중 소비자물가상승률은 2%대 중반 수준을 지속했다. 그러나 공공요금 인상압력, 높게 유지되고 있는 인플레이션 기대심리 등이 불안요인으로 잠재해 있다고 분석했다. 환율상승도 금리동결의 요인으로 분석됐다. 한은은 국제금융시장 불안지속과 위험회피성향 강화 등으로 주가가 큰 폭 하락하고 환율은 크게 상승했다고 설명했다. 금통위는 앞으로 인플레이션 기대심리를 낮추도록 노력하면서, 소비자물가 상승률이 물가안정목표의 중심선에서 안정되도록 통화정책을 운용해 나갈 것이라고 밝힌 바 있다.[87)]

[표 3-2] 한국의 통화정책 운영체계

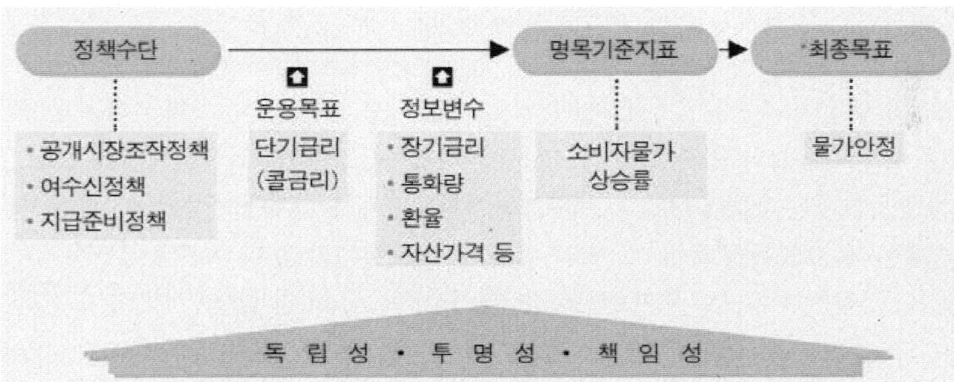

86) 한국은행(2008), 한국은행의 알기 쉬운 경제이야기, 296쪽.
87) 매일경제(2012.6.8)

3. 재정정책

1) 정의

오늘날 정부는 경제성장과 물가안정, 국제수지 균형 등과 같은 거시경제의 안정은 물론 소득불균형 개선, 사회복지 증진 등을 위한 여러 가지 기능을 수행하고 있다. 이러한 목표를 달성하기 위해 정부지출과 조세를 정책수단으로 사용하는 정부의 제반 정책을 통틀어 재정정책이라 한다. 그러나 일반적으로는 소득불균형 개선과 사회복지 증진을 위한 정책은 제외하고 정부지출과 조세수입의 양과 구조를 의도적으로 변화시켜 총수요를 조절함으로써 경제안정을 도모하려는 긴축적 또는 확장적 재정 활동에 한하여 재정정책이라고 말하고 있다.

정부재정의 세출항목은 매우 다양하지만, 크게 지출대상을 기준으로 재화와 서비스를 구입하기 위한 지출과 특정개인이나 부문에 대한 보조금 및 융자금으로 나뉜다. 모든 재정지출은 총수요를 증가 시키지만 경제안정화와 관련된 것은 전자이다. 전자의 지출은 공무원 급여, 비품구입 등을 위한 소비지출과 도로·항만·통신·운수 등 유무형의 사회간접자본 형성을 위한 투자지출로 구성되어 있다. 경제가 불황일 때 정부는 공공투자사업을 벌이는 등의 방법으로 재정지출을 확대하여 총수요의 증가를 유도한다.

정부가 다양한 재정활동을 수행하는데 필요한 재원인 세입은 어디서 나올까? 일부는 공기업 운영수입과 국공채 발행 등으로 채우지만 대부분은 민간부문으로부터 거두어들이는 세금으로 조달한다. 조세는 그 구조와 세율의 조정을 통하여 경제안정, 소득분배 등에 영향을 미칠 수 있다. 특히 경기가 침체된 경우 정부는 세금감면이나 세율인하를 통해 민간부문의 생산 및 소비활동을 촉진하여 경제안정을 도모한다. 경우에 따라서는 재정정책의 효과를 높이기 위하여 정부지출과 조세의 두 가지 수단을 동시에 사용하기도 한다. 예를 들어 정부지출을 늘리는 동시에 세율을 낮추면 총수요를 보다 쉽게 늘릴 수 있는 것이다.

경제안정을 위한 정부의 개입, 그 자체를 반대하는 사람도 있지만 현실에서는 거의 모든 나라들이 경제안정을 도모하기 위해 적극적인 재정정책을 활용하고 있다. 그런데 정부가 경제안정화를 위해 재정정책을 자주 쓰면 적자재정을 경험하게 된다. 왜냐하면 현실에서 정부의 정책적 대응은 경기과열일 때보다는 침체일 때에 더 자주 발생하는데, 대부분 정부지출의 증가로 나타나기 때문이다. 한번 늘어난 정부지출을 다시 줄이기는 매우 어려워 정책과 관련된 예산과 이를 담당하는 인력이 늘어나고 다시 지출규모가 확대되는 악순환이 반복되기도 한다.

2) 적자재정의 문제점

정부의 재정적자를 메우는 방법에는 크게 세 가지가 있다. 첫째, 국민들로부터 세금을 더 거두어들이는 방법이다. 그러나 이러한 세금징수는 강제성을 띤 것으로 국회의 동의를 얻어 세법을 고쳐야 가능하기 때문에 간단한 문제가 아니다. 또한 세금을 늘리는 것은 국민들의 조세저항에 직면할 가능성이 높다. 특히 재정적자가 발생하였을 때에는 이미 경기가 부진한 상황이기 때문에 혹시 조세감면이라면 모를까 세금을 늘리는 것이 오히려 경기를 침체상태로 떨어뜨릴 수 있어 집행하는 데 어려움이 있다.

둘째, 중앙은행으로부터 자금을 빌리는 것도 하나의 방법이다. 중앙은행 차입을 통해 재정적자를 보전하는 것이 정부입장에서는 훨씬 쉬운 방법일 수 있다. 중앙은행이 발행한 화폐를 갖다 쓰면 되기 때문이다. 그러나 이 방법은 고스란히 통화량 증가로 나타나 물가불안을 초래한다.

셋째, 정부가 국채를 발행하여 필요한 자금을 마련하는 방법이 있다. 그러나 국채발행에 따른 이자부담은 결국 국민의 몫으로 조세부담과 크게 다를 바 없다. 더욱이 국채의 만기가 도래하면 정부는 조세수입이나 또 다른 국채 발행을 통해 이를 상환해야 하는데, 조세수입을 통한 채무상환의 경우 후손들이 그 부담을 지게 된다. 다시 국채를 발행해 상환하는 경우에도 국채 보유자에게 계속 이자를 지급해야 하므로 부담이 후손들에게 떠넘겨지는 것은 마찬가지이다.

경제안정화를 위한 확장 재정정책 때문에 적자재정이 필요한 경우도 있지만 균형재정은 여전히 재정운용의 중요한 기본원칙이다. 국가채무가 지나치게 늘어나지 않도록 해야 하며, 균형재정의 달성을 위한 기간을 어느 정도로 할 것인지는 정부의 정책의지에 달려 있다.

회계년도가 1년이므로 정부가 매년 균형재정에 집착할 경우, 경제상황과 동떨어진 재정지출로 인해 경기진폭이 더욱 커질 수 있다. 즉 경제가 호황일 때는 재정수입이 늘어나는 가운데 물가가 오르는 경향이 있으므로 정부가 인플레이션 억제를 위해서는 지출을 줄여야겠지만, 균형재정원칙을 지키려 한다면 늘어난 재정수입만큼 지출을 오히려 늘려야 한다. 그렇게 되면 인플레이션의 억제가 더욱 어려워질 것이다.

따라서 균형재정 원칙을 3~5년 정도의 중기 단위로 신축성 있게 운용하는 것이 재정정책의 경제안정화 효과를 높이는 데 도움이 될 것이다. 한국정부는 2005년부터 5년 단위의 국가재정운용계획을 매년 수립하고, 단일 연도의 예산을 이러한 중장기 틀 안에서 운용해 나간다는 계획을 갖고 있다.

[표 3-3] 재정정책의 파급 효과

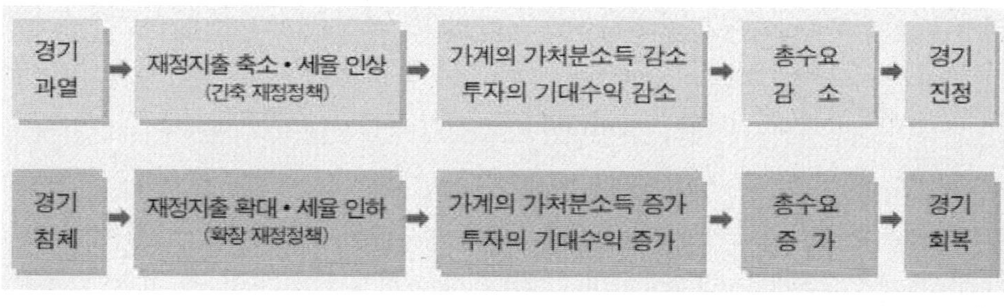

4. 경제안정화정책

1) 경제안정 장애요인

경기변동은 계절의 변화와 같이 시장경제에서 발생하는 자연스러운 현상이라는 주장도 있다. 시장경제가 효율적이며 외부충격에 대해 자율적인 조정능력을 갖고 있다고 믿기 때문이다. 그러나 현실의 시장경제는 완벽하지 않다. 과도한 물가상승이나 대규모 실업과 같은 경제불안이 거듭되는 것은 시장경제의 불완전성을 증명해 준다.

이에 따라 정부가 경제안정을 도모하기 위해 경제에 깊숙이 개입하고 있지만 안정화정책의 효과가 제때에 나타나도록 한다는 것은 쉬운 일이 아니다. 그러면 정부가 경제안정화정책을 펼 때 겪게 되는 어려움은 왜 생기는 것일까?

우선 정책시차의 존재를 들 수 있다. 정책시차라 함은, 정부가 경제안정화정책의 필요성을 느끼고(인식시차), 구체적인 정책을 펴고(실행시차), 이에 따른 정책효과가 실제 나타나기까지 걸리는 시간을 의미한다. 정책당국이 안정화정책의 필요성을 느끼고 구체적인 정책을 수립·시행하는데 적지 않은 시간이 소요된다. 그리고 정책효과가 실제 나타나는 데에도 많은 시간이 걸린다.

일반적으로 통화정책은 정책의 수립·집행이 비교적 간단한 반면 그 효과가 나타나기까지 최소 6개월의 기간이 걸린다. 반대로 재정정책은 그 효과가 통화정책에 비해 빨리 나타나지만 정책의 수립과 집행에 긴 시간이 걸린다. 이처럼 경제문제를 인식하고 정책을 수립·시행해 그 효과가 나타나기까지 걸리는 시간이 가변적이기 때문에 안정화정책 자체가 오히려 경제의 불안을 심화시킬 수 있다.

정책목표의 상충(trade-off)도 안정화정책의 시행을 어렵게 한다. 통화정책과 재정정책은 생산, 물가, 고용 등 경제 전체에 영향을 미친다. 그런데 개별적인 정책이 의도하고 있는 정책목표는 서로 다른 경우가 많다. 어느 나라든지 물가상승률과 실업률을 낮게 유지하는 것을 정책목표로 하고 있다. 그렇지만 일반적으로 실업률과 물가상승률은 서로 반대방향으로 움직이는 경향이 있다. 즉 실업률이 높아지면 물가상승률이 낮아지고, 실업률이 낮아지면 물가상승률이 올라간다.

따라서 정부가 실업문제를 해결하기 위해 확장적 재정정책을 쓰면 실업률은 낮출 수 있지만, 그 대가로 물가상승이라는 희생을 치르게 되는 것이다. 반대로 물가상승을 억제하기 위해 긴축적 재정정책을 펴면 물가상승률을 낮추는 데는 성공할 수 있겠지만, 실업자가 늘어날 수 있다. 이와 같이 물가안정과 완전고용은 현실적으로 동시에 잡기 어려운 '두 마리의 토끼'라고 할 수 있다.

또한 정부지출을 증가시키거나 조세수입을 감소시키는 확장적 재정정책은 단기적으로 고용과 생산증대에 도움이 되지만 장기적으로는 물가나 금리를 상승시킬 수 있다.

확장적 재정정책에도 불구하고 금리가 상승하는 경우에는 처음에 늘 것으로 예상했던 민간투자나 소비가 도리어 줄어드는 구축효과(crowding-out effect)가 발생할 수 있다. 구축효과라 함은,

확장적 재정정책의 효과가 금리상승에 따른 민간부문의 투자와 소비감소로 인해 장기적으로 줄어드는 현상을 말한다.

마지막으로 정책수단들이 서로 영향을 주고받는다는 점도 경제안정화 정책을 실시하는 데 있어서 어려움이다. 통화정책과 재정정책은 정부의 예산 제약에 의해 서로 연결되어 있다. 이러한 정책수단의 제약은 정책의 선택과 강도에 관한 의사결정을 어렵게 한다.

예를 들어 경기과열을 방지하기 위하여 통화긴축이 요구되는 상황이 발생했다고 가정하자. 그러나 이때 재정적자가 계속 누적되고 있는 상황이라면 중앙은행은 강력한 긴축정책을 펴기 어렵다. 왜냐하면 이 경우 통화긴축으로 경기가 위축되면 정부의 조세수입이 감소하여 재정적자가 더욱 확대될 것이기 때문이다. 더욱이 재정적자가 지속될 경우에는 보통 시장금리가 오르는데 이러한 상황에서 중앙은행이 통화긴축을 실시하기는 더욱 어려워질 것이다.

이처럼 정책담당자들은 경제안정화정책을 시행할 때 여러 문제에 직면하게 된다. 정책시차 문제를 어떻게 해결하고 상반된 정책 목표와 수단을 어떻게 조화시키는가 하는 것이 바로 정책담당자들의 과제인 것이다.

2) 정책조합(Policy Mix)

통화정책과 재정정책은 기본적으로 국민경제의 안정적 성장을 도모하기 위한 정책수단이라는 점에서 유사하다. 그러나 정책의 주체와 시행절차, 시차 등에서 차이가 있다. 이처럼 두 정책은 유사한 기능을 가지고 있지만 나름대로 다른 특성을 갖고 있으므로 이를 잘 감안하여 조화롭게 운용할 필요가 있는 것이다.

물가불안이 우려되는 시기에는 선제적으로 금리를 인상하여 시장에 강력한 긴축신호를 보냄으로써 경기가 과열로 이어지지 않게 하고 재정도 건전한 방향으로 운용하는 것이 좋을 것이다. 반대로 극심한 경기침체기에는 효과가 빨리 나타나는 확장적 재정정책을 우선 사용하고 통화정책을 보완적인 수단으로 활용하는 정책조합(policy mix)을 생각할 수 있다. 이는 보다 바람직한 정책효과를 얻기 위해 재정정책과 통화정책을 상호보완적으로 혼합해 사용하려는 시도를 의미한다.

앞에서 보았듯이 두 정책수단은 서로 영향을 미치기도 한다. 만약 중앙은행이 통화정책을 긴축적으로 운용하여 금리가 상승하면, 국채 이자부담이 늘어나 정부의 재정운용에 영향을 미치게 된다. 만약 정부가 지출을 확대하고 그 재원을 국채발행으로 마련하는 경우 시장에 국채공급이 늘어나 금리가 상승하게 된다. 이는 중앙은행이 적절하다고 판단하는 금리수준보다 높을 수 있어 통화정책의 교란요인으로 작용할 수 있다. 따라서 통화정책과 재정정책은 서로의 특성과 상호연관성 등을 감안하여 긴밀한 협조관계를 유지함으로써 국민경제 전체의 효용을 극대화하는 방향으로 조화롭게 운영되어야 한다.

[그림 3-2] 경기부양을 위한 정책조합의 사례

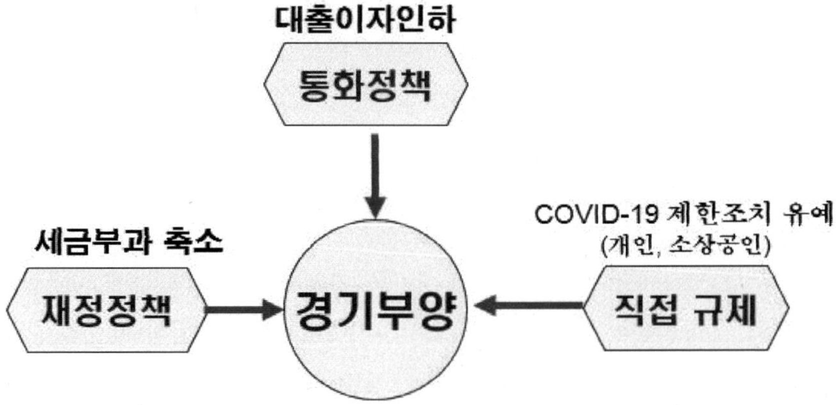

제2절 중국 거시경제정책

1. 중국의 거시경제정책과 거시경제 조정정책(宏觀調控政策)

1) 정의

홍관 티아콩 쩡처(宏觀調控政策), 즉 '거시(경제)를 조절하고 통제하는 정책'이라는 사전적 의미를 가진 '宏觀調控政策'을 본고에서는 거시경제 조정정책이라고 칭한다. 그 경제학적 의미는 앞서 설명한 거시경제정책(Macro economy policy)과 다음에 설명할 중국의 사회주의 시장경제에서 규정한 거시정책(계획, 산업, 무역, 수입, 분배 등)을 합한 것이라고 할 수 있다.

중국 학계에서도 '무엇이 거시경제 조정정책인가?'에 대한 답변에 여러가지 이견이 상존하고 있다. 이들 중 가장 큰 논쟁점을 종합하면, '거시경제 조정정책은 재정정책과 통화정책 만을 포함하는가? 산업정책은 거시조정인가 미시조정인가?[88] 거시경제 조정정책은 수입정책, 대외무역정책을 포함하는가? 시장경제하의 계획수단도 거시경제정책인가?[89]' 등이다.

위핀껀(俞品根)에 따르면, 일반적으로 중국내에서 周知하는 것처럼 '중국의 거시경제 조정정책은 그 조정 대상이 중앙정부에 의해 결정되는 경제관련 정책'만을 이야기 하는 것이 아니며, 무릇 중앙정부(어떤 경우에는 중앙은행)가 경제의 거시적인 측면에 대해 진행하는 간섭(거시경제 조정)과, 미시적인 측면에 대해 진행하는 간섭(미시경제 조정)을 포함 한다.[90]

진샤오리(靳曉黎)에 따르면, 거시경제 조정은 거시조정의 대상 주체가 국민경제 전체 운행 및 경제총량에 대한 것이며, 미시경제조정은 그 대상 주체가 개별 경제단위의 경제행위와 경제활동에 대한 조절과 통제이다.[91]

리우쩐빠오(劉振彪)에 따르면, 거시경제 조정은 국가가 시장경제 운영의 총량 및 구조에 대해 가하는 조절, 통제, 가이드이다. 국가는 거시경제 조정의 주체이며, 시장경제 운영의 과정과 그 결과는 거시경제 조정의 대상이다.[92]

허깐창(何干强)에 따르면, 중국의 거시경제 조정정책(宏觀調控)은 자본주의 시장개방경제하의 경제정책은 물론, 계획상품 경제체제의 계획관리와 다름을 주장하고 있다.[93]

자본주의 시장개방경제하의 경제정책과 중국의 거시경제 조정정책의 공통점은 모두 '시장'을 매개로 하여 거시조정 수단을 운용한다는 점이다. 하지만 중국의 거시경제 조정정책은 양극화

---

88) 趙錫斌(1995),『政府對市場的宏觀調控-理論與政策』, 武漢大學出版社, 95쪽
89) 湯在新(2001),『宏觀調控：理論基礎與政策分析』, 廣東經濟出版社, 3~4쪽
90) 俞品根(1996), 論社會主義市場經濟中的微觀調控,『經濟學動態(1996.第1期)』
91) 靳曉黎(1998),「政府調控淺析」,『浙江社會科學(1998.第6期)』
92) 劉振彪(2002),『國家宏觀調控演變』, 廈門大學, 65쪽
93) 何干强主編(2005),『當代中國社會主義經濟』, 中國經濟出版社, 401쪽

해소에 중점을 두며, 경제수단을 채택할 때는 인민전체의 이익, 장기적인 이익을 도모하며, 균형발전을 목표로 둔다는 점이다. 그 예로는 중국 중앙정부가 중서부 발전을 위해 재정정책에서 특혜를 부여한다거나, 과학교육기금 예산을 확보하기 위해 기타 정부지출을 줄이는 정책을 들 수 있다.

2) 거시경제 조정정책의 목표

왕나이쉐(王乃學)는 중국의 거시경제 조정정책 목표로, 경제성장, 물가안정, 충분한 취업, 국제수지균형, 지역 균등발전, 수입 공평분배, 인구성장 억제, 환경보호 등 8가지를 들었다.[94]

허깐창(何干强)은 국민경제의 안정적 성장, 시장구조의 개선 촉진, 물가안정, 충분한 취업기회 창출, 공평한 수입분배, 국제수지 균형 등을 거시경제 조정정책 목표로 제시했다.[95]

리싱산(李興山)은 거시경제 조정정책 목표로, 경제의 안정, 경제의 성장, 경제의 효율화, 생활수준 제고 등 4가지를 제시했다. 이들이 가진 세부 목표를 살펴보면, 경제의 안정의 경우, ① 일반균형(재정, 여신, 상품수급), ② 국제수지 균형, ③ 물가안정 등이 있다.[96]

경제성장 목표를 달성하기 위해서는 적당한 투자규모, 합리적인 산업구조, 과학기술 진보, 자원의 합리적 배치를 요구하였다. 경제의 효율화는 거시경제적인 효율뿐만 아니라, 정신문명이 함께 발전하는 사회의 효율화, 환경보호를 통한 자원과 생태의 평형을 이룰수 있는 생태 효율화를 요구했다. 생활수준의 제고를 위해서는 적당한 인구의 통제, 충분한 취업, 공평한 분배, 문화·교육·보건·체육사업의 발전을 이룰 것을 주장하였다.

3) 거시경제 조정정책의 수단

먼저 왕나이쉐(王乃學)는 중국의 거시경제조정 정책수단으로 크게 경제수단, 법률수단, 행정수단으로 3분 하였으며, 경제수단은 다시 계획, 금융, 재정, 기타로 4분 하였다.

허깐창(何干强)은 현재 중국정부가 구사하고 있는 거시경제 조정정책의 수단으로 ① 계획수단, ② 경제수단, ③ 법률수단, ④ 행정수단 등 4가지를 들고 있다.

먼저, 계획수단은 계획경제 시절의 미시적인 정부 간섭을 뜻하는 것이 아니며, 중장기 경제발전 계획을 나타내는 것이다. 즉 이를 통해 중대형 프로젝트의 실시, 지역별 경제발전유도, 산업구조조정, 과학기술 발전 등의 계획목표를 제시하여 거시경제를 조정하는 역할을 하고 있다.

다음으로, 법률수단은 경제관련 법률을 제정·운용하여 거시경제조정을 하고자 하는 것이며, 이는 선진국 보다 경제활동의 규범화가 미비한 중국에서 유효한 수단이 되고 있다.

---

94) 王乃學(2001),『宏觀調控失效與微觀基礎建設』, 經濟科學出版社, 9~10쪽

95) 何干强主編(2005),『當代中國社會主義經濟』, 中國經濟出版社, 404~406쪽

96) 李興山主編(2004),『社會主義市場經濟理論與實踐』, 中共中央黨校出版社, 206~209쪽

행정수단은 명령, 지시, 조례 등을 이용하여 인허가권을 가지고 있는 행정부처에서 실시하는 것으로, 중국내 특유한 규제 시스템으로 인해 단기간에 강력하고도 광범위하게 영향을 미치는 거시경제 조정정책이다.

경제수단으로는 ① 재정정책, ② 통화(화폐)정책, ③ 산업정책, ④ 취업정책, ⑤ 수입(收入)정책, ⑥ 대외경제무역정책 등 6가지가 있다. 이중 취업정책은 국유기업에서 연간 200~400만명의 시아깡(下崗) 실업자가 배출되는 중국에서 재취업 등을 위한 관련 조치이며, 收入정책은 소득의 재분배를 위한 세수(稅收)정책을 의미한다. 중국 위안화 환율의 안정은 대외경제무역정책에도 속한다. 아래 〈그림〉은 중국 거시경제 조정정책과 개방경제下의 거시경제정책을 대비하여 보여주고 있다.

[그림 3-3] 중국의 거시경제 조정정책과 개방경제下의 경제정책

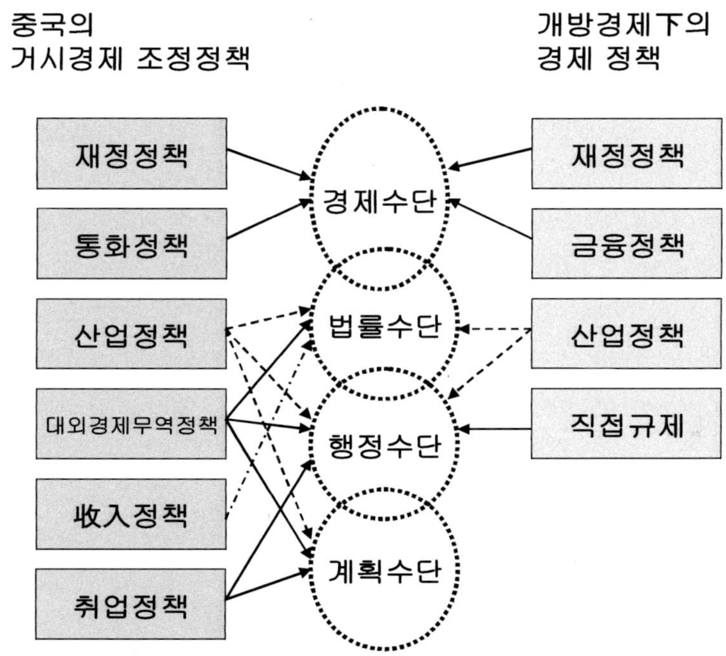

주: 何干强(2005), 조하연(2004), 김효명(2003), 김적교(1996) 참조하여 작성

4) 거시경제정책 실현을 위한 노력

중국정부는 1990년대 후반부터 거시경제 정책 관리를 위한 경제수단 제도를 마련하기 시작한다. 또한 1998년부터는 실질적으로 재정정책과 통화정책으로 대표되는 거시경제정책중 경제수단을 활용하기 시작하였다. 중국정부가 이처럼 거시경제 관리를 위해 행정수단 일변도의 이전 관행에서 벗어나, 시장수단에 해당되는 통화정책, 재정정책의 비중을 최근에 점증하는 이유는 정책

당국자들이 이들 시장수단을 이용하여, 지속적인 高성장, 과열투자 억제, 물가안정이라는 거시경제 목표를 달성할 수 있다고 판단하기 때문일 것이다.

실제로 중국정부의 고위 정치 지도자와 중국 경제학자들 역시 행정수단 보다는 시장수단에 거시경제정책의 중점을 두어야 한다고 주장한 바 있다. 고위 지도자의 가장 앞선 기록은 前국가주석 장쩌민(江澤民)[97]이 2000년 11월 28일 중앙경제업무회의에서 한 발언으로, '경제의 지속적인 건강 발전을 위해서는 무엇보다도 금융안전이 보장되어야 한다. 따라서 통화정책과 재정정책간의 협력을 진일보 강화하여야 하며, 특히 통화정책 수단의 원활한 운용을 통해 거시경제를 조정해야 할 것이다.'라고 언급한 바 있다.

前국가주석 후진타오(胡錦濤)는 2004년 4월 30일, 강소성 지역에 대한 거시경제 조정정책 집행 상황 현장 지도에서 거시경제정책중 시장수단의 중요성을 강조한 바 있으며, 총리 원자바오(溫家寶)[98] 역시 2004년 4월 9일, 지급준비율을 0.5% 포인트 상향조정하기로 결정(4월 25일 시행)한 국무원 상무회의에서, 향후 거시경제정책 수단으로 통화정책을 강력히 추진할 것을 지시한 바 있다. 부총리 쩡페이옌(曾培炎)은 2006년 중국기업 고위 논단[99]에서 2006년 하반기 거시경제정책은 행정수단을 아예 사용하지 않거나 최소화 할 것이며, 경제 및 법률수단을 운용할 것이라고 강조하였다.

중국사회과학원 금융연구소 평싱윈(彭興韻)[100] 주임은 중국은 거듭된 금융 시스템 개혁으로 인해 강력한 통화정책을 구사할 수 있는 인프라를 갖추었으며, 특히 정부의 국유은행에 대한 자본금 증자로 인해 자기자본비율이 제고되어 거시경제 조정을 위한 유효한 신용대출 정책을 구사할 수 있다고 주장하였다. 국무원발전연구중심 거시경제연구부 장리췬(張立群)[101]은 2006년 거시경제정책중 통화정책은 최근의 경기과열을 억제하는데 유효한 수단이며, 2006년 두차례에 걸처 단행된 예대금리 인상은 너무 인상 폭이 낮아 정책효과를 발휘하지 못할 것이라는 일부 논평에 대해 시장, 기업, 소비자가 만족할 수 있는 적절한 수준이었다고 반박한 바 있다.

이상과 같이 통화정책과 재정정책으로 중국 거시경제 조정이 가능할 것이라는 판단은 중국 연구자들이 보는 시장화 정도가 급격하게 진전되고 있는데 기인한다.

1990년초부터 중국 경제학자들은 중국의 시장화 정도를 수치로 나타내려는 노력을 시도하고 있다. 1992년에는 62%(盧中原, 胡鞍鋼, 1993)[102] 머물렀던 중국 시장화 지수는, 2003년에 이르

97) 江澤民(2006),「當前經濟工作需要把握的几個問題(2000.11.28)」,『論社會主義市場經濟』, 中央文獻出版社, 561쪽

98) 成都日報 (2004.12.29)

99) 中國經濟時報 (2006.9.21)

100) 上海證券報 (2006.8.28)

101) 人民日報 (2006.8.21) 및 인터뷰 결과

102) 盧中原·胡鞍鋼(1993),「市場化改革對我國經濟運行的影響」,『經濟研究(1993.第12期)』

러서는 73.8%(曾學文, 2006)[103]까지 높은 수준으로 제고되었다. 즉 중국 연구자들에 따르면, 1992년부터 10년간 중국을 대체적으로 시장화가 진행된(60~70%대) 국가로 보고 있으며, 또한 시간의 추이에 따라 그 정도도 확대되는 추세를 나타내고 있는 것이다.

[표 3-4] 중국 연구자가 보는 중국의 시장화 정도

연구자/기간	1992	1995	1996	1997	1999	2001	2002	2003
盧中原 胡鞍鋼	62%	-	-	-	-	-	-	-
국가계획委	-	65%	-	-	-	-	-	-
顧海兵	-	-	40%	-	50%	-	-	-
陳宗勝	-	-	-	60%	-	-	-	-
李曉西	-	-	-	-	-	69%	-	-
曾學文	-	-	-	-	-	-	72.8%	73.8%

자료: 顧海兵, 「中國經濟的市場化程度」, 中國經濟時報(1999.8.13). 陳宗勝(1999), 『中國經濟體制市場化進程』, 上海人民出版社. 李曉西(2003), 『2003年度中國市場經濟發展報告』, 中國對外經濟貿易出版社

2. 중국 거시경제정책의 도입 과정

1) 1978~1988년 계획경제하의 개혁 시기

중국은 개혁개방 이전에 고도로 집중된 계획경제체제를 가지고 있었다. 따라서 거시경제 관리와 운용은 엄격히 세분화된 지령성 계획에 의해 진행이 되었으며, 거시경제와 미시경제의 구분이 불가능 했고, 마치 한 국가가 한 개의 공장처럼 움직였다. 정부가 곧 기업의 기능을 수행하였으며, 기업(중점대형기업의 경우)이 곧 정부의 1급 부처였다. 생산, 인력, 재무, 판매, 유통, 무역 등 모든 기업의 행위가 직접적인 계획 관리하에 움직였다. 경제수단과 행정수단을 구분할 수 없었으며, 정당(공산당)과 정부를 분리할 수 없었고(黨政不分), 정부와 기업이 한 몸(政企合一)이었다. 이 시기 거시경제조정정책의 역할은 극히 미약하였다.

중국경제는 1978년말 공산당 11기 3중전회의 결정에 따라, 경제관리 방법은 전면적인 계획위주에서 시장 매커니즘으로, 단일한 국가 소유제에서 다양한 소유제로 전환되는 계기를 맞이하게 된다. 이 시기부터 중국정부는 직접적인 행정수단에 간접적인 경제수단을 병용하여, 거시경제에 대한 조정을 시작하게 된다. 1982년 12기 공산당 전국대표대회에서 '계획경제를 주(主)로, 시장조절을 부(輔)로'라는 원칙이 제시되었으며, 1984년 공산당 12기 3중전회에서는 '중국공산당 중앙

103) 曾學文(北京師範大學中國市場經濟硏究中心), '中國市場化程度的測度', 光明日報 2006.3.21

위원회의 경제체제 개혁에 대한 결정'에서 '사회주의 경제는 계획이 있는 상품경제'라는 원칙이 제시되었다. 1987년 13기 공산당 전국대표대회에서는 '국가가 시장을 통제하고, 시장이 기업을 인도한다'라는 경제운영 시스템이 수립되었다.

1984년 개혁의 중점은 농촌에서 도시로 전환되었으며, 각 부처, 각 기업에 대한 체제개혁이 실시된다. 또한 1987년 도시내 거의 모든 기업들은 임금총액과 경제효율을 연계시키는 시스템을 도입하였으며, 그 결과 정부는 기업에 대해 청부경영제(承包制)를 실시하게 된다. 이로 인해 1988년까지 중국의 농업, 공업생산은 급격한 발전을 기록하게 된다. 그 결과 중국경제는 자본축적(accumulation of capital)의 경로가 다양해지고, 자금의 유통이 빨라지게 되어, 고도의 자본축적을 이루게 된다. 이는 개인소득 증대, 기업이윤 제고를 가지고 와서, 자본축적, 기업이윤, 개인소득, 시장수요간에 부단히 발전하게 되는 선순환 구조를 만들게 된다.

중국의 개혁개방 이후 10년간의 경제발전은 거시경제적으로 중국경제의 성격을 전환하는 계기를 조성하였는데, 자본축적의 증가로 새로운 형태의 '결핍 현상'이 나타난 점이다. 즉 개혁개방 이전 계획경제시절 및 1980년대 전반 중국에서는 자본축적의 부족과 중공업생산 위주의 거시경제 운용으로 인해서 소비품 '결핍' 현상이 발생하였다. 이는 헝가리 경제학자 코르나이가 주장한 '결핍 현상'과 일맥상통 한다. 즉 정부 관료들은 강제로 조정된 수요와 공급의 균형을 바탕으로 미래 총수요를 예측하였으나, 이는 소비자의 억제된 총수요를 바탕으로 한 것이며, 기업들은 이를 기준으로 할당 받은 생산을 하게 되어 또 다시 결핍의 악순환에 빠지게 된 것이다.

코르나이(Janos Kornai)는 계획경제국가의 '결핍'의 확대 재생산 메커니즘을 설명한다. 사회주의는 관료통합과 공유제가 결합된 중앙계획경제이며, 총수요가 총공급을 초과하는 결핍경제로 투자와 외환이 부족하고, 국제수지가 장기적 적자를 보인다. 일반 소비자(가계)는 소비재(식품, 의류)와 사회서비스(교육, 의료)등이, 생산자(기업)에게는 최종 생산물을 생산하기 위한 자본재(생산설비), 중간재 및 부품, 원료(전력, 용수) 등 생산요소가 부족하기 때문이다.

결핍의 원인은 생산자와 수요자를 연결하는 고리가 가격(화폐)인 아닌 정부계획에 의존하고 있기 때문이다. 생산자와 소비자간 시장에 대한 정보가 차단되고, 기업은 국가의 보조와 세금감면 등에 의존하는 연성예산제약에 의해 활력을 찾기 어렵다. 코르나이는 자본주의 시장경제체제를 구매자 시장(Buyer's Market)으로, 사회주의 계획경제 체제를 판매자 시장(Seller's Market)로 파악하였다. 계획경제는 '가계소비의 강제적인 감소(소비포기 또는 소비연기) 및 가계 내 소비유보자금 증가→ 정부의 총수요 예측오류→ (국유)기업생산→ (국유)기업이윤 및 채산성 악화→ 정부재정 악화→ 배급량 및 분배구조의 양적·질적 저하→ 가계의 소비포기 및 소비연기현상 재연'으로 이어지는 결핍의 확대재생산 과정을 거친다. 수요측면에서 결핍의 경제는 가계로 하여금 강제된 소비억제 및 소비유보(강제된 저축)로 축적된 자금을 가계 내에 지속적으로 방치하게 함으로써, 유보자금이 정부재원 마련 및 기업투자 활동에 투입되지 못하고 있다.[104]

그러나 1980년대 후반기에 들어서자 중국경제에서는 '결핍' 현상이 아닌 '병목 (bottle-neck, 甁頸)' 현상이 나타난다. '병목'은 경기과열로 초래된 총공급과 총수요의 불균형 현상이다. 1980년대 후반기 중국 지도부는 경제발전과 동시에, 과열을 방지해야 하는 새로운 임무를 부여 받게 되는데, 이는 중국의 거시경제정책을 변화시키고, 본격화, 활성화 하는 계기로 작용하게 된다.[105]

이 시기 가격의 엄격한 관리는 통화팽창과 이중가격제도(雙軌制)를 초래하였으며, 지대추구(rent-seeking) 현상으로 인해 이익간 모순이 나타났다. 그러나 이 시기 중국의 거시경제정책은 이를 해결하기에는 역부족이었으며, 오히려 '개혁이 철저하지 않고 빠르지 않음.'에 그 원인을 두고 보다 빠른 개혁만을 강조하였다. 그 결과 계층간 격리와 빈부격차 문제가 발생하게 된다.

1980년대 중국경제는 투자수요의 증가에 따라 경제성장률이 상승하고, 경제성장에 따른 소득증가는 다시 소비증가로 연결되는 순환구조였다. 즉 전통적인 사회주의 계획경제에서 관측되는 연성예산제약(Soft Budget Constraint)에 의한 맹목적 투자확장 경향과, 자원배분이 다소 비효율적인 중국의 과도기적 시장기구와 결합하여 나타난 구조인 셈이다. 또한 이는 소비재 시장과 생산재 시장의 비대칭성[106]과 시장화와 분권화 속도에 비해 금융제도 개혁이 지체될 경우 나타나는 맹목적 투자현상과 계획경제하에 억제되어 있던 소비수요의 폭발적 증가로 설명된다.

1980년대 거시경제 안정은 개혁과정에서 나타나는 무조건적인 투자확대 경향과 수요폭발 현상 해결에 중점을 두었고, 정부의 거시경제정책 도구 역시, 재정투자 및 금융기관의 대출규모 축소, 임금억제, 외환관리를 통한 수출입 규제 등 행정수단을 통한 양적 규제에 초점을 맞추었다.

체제 전환기, 중국경제의 성장 원동력은 경제구조 전환, 농촌경제의 공업화, 저임 노동력의 지속 공급, 연안경제의 팽창, 외자유입 등 외연적(外延的) 여건의 변화에 있다. 이는 자원배분의 효율성 향상에 기인한 내연적(內延的) 성장과는 구분된다. 중국경제는 시장기구의 발전에도 불구하고, 금융제도, 국유기업 관리체제 개혁이 지연됨에 따라, 시장분할, 지방정부에 의한 지역보호주의, 지방정부의 행정적 경제관리, 생산재 및 소비재 시장 성격의 비대칭 등으로 비효율을 초래하였다. 그 결과, 경제개혁의 과정중 구조적 변화에 따른 경제성장의 모멘텀은 1990년대 중반까지 유지되었으며, 이와 같은 성장 모멘텀과 개혁의 불완전성이 결합하여 '거시경제 통제완화→ 투자증가→ 경제성장→ 소비증가→ 투자 가속화→ 물자부족(소비재/생산재 시장 비대칭성)→ 통화팽창→ 거시경제 통제강화→ 조정기→ 거시경제 통제완화'의 패턴이 반복되었다.[107]

---

104) Janos Kornai, 『短缺經濟學』, 經濟科學出版社, 1986年(中文 번역서) 참조.

105) 中國改革與發展報告專家組編, 『中國經濟的"軟着陸"』, 上海遠東出版社, 1998年, 59쪽

106) 1980년대 소비재 시장은 Buyers' Market의 특성을, 생산재 시장은 Sellers' Market의 특성을 보이는 비대칭성을 나타냈음.

107) 모멘텀(momentum): 물체가 한 방향으로 지속적으로 변동하려는 경향. 물리학 용어로 동력, 추진력·여세·타성이라고 함. 기하학에서는 곡선 위에 있는 한 점의 기울기를 나타내며, 경제학에서는 한계변화율을 뜻함. 주식시장에서 주가가 상승추세를 형성했을 때, 얼마나 가속을 붙여 움직일 수 있는지 나타내는 지표가 됨.

2) 1989~1991년, 거시경제 통제 시기

1989~1991년 3년 동안의 중국경제 침체는 중국내부 요인뿐만 아니라, 세계 및 주변 국가의 환경에도 기인한다. 세계경제는 1979~1989년 10년간의 급성장세에서 조정기로 접어 들었으며, 아시아에서는 일본이 1990년부터 거품경제의 몰락이 시작되었고, 한국은 민주화 열기로 인해 1989년부터 최대 규모의 파업이 시작 되었다.

1991년, 중국의 장쩌민(江澤民)-리펑(李鵬) 新정부는 그 동안의 개혁개방 정책이 개혁만을 위한 개혁, 체제개혁만을 위한 개혁이었음을 인지하고 그 방향을 전환하였다. 즉 향후 개혁은 일방적인 개혁이 아니라, 국가, 기업, 개인 등 모든 사회주체가 받아 들일 수 있는 개혁이여야 함을 천명하였다. 또한 샘플 추첨식, 소수의 시범형 개혁을 피하고, 전체의 생산력 발전에 유리한가 혹은 사회안정과 진보에 유리한가에 중점을 두기로 하였다.[108)]

1988년 9월, 중국 공산당 13기 3중전회에서는 향후 2년간의 시간을 투입하여 그동안의 급속도 개혁에 따른 경제환경 정리와 경제질서 정돈(治理整頓)에 역점을 두기로 결의한다. 또한 同회의는 그 일환으로 임금개혁에 대한 초안을 통과하고, 10월에는 '회사의 정리 정돈에 관한 결정'을 공포한다. 그 결과 고정자산투자 규모·각종 공공건물의 신증축 규제, 물가통제 등의 거시경제정책이 실시된다. 또한 국무원은 재정, 세수(稅收), 물가에 대한 대대적인 조사에 착수하여, 이른바 각급 기업, 기관, 사업단위의 비밀 장부(小金庫)를 색출한다.

그러나 이 시기에도 지방정부는 관망하거나 방임하는 태도를 보였으며, 그 결과 문제가 있는 회사(국유 및 집체기업)에 대한 정리정돈은 지체되게 된다. 문제는 이들 회사가 지방정부 각 부처와 직간접적으로 연결이 되어 있거나, 보호를 받고 있었기 때문이었다. 더군다나 더 큰 문제는 군대 혹은 영리활동을 할 수 없는 부처들까지 기업활동을 영위하고 있었으며, 이들의 지대추구(Rent-Seeking) 행위에 대한 정리 정돈은 그 효과가 아예 미치지 못하였다. 이러한 기업들의 지대추구 행위 원인에는 개인 및 집단의 사익 추구 외에도, 지방정부 재정이 열악한 점, 이중가격제도와 정부가 법으로 보장한 특혜로 인한 이익에 대한 유혹이 너무 크다는 점도 상존했다. 이 시기부터 중국의 지역이기주의 혹은 제후경제(諸侯經濟)가 확대되기 시작한다.

한편 이 시기 거시경제 조정의 어려움을 떵샤오핑(鄧小平)은 '중앙정부의 권위가 있어야 개혁에 성공할 수 있다. 반드시 지도부에서는 질서정연하게 정책을 추진해야 할 것이다. 중앙정부에 정책이 있으면, 지방정부에 대책이 있다는 식은 곤란하다. 거시 관리는 중앙정부의 말이 먹혀 들어가야만 실현될 수 있을 것이다 (1988년 9월).' 라고 토로한 바 있다.[109)]

이 시기 중국정부는 거시경제정책의 중점을 경기과열, 물가폭등, 통화팽창 억제에 두었으며,

---

108) 李鵬(1991), 『關於國民經濟和社會發展十年規劃和第八個五年計劃綱要的報告』, 人民出版社
109) 鄧小平(1993), 『鄧小平文選』第三卷, 人民出版社, 278쪽

이로 야기된 사회불안 해소에 역점을 두었다. 또한 각급 기업들이 규모확장을 통한 확대 경영방식에 무분별하게 치중하고 있는 것을 통제하려 하였다.

관련 정책이 실시되자, 수요 확대는 멈추었으며, 시장은 곧 과열에서 침체(불경기) 단계로 전환되었다. 당시 모든 경제주체는 이어진 불경기에서 큰 어려움을 겪었으나, 향후 중국정부는 거시경제정책의 필요성과 유효성을 이 시기 경험을 통해 축적할 수 있었다.

이 시기 불경기에도 불구하고, 저급 수준의 중복투자와 중복건설은 여전히 진행 되었으며, 이에 따라 각 지역에서 컬러TV, 냉장고 등의 가전 생산라인과, 석유화학 및 에틸렌 프로젝트 등이 착공되었다. 천안문 사태(1989년 6월 4일)를 강경진압으로 마감한 중국정부는 1989년 8월에는 더 강력한 거시조정 조치인 '회사의 정리정돈에 관한 진일보한 결정'을 공포한다.

3) 1992~1998년 거시경제 조정정책의 확립 시기

1992년 봄, 떵샤오핑은 남순강화(南巡講話)를 통해 개혁개방의 의지를 재천명하였고, 그 결과 같은 해 10월, 공산당 14기 전국대표대회에서 사회주의 시장경제체제 확립을 목표로 제시한다. 그 결과 몇 달만에 2천여개의 개발구가 연해지역을 중심으로 생기는 등, 중국경제는 다시 한 번 과열에 휩싸이게 된다. 대량의 자금이 광동을 중심으로 한 연해지역 개발구에 흘러들었고, 부동산 개발 열기와 물가폭등이 재현되었다.

이에 중앙정부는 1992년 9월에 '고정자산투자와 대출규모에 대한 거시조정 통지'를 공포하여, 고정자산투자의 급등과 대출급증을 방지하는 거시경제정책 집행에 착수한다.

1993년초 중앙정부는 원래의 경제성장 목표를 6%에서 8~9%로 높여 잡았으나, 과열 징후를 뒤늦게 인지하고 2분기부터 통화발행을 통제하는 등, 인플레이션 방지를 위한 위축적 통화정책을 구사하였다. 1993년 6월, 중앙정부(국무원)는 '현재 경제현황과 거시조정관리에 관한 의견'을 공포하여, 통화량을 엄격히 통제하여 금융 안정화를 꾀하는 16가지 거시조정 정책(조치)을 취하였다. 이로부터 약 6개월 후, 개발구 투자 열기는 수그러 들었고, 시장실패의 조짐은 약화되었다. 비록 물가는 여전히 높은 수준이었으나, 중국 경제사에서 처음으로 '거시경제 조정정책(宏觀調控)'이 그 기능과 역할을 확립하는 시기로 평가된다.

중국 공산당은 1993년 11월 14일, 제14기 중앙위원회 제3차 전체회의에서 '사회주의 시장경제 체제 건립을 위한 약간 문제에 대한 결정(中共中央關於建立社會主義市場經濟體制若干問題的決定)'공포 한다. 同결정문은 총 6장 33조로 이루어져 있으며, 이중 제4장은 '정부기능의 전환과 건전한 거시경제 조정체계의 건립'에 관한 것으로, 중국 최초로 거시경제정책의 범위와 역할을 상세히 규정하고 있다. 특히 중앙은행과 재정 부처의 역할과 기능이 통화정책 및 재정정책을 중심으로 명확하게 제시되었다.

1993년 12월, 동일한 맥락에서 중앙정부는 분세제(分稅制) 개혁을 결정하였다. 또한 금융체제 개혁을 통해, 인민은행에게 중앙은행으로써의 역할과 기능을 부여하였고, 정책은행과 상업은행을 분리하여, 거시경제정책중 통화정책의 기능을 중앙은행이 수행할 수 있는 기반을 마련하였다. 이러한 노력 덕분에 중국은 1996년 11월에 경제공작회의를 소집하여, 1993~1995년간 3년간 중앙정부의 노력으로 통화팽창을 억제하기 위한, 위축적 통화정책 등 주요 거시경제정책이 효과를 거두었음을 공포하고, 중국경제의 '연착륙'을 천명하기에 이른다.[110)]

1994년 중앙정부는 외환환율 단일화와 대외무역체제 개혁을 진행한다. 이를 계기로 중국정부의 가격, 환율, 이윤분배, 임금개혁 등 '이익조정'과 특혜정책을 중심으로 하는 거시경제 조정수단에 대한 개혁은 거의 완결 지어졌다. 그러나 개혁개방 이후 수 년간 '이익 조정'을 통해 개인과 지역의 발전을 도모했던 그간의 관성(慣性)은 쉽게 바뀌지 않았고, 1995년부터 등장한 증권시장으로 인해, 거시경제를 왜곡시키는 여러가지 현상들이 나타나게 된다.

[표 3-5] '사회주의 시장경제체제 건립을 위한 결정('93.11)'의 주요 내용

구 분	주요내용	변화된 조치
사회주의 시장경제에서의 거시조정 체계	(계획부처) 국민경제와 사회발전의 목표·임무·종합 경제정책 제시. (중앙은행) 통화가치안정 목표, 통화공급조절, 국제수지균형유지. (재정부처) 예산과 稅收 운용으로 경제구조와 분배조절. 통화·재정 정책운용, 사회 총수요와 총공급 균형조절, 산업정책과 결합하여 국민경제발전 촉진	재정책임제(包干制)에서 1994년 分稅制 개혁. 지방정부 지원책 이전지불제도 실행
재정, 세제 개혁	부가가치세(增值稅) 위주의 유통세 제도 추진, 일부상품 소비세 징수, 非상품경영에 영업세 징수. 교통중점건설기금과 예산조절기금 폐지. 기업소득세·개인소득세 통일화. 복식예산제도[111)] 개선. 중앙 재정적자의 은행이전 금지, 장단기 국채로 해결	장기건설국채 발행 개시
금융체제 개혁	인민은행이 독립적인 통화정책 집행, 신용규모 관리에서 지준율·중앙은행 대출이율·공개시장조작 등 수단확대(통화공급조절, 가치안정유지). 비금융기관에 대한 업무 중지 은행업과 유가증권업의 분업관리. 통화정책위원회 설치. 지역을 통괄하는 인민은행지점 설치 정책은행 설치로 정책성·상업성 업무 분리 중앙은행은 자금수급상황에 따라 기준금리조정, 상업은행의 대출이율 변동 허용	국가개발은행과 수출입신용은행 설립, 농업은행 개편후 정책성 업무 전담
투자체제 개혁	경쟁성 project는 기업결정, 대출여부는 상업은행 판단. 투융자 업무는 시장이관, 국가는 산업정책을 통해 지도. SOC건설은 다양한 투자채널 이용. 지방정부는 지역SOC건설, 국가중점건설project는 국가발전은행(정책은행)이 재정·투융자·금융채권으로 자금조달	프로젝트 등록제(项目登记備案制)로 현행 행정허가제(行政審批制)를 대체
정부기능	정부는 경제·법률·행정수단을 운용하여 국민경제를 관리하고, 기업의 생산경영 활동에 직접간여 금지	–

110) 馬洪, 『中國宏觀經濟分析(1996-1997)』, 南開大學出版社, 1997年, 91쪽

111) 歐美국가의 복식예산제도는 경상예산과 자본예산의 구분을 의미한다. 단식예산제도는 하나의 표에 수입 측

구 분	주요내용	변화된 조치
중앙·지방 관계	통화발행, 기준이자율 확정, 환율조정과 중요세목·세율의 조정은 중앙정부에 집중 지방정부(성·자치구·직할시)에 필요권한부여, 국가 법률·법규와 거시정책에 의거 행사	지방법규·정책과 규정을 제정. 稅收와 예산 의결 가능

자료: 人民網, 中國共産黨新聞의 원문을 근거로 정리 (2012.4).

1996년에는 주식시장 규범화에, 1997년에는 국유기업의 체제전환에 정책중점이 주어졌다. 또한 대외적으로는 아시아 지역에 금융위기가 도래하였고, 1997년부터 중국정부는 위안화 환율의 안정유지, 금융위기 방지 및 해결이라는 또 다른 거시경제정책 목표가 주어졌다.

1998년 중앙정부의 거시경제 목표는 경제성장율 8%, 통화팽창율 3%이하, 위안화 평가절하 방지였다. 1997년 아시아 국가의 금융위기와 1998년 심각한 수해를 경험한 중국정부는, 위안화 환율의 안정, 내수확대 등을 목표로, 그동안의 위축적 재정정책에서 전환하여, 단기간 내 확장적 재정정책을 채택한다. 이러한 거시경제 조정정책 전환의 가장 큰 이유는 국제환경과 자연환경이 급변했기 때문이다.

[표 3-6] 중국 통화정책의 시기별 전달 매커니즘

	개혁개방전 (1949~'78)	개혁개방후 (1979~'97)	간접 조정기 (1998~2004)	향후 목표 (2004~'10)	전달 메커니즘
주요정책 도구	신용대출, 현금, 계획	신용대출, 현금, 계획, 중앙은행대출	중앙은행 대출금리정책, 공개시장조작	중앙은행대출, 공개시장조작, 지불준비금, 재할인, 금리정책, 통화신용계획	
보조정책 도구	신용대출, 금리정책, 행정수단	금리, 신용대출, 재할인율, 공개시장조작, 특수예금	지불준비금, 재할인, 지도성신용대출계획, 신용대출 정책, 창구지도		↓ ↓
조작 목표	–	대출규모에서 기초통화	기초통화 (유동성 모니터)	기초통화에서 과도기 단기금리	↓
중간 목표	4대 균형 (재정수지, 신용대출, 물자수급, 외화수지)	대출규모에서 통화공급량	통화 공급량 (금리, 환율 모니터)	통화 공급량에서 과도기 중장기 금리	↓ ↓
최종 목표	경제발전 물가안정	경제발전 물가안정에서 통화안정, 경제발전 촉진	통화안정, 경제발전촉진	통화안정	↓

자료: 范方志(2005), 『當代貨幣政策理論與實踐』, 上海三聯書店, 90쪽

에 조세, 사업, 공채수입 등 모든 세입항목이 계상되고, 지출 측에는 소비경비, 이전경비, 투자경비 등 모든 세출항목이 계상되었다. 그러나 중국의 복식예산제도는 정부예산을 이전의 단일예산에서, ①정부공공예산, ②국유자산 경영예산, ③사회보장예산, ④기타예산 등 4종류로 구분하는 것이다. 그러나 실제로는 중앙정부 예산만 복식예산제도가 도입되었으며, 지방정부는 여전히 단식예산제도에 놓여 있다. 또한 중앙정부 역시 각기 다른 예산항목, 분류, 회계, 관리제도 등을 두는 개혁을 완성하지 못하고 있었다. (袁星侯, 「復式預算制度改革主張評析」, 『經濟學家(2002.6)』, 2002年, 96~97쪽)

1992~1998년간의 가장 큰 특징은 이전 시기에는 체제개혁에 중점을 두었다면, 이 시기에는 거시경제정책의 구사를 위한, 시장경제제도의 건설이 주도적인 위치를 차지했다는 점이다. 위 기간 중국경제 성장율은 비교적 높은 수준을 기록하였으며, 큰 파동없는 안정적인 추세를 구현하였다. 이는 중국의 거시경제정책이 한단계 성숙하였음을 보여주는 증거라고 할 것이다.

이 시기 중국정부는 군대, 공안(公安), 경찰, 무장경찰(武警), 사법 계통 등 부서 혹은 조직에서 경영하던 기업들을 모두 지방정부로 이관하였으며, 이로 인해서 거시경제정책의 역할과 범위는 더욱 확대되는 토대를 마련하였다.

3. 중국의 통화정책

중앙은행의 통화정책 수단은 크게 간접조절 수단과 직접조절 수단으로 나뉘어 진다. 간접조절 수단은 시장 친화적인 정책수단으로써, 중앙은행 대출정책, 지급준비율 정책, 공개시장 조작정책 등이 이에 해당된다. 직접조절 수단은 시장 메커니즘 보다는 정책 당국에 부여된 행정적 권한을 통해 수행되는 것으로, 은행 여신 수신 금리를 제한하거나, 은행대출 규모를 일일이 통제하는 것을 예로 들 수 있다.

중국은 개혁개방 이전에는 대출정책(信貸政策)만 존재하였으며, 거시경제학적 의미의 통화정책은 중앙은행인 인민은행 개혁이 이루어진 1998년 이후에 존재한 것으로 보아야 한다. 중국은 개혁초기 행정 규제적인 직접조절 방식의 통화정책을 주로 사용하였지만, 1997년이래 개혁의 심화와 시장화의 진전에 따라 시장에 그 기초를 두는 간접조절 방식으로 전환되고 있다. 그 첫걸음은 1984년 중국인민은행이 중앙은행으로써 그 기능을 전환한데에 기인한다.

또한 1997년 중국정부는 중국인민은행 화폐정책위원회를 성립하여 통화정책을 한단계 발전시킬 계기를 마련하였으나, 중앙은행의 독립성 부족에 기인한 구조적인 문제점으로 현재 화폐정책위원회는 자문기구에 불과하여 그 기능을 발휘하고 있지 못하고 있다. 쑹리(宋立)[112]는 화폐정책위원회의 유명무실화 이유를 구성원에 공무원이 너무 많고, 학자나 교수가 부족하며, 임기가 짧고, 인민은행이 대구역제(大區域)를 채택하고 있지 않은 점을 들었다.

실제 1997년 4월 5일에 공포된 '중국인민은행 화폐정책위원회 조례'에 따르면, 同위원회의 주요 임무는 통화정책 건의로 한정되어 있다. 또한 각 부처 장관 및 차관급으로 구성된 15인 위원중 민간인 금융전문가는 2인에 불과하며, 이들중 국유독자상업은행 행장과 금융전문가의 임기는 2년으로 규정되어 있다. 인민은행은 심양, 천진, 제남, 서안, 남경, 상해, 성도, 무한, 광주 등 9개 도시에 지점을 두고 있고, 북경과 중경에 2개의 영업 관리부를 두고 있다. 또한 전국

112) 宋立(2005),『中國貨幣政策傳導機制與金融體系重構』, 中國計劃出版社, 100쪽

328개 도시에 중심지점(中心支行), 1, 797개 현(市)에 지점(支行)을 두어, 관할지역의 금융안정을 위한 관련업무를 전개하고 있다.

중국 재정정책과 통화정책은 확장적(松)이거나, 긴축적(緊)이거나 온건(穩健)한 정책으로 나누어 볼 수 있다. 온건한 정책은 중성적(中性) 혹은 비확장 비긴축적(不松不緊)이라고 표현되기도 한다. 그러나 통화정책에서 온건한 정책의 실질적인 의미는 확장적(松) 화폐정책을 의미한다.[113) 1994~2006년간 통화 공급량 목표와 실제 결과를 보면, M2의 경우, 3개 연도를 제외하고 모두 목표대비 실적이 초과되어, 다소 방만하게 통화정책이 운영되었음을 알 수 있다.

1) 통화정책의 기본 체계

1980년대 중반부터 1990년대 초반까지 중국의 고속성장은 인플레이션을 동반하였고, 경제성장과 통화가치의 안정이라는 상충된 2가지 목표로 인해서 거시경제정책은 '확장-축소-재확장-재축소'의 주기적인 정책이 반복되어, 중국경제의 안정적 발전에 위협 요인으로 작용했다. 1993년 11월 14일, 제14기 공산당 중앙위원회 제3차 전체회의에서 '사회주의 시장경제체제 건립을 위한 약간 문제에 대한 결정'에서도 통화정책의 중요성이 언급된다.

1995년 〈인민은행법〉이 제정되었는데, 同法에 따르면, 통화정책의 최종목표는 위안화 가치를 안정시키는 것이며, 이를 통해서 안정적 경제발전을 도모하는 것이다. 또한 이론적으로도 통화가치 즉 물가를 안정시키지 않으면 소비, 저축, 투자, 생산 전반에 걸쳐 불확실성이 커져 경제활동이 위축된다. 관련 법규에 의거 인민은행은 이미 정한 통화정책 목표에 따라 자주적인 정책을 집행할 수 있고, 통화정책의 안정성, 연속성 및 유효성을 유지할 수 있도록 보장 받았다.

중국의 통화정책 역시 최종목표에 영향을 미치는 통화량이나 금리를 중간목표로 선정한 후, 중간목표에 영향을 미치는 정책수단을 강구함으로써, 이를 조절하여 의도하는 최종목표를 달성하는 체계를 가지고 있다. 중국 통화정책의 중간목표는 본원통화와 통화량이며, 통화량의 중심지표로는 M0(현금통화), M1(협의통화), M2 (총통화)가 있다. 중국의 정책수단으로는 공개시장조작, 지급준비율 정책, 재할인 정책을 들 수 있다.

개발도상국은 일반적으로 통화 수요함수를 교란시킬 만큼 금융혁신이 광범위하게 진전되지 않았고, 은행대출을 직접 통제하면 통화목표 달성이 상대적으로 용이하다. 이에 따라 통화량의 조절이 인플레이션 기대심리를 축소하는데 효과적이고, 금융시장의 미발달로 통화량(M0, M1, M2)을 중간목표로 사용하고 있다. 이들 중간목표에 대한 중요성 차이에 대하여는 논쟁이 있으나, 금융시장의 폐쇄성과 상업은행의 제약으로 인해, 단기적으로는 M1, 장기적으로는 M2를 중시해야 하는 것이 설득력이 있다고 본다.

113) 吳俊培(2004), 『積極財政政策問題硏究』, 經濟科學出版社, 97쪽

2) 1984~1997년간 통화정책의 형성

1984년은 중국인민은행이 중앙은행으로써 기능을 시작한 해로, 현대 화폐금융론에서 규정한 통화정책의 개념이 성립된 시기이다. 1985년 통화정책은 긴축적이었으며, 긴축이 심하게 진행되어 하반기에 경제가 하강하였고, 1986년초에는 침체 국면에 빠지게 된다. 결국 1986년 전국은행 분점 은행장 회의에서 경제의 안정을 유지하면서도 비교적 확장적인(穩中求松) 통화정책이 제시되었고, 당해연도 12월에 대출이 급증하였다.

1987년은 긴축적이면서 경제의 활력을 유지하는 정책(緊中有活)을 채택하여 공업생산이 회복되었고, 7~8월 대출 급증이후, 4/4분기에는 다시 긴축하였다.

그러나 시장에서는 이 시기 통화정책은 대출 규모를 통제하는 것이었음은 물론이다. 1988년초 중국은 물가개혁을 가속화 하여, 주요 상품에 대한 계획 가격을 폐지하였다. 당시 중국경제는 공급이 수요를 따라가지 못하는 상황이어서, 물가가 규제 완화, 즉 시장화 된다면 상승할 것이 분명하기에, 중국 인민들은 '사재기' 열풍에 휩싸이게 된다.

결국 1988년 상반기에 심각한 인플레이션이 초래되어, 같은 해 8월부터는 정상적인 정책 범위를 벗어나는 강력한 위축적 통화정책을 구사하지 않을 수 없었다. 이는 결국 중국식 거시경제조정 방식인 과열에 대한 급 브레이크 방식을 채택하게 하였으며, '과열→ 급브레이크→ 급락→ 경기부양→ 과열'의 악순환이 시작된 기점이 된다. 특히 중국에서의 급 브레이크 방식은 무엇보다도 경기급락에 대한 대가가 컸으며, 부작용도 적지 않았다.

그 결과, 1989년과 1990년 2년 연속 경제는 하향세를 지속했으며, 경기는 급등락을 지속했고, 경제 주체인 개인과 기업들은 소득감소, 재고급등, 삼각채(三角債)만연이라는 비정상적 상황에 놓여야 했다. 이 시기 2년간의 거시경제정책은 정책시차(policy lag)를 가졌으며, 내부시차(inside lag)와 외부시차(outside lag)가 모두 상존 했던 것으로 판단된다.[114]

1992년 떵샤오핑의 남순강화로 인해 전국에 개발구 열풍이 다시 시작되었으며, 신용대출이 확대되었다. 또한 부동산 투기 붐으로 인해, 상업은행은 중앙은행에 많은 규모의 재대출을 신청하였고, 부동산과 주식가격이 동반상승 하였다.

1992년 통화정책의 기조는 경제 회복세를 잘 유지하면서, 자금수요를 적당히 만족시키는 것이었다. 결국은 이전의 위축적 통화정책은 확장적 통화정책으로 전환되게 된다. 이 시기 정부는 비은행 금융기구의 발전을 촉진하였으며, 정책은행이 비은행 금융기구에 할인 융자를 주는 것을

114) 내부시차는 정책당국이 경기변동을 발생시킨 요인을 알아내고 관련정보를 수집하여 정책을 수립, 입법화 하는데 걸린 시간을 뜻하며, 외부시차는 시행된 정책이 현실경제에서 실제로 효과를 내기 시작하는데 걸리는 시간을 뜻한다. 내부시차는 다시 인지시차(recognition lag, 정보인지)와 실행시차(implementation lag, 정책화)로 나뉘어진다. 삼각채(三角債)는 A기업이 B기업에게, B기업이 C기업에게, C기업이 다시 A기업에게 물고 물리는 형태로 3자간 혹은 그 이상으로 상환능력이 없는 기업간 집행한 대출을 의미한다. 이들 삼각채는 기업신용을 초과한 대출로서 곧 불량자산으로 변질되었다.

묵인하였다. 이는 추후 합법적인 대출로 전환되게 된다. 1991년 중국경제는 본격적인 안정궤도에 접어들었으나, 1992년과 1993년 상반기에 여러가지 이유로 인해 확장적 통화정책이 지속되게 된다. 1992년 GDP 성장은 14.2%를 기록하였고, 이는 7차 5계년 경제계획(1986~1990년) 기간이후 가장 높은 수치였다. 1992년 통화 공급량 M0과 M1의 증가율은 M2 증가율을 초과 하였으며, 인플레이션 압력을 가중 하였다.

결국 중앙정부는 1993년 6월부터 거시경제 조정정책을 실시하여, 금융부문에서의 삼란 현상(三亂)[115]을 바로잡기 시작한다. 먼저 위법적인 금융기관간 단기대출(拆借)을 정리하였으며, 예대금리를 인상하여 통화관리를 공고히 하였다. 또한 외환시장에 개입하여 환율을 안정화 시켰다.

1994년말 제1차 중앙경제공작회의에서 적절한 긴축적인(適度從緊) 통화정책이 제시되었다. 이는 그간 8.5기간(1991~1995년)의 높은 인플레이션을 교훈으로 9.5기간(1996~2000년)에는 지나치게 높은 물가상승률 억제를 통화정책의 중점으로 두기로 했기 때문이다. 그럼에도 불구하고, 이 기간 통화정책은 성공하지 못했는데 그 이유는 정책의 강도가 적절하지 않았기 때문이다. 결국 다음 해인 1994년 중국경제는 高투자율, 高통화량, 高물가, 高무역적자 등 4高 현상이 나타났다. 또한 부동산 과열, 개발구 과열, 자금조달(集資) 과열, 주식투자 과열 등 과열 현상이 나타났으며, 금융 질서와 시장질서가 혼란(二亂)에 빠졌다.

아시아에 닥친 금융위기에 즈음하여, 1997년 중국의 통화정책은 주로 금융 리스크를 예방하고 해결하는데 초점을 두었으며 이의 실현을 위해 금융 개혁을 심화하고, 금융 질서를 정돈하였으며, 리스크를 방지하고자 하는 일련의 정책을 확정하였다.

3) 통화정책 수단의 정비

중국정부는 아시아 금융위기(1997)를 계기로 통화정책 수단을 대폭 정비하게 된다. 1997년 아시아 금융위기가 도래함에 따라, 1997년 하반기에 이르러 수출이 급격히 감소하였으며, 국내 총수요 부족현상도 두드러지게 나타났다. 중국은 내수를 확대하고, 통화공급을 증가시키기 위해, 대출을 증가시킬 필요가 있었다. 반면 상업은행은 대출을 신중하게 하거나 꺼리는 현상이 나타났다. 당시 통화정책의 목적은 금융 리스크를 방지하면서, 경제성장을 지속시키는 것이었다. 이에 따라 인민은행은 상기 목적을 달성하고자 지급준비금 제도, 금리형성구조 개혁, 공개시장조작, 채권시장 활성화 등 통화정책 수단을 정비하게 된다.

가. 지급준비금 제도와 금리형성구조 개혁

중국은 1988년 9월 법정 지급준비율을 13% 수준으로 제고후 10년간 변동하지 않았고, 법정지급 준비금 계좌와 지불준비금(備付金)계좌가 분리되어 있었다. 이는 중앙은행의 간접적인 조절

115) 삼란은 무질서한 자금모집, 무질서한 금융기구 설립허가, 무질서한 금융업무 진행을 지칭함.

메커니즘을 어렵게 하는 요인이었다. 이에 중앙은행은 1998년 3월에 지급준비금 제도를 개혁한 것이다. 개혁의 골자는 법정지급 준비금과 지불준비금 계좌를 통합하였고, 상업은행이 중앙은행에 지급준비금을 통일적으로 예치하였으며, 지준율을 이전 13%에서 8% 수준으로 낮추었고, 1999년에는 다시 2% 인하하여 6% 수준으로 하향조정하였다.[116]

다음으로는 금리형성 메커니즘을 조성하기 위해, 할인 및 재할인금리 형성 메커니즘을 개혁하였다. 이전에는 할인금리와 대출금리가 서로 연계되고, 재할인금리와 재대출 금리가 서로 연계되어, 할인금리와 재할인 금리가 연관성이 없었다. 그러나 1998년 개혁조치를 통해 중앙은행은 재할인금리를 지급준비금 금리와 재대출 금리를 참조하여 확정하고, 할인금리는 재할인 금리를 기초로 하여 상업은행이 스스로 정한 일정한 백분비를 더하여 결정하도록 바뀌었다. 사실상 할인금리가 규제완화 되어 시장화 된 것이다.

대출금리 변동 범위와 폭도 확대 시켰다. 상업은행의 소기업에 대한 대출금리는 변동 폭이 10%에서 20%로 확대 되었고(1999년에는 30%로 추가 확대), 농촌신용사 대출금리는 40%에서 50%로 확대되었다.

또한 1998년 1월 1일, 인민은행은 정식으로 상업은행에 대한 대출 규모한도를 취소하였다. 당시 인민은행장 따이상롱(戴相龍)에 따르면, 대출 규모한도는 50년간 중국 거시경제 조정에 중요한 역할을 하였으나, 금융기구의 증가와 자금조달 경로의 다양화에 따라, 대출규모 통제를 통한 직접 조절방식은 그 효과가 약해지기 시작하였기 때문이다.[117] 이는 중국정부가 통화정책의 중간목표를 이전의 대출규모에서 통화량으로 전환하고, 직접조절방식이 아닌 간접조절방식의 통화정책을 시행하기 시작한 전환점이었다고 평가된다.

나. 공개시장조작

다음으로 공개시장조작을 확대하였다. 공개시장조작은 1996년 4월에 개시하였으나, 51 차례 시행한 후 1997년에는 중단되었다. 중단 이유는 적은 국채 환매 입찰량, 상업은행의 자금조달 경로 다양화, 전문인력 부족, 시장의 단기자금 금리보다 낮은 재대출 금리 등이었다.

1998년 5월, 통화정책의 필요에 따라 공개시장조작은 다시 재개되었는데, 1998년에는 36차례 진행되어 701억 위안의 본원 통화를 증가시켰고, 1999년에는 52차례 행하여, 1,920억 위안을 증가시켰다. 1999년에 공개시장조작을 통해 증가시킨 본원통화는 당해 본원통화 증가의 52%를 점유하여, 대출규모 한도의 직접규제에서 간접규제 통화관리 방식인 공개시장조작으로 전환되는 기점을 마련하였다.[118]

116) 中國金融學會,『中國金融年鑑(1999)』, 中國金融年鑑編輯部, 1999年, 6쪽
117) 戴相龍,『中國貨幣政策報告(1998)』, 中國金融出版社, 1999年, 107-111쪽
118) 본원통화(本源通貨, reserve base): 중앙은행이 화폐발행의 독점적 권한을 통하여 공급한 통화(지폐, 동전)를 말하며, 화폐발행액과 예금은행이 중앙은행에 예치한 지급준비예치금의 합계이다. 중앙은행이 예금은행

금융위기 발생 전인 1997년 국외자산이 본원통화 증가의 가장 중요한 항목이었으며, 그 해 본원통화 증가의 81%를 차지하였다. 1998년 금융 위기에 따른 중국 수출입 및 외자감소(1998년 무역 전년비 0.4% 감소, 외자이용 7.9% 감소), 3차례의 금리인하, 위안화 평가절하에 대한 시장의 기대 등으로 외화수요가 공급을 초과하는 현상이 나타났다. 심지어 가짜 거래용 외환매입, 거래액 부풀리기 외환매입 같은 불법현상도 초래 되었다. 그 결과 1998년 국외자산중 본원통화 비중은 13%로 급감하였다.

또한 양곡 유통체제 개혁으로 정책은행의 국유 유통부문에 대한 대출이 줄어서 정책은행이 본원통화 공급중 차지하는 비중이 감소하였다. 결국 중앙은행은 공개시장조작을 통하여, 본원통화 공급량을 확대하기에 이른다. 그 결과, 1997년에는 전무하던 본원통화 공급중 증권매매 비중이, 1998년에는 21%, 1999년에는 52%로 급증하게 된다.

공개시장조작의 확대는 국외자산과 국유상업은행 및 정책은행의 대출감소 추세를 적시에 보완하여, 본원통화 및 통화 증가량의 목표를 실현하였다. 또한 중국이 1998년, 1999년에 채권시장의 육성 발전을 추진했기에 규제 전환에 따른 통화정책 효과가 배가된 것으로 판단된다.

다. 채권시장 활성화

1997년말 은행간 채권시장 거래잔액은 3, 819억 위안이었으나, 2000년 5월말에는 2.6배 증가한 1조 3,611억 위안에 달하게 된다. 1998년 채권 환매량은 전년비 2.3배 증가하였고, 1999년은 2.9배 증가하였다. 이는 채권시장 발전을 위한 중국정부의 적극적인 조치에 기인하는데, 이를 위해 1998년에 국책사업을 수행하는 정책은행인 국가개발은행에게 정책성 금융채권의 시장발행을 허용 하였다.

국가개발은행은 매년 국책 사업의 수행을 위해 1,500억 위안의 장기대출을 증가시켰는데, 이를 위해 중앙은행은 각 상업은행에게 일정한 정책성 금융채권을 구입하도록 요구하였고, 구입량과 이자율은 중앙은행에서 조정하였다. 그러나 1996년 이후 여러 차례 중앙은행의 금리인하와 특히 1998년 3차례 금리인하로 인해, 이미 고금리로 발행된 정책성 금융채권의 금리인하 요인이 발생하게 되었다. 그러나 이는 국가개발은행과 상업은행간의 이해가 걸린 민감한 사안으로 중앙은행은 곤란한 지경에 직면했다.

결국 중앙은행은 정책성 금융채권의 시장화 발행을 결정하고, 1998년 9월에 금리입찰 방식[119]으로 성공리에 발행하였으며, 중앙은행은 정책성 금융채권이 공개시장조작의 거래도구가 되었음

에 대하여 대출을 하거나 외환을 매입 혹은 정부가 중앙은행에 보유하고 있는 정부예금을 인출하는 경우 본원통화가 공급된다. 이렇게 공급된 통화를 예금은행은 일부를 중앙은행에 예치(지준금)하고, 나머지는 대출·유가증권 매입으로 운용하는데 이러한 과정을 통해 신용과 예금을 창출한다. 이처럼 중앙은행이 1차 공급한 통화는 파생적으로 예금통화를 창출하는 기초가 되므로 본원통화라고 하며, 이를 기초로 창출된 통화를 파생통화(은행대출 혹은 신용카드 사용액 등)라고 한다.

119) 국가개발은행이 채권을 발행할 때, Offer를 낸 금리가 가장 낮은 채권구입자(금융기구)를 선택하는 방식.

을 선포하였다. 이로써 과거 재정부(財政部)가 채권의 이자율과 수량을 결정하여 발행하던 시스템이 종료되고, 1999년부터는 시장의 수급(입찰방식)에 의해, 발행할 채권수량과 이자율을 결정하였다.

[표 3-7] 중국의 통화정책 운영체계 변화

	개혁·개방이전 30년 (1948~78)	개혁개방 후 20년 (1979~97)	1998년 이후 (1998~)
최종목표	경제발전, 물가안정	경제발전, 물가안정[2]	통화가치 안정과 이를 통한 경제성장 촉진
중간목표	-	대출규모, 통화량	통화량(대출총량, 금리)
조작목표	-	대출규모, 본원통화	본원통화
정책수단[1]	**신용계획 및 대출관리**[3] 금리정책 행정수단	**신용계획 및 대출관리**[3] **중앙은행 대출** 금리정책 지준율 조정 재할인 공개시장조작 창구지도 특별예치	**공개시장조작** **지준율 조정** **대출총량관리** **금리정책** 중앙은행 대출 재할인정책 창구지도 특별예치

주: 1) 굵은 글씨는 주요 정책수단
2) 1995년 법에 통화가치 안정과 이를 통한 경제성장 촉진으로 변경
3) 신용계획에 의거 대출총량 뿐 아니라 금융기관별 자금배분을 직접통제
자료: 「중국인민은행 60년」(2008.11)을 토대로 작성

전국은행간 단기자금시장을 확대하여 통일적 네트워크를 구축하였다. 1997년 이전에는 상해에 설치한 전국은행간 단기자금센터를 1급 네트워크라고 하고, 인민은행 분점 및 분점소속 기구의 융자센터를 2급 네트워크라고 칭하였다. 그러나 1992~1993년간 등 이전의 경기 과열시 융자센터가 대출한 자금이 회수되지 않아 통화정책이 실효성이 없었다. 이에 인민은행은 1997년 10월, 융자센터를 정리하고 전국은행간 단기자금센터를 확대하여, 전국 네트워크를 구축한 것이다. 또한 조건에 부합하는 증권회사, 기금관리회사의 참여를 허용하여, 인민은행이 승인한 자금의 차입과 대출, 채권환매, 채권매매를 하도록 하였다. 그 결과 2000년에는 7개 증권회사가 단기자금시장에, 25개 기금관리회사가 은행간 채권시장에 진입한다.

또한 대리은행제도 발전을 추진하였다. 소금융기구는 대리은행을 통해서 전국 화폐시장에 진입하는데, 일부 도시상업은행을 중심으로 대리은행 업무를 허용하였다.[120]

120) 中國人民銀行研究局課題組, 「中國貨幣政策分析」, 『經濟研究(1999.第3期)』, 中國社會科學院, 1999年, 26~33쪽

4. 중국의 재정정책

1) 재정 체계

가. 개요

공유제를 기초로 하고 있는 중국에서의 재정은 국가, 국유기업, 집체기업 그리고 사업단위의 권한, 책임 및 이익을 포함하는 광범위 한 범위이다. 재정관리 체제는 예산 및 세수관리 체제 외에, 예산외 자금관리 체제, 행정사업 관리체제, 고정자산 투자관리 체계, 기업재무 관리체제 등을 포함하는 광범한 분야이다.

중국의 국가재정은 중앙재정과 지방재정 두 부문으로 구성된다. 주요 재정수입으로는 세수, 국채(國庫券) 발행수입, 국유기업의 수입 및 외국차관 등이 있다. 분세제(分稅制) 개혁에 따라 중앙과 지방 稅收를 구분하는 분세제 재정관리체제를 두고 있으며, 중앙정부와 지방정부가 각각의 직권(事權, 행정권)에 따라 재정지출을 집행하고 있다.

중앙의 재정은 주로 국가의 안전보장, 외국자본, 국가기관과 관련되는 경비, 거시경제정책과 관련되는 지출 및 중앙정부 소관사업의 발전과 관련되는 지출을 담당하고 있다.

지방의 재정은 지방정부기구의 경상지출, 지역경제, 사회사업의 발전과 관련되는 지출을 담당한다. 중앙과 지방정부 간에는 중앙에서 지방으로의 세수반환, 자금보조 등 이른바 이전지불제도(轉移支付制度)에 의해 재정 격차를 조정한다.

중국의 예산은 중앙에서 지방까지 5단계(5급)로 나뉘며, 각급 정부가 각각 해당정부의 예산을 가지고 있는 1급 정부, 1급 예산제도가 실시되고 있다. 국가예산은 중앙예산과 지방예산으로 구성된다. 중국의 예산 연도는 1월 1일부터 12월 31일까지이다. 중국의 예산을 근거하는 법규정은 1994년 3월 22일 제8기 전인대 2차 회의에서 통과된 〈예산법〉이 있으며, 이전에는 1991년 10월 21일 국무원에서 공포한 〈국가예산 관리조례〉가 있었다.

〈예산법〉에 따라 중앙과 지방의 예산안, 예산집행 상황에 대해서는 전국인민대표대회와 지방각급 인민대표대회의 심사 및 승인을 받아야 한다. 또 중앙과 지방의 예산조정과 결산에 대해서는 전인대 상무위원회와 지방전인대 상무위원회의 심사·승인을 필요로 한다. 중국 재정부와 각급 지방정부의 재정부문(부서)은 중앙과 지방 각급의 예산안, 예산집행 계획, 조정 예산안 및 결산안을 구체적으로 작성한다.

중국은 개혁개방 이후 2000년까지 성장의 품질보다는 수량을 중시하는 조방형(粗放型)[121]

121) 조방농업(粗放農業 extensive agriculture), 집약농업(集約農業 intensive agriculture) 에서 유래된 용어이다. 농업 경영의 3가지 기본요소는 토지·노동·자본인데, 前者는 일정 면적의 농경지에 투하되는 노동력과 자본이 상대적으로 적은 농업형태를, 後者는 특정 요소의 투자 비중이 큰 것을 나타낸다. 중국에서는 조방형 발전 모델은 생산요소의 수량적 투입을 통한 발전을, 집약형 발전 모델은 생산요소의 효율 제고를 통한 발전을 의미한다. (張立群, 我國經濟增長方式轉變進程分析, 『改革(2005.第12期)』, 2005年, 改革雜志社)

성장 모델을 추구하였으며, 재정정책은 이를 위해 효과적인 노동과 자본투입이 이루어질 수 있도록 재정정책 개혁이 실시되어, 종전의 중앙집중적인 종합수지(統收統支)[122] 재정체계에서 분권화 방향으로 추진되었다. 이를 통해 중앙과 지방, 정부와 기업간의 이해관계를 합리적으로 조정하고, 지방정부와 국유기업의 재량권을 대폭확대하여 적극성을 촉발, 경제의 활성화와 재정수입의 확보를 도모하는 방향으로 개혁이 진행되었다.

중국 재정규모는 매년 기복이 있으나, 전체적으로는 경제발전의 속도와 궤적을 같이하는 증가 추세를 나타내고 있다. 재정규모의 절대 총액이 부단히 증가하여, 1999년에는 처음으로 재정수입이 1조 위안을 돌파하여 1조 1,444.1억 위안을 기록하였고, 2003년에는 2조 위안을 2005년에는 3조원 위안을, 2007년에는 5조 위안을 넘어서며 최고 증가치(전년비 32.4%)를 기록했다.

중국정부는 균형예산 원칙을 기조로 하고 있다. 그러나 재정운용 추이를 보면 개혁개방 이전에는 소폭의 흑자와 적자를 순환하였으나, 1979년 이후부터는 연속 적자기조를 나타냈으며, 그 적자 폭은 확대되는 추세이다. 실제 WTO 가입후인 2001년 이후 중국 재정수지를 살펴보면, 2007년 한 해에만 1,540억 위안의 흑자 재정을 기록했고, 그외 10년간은 적자재정 상태에 놓여 있음을 알 수 있다. 특히 2009년에는 재정적자가 7,781억 위안으로 정점을 기록했으며, 이후 적자 폭은 다소 축소되었으나 2020년에는 COVID-19 영향으로 6.27조 위안까지 확대 되었다.

이와 같은 재정적자의 누적은 개혁·개방 정책을 추진하면서 종전에 취해 온 종합수지 및 중앙통제 방식의 모순을 탈피하기 위한 재정의 분권화에 기인하며, 2009년 이후 최근의 재정적자는 내수진작을 위한 적극적인 재정정책에 기인한다 할 것이다.[123]

[표 3-8] 중국 국가재정수지 추이

(단위: 억위안)

연도	재정수입	재정지출	재정수지	연도	재정수입	재정지출	재정수지
2001	16, 386.04	18, 902.58	-2, 516.54	2011	103, 740	108, 930	-5, 190
2002	18, 903.64	22, 053.15	-3, 149.51	2012	117,253.5	125,952.9	-8,699.4
2003	21, 715.25	24, 649.95	-2, 934.7	2013	129,209.6	140,212.1	-11,002.5
2004	26, 396.47	28, 486.89	-2, 090.42	2014	140,350	151,662	-11,312
2005	31, 649.29	33, 930.28	-2, 280.99	2015	152,269.2	175,877.8	-23,608.5
2006	38, 760.2	40, 422.73	-1, 662.53	2016	159,605	187,755.2	-28,150.2
2007	51, 321.78	49, 781.35	1, 540.43	2017	172,592.8	203,085.5	-30,492.7
2008	61, 330.35	62, 592.66	-1, 262.31	2018	183,359.8	220,904.1	-37,544.3
2009	68, 518.3	76, 299.93	-7, 781.63	2019	190,390.1	238,858.4	-48,468.3
2010	83, 101.51	89, 874.16	-6, 772.65	2020	182,913.9	245,679	-62,765.2

자료: 人民網(2012.1.20.), 중국통계연감(2015), 국가통계국 国家数据 (2022.2).

122) 일괄 수입과 일괄 지출의 방법을 수행하는 중앙정부 집권적인 재정체제임.
123) 한상국, 「중국의 재정관리 체제」, 『재정포럼(2002.12)』, 한국조세연구원, 2002년, 91쪽

나. 예산제도

중국의 국가예산은 정부의 급수에 따라서 중앙예산과 지방예산으로 구분된다. 국가 예산체계는 행정권 및 행정구역에 따라서 구분되며, 현재는 5단계로 구분되어 1급 정부에 1급 예산체계를 가지고 있다. 즉 국가예산, 중앙급 예산, 지방급 예산(省, 자치구, 직할시, 區가 있는 市, 자치주), 현급 예산(현, 자치현, 區가 없는 시, 직할구), 향급 예산(향, 민족향, 진) 등 5단계 정부는 5단계의 예산 체계를 보유하고 있다.

중앙(급) 예산이란 법정 순서에 따라 승인 받은 중앙정부의 예산수지 계획을 말한다. 중앙예산은 중앙 각 부처의 행정단위 예산, 사업단위 예산, 기업재무계획, 기본건설 재무계획, 국고 및 조세 수입계획 등으로 편성된다. 중앙예산은 예산을 관할 하는 재정부에서 편성하고, 전인대에서 심사 승인을 받아야 한다.

[그림 3-4] 중국의 5급 예산 관리 체계

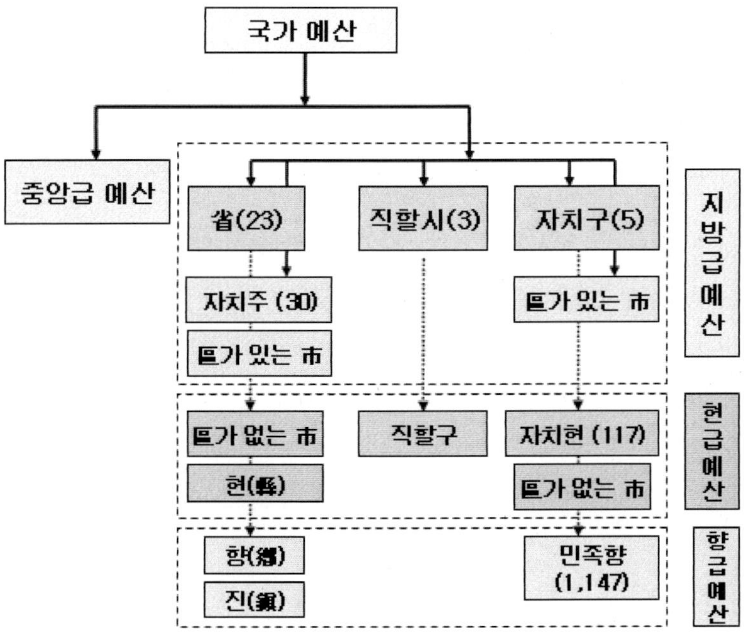

주: 1. 〈예산법〉 2조를 참고하여 작성.
   2. 행정 단위 옆의 숫자는 행정 단위 수이며, 그외 현은 2, 862개(현급시, 직할구 포함), 향은 43, 258개(진, 민족향 포함)임 (2004년말).
   3. 행정 단위간 상하 예속 관계는 화살표로 표시.

지방예산(지방급 예산, 현급 예산, 향급 예산) 법정 순서에 따라 승인 받은 지방 각급 정부의 재정수지 계획을 통칭한다. 지방예산은 각 성, 직할시, 자치구의 총예산으로 구성되며, 이들은 해당 행정단위의 정부 예산 및 집계된 현급 및 향급 예산으로 구성된다. 지방예산에는 하급 정부가

상급정부에게 상납하는 금액, 상급정부가 하급정부에 대해 환부하는 금액, 그리고 교부하는 보조금이 포함된다.

각급 인민대표대회는 예산을 결산, 심사, 승인하는 권력기관이다. 또한 해당 급 지방정부의 예산 결산에 관한 부당한 결정이나 명령을 취소하는 권한도 가지고 있다. 각급 정부는 해당 급 인민대표대회에 예산집행 상황을 보고하여야 한다. 예산의 관리는 통일지도(統一領導), 분급관리(分級管理)를 원칙으로 한다. 통일지도란 예산 관리상의 중대방침 및 예산법규를 국무원 또는 재정부에서 통일적으로 제정하는 것을 가리킨다. 분급관리란 이 통일 정책하에서 각급 지방정부는 재정상 독립하여, 독립된 예산관리권, 지방성 예산 법규제정권(예산관련 조례 제정권), 예산의 편성, 조정, 사용권을 가지는 것을 의미한다. 이는 중앙정부가 거시경제 조정능력을 제고함과 동시에, 지방정부가 적극적으로 예산을 관리할 수 있도록 하는데 그 목적이 있다.

다. 예산의 심의 및 관리

각급 정부는 재정권(財權), 재정력(財力)에 상응하는 직무, 즉 직권(事權, 행정권)을 맡는 것이 원칙이다. 그러나 분급 관리하에서 직권이 분산되어 있음에도 불구하고, 일부에서는 분세제 재정관리 체제를 통하여 재정력이 중앙으로 집중되는 모순이 발생하고 있다. 따라서 분세제를 통한 1차 분배, 이전지출(轉移支付)을 통한 2차 분배 단계의 조정을 거침으로써 재정권과 직권이 일치하게 된다.

〈예산법〉에 의거, 지방 각급정부 예산은 '수지균형의 원칙'에 따라, 적자를 계상할 수 없으며, 지방채의 발행도 원칙적으로 금지되어 있다. 각급 정부는 연도 내의 계절적인 수지차액(자금부족)을 조정하여 적시에 지출을 할 수 있도록 예산주전금(預算周轉金, 운용자금)을 두고 있다.

2) 1980~1993년간 재정정책

분세제 개혁전인 1980~1993년간 이 시기 중국정부의 개혁 방향은 권리의 이양과 이익의 향유(放權讓利)로 특징지을 수 있다. 즉 기업과 정부 재정과의 관계를 분리하기 위해 중국정부는 13년 기간동안, 국유기업에 대해 이윤유보제(利潤留成), 상납 이윤의 세금 전환(利改稅), 경영책임제(承包經營責任制) 등을 도입하였다. 1990년에 이르러 국유기업들은 이익의 50%에 대해 자율적인 활용권을 보장 받았으며, 그 결과 국유기업의 재정에 대한 의존도는 줄어들게 된다.

또한 이전의 수직적 재정 관리체계는 수평적 관리체계로 점차 전환된다. 또한 일부 재정제도를 개혁하여, 국가 예산관리 내 항목의 재정수입과 지출을 관련 부처로 이임, 국가 예산외 항목으로 전환하여, 각 부처와 산하 사업단위가 적극적인 자율관리를 통해 재정수입을 제고하는 장려 시스템을 도입한다. 그 결과, 1991년말, 기업과 부처가 지배권을 행사하는 예산외 자금은 지방정부 예산수입보다 280억 위안이 많은 2,500억 위안에 달하게 된다.

전체적으로 보면 이러한 재정 관리체계 개혁은 이윤 제고를 위한 부처(사업단위)의 적극성을 제고하여, 한편으로 성공한 듯 보였다. 그러나 재정수입 자체는 큰 적자를 기록하고, 갈수록 늘어나는 심각한 현상이 초래된다. 결국 재정정책의 조정 능력은 크게 상실되기에 이른다. 그 원인은 개혁된 재정 관리체제에서 재정수입 증가능력이 한계를 보였기 때문이다. 즉 재정수입 체제는 변하였으나, 이에 상응하는 재정지출 체제 개혁이 추진되지 않았다. 그 결과, 재정정책이 필요한 시기에 이르러서는 심각한 적자재정에 빠진 상태에 처해, 그 기능을 발휘할 수 없었다.

이 시기 대부분의 재정 관리체제 개혁의 중심은 포간제(包干)[124]를 기초로 하였다. 즉 일정한 재정 수입 기준을 정해 목표 추가 달성부분은 기업이나 부서에 할당하였다. 포간제는 국가의 재정 수입을 감소시키지 않으면서, 기업의 이윤 추구 동기를 강력히 부여하였고, 부처-지방-기업 3자간 분배구조를 비교적 합리적으로 유지할 수 있는 장점이 있었다.

반면, 많은 단점이 나타났는데, 그 중 하나는 경제성장에 따라 당연히 늘어야 할 재정수입이 원천 봉쇄 되었으며, 그 결과 재정수입이 GDP에서 점유하는 비중을 점차 감소시키는 부작용을 낳았다.[125]

다음으로 국가재정이 분산되어, 재정수입이 줄고 재원이 낭비 되는 경향이 나타났다. 각종 기금, 수입항목 등, 예산외 항목을 통한 재정 관리체계는 각 부문의 재무 자주권을 제고하여 경제 주체의 활력을 높힌 것은 사실이나, 예산항목에서는 할 수 없는 여러가지 사업들을 벌이는 방만한 결과를 초래했다.

1985년 국유 공업기업이 국가 재정에 납부한 이윤액은 299.29억 위안이었으나, 1991년에 이르러서는 52.96억 위안으로 7년간 연평균 25% 감소하는 결과를 초래한 것이다. 또한 같은 기간, 재정납부 이윤이 매출액에서 차지하는 점유비는 6%에서 0.5%로 하락하였다. 반면, 기업이 각 지방 부처에 납부한 기금이나 납부금은 연평균 22.4% 증가하였다.

3) 1994년, 新재정정책의 확립과 분세제

가. 재정체제 개혁

앞서 설명한 바와 같이 중앙정부는 1994년, 분세제를 골자로 하는 재정체제 개혁을 실시한다. 기업과 각 부문에 이양되었던 재정수입과 재정지출 권한을 '중앙정부－지방정부'라는 양대 체제로 통합하고, 중앙세, 지방세를 명확히 하여, 재정수입과 지출이 각급 정부에 귀속되도록 정리한다.

---

124) 1980년에 도입한 재정책임제는 지방정부가 징수한 조세수입(국세징수 포함)을 두고 지방정부가 자율적으로 사용할 수 있는 재정의 비율(또는 지방에서 중앙정부로 상납해야 할 재정이전의 비율)을 각 지방의 재정 여건을 고려하여, 중앙정부와 지방정부간 협상 또는 계약에 의해 결정하는 것을 핵심으로 하고 있다. 이 제도는 초기에 상대적으로 재정력이 풍부한 북경, 상해, 천진 등 3개 직할시를 제외한 전 도시들을 대상으로 일률 적용되었다. (임성일, 『중국의 지방재정제도』, 한국지방행정연구원, 1998년, 82쪽)

125) 陳錦華(1998), 『通向軟着陸的宏觀調控』, 中國計劃出版社, 234쪽

또한 세제(稅制) 개혁을 실시하여, 징수 및 관리 제도를 정비하였다. 재정지출 구조를 개혁하여, 재정 기능을 최적화 하였으며, 국유자산 관리와 운용 시스템에 대한 개혁을 실시하였다. 마지막으로 국채 발행 관리를 이전의 계획경제 시스템에서 시장 경제화 궤도에 올려 놓는다.

분세제 개혁(1994)후 세출입은 물론 이전의 포간제도 하의 병폐가 여전히 상존하였고, 분세제 개혁에 따른 각 부문의 기능전환도 신속하게 그 효과를 발휘하지 못하였다. 稅收체계도 완벽하지 못하여, 특히 개인소득세의 稅收 시스템은 경제 발전단계와 괴리를 나타냈다. 산업구조, 소유제 구조와 稅收 구조간의 합리적인 균형이 부족하였으며, 이는 2차산업의 세부담이 3차산업보다, 국유경제 세부담이 민영경제보다 무거운 결과를 초래했다. 新재정정책 확립 초기(90년대 중반)에 중앙정부는 분세제로 줄어든 지방정부의 세입을 보전하여주기 위하여, 각 행정부처에 기금을 건립하거나 납부금을 설치하여 현지 실정에 맞게 稅수입을 거둘수 있도록 허용하였다.

그 결과, 공공부문에 대한 재정의 적절한 분배가 이루어 지지 않았으며, 시장질서에 혼란이 왔고, 세수(稅收)를 둘러싼 부정부패가 여전했다. 이렇듯 국가 예산의 경제 각 부문에 대한 집중도 약화로, 재정정책은 거시경제 조정 정책의 수단으로써의 역할에 여전히 제약이 상존하였다.

나. 분세제(1994년)

분세제(分稅制)는 재정 관리체제로써 중앙과 지방의 재정 수입원을 분리하는 제도를 말한다. 즉 중앙정부와 지방정부의 행정권과 재정권을 구분하여, 행정권과 재정권의 상응 원칙 아래, 전체 재정수입을 중앙수입, 지방수입 및 공유수입으로 구분하고, 중앙 및 지방정부는 각기 그 재정을 관리하고 책임을 지는 제도이다. 이는 중앙정부와 지방정부간의 재정분배 관계를 설정하는 제도이다. 국가권익 보호와 거시경제정책에 필요한 조세는 중앙 고정수입인 중앙세로, 지방의 관리가 합당한 조세는 지방 고정수입인 지방세로, 경제발전에 직접 관련되는 조세는 중앙과 지방의 공유수입인 공유세(共享稅)로 구분한다.

지방정부간의 관계는 성급 정부인 성, 자치구, 직할시의 재량에 의해서 결정된다. 〈예산법〉의 하부 법규인 〈예산법 실시조례〉에 따르면, 지방 각급 예산의 상하급간의 수입 및 지출 항목의 구분, 상납, 반환, 보조에 관한 구체적인 방법에 대해서는 상급 지방정부가 확정하여, 지방 인민대표대회 상무위원회로 송부하는 것으로 규정되어 있어서, 지방정부간 지방세의 배분 방법은 성급 정부간 차이가 있다.

분세제 실시로 인해, 먼저 세목별 귀속처가 확실히 구분되고, 중앙과 지방간 독립된 세수 관리체계와 안정적 세원 확보가 이루어졌다. 또한 중앙과 지방간의 납입 관련 재정 관계가 규범화 법제화 되었으며, 세금부과 대상에 대한 원칙, 운용, 처리에 관하여 중앙과 지방간의 권한이 분명히 구분되었고, 기업과 행정부처(부문)간의 소속관계가 세금 부과의 기초 원리로 작용하지 않게 되었다. 중앙과 지방간의 재정수입에 대한 세원을 체계화 하였다. 반면 분세제는 중앙과 지방의 이익관계에서 단기적이고 소폭 조정은 가능하나, 대폭적인 조정은 불가하다는 특징을 가지고 있다.

이에 李周炯(2002)은 분세제를 중앙과 지방의 이익을 구분지어 상호간 이익충돌을 감소하여, 이익의 공유를 가능하도록 한 제도로 평가하고 있다. 다음은 분세제에 따른 중앙과 지방 세수 분류이다.

赵云旗(2005)에 따르면 분세제 실시 이후, 상당부분의 지방재정 수입이 중앙재정으로 전이됨에 따라, 중앙재정 수입은 늘고 지방재정 수입은 줄어들게 되었다. 또한 중앙정부의 지방정부에 대한 세수 반환액이 늘어났으며, 지방정부는 중앙세 납부시, 처음부터 반환액을 공제하고 납부할 수 있게 되어, 불필요한 자금 유동을 대폭 감소하였다.

[표 3-9] 중국의 중앙과 지방 세금 수지 구분

수지	구분	항목
지출	중앙	국방비, 무장경찰비, 외교대외원조비, 중앙행정관리비, 중앙관할 기본건설투자, 중앙직속기업의 기술개조와 신제품 개발, 지질탐사, 농업지원지출 일부, 중앙 내외차관 원리금 상환, 중앙 공안사법 지출, 중앙 문화 교육 보건위생 과학 사업비
	지방	지방행정관리비, 공안사법지출, 무장경찰경비 일비, 민병사업비, 지방계획의 기본건설투자, 지방기업의 기술개조와 개발비, 농업지원 지출, 도시 유지 건설 경비, 지방문화 교육 보건위생 사업비, 가격보조 지출, 기타 지출
세수	중앙	관세, 세관이 대리징수하는 소비세, 수입증치세, 소비세, 중앙기업 소득세, 은행 금융기관 소득세, 철도부문 각은행 본점 각보험사 본사가 납부하는 수입(영업세 소득세 이윤 도시건설유지세), 중앙기업 상납 이윤, 무역기업의 수출환급세
	공유	부가가치세 (중앙 50%, 지방 50%) [2016.5.1] 기업소득세 및 개인소득세 (중앙 60%, 지방 40%) [2016.5.1]
	지방	영업세, 지방기업 소득세 및 상납 이윤, 개인소득세, 토지사용세, 고정자산투자 방향 조절세, 도시건설 유지세, 부동산세, 차량·선박용 면허세, 인지세, 도축세, 농목업세, 농업특산품세, 경지점용세, 부동산거래 부가가치세, 유산증여세, 토지부가가치세, 국유지 유상사용수입 (영업세와 도시건설 유지세중 철도부문, 각 은행본점 각 보험총공사가 납부하는 수입은 제외. 지방기업소득세중 지방은행 외자계은행 비은행계 금융기관의 소득세 제외)

자료：中国财政杂志社(1995),『中国财政年鉴 1994年』, 63쪽, 최근 공개자료 종합(2022.2)

[표 3-10] 2013년 중국 항목별 재정수지 현황

(단위: 억위안, %)

항 목	세입액	비 중	항 목	세출액	비 중
세수총액	110530.70	100%	지출총액	140212.10	100%
국내증치세	28810.13	26.1%	일반공공서비스	13755.13	9.8%
국내소비세	8231.32	7.4%	외교(대외원조)	355.76	0.3%
수입품증치·소비세	14004.56	12.7%	국방	7410.62	5.3%
수출증치·소비세환급	-10518.85	-	공공안전	7786.78	5.6%
영업세	17233.02	15.6%	교육	22001.76	15.7%
기업소득세	22427.20	20.3%	과학기술	5084.30	3.6%
개인소득세	6531.53	5.9%	문화·체육·언론	2544.39	1.8%
자원세	1005.65	0.9%	사회보장·취업	14490.54	10.3%
도시유지건설세	3419.90	3.1%	의료·위생	8279.90	5.9%
부동산세	1581.50	1.4%	환경보호	3435.15	2.4%
인지세	1244.36	1.1%	도시생활서비스	11165.57	8.0%
도시토지사용세	1718.77	1.6%	농·림·수산업무	13349.55	9.5%
토지증치세	3293.91	3.0%	교통운수	9348.82	6.7%
자동차선박 운행세	473.96	0.4%	자원탐사,발전업무	4899.06	3.5%
차량취득세	2596.34	2.3%	상업서비스	1362.06	1.0%
관세	2630.61	2.4%	금융감독	377.29	0.3%
경지점용세	1808.23	1.6%	지진복구	42.79	0.0%
취득세(契稅)	3844.02	3.5%	기타지역 구호사업	158.54	0.1%
연초세	150.26	0.1%	국토·기상관측	1906.12	1.4%
			주택건설	4480.55	3.2%
			원유·곡물비축	1649.42	1.2%
			국채이자지출	3056.21	2.2%
			기타	3271.79	2.3%

주: 1) 취득세는 토지 및 주택 등 부동산 취득에 관한 과세임.
2) 부동산세는 기업보유 건물 및 임대건물, 초과 주택에 대한 보유세임.
3) 인지세 중 37.7%는 증권거래인지세임.

자료: 중국통계연감(2014)

제3절 중국 산업정책

1. 개방경제하의 산업정책

1) 산업정책의 정의

영미계의 신고전학파 이론에서 산업정책이란 생소한 개념이며, 개입주의적 경향이 강한 일본이나 프랑스에서 발달한 정책 정도로 여기고 있다. 산업정책이라는 용어는 프랑스와 일본에서 1960년대 중반부터 산발적으로 사용되기 시작했다. 프랑스는 제5차 경제개발계획(1965~1970년)에서 외국자본과 수입품에 대항하여 자국 제조업을 육성하기 위하여 그 정책수단으로 산업정책이 논의되었다. 일본은 1970년초에 통산성에서 산업정책 개념을 공식적으로 사용하기 시작하였고, 1973년 7월에는 이를 전담하는 산업정책국을 신설하였다.

1970년대 들어 세계 각국이 산업정책에 관심을 가지게 된 것은 세계 자원위기(석유 파동)가 빚어낸 '새로운 경제현상'에 대해, 과거의 정책수단으로는 대처해 나갈 수 없기 때문이었다. '새로운 경제현상'은 선진국의 철강, 조선, 섬유 분야 등에서의 산업구조조정 문제를 말한다. 브레튼우즈 체제하[126]에서 39년 가까이 번영을 누려오던 이들 선진국의 산업의 구조조정은 이자율 조작, 통화공급 같은 거시경제정책이나 무역정책만으로 불가능하였기 때문이다.

산업정책의 짧은 역사와 이의 실시여부에 대한 각국의 엇갈린 견해 때문에 아직 국제적으로 일치된 학문적 정의가 없이 경제학자에 따라 다양하고 폭넓은 정의가 존재한다. 용어자체도 구조정책(structural policy), 적극적 조정정책(positive adjustment policy), 산업전략(industrial strategy) 같은 다양한 표현으로 사용되고 있다. 그러나 프랑스, 일본, 미국, 한국 등에서 사용되는 산업정책에 대한 다양한 정의를 종합해 보면 다음과 같은 몇가지 공통점을 발견할 수 있다.

자국 산업의 경쟁력 향상, 시장실패(market failure)의 보정(補正), 자원배분과 산업구조조정에 대한 정부의 적극적 역할, 경제나 산업의 국내 공급능력 확대, 산업발전과 생산성 향상 등이다.

김세원(2003)은 '시장실패를 보정하거나 동태적 비교우위를 확보하기 위해 정부가 특정 산업활동이나 시장기구에 개입하여 자원배분을 효율화시킴으로써 자국의 산업특화를 목표로 하는 방향으로 유도하는 일련의 전략적 정책체계(policy-mix)'라고 산업정책을 정의한 바 있다.[127]

---

126) 브레튼우즈 체제(Bretton Woods system)는 외환시장 안정과 무역 활성화를 위해 1944년 7월 미국 뉴햄프셔주 브레튼우즈에서 44개 연합국 대표가 모여 만든 국제통화질서이다. 세계 각국 통화가치를 달러를 기준으로 일정하게 유지하는 '고정환율제'를 채택하고 '근본적인 불균형'이 있을 때만 변경하도록 했다. 국제통화제도를 관장하는 기구로 국제통화기금(IMF)과 세계은행(IBRD)이, 무역 활성화를 위해서는 관세와 무역에 관한 일반협정(GATT)체제가 성립됐다. 이 체제는 71년 닉슨 대통령이 달러의 금태환을 정지시킴으로써 폐지되었고, 이후 76년 변동환율제 등이 적용된 '킹스턴체제'로 바뀌게 된다. 하지만 GATT체제는 이후 세계무역기구(WTO)로 발전 되었다.(경연사.『현대경제학사전』. 2001)

127) 김세원, 안세영, 『산업정책론』, 박영사, 2003년, 5~6쪽

伊藤元重은 경쟁적 시장기구가 갖는 결함, 즉 시장실패 때문에 자유경쟁에 의해서는 자원배분 또는 소득배분상 어떤 형태의 문제가 발생할 경우, 국가가 한 나라의 산업(부문)간의 자원 배분, 혹은 특정산업(부문)간의 산업조직에 개입함으로써 그 나라의 경제후생에 영향을 주려고 하는 정책으로 산업정책을 정의하고 있다.[128]

이경태는 산업정책이란 경제성장, 국제경쟁력 강화를 달성하기 위하여 산업에 대한 지원, 조정, 규제를 통해 산업일반 또는 특정산업의 생산, 투자, 거래활동에 개입하는 경제정책으로 규정하고 있다.[129]

산업정책은 프랑스와 일본의 산업경제학 틀 속에서 생성되고 발전되었는데, 산업경제학적 입장에서 볼 때, 한나라의 경제적 후생을 극대화 시킨다거나 국민의 생활수준을 궁극적으로 향상시킬 수 있는 최선의 길은 '산업발전'이다. 그러므로 금융 산업의 발전이나, 재정, 조세 등을 다루는 거시경제학은 산업정책의 효율적 전개를 지원하기 위한 정책수단으로 이해된다.

이는 이자율이나 통화 공급, 조세 등을 통한 총수요 관리를 주요 정책수단으로 사용하며, 산업정책의 개념 자체를 부정하거나 낮게 평가하는 전통적인 英美 경제학적 접근과 대조를 이룬다.

2) 산업정책의 특징

먼저 산업정책은 선별성(selectivity)을 가지고 있다. 산업정책은 국민경제의 자원배분에 인위적으로 영향을 미치기 때문에 무차별적인 재정정책, 금융정책 등과 같은 거시경제정책과 구별된다. 또한 산업정책은 산업간의 자원배분뿐만 아니라 동일한 산업 내의 자원배분에도 개입한다. 가능하면 제조업으로 국민경제 내의 자원을 집중시키려 하며, 제조업 내에서도 사양산업에서 새로운 유망산업으로 자원을 재배분하고자 한다.

이러한 선별성 때문에 신고전학파 경제철학이 주류를 이루고 있는 英美국가에서는 산업정책이란 시장기구가 해야 할 '산업에서 승자와 패자를 가려내는 일'을 정부가 자의적으로 하는 것에 불과하다는 비판을 받는다. 또한 이러한 선별성은 계층간 소득분배에도 영향을 미치므로 산업정책으로 인해 이익을 보는 계층과 그렇지 못한 계층과 마찰을 유발하기 쉽다.

각국의 우위비교가 수시로 변하는 동태적 국제분업체제 속에서 볼 때 산업정책이 가지는 이 같은 선별성은 정부개입의 실패를 초래할 가능성도 있다. 즉 승자 산업(winner industry)을 잘 가려 낼 경우, 자국의 산업특화에 성공할 수 있지만, 그렇지 못할 경우 산업의 과잉투자, 독과점화를 통해 자원배분의 왜곡이 초래된다.

1960년대 프랑스는 향후 승자 산업을 핵 에너지, 해양개발 등으로 보고 이 부분에 막대한 정부 지원을 해 주었다. 그러나 이 부분에서 확고한 경쟁력을 확보하지 못했음은 물론, 오늘날

128) 伊藤元重 외(1992), 『산업정책의 경제분석』, 산업연구원 무역연구부 일본실, 12~13쪽 (日書 번역본)
129) 이경태(1996), 『산업정책의 이론과 현실』, 산업연구원, 5쪽

핵 에너지나 해양개발에 대한 세계수요가 그다지 크지 않음을 고려할 때, 프랑스의 산업정책은 올바른 승자 산업을 고르는데 실패했다고 판단할 수 있을 것이다. 반대로 일본 통산성은 1960년대 전자와 자동차를 승자 산업으로 선정하였는데, 이는 오늘날 일본의 번영에 큰 기여를 한 것으로 평가되고 있다.[130)]

다음으로 산업정책은 후발국의 정책 철학(policy of catch-up)이라는 특징을 보이고 있다. 역사적으로 볼 때 산업정책은 항상 선발국을 따라 잡고자 하는 후발국의 의욕에 의해서 강조되었다. 맥키원(Mckeon)의 헤게모니설(hegemony thesis)에 따르면 역사적으로 각 시대에 있어서 세계 경제의 헤게모니를 장악한 국가는 항상 비교우위원리, 자유무역이론, 시장경제원리 등에 의한 자유무역과 자유방임주의를 추구하고 이를 보편적 국제경제질서로 일반화 시키려는 경향을 보여왔다.[131)]

산업정책은 공급 지향적 정책이다. 산업정책은 산업에 대한 생산요소와 투입이나 생산함수를 변화시키는 것과 같은 총공급 관리에 초점을 두는 공급 지향적이다. 이 점에서 이자율 변동, 통화량 공급조절 같은 재정·금융수단을 통하여 총수요를 관리함으로써 단기적인 경제안정이나 경기부양을 꾀하는 케인즈적 총수요 관리정책과 구별된다.

총수요 관리정책은 국민경제의 실제 생산수준을 잠재적 생산수준에 접근시켜 실업을 해소하거나 인플레 압력을 완화하려는 취지를 갖고 있어, 잠재적 생산수준을 '주어진 제약 조건'으로 파악한다. 이에 반해, 산업정책 즉 총공급 관리정책은 적극적인 정부개입에 의한 효율적인 자원배분이나 기술발전에 의해 잠재적 생산수준 자체를 확대시키는 것을 목표로 하고 있다. 즉 산업정책은 정부가 시장기구에 개입을 하여 생산적인 투자 쪽으로 자원을 재배분하여 국민경제의 공급능력이나 공급 잠재력을 높이는 것을 목적으로 하는 수단체계이다.

또 다른 산업정책의 특징은 정치논리가 크게 작용하는 정책이라는 점이다. 산업정책은 그 선별성 때문에 이익을 보는 계층과 손실을 보는 계층이 분명하게 나타난다. 대표적으로는 소비자와 생산자, 사양산업과 유망산업, 대기업과 중소기업, 국내기업과 외국인투자기업 등을 들 수 있다. 산업정책으로 영향을 받은 다양한 경제적 이익집단은 가능한 모든 수단을 동원하여 산업정책 결정과정에서 영향력을 행사하고자 한다. 그런데 문제는 이러한 영향력 행사가 '시장 내에서 경제논리'에 의해 이루어지지 않고, '시장 밖에서 정치논리'에 의해 결정된다는 점이다. 이는 정부개입의 실패를 초래하기도 한다. 1970년대 유럽의 일부 국가에서는 도저히 경쟁력을 회복할 수 없는 조선산업이나 철강산업의 고용을 유지하기 위하여, 정부가 엄청난 보조금을 지불하거나, 구조적인 부실기업에게 구제금융을 제공하는 산업정책이 실시된 것이 그 실례가 될 것이다.

---

130) 김세원·안세영(2003), 『산업정책론』, 박영사, 9~10쪽

131) T.Mckeon, "Hegemonic stability and 19th century tariff levels in Europe, " *International Organizations*, No. 37, Winter 1983, pp.73~91.

신고전학파의 성장이론에 의하면 경제성장은 노동공급의 증대와 노동생산성의 향상에 의해 결정되는데 노동공급의 증대는 인구증가를 통해 이루어지며, 노동생산성의 향상은 노동자 1인당 자본비율의 증가와 기술혁신을 통하여 가능하게 된다. 그런데 이와 같은 요인들은 그 성격상 경제외적으로 결정되는 外生性이 강하기 때문에 경제성장도 결국 장기적으로 볼 때 외생적으로 결정되며, 따라서 명시적인 정책목표가 될 수 없다.

그러나 산업정책의 관점에서는 위의 변수들에 대하여 정부가 정책적으로 어느 정도의 영향을 미치는 것이 가능하다고 보기 때문에, 정부의 적극적인 역할을 통하여 장기적인 성장 추세를 끌어올리려고 시도하는 것이다.

3) 산업정책 수단

가. 입법적 수단과 행정지도

특정산업을 육성하거나 산업구조조정을 원활히 하기 위해 정부는 임시 조치법 등 특별입법 조치를 통해 산업정책을 실시한다. 한국은 1970년대초 기계공업진흥법(1967년), 조선공업진흥법(1967년), 전자공업진흥법(1969년), 철강공업육성법(1970년), 비철금속제련사업법, 석유화학공업육성법(1972년), 섬유공업근대화촉진법 등 7개 산업별에 대한 개별 입법을 제정하여, 특정산업을 육성하여 왔다.[132]

일본은 석유 파동 전에는 사업별 임시조치법 제정을 통해 특정산업 육성을 꾀하였으며, 석유 파동 후에는 산업구조조정을 위한 기능별 임시조치법을 제정하여 과잉설비를 보유한 한계산업의 설비감축을 유도한 바 있다.

또한 중소기업 도산방지, 근로자 고용대책마련, 사양산업에서의 타 분야로의 사업전환 지원 등에 대한 산업정책은 입법적 수단을 동원하여 제정한 바 있다.

행정지도(informal administrative guidance)는 산업정책 목적을 달성하기 위한 비공식적인 조정, 권고, 지침에 해당한다. 이는 미국처럼 정부와 업계사이에 거리와 불신이 존재하는 사회에서는 상상도 할 수 없는 정책수단이다.[133] 일본, 프랑스, 한국 등에서 존재하며, 특히 1970년대 구조조정기 일본 통산성의 행정지도는 대표적인 정책 수단이었다.

강제력이 없는 행정지도가 큰 효력이 발휘된 것은 통산성과 기업과의 긴밀한 유대관계, 그리고 양자 사이에 중간 조정역할을 하는 강력한 업종별 사업자 단체(협회) 존재에 기인한다. 통산성은 행정지도를 할 때, '정책조작이 가능한 범위'내에서만 행정지도를 한다. 이 범위를 설정하는 데는 협회 같은 업종별 사업자 단체가 중요한 역할을 담당한다. 협회에게 정부는 유리한 정책을 유인하

132) 중국은 2005년 7월에 공포된 중국철강산업 발전정책 제정에 한국의 철강공업육성법을 참고하였다고 밝힌 바 있다.『冶金管理(2005.8)』

133) Daniel Okimoto(1989), *Between Multinational and the Market*, Standford University Press, p93.

도록 로비하는 대상이지만, 정부에게 협회는 행정지도를 준수하도록 소속 회원사를 설득해야 하는 조정자 입장이다. 일본 통산성의 행정지도의 성공요인은 '관청은 공평하고 권위 있는 조정역으로서 유효하며, 통산성은 항상 전체의 균형을 잃지 않는다.'라는 일본 업계의 절대적 신임에 있었다고 보고 있다.

그러나 Okimoto(1989)에 따르면, 1990년에는 새로운 정책환경으로 인해 더 이상 행정지도가 과거와 같은 효율적인 산업정책 수단이 될 수 없다고 지적한다. 효율적인 수단이 되기 위한 조건으로는, 해당산업에 적은 수의 기업, 업계 내 시장지배자(Market leader)나 의견 수렴자(Opinion leader)의 존재, 높은 시장집중도, 성숙단계에 들어선 산업, 강력한 사업단체, 통산성에 대한 업계의 높은 의존도, 공통의 위기의식 등이다.

즉 1960~1970년대 일본의 철강, 화학, 조선은 산업집중도가 높고, 사양 산업화하는 단계에 있어서 행정지도가 유효하였으나, 1990년대 IT 산업의 경우, 수천 개의 기업과 분산된 시장, 강력한 사업자 단체나 마켓 리더의 부재, 신규기업의 빈번한 시장진입과 퇴출(성장단계) 등으로 인해 행정지도가 더 이상 유효하지 않게 된 것이다.

나. 정책금융, 세제(稅制), 규제적 수단

정책금융은 정부가 재정을 통해 특정 경제활동에 대해 정책적으로 금융지원을 해 주는 것이다. 그 목적은 보조금과 같이, 기술개발촉진, 수출촉진 등이며, 그 방법은 저금리(이중 금리) 혹은 각종 기금을 조성하는 것이다. 1960~70년대 한국은 수출지원을 위한 이중 금리제도를 적극 활용하였으며, 1980년대 이후에는 중소기업 구조조정기금 등 각종 용도별 기금을 활용하고 있다.

정책금융은 정부가 금융 산업에 대한 통제력을 행사하는 나라에서는 적극 활용되고 있으나, 독일·미국처럼 민간주도의 금융 산업이 발전하여, 정부의 對은행 영향력이 없는 경우, 정책금융은 산업정책 수단으로서 기능을 발휘하지 못한다.

稅制 수단은 정부가 산업구조조정을 위해, 특정 설비투자에 대해 투자세액을 공제해 준다거나, 공장이나 기계설비에 대해 특별 감가상각을 인정하여 주는 것이다.

규제적 수단은 정부가 직접 민간의 경제활동에 개입하여 특정행위를 금지 시키거나, 자원을 강제적을 배분하고, 특정 행위에 대해서는 정부의 허가를 받도록 하는 것이다. 이는 정부가 시장기구에 직접 개입하고, 시장기구의 작동 그 자체를 정지 시킨다는 점에서 가장 강력하고 직접적인 정책수단이나, 반면 정부개입의 실패(failure of intervention)를 초래할 우려가 있다. 대표적 규제수단으로는 신증설 인허가, 환경규제, 기술도입 허가, 가격통제(상한·하한), 독과점 금지 및 불공정 거래행위 규제, 외화 할당제(수입·기술도입제한 목적) 등이 있다.

2. 중국의 산업정책

1) 중국 산업정책의 정의

중국내 산업정책의 사전적 의미는, ① 한 국가 혹 지역의 산업구조·산업조직·산업기술 등에 대한 일반적인 원리, ② 자연·경제·사회 조건을 고려하여 일정기간 내부 산업구조 변화를 유도하려는 목표의 설정, ③ 각 부문(부처)이 사회경제발전 과정 중 각 산업에 대해서 우선발전, 중점발전, 일반발전, 발전제약으로 발전순서와 이에 필요한 조건 설정 등 이상의 1개 원리와 2개 설정을 실현하기 위해 규정하는 정책조치이다.[134]

리바이시(李伯溪)가 정의한 산업정책은 '개혁조치가 보증된 한 개의 포괄적인 발전목표의 달성을 위해, 가격, 세수, 금융, 재정, 대외무역, 외환, 계획 등 거시경제조정 수단이 복합적으로 조합된 종합적인 정책 체계'이다.[135]

장샤오쥔(江小娟)은 '정부가 모종의 경제·사회목표를 실현하기 위해 제정한 특정한 산업에 지향된 정책의 총화(總和)'라고 산업정책을 규정하고 있다.[136]

저우수렌(周叔蓮)에 따르면, 중국에서 산업정책은 중점산업 발전정책, 산업구조의 고도화를 목표로 하는 정책, 전략산업을 육성하기 위한 정책으로 인식하고 있다. 반면 1958년 대약진(大躍進) 시기 철강공업을 중점 발전시키기 위하여, 전사회 자원을 총동원했음에도 불구하고 실패에 빠진 교훈에 따라, 중국정부에서도 산업정책은 '발전시켜야 하는 전략적인 산업을 지원하는 정책은 물론, 정체되고 위축되고 있는 산업도 돌보아야 하는 정책'으로 인식하고 있다. 사회주의 국가에서의 산업정책의 정의는, 시장의 실패를 보정하기 위한 정책임은 물론 계획의 실패를 보정하기 위한 정책이다.[137]

2) 중국 산업정책의 특징

중국은 1980년대 후반부터 산업정책의 중요성을 인식하여 왔다. 개혁개방정책 실시이전에는 고도로 집권화된 계획경제 추구과정에서는 산업정책은 계획경제 가운데 녹아 들어가 있어서 별도의 영역을 확보하는 것이 불가능했다. 개혁개방 이후에는 심각한 중복투자, 산업구조의 불균형 등의 문제점이 들어났으며, 이에 대해 중국정부는 국민경제를 관리·조정하는 산업정책의 중요성을 인식하게 된다.[138]

그런데 1980년대 중반 이후 중국의 산업정책은 산업부문간 균형발전을 도모한다는 다소 상징적

134) 『經濟與管理大辭典』, 中國社會科學出版社, 1989年, 356쪽
135) 李伯溪(2004), 『中國工商(2004.8期)』, 國務院發展研究中心
136) 江小娟(1996), 『經濟轉軌時期的産業政策』, 上海三聯書店/上海人民出版社, 7~9쪽
137) 周叔蓮(1986), 「關於産業政策的几個問題」, 『中國工業經濟學報(1986.第3期)』, 4쪽
138) 李賢沛(2005), 『21世紀初中國的産業政策』, 經濟管理出版社, 7쪽

인 기본방향을 논외로 한다면, 주로 기존 계획경제하에서 건설된 각 분야의 과잉설비를 정리하는 구조조정정책 위주로 전개되었다. 그런 의미에서 과거 체제의 '계획의 실패'를 보정하는데 주안점이 두어졌으며, 따라서 '시장의 실패'를 보정하는 데는 소극적(passive) 산업정책이 중국 산업정책의 주류를 이루어 왔다고 평가할 수 있겠다.

중국 산업정책의 개념 속에는 산업구조정책과 산업조직정책을 포괄하고 있는 것은 자본주의 국가와 유사하다. 중국 산업정책은 크게 일반적 산업정책과 산업별 산업정책으로 나뉘며, 일반적 산업정책은 산업구조, 산업조직, 산업배치, 산업기술 정책을 포함하고 있다. 또한 산업별 산업정책은 '90년대 국가산업정책 綱要'에서 밝힌 5대 지주산업 육성 등 개별 산업정책이 이에 해당한다.

3) 중국 산업정책의 형성 과정

1988년 국무원은 장기 경제계획을 주관하던 중앙부처인 국가계획위원회[139] 에 산업정책국(産業政策司)을 설치함에 따라, 산업정책의 조직, 연구, 제정 및 실시체계가 갖추어지기 시작한다.

다음해인 1989년 3월, 국무원은 '국무원의 현재 산업정책요점에 관한 決定(國務院關於當前産業政策要点的決定, 1989)'을 공포하여, 중국 최초로 틀을 갖춘 산업정책(決定)을 개시하게 된다.

決定에서 중국정부는 산업정책을 산업구조조정과 거시조정을 위해 제정·실시한다고 밝히고 있다. 또한 생산, 투자, 기술개조 및 대외무역 등 4개 분야에 걸쳐 광범위하게 국가가 중점 지원하거나 반대로 발전을 제한하는 산업분야 및 제품을 제시하였다. 산업정책의 성격, 제정 원칙을 명확히 제시하였으며, 고정자산투자에 산업별로 차등된 이자율, 차등세율 등을 적용하여 산업발전에 대한 유도작용을 발휘하도록 10개항의 보장정책과 그 실시조치를 열거하였다.

決定은 부속 문건으로 산업발전서열목록(當前的産業發展序列目錄)을 두어, 주요 산업(생산설비)과 제품을, ① 중점지원, ② 엄격제한, ③ 생산정지로 나누어 제시하였다. 그러나 본 決定은 개혁개방 이래 처음으로 고정자산투자율(−7.2%)이 마이너스 성장을 기록하였고, GDP 성장률(4.2%)은 두번째로 낮았던 치리정돈(治理整頓) 시기에 실시되어, 그 결과는 만족스럽지 않았다.

정책 내용적으로 보면, 주로 우위분야에 대한 지원 및 열위분야에 대한 제한에 치중을 두고 있고, 지원목표는 과다하였으며, 중점을 어디에 두는 지 명확히 제시하지 못했다. 또한 유효한 실시 수단이 존재하지 않았다.

1989년 당시에는 決定을 유효하게 실시하기 위한 가격체계, 재정분배체계, 신용대출 관리체계가 불비되어 있었다. 생산제한 및 도태대상 산업에 대한 통제가 유효하게 이루어지지 못해, 일부 지방정부는 국가 중점 육성 지역이 아님에도 불구하고 계속하여, 자동차, 컬러 브라운관, 에어컨, 세탁기, 에틸렌 등 프로젝트의 확장 및 신설을 추구하였다. 그 결과 산업구조 및 기업조직의

139) 국가계획위원회는 1998년 3월에는 국가발전계획위원회로, 2003년 3월에는 국가발전개혁위원회로 명칭이 변경되었다.

조정은 상당히 느슨하게 진행되었다.[140)]

가. 90년대 국가 산업정책 강요(綱要)

중국의 산업정책을 독립된 중요 문건의 형태로 발표한 두번째 사례는 1994년 3월 25일 국무원이 발표한 '90년대 국가 산업정책 강요(90年代國家産業政策綱要)'이다. 綱要가 발표된 1994년은 중국의 8.5계획(1991~1995년)기간 후반기이며, 분세제, 외환, 금융 개혁에 따라서 거시경제정책이 체계를 잡아가는 시기였다.

綱要에서 중국정부는 산업정책의 필요성을 다음과 같이 언급하고 있다. 산업정책을 제정하는 목적은 국가가 거시조정을 강화하기 위해서이다. 또한 이를 통해 산업구조조정과 특화를 도모하며, 이를 위해 각 산업별 정책(industry specific policy)을 제정 할 것임을 천명했다. 이후 중국 최초의 산업별 산업정책인 자동차공업산업정책(汽車工業産業政策, 1994.4)이 출범하게 된다.

중국정부는 산업정책을 '산업구조정책, 산업조직정책, 산업기술정책, 산업배치정책, 기타 산업발전에 중대한 영향을 미치는 정책과 법규'로 포괄적으로 규정하고 있다. 산업정책은 국무원이 결정하며, 국가계획위원회를 연구·제정·협조를 책임지는 종합부처로 지정하였다. 유관부서가 망라된 산업정책 심의제도가 마련되었으며, 산업정책의 실시를 보장하는 제도 마련을 위해, 계획, 재정, 은행, 세무, 국내무역, 관세, 증권관리, 공상행정관리, 국유자산감독관리 등 경제 부처는 반드시 산업정책을 실시하도록 규정했다. 국가계획위원회는 산업정책을 감독·검사·평가하는 제도를 마련하여 국무원에 보고 하도록 하였다.

중요한 것은 중앙정부와 지방정부간의 관계인데, 성급 지방정부는 綱要의 요구사항에 입각하여 각 지방의 실정을 감안, 구체적인 실시세칙을 연구·제정하고 국가계획위원회에 보고하도록 규정하였다. 지방정부는 산업정책 제정과 운용에 있어서 보다 확대된 자율권을 보장받은 셈이다.

綱要는 교통, 통신, 건축, 전자, 기계, 석유화학, 외자, 대외무역, 기술 및 산업조직 조정 등에 대한 산업정책 제정을 확정하였으며, 특히 향후 정책지원의 중점을 ① 기초시설(SOC, 항만, 도로, 철도), ② 기초공업(에너지, 석탄, 석유화학, 水利, 수력·화력·핵발전), ③ 5대 지주산업(기계, 전자, 석유화학, 자동차, 건설업)에 둘 것임을 분명히 했다.

나. 산업구조조정 정책

먼저 1994년 산업정책(90年代國家産業政策綱要)에서의 산업구조조정 정책은 자원의 산업간 배분 구조와 관련된 정책이며, 농업과 기초산업에 초점이 맞추어져 있다. 즉 ① 농업의 생산기반 강화와 전면적인 농촌경제 발전(향진기업 육성), ② 기초시설 및 기초산업의 낙후상황 해소, ③ 지주산업의 발전가속화를 통한 국민경제성장 동력화, ④ 대외무역구조 합리화로 산업구조 국제경

140) 신태용(1999), 『21세기를 향한 중국의 산업정책과 한중 산업협력에의 시사』, 산업연구원, 4쪽

쟁력을 제고, ⑤ 첨단기술산업 발전을 가속화, ⑥ 3차산업 발전 등에 정책중점이 주어진다.

지주산업 육성을 위해 정부는 개별 산업정책 제정, 파이낸싱(자금 조달) 시스템 구축, 기업의 직접융자 채널확보, 증권 및 채권 발행시 지주산업 특혜, 기술개발에 대한 인적 물적지원, 대형기업의 해외자금조달 허용, 유치(幼稚)제품 지정을 통한 보호조치, 기술 및 선진설비 흡수를 위한 국내시장개방 등의 조치를 취하였다.

첨단기술산업 육성정책으로는 863 계획[141]과 횃불(火炬)계획[142]이 있으며, 상기 두 계획에 따라 전국 53개 지역에 첨단기술개발구(高新技術開發區)가 설치되었다.

중국정부는 1998년부터는 산업구조조정을 위해, 산업별 장려, 제한, 도태(금지) 분류에 따른 산업정책을 시행한다.

중국정부는 1997년 12월 29일 '국가중점 장려발전산업, 제품, 기술목록(當前國家重点鼓勵發展的産業、産品和技術目錄)'을 공포하였으며, 중점장려산업 선정원칙을 ① 현재 시장수요가 존재하고 미래에도 전망이 좋은 산업, ② 기술함량이 높고 기업 설비갱신 및 기술개조에 유리한 산업, ③ 국내에 R&D에서부터 산업화 기반이 있고 수입대체 목표를 달성할 잠재력이 있어 새로운 성장 동력원으로 부상할 산업, ④ 지속발전전략에 부합하고 자원절약과 환경보호에 유리한 산업, ⑤ 공급능력이 상대적으로 부족하고 산업구조 합리화에 유리한 산업 등으로 제시했다.

同목록은 29개 영역으로 산업을 나누어 총 440개 제품·기술의 발전을 유도하였다. 同목록은 기초건설(SOC) 부문 프로젝트 및 기술개조 프로젝트 투자에 대한 심의표준으로 활용되었으며, 목록에 해당되는 프로젝트는 해당 수입설비에 대해 관세와 수입조절 부가가치세를 면세하여 주었다. 同목록의 특징은 제한, 금지 목록은 아직 제정하지 않은 채, 우선 장려목록만 공포하여 포지티브 방식에 의한 산업구조조정을 유도한 것이다. 29개 영역중 철강부문이 27개 제품(기술), 석유화학이 40개 제품(기술), 기계설비제조가 54개 제품(기술)으로 총 27.5%를 점유하고 있어서, 여전히 중화학 공업에 산업정책의 중점이 놓여 있음을 알 수 있다.[143]

同목록이 공포된 지 2년 후인 1999년 2월, 국가경제무역위원회는 중국 최초의 도태 산업목록에 해당되는 '제1차 낙후 생산력·기술·제품의 도태목록(第一批淘汰落後生産能力、工藝和産品目錄)'을 공포하였다. 기계, 건자재, 석탄, 철강, 화공, 방직, 경공업, 전력 등 총 10개 업종 114개

141) 1986~2000년 중국의 중장기 첨단기술개발 프로그램으로, 생물공학, 우주과학, 정보기술, 레이저, 자동화, 에너지 기술, 신물질 개발 등 7개 분야에 중점을 두는 산업정책이다.

142) 1988년 8월, 국무원이 승인한 첨단기술개발 정책으로, 첨단기술 관련 R&D 성과의 상품화, 산업화, 국제화를 촉진하기 위한 제도적 환경정비에 역점을 두고 있는 정책이다. 同정책은 전국의 27개 첨단기술개발구(高新技術開發區) 설립, 579개 첨단산업분야에서 1, 690개의 기업유치 및 육성을 목표로 제시했다. 2004년말 현재 전국에 53개 국가급 첨단기술개발구가 설치되어 있으며, 총 38, 565개 기업이 입주하여, 2조 7, 446.3억 위안의 매출을 기록한 바 있다.

143) 포지티브 방식(positive system)은 법적으로 허용가능 분야는 공고하고 이외의 분야는 원칙적으로 제한하는 제도로 '열거주의'라 한다. 허용되지 않는 부분만을 명시하고 나머지 분야는 모두 허용하는 네거티브시스템(negative system, 포괄주의)과 반대되는 개념이다.

항목이 지정된 '제1차 도태목록'은 생산방식이 낙후되었거나 제품품질이 열악하고 환경오염이 심하여 원재료 및 에너지 소비가 큰 항목을 대상으로 하였다. 또한 2000년 1월에는 '제2차 도태목록'이 공포되었는데, 8개 업종, 119개 항목으로 그 범위가 늘어났으며, 2002년 6월에 공포된 '제3차 도태목록'에는 15개 120개 항목으로 크게 확대 되었다.

2000년 7월 27일 국가계획위원회와 국가경제무역위원회는 공동으로 수정된 '국가중점 장려발전 산업 · 제품 · 기술목록(當前國家重点鼓勵發展的産業、産品和技術目錄.2000年修訂)'을 공포하였다. 2000년 수정판 목록도 장려항목만 정해 놓았으며, 총 28개 영역에 526개제 제품(기술)의 발전을 유도하였다. 1998년 목록에서 다수를 점했던 철강(30개), 석유 화학(35개), 기계설비제조(71개)는 여전히 높은 비중을 점유했으며, 특이할 것은 IT산업(信息産業)이 이전의 두 배인 64개 제품(기술)으로 배증하여 빠른 속도로 산업구조조정이 이루어지고 있음을 방증(傍證)하고 있다.

2005년 12월 2일, 국가발전개혁위원회는 이전 두번의 장려목록(1998년, 2000년)과 세번의 도태목록(1999년, 2000년, 2002년) 발표후, 장려류, 제한류, 도태류 등 3가지로 구분된 산업구조조정 지도목록(産業結構調整指導目錄, 2005年)을 공포와 동시에 실시하였다. 국가발전개혁위원회가 밝힌 종합적인 산업정책 성격을 가진 同목록의 제정이유를 보면, 거시경제정책 개선 및 경제성장 방식 전환, 산업 구조조정과 업그레이드가 목적이다.

이를 통해 중국정부는 향후 투자방향에 대한 지도강화, 기술진보와 첨단 산업화 촉진, 낙후 생산능력 및 공정설비 도태추진, 제품구조의 고급화 촉진을 달성하려 하고 있다. 同지도목록은 관련 20여개 주요 산업을 장려류(539개), 제한류(190개), 도태류(399개)로 나누었다.[144)]

이후 산업구조조정 지도목록(2011), 산업구조조정 지도목록(2013.수정본), 산업구조조정 지도목록(2019), 산업구조조정 지도목록(2021.수정본) 등 최근까지지도 공포·실시해 오고 있다.

144) 장려류 투자항목은 심의, 허가, 등록·보고조치를 해야하며, 각 금융기관은 신용대출 원칙에 따라 여신을 제공함. 투자총액내의 자체사용 수입설비는 '국내투자항목 非면세수입상품목록(재정부.2000)'에 없으면 관세, 수입조절 부가가치세가 면세됨. 제한류 신설 프로젝트는 투자를 금지함. 제한류에 해당되는 설비보유 기업은 일정기간에 설비 업그레이드를 할수 있으며, 금융기관의 자금지원도 가능함. 도태류 신설 프로젝트는 투자를 금지함. 대출중지 및 기존대출도 회수함. 도태 기간동안 주관부서는 전기가격을 올릴수 있으며, 도태 생산설비, 기술, 장비, 제품은 수입, 양도, 생산, 판매, 사용, 채용할 수 없음. 기한내 미도태 기업은 법률규정에 의거 정산을 명령하거나 폐쇄함. (산업구조조정 지도목록. 2005. 참조)

3. 업종별 단독 산업정책

1) 자동차공업 산업정책 (汽車工業産業政策, 1994년)

가. 중국 자동차 산업의 시작

중국 자동차산업은 1950년대 소련 기술도입, 개혁개방 후 유럽·미국·일본 등 자동차공업 발달국가의 설비와 기술의 전면도입, 1980년대 수입차 위주의 승용차시장 형성, 1990년대 국산차 위주의 시장조성 등의 단계별 변화를 보여 왔다. 그 결과, 트럭 중심의 생산체제로부터 승용차 중심의 생산체제로 전환 되었으며, 현재 시장 메커니즘 속에서 승용차 발전을 위주로 하는 공업체계를 확립하였다.

新중국 성립 후, 중앙정부는 자동차 생산을 위해 1949년 10월부터 자동차공장 건설준비에 착수하였다. 1950년 마오쩌둥(毛泽东)이 소련 방문시 체결한 중소동맹우호조약(中蘇友好同盟相互援助條約)에 따라, 소련은 156개 프로젝트에 걸친 對中 원조를 실시하기로 결정하였으며, 여기에 자동차공장 건설이 포함된다. 당시 중국정부의 기본방침은 민족산업의 모델로 자동차산업을 보유하는 것과 경제회복에 따른 물류의 급증에 대처하기 위하여 운송력 및 국방운송의 강화를 목적으로 승용차보다 상용차(트럭) 생산을 우선하는 것이다.

또한 중앙부처인 중공업부(重工業部)가 주도한 자동차준비위원회를 설립하여 제1자동차 건설입지로 중국측은 북경, 서안, 무한 등 기존의 자동차부품 생산기반이 조성된 도시를 제안하였으나, 결국 소련측의 의견에 따라 장춘에 건설하기로 결정하여 1951년 3월에 정식으로 제1자동차공장 건설에 착수하였다.

제1자동차(현재 中國一汽) 건설은 소련으로부터 생산기술과 설비를 전반적으로 도입하여 제1차 5개년계획(1953~1957년)의 15개 중점 프로젝트 하나로 추진되어, 1953년 7월에 착공되었다. 착공 3년후인 1956년 7월에 중국 최초로 연산 3만대의 본격적인 자동차 생산공장이 준공되었다.

제1자동차는 공장 설계부터 플랜트 설비, 생산차종 및 생산방식까지 일괄 소련에서 도입하여 주조, 단조로부터 기계가공, 조립까지 고도의 수직 통합적인 30여개의 공장과 분공장으로 구성되었다. 1956년 7월 13일, 중국 최초의 국산차인 해방(解放, CA10형) 4톤 트럭이 탄생하였다. 설립 초기 제1자동차의 국산화 비율은 70%이상으로 소련의 일괄 생산체제를 계승하였으며, 그 결과 이후의 중국 자동차 생산체제에 영향을 주어 많은 메이커가 수직 통합적 생산체제를 갖추게 된다. 또한 제1자동차 건설과 동시에 일부 부품 메이커가 설립되어 이들은 향후 자동차 부품산업의 중견기업으로 성장하였다.

1964년, 중국정부는 자동차 업계의 집중관리에 의한 대량생산을 목적으로 전국 주요 자동차 관련기업 64개사를 통합하여 중국기차공업공사(中国汽车工业公司)를 설립하였다. 중국기차공업공사는 장춘, 북경, 남경, 사천의 4개 분공사, 제남, 무한의 2大 주공장(汽车总厂), 베어링, 자재공급과 판매 등 3개의 전문회사로 구성되었으며, 제품별 분업과 각 지역내의 분업을 기초로 전문화에 의한 협력생산을 목표로 정하였다. 그러나 소련의 관리시스템을 모방했던 同社는 부품 공통화, 생산 합리화 단계로 발전시키지 못한 채 문화대혁명 발발 첫 해인 1966년에 '수정주의의 산물'이라는 비판의 대상이 되어 해체되고 말았다.

1960년대 말기부터 중견 메이커인 상해기차, 남경기차, 제남기차 및 북경기차의 지속적 발전과 동시에 지역내 수요를 만족하기 위하여 '자력갱생(自力更生)' 정책에 기초한 1省 1工場(一省一廠)의 지역 분업체제가 제창되어, 각 지역에 신규 메이커가 급증하였다. 이들 메이커들은 국내시장을 목표로 소형 트럭의 소량생산을 시작하였다. 이들 메이커에 대한 지방정부의 투자는 기존의 자동차 수리공장 개조 또는 확장하는데 그쳤으나, 엔진 등 중요한 기능성 부품은 타지역의 엔진 메이커, 대형공장 및 중견 메이커로부터 구입하고, 바디 등 부품을 자체제조하여 지역내 판매를 목적으로 한 생산체제를 구축하였다. 이때부터 신규 메이커의 증설에 따른 외연적(外延的) 확대재생산 방식이 주류를 이루었으며, 중국 자동차산업의 분산적 성격은 이 시기에 구축 되었다.[145)]

이 시기 가장 큰 프로젝트는 1965년 12월, 중국기차공업공사가 주도한 제2자동차공장(現동풍기차의 전신)의 건설이었다. 문화대혁명 이후, 자동차 생산량은 1966년의 5만6천대수준에서 1967년에는 2만대 수준으로 감소되었다. 자동차 생산량의 급속한 감소추세를 극복하기 위하여 당시 중소관계 악화, 베트남과의 국경분쟁, 서방과의 관계단절 및 냉전정책 등의 영향으로 공장입지는 내륙지역 집중정책(三線建設)에 의하여 호북성 쓰엔시(十堰市)로 낙점되었고, 1969년에 수직통합에 의한 대규모 일괄 생산체제를 갖춘 제2자동차공장 건설을 완료었다. 제2자동차공장의 설립의의는 기존의 제1자동차공장 건설이 소련의 전면적 지원을 받은 것과 달리, 공장건설·개발생산 등 전과정을 중국 독자적으로 수행한 점에 있다.[146)]

이 시기에는 화물수송 능력증대와 군수용 트럭 생산이 주류를 이루었다. 특히 중형 트럭생산이 압도적인 우세를 점하였으며, 승용차 생산은 60년대 중엽에 상해기차(모델명 上海)와 중국일기(모델명 紅旗)에서 수작업 방식으로 소량생산을 진행하였을 뿐이며 정치적·경제적 이유로 양산체제를 갖추지 못하였다.

이 시기의 주요특징은 자동차산업에 대한 관리권한을 중앙정부로 집중과 지방정부로 분산을 거듭하면서 중층적 분업구조를 형성한 것이다. 이 분업구조는 2개의 중앙정부 직속 단일차종 대량생산형 대형메이커(제1자동차와 제2자동차), 지방정부 투자에 의해 설립된 소수의 중견 메이커(상해, 북경, 남경, 제남 등)와 다수의 지방정부 소속 소형 메이커 등 3중 구조로 구성되었다.

각 구조 사이에는 직접적인 제품경쟁 없이 제품별, 지역별 분업에 의해 병존하였다. 즉 2大

145) 임기택(2003), 『중국 자동차산업의 현황과 미래』, 화서당

146) 하상조(1997), 중국자동차 산업의 발전과 산업정책 평가, 『경제학논집(제6권 1호)』, 465쪽

대형 메이커와 중견 메이커는 제품별로 분업하였고, 소형 메이커는 지방정부의 강력한 보호정책을 토대로 각자의 지역시장 분할에 의해 공존상태를 유지하였다. 2大 대형 메이커는 전적으로 의존했던 중앙정부의 재정제한과 정치환경(전쟁준비, 3선건설, 냉전체제) 등 원인으로 중형트럭 중심의 계획적 투자정책을 일관적으로 추진하여 왔다.

나. 자급자족형 수급구조 확대기(1979~1986년)

1978년 이후, 중국의 전면적인 개혁개방 정책 실시에 따라 자동차 수요가 급증하였다. 경제개혁에 따라 먼저 부유해진 도시지역의 개인경영자와 농촌지역의 농민들은 중형트럭 외의 차종, 특히 소형 상용차에 대한 수요를 증가시켰다. 대외개방에 따른 중국 방문인원이 증가함에 따라 접대용 승용차 수요도 증가하였다.

이런 시장변화에 대응하여 각 지방정부는 적극적인 지방산업 육성정책을 제출하여 자동차 공업을 발전 시키게 된다. 또한 국유기업 개혁정책에 따라 1980년대 초에는 이윤상납 책임계약제'(上繳利潤包干) 실시로 지방 국유기업들은 남은 이윤의 자주적인 사용권한을 부여 받았으며, 지방정부의 적극적인 산업 육성정책에 대응하기 위하여 중앙정부도 1983년부터 소속기업에 이윤유보제(利潤留成. 1984~1986년)를 실시하였다.

그 결과, 지방 소속기업은 지방정부로부터 신규분야에 대한 투자와 신제품의 선택 및 도입 등에 관한 자주권을 획득하여, 자동차공업의 경우에도 그 분산화가 심화되었다. 이에 중앙정부는 1982년에 중국기차공업공사(中國汽車工業公司)를 부활시켜 기업 그룹화를 통하여 지방 메이커의 신규 설립을 억제하고, 산업 전체의 통일적인 관리권을 회복하고자 하였다.

이미 1958년 대약진운동 이후 지방에 자동차 메이커가 설립되었으나, 개혁개방 초기의 지방 공업화 육성책으로 지역 내 수요만족을 위한 제2차 지방국영 소규모 메이커 설립 붐이 도래하였다. 그 결과 1982년 말에 이르러 서북지역 및 영하 자치구를 제외한 기타 모든 성, 시, 자치구에 자동차 메이커가 설립되었다. 지역적 분할, 주관부문(부처)의 분할적 행정 지휘계통 등으로 인하여 이 시기 시장은 분절되었다. 또한 산업내 분업체제 형성이 되지 못하였고 각 지역내 부품에서 완성품까지 완벽한 생산체계를 구축하려는 경향(大而全, 小而全)이 심각하였다.

그 결과 부품 표준화, 규격화가 어려워졌고 호환성을 무시한 생산이 이루어졌다. 각 메이커는 각자의 시장수요만을 충족시키는 개발과 생산을 반복하여, 양산체제 확립과 기술진보는 이루어지지 못했다. 자동차 기업의 그룹화는 이러한 생산구조를 배경으로 제시 되었으며, 1981년부터 대형 메이커와 중견 메이커를 핵심으로 기업그룹화가 본격적으로 추진 되었다. 그러나 중국 자동차 업계 최초의 구조조정은 실패로 돌아가게 된다.

즉 공급 포화상태의 중형트럭 지방 메이커만이 중국일기와 동풍자동차가 주축이 된 그룹화에 참가하였고, 그 형식 역시 생산 및 기술제휴를 통한 장기적인 합작관계수립으로 느슨하였다.

반면, 공급부족 상태인 소형트럭과 경형 자동차 메이커의 그룹화는 전혀 추진되지 않았다. 오히려 자동차산업에 신규 참여한 기존 군수기업과 향진기업이 추가되어 메이커 수는 급증하는 결과를 초래하였다. 이로 인해 1985년부터 중국기차공업공사는 일부 관리권한을 기업에 이전시켰으며, 1987년 5월에 중국기차공업공사는 2번째로 해산 되었다.

이 시기에는 시장개방에 의한 수입차 증가에 따라 선진국과의 기술수준 격차가 나타나기 시작하였다. 기술격차를 축소하고 산업중점을 기존의 중형(中型)트럭에서 대형·소형트럭 및 승용차로 전환을 위하여 중앙정부는 1980년대 중반부터 선진국 기술도입과 합작을 유도하였다.

다. 승용차 위주 발전기(1987~1994년)

1980년대 중반부터 개혁개방의 심화에 따라 경제가 급속히 발전하였으며 승용차 및 버스의 수요가 급증하였고, 공급부족으로 수입량이 대폭 증가하여 1985년 승용차 수입량은 10.6만대로 국산 승용차 생산량 5, 200대의 20배에 달하였다. 이에 중국정부는 제7차 5개년 계획(1986~1990년)부터 자동차산업을 지주산업으로 지정하여, 승용차 국산화 정책을 검토하기 시작하였다. 이는 자동차산업의 기타산업에 대한 파급효과를 중시하여 관련산업 발전을 촉진하려는 목적도 포함되었다.

승용차 국산화 촉진을 위해 중앙정부는 1986년부터 수입허가증(Import License)과 수입쿼터제도를 도입하여 승용차의 수입을 제한하였고, 또한 대외적으로 200% 내외의 高관세를 징수하여 국내 승용차시장을 보호하고 대내적으로는 CKD 부품[147]의 등급관세로 승용차 메이커의 국산화를 촉진시켰다. 등급관세 제도는 국내社의 국산화율에 따라 차등적으로 CKD부품에 대한 관세를 적용하는 정책이었다.[148]

1986년 10월, 중앙부처인 국무원과 국가계획위원회는 '자동차공업 2000년 발전 계획요강(汽车工业2000年发展规划纲要)'을 발표하여, 2000년 승용차 생산목표를 170만대로 정하고 승용차 생산비중을 40%로 설정하였다. 이는 중국 자동차산업의 중심이 공식적으로 승용차로 전환하였다는 것을 의미한다. 또한 국무원이 1987년 5월에 개최한 '자동차산업 발전전략회의'에서 주요한 자동차산업 발전방향이 결정되었는데, '자동차산업 발전중심을 승용차로 전환하고, 이전의 트럭

---

147) 상대국에 현지공장을 건설하고 자국의 부품, 반제품을 가져와 현지에서 직접 조립 판매 하는 수출(현지조립 수출방식)임. 완성품 조립에 필요한 모든 부품을 수출하는 경우와 일부를 현지에서 조달하는 경우가 있는데, 전자를 CKD(complete knockdown), 후자를 SKD(semi knockdown)라고 함. 수송, 운반기기 등과 같은 플랜트 수출에 이 방식이 쓰임. 수출국은 완성품 수입제한, 고율의 관세장벽을 피해 상대시장에 진입이 가능하다는 장점이 있음. 또한 현지의 저렴한 노동력을 활용할 수 있고, 부품형태로 수출되어 운임이나 관세가 낮아 비용 면에서도 유리함. 수입국 입장에서는 고용이나 조립에 필요한 다량의 물자 조달이 가능하고 관련산업 발달을 통해 공업화 촉진의 경제적 효과를 기대할 수 있어서 자국산업을 보호·육성하고자 하는 개발도상국가에서 주로 이용됨. (자동차용어대사전, 한국자동차공학회, 2005년)

148) 1986년에 제정한 등급관세율은 최초 3년간 관세율 50%, 이후 국산화율 40~60% 도달시 관세 48%, 국산화율 60~80%시 관세 32%, 국산화율 40% 미만시 관세 80% 였다. 『中國汽車工業年鑑(1987년)』

메이커 난립문제를 참고, 국내 승용차시장 보호를 위해 메이커 수를 엄격히 제한하며 생산기업에 각종 특혜·육성정책을 실시하여 승용차 국산화를 촉진한다.'라는 목표가 설정되었다. 또한 위 계획을 실현하기 위하여 제1자동차와 동풍자동차를 중심으로 자금을 집중적으로 투입하여 승용차 산업 발전을 발전시킬 전략을 제시 하였다. 1987년 8월 국무원 회의에서는 승용차 3大기지(제1자동차, 동풍자동차, 상해자동차) 육성책이, 1988년 12월에는 이미 해외기술을 도입한 3사를 포함한 6대 기지(기존 3대 + 북경자동차, 광주자동차, 천진자동차) 육성책을 발표 하였다. 이것이 '3大3小 집중화 정책'이다.

1980년대말 경제의 발전에 따른 자동차 수요의 다양화와 향후 중국산 'My Car'를 개척하려는 계획에 따라 소형 자동차(경형차) 생산기지 구축의 필요성이 대두된다. 이에 중앙정부는 1993년에 기존 6대 승용차 메이커 외, 기존 군수업체 였던 귀주항공(貴州航空廠)과 장안기기(長安機器廠)을 민수기업으로 전환하면서 소형 승용차를 생산하는 신설기업으로 지정하게 된다. 그 결과 중국의 승용차 산업은 '3대·3소·2미'라는 생산체제를 형성하게 된다.

승용차 메이커의 생산차종에 대한 중국정부의 계획은 배기량에 의해 1社 1모델 원칙에 근거한 구분된 생산구조 구축이었다. 즉 북경자동차의 Cherokee는 2.46L, 광주자동차 푸조는 1.97L, 상해자동차 Santana는 1.78L, 제1자동차 Jetta는 1.56L, 동풍자동차 시트로엥은 1.36L, 천진자동차 Xiali는 0.99L로 중복되지 않는 생산구조를 형성하였다. 당시 중국정부의 구상은 각 기업이 도입한 차종을 계열화하여 상호경쟁을 피하면서 부품을 공통화 한다는 점이었다.

그러나 90년대에 진입하면서 중국시장 수요가 가시화 되고, 주요국의 산업구조조정과 생산능력 과잉으로 인해 일본, 미국, 유럽계 자동차 메이커들은 성장을 유지하기 위한 해외시장 진입 목표로 아시아 시장을 주목하기 시작하였다. 이 시기에 동남아 시장은 거의 일본기업에 의해 점령되었기 때문에 유럽과 미국기업은 신흥시장인 중국, 인도, 베트남 등 국가에 적극적인 진출전략을 결정하였다.

그 결과 1990년 프랑스 시트로엥사와 동풍은 신룡기차(神龙汽车)를 설립하였고, 1991년 독일 VW사와 중국일기는 일기VW, 1992년 미국GM은 금배통용(金杯通用), 1993년 일본 이스즈는 강령기차(江铃汽车), 일본 스즈끼는 장안령목(长安铃木) 등을 설립하게 된다. 이 시기 승용차 생산인가를 획득한 8대 생산기지(3大 3小 2微) 외에는 승용차 생산허가 취득이 불가하였으나, 각 지방정부 주도로 편법을 동원한 지역별 생산기업이 난립하게 되었다.

라. 자동차 산업정책(1994) 제정 배경과 주요 내용

1994년 중국 최초의 업종별 산업정책인 자동차공업산업정책(1994)이 제정된 배경은 이와 같은 승용차 메이커의 난립과 승용차 집중화 정책을 규정했던 3대·3소·2미 원칙이 붕괴된 점에 있다. 외국사의 적극적인 진출 모색으로 1997년 3월, 미국GM사가 상해자동차그룹과 합자로 고급차를 목표시장으로 한 상해GM(上海通用有限公司. Buick 시리즈 승용차 생산)을 50:50으로 설립하였다. 상해GM의 설립과 동시에 미국GM은 1997년에 상해자동차그룹과 공동으로 泛亞汽車技術中心이라는 R&D 센터를 설립하여 상해GM의 차세대 모델 개발을 추진하였다.

1997년 경영부진으로 철수를 결정한 프랑스 푸조에 대응하여, 일본 Honda사는 광동성 광주시로부터 푸조사의 50%의 지분을 인수하여 광주Honda를 설립하였다. 광주Honda는 생산차종을 Accord로 결정, 중국의 중고급 승용차 시장을 목표로 1999년 2월에 양산 체제에 진입하였다.

한국 기아차동차도 1999년 7월에 정식으로 강소열달그룹과 합자로 US$ 2,980만을 투자하여 강소열달기아유한공사(江蘇悅達起亞有限公司)를 설립하여 경제형 승용차인 프라이드(모델명 pride) 생산을 시작하였고, 2001년 11월에는 정식으로 동풍기차그룹과 합작을 추진하였다.

[표 3-11] 1997년 이후 중국의 신규 승용차 합자사업 추진상황

기간	외국사	중국 메이커	합자회사명	생산 모델
1997.6	미국GM	상해기차그룹	上海通用汽車有限公司	Buick, GL8, Sail, Regal 등
1998.5	Honda	廣州기차그룹	廣州本田汽車有限公司	Accord, Odyssey, Fit
1994.4	Fiat	躍進기차그룹	江蘇南亞自動車有限公司	Palio, Siena 승용차
2000.6	Toyota	天津夏利	天津豊田汽車有限公司	Xiali, Vios 등
2001.4	Ford	長安汽車有限公司	長安福特汽車有限公司	Fiesta, Mondeo
2002.9	Nissan	東風汽車公司	東風汽車有限公司	승용차, 상용차 전차종
2002.10	현대차	北京汽車	北京現代汽車有限公司	소나타, 엘란트라

자료: 中國汽車工業信息網 www.autoinfo.gov.cn 업계뉴스 정리(2006.3)

일본계 기업의 중국진출도 본격화되어 Nissan이 정주Nissan의 뒤를 이어 동풍그룹과 합작관계를 형성하여 2002년 3월 풍신기차(風神汽車)에 Blue Bird 모델을 생산을 시작하였다. Toyota의 본격적 중국진출은 다른 메이커(혼다, 닛산)보다 늦어서 2002년 8월 29일, Toyota는 중국일기그룹과 합작후, 2010년 생산판매량 40만대를 목표로 2002년 10월 천진에서 정식으로 승용차 생산을 시작하였다.

한국 현대자동차도 2002년 10월 18일에 정식으로 북경기차와 합자로 북경현대(北京現代)를 설립, Sonata 모델의 생산부터 시작하여 승용 및 상용차 등 모든 방면에 대한 전면적 합작을 추진하기 시작하였다. 이외에 Fiat, Ford, Mazda 등 회사도 중국의 기존업체와 합작으로 공장설립을 진행하여 승용차 생산을 진행하게 되었다.

중국 자동차산업은 이미 1953년 제1기계공업부 자동차공업관리국 시절부터 국가경제위원회의 국민경제발전 계획에 기초한 자동차 생산계획을 제정, 일관된 자동차산업의 관리를 표방하였으나 지방 분권주의에 기인한 지방정부의 지역별 산업발전정책에 따라 소규모 자동차 메이커가 난립하는 구조를 갖게 되었다.

이는 1950년대 한 省에 한 개 공장(一省一廠) 제도에 근거하여 지방정부가 독자적인 소규모 자동차공장을 설립한 점, 1960년대초 대약진운동 기간에 각 지방의 수리공장 등이 자체적으로 자동차를 시험 제작한 점 등에 기인한다.

1978년부터 개혁개방정책 추진에 따른 자동차 수요급증에 따라 각 지방정부가 자체적으로 자동차 생산 프로젝트를 진행하는 등, 전국적으로 소규모 자동차 공장이 더욱 난립되었고 자동차 산업의 非효율성은 심화되었다. 또한 자동차 생산의 70%이상이 상용차에 집중되어 있었고, 특히 4~5톤 중형트럭이 전체 생산량의 50%에 달하는 기형적 생산구조를 갖고 있었다. 이에 반해 승용차는 엄격한 정부규제 속에서 독자적 기술개발 및 생산능력 결여로 외국자본 및 기술에 전적으로 의존하는 상황이 지속되었다. 중국정부는 지주산업으로 육성해야 할 자동차산업의 기형적 발전을 바로잡기 위해, 별도의 강력한 산업정책 제정의 동기를 부여 받게 된다.

[표 3-12] 자동차공업 산업정책(1994년)의 주요 내용

구분	내역
생산	2000년 국산 자동차 자급도(생산량) 목표는 90% 이중 승용차 비중은 50% 이상으로 제고
산업조직	투자 집중과 합병을 촉진 (저수준 제품 도입에 따른 문제점과 국산화 속도 제고 해결)
기업조직	자산합병, M&A 및 주식제 등을 통한 기업의 그룹화 지원
산업기술	기업의 자체 제품개발과 R&D 센터 설립을 통해 외국기술 흡수를 통한 독립적 제품 개발능력 형성을 지원 그룹간 연합의 중요 R&D 프로젝트에 대한 정책 개발자금 지원 모델 및 차종의 선진화 유도와 요구 국내社가 외국기업과 합자 혹은 합작으로 R&D회사 설립 지원
외자이용	외국 자본을 이용한 중국 자동차 공업 발전을 지원 외국기업과의 합자 및 합작은 사내 R&D 센터 설립 필요 중국측 자본은 50% 이상으로 제한SKD, CKD 조립 사업 불허
소비	중국 최초로 개인의 자동차 구매에 대한 지지 표명 국가적으로 자동차 산업의 수요 확대 지원 추진

자료:『中國汽車工業年鑑(1995)』.

1994년부터는 승용차의 수입량과 국내생산의 증가에 따라 국내 소비자의 승용차에 대한 인식이 점차 강화되고, 국산승용차에 대한 성능, 품질 등에 대한 요구도 점차 높아졌으며, 승용차시장에서 점차 경쟁이 나타나기 시작하였다. 1990년대 중반부터 중앙정부의 자동차정책 방향은 시장보호에서 점차 경쟁촉진으로 전환되었고, 이러한 맥락에서 1994년 12월 19일에 국무원은 자동차공업 산업정책(1994년)을 발표하게 된다. 정책 내용은 경쟁체제 도입外에도 생산목표와 외자이용에 따른 가이드라인을 제시하고 있다.

본 정책제정 목적은 중국 자동차산업을 국민경제의 지주산업으로 건설하기 위해, 분산적인

투자, 작은 생산규모, 낙후된 제품상황 등을 개선하고 R&D능력, 품질과 기술수준 등을 제고하여 산업조직 합리화를 촉진, 규모의 경제를 실현하기 위한 것이었다. 본 정책은 발표 당시까지 제정된 제반정책들을 종합한 기본법적 성격을 가지고 있으며, 또한 중국 최초의 단독 업종별 산업정책으로 경제체제가 계획경제에서 사회주의 시장경제로 전환하는 과도기에 보다 시장 매커니즘에 부합하게 제정되었다는 점에서 의의가 있다.

자동차공업 산업정책(1994)은 중국정부가 1985년부터 실시해 온 자동차 목록관리제도(汽車管理目錄)에 결함을 인지한 결과이기도 하다. 이에 중국정부는 '공고제도'로 변혁을 추구하기 시작했다. 목록관리제도는 자동차 차종, 부품별로 목록을 정해 놓은 후, 공업생산기업이 해당 자동차 혹 그 구성품을 생산하려고 하면, 해당목록 자격을 취득해야만 생산이 가능한 제도이다. 목록관리제도는 계획경제조건 하에서 자동차공업의 발전을 촉진하는 작용을 발휘하여 과잉생산과 과당경쟁을 방지하였고 국가의 자동차산업에 대한 투자 효율성을 보장하였다.

그러나 시장경제체제로 전환하는 과도기 시점에서는 폐단이 현저해졌다. 먼저 목록제도는 시장경쟁에 따른 산업발전을 가로막아, 경쟁력을 확보하지 못한 목록내 기업과 제품이 목록제도의 보호로 도태되지 않아 구조조정을 저해 하였다. 또한 목록을 보유한 기업이 그 생산자격증을 편법 양도하여 부적격한 자동차기업이 양산되었다. 목록에 없는 기업은 여러 편법을 동원하여 승용차를 생산하기 시작하였으며, 그 결과 상용차 목록기업(6字頭)이 승용차를 생산(7字頭)하는 경우가 발생했다. 경쟁력이 있는 민영기업은 공정한 시장경쟁 기회를 박탈당하였으며, 목록 진입 신청에 장시간 소요되어 기업경쟁력 제고를 막았다.[149]

이러한 불합리한 상황은 산업조직구조의 합리화를 막아 3大기업(중국일기, 동풍기차, 상해기차)을 위주로 자동차 산업을 발전시키려는 정부의 구조조정정책 실현을 어렵게 하였다.

결국, 이러한 폐단을 바로잡기 위한 첫번째 조치가 자동차공업 산업정책(1994년판)의 제정이며, 그 후 WTO 가입에 대비하여 중국정부는 국제적으로 통용되고 있는 형식인증제도로의 전환을 모색하기 시작한다. 결국 형식인증제도의 과도기 정책으로 2001년 5월말부터 잠시 '공고관리제도[150]'를 도입하였으며, 2003년 5월 1일부터는 형식인증제도에 해당되는 인증감독(認證監督) 제도를 실시하기에 이른다.

---

149) 2001년 5월, 공고관리제도 이전 중국의 자동차는 1호 화물차, 2호 Jeep형, 3호 덤프트럭, 4호 견인차, 5호 특수차, 6호 승합차, 7호 승용차(1貨車·2越野車·3自卸車·4牽引車·5專用車·6客車·7轎車)등으로 분류되어, 생산자격과 명칭이 구분되었다. 따라서 승합차 생산자격을 가진 기업이 승용차를 생산하는 것은 불법이었으나, 省內 수요를 겨냥한 지방보호주의로 편법이 발생 하였다. 이후 중국의 자동차는 국제 관례에 따라 그 명칭이 '승용차와 상용차'로 이분화 된다. 『中國汽車工業年鑑(2002)』

150) '공고관리제도'는 자동차사가 국가 인가검사기관에서 신제품 강제성 항목시험에 합격한 후에 '차량 신제품 신청표'를 국가경제무역위원회에 제출하여 심사·합격제품을 공고방식으로 생산허가하는 제도임. 이를 통해 중국정부는 신청단계를 축소하였고 기업은 개발 신제품을 수시 신청할 수 있게 됨. 經貿委는 매월 1차례의 공고를 통하여 '차량생산기업과 제품공고'를 발표하여 기존 목록관리제도보다 생산가능시점을 대폭 단축하였음. 『中國汽車工業年鑑(2002)』

[표 3-13] 2021년 중국 자동차 메이커별 판매량

(단위: 대)

순위	메이커	2021년 판매량(만대)	비중(%)	비고
1	일기대중	177.83	8.8	중국일기-폭스바겐 합작사
2	상기대중	145.71	7.2	상해기차-폭스바겐 합작사
3	상기통용	127.72	6.3	상해기차-GM 합작사
4	지리기차	121.3	6.0	민영 기업(볼보 대주주)
5	동풍닛산	113.48	5.6	동풍기차-닛산 합작사
6	장안기차	111.6	5.5	민영 기업
7	상기통용오릉	96.69	4.8	상해기차-GM 합작사
8	장성기차	94.87	4.7	민영 기업
9	일기Toyota	84.62	4.2	중국일기-토요타 합작사
10	광기Toyota	84.03	4.2	광주기차-토요타 합작사
11	동풍Honda	79.32	3.9	동풍기차-혼다 합작사
12	광기Honda	77.04	3.8	광주기차-혼다 합작사
13	BYD기차	72.36	3.6	민영 기업
14	화진보마	65.12	3.2	화진기차-BMW 합작사
15	치레이기차	59.92	3.0	민영 기업
15개사 합계	-	1511.61	74.8	-
중국 전체	-	2020.9	100%	-

자료: 중국자동차공업협회 (2022.2)

2) 자동차산업 발전정책 (2004년판)

가. 제정 배경 및 주요 내용

현재 중국은 세계의 모든 글로벌 메이커가 진출하여 각종 모델을 생산하기 시작하는 세계 자동차 공장으로 전환하였다. 기진출한 해외메이커들로 인해 승용차 양산체제가 구축되고 부품 국산화가 진척되면서, 2004년부터는 승용차 시장에서의 공급과잉현상이 출현하기 시작하였다.

2001년 WTO가입후 지속된 관세인하로 중국 국산 및 합작사들 역시 가격하락 압력에 직면하였다. 이에 따라 각 메이커간 치열한 가격전쟁과 고객확보를 위한 서비스강화로 중국 승용차 시장은 이전의 판매자 시장에서 소비자를 중심으로 하는 구매자 시장으로 전환되었다.

중국정부는 2004년 6월 1일, 1994년에 이어 개정된 자동차 산업정책인 자동차산업 발전정책(中國汽車産業發展政策, 2004년판. 新정책으로 약칭)을 공포한다. 10년만에 나온 새로운 新정책은 ① 내수충족 및 수출확대, ② 세계 500대기업에 진입할 대형그룹 육성, ③ 독자브랜드 개발을 위한 자주개발 능력확보 등이 목표를 제시하였다. 특히 자동차 소비정책을 별도로 제정하여 한 장으로 편성한 것이 이전의 생산·수출 지향적 자동차 산업정책과 다른 점이라 할 것이다.

新정책 배경은 'My Car' 시대의 도래와 WTO 가입에 따른 새로운 정책도구 마련으로 압축할

수 있다. WTO 가입 다음해인 2002년 중국은 전년비 40.4% 증가한 328.7만대 자동차를 생산하였으며, 2003년에도 35.2%(444.4만대) 성장을 기록하였다. 이는 주요 연안지역의 1인당 GDP 3,000~6,000달러 진입에 따른 마이카 시대의 도래에 기인한다. 실제로 자동차 중 승용차 판매량은 2002년에는 56.1%, 2003년에는 75.3% 증가한 바 있다.

둘째로, 이전의 자동차공업 산업정책(1994년판)내 여러 조항들은 WTO 규정과 충돌하여 수정이 불가피 했다. 즉 합작기업들에 대한 국산화 요구, 기술이전, 외환수지 요구, 정부보조금 지급, 인허가 규정, 수입제한 등이 WTO가입시 수정이 요구된 부분이다.[151] 아래 〈표〉는 WTO 가입후 변화와 중국 자동차산업 규제조항을 나타내고 있다. 반면에, WTO 가입으로 인해 관세인하, 수입쿼터 취소 등으로 유입될 수입차로부터 국산 자동차시장을 지켜줄 보호막이 필요해졌다.

이러한 배경에 따라 新정책은 이전과 다른 모습을 띄게 된다. 먼저 투자관리 방식이 이전의 인허가(審批制)제도에서, 신고제(備案制)와 심사제(核准制)를 병행하는 것으로 변경되었다. 심사제는 인허가제와 달리 정부가 기업 프로젝트의 시장전망, 경제효율, 자금출처와 제품기술 방안 등에 대한 심의를 하지 않고, 일정기준을 갖추었는지를 심사한 후에 통과시키는 방식을 의미한다.[152]

[표 3-14] WTO 가입에 따른 중국 자동차 규제 변화

<table>
<tr><th colspan="3">구분</th><th>2001</th><th>2002</th><th>2003</th><th>2004</th><th>2005</th><th>2006.1.1</th><th>2006.7</th></tr>
<tr><td rowspan="3">관세</td><td rowspan="2">판매상</td><td>3.0L이하</td><td>70.0%</td><td>43.8%</td><td>38.2%</td><td>34.2%</td><td>30.0%</td><td>28.0%</td><td>25.0%</td></tr>
<tr><td>3.0L이상</td><td>80.0%</td><td>50.7%</td><td>43.0%</td><td>37.6%</td><td>30.0%</td><td>28.0%</td><td>25.0%</td></tr>
<tr><td colspan="2">부품(평균)</td><td>28.0%</td><td>23.8%</td><td>20.2%</td><td>17.2%</td><td>14.6%</td><td>12.4%</td><td>10.0%</td></tr>
<tr><td colspan="3">수입허가증</td><td>존재</td><td>←</td><td>←</td><td>←</td><td>취소(1.1일)</td><td>←</td><td>←</td></tr>
<tr><td colspan="3">수입쿼터(억$)</td><td>U$60</td><td>U$79.4</td><td>U$91.3</td><td>U$105</td><td>취소(1.1일)</td><td>←</td><td>←</td></tr>
<tr><td colspan="3">부품특혜관세율</td><td>국산율 근거
우대관세적용</td><td>취소</td><td>←</td><td>←</td><td>←</td><td>←</td><td>←</td></tr>
<tr><td rowspan="2">자동차
산업
정책</td><td colspan="2">완성차</td><td>국무원 비준</td><td colspan="2">지방정부 비준
(U$6천만이하)</td><td colspan="2">지방정부 비준
(U$9천만이하)</td><td colspan="2">지방정부 지분
(U$1.5억이하)</td></tr>
<tr><td colspan="2">엔진</td><td>국무원 비준</td><td>비준취소</td><td>←</td><td>←</td><td>←</td><td>←</td><td>←</td></tr>
</table>

자료: 임기택(2003)

또 다른 특징은 시장 진입제도는 물론 퇴출제도를 명확히 한 점이다. 즉 17조에서는 정상경영 불가시 생산자격을 취소하여, 이전처럼 생산 자격을 다른 기업에 양도하는 일을 금지하였다[153]. 또한 신규 생산기업 투자시 총 투자액 20억 위안 이상, R&D 센터(5억 위안 이상) 설립을

151) 經濟參考報 (2003.5.27)

152) 陳映璇, 「新版汽車産業政策遭遇審批制面臨諸多現實問題」, 財經時報(2004.5.24)

153) 이는 2003년 자동차 생산확대 붐에 따라, 춘란, 메이디, 옥스, 그린쿨, 비야디, 리판 등 일부 가전사까지 부실한 지방 자동차사를 인수하여, 자동차산업에 뛰어드는 과열투자를 방지하기 위한 조치임. (劉健强, 外行造車, 『

명문화 하여, 중소형기업의 진입장벽을 높게 하였다. 또한 정부가 발전계획을 보고·심사 받는 대형사 기준을 시장 점유율 15% 이상, 혹 중국내 완성차 판매수입의 15% 이상으로 규정하여, 정부가 육성할 대형 자동차그룹의 규모를 명확히 하였다.154)

3) 중국철강산업 발전정책(2005.7)

2005년 중국의 조강(粗鋼) 생산량은 3억 4,936만톤으로 전세계 조강 생산의 30.8%를 점유하고 있다. 이는 중국 WTO 가입전인 2000년 점유비 15% 대비 15.8%포인트나 증가한 것이다. 또한 2004년 전세계 강재소비의 27.8%, 수입의 9.1%가 중국에서 발생하고 있다.155)

이처럼 전세계 철강생산과 소비의 1/4 이상을 점유하는 중국 철강산업은 WTO가입전에는 그 증감의 영향이 중국 자체에만 국한되었으나, WTO가입후에는 주변국과 전세계에 영향이 미치고 있다. 중국의 늘어난 철강소비는 주변국의 수출 및 투자 증대를 불러오며, 공급과잉된 중국의 철강생산은 점차 수출로 전환되어 주변국을 위협하고 있다. 또한 철강생산에 소요되는 철광석, 석탄의 소비확대로 인해 원자재 및 물류비용 상승을 야기시킨 바 있다.

중국 철강산업은 자급자족 및 계획경제시절의 지주산업에서, 전세계 투자·자원·물류에 영향을 주는 글로벌화된 산업으로 부상하였으며, 중국정부도 이점을 고려하여 2005년 7월 20일, 자동차 산업정책에 이은 두 번째 업종별 산업정책인 철강산업 발전정책(鋼鐵産業發展政策)을 공포하기에 이른다. 중국 철강산업정책은 현재 철강산업이 가진 문제점을 토대로, 향후 발전방향을 제시하고 있으며, 기업구조조정, 투자관리 등 필요한 관련규정을 포함하고 있다.

가. 정책 제정 배경

첫째, 정책 주도권의 민간화에 배경이 있다. 중국 철강산업은 국민경제 주도산업으로써 1949년 공산혁명후 新중국이 설립되면서, 별도의 중앙부처를 설립할 정도로 정부 주도형 산업으로 관리되어 왔다. 1956~1998년까지 42년간 생산, 판매, 투자, 기업경영 등 철강에 관련된 모든 사항을 중앙부처인 야금공업부에서 관장하였다. 따라서 별도로 산업정책이 존재할 필요가 없었으며, 중국의 계획경제 틀 내에서 경제발전추이에 따라 철강산업도 같은 폭으로 성장하여 왔다. 실제 1956~1998년간 중국 GDP는 연평균 10.9% 성장하였고, 철강생산은 연평균 8.7% 증가하였다.

1979년 개혁개방 정책에 따라 철강산업도 철강사의 책임경영제 도입, 철강재의 이중가격제 적용후 가격자율화, 이익환수에서 과세체제 변환(利稅分流) 등의 개혁과정을 거치면서 시장경제

中國企業家』, 北京, 2004.5)

154) 서석흥(2004),「중국의 新자동차 산업 발전정책의 주요 쟁점 분석」,『현대중국연구(제6집1호)』, 74쪽

155) IISI, *Steel Statistical Yearbook 2005*, Brussels, 2005

적인 요소가 가미되기 시작하였다. 1993년 철강재 가격은 완전 자율화 되었으며, 중국이 조강 1억톤을 돌파한 1996년에 정부의 기업에 대한 생산규제는 취소되고, 투자관리를 통한 수급조정정책만 실시되었다.[156]

정부 주도형의 관리체제에 큰 변화가 온 것은 1998년 야금공업부가 국가경제무역위원회 소속의 야금공업국으로 축소되고, 1999년에 민간기구인 중국강철공업협회(CISA)가 창립되면서, 철강산업 주도권이 정부에서 민간으로 이양되기 시작한 때이다. 그러나 이 시기에 중국 철강업의 구조적 문제점도 더욱 심화되었다. 2000년에는 야금공업국 마저 폐지되고[157], 주요 기능이 CISA에 이관되었으며, 2001년에는 중국의 WTO가입으로 철강재 무역 등의 자유화 조치가 취해짐에 따라 철강산업은 국유 독과점에서 민간 진입가능 산업으로 완전히 전환되었다.

현재 중국내 민간자본이 철강기업을 설립하고자 할 경우, 자체자금인 경우 일반기업설립 절차와 동일하며, 일정규모 이상의 대형 프로젝트인 경우만 중앙부처인 국가발전개혁위원회 인허가가 필요하고, 한도는 일반 투자의 경우는 3억 위안 이상이다.

둘째, 과다한 철강투자로 인한 문제점이 심화되었다. 1949년 이후 중국 철강업 수급 실태를 살펴보면, 영국을 초월하는 철강대국 건설을 표방하고 각지에 60만개의 土고로(소형 재래식 고로)를 설치한 대약진운동 기간(1958~1960년) 일시적으로 생산이 소비를 초과하였으나[158], 개혁개방 정책이 시작된 1979년부터 2000년까지는 1990년(천안문 사태로 인한 소비감소와 재고량 증가)을 제외하고는 공급량이 실제 소비량을 하회하는 계획경제적 균형을 유지하여 왔다.[159]

그러나 앞서 설명한 바와 같이, 중앙정부의 철강 통제관리권이 느슨해지고, WTO가입에 따른 투자 급증세에 따라 2001년부터 수입을 포함한 철강 공급량은 실제 소비량을 상회하게 된다. 또한 과도한 철강투자 결과, 철강사 급증, 연원료 부족, 물류병목현상 등이 나타났다.

---

156) 포스코경영연구소(2001), 『21세기 중국 철강산업을 조명한다』, 한국철강신문, 174쪽

157) 2000년 12월에는 WTO 가입을 위해 산업별 관리부서 폐지방침에 따라, 국무원 직할 소속이던 14개 산업관련 국급(局級) 중앙부처가 폐지되고, 그 주요기능은 신설된 민간협회로 이관됨. 이에 따라 철강 외에도 석탄, 기계, 석유화학, 경공업, 방직, 건축재료, 유색금속 등 부처가 폐지되고, 이에 상응한 민간협회가 설립됨.『中國經濟年鑑(각호)』

158) 孫健(2000), 『中國經濟通史.下卷』, 中國人民大學出版社, 1666~1667쪽

159) 編輯委員會編(2003), 『中國鋼鐵工業五十年數字匯編, 上卷』, 冶金工業出版社, 136~137쪽

[표 3-15] 중국 철강산업의 인허가 및 관리·통제권 변화

구분	WTO가입 이전(~2000)		WTO가입 이후(2001~)	
	주체	비고	주체	비고
중장기 계획 신설 투자	*국가계획위원회	9.5계획中 철강업 등	국가발전개혁위원회 발전계획/산업정책司	철강산업 정책제정 대형 투자건
기존 증설	*국가경제 무역위원회	-	국가발전개혁위원회 경제운행국 야금처	주요 프로젝트 승인
시장 진입	*야금공업국(중앙) *야금공업청(지방)	철강사 증시상장	上同 (중앙) 지역별發改委(지방)	세부기업 활동은 관여 않함
권익 보호	중국강철공업협회	1999년 창립	중국강철공업협회	제품표준제정 등 일부 위탁관리
FDI社 투자	*대외경제무역부	外商투자	상무부	外商투자

주: 1. 상기 부처중 * 표시 부처는 현재는 통폐합 되어, 우측란 부처로 바뀌었음.
2. 經貿委 산하 야금공업국의 前身은 '98년에 폐지된 야금공업부임.
자료: 『中國鋼鐵工業年鑑(각호)』참조하여 작성.

실제로 1996~2000년간 매 전년비 마이너스 성장을 기록했던 철강업 고정자산투자는 2001년 45.1%, 2002년 50.8%의 성장세를 기록하였고, 2003년에는 186.1%로 급등하였으며, 2004년에는 462.1%로 중국 역대 최고치를 기록하였다.

물류의 경우, 2004년에 중국 조강(粗鋼) 1톤을 생산하는데, 5.19톤의 물류 소요가 발생하는 것으로 추산되었다.[160] 이는 철광석, 석탄, 부재료는 물론 강재 생산이후 판매를 위한 물동량까지 포함한 결과이다. 따라서 2000년 조강생산 1.28억톤을 기록했던 중국은 불과 4년 후인 2004년에는 2.72억톤으로 112.5%나 폭등하였으나, 이를 뒷받침할 물류 인프라(도로, 항만, 철도 등)는 이를 따르지 못해 사회 곳곳에서 병목현상이 일어나게 된다.

2001~2004년간 중국 조강 생산량은 연평균 21.8% 증가하였으며, 이로 인해 2004년 철광석 수입량은 2001년대비 두배가 늘어난 2.08억톤(연평균 증가율 31.1%)을 기록하였다. 이처럼 조강 생산 증대로 촉발된 철광석 수입증대와 중국내 석탄 물동량 증가로 철도, 해운 등에서 운송난이 초래되고, 발전용 석탄이 제 때 발전소에 공급되지 못하는 등 예상치 못한 경제발전 위협요인으로 등장하자 중국정부는 강력한 정책 제정의 동인(動因)을 가지게 된 것으로 판단된다.

셋째, 철강부문의 10. 5계획, 별도의 산업정책으로 보완할 요인이 발생되었다. 중국정부는 10차 5개년 경제발전계획(2001~2005년)을 제정하면서, 별도로 철강산업발전 주요 목표를 제정했다. 그러나 이러한 '발전목표'를 제정했음에도 불구하고, 일부 실적이 부진하여 새로운 정책 제정의

160) 연원료(燃原料)는 철강생산에 필요한 연료(코크스·동력탄)와 원료(철광석)를 지칭함. 중국통계에 따르면 조강 1톤 생산에는 1.8톤의 철광석, 0.97톤 코크스탄, 0.92톤의 동력탄, 0.4톤의 기타 부원료(백운석·석회석·규석·형석 등)가 소비됨. 따라서 2004년 중국 조강생산 2억 7245만톤에 투입된 연원료는 11.14억톤이며, 이를 운송하기 위한 물류부담은 여기에 최종 강재 물동량 3억톤까지 더하여 14.14억톤에 달함. 「POSRI China Weekly(제29호)」

필요성이 요구되었다.

중국정부가 '발전목표'를 제정한 이유는, 2000년 이전에는 철강업을 주관하는 중앙부처인 야금공업부에서 법규, 통지 등 행정지침으로 관리했으나 이후 부처 축소가 결정되면서, 산업발전을 지도할 마스터플랜이 필요했기 때문이다. 이에 당시 담당부처인 국가계획위원회는 10.5계획에 '철강산업발전 목표'를 제정하게 된다.

그러나 2005년 현재, '10.5계획 철강발전목표'의 달성여부를 보면, 주요 대형철강사의 규모의 경제화와 전체 철강업의 양적인 성장으로 자급도, 에너지 및 수자원 소비지표 등은 달성되었으나, 특히 소형 건축용 강재생산 메이커의 급증으로 인해 노동생산성, 10대 철강사 집중도 등은 목표를 달성하기 어렵게 되었다.

철강사의 경우, 2000년 2,997개사에 불과했던 철강사 수는 2001년 3,176개사, 2002년 3,333개사, 2003년에는 4,119개사로 2000년대비 37.4% 증가하였다. 반면 중국 전체 조강 생산량중 상위 10대 철강사 점유비는 2001년 45.45%에서 2002년 41.85%, 2003년 36%, 2004년에는 32.76%로 2001년 대비 12.69%포인트가 축소되었다. 이에 중앙정부는 철강부문 11차 5개년 계획(2006~2010년) 제시전에 중국 철강산업정책을 제정하여 필요한 가이드라인을 제시할 필요가 생기게 된 것이다.

[그림 3-5] 중국 철강산업 발전정책의 역할, 제정 및 실행 구조

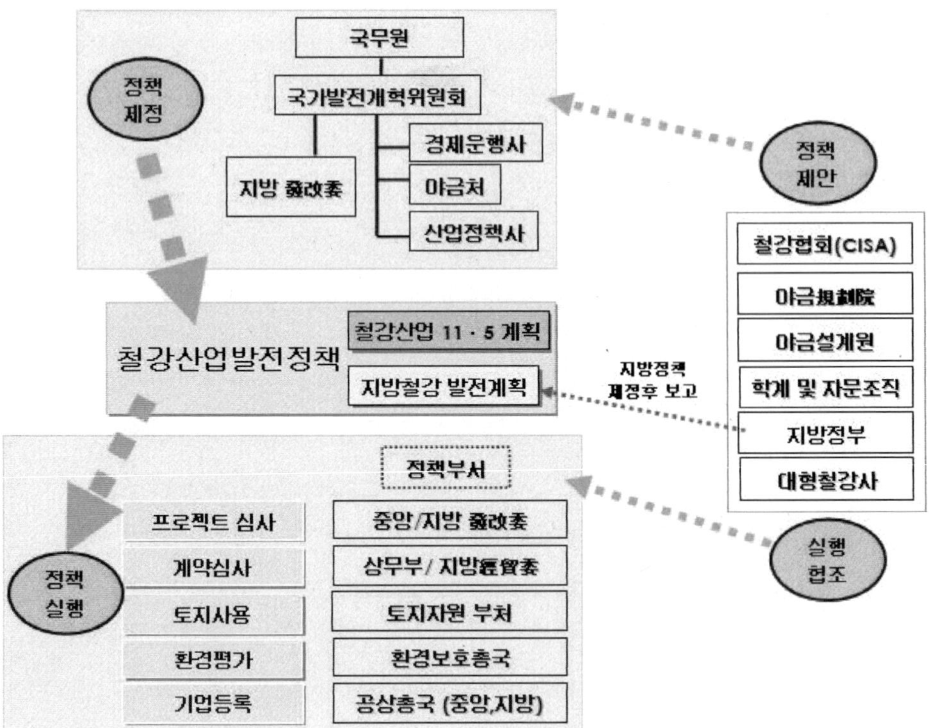

나. 정책의 주요 내용

중국 철강산업정책의 역할은 최고 상위법의 개념으로, 중앙 및 지방의 정책부처에서 관련 인허가 및 평가시 기준으로 활용하게 된다. 중국 철강산업정책의 제정으로, 각 省, 市 자치구 등은 자체 '철강산업 발전계획'을 제정하거나, 이미 제정된 유사한 법규를 수정하게 된다. 중국 철강산업정책에서는 기술지표, 환경지표 등을 규정하고 있어서, 신증설 인허가시 새로운 기준을 적용하게 되며, 또한 투자관리정책에서는 기업의 자기자본금 비율 등을 규정하고 있다. 아래 〈그림〉은 각급 부처별 중국 철강산업정책의 실행 구조를 보여주고 있다.

중국 철강산업 발전정책은 총 9장 40조로 구성되어 있으며, 정책목표와 산업발전계획, 산업분포조정, 산업기술정책, 기업조직 구조조정, 투자관리, 원재료 및 철강재 절약 등을 담고 있다.

제1장 정책목표에서는 철강생산능력제한, 산업집중도 제고, 철강산업의 재배치, 환경보호 및 자원효율제고 등의 정책목표가 제시되었다. 철강생산능력은, 토론용 및 심의용 원고에서 거론되었던 3억톤 내외라는 명시적인 총량목표는 삽입되지 않았으며, '합리적인 규모를 유지'한다는 큰 원칙만 제시되었다.

산업집중도 제고를 위해 제강업체 수를 대폭 감소시켜 10大 철강사의 粗鋼 생산 비중을 2010년까지 50% 이상, 2020년까지 70% 이상으로 한다는 목표를 제시하였다. 철강산업의 재배치는 자원, 인프라, 시장 환경 등을 감안하여 현재의 철강산업 구조를 개선하겠다는 것이며, 특히 환경과 관련하여, 에너지소비, 수자원 절약기준은 10.5계획 내 철강산업 발전목표에서 제시했던 주요 기준대비 5~33% 높게 제시하였다.

제2장 산업발전 계획에서는 2003년 조강 생산량 500만톤 초과 기업집단(그룹)은 의무적으로 기업 중장기 발전계획의 發改委 보고를 규정하였으며, 기타 철강사의 발전계획도 중국 철강산업정책과 부합되어야 함을 규정하였다. 이는 생산능력의 확대를 기존 노후능력의 도태와 연계시켜 진행함으로써 생산규모 총량의 증가를 억제하려는 것이다. 대형 철강기업은 연해지역에 위치하여야 하며, 내륙지역 철강기업의 생산은 철광석 자원 상황을 감안하여, 생산능력 확대를 추구하지 말아야 한다는, 연해중심의 철강산업 발전방침(11조)을 밝히고 있다. 또한 지역별로 철강산업 발전방침을 정하여, 권역별 자원, 환경, 수요를 고려한 상이한 발전 방침을 제시하고 있다.

제5장 기업조직 구조조정에서는 전략적 구조조정을 통해 2010년까지 3천만톤급 철강사 2개와 수개의 1천만톤급 철강사 육성할 것을 명시하였다. 대형기업의 상호연합, M&A, 상호지분 공유 등을 통해 철강기업 수를 감소시키고, 조건을 구비한 대형기업을 적극 육성하여 특대형 기업집단을 형성할 방침이다. 대형 철강산업의 상장을 추진하고, 민영자본과 사회자본의 철강업에 대한 지분 참여 및 M&A 장려하고 있다.

제6장 투자관리 정책에서는 신설 프로젝트에 대한 진입조건을 제시하였는데, 특히 외국기업이 중국 철강업 투자시 절대주주가 되는 것(控股)을 '원칙적'으로 불허하였다.

[표 3-16] 2020년 전세계 철강사 철강 생산 순위 및 실적

(단위: 백만톤)

순위	회사명	생산량	순위	회사명	생산량
1	中国宝武钢铁集团	115.29	26	日照钢铁	14.4
2	ArcelorMittal	78.46	27	河北新华联合冶金控股集团	14.18
3	河钢集团	43.76	28	中国台湾中钢公司	14.11
4	沙钢集团	41.59	29	中信泰富特钢集团	14.09
5	Nippon Steel Corporation (일본)	41.58	30	EVRAZ (러시아)	13.63
6	포스코	40.58	31	陕西钢铁	13.18
7	鞍钢集团	38.19	32	Gerdau (브라질)	13
8	建龙集团	36.47	33	中天钢铁	12.76
9	首钢集团	34	34	德兴集团	12.55
10	山东钢铁集团	31.11	35	广西盛隆冶金	12.06
11	德龙集团	28.26	36	南京钢铁集团	11.58
12	Tata Steel Group	28.07	37	MMK	11.57
13	华菱集团	26.78	38	美国钢铁公司	11.55
14	JFE钢铁 (일본)	24.36	39	福建三钢集团	11.37
15	纽柯钢铁公司	22.69	40	Severstal	11.31
16	현대제철	19.81	41	安钢集团	11.2
17	方大集团	19.6	42	河北东海特钢集团	10.88
18	IMIDRO	18.9	43	青山控股集团	10.8
19	本溪集团	17.36	44	thyssenkrupp	10.73
20	柳钢集团	16.91	45	Metinvest Holding	10.16
21	敬业集团	16.3	46	新余钢铁集团	9.89
22	Novolipetsk Steel (러시아)	15.75	47	酒钢集团	8.75
23	包钢集团	15.61	48	Erdemir Group	8.53
24	SAIL (인도)	14.97	49	钢动态公司	8.4
25	JSW Steel (일본)	14.86	50	津西集团	8.01

자료: World Steel Association (검색일자 : 2022.2)

4. 10대 산업구조조정 진흥계획과 7대 전략 신흥산업

중국정부는 2009년 각 산업의 안정적 성장과 내수확대, 기술개발, 구조조정을 핵심내용으로 하는 10대 산업 진흥계획을 발표했다. 10대 산업은 자동차, 철강, 조선, 석유화학, 경공업, 방직, 장비제조, 비철금속, 전자정보, 물류업 등이다. 이는 2008년말 심화된 세계적인 금융위기에 대한 단기적인 조치적 성격도 있지만, 중장기적인 구조조정 및 기술개발 등도 포함되어 있고, 이는 앞서 살펴본 12.5규획 내 중장기 발전방향과도 일맥상통한다.

10대 산업 진흥계획은 중국 산업의 체질개선을 위해 과잉생산력 조정에 중점을 두고 있다. 10대 산업 중 많은 부분이 모두 과잉 생산능력문제가 존재하기 때문에 진흥계획 시행 2년차인 2010년부터는 낙후 산업능력 도태조치가 더욱 본격화되고 있다. 수많은 낙후 생산능력 업체들이 아직도 해당지역의 중요 기업들이기 때문에 지방정부에는 압력으로 작용하고 있다. 낙후산업능력 도태와 동시에 회사간 M&A도 탄력을 받을 전망이다.

기존 지주산업에 대한 구조조정과 동시에 전략적 신흥산업 육성도 10대 산업조정 및 진흥계획에 포함되었다. 신흥산업에는 정보네트워크, 선진제조업, 생산적 서비스업, 신에너지, 신소재, 바이오의약 등이 포함되고, 이에 관한 산업발전정책이 마련되고 있다. 그외 고급 디지털 밀링, 기초제조설비, 대형 집적회로제조장비의 자주화, 신에너지 및 에너지 절약형 자동차, 소프트웨어, 정보산업 등도 포함되었다.

낙후산업능력 도태에는 기업의 기존 기술에 대한 업그레이드도 포함되어 있다. 공업정보화부에 따르면 2009년 중앙재정은 200억 위안을 배정해 기업의 기술개량을 지원하고, 한해 4,441개의 투자항목을 정해 6,326억 위안의 투자를 유도할 방침이다.

2009년 10대 산업진흥계획이 시행된 이후 2011년 이후 새로운 성장동력을 모색하는 과정에서 전략형 신흥산업에 대한 논의가 시작되었다. 2009년 9월, 국무원 총리가 신흥전략형산업 발전좌담회에 참석한 후, 2010년 2월 국가발전개혁위원회, 과기부, 공업정보화부, 재정부 등 20개 부처가 참석하는 전략형 신흥산업연구팀이 정식 발족되었다.

2010년 9월 8일, 국무원 상무회의에서 '전략형 신흥산업 육성 및 발전에 관한 국무원 결정'이 최종 통과되어 확정된 7대 전략형 신흥산업을 보면 다음과 같다. 에너지절약 및 환경보호산업, 차세대정보산업, 생물산업, 신에너지, 신에너지 자동차, 첨단장비제조업, 신재료 등이다.

2009년말 전략형 신흥산업으로 신에너지, 에너지절약 및 환경보호, 전기자동차, 신재료, 신의약, 생물육종, 정보산업 등이 논의 되었으나, 전기자동차에 플러그인 하이브리드 자동차가 포함되고, 생물육종이 생물산업으로 확장되었으며, 신의약이 첨단장비제조업으로 대체되었다.

[표 3-17] 7대 전략적 신흥산업 및 세부 내용

신흥산업	주요 내용	주관부서
에너지 절약 및 환경보호	- 고효율 에너지 절약 기술장비와 제품을 개발·보급 - 자원순환이용 핵심기술 연구화·상업화 추진, 자원재활용 강화 - 선진 친환경 기술장비 및 제품보급을 통한 오염방지 강화 - 에너지 절약 및 환경보호 서비스 시스템 구축 - 폐제품 회수시스템 구축 및 석탄청정이용과 해수담수화 추진	발전개혁위원회
차세대 정보기술	- 차세대 이동통신망과 인터넷 핵심장비 및 스마트장비의 연구 및 상업화 - 3망통합 및 사물인터넷, 클라우딩 컴퓨터 응용기술 추진 - 직접회로, 신형디스플레이, 하이엔드서버 핵심기초산업 육성 - S/W서비스, 인터넷부가서비스 등 IT 서비스능력 향상	공업정보부
바이오	- 신약개발을 적극 추진하여 Bio제약 수준 제고 - 선진의료설비, 의학소재 등 Bio제품 연구개발·상업화 추진 - 바이오육종산업 육성, Bio농업 발전추진 - Bio제조업의 핵심기술개발과 해양생물기술 R&D	발전개혁위원회
첨단장비 제조	- 항공기 제조에 필요한 장비제조업 육성, 항공산업 경쟁력 강화 - 우주 인프라구축과 위성기술 및 응용산업 발전추진 - 교통운송망·도시경전철망을 구축·보완하여 교통설비산업 육성 - 해양자원개발에 대비하여 해양공정 장비산업 육성	공업정보부
신재생 에너지	- 원자력기술과 원자력 상업화, 태양에너지 이용기술 보급·응용 - 풍력에너지기술과 장비 향상, 풍력발전 규모확대 - 신재생 에너지 발전에 적합한 스마트 그리드 구축 - 현지역에 적합한 바이오에너지 개발	발전개혁위원회
신소재	- 희토류, 고성능 막소재, 특수유리 등 신형기능성소재 개발 - 특수강, 신형합금재료, 특수플라스틱 등 고급소재산업 육성 - 탄소섬유, 고분자섬유 등 고급섬유와 복합재료 기술향상 - 나노기술, 초전도기술, 지능형 기초소재기술의 연구진행	공업정보부
신에너지 자동차	- 2차전지, 전기차 구동제어 핵심기술 돌파구 마련 - 하이브리드차, 전기차 보급, 연료전지 자동차 관련 R&D	공업정보부

자료: 국가발전개혁위원회(2011)

제4절 14차 5개년 규획과 발전 전략

1. 13차 5개년 규획(2016~2020)

성장 목표치가 제시된 6·5계획 이후 처음으로 경제성장률 목표를 미달성 한 것이 13차 5개년 규획이다. 6차 5개년 계획 기간(1981~1985)부터 중국 정부는 경제성장 목표치를 제시했으며, 〈12·5 규획〉까지 34년 동안 경제성장 목표치를 초과 달성했다. 〈6·5 계획〉 기간만 GNI(국민총소득)가 목표로 제시되었으며, 그 이전 5개년 계획 기간에는 공업총생산액, 농업총생산액 등이 경제성장 목표로 제시되었다. 〈7·5 계획〉 이후부터는 GDP 성장률이 목표치로 제시되었다.

〈13·5 규획〉 기간 중국경제는 매년 6.1% 이상 안정적 성장을 유지했으나, 마지막 해인 2020년에 미·중 간 무역전쟁, COVID-19 사태에 따른 영향으로 2.3% 성장에 그쳤다. 2016년 6.8%, 2017년 6.9%, 2018년 6.7%, 미·중 간 무역분쟁이 본격화 된 2019년에는 6.0%로 하락했고, COVID-19 영향으로 2020년에는 2.3% 성장에 그쳤다.

[표 3-18] 〈9·5 계획〉 이후 중국의 경제성장률 목표치와 실적치

(단위: %)

구분	시기	목표 연평균 경제성장률	실제 연평균 경제성장률
〈9·5 계획〉	1996~2000	8.0	8.6
〈10·5 계획〉	2001~2005	7.0	9.8
〈11·5 규획〉	2006~2010	7.5	11.3
〈12·5 규획〉	2011~2015	7.0	7.9
〈13·5 규획〉	2016~2020	6.5	5.9*

주: 2020년도 성장률을 2.3%로 적용하여 *13.5기간 연평균 성장률을 추정한 것임.
출처: 김동하(2019) 『현대중국경제사』, 현상백 외(2020).

〈13·5 규획〉은 경제발전, 혁신추진, 민생복지, 자원환경 등 4개 카테고리로 나누어 25개의 경제사회발전 목표(계량지표)를 제시했다. 25개 지표 가운데 2019년까지 실적치가 확보된 21개 중 15개가 이미 목표치를 초과했거나, 연율로 계산할 경우 초과할 것으로 추정된다.

경제발전 4개 지표 중 도시화율은 목표치를 달성할 것으로 예상하나, GDP 및 서비스업 성장률은 2020년 한 해의 경기침체로 목표치에 미달할 전망이다. 혁신추진 4개 지표 중 GDP 내 R&D 경비 비중을 제외한 3개는 목표달성 전망이다. 민생복지 7개 지표 중 실적 자료 확인이 가능한 5개 지표 모두 목표치를 달성한 것으로 나타났다. 자원환경 분야 10개 지표 중 실적 자료 확인이 가능한 지표는 모두 8개인데, 이 중 2개가 목표치를 달성하기 어려울 것으로 판단된다. GDP 1만 위안당 용수량 감소율, GDP 단위당 에너지 소비량 감소율 등 지표는 목표치를 달성하지

못할 것으로 전망된다.

〈13·5 규획〉의 특징은 중고속성장, 혁신경제, 중층적 지역특화, 능동적 개방, 동반성장 등 5가지이다. 경제성장률은 〈12·5 규획〉의 '안정적 고속성장'에서 '중고속 성장'으로 하향 조정되었다. 성장 동력 확보를 위해서 기존의 '과학기술 진전과 혁신(創新)'을 '혁신형 경제'로 통합, 강화하였다. 도시·농촌 연계, 국내 지역과 국경지역 연계를 통합해 도농·국내외 연계를 권역별로 특화한 '중층적 지역특화' 발전전략을 제시했다. 대외개방은 국내외 연계형 개방경제를 통해 내수·외수 협조, 수출입균형, 해외진출-외자도입 병행, 지역적·글로벌 거버넌스 역할 및 네트워크 확대를 추구했다. 161)

[표 3-19] 중국의 13차 5개년 규획(2016~2020) 주요 지표별 목표와 달성 여부

지표(단위)	구분	2020년 13.5기간 목표	2019년 2016~2019년간 실적
실질 GDP 성장률(%)	예기성	6.5 이상	6.7
서비스업 증가치 비중(%)	예기성	56	53.9
상주인구 도시화율(%)	예기성	60	60.6
호적인구 도시화율(%)	예기성	45	44.4
R&D 경비지출의 GDP 점유비(%)	예기성	2.5	2.2
노동연령인구 평균 교육 연한(년)	준강제성	10.8	10.7
과학진보 공헌도(%)	예기성	60	59.5
고정 광대역 인터넷 가정보급률(%)	예기성	70	91
인구 1만 명당 발명 특허 보유량(건)	예기성	12	13.3
1차 에너지 소비 중 비화석원료 점유(%)	준강제성	15	15.3
GDP 1만 위안당 용수량 감소(%. 누계)	준강제성	23	20.6
GDP 단위당 에너지 소비량 감소(%. 누계)	준강제성	15	13.7
GDP 단위당 이산화탄소 배출량 감소(%. 누계)	준강제성	18	18.4
이산화탄소 배출량 감소(%. 누계)	준강제성	15	22.5
신규 건설용지 증가분(만ha, 누계)	준강제성	217 이하	154.6
지급이상 도시 공기 수준 양호일 수 비율(%)	준강제성	80 이상	82
3급수 이상 비율(%)	준강제성	70 이상	74.9
주민 가처분소득 증가율(%)	예기성	6.5 이상	6.5
도시 신규 일자리(백만 명. 누계)	예기성	50.0	53.8
도시 판자촌 주택 개조량(백만 호. 누계)	준강제성	20	21.6
농촌 빈곤인구 탈빈곤(백만 명)	준강제성	55.75	50.2

출처 : CEIC. 국가통계국 공개수치(2020.12). 华夏时报(2020.9.23.). 〈14·5 규획〉강요(2021.3.13.)

161) 김동하(2021), 중국 14차 5개년 규획 내 경제분야 특징과 시사점, 「INChinaBrief」 Vol.391 (2021.1.11.).

2. 14차 5개년 규획(2021~2025)

중국정부는 〈14·5 규획〉 기간과 2035년까지의 구체적인 경제성장률 목표치를 제시하지 않았다. 다만 시진핑 주석[162]은 "중국경제는 2025년까지 고소득 국가에 이르고, 2035년까지 중국 GDP 또는 1인당 주민소득이 2배 성장할 것"이라고 언급한 바 있다. 세계은행 2019년 기준에 의하면 고소득 국가는 1인당 GNI가 1만 2,536달러 이상이다. 시주석의 '언급'을 근거로 추산하면 15년 동안(2021~2035년) 연평균 4.73% 이상의 성장목표를 제시한 것이다. 2019년 중국의 1인당 GDP가 10,276달러(70,892위안, $1=6.8985)를 기록한 것을 감안하면, 2035년까지 1인당 GDP 2만 달러를 넘어서겠다는 목표를 제시한 것이다.

시주석은 기준연도에 대해서 언급하지 않았으나, 2020년을 기점으로 추산한 것이다. 따라서 COVID-19로 인해 저성장을 기록한 2020년 GDP를 기점으로 삼지 않을 경우, 실제 중국 정부의 목표치는 연평균 4.73%보다 높을 것으로 예측된다. UBS 수석이코노미스트 왕타오(王涛)는 중국정부가 〈14·5 규획〉 기간 내 경제성장 목표치를 아예 제시하지 않거나, 5% 좌우로 제시할 것으로 전망했다. 이는 인구 고령화와 생산인구의 감소, 저축율 하락, 전통적 공급망의 변화 등이 중국의 경제성장을 억제할 것으로 보았으며, 그 결과 〈14·5 규획〉 기간 내 실질 경제성장률은 5%에 머물 것으로 전망했다. 이를 인식한 중국정부도 GDP 성장보다는 도시화율 제고, GDP 내 소비비중 제고, 신규 일자리 창출, 사회보장 체계 완비, R&D 비용지출 제고 등에 매진할 것이다. 중국관변 싱크탱크인 중국사회과학원 공업경제연구소 부소장 리쉐송(李雪松) 역시 〈14·5 규획〉 기간 정부의 성장 목표치는 5% 좌우가 합리적일 것이라고 언급했다. 이는 최근 중국의 경제성장 속도와 에너지 소비 현황을 고려한 것이며, 정부는 주민소득 증가에 더 큰 노력을 기울일 것을 주장했다. 同연구소가 예측한 〈14·5 규획〉 기간 중국의 연평균 성장률 전망치는 5~6% 구간이며, 이는 2022년까지 중국이 COVID-19의 영향을 받을 것을 고려한 것이다. 둥우(東吳)증권 수석애널리스트 타오촨(陶川)은 〈14·5 규획〉 기간 경제성장률 목표를 5~5.5%로 전망한 바 있다. 관변단체인 중국국제무역촉진위원회(CCPIT. 우리의 KOTRA에 해당)는 로이터 베이징발 소식을 인용하여, 〈14·5 규획〉 기간 연평균 경제성장률 목표치가 약 5%로 정해졌다고 밝힌 바 있다 (CCPIT. 2020.11.7.).

162) 新华网 (2020.11.3.)

3. 14·5규획 경제발전 전략 (쌍순환과 디지털 경제)

1) 쌍순환

쌍순환(双循环)은 국내대순환을 중심으로 국내·국제 순환을 상호 촉진한다는 새로운 발전전략으로, 미·중 간 무역전쟁 장기화에 대응하기 위해 중국이 내수시장을 활용하여 자체적으로 선순환할 수 있는 경제체제를 구축하는 것을 목표로 한다. '쌍순환'은 2020년 5월 14일 중앙정치국상무위원회에서 제기된 이래 5월 23일 전국인민정치협상회의 13기 3차 전체회의, 7월 30일 중공중앙정치국회의, 10월 22일 중공중앙정치국상무회의 등에서 언급되다가 14차 5개년 규획에서 주요 경제정책으로 발표되었다.

국내대순환은 국내시장을 기반으로 생산-분배-유통-소비를 연결하는 효율적 공급체계 구축 및 산업과 실물경제의 균형발전, 산업간 협력 등을 추진함으로써 내부 경제의 선순환 구조를 형성하려는 것이다. 국내·국제 순환의 상호촉진은 중국이 핵심 부품 및 중간재 수입, 원자재 및 식량의 안정적 공급, 수출 고도화, 대내외 무역 규범 및 표준 일체화 등을 통해 글로벌 경제와의 연계를 유지·강화하겠다는 것이다. 쌍순환에서의 내수 활성화는 대외 리스크를 줄이기 위해 '자국민용 수요'는 장려하나, '수출용 수요'는 억제하려는 개념이다. 이는 2008년 미국발 금융위기 이후 추진한 내수주도 성장을 통해 GDP에서 투자와 수출이 차지하는 비중을 줄이고 소비 비중을 늘리겠다는 것과 다른 차원이다. 즉 월마트의 미국 소비자를 위한 'Made in China' 제품 수출에 주력하지 않고, 상하이 쇼핑몰의 판매촉진을 위해 기술 및 원자재 수입과 고부가가치 수출을 일으키겠다는 전략인 것이다.

중국정부는 중진국 함정의 극복과 미국의 기술제재에 대응하기 위해 전략적 과학기술 연구 프로젝트를 수행하고, 국제 과학기술 혁신센터를 조성할 계획이다. 인공지능, 양자정보, 반도체, 바이오, 뇌과학, 품종개량, 우주과학, 심해 및 지층 연구 등이 국가 전략 프로젝트로 제시되었다. 베이징, 상하이, 웨강아오대만구(粤港澳大湾区)를 국제적인 과학기술 혁신센터로 육성 지원할 계획이다. 기술개발을 통한 공급망 업그레이드와 다원화를 통한 공급망 안정을 추진하는 동시에, 산업구조 고도화를 위해 9대 전략적 신흥산업 육성, 제조업과 서비스업 융합, 서비스업 디지털화를 추진하고자 한다. 공급망 업그레이드 및 다원화를 위해, 전통산업 구조조정, 서비스형 제조업 육성, 기술개발, 국제협력 확대 등을 추진한다.

[그림 3-6] 중국의 국내·국제 쌍순환 개념도

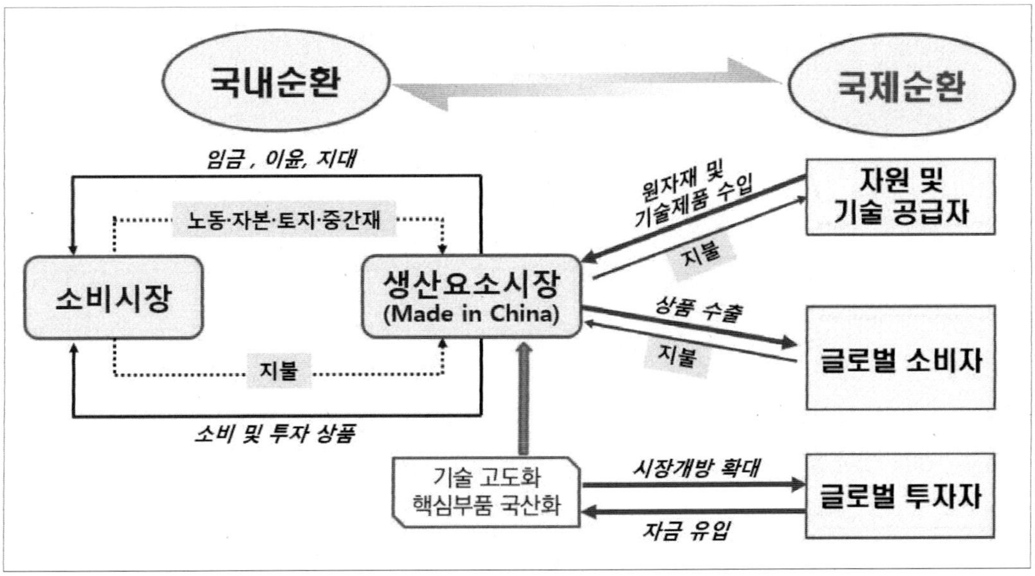

차세대 정보기술, 바이오기술, 신재생에너지, 신소재, 첨단설비, 신에너지 자동차, 환경보호, 항공우주, 해양설비 등 9대 전략적 신흥산업을 집중적으로 육성하고, 인터넷·빅데이터·인공지능 등 기술과 제조업의 융합을 추진한다.[163] 14·5 규획에서 전략적 신흥산업에 국가안보와 관련성이 큰 항공우주와 해양설비 분야가 새롭게 추가되었다.

소비와 투자를 통한 내수시장을 활성화할 계획이다. 〈14·5 규획〉에서 소비 촉진정책은 주민 가처분소득 제고와 중산층 형성에 초점이 맞춰질 예정이며, 이를 위해 산업고도화를 통한 양질의 고용 창출, 소득분배 제도 개선, 사회보장체계 개선 등을 추진할 계획이다. 소득분배 제도 개선 및 사회보장체계 구축을 통해 주민 가처분소득을 제고하여 가계의 소비 여력을 확대한다.

COVID-19로 인해 확대되고 있는 온·오프라인 융합 소비 및 비대면 거래 등 새로운 형태의 소비를 촉진하고, 농촌의 소비시장 및 연휴 소비 확대를 추진한다. 전략적 신흥산업, 신형 인프라, 신형 도시화, 중대 프로젝트 등 중국경제의 미래 성장동력에 대한 투자를 확대할 계획이다. 교통 및 수자원 관리와 도시·농촌 간 균형발전에 필요한 중요 프로젝트 건설을 추진함으로써 신형 도시화와 관련된 투자를 확대하여 내수 활성화를 도모한다. 수력발전개발, 천체 관측, 베이더우(北斗) 시스템 산업화[164]를 추진하고, 중점 과학기술 연구 수행, 생태계 보호 및 재건, 공공 위생

163) 전략적 신흥산업 목록은 2009년에 처음 제시됨. 2018년 기준 국가통계국 분류에 따르면 차세대 정보기술, 첨단장비업, 신소재, 바이오, 신에너지 자동차, 신재생에너지, 친환경 산업(에너지 절약), 디지털 산업, 관련 서비스 등 9대 산업임. 14·5 규획에서는 디지털 산업과 관련 서비스 대신 항공우주와 해양설비가 새롭게 추가됨.
164) GPS에 해당하는 중국의 자체 위성항법 시스템으로 미국이 수출을 금지한 기술 중 하나이며, 중국은 베이더우 시스템과 5G 통신기술을 결합하여 신인프라 투자, 스마트 도시화를 추진하고 있음.

·보건, 송전 및 가스 배급, 홍수 및 재해 대비 등 국가 중장기 발전에 필요한 프로젝트에 대한 투자를 확대한다.

2) 디지털 경제를 통한 신성장 동력 창출

신형 인프라 투자와 디지털 산업 육성을 추진하여 COVID-19 이후 전개되고 있는 중국경제의 디지털 전환을 가속화하며, 디지털 표준 및 규범 제정을 통해 글로벌 디지털 경제를 선도할 계획이다. 디지털 경제와 실물경제 융합을 통해 국제 경쟁력을 지닌 디지털 산업 클러스터를 조성한다. 데이터에 재산권을 부여하여 거래, 유통, 국경 간 전송 및 보안에 대한 기본 시스템과 표준·규범을 제정함으로써 데이터의 개발과 활용을 촉진한다.

지속 가능한 발전과 신성장동력 창출을 위해 녹색성장 전환을 강조했으며, 중국이 제시한 '2060년 탄소중립' 목표를 달성하기 위해 〈14·5 규획〉 기간 전국 범위의 탄소배출 거래시장을 개설하고 녹색기술 혁신체계를 구축할 계획이다. 탄소배출 감축 방안을 수립하여 시행하고 과학기술, 산업, 인프라 건설을 비롯한 핵심 분야의 녹색 전환을 추진한다.

중국 생태환경부는 〈14·5 규획〉 기간 전국적으로 탄소배출권 거래시장을 도입하고 「탄소배출권 거래 잠정조례」를 제정하여 저탄소·녹색 발전 관련 법률을 시행할 예정이다.

경제·산업 고도화에 필요한 분야(첨단산업, 자본시장 등)에서 대외개방을 확대하는 한편, 미국의 견제에 대응하기 위해 FTA 네트워크 구축 및 역내 다자주의 협력 확대 등 글로벌 경제 거버넌스를 강화할 예정이다. 외국인투자 관련, 진입 전 내국민 대우 및 네거티브 리스트의 관리제도를 개선하고 외자기업의 권익 보호 등을 통해 외자유치 환경을 개선한다. 중국 내에서 개최되는 국제무역 관련 전시회 및 박람회를 대외개방의 플랫폼으로 활용하고, 자유무역시험구의 제도 개선과 하이난 자유무역항 조성을 통해 높은 수준의 대외개방 플랫폼을 육성한다.

WTO 개혁 참여를 비롯해 다자·양자 및 지역 간의 투자와 무역 협력기제 구축에 적극적으로 참여할 것을 제시함. 또한, FTA 업그레이드 전략을 실시하며 전 세계를 대상으로 하는 FTA 네트워크 구축 및 확대를 제시했다. 165)

3) 2035년 장기 발전 전략

〈14·5 규획〉은 역사상 두 번째로 15년 장기계획 목표와 동시에 제정된 5개년 규획으로, '두 개 100년 목표'166) 달성을 위한 중장기 미래 발전전략을 포함한다. 〈14·5 규획〉과 함께 중국

---

165) 2020년 11월 15일에 ASEAN, 한·중·일, 호주, 뉴질랜드 등 15개국이 참가하는 중국 주도의 지역경제통합체인 RCEP이 타결됨. RCEP 무역 규모는 5.4조 달러로 전 세계 30% 수준이며, GDP는 26.3조 달러(세계 32%), 인구 22.6억 명 규모의 Mega FTA임. 또한, 2020년 12월 30일에는 중국-EU 투자협정도 체결되었음. 2014년 1월 1차 협상 후 35차례 회의를 거쳐, 지적재산권 강화, 국유기업 의무조항 부가, 기술 강제이전 및 관행 금지, 보조금 투명성 강화 등에 합의한 결과임.

정부는 2035년까지 기본적인 사회주의 현대화 국가의 건설을 이루기 위한 9대 〈2035년 장기목표(2035年远景目标)〉를 발표했다. 여기에는 2035년까지 과학기술 자주 혁신, 산업구조 고도화, 녹색성장, 문화 소프트파워 강화, 국방 현대화, 국민의 삶의 질 제고 등 종합적인 국가역량을 키워 혁신형 선진국 대열에 합류하겠다는 목표를 제시했다.

2035년까지 GDP 또는 1인당 주민소득을 2배 성장시키겠다는 목표를 제시한 것은 2035년까지 미국을 능가하는 경제 대국으로 부상하겠다는 의지를 천명한 것이다. 〈14·5 규획〉 기간에 본격적으로 추진될 쌍순환 발전전략은 단순히 내수 중심의 경제성장 발전전략으로 전환이 아니라, 미국의 전방위적인 견제가 장기화될 것에 대응하겠다는 성장 전략으로 평가된다. 이는 미국의 무역 및 기술에 대한 견제에 대응하기 위해 핵심 부품 및 기술, 공급망, 시장의 대외 의존도를 낮추기 위해 자체 공급망을 구축하고 내수시장을 확대하여 자립적인 경제체계를 구축하겠다는 전략이다.

쌍순환의 국내대순환을 구축하는데 과학기술 혁신이 핵심적 역할을 할 것이다. 중국정부는 과학기술 투자확대→ 산업구조 고도화→ 양질의 고용 확대→ 소득향상 및 중산층 확대→ 소비확대 → 첨단제품 및 서비스 수요확대→ R&D 재투자로 이루어지는 선순환 고리를 형성하려 할 것이다. 중국정부가 선정한 전략적 과학기술 분야(AI, 양자정보, 반도체, 바이오, 뇌과학, 품종개량, 우주과학, 심해 및 지층 등)에 국가 지원이 집중될 것이며, 기존에 국가 주도로 개발하였던 기초연구 분야는 산·관·학·연 협력이 확대될 것이다.

〈14·5 규획〉 기간 이루어질 소비촉진과 투자 확대를 통한 내수시장 활성화는 '중산층 형성'이라는 연결고리를 강화하는 방향으로 추진될 전망이다. 이전 보조금 지급과 같은 단기 정책보다는 도농·지역 간 격차 해소, 고용지원 확대, 사회안전망 구축 등을 통해 중산층을 형성하고 주민들의 가처분소득을 증가시키는 등 구조적인 문제 해결을 위한 중기 정책을 추진할 것이다. 디지털경제 전환을 위해 '신형인프라'[167]에 대한 투자를 확대하고, 디지털 산업 육성·표준 및 규범 제정, 디지털 거버넌스 시스템 구축 등이 본격 추진될 전망이다. 녹색성장 전환과 관련하여 중국은 2060년까지 탄소중립 목표[168] 달성을 위해 친환경 인프라 및 산업 육성을 본격 시작할 것이다.

166) 중국은 '두 개의 100년' 목표를 제시하였는데, 이 중 첫 번째 목표는 공산당 창당 100주년인 2021년까지 전면적 샤오캉사회에 진입하는 것이고, 두 번째 목표는 신중국 수립 100주년인 2049년까지 전면적인 사회주의 현대화 국가를 건설하는 것임.

167) 신형 인프라: 5G기지국, 특고압선, 도시 간 고속철·도시궤도교통, 신에너지차 충전소, 빅데이터센터, AI, 산업인터넷 등 7대 인프라.

168) 시진핑 주석은 2020년 9월에 개최된 제75차 UN총회에서 2030년을 기점으로 탄소 배출량을 감축하고 2060년까지 탄소배출 중립을 달성할 것이라고 발표함.

[주요 용어]

결핍현상, 조방형 성장 모델, 경제정책의 수단, 통화정책 파급경로, 재정정책 파급경로, 정책조합, 지급준비율, 공개시장조작, 중국의 거시경제조정정책, 수입(收入)정책, 취업정책, 중앙은행 대출, 중앙예산, 지방예산, 분세제, 산업정책, 정책시차, 정책목표의 상충(trade off), 구축효과, 정책조합(policy mix), 연성예산제약, 시장실패의 보정, 승자산업, 쌍순환, 디지털 경제

[연습문제]

1. 인민은행이 지급준비율을 내렸다. 이는 은행, 기업, 개인에게 어떤 영향을 미치는가? 그 이유는?
2. 일부 중국 내 경제학자들은 중국의 거시경제조정정책 수단 중 행정수단이 불가피하다고 주장하고 있다. 그 근거는?
3. 경제정책 목표시 물가안정이 가장 중요시 되는 이유는?
4. 통화정책 수단 중 금리가 정책의 목표를 달성하기 위해 파급되는 경로(금리경로)를 설명하세요.
5. 재정정책이 통화정책에 비해 공개적이고 복잡하다고 평가되는 이유는?
6. 적자 재정을 회복하는 3가지 방법과 그에 따른 각자의 문제점(부작용)은?
7. 통화정책과 재정정책은 그 목표 달성과정에서 정책 목표의 상충(trade off)이 일어날 수 있다. 그 목표가 물가안정일 경우, 어떤 현상이 발생할 수 있는가?
8. 공개시장 조작수단이 재할인정책이나 지급준비제도와 비교할 때 보유한 장점은?
9. 중국의 거시경제조정정책이 개방경제 하의 경제정책과 다른 점은?
10. 중앙예산과 지방예산의 지출 면에서의 차이점은?
11. 중국 재정정책의 집행에 따른 장애 요인은?
12. 중국의 통화·금융정책이 정책의 도구와 목표에서 개방경제 국가와의 다른 점은?
13. 중국의 산업정책이 개방경제 하의 산업정책과 다른 점은?
14. 중국이 14차 5개년 규획을 통해 달성하고자 하는 경제적 목표는 무엇인가?
15. 쌍순환 전략이 이전의 내수 중심 발전 전략과 다른 점은 무엇인가?

제4장 중국 기업제도

제1절 국유경제와 기업

1. 국유경제

1) 국유경제 현황

중국이 WTO에 가입한 후 점차 시장경제 시스템에 편입해가고 있는 지금, 정확한 국유경제 비중을 가늠하는 것은 어느 누구도 불가능한 지경에 이르렀다. 2008년 중국의 GDP는 30조 위안. 이중 2차산업의 공업부문 GDP는 12.91조 위안으로 총 GDP의 43%를 대표하고 있다. 2010년에는 그 비중이 40% 수준으로 3%포인트 축소되었다.

다행히 중국통계연감에서는 공업부문에 대해서는 비교적 자세한 분류를 하고 있다. 즉 2008년 중국의 공업생산액 50.74조 위안중 28.4%에 해당하는 14.39조 위안이 국유기업 혹은 국가가 절대지분을 점유하고 있는 기업에서 산출된 생산액이다. 이는 1998년도 동일 통계에서 국유비중이 49.6%였던 것을 고려하면, 무려 절반가량인 21.2%포인트가 축소된 것이다.[169)]

또한 최근 통계인 2010년 수치를 보면 국유부문 공업생산액은 18.58조 위안이며, 그 비중은 26.6%로 2008년 대비 1.7%포인트 축소되었다.

아래 〈표〉 중국 공업생산액 현황은 각 기업별 공업생산액 비중을 나타내고 있다. 여기서 국유기업, 집체기업, 연합경영기업, 유한책임회사 중 국유독자기업 등이 국유 생산액을 차지하고 있으며 그 합계는 14.9%이다. 나머지 국유 비중인 13.5%은 주식유한회사와 외상투자기업(홍콩, 마카오, 대만기업 포함) 그리고 합자기업, 합작기업 중 지방정부가 절대지분을 점유하고 있는 기업에서 나온 수치이다.

그렇다면 1차산업과 3차산업까지 포함한 중국의 전체 국유경제 비중은 얼마나 될까? 중국내 전문가의 추론에 의지할 수 밖에 없어 보인다. 재정부 국유자산연구실 원쭝위(文宗瑜) 주임[170)]

169) 본고에서 명기한 공업생산액의 원래 중국어 표기는 공업총산치(工業總産値)로 영문으로는Gross Industrial Output Value 라고 표기된다. 중국통계연감 해석에 따르면 공업총산치는 일정기간 내 생산된 최종제품(완성품, 부품) 혹 공업 노동활동의 총가치량이라고 정의된다.

170) 추정일자는 2009년 10월 14일

은 2008년말 현재 국유경제의 비중을 68% 이상으로 추정한 바 있다. 예일대학의 금융경제학과 천즈우(陳志武) 교수[171]는 76%로 추정했다.

즉 '사회주의 시장경제'를 실시하고 있는 중국에서, 국유경제를 대표하는 '사회주의'는 70%이고 '시장경제'는 30%인 셈이다. 즉 공업부문에서 국유비중은 이전의 1/2 수준에서 지금은 1/4 수준까지 축소되었지만, 전체 산업(1차, 2차, 3차)에서의 국유비중은 여전히 중국을 지배하고 있음을 알 수 있다.

[표 4-1] 2008년 및 2010년 공업생산액 현황

	2008년		2010년	
	공업생산액 (억 위안)	비중 (%)	공업생산액 (억 위안)	비중 (%)
내자기업	357,654	70	508,673	72.8
국유기업	46,857	9.2	57,013	8.1
집체기업	8,956	1.8	10,383	1.5
주식제 합작기업	3,289	0.6	3,789	0.5
연합경영기업	1,673	0.3	1,237	0.1
유한책임회사 (그중 국유독자기업)	108,571 (18,374)	21.4 (3.6)	156,232 (27,305)	22.3 (3.9)
주식유한회사	50,204	9.9	63,804	9.1
사영기업	136,340	26.9	213,339	30.5
기타기업	1,764	0.3	2,876	0.4
홍콩 마카오 대만투자기업	51,308	10.1	65,358	9.4
외상투자기업	98,486	19.4	124,560	17.8
합계	507,448	100%	698,591	100%

자료: 중국통계연감(2009) 및 (2011).

[표 4-2] 공업지표 중 국유 및 국유절대지분 기업 현황

	기업수 (개)		공업생산액(억 위안)		총자산(억 위안)	
	전체기업	국유비중 (%)	전체기업	국유비중 (%)	전체기업	국유비중 (%)
1998	165, 080	39.2	67, 737	49.6	108, 822	68.8
2001	171, 256	27.3	95, 449	44.4	135, 402	64.9
2004	276, 474	12.8	201, 722	34.8	215, 358	50.9
2006	301, 961	8.2	316, 589	31.2	291, 215	46.4
2008	426, 113	5	507, 448	28.3	431, 306	43.7
2010	452, 872	4.4	698, 591	26.6	592, 882	41.8

자료: 중국통계연감(2009) 및 (2011).

171) 추정일자는 2008년 7월 1일

[표 4-3] 2013년 주요 공업기업 경제지표 현황

	기업수 (개)	비중 (%)	자산총액 (억 위안)	비중 (%)	매출액 (억 위안)	비중 (%)
내자기업	295,144	83.7%	665,015	78.2%	787,762	76.5%
국유기업	6,831	1.9%	110,002	12.9%	82,580	8.0%
집체기업	4,817	1.4%	6,173	0.7%	11,514	1.1%
주식제 합작기업	2,384	0.7%	3,292	0.4%	4,391	0.4%
연합경영기업	479	0.1%	1,113	0.1%	1,201	0.1%
유한책임회사 (그중 국유독자기업)	69,439 (1,478)	19.7% (0.4%)	254,430 (54,234)	29.9% (6.4%)	248,839 (33,875)	24.2% (3.3%)
주식유한회사	9,077	2.6%	106,159	12.5%	94,144	9.1%
사영기업	194,945	55.3%	174,771	20.5%	329,694	32.0%
기타기업	7,172	2.0%	9,074	1.1%	15,399	1.5%
홍콩 마카오 대만투자기업	26,202	7.4%	71,815	8.4%	88,016	8.6%
외상투자기업	31,200	8.8%	113,796	13.4%	153,371	14.9%
합계	352,546	100%	850,626	100%	1,029,150	100%

자료: 중국통계연감(2014).

2) 신국가자본주의

신(新)국가자본주의는 국가자본주의(國家資本主義, state capitalism)와 무언가 다른 새로운 개념이기 보다는 중국발 국가자본주의라고 해야 옳을 것이다. 국가자본주의는 국가가 대자본과 결합하여 국민경제를 통제하고 관리하는 자본주의를 말한다. 즉 국가가 특정한 자본주의적 기업을 그 관리하에 둠으로써 자본주의 경제제도 속에서 발전하는 경제제도이다.

이는 경제체제가 아니라, 체제를 구성하는 경제제도의 하나이며, 그 성격과 기능은 경제의 발전단계나 국가의 성격에 따라 다르다. 자본주의 국가에서는 국가자본주의적 생산이 사적 자본(私的資本)의 힘을 넘어서서 국유화(國有化)가 불가피한 경우라든지, 정치적·군사적 고려로 국유화가 필요해진 경우에 생긴다. 사회주의 및 인민민주주의 국가에서는, 국민경제를 사회주의의 방향으로 추진하기 위해서 국가자본주의가 이용된다. 그 대표적인 예로서 1921년 이래 소련의 신경제정책(NEP:New Economic Policy)을 들 수 있을 것이다.

2006년 5월 1일자 뉴스위크지는 신(新)국가자본주의(New State Capitalism)라는 제목으로 커버스토리를 다루었다. 싱가포르, 두바이, 러시아, 베네수엘라, 중국 등의 정부가 나서서 국유기업 및 국부펀드를 설립한 후, 해외기업을 인수합병하는 신국가자본주의 시대에 접어들었다는 내용이다. 물론 주요 부분은 중국에 대한 설명으로 할애 하였으며, 그 주인공은 중국화공집단공사(ChemChina. China National Chemical Corp.)이다. 중국화공은 2004년 5월, 국무원이 나서 8개 자회사와 5개 상장사를 합병하여 탄생시킨 중국 최대 기초화학소재 생산기업이며, 전세계

화학기업중 19위 규모이다. 중국화공은 탄생하자마자 해외 중소 화학기업을 인수합병했으며, 전세계 에틸렌 시장의 중요한 플레이어로 부상했다. 뉴스위크가 지적한 것은 이들이 가짜 자본주의(fake capitalists)라는 점. 즉 정부로부터 거의 보조금에 해당하는 저금리의 대출을 지원 받고(soft government loans) 이를 통해 시장을 장악해 나가고 있다는 점이다.

그렇다면 중국의 신국가자본주의는 한국에 어떠한 영향을 미치고 있을까? 중앙일보 중국연구소 한우덕 박사는 최근 한국 조선기업의 수주 실패원인을 신국가자본주의에서 찾고 있다.[172]

2009년 8월말에 벌어진 이란 선박 수주전. 당시 이란 NITC(National Iranian Tanker Co)사는 12척의 초대형유조선(VLCC)을 발주했다. 한국과 중국 기업이 막판 수주전을 벌였다. 두 나라 업체들이 제시한 가격은 크게 다르지 않았다. 그럼에도 12척 모두 중국 업체가 쓸어갔다. '선주에 배 값의 90%를 융자해 주겠다'는 파격적인 조건 때문이었다. 한국 입찰 관계자들은 혀를 내두를 수밖에 없었다고 한다. 경제위기로 선박금융이 얼어붙은 상황에서 선수금도 아닌 배 값(1척당 약 1억 달러)의 90%를 빌려주겠다니 말이다. '물주'는 중국수출입은행이었다. 국가가 100% 지분을 갖고 있는 국책은행이다. 이 은행은 2008년 4월 자국 조선업계에 1600억 위안(약 27.2조원)을 지원키로 했고, 그중 일부가 이란 배 수주전에 사용됐다. 국가(정부)가 국유기업을 앞세워 시장에 직접 참여하는 '국가 자본주의(State Capitalism)'의 전형이다. 한국 조선업체들은 결국 중국정부의 자금력에 밀려 빈손으로 돌아와야 했던 셈이다.

3) 국진민퇴(國進民退)

2010년 3월에 개최된 전국인민대표대회에서 화두 중 하나는 국진민퇴였다. 국진민퇴의 국(國)은 국유기업을 상징하며, 민(民)은 민영기업을 나타낸다. 즉 2008년말부터 본격화된 금융위기로 어려움에 빠진 민영기업에 대해, 국유기업이 무차별적인 인수합병에 나선 점을 지적한 것이다. 전인대 대표들의 초점은 과연 국진민퇴가 올바른 방향인가, 비대해진 국유기업이 다시 비효율성에 빠지지 않을 것인가 하는 문제의식을 담고 있다.

최근 막대한 지원금을 업계에 공급하고 있는 정부정책(내수진작 및 확장적 거시경제정책)과 시장 상황은 국진민퇴를 더욱 강화시키고 있다. 민영기업은 산업구조조정 명목으로 추진되고 있는 정부의 '재(再)국유화' 정책을 울며 겨자 먹기 식으로 받아들일 수밖에 없는 처지다. 이러한 현상은 철강·자동차·자원개발, 심지어 정보기술(IT) 분야에서도 일어나고 있다.

덩샤오핑이 개혁개방 정책을 시작한 1979년 이후, 국유기업들은 민영화 추세에 밀려 점차 주도권을 민영기업에게 내어주었다. 먼저 지방정부 부처와 기업이 동일체였던 지방 국유기업들이 정부에서 분리되었다. 이후 국유기업만 생산할 수 있었던 제품을 민간기업도 생산하고, 비국유기

172) 중앙일보(2009.12.1)

업에 대한 진입장벽도 하나 둘 제거되었다.

그러나 1994년부터 중국이 현대기업제도를 도입하여, 많은 기업을 주식회사화 하면서 1차 국진민퇴 현상이 나타난다. 즉 개혁조치로 기업의 소유자에 머물렀던 지방정부는 기업 운영자 역할을 제대로 수행할 수 없었다. 그러나 주식회사 제도가 도입되면서, 각급 지방정부는 투자자 신분으로 수 많은 주식회사에서 최대 주주로 등장하게 된 것이다. 이들은 직간접적으로 임원 및 이사회 진출을 통해서 이전보다 적극적으로 해당기업의 경영활동에 간여하였으며, 그 결과는 기업의 성공은 물론 실패로도 나타나고 있다.

중국정부는 2001년 WTO 가입을 계기로 다시 큰 개혁조치를 취하게 된다. 즉 2003년에 국유자산감독관리위원회(약칭: 국자위)를 설립하여, 중앙정부 차원에서 운영하는 중앙국유기업을 엄선하고 그 수를 196개사로 대폭 축소하게 된 것이다. 국자위 설립이전 중앙정부 관할 국유기업 수는 236개에 달했다. 무려 40개사를 통폐합을 통해 축소하거나, 지방정부에 소유 관리권을 이양하게 된다. 뉴스위크(2006.5.1)에서 지적한 신국가자본주의 주인공인 중국화공(ChemChina)이 등장한 것이 바로 이 무렵이다.

아래 〈표〉는 2003년부터 2010년까지 최근 8년간 중앙정부 산하 국유기업의 현황을 보여주고 있다. 기업수는 최초 196개에서 2010년말 117개로 60%나 감소하였지만, 자산은 259%, 매출은 333%, 세전이익은 191.5% 증가하였다. 기업 이익률을 보면, 2005년 10.1%에 달했으나, 최근에는 5.4% 수준까지 떨어졌다. 즉 통폐합 후 남은 국유기업은 갈수록 거대화 되고 있는 반면 수익성은 그렇지 못함을 알 수 있다. 이러한 국유기업의 대형화 추세는 각급 지방정부에게도 반영되어 지방정부가 소유·운영하는 국유기업도 대형화 바람을 타고 있다.

중국정부의 중앙국유기업 관리근거는 안정적인 국가경제의 운영이다. 먼저 중국최대 석유화학 그룹인 시노팩(SinoPec. 중국석유유화집단공사)을 보자. 중국 원유생산량의 57%, 국내 천연가스 생산량의 80%를 점유하고 있다. 중국 최대 이동통신인 차이나모바일이 보유한 고객은 4.6억명으로 중국인구의 34%에 달한다. 이외에도 국내 전기생산의 55%, 항공운송 매출액의 82%, 수자원 설비의 75%를 중앙국유기업이 담당하고 있다.

이들 중앙국유기업 117개사는 핵, 전력, 항공우주, 조선, 천연가스, 원유, 화학, 석탄, 중장비제조, 철강, 알루미늄, 해양·항공운수, 철강판매·연구, 화공, 기초화학소재, 건축재료, 비철금속, R&D, 철도, 철도엔지니어링, 임업, 건축설계, 국부펀드 자산운용, 항공기제조, 황금, 수자원 관리 등 전통적으로 국가가 관리해 온 중요 기간산업에 주로 포진해 있다. 그러나 이들 영역 외에도 양곡(곡물), 자동차 제조, 이동통신, 경공업, 제염(소금), 부동산개발, 방직, 여행, 보험, 인쇄, 전자, 정보통신(IT) 등 구미 지역에서는 이미 민영기업이 시장 주도권을 확보하고 있는 영역에서 조차 중앙정부 소유 국유기업이 시장을 좌지우지 하고 있는 형편이다.

그 결과, 중앙국유기업의 비중은 날로 커지고 있다. 2009년 포스브가 선정한 세계 500대 기업에

34개의 중국기업이 진입하였는데, 이중 33개가 중앙국유기업이다.

국진민퇴의 추세는 2008년말 세계를 강타한 금융위기 때문에 야기되었다. 중국은 2008년 금융위기를 타개하기 위해 4조 위안의 경기부양책을 내어 놓고 막대한 자금을 방출하였다. 그런데 이 자금의 대부분이 이들 국유기업으로 흐른 것이다. 또한 내수진작책과 함께 중국정부는 10대산업 진흥정책을 내어 놓았다. 골자는 강력한 구조조정을 통해 중소형사를 도태시키고, 글로벌 경쟁이 가능한 초대형 기업을 육성한다는 점이다. 결국 정책의 포커스는 대형국유기업을 더욱 초대형화 하는 작업에 맞추어져 있는 셈이다. 국진민퇴는 기정사실로 나타나고 있다.[173)]

[표 4-4] 중앙정부 관할 중앙국유기업 현황

(단위: 억위안)

	2003	2004	2005	2006	2007	2008	2009	2010
기업수	196	186	169	169	151	143	129	117
자산	-	92,150.7	105,200	106,000	n.a.	180,965	221,229	239,000
매출액	-	44,678.1	5,5917.8	59,917.7	85,864	107,600	111,000	149,000
세전이익	-	4,188.9	5,649.9	5,649.9	5054	6,830.4	7,109.6	8,022.6
이익률	-	9.37%	10.1%	9.4%	5.9%	6.3%	6.4%	5.4%
M&A 기업수	22	10	18	0	18	6	14	12

자료: 중국국유자산감독관리위원회 연도보고 참조하여 작성 (2012.5)

2. 기업의 분류

1) 〈회사법〉에 따른 분류

중국의 기업분류는 〈회사법(公司法)〉이 최초로 공포되고 시행된 1994년 전후로 구분하여 볼 수 있다. 〈회사법〉 공포 이전에는 중국 내에서 기업 분류는 소유제를 기준으로 하였다. 국가가 소유한 국유기업, 개인이나 민간이 소유한 사유기업, 그리고 집단이 소유한 집체기업, 외국자본이 소유한 외자기업 등 4가지로 구분하였다. 또한 이들 4가지 소유권 주체 중 2가지 이상이 복합적으로 소유한 기업은 연영기업(聯營企業 Associated Enterprises) 혹은 합영기업(合營企業)으로 불리었다. 국유경제와 집체경제가 소유권을 복합적으로 가진 기업의 경우가 이에 해당한다.

1993년 12월에 중국 최초의 〈회사법〉이 공포되고, 1994년 7월부터 시행되면서 중국의 기업 분류는 점차 개방경제 하의 선진국들과 유사하게 바뀌게 된다. 〈회사법〉은 그동안 수차례 수정을 거쳐, 가장 최근에는 2005년에 수정되어 지금에 이르고 있다.

〈회사법〉에 따르면 현재 중국에 있는 모든 기업은 유한책임회사, 주식유한회사, 국유독자회사 등 3가지로 구분된다. 특히 〈회사법〉 제58조-제64조에는 1인 유한책임회사에 대한 특별 규정을

173) 10대 산업은 자동차, 철강, 조선, 석유화학, 경공업, 방직업, 장비제조, 비철금속, 전자정보, 물류업 등임.

두었기 때문에, 이전 소유제 분류시 개체호에 해당되었던 간이사업자 역시 모두 '유한책임회사'로 분류될 수 있다.174)

다만 〈회사법〉 공포이후에도 중국정부는 외국투자기업 즉 외상기업(外商企業)에 대해서는 여전히 별도의 관련 법률·법규를 두어 중복적으로 관리를 하고 있다. 따라서 외상투자기업은 여전히 외국자본과의 결합 형태에 따라 단독투자기업(독자기업), 합작기업, 합자기업으로 구분된다. 단 중국이 WTO에 가입한 이후인 2004년부터는 외상투자성공사(外商投资性公司) 즉 지주회사(Holding Company)의 설립을 허용했다. 외상투자성공사는 중국 〈회사법〉에 근거하여 유한책임회사 형태로 설립되게 된다.

지주회사는 참여회사·자본관리회사라고도 한다. 일반적으로 지주회사는 다른 회사의 주식을 소유하기 위한 목적으로 설립된 회사를 말한다. 즉 주식의 소유를 통하여 국내회사의 사업내용을 지배하는 것을 주된 사업으로 하는 회사이다. 순수지주회사는 별도의 사업을 영위하지 않으면서 오직 다른 회사의 지배·관리만을 목적으로 하는 회사를 말한다.

즉 중국에 진출한 다국적기업들의 중국 내 사업장이 많아지자 이를 총괄하기 위한 지주회사 설립을 허용한 것이다. 이에 따라 미국의 마이크로소프트, 모토롤라, IBM, GM, GE 등이, 독일의 지멘스, 보쉬, 헨켈 등이, 프랑스의 까르프, 알스톰, 미쉐린, 일본의 도시바, 히타치, 소니, 캐논, 미쓰비시 등이 중국 내 지주회사를 설립했다.

한국의 경우, 삼성전자는 관련 법률이 마련되기 훨씬 이전인 1995년에 이미 지주회사를 설립한 바 있으며, LG화학은 1997년에 베이징에 처음 진출한 이후, 중국 내 사업장이 11개 지역에서 8개의 생산법인과 2개의 판매법인, 3개의 지사로 늘어나자 2005년 1월에 지주회사인 'LG화학 중국투자유한공사'를 출범시킨 바 있다.

현대중공업은 중국 내 4개 지역에서 건설장비 생산법인 등 5개 생산법인을 운영하고 있는 바, 2006년 5월에 상하이 푸동지역에 자본금 3천만달러 규모의 지주회사를 설립하였고, 포스코 역시 2003년 11월에 '포스코 차이나'라는 지주회사를 설립시킨 바 있다.

국유기업과 외자기업에 대한 자세한 설명은 본장 제2절 및 제3절에서 상세히 살펴보기로 하고, 소유제 기준으로 분류되는 기타 기업들의 특징을 먼저 살펴보자.

가. 유한책임회사와 주식유한회사

유한책임회사와 주식유한회사는 〈회사법〉에서 규정한 2가지 형태의 유한회사로서 모두 주주제 기업이고 기업법인형태를 취하고 있으며, 주주가 출자액 범위에서 회사의 채무에 책임을 부담하는 영리목적의 회사이다. 유한책임회사와 주식유한회사는 다음과 같은 사항에서 차이를 보이고 있다.

---

174) 주식회사를 중국어로는 구펀꿍스(股份公司)라고 한다. 본고에서는 '주식회사'로 통칭하고, 법률·법규상에서 명기할 때는 '股份公司'라고 병기한다.

[그림 4-1] 중국의 기업 분류

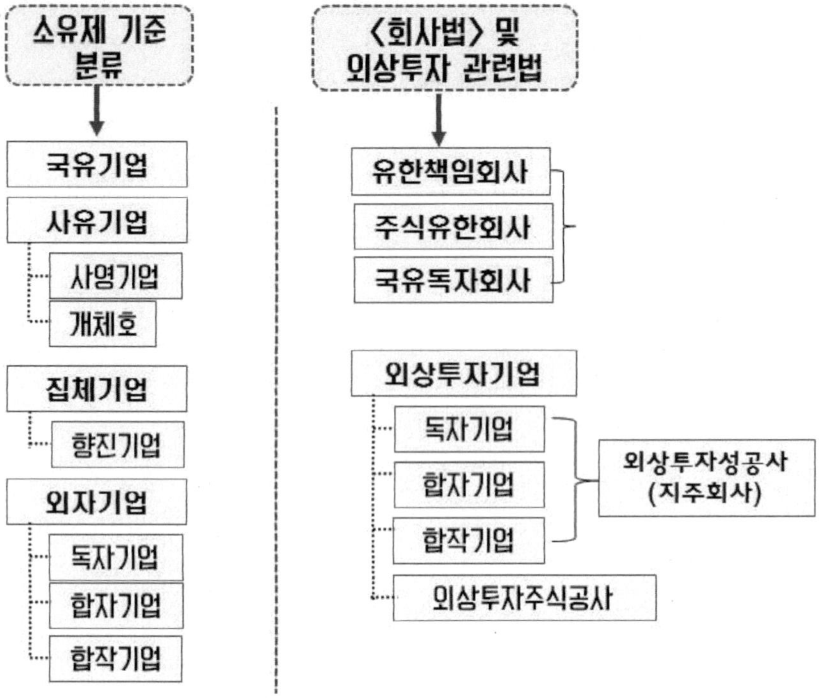

주: 2020년 〈외상투자법〉 실행으로 기존 '외자 3법'에 근거하여 존재했던 중외합자기업, 중외합작기업, 외상독자기업은 2024년 12월 31일전까지 기업 규모나 유형을 고려하여 그 명칭을 〈회사법〉에서 규정한 유한책임회사나 주식유한회사 중 하나로 변경해야 한다. (유예기간 5년).

- 자본금 조달방법

유한책임회사의 주주는 50인 이하이다. 이러한 주주수의 제한은 회사의 자금조달능력에 영향을 미치게 된다. 기업의 성장측면에서 볼 때, 기업규모와 기업업무가 비교적 작으며 기업의 자금조달 수요가 크지 않은 회사의 초기에는 유한책임회사가 적합한 형태일 수 있으나, 회사의 규모가 확대되어 일정한 수준에 이른 경우에는 주주수에 비교적으로 제한이 적은 주식유한회사가 기업 발전에 유용할 수 있을 것이다.

- 주주간 관계 및 결합정도

유한책임회사는 주식유한회사와 비교하여 주주 수가 적기 때문에 주주 상호간의 인적결합이 공고한 편이다. 즉, 소수의 주주 사이의 상호신뢰를 바탕으로 경영권을 공유하는 것이 일반적이다. 이에 반하여 주식유한회사는 주주수가 유한책임회사에 비하여 상대적으로 많아서 주주관계는 순수한 자본간의 결합이라는 측면이 강하다.

- 출자 표현형식 및 출자지분 양도

유한책임회사는 주주의 출자에 대하여 회사에 대한 '출자비례'라고 표현하고 주식을 발행하지 않는다. 주식유한회사의 주주는 자본금을 동액의 주식으로 나눈 지분을 출자하며, 이러한 출자에 대하여 '주식발행'이라고 표현한다.

유한책임회사의 주주가 출자지분을 양도하는 경우, 다른 주주의 동의를 받아야 하고 다른 주주의 우선매수권이 인정되며 원 설립비준기관으로부터 주주(출자자) 지분변경에 대하여 비준을 받는 등 비교적 많은 제한을 받는다. 반면 주주유한회사의 경우, 회사의 발기인, 이사, 감사, 고급관리임원 등을 제외한 일반주주는 정관상 특별한 제한을 두지 않은 한, 자유롭게 소유주식을 양도할 수 있다.

[표 4-5] 유한책임회사와 주식유한회사와의 차이점

	유한책임회사(有限责任公司)	주식유한회사(股份有限公司)
회사채무에 대한 책임	주주가 납입한 출자액 범위	주주가 보유(인수)한 주식 범위
상호 회사유형 변경	주식유한회사로 변경가능	유한책임회사로 변경가능
주주 수	50명 이하	상장사 규정에 의거
발기인	-	2~200명. 자본금 20% 이상 출자
등록자본금	3만 위안 이상	500만 위안 이상
화폐 출자 기준	30% 이상	30% 이상
지배구조	주주회, 이사회(3-13명), 감사회(3명)	주주총회(1주 1표), 이사회(5-19명), 감사회(3명이상)
중요 사안결정	주주 2/3 이상 동의	주주 2/3 이상 동의
특별조항	1인 유한책임회사 가능 (자본금 10만 위안 이상)	공모방식 설립시 발기인은 주식수 35% 이상 인수, 상장사는 독립(사외)이사 보유

자료: 〈회사법〉 참고하여 저자 정리 (2012.5)

2) 집체기업(集體企業)

집체기업(Collective Enterprise)은 사회주의적 소유인 공유제의 범위에 포함되는 기업형태이며, 농촌집체기업과 도시집체기업으로 구분된다. 집체기업은 집단(도시민, 농촌 농민)의 구성원이 공동으로 소유하는 기업으로 해석된다. 많은 집체기업의 경우, 단순히 개인뿐만 아니라 해당 행정구역의 지방정부도 지분참여를 하고 있는 경우가 많다. 즉 단순히 국유와 사유의 양분법으로 살펴보면, 국유와 사유가 혼합된 소유구조이나, 집체기업에서의 '사유'는 반드시 단체(마을 등)의 구성원 자격을 유지해야만 소유권을 주장할 수 있는 것이 원칙이다.

농촌집체기업은 향정부(鄕政府)에서 설립·운영하는 촌판(村辦)기업 및 여러 명의 농민들이 연합하여 설립한 협동조합기업으로 구분된다. 그 중 향판(鄕辦)기업과 촌판기업은 자산소유권이 향과 촌정부에 귀속되는 공유제 기업이기는 하지만 국유기업은 아니다.

농촌협동조합기업은 공유제 기업이기는 하나, 사유기업의 성격을 많이 띠고 있다. 도시집체기업은 도시 지역별 정부 산하에서 설립·운영하는 기업과 여러 명의 도시 주민들이 연합하여 설립 운영하는 합작사 등의 기업형태가 있다.

집체기업의 설립과 운영에 근거가 되는 법률 법규로는 1983년 4월 14일 국무원이 공포한 〈성진집체소유제경제에 대한 약간정책문제잠정규정(关于城镇集体所有制经济若干政策问题的暂行规定)〉, 1984년 11월 20일 국무원이 승인한 〈경공업집체기업 약간문제잠행규정(关于轻工业集体企业若干问题的暂行规定)〉, 1990년 5월 11일 국무원이 공포한 〈향촌집체소유제기업조례 (鄕村集体所有制企业条例)〉, 1991년 6월 21일 국무원이 공포한 〈성진집체소유제기업조례(城镇集体所有制企业条例)〉, 1996년 10월 29일 제8기 전인대에서 통과시킨 〈향진기업법(鄕镇企业法)〉 등이 있다.

3) 향진기업(鄕鎭企業)

향진기업(Township-Village Enterprises)은 중국 농촌에 설립된 대표적인 집체기업이다. 중국이 개혁개방 정책을 시작하면서 1978년부터 중국 각지역의 농촌에 설립되기 시작했는데, 가장 성장이 활발했던 1992년 9월까지 약 550만개가 설립되었다.[175)]

여기서 향(鄕)과 진(鎭)은 중국 농촌에 설치된 행정단위를 의미하며, 시(市) 아래 진과 향을 두고 있다. 향진기업은 향진 소속의 주민들이 중소기업을 형성, 경영과 생산 및 판매를 자율적으로 결정하는 기업이다. 향진기업의 정의는 다음과 같이 내릴 수 있다.

첫째, 향(鄕)·촌(村)을 단위로 하는 집체소유의 기업은 모두 향진기업에 속한다.

둘째, 농촌지역의 종합기업과 개인기업은 모두 향진기업에 속한다.

셋째, 독립채산제로 운영되며, 행정기관에 등록하고, 납세단위로 취급된다.

따라서 큰 의미의 향진기업은 농촌지역에 사업장을 두고 있는 비국유기업이라는 해석이 가능하다. 실제 향진기업은 합자, 합작, 주식합작제, 개체사영 등 다양한 소유제 형식을 포함하고 있다. 즉 향진기업은 단일 소유제를 의미하지 않으며, 실제는 하나의 종합적인 법률개념으로 이해할 수 있다.

1997년 1월 1일자로 실시되고 있는 현행 〈향진기업법〉에 따르면, 향진기업에 대해 보다 정확한 정의를 내리고 있다. 즉 향진기업은 농촌 집체경제조직 혹은 농민의 투자를 위주로 향진(촌)에서 설립한 농업을 지원하는 의무를 맡은 각종 기업으로 규정하고 있다.[176)] '농민의 투자를 위주로'

175) 심영수·주염(2006), 중국 향진기업의 발전방향에 관한 연구, 「사회과학연구」 제12권 제2호, 237-239쪽.
176) 〈향진기업법〉 제2조.

라는 개념은 농촌 집체경제 조직 혹은 농민의 투자가 50%를 넘거나 아니면 50%를 넘지 못하지만 경영 통제권을 가지고 실질적인 지배역할을 할 수 있다는 의미이다.

향진기업은 1979년 개혁개방 정책으로 농촌에서 발전을 시작했지만, 실질적으로 본격 발전 궤도에 오르게 된 것은 1984년 중국 공산당이 '1984년 농촌공작통지'라는 중앙 1호문건을 통해서 농민연합기업의 고취와 장려를 지시하면서이다. 이후 이들 향진기업 전신인 농민연합기업에 많은 신용대출이 이루어졌다. 또한 1992년 덩샤오핑의 남순강화 이후 대폭 증가하였다가, 〈회사법〉이 공포되면서 규모를 갖춘 기업들이 유한책임회사, 주식제회사 등으로 전환되면서 현재는 정체기를 맞이하고 있다.

중국농업신식망 통계자료에 따르면 중국의 WTO 가입직후인 2001년 각종 향진기업 수는 2,115만개에서 2005년에는 2,249만개 수준을 보였다. 또한 향진기업 중 2001년 집체기업 수는 66.8만개였으나, 2002년에는 40만개, 2003년 29.2만개, 2004년 20.8만개로 줄어들었고, 2005년에는 17.5만개로 축소되었다.

반면에서 향진기업중 주식합작기업 수는 2002년 79,235개에서 2005년에 114,543개로 늘었고, 유한책임회사(향진기업)는 2002년 15만개에서 2005년 33.6만개로, 주식유한회사(향진기업)는 2002년 17,185개에서 2005년 39,040개로 늘어나 향진기업들이 집체기업 형태에서 〈회사법〉 테두리 안의 유한책임회사, 주식유한회사 형태로 빠르게 전환하고 있음을 알 수 있다.

4) 사기업(私企業)

사기업 혹은 사유기업은 개체기업(혹은 개체호)과 사영기업으로 구분된다. 사영기업은 기업자산이 개인(私人)에 의해 소유되고, 8명 이상을 고용하여 이윤추구를 목적으로 하는 경제조직을 말한다. 사기업 역시 중국의 개혁개방 정책 시작으로 1979년부터 발전을 시작하였다. 개체호(個體戶)라고 불리우는 1인 혹은 7인 이하의 소규모 자영업자로 시작된 사기업이 도시지역에서 발전을 시작하게 된다.

1981년에 이르러서는 이들 개체호가 상당한 자금을 축적하여 많은 개체 상공업자들이 생산규모를 확대하였고, 이들은 고용인원 8명을 초과한 사영기업으로 발전하게 된다. 1988년에 이르러 전국 도시와 농촌의 사기업은 615만개로 늘어났고, 1,585만명이 사기업에 종사하게 되었다.

사영기업에 대한 최초의 법률적 근거는 1988년 6월 25일 국무원이 공포한 〈사영기업잠행조례(私营企业暂行条例)〉에서 찾을 수 있으며, 동 조례 제7조 1항에서는, '사영독자기업은 1인이 투자경영하는 기업으로 1명의 자연인이 투자하고 경영하며, 노동력을 고용하고, 투자자는 기업채무에 대해 무한한 책임을 지는 기업이다'라고 명시하고 있다. 또한 제2조에서는 '사영기업'을 개인이 소유한 기업으로 8명 이상을 고용한 영리목적의 경제조직으로 정의하고 있다.

또한 1998년 8월 28일, 국가통계국과 국가공상행정관리국이 공포한 '기업 등록유형 구분에 관한 규정(关于划分企业登记注册类型的规定)'에 따르면, 동 규정 제9조에서 '사영기업은 자연인이 투자하여 설립하거나 자연인이 지배권을 행사하고 노동력을 고용한 기초아래 영리를 목적으로 하는 경제조직이다.'라고 규정하고 있다.

사영기업은 기존 법률·법규인 〈회사법〉, 〈합화기업법(合伙企业法)〉, 〈사영기업잠행조례〉에 의거하여 기업 형태를 등록할 수 있으며, 상황에 따라서 사영유한책임공사(私营有限责任公司), 사영주식유한공사(私营股份有限公司), 사영합화기업(私营合伙企业·동업회사·Partnership Enterprise), 사영독자기업(私营独资企业) 등으로 등록된다.

[키워드] 주식회사(company limited by shares, 株式會社)

> 주식의 발행으로 설립된 회사이다. 사원인 주주(株主)의 출자로 이루어지며, 권리 ·의무의 단위인 주식으로 나눠진 일정한 자본금을 갖는다. 모든 주주는 그 주식의 인수가액을 한도로 하는 출자의무를 부담할 뿐 회사 채무에 아무런 책임도 지지 않는다. 따라서 주식회사의 근본적 특색은 자본금과 주식과 주주의 유한책임에 있다고 할 수 있다.
>
> 자본금은 회사가 보유할 재산액을 표시하는 것이며, 실제로 회사가 보유하고 있는 재산의 총체인 회사재산과 다르다. 후자는 영업실적, 물가의 등락 등에 따라 항상 변동하나, 전자는 계산상의 금액으로서 법정 절차를 밟지 않는 한 일정하다. 자본금은 회사채권자에 대한 최소한도의 담보액이며 회사신용의 기초이다. 따라서 상법은 회사의 성립시는 물론 존속중에도 항상 자본금에 상당하는 현실적인 재산을 회사가 보유하도록 노력한다. 이것은 자본금 확정 ·자본금 유지 ·자본금 감소의 제한이라는 자본금의 3가지 원칙에 나타나 있다. 주식회사의 자본금은 전부 주식으로 분할해야 하며, 주식은 자본금의 구성분자인 금액을 의미한다.
>
> 각 주주는 자신이 가진 주식금액의 자본액에 대한 비율로 회사사업에 참여하고 회사재산에 대한 몫을 가지고 있으므로 주주의 회사에 대한 권리와 의무는 주식을 단위로 정해진다. 또한 각 주식의 금액은 균일해야 하며, 이에 따라 각 주식은 평등한 대우를 받는다. 주주는 회사에 대해 인수한 주식의 가액을 한도로 출자의무를 부담할 뿐 이외의 어떤 의무도 부담하지 않는다. 이것을 주주유한책임의 원칙이라고 하며, 특히 회사채권자에 대해 주주는 전혀 책임이 없다.
>
> 주주는 주주총회의 결의에는 참가하지만 업무집행에 당연히 참여하는 것은 아니다. 주식의 양도는 자유로우며, 일반적으로 사원수가 많아서 대자본금을 흡수할 수 있으므로 큰 기업의 경영에 알맞은 회사제도이다. 주식회사는 법률상 의사결정기관인 주주총회, 업무집행과 대표기관인 이사회 ·대표이사와 감독기관인 감사(監事)의 세 기관을 가져야 한다. 우리나라는 경영기관의 합리화를 도모하여 회사의 최고기관인 주주총회의 권한을 상법과 정관에 정한 사항만 결의할 수 있게 했다. 또한 업무집행기관에 이사회제도(理事會制度)를 채용하여 권한을 강화하고 감사의 권한을 회계감사만으로 한정하고 있다.
>
> 주식회사가 새로운 자금조달을 필요로 하는 경우 신주발행에 따라 자기자본금을 증가시킬 수 있다. 그러나 회사 기구를 확장하지 않고 장기적으로 큰 금액의 자금이 필요한 경우, 회사가 채권(債券)을 발행해 일반 공중(公衆)으로부터 영세한 자금을 흡수할 수 있다. 주식회사가 해산할 때 합병과 파산(破産)의 경우를 제외하고 청산(清算) 절차를 밟게 된다. (두산백과. 검색일자: 2022.2)

제2절 국유기업 개혁

1. 국유기업의 특징과 문제점

1) 개념

중국에서는 1993년 〈헌법〉 개정 때 '국영기업(國營企業)'을 '국유기업(國有企業)'으로 바꾸어 '국가가 소유와 동시에 경영을 하는 기업'이라는 의미의 국영기업 개념을 '국가가 소유는 하되 경영은 기업자신이 자주적으로 하는 기업'이라는 의미의 국유기업으로 전환하였다. 이러한 정의는 단순히 기업의 발전을 위한 경영자주권의 확대라는 의미에서 통용되고 있다.

사회주의 국가인 중국에서 국유기업은 '사회주의 공유제의 유일한 실현 형식으로서 국유경제의 미시경제조직이며 기본단위이다. 또한 그 소유권은 완전히 국가에 귀속되는 경제조직이며 '전민소유(全民所有, 전 인민의 소유)'로 이해되고 있다. 따라서 중국에서는 국유기업과 같은 의미로 '전민소유제 기업(全民所有制企業)' 이라는 용어도 같이 쓰이고 있다.[177]

2) 특징

국유기업은 중국경제에서 가장 큰 비중을 차지하는 중요한 부문으로써 1978년 개혁개방이후 그 경제적 위상이 크게 낮아지긴 하였으나 국유기업이 2001년을 기준으로 실제 납부한 세금은 6,682.6억 위안으로 전년대비 1,343.5억 위안 증가한 25.2%의 증가율을 보였으며, 이는 전국 세수 수입의 43.7%를 차지하고 있다. 또한 국유자산감독관리위원회가 직접 관리하는 중앙기업의 자산총액은 2005년에 10조 위안을 초과하는 등 여전히 생산, 고용 및 여러 분야에서 중요한 역할을 담당하고 있다.

반면, 이러한 국유기업에게 내재된 문제점들이 있는 것은 장기적인 계획경제로부터 독특한 경영사상, 관리방법과 성장방법을 갖게 되었는데 이는 규모, 속도, 투자 등을 중요시하고 품질과 효율 및 생산방면을 중요시하지 않았기 때문이다. 국유기업이 시장경제로 진입하는 것은 필연적인 만큼 내재된 많은 문제점들이 외부로 나타나고 있다.

1998년부터 2004년까지의 전국 국유기업 중 제조부문의 현황을 보면, 국유기업수가 1998년에는 64,737개로부터 2004년에는 31,750개로 국유기업은 퇴출, 파산, 합병, 매각 등의 개혁을 통해 무려 절반이상으로 감소하였으며, 그 중 11,112개 기업이 적자를 기록했다. 이러한 국유기업의 만성적인 적자는 재정 및 금융부문의 부실로 파급되고 있다. 또한 개혁이 추진되어 국유기업에 계약경영책임제가 도입되면서부터 이윤극대화를 추구하게 되었고, 이는 고용을 감축시켜서 비용

177) 전신욱(2009), 중국 국유기업의 개혁과정과 운영방향, 「한국동북아논총」 제50집, 158-159쪽.

을 줄이려는 동기를 유발해 중국 내 실업증가를 초래 하였다.

1980년대 이후 적극적인 외자유치로 국유기업에 대한 우대정책을 취소함에 따라, 외자기업과 기타 소유형태기업의 급속한 발전을 가져왔다. 2003년과 2004년 제조업 분야에서 국유 및 비국유기업의 현황을 보면 국유기업 수가 2003년에 3.43만개로부터 2004년에는 3.18만개로써 -7.3% 하락하였고 반대로 삼자기업(단독투자, 합작, 합자기업)은 10.9% 증가했다. 동시에 경쟁력이 낮거나 경영이 악화된 중대형 국유기업들은 합병 혹은 새로운 기업조직으로의 통폐합을 통해 정리되고 중소형 국유기업은 파산, 매각, 소유형태의 변경 등을 통해 민영화를 추진하였다.

2000년부터 2004년까지 제조업 분야에서 국유 및 비국유 기업의 매출증가와 총생산액을 보면, 국유기업은 주식제기업과 삼자기업보다 훨씬 낮으며 다른 소유제기업의 기업현황 및 여러 지표도 국유기업보다 좋았다.

[표 4-6] 국유 및 사영 공업기업 경영현황

		매출액(억 위안)	세전이익(억위안)	직원수(만명)
2004	국유기업	24,180.57	1,088.92	892.41
	사영기업	47,415.22	2,415.94	3,225.14
2010	국유기업	58,957	3,303	638
	사영기업	207,838	15,103	3,312.1
연평균 증감율	국유기업	16%	20.3%	-5.4%
	사영기업	27.9%	35.7%	0.4%

자료: 중국통계연감(2002) 및 (2011).

다만 위 〈표〉에서 보이는 것처럼, 2004년부터 2010년까지 7년간의 지표를 보면, 국유기업의 매출액이 연평균 16% 증가한데 반해 사영기업은 27.9%나 증가세를 기록하여 11.9%포인트 우월한 성적을 거둔 것으로 나타났다. 이윤총액은 그 차이가 더 커져서 같은기간 사영기업이 국유기업보다 15.4%포인트 높은 이윤총액 연평균 증가율을 기록한 바 있다. 반면, 종업원수는 국유기업이 같은기간 연평균 5.4% 감소한데 반해, 사영기업은 0.4% 증가를 기록했다.

수익성을 보면, 국유기업 세전이익률은 2004년 4.5%에서 2010년 5.6%로 1.1%포인트 증가한 반면, 사영기업은 같은 기간 세전이익률이 5.1%에서 7.26%로 2.16%포인트 증가했다. 즉 성장성, 수익성 모두 지난 7년간 사영공업기업이 국유공업기업을 능가한 것으로 나타나고 있다.

중국의 기업개혁은 점진적인 과정을 통해 이루어지고 있으나 여전히 대부분의 국유기업들이 낮은 경제 효율성을 지니고 있을 뿐만 아니라 과도한 조세부담으로 인해 높은 부채비율을 가지고 있다. 1990년대 초부터 국유기업은 중복투자를 통해 과잉설비와 재고가 많아지면서 생산물 가격과 추가적인 생산을 줄이게 되었을 뿐만 아니라, 노후된 생산설비와 낮은 기술수준, 부실한 경영으로 질적으로 떨어지는 제품을 생산하게 되었다. 이러한 국유기업의 제조업총생산액 하락의 문제점은 낮은 생산성에 있으며, 또한 낮은 생산은 저수익성으로 이어져 부채를 증가시켜 저생산성과 비효율로 국유기업의 상당수가 적자를 기록하게 되는 악순환이 지속되었다.

3) 일반적인 문제점

국유기업의 문제점을 함축적으로 보여주고 있는 것이 국유기업수의 지속적인 하락과 적자의 증가이다. 국유기업은 생산성, 수익성, 효율성이 저하되면서 국유기업 비중은 지속적으로 하락하고, 비국유기업의 비중은 상승하는 추세이다. 이 현상은 중국경제의 시장화가 진전되는 과정에서 국유기업이 비국유기업과의 시장경쟁에서 뒤처지면서 확대재생산 구조를 상실하고 있음을 나타낸다. 즉 국유기업 부문의 상대적 저생산성을 보여주고 있다.

이러한 저생산성의 당면한 문제점은 기술의 노화와 생산 설비의 부실화, 자산유실, 적자경영 등이 있다. 현재 국유기업에서 나타나고 있는 일반적인 문제점들을 종합해보면 성장속도, 경제효율, 기술수준 등 다섯 가지가 낮고 부채율, 적자율, 실업율 등 네 가지가 높으며 채무부담, 사회부담 등 세 가지 부담으로 종합할 수 있다(五低, 四高, 三大負担).

첫째, 성장속도가 낮다. 개혁개방 이래 국유기업의 성장속도는 향진기업, 삼자기업 등 非국유기업에 비해 발전속도가 느렸다. 둘째, 경제효율이 낮다. 국유기업은 성장속도가 느릴 뿐만 아니라 경제효율도 낮다. 국가통계국에 따르면 대다수 국유기업의 세전이익률은 3%~5%이며 은행 대출 상환금을 고려할 경우, 실제 이익률은 마이너스인 경우가 거의 대부분이다.

셋째, 채무 상환능력이 낮다. 국유기업은 장기채무 및 단기채무 상환능력이 낮다. 2010년 국유공업기업의 평균 자기자본대비 부채비율은 152.34% 인데 반해, 사영공업기업은 122.51%에 불과했다. 1996년 국유기업의 자산대비 부채비율은 65.7%로 다른 소유제기업에 비해 높았으며, 2001년 부실 국유제조업체는 총 39, 346개로서 부실규모는 752.2억 위안에 달하였다. 넷째, 기술수준이 낮다. 국유기업의 부담이 과중하므로 투자환경이 정체되고, 기술 및 설비의 업그레이드가 늦어짐에 따라 기술 장비가 다른 국가보다 뒤떨어진 상태다.

다섯째, 조직구조의 수준이 낮다. 경제가 발전함에 따라 기업규모 구조도 제고되어야 한다. 선진국의 기업은 대형화, 그룹화, 글로벌화(다국적 기업화) 방향으로 발전한다. 또한 대형화 된 다국적형 그룹은 기술수준도 높아 국제경쟁에서도 경쟁력을 보유하고 있지만, 중국 대형국유기업은 이들과 대비하여 규모가 작다.

또한 국유기업은 네 가지가 높은 문제(四高)를 가지고 있다. 즉, 부채율, 적자율, 불량자산, 실업률 등이 높다. 첫째, 부채율이 높다. 국가통계국에 따르면 1995년 국유기업의 총자산 9조 6천억 위안인데 그중 2/3은 부채고 은행대출이 대부분이었다. 또한 자산 중 비국유 지분을 빼고

20%의 비생산 자산을 빼면 생산경영에 활용할 수 있는 것은 3조 위안에 불과했다. 이 3조 위안의 가용자산을 30만개의 당시 국유기업 수로 나누어 보면, 국유기업 1사가 생산에 사용할 수 있는 자산은 1000만 위안 밖에 되지 않음을 알 수 있다.

[표 4-7] 중국 국유기업의 단계별 개혁 과정

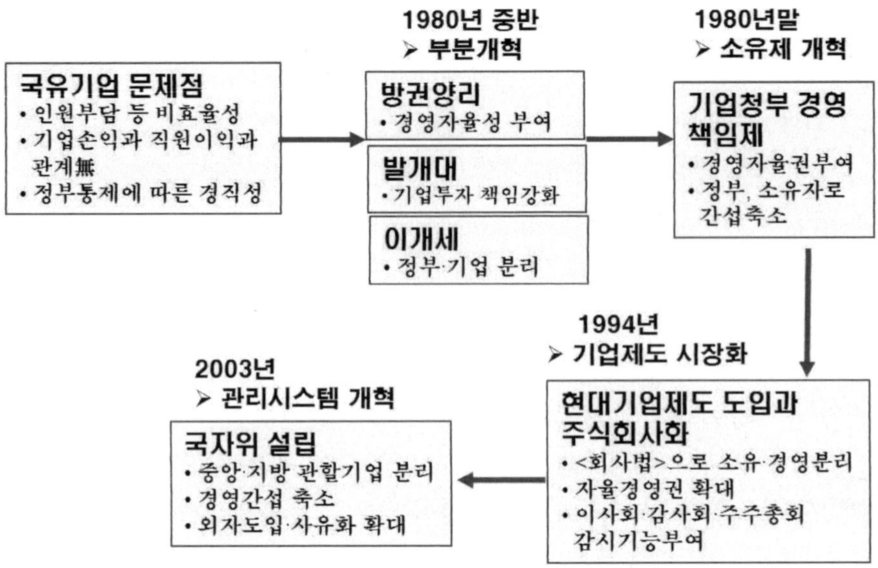

둘째, 적자율이 높다. 1990년대 중반, 국유기업의 1/3은 적자였고, 1/3의 기업은 잠재 적자가 존재하였다. 셋째, Lay-off를 의미하는 샤깡(下崗)과 실업이 점점 늘어나고 있다. 일종의 '정리해고' 개념인 샤깡은 일정기간 회사에 재직인 상태로 두지만 임금은 전혀 지불하지 않고 소액의 재취업 준비금(장려금)을 지급하는 국유기업 특유의 인원 구조조정 형식이다.

국유기업 개혁 및 구조조정이 심화됨으로써 도시와 진(鎭)의 샤깡인원(下崗人員)이 늘어나 잠재적 실업이 증가하고 있다. 농촌의 잉여노동력이 도시로 이동하고, 또한 수백만 명의 신규 노동력이 증가됨에 따라 실업 압력은 점점 커지고 있다. 이는 국유기업 구조조정과 개혁일정에도 다시 장애요인으로 작용하고 있다.

넷째, 불량자산 비중이 높다, 국유기업의 자산손실, 재고, 불량 장기투자 및 비수익 고정자산 등 불량자산의 규모가 크다. 또한, 국유기업 개혁과정에서 국유자산 유실의 구조적인 문제가 발생하고 있다. 국유기업 재산권이 확립되지 못하고 운영과 관리주체가 모호함에 따라 경영책임과 사적이익의 비대칭성으로 국유기업의 자산유실 현상이 확대되고 있다. 이러한 국유기업의 비효율로 인해 국유기업은 사회에 3가지 부담, 즉 채무부담, 잉여 노동력의 부담, 사회복지 부담을 발생시키고 있다.

2. 국유기업 개혁

국유기업의 개혁은 인센티브제 도입과 중앙집권적인 통제를 완화하고 기업의 자발성을 장려하는 것으로부터 시작되었다. 기업의 인센티브 부과를 위한 주요 조치로는 자의 의욕 고취를 위하여 임금인상, 보너스 지급 등을 시행하였다. 또한 기업은 생산과 판매에 있어서 보다 많은 자율권이 주어지고 유보이윤을 확보할 수 있게 하였으며 더 나아가 이윤납부에서 세금납부로 전환되는 등 기업의 활력을 증가시키기 위한 제도가 수립 되었다. 국유기업의 20여 년간 개혁을 살펴보면 크게 3단계로 나눌 수 있는데 첫 번째 단계는 1979년-1986년간으로 국유기업에게 자주권을 부여한 방권양리(放權讓利) 개혁단계, 두 번째는 1987년-1992년으로 국유기업의 소유권 개혁단계이다. 중국정부는 '기업청부경영책임제'를 중심으로 여러가지 개혁적인 경영방식을 도입하였다. 세 번째는 1993년-현재까지로 '현대기업제도' 도입을 중심으로 한 개혁 단계이다.

1) 경영자주권 부여

1970년대말~1990년대초의 개혁은 기업 경영자주권을 확대에 중점이 두어졌다. 계획경제시대 국유기업 관리자의 경영자 주권의식은 미약한 수준이었다. 국유기업은 정부계획에 따라 구매, 생산, 판매를 추진했기 때문이다. 기업관리자는 국가간부, 기업의 공산당위원회 간부 등으로 구성되어 있었으며, 주요 경영사안은 정부와 기업관리자에 의해 결정되었다. 기업관리자 선임, 투자결정 등 중대사항은 기업 주관부서인 정부의 승인을 받아야 했다.

1970년대 말~1980년대초 중국정부는 상품 부족문제를 해결하기 위해 '기업에 일부 권리와 수익을 배분'하는 정책으로 기업의 생산성을 자극했다. 즉 1979년 국무원은 '국유기업의 경영관리 자주권 확대에 관한 의견'을 공포하고 1980년 6, 600개 중대형(中大型) 국유기업에게 이러한 개혁조치를 적용했다.

1984년, 국유기업의 자주권을 더욱 강화하였는데, '국유기업의 자주권 확대에 관한 잠정규정'에서는 국유기업이 경영기획권, 제품판매권 및 가격결정권, 물품구매권 등 10개의 자주권을 보유해야 한다고 밝힌 바 있다.

1980년대 중반~1993년, 중국에서는 국유기업 청부경영책임제를 추진하여 기업관리자의 경영자주권을 확대하였다. 청부경영책임제란 소유권과 경영권을 분리하여 대주주의 지나친 경영참여를 견제하고, 전문경영자를 통한 기업의 자주경영, 독립채산제 등을 통해 수익배분 및 경영책임의 경계를 명확히 하는 제도이다.

1986년 12월 국무원은 관련규정을 공포했고, 1988년 국유기업은 '수익목표 설정, 일정수익 국가환수, 초과수익 기업유보, 결손수익 자체복구(包死基數, 確保上交, 超收多留, 欠收自補)'라는 원칙을 규정한 바 있다.

가. 방권양리(放權讓利) (1979년-1986년)

전통적인 중앙 집권적 계획경제체제하에서 국유기업은 자율적으로 경영을 할 수 없었고, 제품의 생산과 자원의 배분 역시 국가의 지령성 명령에 의해 이루어졌다. 이러한 국가의 독점적 권력 행사는 기업의 경영능력과 노동자의 근로의욕에 부정적인 영향을 미치게 되었고, 구조적으로 국유기업의 비효율성을 낳게 하는 결과를 가져왔다.

이의 해결을 위해 중국정부는 이윤분배를 중심으로 한 방권양리(放權讓利) 개혁을 시도하게 된다. 1978년 10월 국무원의 〈국영기업 경영관리 자주권 확대에 관한 여러가지 규정〉이 발표되면서 사천성의 중경강철공장, 녕강선반공장 등 6개의 국유기업을 실험대상으로 선정하였다.

경영자주권 확대의 주요내용은 기업에게 총생산량의 목표를 정해주고 기업의 임무완성에 따라 소량의 이윤을 기업에 유보하고, 직원들에게 보너스로 배분할 수 있도록 하였다. 3개월간의 실험이 성공적으로 평가되자 1979년 2월 100개 공업기업과 40개 상업기업에 대한 실험을 추진하여 좋은 효과를 거두었다. 국가통계국에 따르면 100개의 실험대상기업 중 84내 기업의 총자산은 14.9% 증가하였고 세전총액도 33% 증가 하였다.

'자주권 확대' 실험이 일정한 성과를 얻자 1979년 5월, 중국정부는 북경, 천진, 상해 등 3개 도시에서도 8개기업을 대상으로 자주권 확대를 추진하였다. 또한 국무원은 개혁의 성과를 강화하기 위하여 1979년 7월 13일에 아래 4가지 규정을 더 공포하였다. 〈국영기업 이윤확보 실행에 관한 잠정규정〉, 〈국영제조업의 고정자산세 징수에 관한 잠정규정〉, 〈국영제조업의 고정자산 감가상각 비율을 높이고 개선에 관한 잠정규정〉, 〈국영제조업 유동자금의 전액대출정책에 관한 잠정규정〉 등을 발표함으로써 기업의 방권양리 정책이 전국에서 전면적으로 실시 되었다.

1979년 후반부터는 개혁 실험대상을 4200개로, 1980년 6월에는 6600개로 확대하였는데, 이는 당시 총 국유기업수의 16%에 해당하는 규모였다. 이 실험기업들의 생산총액은 국유기업 총생산액의 60%를 차지하였다.

1981년, 산동성에서는 처음으로 경영책임제를 도입하였는데, 기업이 이윤을 분배하고 손익을 책임지게 하였고, 월급도 인센티브가 가미된 임금제도를 실행하여 근로자 임금과 근로성과를 연결시켰다. 그 결과, 근로자의 적극적인 생산성 제고가 이루어졌으며, 이를 토대로 기존 자주권 확대시험기업도 점차 경영책임제로 전환하였다.

이윤분배, 자주권확대 규정에 포함된 내용은 다음과 같다.

기업은 반드시 국가가 하달한 여러가지 계획경제목표를 완성하여야 한다. 고정자산 감가상각률을 높이고, 이윤유보(利潤留保)를 실행한다. 이윤유보는 국영기업이 국가에 상납하는 이윤 이외에 일정한 규정 및 비례에 의해 재생산용이나 장려금으로 기업에 이윤의 일부를 남겨두는 것을 의미한다. 고정자산(기계·설비 등)에 대한 세금을 징수하여 고정자산을 유상으로 점용하는 제도를 실행한다. 기업에서 신상품개발을 격려하고, 기업은 상품수출을 신청할 권한이 있으며, 근로자를 채용하고, 중간간부를 승급·면직할 권한을 부여 받았다.[178]

이윤분배의 목적은 기업의 재정권한을 확대하며 경영책임을 강화함으로써 기업과 종업원들의 적극성을 동원하는데 있었다. 그 결과, 기업자주권 확대는 근로자들의 적극성, 경영관리방면, 이윤증가 등에서 많은 성과를 거두었고, 증가한 이윤의 대부분은 기업이 사용함으로써 독립적인 생산을 할 수 있었다.

그러나 이러한 방권양리 개혁정책은 비교적 단순하였고, 국유기업의 적절한 경영환경이 조성되지 않은 상황에서 실시하였기 때문에 개혁과정에 문제점들이 나타났다. 기업경영권의 확대라고는 하지만 경영진의 투자, 인사관리, 임금지급 등에 대한 권력행사는 사실상 불가능했다.

중국정부는 다양한 편법과 제도로 기업에 대한 실질적인 관리와 통제를 실시하고 있었다. 특히 일정액의 기업이윤유보는 생산임무 완성 후에만 실현할 수 있지만, 기업은 경영손실을 낸 경우에도 이윤유보를 할 수 있으며 부실경영에 대한 책임도 추궁하지 않았다. 결국 이윤유보를 위주로 한 방권양리 개혁은 일정한 성과를 거두었지만, 국유기업은 자신의 손실에 대해서 책임을 지는 독립적인 법인체로 운영되지는 못했다. 이는 당시 경제개혁에 필요한 적절한 거시경제 환경이 조성되지 못했고, 국가가 기업에 부여한 각종 권한이 실행과정에서 지방행정 당국의 무질서한 행정지침과 관례에 의해 왜곡되었기 때문으로 판단된다.

나. 발개대(撥改貸)

전통적으로 국유기업은 중공업 중심의 발전전략을 추구하였다. 이를 위해 정부는 인력 및 자원을 중공업분야의 발전에 우선 투입했다. 또한 이러한 투입을 위해 정부는 이자율, 환율, 농산품, 광산품 가격을 조정하였고, 근로자 임금수준과 생활필수품 가격도 통제하고 있었다. 또한 모든 투자는 국가재정에서 무상으로 지원하였다. 이처럼 계획에 따라 재정자금을 기업생산에 투자하고 모든 기업의 이윤을 회수하여 재분배하는 계획경제제도 하에서는 기업의 책임과 권리간의 비대칭성이 발생했다. 특히 사회간접자본(Social Overhead Capital, SOC)을 포함한 국가기본건설에 대한 막대한 정부의 재정지원은 오히려 과도한 투자의 낭비와 많은 부실기업을 초래하였다.[179]

1979년 정부는 SOC투자를 이전 재정지원 방식에서 은행대출로 전환하는 '발개대' 개혁을 실시하기로 결정하고, 근거 문건인 〈기본건설투자의 실행대출에 관한 의견〉과 〈기본건설대출실행에 관한 규정〉을 발표하였다. 동 문건에서 서술한 발개대(撥改貸) 정책을 보면, 국가의 일괄적인 투자계획 전제 하에 국유기업의 경영자주권 확대를 목적으로 효율적인 투자의 효과를 추가하여 기업과 종업원들의 경제이익을 서로 연결시키는 것에 정책 주안점을 두고 있다. 그 주요내용은 아래와 같다.

---

178) 고정자산 감가상각률 : 설치 장비나 시설의 시간에 따른 가치 저하율
179) 撥(Bo, 발) 은 비축한 자금, 식량 등을 내어 놓는다는 의미이다.

첫째, 국가의 투자계획과 은행대출의 관계를 명확히 구분하여 처리한다. 둘째, 기본건설사업에 대한 원자재, 설비의 공급을 보증하고 기본건설의 수요를 충족시킨다. 셋째, 국유기업에 대한 대출금의 회수를 보장하기 위해 대출할 수 있는 기업의 대상을 주로 독립채산제 공업부문과 교통운수업부문 등 중대형 국유기업으로 제한한다.

발개대(撥改貸)는 1979년, 1980년에 먼저 경공업, 방직, 관광업 등 분야와 북경, 상해, 광동 3개 지역 중 저투자, 고효율, 고이윤이 보장되는 프로젝트를 선택하여 실행하였다. 1980년 11월 18일 국무원은 〈기본건설은 정부지원에서 대출로 전환하는 실행보고〉를 발표하여, 법률 근거를 마련하였다. 그 결과, 1981년부터는 독립채산제를 하는 기업과 대출 상환능력이 있는 기업을 중심으로 발개대 제도를 적용하였다. 발개대를 적용받는 국영기업이 투자금을 사용하려면 원금과 이자를 기간 안에 상환해야 하므로, 기업들의 비효율적인 투자를 방지 할 수 있었다.

반면, 발개대 정책은 부정적인 면도 있었는데, 1984년 투자규모의 급속한 팽창과 1985년 고속성장 결과, 투자 증가속도가 GDP 성장속도를 큰 폭으로 초과하게 된다. 투자구조 변화에도 부정적인 경향이 나타났다.

첫째, 비생산성 투자의 팽창이다. 1985년 비생산성 투자는 전년보다 61.3% 상승하여 최고 수준을 기록했다. 둘째, 단위 투자규모의 소형화이다. 국가경제체제개혁연구소가 1985년에 3, 212개의 기본건설항목에 대해 조사한 결과 1,000만 위안 이상 항목은 5.5%이며, 50만 위안 이상 항목은 52.6%로 평균 규모는 118만 위안 수준이었다. 이러한 투자규모 소형화는 프로젝트의 효율이 낮아지고 기술수준이 떨어진다. 셋째, 기초공업과 기초시설의 투자는 총투자의 비중에 비해 낮고 기업의 기술개조 투자도 낮았다.

발개대 개혁 조치 이래 국가는 기업에 대한 재정지원을 중지하고 은행대출 방법으로 기업의 투자와 생산을 유지하도록 하였다. 이 시기 투자에 대한 관리감독자는 이전의 정부 부서에서 은행으로 이전되었으며, 시장경제 매커니즘에 입각한 투자에 대한 통제가 시작되었다. 하지만 기업의 은행대출로 증식된 국유자산 재산권에 새로운 문제가 나타나기 시작하였는데, 특히 법인기업의 과도한 부채가 논란 대상이었다.

다. 이개세(利改稅)

전통적인 계획경제하에서 기업의 자주권확대는 제대로 실현되지 못하였을 뿐만 아니라 국가, 기업, 및 노동자 간의 이익관계도 문제점으로 나타났는데 그중 국가와 기업간의 이윤분배문제가 제일 큰 문제점이었다. 이러한 상황을 해결하기 위해 중앙정부는 1983년부터 이윤납부와 세금납부제도를 병행하는 이개세(利改稅) 개혁을 실시하였다.

이개세는 국유기업이 예전에 이윤상납을 기업소득세로 변경함으로써 세금을 납부하고 나머지 이윤을 기업이 관할하는 것이다. 그 목적은 독립경영을 하도록 하고 스스로 손익을 책임질 수 있게 함으로써 정부와 기업의 분배관계를 세금 형태로 고정하기 위해서였다.

1980년부터 일부 성·시와 자치주에서는 이개세 개혁을 시험·실시하였는데 좋은 효과를 거두었다. 이후 1983년 4월, 국무원에서는 〈국영기업 이개세 실험실시 방법〉을 발표하여 이개세(利改稅) 개혁을 전국에서 실행하기 시작했다. 그 개혁 내용을 보면 아래와 같다.

첫째, 중대형기업의 경우 기업이윤의 55%를 소득세로 상납하고 나머지 45%는 일부분을 국가에 납부하고 일부분을 기업내부에서 유보한다.

둘째, 소형기업인 경우 10~55%까지 8단계 누진 과세표에 의해 이윤과 세금을 징수한다.

셋째, 국영호텔, 식당과 음식서비스 업종에는 15% 영업세를 납부한다.

넷째, 국영기업은 대출을 반환할 때 재정부처의 동의를 거쳐 소득세를 납부하기 전에 대출항목의 새로 증가한 이윤만 반환한다.

다섯째, 적자 경영기업에 대한 보조금은 각기 달리 처리한다.

여섯째, 기업은 세금 납부후 이윤을 합리적으로 사용하여야 한다.

일곱째, 기업은 유보이윤을 신제품 개발과 생산발전기금, 비축기금, 종업원복지기금, 종업원장려기금으로 사용할 수 있다.

이개세 개혁은 세금과 이윤의 관계를 초보적으로 분리함으로써 정부와 기업의 관계, 특히 국가와 기업의 이익분배 문제를 정의하는데 기여를 하였다. 그러나 소득세가 상품 품종의 구분없이 이익에 대해 징수되면서 그 효과가 반감 되었다. 또한 구조적 원인으로 국유기업별 이익수준 차이가 많이 있음에도 불구하고, 이러한 현황을 이개세 개혁에 반영하지 못하였다.

1984년 9월, 국무원에서는 두 번째 이개세 개혁 조치를 발표하여 이전의 세금과 이익병존(稅利幷存) 조치를 세금이 이익을 대체(以稅代利)하는 진정한 개혁조치로 전환 하였다.

그 주요내용을 보면, 첫째, 공상세는 납세대상에 따라 상품세, 부가가치세, 소득세로 구분하며 소득세와 조절세(調節稅)를 징수하며, 자원세, 도시건설유지세, 부동산세, 토지사용세를 추가했다.

둘째, 1983년 기업의 이윤을 조정후 수치를 기준으로 조절세(調節稅)를 결정했다.

셋째, 국영 소형기업을 기준으로 국가는 이익이 많은 기업에 대해 임대비를 받는다.

넷째, 부실기업과 이익이 적은 기업에 대해서 보조금과 감세 혹은 면세 혜택을 부여한다.

이개세는 경제를 조절하고 생산을 촉진하며 기업과 종업원들의 적극성을 일으키는데 일정한 작용을 하였으며, 정부와 기업의 관계와 국가재정 수입방면에서도 도움이 되었다. 그러나 시장체제가 형성되지 않은데다 상품의 가격은 국가가 결정하고 세금징수의 관리도 규범화되지 않아, 1985년과 1986년 예산내의 국영기업의 이윤은 20개월 연속적으로 하락하는 현상이 나타났다.

앞서 서술한 발개대(撥改貸) 개혁조치가 실행되면서부터 기업은 필요한 자금을 은행에서 대출해야할 뿐만 아니라 원리금도 상환해야 하므로, 해당기업은 세금을 납부전에 대출을 먼저 갚는 부작용도 나타났다.

2) 소유권 개혁

중앙정부는 1986년부터 국유기업의 경영권에 대한 개혁을 소유권에 대한 개혁으로 전환하기 시작하였다. 계획경제체제 하에서 기업 경영활동은 그 주관부처에서 결정하였으며, 기업은 단순히 생산단위였다. 기업은 자주권한이 없었으며 부실경영에 대한 책임도 부담하지 않았으므로, 이익최대화를 추구할 수 없었다. 이런 경영체제하에 방권양리(放權攘利), 발개대(撥改貸), 이개세(利改稅) 개혁은 큰 성과를 거둘 수 없었다.

국유기업 개혁의 완성을 위해서는 시장을 중심으로 한 소유권 개혁이 반드시 필요했고, 기업의 이익이 경영의 최고목표가 되어야 했다. 이러한 맥락에서 국가, 기업, 근로자간의 이익관계 조정이 필요했으며, 중국정부는 소유권과 경영권을 분리시키는 개혁조치 채택을 고민하기 시작했다. 즉 국가가 소유와 경영을 모두 전담하던 구체제에서 탈피하여, 국가는 소유만하고 기업이 책임지고 경영하는 개혁조치가 바로 기업청부 경영책임제(企業承包經營責任制)이다.

가. 기업청부 경영책임제(企業承包經營責任制)

1986년 12월 5일, 국무원은 〈개혁을 심화하고 기업활력을 증강시키는데 관한 약간의 규정〉을 공포하여, 여러 형식의 청부경영책임제를 실시하기로 결정한다. 이는 기업 경영자에게 충분한 경영자주권을 주는 것에 주안점을 둔 개혁조치 였다. 1987년 3월, 중국정부는 정부공작보고회의에서 소유권과 경영권의 분리원칙에 의해 여러형식의 청부책임제를 실시한다는 것을 명시하였다. 그 결과, 1987년말에 전국 국유기업의 78%가 청부제를 실시하였고, 1988년말에 이 비중은 90%를 초과하였는데 이중 중대형기업은 95%에 달했다.

기업청부 경영책임제란 소유자(정부)가 청부인(承包人, CEO)에게 국유기업을 맡겨 경영하게 하는 것이다. 양자(정부와 CEO)는 쌍방협의를 통해 소유자가 고정수익을 가지도록 하고, 나머지 수익은 청부자(CEO)가 소유하거나 계약에 따라 비율을 나누게 된다. 또한 경영과정 중 소유자(정부)는 경영방식과 경영결정에 간섭하지 않기로 한다.

1988년 2월 27일, 국무원은 〈전민소유제공업기업 청부경영책임제 잠정규정〉을 공포하여 청부경영책임제(承包經營責任制)에 대한 법적근거를 마련하였다. 동 규정에 따르면 국유기업은 사회주의 전민소유제(공유제) 기초 위에서, 소유권과 경영권의 분리원칙에 의거, 국가와 기업의 책임권한과 이익의 관계를 확정하고 기업이 독립적인 경영과 손익을 스스로 책임질 수 있는 경영관리체제를 수립하는 것이 청부경영책임제이다.

청부경영책임제(承包經營責任制)의 기본내용은 다음과 같다.

첫째, 국유기업 자산은 공유제를 기본으로 한다.

둘째, 국가와 기업 및 경영자와 생산자의 이익을 함께 고려하여 기업 경영자와 생산자가 적극적으로 참가하도록 함으로써 기업내부의 잠재력을 발굴하여 국가에 납부할 이윤을 확보하고, 기업의 자기발전 능력을 높이며 직원들의 생활을 개선한다.

셋째, 청부경영책임제의 실행은 반드시 책임·권리·이윤의 상호결합 원칙에 따라서 기업의 경영자주권을 적절히 행사하도록 하고, 기업의 합법적인 권익을 보호하도록 한다.

넷째, 기업에게 독자적인 법인지위를 부여하며, 이는 청부경영책임제의 최종 목적이다.

이상과 같은 청부경영책임제는 전통적인 계획경제와 상품경제의 두 가지 체제하에 생성된 것으로서, 기업의 자주권도 확대되었고 정부의 간섭도 줄었으며 이개세 개혁 이후 나타난 이윤하락과 국가 재정수입 감소 문제를 해결하였다.

청부경영책임제 실시후 국유기업 개혁 효과는 비교적 뚜렷하게 나타났다. 그 이유를 살펴보면 다음과 같다.

첫째, 기업의 소유권과 경영권의 적당한 분리로 인해 정부간섭이 줄어들고 기업의 경영자주권이 상대적으로 확대되었다. 둘째, 국가와 기업은 목표이익을 계약으로 정하고 각자의 책임과 권한을 명확히 명시함으로서 기업의 모든 행위는 법적 보호를 받게 되었다.

셋째, 기업의 자기자본 축적을 촉진하였고 기업으로 하여금 기술진보와 기술투자를 중시하게 하였다. 넷째, 국가와 기업, 근로자 간의 관계를 계약형식으로 처리하여, 법제도 테두리 안에서 통제할수 있게 하였다.

다섯째, 국유기업의 시장화를 촉진하고 기업 경영진의 경쟁의식과 경영능력을 향상시켰다.

그러나 청부경영책임제 역시 일정한 한계를 드러냈다. 이는 이윤분배제도와 본질적으로 큰 차이가 없었고, 정부와 기업의 이익 분배관계를 조정하는 것인 청부경영책임제는 단지 경제이익관계를 나타낸 계약서에 불과하다는 평가가 존재했다.

즉 청부경영책임제 정책은 근본적인 정부와 기업의 분리(政企分離)를 실현할 수 없었다. 청부경영책임제 하에 국유기업은 항상 정부에 의지해야 했고 투자, 자산처분, 수익분배, 인사권 등 중요한 경영의사 결정권은 역시 정부의 결정에 따라야 했다.

청부경영책임제 하에 비록 기업의 자주권이 확대되었지만 본질적으로는 행정상 상하 관계에서 크게 벗어날 수 없었다. 또한 해당 국유기업은 독립적인 법인자격을 확보하지 못했다. 청부계약서의 내용에 의해 정부와 협상할 수 있지만, 문제는 명확한 재산권을 확보하지 못한 기업이 독립적인 법인자격을 확보하지 못했기 때문이다.

매년 1년 내지 2년간의 임기를 보장받은 기업경영인은 단기이익에 편중한 경영방식을 추구했고, 기업의 중장기 발전목표와 진정한 기술개혁도 기대하기 어려운 실정이었다. 또한 기업이윤 초과달성시에는 기업이 각종 혜택을 얻을 수 있지만, 반대로 적자나 부실기업 등에 대한 책임은 지지 않았다. 이는 여전히 중국정부가 국유기업 경영결과에 대한 최종책임자 위치에 있기 때문이었다.

불공평한 경쟁현상도 존재했다. 기업이 임무를 완성하면, 정부는 이익에 비례하여 세금을 적게 받거나 받지 않아 조세 법제도과 징수율 등이 통일되지 않고 비규범적으로 운영되어 탈세현상이 보편화, 공개화 되었다.

국유기업과 정부와의 직접계약은 고위 관리층간의 담합으로 산업내 불공정 경쟁을 조성하고 장기적으로는 국유기업이 고도화와 구조조정을 저해하였다.

청부경영책임제는 정부와 기업 경영인이 위탁계약서를 통해 실현하는데, 이는 정부와 경영자의 권리와 의무가 명확히 규정되어 있다. 경영인이 기한내 이윤상납과 자산증가의 책임을 완수하면 정부에서는 기업활동을 간섭하지 않게 된다. 따라서 실질적인 통제권한을 보유한 CEO는 외부인의 감독을 받지 않고 국유기업의 자산을 유출 하는 등 도덕적 해이 현상이 만연하였다.

청부경영책임제의 도입으로 국유기업 경영에 일정한 성과를 거둔 것이 사실이나, 기업자율권 확대가 실질적인 경영권 보장을 의미하는 것이 아니었다. 따라서 국유기업 재산권의 근본적인 개편없이는 국유기업 개혁의 완결을 거둘 수 없었다. 이러한 맥락에서 중국정부는 '주식제'를 근간으로 하는 '현대기업제도'를 도입하게 된다.

3) 군대기업의 개혁

군대기업은 현재 군수업체를 중심으로 구성되어 있어서, 군공기업(軍工企業)으로 불리고 있으나, 1998년 이전에는 군대가 소유한 모든 국유기업을 군대기업으로 통칭했다. 1998년 이전 중국 군대인 인민해방군은 군수와 관련된 항공 및 중화학뿐만 아니라 경공업, 제약, 식당, 서비스업까지 기업을 소유·운영하고 있었다. 1980대년말 10만개 군대기업에서 70만명이 근무했다. 1998년부터 군대기업의 개혁이 시작되면서, 군대기업들이 대형화 그룹화(집단화) 되었고, 1999년말에 이르러 이들 국유 군공기업은 약 500여사(그룹 기준)로 150만명이 종사하고 있었으며, 수천억 위안의 고정자산을 보유하고 있을 정도로 중국 국유경제의 일부분을 책임지고 있었다.[180]

생산대로서의 인민해방군의 자급자족 전통은 창군시기부터 내재된 인민해방군의 본래적 속성이었으나 영리적 활동을 통한 재원의 확보와 이윤의 창출에 몰두한 것은 개혁개방 이후 시장시스템의 확대와 더불어 가속화 되었다. 개혁개방의 가속과 함께 시장 시스템의 도입은 군대의 생산경영 활동에 종사하는 기업의 수를 급속하게 증가시켰다.

급기야 당중앙군사위원회와 국무원은 1985년 5월에 제도적 범위 안에서 군의 경제활동을 활성하는 조치인 '군대가 생산경영과 대외무역에 종사하는 것에 관한 임시규정"(關于軍隊從事生産經營和對外貿易的暫行規定)을 3군 총사령부에 시달하였다. 군대의 생산경영의 필요성을 충분히 긍정하면서, 개혁개방 이후 생산경영활동의 경험을 총괄하여, 새로운 정황과 문제에 근거하여 구체적인 정책을 시달하는 것을 내용으로 하고 있다.

---

180) 胡晓峰(2005), 国有军工企业改革任重道远, 航空工业经济研究, 2005年06期, 23-25쪽.

하지만 이러한 군의 영리적인 경제활동은 사업영역에서뿐만 아니라 규모에서도 그룹화(집단화)를 추구하는 규모로 급속하게 발전하기 시작했다. 즉 기존 군수산업을 확대시킨 제조업, 공업 및 서비스산업과 대외무역 등 산업전반에 영향력을 확장시켰다. 또한 스스로 군대기업의 개혁을 통하여 낙후하거나 중복된 투자를 지양하고 군대기업의 통제를 확보하기 위하여 그룹화(집단공사화)되는 경향을 보여주었다.

군의 영리활동으로 획득한 재원은 주로 군의 경상비에 충당되거나 낙후된 군인복지에 쓰인 것으로 알려지고 있으며, 군대기업을 통하여 군속들과 전역 장교와 병사들의 취업문제를 상당부분 해소하고 있었다. 그러나 군의 경제활동 확대에 따른 부패 연루와 이로 인한 군사준비태세의 소홀은 군 정체성의 의문과 대군 통제의 효율성이라는 문제를 제기하게 되었다.

제15차 공산당 전국대표대회 이후인 1998년 7월, 장쩌민 정부는 개혁을 가속화하는 과정에서 군의 영리적 경제활동을 금지시켰으며 이에 대한 보상을 군부에 지급하였다.[181]

군경영기업의 폐지 결정에 대한 군부의 반발은 적지 않았다. 당시 중국군부의 실력자인 장완니엔(張萬年) 중국군사위 부주석이 군경영기업을 폐쇄하는 대신에 주룽지(朱鎔基) 총리로부터 500억위안을 제의받았는데, 이 액수는 군기업 폐쇄에 따른 손실의 완전보상을 요구하고 있는 군간부들의 요구보다 대략 300억위안 부족한 수준이었다.[182]

그러나 1998년 군의 상업적 활동의 금지결정이 내려진 이후 군비 부족으로 곤란을 겪자 중앙군사위원회는 '노동을 통해 군 경비에 보충하기 위한 계획'에 착수하였다. 또한 군의 상업적 활동의 금지로 인한 군비의 손실을 중국제 무기를 팔아 그 수익으로 군현대화 경비에 충당한다는 생각을 가지고 있다.

중국정부는 인민해방군의 오랜 전통이기도 했던 '생산대'와 유사한 역할을 재조정함으로써 경제활동으로 인한 부패와 군의 일탈적 행동을 과감하게 척결하였으며, 이는 관련 군소유 국유기업 개혁으로 이어졌다.

이와 같은 일련의 개혁 조치후 군대기업은 항공, 우주, 군비물자 등 꼭 국방에 필요한 부분만 남기는 것으로 정리되었으며, 그 결과 2002년에 이르러서는 152개로 줄었고 종사자 역시 50만명 이내로 축소되었다.

이러한 군사정책은 중국군과 관련하여 중요한 정책적 함의를 지니고 있는데 첫째 군의 재정적 종속을 통한 대군 통제의 확보, 둘째 군을 재정적 임무와 부담으로부터 단절시킴으로써 군 본연의 전투대로서의 역할 강화, 셋째 상업적 활동의 병리적 현상으로 발생하는 군의 부패와 민간기업과의 중복경쟁을 해소함으로써 군 사기의 진작과 대사회적 평판의 회복 등을 꾀한 것이다.[183]

181) 人民日報(1998. 7.23)
182) South China Morning Post(October 9, 1998)
183) 나영주(2004), 중국 인민해방군 연구의 동향과 쟁점, 「統一問題研究」 통권 제42호, 119-121쪽.

3. 현대기업제도와 주식회사화

1) 현대기업제도의 도입

방권양리(放權讓利), 청부경영(承包經營) 형식의 개혁과 산업구조조정 개혁 등은 국유기업에게 많은 변화를 가져다주었지만, 관련 기업제도의 미비로 국유기업은 여전히 많은 문제점들이 존재하였다. 결국 중국정부는 기업의 재산권 관계를 중심으로 한 현대기업제도(現代企業制度)를 도입하여, 국유기업 개혁에 박차를 가하게 된다.

1993년 11월 14일, 공산당 제14기 3중전회에서 통과된 〈사회주의 시장경제체제 수립에 있어서의 몇 가지 문제에 관한 결정〉에서 '현대기업제도의 수립은 대량생산과 시장경제 발전을 위한 필연적인 요구이며 국유기업 개혁의 나아갈 방향'임을 제시하게 된다. 이를 통해 중국정부는 공유제가 주체인 '현대기업제도'가 사회주의 시장경제체제의 기초임을 명확히 지적함으로써 중국의 기업개혁은 중앙통제 및 계획경제를 폐지하는 대신 '현대기업제도'를 수립하는 단계에 진입하였다고 천명 하였다.

1997년 9월, 공산당 제15차 전국대표대회에서는 현대기업제도의 건립에 대한 향후 개혁의 방향을 더욱 구체적으로 제기하였는데, 경제체제 개혁과 경제발전전략을 통해 국유기업 개혁의 중요성을 재차 강조하였으며 앞으로도 국유기업 개혁을 전체 경제체제 개혁의 중심으로 삼아 적극 추진해 나갈 것을 천명하였다.

또한 국유기업의 개혁을 위한 소유권제도의 개선, 분배방식의 개선, 시장기능 강화, 대외개방의 가속화, 정부기능의 구조조정 등을 국가 경제정책의 중심으로 하였으며 '명확한 재산권 구분, 명확한 책임과 권한 구분, 정부와 기업분리, 과학적인 경영관리'를 현대기업제도의 주요 내용으로 도입하였다.

현대기업제도의 원칙은 국유기업을 시장 매커니즘에 의해 운영되는 회사(公司)로 전환한 후, 유한회사 또는 주식회사와 같은 규범화·표준화를 실현하여 소유권 문제의 명료화, 권리와 책임구분, 시장수요에 부응하는 경영시스템 확립을 효과적으로 실현하자는 것에 있다.

중국정부는 근본적인 경영개혁을 위하여 기업의 재산권 개혁이 수반되어야 한다고 결정하였으며, 주식제 실험, 기업의 M&A 등 재산권 개혁을 시도하였다. 특히 중대형기업을 대상으로 한 주식제 도입, 기업 그룹화(集團化), 소형국유기업을 대상으로 M&A를 통한 사유화 등을 활발하게 전개하였다.

가. 현대기업제도의 특징

1994년부터는 대형 국유기업이 민간기업의 경영제도를 도입하기 시작했다. 1993년 중국공산당 14기 중앙위원회 3차 전체회의에서 '재산권을 분명히 하고, 권한과 책임을 명확히 하며, 정부와 기업의 기능을 분리하고, 과학적으로 관리(産權淸晰, 權責明确, 政企分開, 管理科學)'하는 현대 기업제도를 국유기업의 개혁목표로 채택하게 된다.

이후 1994년 국무원은 100여 개 중대형 국유기업에 현대기업제도 도입을 요구했고, 1999년 중국공산당 15기 4중전회에서 '국유기업은 규범화된 기업제도 개혁을 통해 효과적인 지배구조를 구축할 것'을 제안하기에 이른다.

〈국유기업의 개혁 발전에 대한 중국공산당중앙위원회의 결정〉에서 나타난 현대기업제도에 대한 주요 관점을 보면 다음과 같다.

첫째, 정부와 기업의 기능을 분리하며, 정부는 기업의 일상 경영활동에 개입하지 않는다. 둘째, 중앙과 지방정부는 급별로 국유자산을 관리하며, 기업그룹과 지주회사에 국유자산 경영권을 부여한다. 셋째, 중대형 국유기업에 대해 규범화된 기업제도개혁을 추진하며, 기업법인 지배구조는 개혁의 핵심이다.

- 주주회, 이사회, 감사회와 경영진의 직책을 명확히 하고 효과적인 기업법인 지배구조를 형성
- 이사회는 기업성장목표와 경영활동, 경영자 영입, 감사 및 평가를 통해 투자자의 권익을 보호하고 주주회에 대해 책임을 짐
- 감사회는 기업재무와 이사회, 경영자 행위에 대한 감독기능을 수행
- 주주권 다원화는 규범화된 기업법인 지배구조 조성에 유리하므로 소수의 국가 독점경영기업을 제외하고는 투자주체 다원화로 기업 소유구조를 형성

넷째, 이사회, 경영진 등은 직책과 공헌도에 따라 보수를 받는 등 현대기업제도에 부응하는 수익분배제도를 도입한다.

즉 '현대기업제도'의 핵심은 주주총회, 이사회, 감사회 등으로 이루어진 경영감독체계를 수립한 점과, '주식회사화'를 위한 기업지배구조 기반을 마련한 점에 있다 할 것이다.

2) 주식제의 도입과 발전방향

1990년대초 향진기업과 중소 국유기업을 중심으로 주식제 개혁이 확산되었다. 비공유 경제와 자유경쟁이 심화되던 1990년대 국유기업은 가중되는 채무와 사회부담(퇴직자 연금·의료비 등 부담), 거액의 적자에 직면하게 된다. 중국정부는 이미 1980년대 후반부터 주식제 시행을 허용한 바 있다. 1980년대 후반 처음 시작된 주식제는 1991년까지 법인과 직원이 주식을 보유한 기업은 각각 380개사와 2, 751개사, 주식을 공개발행한 기업은 89개사에 달했다.

주식제 개혁이 본격화된 것은 1990년대 일이지만 시작은 1980년대 중반부터였다. 1983년 심천보안연합투자공사(深圳宝安聯合投資公司)가 공개적으로 주식을 발행하였으나, 주식회사로 전환하지는 않았다. 1984년 7월 북경에서 중국 최초의 주식회사인 천교백화주식유한공사(天橋百

貨株式有限公司)가 설립되었으며, 지분구조를 보면 국가주는 50.97%, 은행보유주식은 25.89%, 기업보유주식은 19.69%, 직공개인 주식은 3.46%로서 여러 가지 지분구조로 구성되었다.

1984년 11월, 상해에서 두 번째 주식회사인 상해비락음향공사(上海飛樂音像有限公司)가 설립되었다. 同회사 주식은 중국최초로 매매가 허용된 주식이었다. 1986년-1987년에는 초보적이나마 증권시장의 형성과 함께 중국정부는 주식제 개혁을 위한 여러 법률 제정 및 행정조치를 취함으로 주식제 기업수가 급격히 증가하게 되었다. 1986년 12월 국무원은 〈기업개혁을 심화시켜 기업활력을 강화하기 위한 약간규정〉을 공포하여 각 지방에서 일정조건이 구비된 중대형국유기업을 선택하여 주식제 실험을 진행할 수 있도록 규정하였다.

국가체제개혁위원회의 통계자료에 의하면 1988년 말까지 전국 3, 800개 주식제 기업이 있었는데 그 중 800개 기업은 국유기업이 전환한 것이며 60개 기업은 신규로 주식을 발행하고, 나머지 기업은 원래의 집체기업이었다. 지역적으로 보면 주식제의 실행은 동부 연안의 경제가 비교적 발달한 곳에 집중되었는데 상해시는 1,255개, 심양은 707개, 광동성은 290개 기업이 있었으며, 무한시는 133개가 주식제 기업이었다. 1991년말까지 3, 320개의 주식제 기업이 전환되었다. 그중 원래 집체기업은 63%, 국유기업은 22%, 기타유형의 기업은 15%를 차지하였다.

1996년에는 2, 342개의 기업이 '현대기업제도'의 실험대상 기업으로 선정되었으며 그중 540개의 기업이 주식유한회사, 540개의 기업이 유한책임회사로 전환하여 각각 전체의 23%를 차지하였다. 또한 국유독자회사는 909개 기업이 전환하여 38.8%를 점유하고, 회사제로 전환하지 않은 국유독자기업은 307개로써 전체의 13.2%, 기타 유형기업은 47개로써 2% 점유했다.

2000년에 이르러 대부분의 중대형 국유기업은 주식제를 근간으로 하는 '현대기업제도'를 수립하였으며, 국무원이 지정한 2,700개 기업중 대부분이 이사회, 주주총회, 감사회를 구성하는 회사제(公司制) 개혁을 실시하였다. 국가통계국에 따르면 2,473개 기업 중 81.5%가 개혁조치를 취했고, 이들 중 유한책임회사가 603개로서 개혁한 기업의 29.9%, 주식유한회사는 713개로서 35.4%, 국유독자회사는 700개로서 34.7%를 점유하였다. 개혁한 기업중 82.2%가 주주총회를 구성하였고, 95.1%가 이사회, 84.5%가 감사회를 구성하였다.

[사진 4-1] 중국 최초의 매매 주식, 상해비락음향공사 증권 (1984.11)

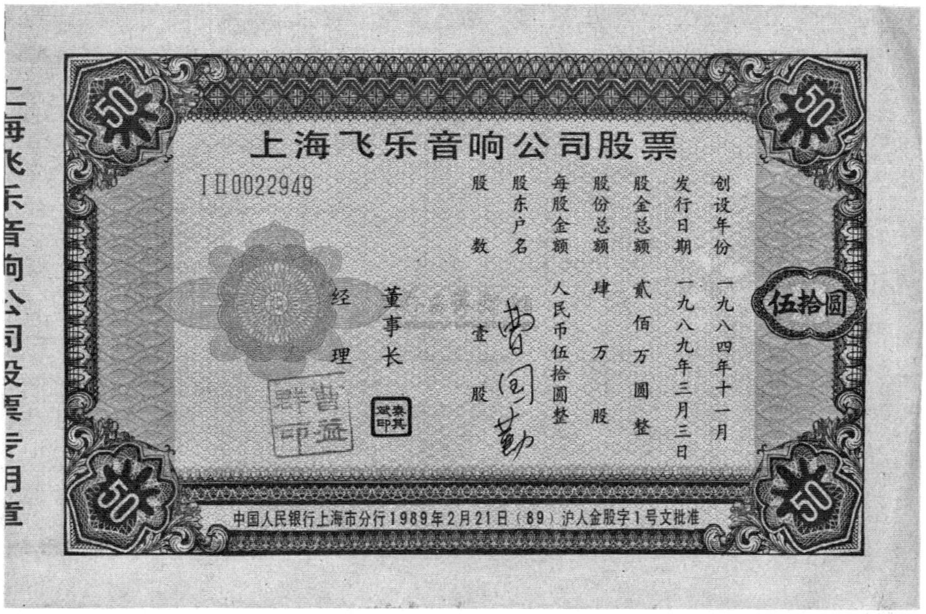

자료: 바이두 이미지 D/B (2022.2)

가. 주식제기업의 소유구조

1994년 3월, 국유자산관리국에서는 〈주식제실험기업의 국유주 관리실시의견〉을 공포하여 이윤이 높은 기업이나 독점수익이 높은 국유기업을 주식제 실험기업에 포함하였다. 이들 기업이 자금조달이 어려울 경우, 주식매각을 통해 주식제 기업으로 바꿀수 있도록 했다. 국유기업의 상장여부는 중요 산업에 대한 통제권 유지와 독점이윤의 보호 차원에서 결정하였다.

중국의 기업들은 국유기업 개혁과정에서 주식제 실시와 '현대기업제도' 수립이라는 방침에 따라 재산권의 유동화 개편과 국유자산의 재구성이 이루어지면서, 새로운 소유구조 체제를 확립하게 되었다. 이를 위해 국유자산관리국은 새로운 국유자산 관리체제방안을 시행하여 국유기업을 '유한책임회사' 체제로 개조하였고, 현대기업의 조건이 구비된 일부기업은 '주식회사'로 전환하여 일부는 상장하였다. 또한 특수산업과 관련된 기업은 '국유독자회사'로 개편하였으며, 소형 국유기업은 파산, 인수, 합병, 매각 등을 실시했다.

2003년말까지 상장기업 1, 287개중 국유기업 주식회사가 940개사로 총 상장기업수의 73% 차지했다. 다음으로는 민영기업(18.3%), 유한공사(4.7%), 집체기업(3.1%), 외자기업(0.9%) 순이었다. 소유 주체에 따라 A주식은 국가주, 법인주, 사회개인주, 기업직공개인주로 구분된다. 회사가 공개발행한 A주식 중 '개인주'인 사회개인주와 기업직공개인주는 증권거래소에 상장거래되나, 국가주와 법인주는 상장거래에서 제외되는 비유통 주식이었다. 비유통 주식은 정부와 법인이 일정한 지분이상을 소유하고 해당기업에 대한 소유권과 권리행사를 위해 보유한 주식이었다. 유통이 가능한 주식에는 개인주와 거래가 가능한 외자주 등이 있다.

1992년부터 2001년까지의 상장기업의 총 주식자본구조 변화추세를 보면, 비유통주식 비중이 1992년에는 총주식의 69.2%에서 2001년 65.3%로 크게 변하지 않았다. 유통주식의 비율이 증가한 것은 국내증시에서의 유통주 증가가 아니라 홍콩증시에 상장한 중국기업 때문이었다.

1997년전에 국가주 비중은 축소되고 발기법인주는 상승하는 추세지만, 1997년후에는 반대로 국가주는 올라가고 발기법인주는 내려가는 추세여서, 상장기업의 주식이 국가주로 집중되고 있다는 것을 알 수 있다. 1997년 이후의 주식시장 자본구조에서 보이는 변화는 정부가 회사에서의 권익을 유지·보호하고 특정산업에 대한 이익을 통제·강화 하였음을 알 수 있다.

이처럼 상장기업은 국유기업의 주식회사제도 개혁에 의한 산물이지만, 여전히 소유제에 대한 공유개념이 강하게 남아있어 국가의 소유와 통제가 유지되고 있다. 상장기업의 주식 소유구조는 이처럼 복잡한 양상을 띠고 있으며, 주식시장은 자본시장으로서의 기능을 수행함은 물론, 국유기업의 자금조달을 위해 상장만을 위한 제한적인 기능도 수행하고 있다.

나. 주식제기업의 지배구조

국유기업 개혁의 목표는 재산권이 분명하고, 권리와 책임이 명확하며, 정부와 기업이 분리되고, 관리가 과학적인 '현대기업제도'를 수립하는데 있다. 기업의 소유와 경영을 분리하여 기업을 진정으로 독립된 시장에서의 주체로 육성함으로써 기업의 경영체질을 전반적으로 개선하고자 하는 것이다. 따라서 국유기업 회사화에 따른 기업지배구조가 중요한 문제로 부상하게 된다.

계획경제 하에서는 기본적으로 소유와 경영이 분리가 되지 않음으로 지배구조는 문제가 되지 않았지만, 국유기업이 회사형태로 전환됨에 따라 기업경영을 책임지는 경영진의 선임과 경영진의 의사결정과정을 통제하는 체제, 즉 기업지배구조는 중요한 의의를 가지게 되었다. 특히 주식회사에서는 주식 소유구조가 다원화됨으로 하여 지배구조의 문제가 더욱 중요하게 되었다.

기업지배구조는 여전히 공유개념에 기초해서 국가가 지배주주로서의 역할을 하고 있다. 비록 국유기업들이 주식제로 개편되어 이사회에서 경영을 책임지고 있지만 이사를 지명하는 권한이 중앙정부나 지방정부 혹은 관련부서에 있기 때문에 실질적인 경영권은 정부에 있는 셈이다. 비록 상장기업이라 할지라도 시장에서 거래되는 주식이 제한적이기 때문에 외부통제시스템이 제대로 작동되지 못하고 있다. 기업의 소유구조가 이중주식제도(유통주와 비유통주)로 이루어진 경우가 많아, 국가 기관간의 이해갈등이 발생할 수 있으며, 대리인인 경영자들에 대한 내부 통제시스템이 결여되어있어 부정이 발생할 확률이 많다. 형태만 주식회사 제도로 전환된 채, 소유권은 여전히 국가에 귀속되어 있어 국유기업 지배구조의 근본적인 특징은 국유지분이 많은 점을 우선 들 수 있다.

이처럼 비유통주였던 국가주는 전체 국유기업 주식의 절반이상을 차지하며, 소유구조는 국가나 법인을 중심으로 집중화되어있고, 내부통제시스템이 제대로 갖추어지지 않았다. 또한 중앙정부가 국유자산감독관리위원회를 관리·감독하고 재산권 관리에 대한 결정적 권한을 행사하고 있어, 정부와 기업분리(政企分離)가 제대로 실현되지 못하였으며, 주식시장이 발달되지 못한 관계로 주식발행은 국유기업의 개혁에 필요한 자금조달수단으로 변해버렸다는 평가도 있다.

이와 같은 중국의 기업지배구조는 기업의 소유가 국가주와 법인주의 형태로 집중되어있고, 경영은 과도한 경영권을 가진 대리인에게 위임되어 있는 특징을 지니고 있다.[184)]

4. 국유자산감독관리위원회 설립을 통한 개혁

1) 국자위 설립 배경과 중앙기업에의 관리·감독 변화

중국정부는 2003년에 대형국유기업의 효율적인 관리감독을 목적으로 국유자산감독관리위원회(国务院国有资产监督管理委员会. 약칭 국자위)를 설립했다. 즉, 국자위가 설립되면서 국유자산 소유자가 명확해지게되었는데, 이는 이전까지 대형국유기업의 투자자가 불명확했을 뿐만 아니라 관리체제에도 폐단이 존재했기 때문이다. 또한 대형국유기업에서 중앙과 지방, 정부부처 간의 권한과 책임이 불명확했고, 정부부처에서조차 공공관리와 국가소유권 기능을 담당하는 등 폐단이 있었다.[185)]

국자위가 설립되면서 중앙기업(중앙정부 관리·감독기업)의 투자자가 명확해지게 된다. 국자위에서 설립한 기관이 투자관련 직무를 수행하며, 공공관리부서와 분리됨으로써 정경분리의 기반을 마련했다. 이사회와 감사회에 대한 국자위의 관리는 투자자 직무수행인 동시에 기업이 합법적으로 경영권을 확보하도록 유도하게 된다. 또한 대표적인 국유자산 투자자인 국자위를 통해 소유자 권익을 보호함으로써 국유자산가치 보증과 상승을 실현하고자 하였다.

이러한 국자위 개혁을 통해, 기업지배구조 개혁이 정상궤도에 진입했으나, 경영자 권한이 불명확하고 주주권 다원화 측면에서는 다소 미진하다고 평가할 수 있다. 중앙기업그룹은 일반 정부부서처럼 기업 내 공산당위원회를 운영하며, CEO는 副부장급(차관급)이 맡고 성과에 따라 정부관료로 진급이 가능했다.

즉, 중국의 초대형 국유기업인 중국석유천연가스(CNPC), 시노펙(Sinopec), 중국해양석유(中海油), 국가전력망(國家電網) 등의 이사장은 모두 부부장급(副部長級)이다. 2003년말까지 189개

184) 정은희·김화(2007), 중국 국유기업 개혁의 경제사적 고찰, 「專門經營人硏究」 제10집 제2호, 197-230쪽.

185) 중앙기업에 대한 상세한 설명은 저자가 기술한 네이버 지식백과, 「중국현대를 읽는 키워드 100」, '중국의 중앙기업'을 참고할 것.

중앙기업 중 투자주체 다원화를 실현한 기업은 9개사에 불과하고 나머지는 모두 단일 투자자 체제를 유지했다. 또한 국자위 설립에도 불구하고 2006년 말까지 157개 중앙기업 모회사 중 〈회사법〉에 따라 개혁한 기업은 22개사로 전체의 14%에 불과했다.

2) 주요 개혁 조치

2003년 이후 대형국유기업 지배구조 개혁의 초점은 주주권 다원화 추진, 이사회제도와 경영자 스톡옵션제도 개선에 두었다. 종합적으로 보면, 국유기업 관리체제의 혁신은 아직 걸음마 단계이다. 국유기업은 태생적으로 애매한 역할규정, 체계적이지 못한 관리체제라는 한계를 내포하고 있다. 대형국유기업은 역사적으로 '국무원 산하부처→경영성 총공사→그룹기업'의 발전과정을 거쳐왔다. 따라서 지금까지 국유기업은 생산성 제고를 통한 수익창출 보다는 저효율, 저생산 경영방식을 견지했다. 자회사에 대한 모회사의 관리기준이 낮고, 상호 공조체계가 견고하지 못하다. 기업그룹은 산하기업의 가치창출을 지원하기 보다는, 정부의 의향을 전달하는 수준으로 관리가 되고 있다.

국유기업그룹은 국유자산관리부문과 그 산하기업의 중간기관으로 이중적인 위탁·대리인 관계를 유지하고 있다. 국자위 입장에서 국유기업그룹은 '가치창출과 보전'의 대리인인 반면, 산하기업 입장에서는 '투자자 권력'의 위탁자라는 이중적인 역할을 수행하고 있다.

다각화 경영은 국유기업의 과학적 관리체제 구축에 어려움을 가중한다. 기업의 발전이 한계에 이르면 수평적 방향으로 다양한 산업에 투자하게 된다. 국유기업은 경제적 이익창출을 위한 다각화 경영에 대한 인식이 부족하다. 이러한 다각화는 그룹본사의 역할 약화, 전략의 불명확성, 재무구조 부실화 등을 유발할 수 있다.

기업수 급증, 업무혼선, 본사와 자회사 간 커뮤니케이션 취약 등으로 곤경에 직면한 경우도 있다. 그룹 차원에서 향후 발전에 대해 명확한 비전을 제시하지 못하면서, 이종분야로 부문별하게 진출했기 때문이다. 그 결과, 부실자산관리, 재무정보의 불투명성 등 문제점이 발생했다.

가. 비유통주 개혁

2005년 5월에 실시된 '비유통주 유통화' 개혁을 통해 주주와 관리자, 대·소주주간 이해관계가 정립되게 된다. 비유통주는 대형 국유기업의 '주식분류' 조치에 따른 폐단을 불러왔던 주인공이었다. 즉 상장회사의 일부주식은 유통되고, 일부주식은 일정기간 유통되지 않도록 분류한 정책조치는 상장회사와 자본시장에 불합리성을 초래했다. '주식분류'는 상장회사의 비유통주가 지배적 지위를 차지하여 주주권 구조에 불합리성을 조성하는 등의 폐단을 야기했다. 특정 주주가 기업소유와 지배를 독점하는 현상을 초래함으로써 중소 유통주의 합법적인 권익에 손상을 입힌 것으로도 평가된다.

비유통주의 유통화 개혁은 모든 주식의 유통, 주주간 이해관계를 통일하여, 대주주가 차지하는 상장회사 자원 통제를 실현하고자 한 것이다. 비유통주의 유통화 개혁 이후 관리자 이익과 상장회사의 이익이 긴밀하게 연결되면서 관리자의 투자자에 대한 태도가 능동적으로 전환되었다.

중앙기업의 개혁목표

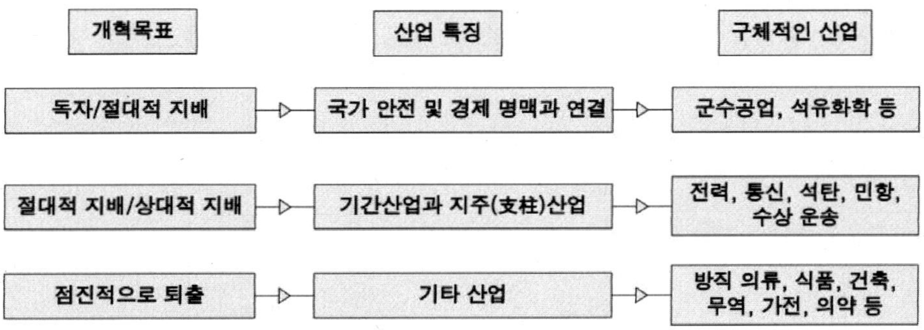

자료: 국무원 국유자산감독관리위원회

주: 중앙기업은 중앙정부 관할 기업을 의미함.

나. 국내외 상장

최근 자본시장에서는 주주권 다원화 개혁이 활발히 진행 중이다. 2003년 이후 석유, 통신, 운송, 야금 등 43개 분야의 중앙기업이 잇따라 중국 내에서 공개상장했고, 중앙기업의 상장 자회사 대부분은 주주권 다원화를 실현한 동시에 이사회 관리제도를 도입했다.

2006년 8월까지 해외시장에 상장된 중국기업은 350개를 상회한다. 또한 2007년초까지 중앙기업그룹이 A주식시장에서 보유한 상장회사는 165개에 달한다. 신규 투자자는 국유기업의 이사회 구축, 의사결정관리시스템과 정보공개 메커니즘을 요구하고 있으며, 차이나모바일 등 국유기업은 상장과정에서 경영자 스톡옵션 제도 등 장려책을 활용하고 있다.

국자위는 중앙기업을 분류하고 명확한 주주 다원화를 위한 개혁목표를 제시했는데, 중앙기업을 3개 부류로 나누고 군수산업 등을 제외한 모든 기업에 외자, 민자 유치를 추진하고 있다.

다. 이사회 역할 강화

이사회제도의 실효성이 기업지배구조 개혁의 핵심 성공요인이다. 이사와 경영자의 겸직을 금지함으로써 결정권과 집행권이 상호견제하게 하려 하는 것이다. 국자위 주임 리룽룽(李榮融)은 '이사회의 역할은 기업지배구조 개혁의 실효성, 현대기업제도 구축의 성공여부를 결정한다'고 밝힌 바 있다. 실제, 2004년 6월 국자위는 일부 중앙기업을 대상으로 '국유독자기업 이사회 구축'을 시범적으로 시행했다. 2004년 바오스틸그룹에 이어 현재까지 이사회제도를 시행한 기업은

19개사에 달한다. 그 중 17개사는 독립이사(Independent Director)가 이사회 구성인원의 50% 이상을 차지하고, 3개사는 독립이사가 이사장직을 담당하고 있다.[186)]

국자위는 2009년까지 현대기업제도, 규범화된 이사회, 완벽한 기업지배체제 정비를 중앙기업에 지시한 바 있다. 즉 투자자가 이사회, 감사회 구성인원을 결정하고 이사회에서 고위관리자를 채용하며, 이사회 산하에 인사·임금관련 전문위원회를 설립하게 하는 것이다. 아울러 국자위는 경영자 스톡옵션 제도와 공개경쟁 채용방식 채용했다. 경영자에 대한 효과적인 동기부여는 기업성장의 원동력이기 때문이다. 국자위는 상장국유기업에 경영자 스톡옵션 제도를 단행하는 등 중장기적 경영자 독려 방안을 모색하고 있다. 실제 세계최대 가전사인 하이얼(Haier, 海爾)은 2007년부터 경영자 스톡옵션 제도를 실시하고 있다.

국자위 설립 이후 국내외 공개경쟁을 통해 82개 중앙기업에 고위관리자 103명을 채용했는데, 이는 전체의 30% 수준이다.

라. 국자위 소속 중앙기업 현황

대형국유기업 지배구조 개혁은 기업실적을 높이고 정치·사회적 사명을 수행하는 데 목표를 두고 있다. 시장경제국가에서 기업의 근본적 목적은 이익창출을 통한 주주권익 보호이다. 하지만 중국정부는 국유기업의 개혁을 추진하는 동시에, 기업의 사회적 사명을 강조하고 있다. 이는 공유제를 유지하고 국민경제에서 차지하는 국유경제의 통제력을 강화하기 위해서이다. 공유제 원칙을 유지하기 위해 정부는 대형국유기업의 신규투자자를 선별하여 영입한다. 국유은행, 차이나모바일, 중국석유천연가스, 국가전력망 등 대형 국유기업들이 주요 에너지자원을 독점해 국계민생(國計民生:국가경제와 인민생활)에 대한 정부의 통제와 개입이 불가피해졌다. 이로 인해 기업의 상품과 서비스가격에 대한 정부의 각종 개입조치가 강화될 전망이다. 즉 은행금리 제한, 전력과 가공유 가격결정 등이 이들 대형국유기업을 통해서 정부 통제하에 놓이게 된 셈이다.

국자위는 새로운 그룹경영이념과 다각화에 부응하기 위해, 구조재편을 주축으로 국유기업구도와 산업구조조정을 추진중이다. 주력분야는 집중, 기타분야는 분할, 관리체인은 압축, 그리고 분야별상장을 추진하고 있다. 국자위는 현재까지 총 153개 중앙기관 산하 국유기업의 주력분야에 대해 심사·확정했으며, 국무원은 2010년까지 국자위 산하 국유기업을 80~100개로 조정하고 재편할 계획을 수립한 바 있다.

최근 8년간 80여 중앙기관 산하 국유기업이 40여 차례의 재편을 추진해온 결과, 2011년말 기준으로 중앙정부 국유기업수는 기존 196개에서 117개로 축소되었다. 장기 적자를 지속한 국유기업은 정책적 파산을 통해 시장에서 퇴출했다. 국가 발전계획 리스트에 포함된 312개 기업에게

---

186) Gang Qiu·Xiao-liang Zhang(2008), 중국 대형국유기업의 지배구조 개혁과 관리체계 혁신, SERI China Review 제2008-6호, 11쪽.

정책적 파산을 선고했으며, 아울러 지방국유기업에 대한 재편을 빠르게 추진하고 있다. 2021년말 현재 중앙기업 수는 97개로 다시 축소되었다.

[표 4-8] 국자위 소관 중앙정부 국유기업 명단 (2021년말 기준)

1	中国核工业集团有限公司	50	中国旅游集团有限公司[香港中旅集团]
2	中国航天科技集团有限公司	51	中国商用飞机有限责任公司
3	中国航天科工集团有限公司	52	中国节能环保集团有限公司
4	中国航空工业集团有限公司	53	中国国际工程咨询有限公司
5	中国船舶集团有限公司	54	中国诚通控股集团有限公司
6	中国兵器工业集团有限公司	55	中国中煤能源集团有限公司
7	中国兵器装备集团有限公司	56	中国煤炭科工集团有限公司
8	中国电子科技集团有限公司	57	中国机械科学研究总院集团有限公司
9	中国航空发动机集团有限公司	58	中国中钢集团有限公司
10	中国融通资产管理集团有限公司	59	中国钢研科技集团有限公司
11	中国石油天然气集团有限公司	60	中国化学工程集团有限公司
12	中国石油化工集团有限公司	61	中国盐业集团有限公司
13	中国海洋石油集团有限公司	62	中国建材集团有限公司
14	国家石油天然气管网集团有限公司	63	中国有色矿业集团有限公司
15	国家电网有限公司	64	中国稀土集团有限公司
16	中国南方电网有限责任公司	65	有研科技集团有限公司
17	中国华能集团有限公司	66	矿冶科技集团有限公司
18	中国大唐集团有限公司	67	中国国际技术智力合作集团有限公司
19	中国华电集团有限公司	68	中国建筑科学研究院有限公司
20	国家电力投资集团有限公司	69	中国中车集团有限公司
21	中国长江三峡集团有限公司	70	中国铁路通信信号集团有限公司
22	国家能源投资集团有限责任公司	71	中国铁路工程集团有限公司
23	中国电信集团有限公司	72	中国铁道建筑集团有限公司
24	中国联合网络通信集团有限公司	73	中国交通建设集团有限公司
25	中国移动通信集团有限公司	74	中国信息通信科技集团有限公司
26	中国卫星网络集团有限公司	75	中国农业发展集团有限公司
27	中国电子信息产业集团有限公司	76	中国林业集团有限公司
28	中国第一汽车集团有限公司	77	中国医药集团有限公司
29	东风汽车集团有限公司	78	中国保利集团有限公司
30	中国一重集团有限公司	79	中国建设科技有限公司
31	中国机械工业集团有限公司	80	中国冶金地质总局
32	哈尔滨电气集团有限公司	81	中国煤炭地质总局
33	中国东方电气集团有限公司	82	新兴际华集团有限公司
34	鞍钢集团有限公司	83	中国民航信息集团有限公司
35	中国宝武钢铁集团有限公司	84	中国航空油料集团有限公司
36	中国铝业集团有限公司	85	中国航空器材集团有限公司

37	中国远洋海运集团有限公司	86	中国电力建设集团有限公司
38	中国航空集团有限公司	87	中国能源建设集团有限公司
39	中国东方航空集团有限公司	88	中国安能建设集团有限公司
40	中国南方航空集团有限公司	89	中国黄金集团有限公司
41	中国中化控股有限责任公司	90	中国广核集团有限公司
42	中粮集团有限公司	91	中国华录集团有限公司
43	中国五矿集团有限公司	92	华侨城集团有限公司
44	中国通用技术（集团）控股有限责任公司	93	南光（集团）有限公司[中国南光集团有限公司]
45	中国建筑集团有限公司	94	中国电气装备集团有限公司
46	中国储备粮管理集团有限公司	95	中国物流集团有限公司
47	国家开发投资集团有限公司	96	中国国新控股有限责任公司
48	招商局集团有限公司	97	中国检验认证（集团）有限公司
49	华润（集团）有限公司		

자료: 국유자산감독관리위원회 홈 페이지 (2022.2) www.sasac.gov.cn

[표 4-9] 일부 대형 상장 국유기업의 소유구조 (2007년)

(단위: %)

기 업 명	상장 지역	국유 지분	국내 일반주	외자 일반주	경영자 스톡옵션
시노펙	홍콩, 뉴욕, 런던, 상하이	76.51	4.24	19.25	없음
중국석유천연가스	홍콩, 상하이	86.29	2.18	11.53	없음
중국공상은행	홍콩, 상하이	74.90	4.50	20.60	없음
차이나모바일	홍콩	74.57	0	25.43	있음
중국생명보험	홍콩, 뉴욕, 상하이	68.37	5.30	26.33	있음
중국은행	뉴욕, 상하이	70.79	2.56	26.65	있음
중국건설은행	뉴욕, 상하이	70.38	3.85	25.77	없음
차이나텔레콤	홍콩, 뉴욕	82.85	0	17.15	있음
보산강철주식유한공사	상하이	72.96	27.04	0	있음
중국철도건설주식유한공사	홍콩, 상하이	74.07	15.89	10.04	없음

자료: Gang Qiu·Xiao-liang Zhang(2008), 중국 대형국유기업의 지배구조 개혁과 관리체계 혁신, SERI China Review 제2008-6호, 10쪽.

제3절 외상투자기업

1. 개념과 정의

중국법상 '외국인투자기업'이란 외국의 회사, 기업, 기타 경제조직 또는 개인이 중국법에 따라 중국 내에서 직접투자의 방식으로 합작 또는 단독으로 설립한 기업을 말한다. 예컨대 한국기업이 중국에 직접 투자하여 합작 또는 독자 형태로 설립되는 기업을 통칭하여 외국인투자기업이라고 하는데, 중국법상의 공식명칭은 외상투자기업(外商投資企業)이다.

중국의 외국인투자제도에서 외상투자기업은 '투자주체의 국적'을 주된 기준으로 정의하여 외국인이 자본을 투자하여 설립된 기업을 의미한다. 이러한 외국인 속에는 외국정부가 포함되지 않으며 외국 민간자본에 제한된다.

외국의 투자주체는 기업, 경제조직 또는 개인이나, 합작 형태의 외상투자기업에서의 중국의 투자주체는 기업 또는 기타 경제조직에 제한되어 개인투자는 불가능하다. 그러므로 만일 한국기업이 중국의 개인투자가와 합작하고자 한다면, 중국 개인투자가가 먼저 중국 내에서 회사를 설립하거나 이미 설립된 회사를 인수하여 기업자격을 취득하게 한 후, 한국 기업과 합작하여야 한다.

[그림 4-2] 외상투자기업의 분류

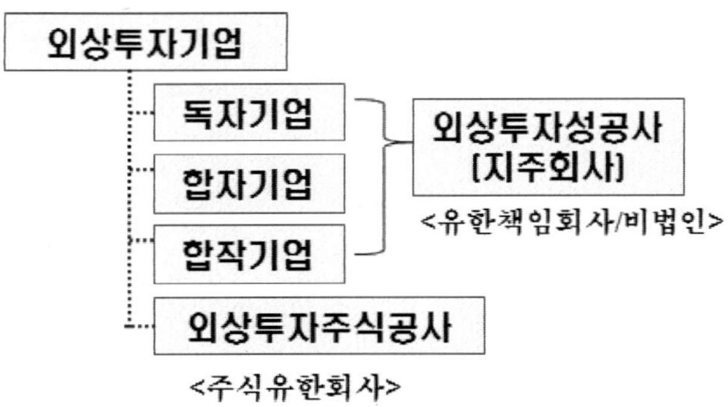

주: 2020년 〈외상투자법〉 실행으로 기존 '외자 3법'에 근거하여 존재했던 중외합자기업, 중외합작기업, 외상독자기업은 2024년 12월 31일전까지 기업 규모나 유형을 고려하여 그 명칭을 〈회사법〉에서 규정한 유한책임회사나 주식유한회사 중 하나로 변경해야 한다. (유예기간 5년).

외상투자기업은 합작투자 형태에 따라 합자기업, 합작기업, 외자기업(外資企業, 외국투자자가 100% 지분을 취득한 단독투자기업)으로 분류되고, 회사법인 조직형태상 분류로는 외상투자기업의 자본금 조달방법, 출자 표현형식 및 출자 지분양도에 따라 유한책임회사와 주식회사로 구분된다. 유한책임회사와 주식회사는 중국 〈회사법〉에서 규정한 유한회사의 일반적 형태이다.

종래의 대부분의 외상투자기업은 유한책임회사 형태의 합자기업, 합작기업, 독자기업의 형태를 취하였으나, 최근 일부 외상투자기업은 자본규모가 크고 출자지분의 양도가 자유로운 주식회사 형태를 취하여 장차 중국 주식시장에서의 상장을 준비하기도 한다.

2. 외상투자기업의 주요 형태

1) 합자기업

합자기업(合資企業)이란 〈중외합자경영기업법(中外合資經營企業法) 1979.7공포, 1990.4·1차수정, 2001.3·2차수정〉에 근거하여 설립된 기업으로서 외국인투자자가 일반적으로 최소한 25% 이상의 지분을 소유하여야 한다. 합자기업은 합작 당사자의 투자비례에 따라 경영, 손실분담, 이윤분배가 이루어지는 기업이다.

합자투자 방식은 중국 내 중외합자기업(Equity Joint Venture)를 설립하여 투자사업을 경영하는 방식으로 통상 Joint Venture라고 통칭하는 합자투자에 해당된다. 즉 외국인 투자자와 중국 내 투자파트너가 공동 자본을 출자하여 공동으로 경영하고, 공동으로 손익을 분배하며, 투자 리스크를 분담하는 유한책임회사를 설립하여 경영하는 것이다.

관계법에 따라 합자기업에는 국제적으로 태환이 가능한 현금, 현물, 지적재산권 등을 출자할 수 있고, 그 출자액에 따라 지분을 배분한다. 경영은 투자자가 이사회(중국어로는 董事會)를 구성하고, 이사회가 모든 경영 관련 주요사항을 결정한다. 이사회의 총경리(總經理)가 사장으로서 실질적인 책임을 지고 경영 사항을 집행한다. 합자기업은 〈회사법〉상 유한책임회사 형태를 취할 수 있으며, 이에 따라 〈회사법〉의 유한책임회사에 해당되는 의무와 책임을 진다. 즉 회사채무의 부담책임은 회사 자산총액 이내로 하고, 투자자들의 회사채무에 대한 책임은 출자액 이내로 하며, 투자자 상호간의 연대책임 의무가 없다.

합자기업의 장점은 무엇보다도 중국시장을 잘 아는 합자 파트너와 함께 경영을 함에 있어서 획득할 수 있는 이점에 있다. 반면에 단점 역시, 합자 파트너와 의견일치를 보지 못하거나 견해를 달리할 경우, 경영권을 주도적으로 행사하지 못해 원활한 경영활동을 하기 어렵다. 또한 중국 측 파트너가 외국 측 핵심기술을 유출하거나 모방할 우려도 상존한다.

경영권을 주도하기 위해서는 지분율 이상의 이사(董事)를 확보하여야 한다. 〈중외합자경영기업법〉에서 규정한 이사회 만장일치 의결사안을 제외하고, 기타 경영사안들은 반드시 이사회 과반수 의결로 결정되도록 합자사 정관에 규정해야 경영권을 안정적으로 유지할 수 있을 것이다.

2) 합작기업

합작기업(合作企業)은 〈중외합작경영기업법(中外合作經營企業法) 1988.4공포, 2000.10수정〉에 근거하여 설립된 중외합작기업(Contractual Joint Venture)기업이다. 합작기업은 법인격을 취하거나 비법인으로서 조합형태를 취할 수 있다. 법인격을 취득한 합작기업은 합자기업과 동일하게 일반적으로 외국인투자자가 최소한 25% 이상의 지분을 소유하여야 한다.

합작기업이 상술한 합자기업과 가장 크게 다른 점은 출자형식을 다양화 할 수 있다는 점이다. 즉 주로 현금, 현물에 의존하는 합자와 달리 합작은 토지, 자연자원, 건물, 설비, 시설, 기술 등 가용한 투자자원을 활용하여 쌍방간 합의하에 투자할 수 있다. 합작기업 역시 〈회사법〉상 유한책임회사 형태를 취할 수 있으며, 이에 따라 〈회사법〉의 유한책임회사에 해당되는 의무와 책임을 진다.

조합형태의 합작기업이 법인격을 취득한 합작기업과 구별되는 점은 첫째, 법인격을 취한 경우에는 투자자가 출자한도의 범위에서 유한책임을 부담하나 조합형태는 무한책임 조합원과 유한책임 조합원으로 구별되며, 둘째, 법인격 형태의 경우 합작기업이 〈외상기업소득세법〉에 따라 기업소득세(세율 25%)를 납부하나, 조합형태는 투자자의 성질에 따라 투자자가 자연인인 경우 개인소득세를 납부하고 법인형태인 경우 기업소득세를 납부한다.

합작기업은 합자기업과 같이 투자비례에 따라 경영, 손실분담, 이윤분배가 이루어지는 것이 아니라, 합작 당사자의 투자비례와 달리 이익 및 손실부담에 대하여 약정할 수 있다(지분율은 50:50이나 이윤분배율은 60:40으로도 가능). 또한 합작기업의 경우, 투자의 위험을 줄이기 위하여 합작계약상 존속기간 내에 투자자금의 조기회수를 약정할 수 있다. 이와 같이 약정하는 경우 외국 합작자는 합작기간 내 투자자본의 조기회수를 통해 투자위험을 줄일 수 있으며, 중국측 투자자는 합작기간이 종료된 후 합작기업의 모든 고정자산을 무상으로 자신의 소유로 할 수 있다는 장점이 있다.

다만 합작기업은 합작 당사자가 예상한 목표를 달성하기 어려울 경우 투자비례에 따라 손실을 부담하지 않음으로써 상호갈등이 발생할 가능성이 높고, 특히 비법인 형태를 취할 경우 합작 당사자는 합작기업의 대외적인 채무에 대하여 자신의 고유한 재산으로 무한책임을 부담한다는 위험이 존재한다.

또한 사업의 특성과 투자자들의 사정에 따라 계약내용의 정형성이 부족하여, 중국 현지사정에 대한 이해가 부족한 해외 투자자들이 자칫 불리한 투자계약을 체결할 가능성을 가지고 있다.

[표 4-10] 중국 외상투자기업의 유형별 비교

구분	합자기업	합작기업	외자기업(단독투자)
	중외합자경영기업법(1979.7) 및 실시조례(1988.9)	중외합작경영기업법(1988.4) 및 실시세칙(1995.8)	외자기업법(1986.4) 및 실시세칙(1990.12)
조직 형태	유한책임회사	유한책임회사, 비법인	유한책임회사, 비법인
출자 구분	현금, 현물, 지적재산권	현금, 현물, 지적재산권, 토지, 자연자원, 건물, 설비, 시설, 기술	현금, 현물, 지적재산권
경영권 및 이익배분	출자비율(지분율)	계약내용	외국투자자 단독결정
법인세	기업소득세 25% (2008년 1월이후 내외자기업 통일)		
최고의사결정	이사회(동사회)	이사회, 경영관리수탁자	투자자(주주회)
외국투자자 최저지분	등록자본금의 25%	등록자본금의 25%	등록자본금의 100%
청산후 자산처리	지분율에 따라 배분	계약내용에 따라 배분	잉여자산 회수
장점	- 현지업무 처리 원활 - 현지화 가능성 높음		파트너와 불화 없음 모기업과 협조 원활
단점	- 파트너와 분쟁소지 높음 - 모기업과 업무협조 애로 - 불리한 투자계약 가능성 상존(합작)		내수시장 진출 어려움 문제발생시 조언자 부재

자료: 관련 법률·법규 참조하여 저자 작성(2012.4)

3) 외자기업 (단독투자, 독자)

외자기업(外資企業)이란 〈외자기업법(外資企業法) 1986.4공포, 2000.10수정〉에 근거하여 외국투자가가 자본금의 전부를 단독 투자하여 설립된 기업을 의미한다. 간혹 언론에서 외상투자기업(합작, 합자, 단독투자)을 외자기업으로 통칭하는 경우도 있어서 주의가 필요하다. 이처럼 혼동을 피하기 위해 단독투자 외상기업인 '외자기업'을 중국 내에서는 독자기업(獨資企業)이라고 부르기도 한다.

외자기업(독자기업)의 경우, 외국인 투자자가 독립적으로 경영하고 전적인 손익을 부담한다. 종래 중국의 외국인 투자유치정책은 외국투자자의 단독투자에 대하여 업종을 제한하는 등의 규제를 두고있어, 합자기업 내지는 합작기업의 형태가 외상투자기업의 전체 비율에서 압도적으로 우위를 차지하였다.

그러나 중국정부는 1990년대 후반부터 외국인의 단독투자에 대하여 단계적으로 투자규제를 완화하였으며, 특히 2001년 중국의 WTO의 가입을 계기로 규제가 대폭 완화되고 있어, 외자기업 비중은 매년 증가하는 추세이다.

독자투자에 의한 외자기업은 외국 투자자가 독자적인 경영권을 행사하는 것으로 기업 경영방식은 국제적으로 통용되는 단독투자 기업과 큰 차이가 없다. 그러나 외자기업 투자업종에 대해서는 중국정부가 합자나 합작기업에 비해 보다 엄격한 제한을 가하고 있는 것이 현실이다. 외자기업

역시 〈회사법〉상 유한책임회사 형태를 취할 수 있으며, 이에 따라 〈회사법〉의 유한책임회사에 해당되는 의무와 책임을 진다.

외자기업(독자기업)의 리스크는 첫째, 초기 자본금 부담이 크다는 점을 들 수 있다. 토지, 공장, 운영비 등을 모두 혼자 마련해야 하므로 투자부담이 적지 않다. 또한 독자기업이 중국 내 금융기관에서 자금을 조달하기가 쉽지 않아 어려움을 가중시킨다. 둘째, 유통망 확보가 어렵다. 합자기업 형태를 취하는 가장 큰 원인 중 하나는 중국 파트너가 보유한 유통망을 활용하려는데 있다. 따라서 외자기업은 독자적인 유통망을 확보해야 하므로, 많은 비용이 들어감은 물론 부실채권 발생 리스크와 그 관리비용이 증대될 가능성이 더 높다.

[표 4-11] 중국 주요지역 외상투자주식회사 현황

지역	자료 발표일자	기업수(개)	외상투자기업 중 비중
북경	2008	36	0.26
상해	2005.9	90	0.32
절강	2005	37	0.2
중경	2004	26	2.8
복건	2007	32	n.a.
안휘	2004	4	3.5
요녕	2005	143	2.07
호남	2008	11	0.40
호북	2001	41	3
사천	2001	15	2.5
강소	2004	228	1.25

자료: 李暉(2009), 論中國外商投資股份有限公司市場准入制度, 北京工業大學(學位論文), 35쪽

4) 외상투자주식회사(外商投資股份有限公司)

앞서 설명한 삼자(독자, 합작, 합자)회사는 모두 〈회사법〉상 유한책임회사 형태로 운영된다. 이에 반해 외상투자주식회사는 〈회사법〉상 주식회사 형태로 운영되는 법인체이다.

중국은 1995년에서야 〈외상투자주식회사 설립에 관한 몇 가지 문제에 대한 잠행규정〉을 공포하여 외국 투자자도 주식회사 형태의 법인체인 외상투자주식회사 설립이 가능하도록 허용하였다.

외상투자주식회사는 외국회사, 기업, 기타 경제조직 혹은 개인(이하 외국주주)과 중국회사, 기업, 혹은 기타 경제조직(이하 중국주주)이 함께 평등한 상호이윤의 원칙에 따라 일정비율의 주식을 구입하여 중국 내에 공동으로 설립한 회사를 말한다. 외국인 지분은 최소한 25% 이상이 되어야 하며, 등록자본금은 3,000만 위안 이상이 되어야 한다.

전체 자본이 균일한 금액의 주식으로 분할되고, 주주는 소유한 주식을 한도로 회사에 책임지며, 회사는 그 전체 재산만으로 채무를 부담하는 형태의 기업이다. 외상투자주식회사는 외상투자기업

의 일종이어서 외국주주의 등록자본에 대한 지분율은 25% 이상이다.

따라서 외상투자주식회사에 대하여 〈회사법〉 등의 일반 법규와 외상투자기업 관련법 등의 특별법규가 복수로 적용되는데, 핵심 법규는 1995년 1월 10일 대외무역경제합작부령으로 공포된 〈외상투자주식회사 설립에 관한 몇 가지 문제에 대한 잠행규정'(이하 '잠행규정')〉이다.

중국 최초의 외상투자주식회사는 1992년에 설립된 상해진공전자기건고분유한공사(上海真空电子器件股份有限公司. B주발행으로 홍콩자본 33%)이며, 2008년말 기준으로 중국 내에 설립된 외상투자주식회사는 283개사에 불과하다. 이는 2008년말 기준으로 중국 내 설립된 외상투자기업 전체 중 1.03%에 해당하는 수치로, 같은 기간 외상투자기업 유형별 비중을 보면, 단독투자(59.21%)가 가장 많고, 합자(25.59%), 합작(14.17%) 수준이다. 이는 중국정부가 외상투자주식회사 허가를 엄격하게 제한하고 있음을 방증한다.[187]

또다른 전국공상총국 통계로는 2007년말 중국 내에 외상투자주식회사는 625개가 설립된 것으로 나타나있는데, 이처럼 통계가 불완전한 것은 〈외상투자기업 등기관할범위조정에 관한 통지(工商外企字[2005]88號〉에 근거하여, 외상투자주식회사는 기업소재지 공상행정관리국에 1차로 등록하도록 되어있어 최초 등록자료는 성, 시, 직할시 등에 나뉘어 분포되어 있기 때문이다. 아래 〈표〉는 각 지역별 등록자료를 종합한 현황으로, 역시 대부분 지역에서 외상투자주식회사는 전체 외상투자기업중에서 1% 내외의 낮은 점유비를 보이고 있음을 알 수 있다.

중국정부가 승인한 대표적인 한국 외상투자주식회사는 2007년부터 중국에 투자법인을 설립하여 위안화 영업에 나선 한국 금융기관들로 한국우리은행주식유한공사(韩国友利银行股份有限公司 2007), 한국한아은행주식유한공사(韩国韩亚银行股份有限公司. 하나은행. 2007), 한국신한은행주식유한공사(韩国新韩银行股份有限公司. 2009), 한국국민은행주식유한공사(韩国国民银行股份有限公司 2012), 등을 들 수 있다.

외상투자주식회사는 발기설립방법과 모집(공모)설립방법으로 설립할 수 있다. 이는 〈회사법〉 상의 주식회사의 설립방법과 동일한 것이다. 이미 설립된 외상투자 유한책임회사도 법적 비준절차를 거쳐 '외상투자주식회사로' 조직개편을 할 수 있다.

5) 외상투자성회사(지주회사, Holding company)

외상투자성회사는 우리의 지주회사에 해당된다. 즉 타사의 주식을 소유함으로써 타사의 사업활동을 실질적으로 지배하기 위해 설립된 회사로 관련법규에 따라 자본금은 3,000만 달러 이상이 되어야 한다. 설립요건과 절차를 보면 다음과 같다. 지주회사 설립을 신청하려면 다음 조건을 모두 구비해야 한다.

---

187) 全國工商行政管理局(2009), 「2008年 全國市場主體發展情況報告」

① 신청 1 년 전의 자산총액이 4억 달러 이상이어야 하고, 중국 내에 외상투자기업이 있어야 하며, 등록자본 중 실제 납입한 출자금액이 1,000만 달러를 초과하여야 하고, 3개 이상 투자하려는 프로젝트 제안서가 이미 비준을 받았거나, 또는 투자가가 중국 내에 이미 10개 이상 생산 또는 기초시설 건설에 종사하는 외상투자기업을 가지고 있어야 하며, 등록자본 중 실제 납입한 출자액이 3,000만 달러를 초과하여야 함.

② 합자방식으로 설립하는 경우, 중국투자자는 자산총액이 1억 위안 이상이어야 함

③ 등록자본은 3,000만 달러 이상이어야 함

④ 투자전문회사의 차입금이 실제 납입자본금의 4배를 초과할 수 없음. 차입금이 자본금의 4배를 초과할 경우 상무부에 보고하고 비준을 받아야 함

투자자는 다음의 서류를 투자회사 소재지의 성(省), 자치구, 직할시, 계획단위시의 대외경제무역 부문에 제출하여 심사·동의를 받은 후 상무부에 보고하여 인가를 받아야 한다.

- 설립하는 투자회사의 프로젝트 제안서, 타당성 조사 보고서, 계약서, 정관
- 투자 양측의 자금 신용서류, 등록등기 증명서, 법인대표 증명서
- 외국투자자의 기존 투자기업의 인가증서, 영업허가증, 자본금 납입증명서
- 투자 각 측의 최근 3년간 대차대조표

3. 외상투자 산업지도목록

1) 개념과 의미

외상투자 산업지도목록(外商投资产业指导目录)이란 중국정부가 외국인 투자유치에 대해 정부차원에서 업종별로 정한 '인허가 가이드 라인'이다. 즉 '목록'의 장려산업에 포함될 경우, 설비수입시 관세면세, 증치세(부가가치세) 면제 또는 환급 등의 특혜가 주어진다. 반면 제한업종일 경우, 투자관련 심사를 엄격하게 진행하게 되며, 금지업종에 해당되면 투자자체가 금지된다.

또한 지방정부, 은행 등 관련기관에서 외국인 투자기업에 대해 인허가, 대출 등을 집행할 때 해당투자가 어떤 항목(장려, 제한 등)인가에 따라, 차별적으로 대우를 하는 기준점 역할을 한다.

외상투자 산업지도목록은 1995년 6월 처음 공포한 이후, 8차례에 걸쳐 수정해 적용된 바 있다. 최초 공포 당시에는 '장려-제한(갑·을)-금지' 등 4종류로 구분했고, 3차에서는 외국인 투자업종을 '장려-허가-제한-금지' 등 4종류로 구분했으나, 다시 2004년 수정판부터는 '장려-제한-금지' 등 3종류로 나누고 있다.[188] 8차(2017.7.28.) 부터는 네거티브 리스트 제도가 도입되었으며, 9차

188) KOTRA(2007), 중국 외상투자 산업지도목록 개정의 영향과 전망(Global Business Report 07-43), 2007.11.21, KOTRA

(2019.6.30.) 부터는 그 명칭이 외국인 투자 장려산업목록으로 바뀌어 공포되고 있다.

[표 4-12] 중국 외상투자 산업지도목록 수정 현황

구분	시행	업종 분류 (항목수)		
1차	1995.6.20	장려-제한甲-제한乙-금지		
2차	1998.1.1	장려-제한甲-제한乙-금지		
3차	2002.4.1	장려-허가-제한-금지		
		장려	제한	금지
4차	2005.1.1	256	78	35
5차	2007.12.1	342	87	5
6차	2012.1.13	354	89	39
7차	2015.4.10	349	79	36
8차	2017.7.28. (네거티브 리스트 도입)	348	35	28
9차	2019.6.30 외국인투자 장려산업목록 (네거티브 리스트:NL)	전국 415 중서부 693	17 (NL)	23 (NL)
10차	2021.1.27. 외국인투자 장려산업목록	전국 480 중서부 755	-	-

자료: 해당 '목록' 및 공개자료 종합 (2022.2)

2) 2007년 수정판 특징

2007년 수정판은 공산당 17차 전국대표대회(2007년 10월)에서 제시한 '외국인 투자구조 조정, 기술혁신분야의 외국인투자 역할강화, 산업고도화, 지역 균형발전을 위한 적극적 역할'에 근거하여 제정하였다.

○ 장려업종 대폭 확대
- 제한, 금지류에는 큰 변동이 없는 가운데 장려업종을 대폭 확대. 신규증가 항목은 100여개
- 중국이 기보유한 성숙한 기술, 높은 생산력을 구비한 전통제조업은 장려목록에서 배제

○ 환경보호, 재생가능에너지 등 표현 대폭 증가
- 순환경제·재생가능에너지·생태환경보호 등을 위해 향후 외자를 활용하려는 의지반영
- 중국내 희귀, 재생불가능 에너지 같은 중요 광산자원은 장려항목에서 제외, 재생 불가능한 중요 광산자원은 외국인투자 탐사·채굴을 불허, 고에너지·고자원소모·고오염산업의 투자를 제한·금지

○ 대외개방 확대, 하이테크분야 외자유치를 통한 산업구조조정 촉진
- 제조업분야의 경우 하이테크·장비제조업·신소재 제조업 등을 투자장려 업종에 포함시켜, 향후 중국의 산업고도화에 외자유치가 기여하도록 유도

○ 향후 별도의 '중서부지역 외국인 투자우대지도 목록' 발표예정

- 서부대개발, 중부굴기, 동북진흥전략에 따라 외상투자 산업지도목록 이전판에 있던 'OO항목에 대한 투자는 중서부지역에 제한한다'라는 제한적 허용 혹 금지규정을 없앰[189]

2007년 수정판은 대외개방 지속확대, 환경보호, 선진기술 도입이 향후 중국 경제정책의 주요 흐름이 되고 있음을 확인시켜 주는 동시에, 선별적 외자유치를 통해 중국에 도움이 되는 산업은 적극 장려하고, 그렇지 못한 산업은 투자유치를 받지 않겠다는 의지를 재천명한 것이다.

무역수지 급증, 외환보유고 과다 등의 원인으로 기존 수출주도형에서 일부 수입장려형으로 무역정책도 전환되고 있다. 상무부는 2007년 9월 27일, '수입장려 기술·상품 목록'을 발표하여, 중국이 확보하지 못한 장비설계제조 기술(자동차 분야, 집적회로 및 각종기계), 에너지(풍력, 화력, 원자력), 재생에너지분야 기술, 국가에서 비준한 중점 건설공정에 필요한 선진기술, 환경보호기술, 자원개발(광산자원 채굴 관련) 기술, 화공 등 BT 관련, 농업분야 등 44종 기술과 106종의 중요 설비의 수입을 장려한 바 있다.

2007년 수정판의 업종별 특징을 보면 부동산업은 외국인 투자를 제한했다. 부동산 2급시장(개발상이 건축한 주택·건물을 소비자에게 매매하는 시장)에서의 교역 및 부동산 중개회사 설립을 추가로 제한하고 있다. 이는 베이징·선전 등 주요 도시의 부동산 가격이 급등해 중국부동산업에 대한 외국인투자의 부정적인 영향이 증가되고 있는 상황에서, 이번 수정판에서 부동산 분야의 외국인투자를 억제함으로써 일부 도시의 부동산 과열투자를 해소하려는 배경이 있었다.

반면, 금융업 분야의 개방 폭은 확대 되었다. 먼저 보험회사의 경우, 수정판에서는 생명보험회사의 외자비율을 50% 미만으로 규정하고, 비 생명보험사에 대한 외자비율을 따로 정해놓고 있지 않았다. 이는 구목록에서는 비생명보험과 생명보험을 구분해 각기 외자비율을 51%, 50% 미만으로 규정한 것과 비교된다. 증권회사의 경우 A주 위탁경영, B주, H주 및 정부와 회사의 채권위탁경영 및 매매에 제한을 두어, 외자비율이 1/3 미만이라고 새로 규정했다. 증권투자펀드 관리회사의 경우, 외자비율을 49%를 초과하지 않음이라고 규정하고 있다. 이전 금지류에 포함됐던 선물회사를 중국측 다수지분 조건의 제한류에 포함시켜, 2007년 12월부터 외국인투자기업도 선물회사 설립이 가능해졌다.

투자 장려류에 '고속철도·철로 여객운송, 도시간 철로 인프라 종합보수(중국측 다수지분)', '도시 일정구역내(封闭型) 도로 건설·운영, 도시지하철 등 궤도교통 건설·경영(중국측 다수지분)'이 신규로 포함되었다. 이로써 R&D설계·제조·관련부품 생산에서부터 보수에 이르기까지 외국인 투자기업의 참여영역이 크게 확대될 수 있을 것으로 보인다.

이전 금지류에 포함됐던 전신망 건설·경영이 처음으로 제한류에 포함되었다. 단, 중국 측이

---

189) KOTRA(2007), 中외국인투자 산업지도목록(2007) 수정판 발표, 중국투자뉴스 (2007.11.7), KOTRA

다수지분을 보유해야 한다는 조건이 추가되었다.

일부 희귀자원 및 재생불가능한 광산자원에 대한 투자를 장려하지 않게 되었다. 이전 목록에서 장려했던 일반 채굴업종이 이번 목록에서는 장려류에서 대폭 삭제되었다. 석탄층 가스탐사 개발, 저급 야금광산채굴, 광산선정작업, 구리·납·아연광의 탐사·채굴, 유황·인·칼륨 등 화학광산의 광산 선정 작업 등이 신목록의 장려류에서는 모두 제외되었다. 일부 희귀자원의 경우, 외국인투자의 채굴을 제한·금지하고 있다. 이전 목록에서는 '방사선 광산의 탐사·채굴과 선광, 희토금속의 탐사·채굴과 선광'을 금지류에 넣었으나, 이번 수정판 금지류에는 이 밖에도 '텅스텐, 몰리브덴, 주석, 안티몬, 형석의 탐사와 채굴을 금지한다'고 구체적인 내용을 추가했다.

3) 2012년 수정판 특징

중국정부는 2012년 1월 13일에 6번째 외상투자 산업지도목록을 공포하였다. 전체 조목 473개 중 권장류가 354개, 제한류가 89개, 금지류가 39개 수준이다. 구체적으로는 방직, 화공, 기계제조 등 분야의 신제품·신기술이 새롭게 권장류에 추가됐고, 자동차 완성차 제조, 폴리실리콘, 석탄화공 등이 권장류에서 삭제됐다. 전략적 신흥산업 육성에 따라 신에너지 자동차 핵심부품, 차세대 인터넷 시스템 설비 등이 권장류에 들어갔고, LCD 패널은 6세대 이상만 권장류로 규정됐다.

이번 수정안은 7대 신흥전략산업 및 현대서비스업을 장려산업에 추가하는 한편, 완성차 조립산업, 부동산업 등을 장려산업에서 제외했다. 중국정부는 목록개정을 통해 선별적 외자유치 정책을 강화할 것임을 시사한 것이다. 반면, 신흥전략산업, 현대서비스업 등 경제구조 선진화에 기여할 수 있는 외자유치는 적극 장려한다는 방침을 밝혔다. 반면 성숙기 산업경제 구조조정에 불리한 영향을 주는 산업부문 투자는 제한하기로 했다.

7대 신흥전략산업, 현대 서비스업, 고급제조업이 투자 장려산업에 신규로 포함되었다. 중국은 2015년까지 신흥전략산업의 GDP 비중을 8% 내외, 2020년까지는 15%로 확대할 계획으로, 자금조달, 핵심기술 및 경영노하우 습득 부문에서 외자유치를 활용코자 한다.

한편, 지적재산권, 정보컨설팅, 직업기능교육 등 현대 서비스업에 대한 외자유치도 장려할 계획이다. 특히 투자제한산업에 포함되어 있던 의료기구 부문이 제한산업에서 제외돼 의료산업 개방 확대가 기대된다.

고속디지털인쇄기 등 전적으로 수입에 의존하는 고급제품 생산도 장려산업에 포함하였는데, 이는 수입을 내수소비로 전환 유도하기 위한 정책기조의 영향으로 판단된다.

완성차 조립산업이 투자 장려산업에서 제외되고 별장, 골프장 건설 등이 투자 제한산업에 삽입되었다. 중국정부는 완성차 조립산업이 이미 산업 성숙기에 도달한 것으로 평가하고 있으며, 따라서 과잉투자를 방지해 시장공급을 조절하고자 한다. 부동산의 경우, 위안화 가치상승으로 부동산 투자가 증가하는 등 투기가 우려되자 별장 건설 등이 투자제한 목록에 포함된 것이다.

2012년 수정판 목록은 신성장동력 육성, 산업구조조정, 내수확대 등 중국정부의 전반적인 경제구조전환 정책과 일맥상통하다. 로컬산업의 경쟁력이 아직 미약한 첨단산업 장려는 확대하지만, 지속 가능한 성장에 기여하지 못하는 산업의 투자유치는 조절하겠다는 의미이다.

[표 4-13] 외상투자 산업지도목록(2012년) 장려산업 중 신흥전략산업 부문

산업 분류	추가 내용	7대 전략적 신흥산업에 따른 분류
금속가공 제조업	항공·우주·자동차용 경량 친환경소재	신소재
교통·운수설비 제조업	신에너지자동차 핵심 부품	신에너지자동차
전문설비제조업	전기자동차용 전지 생산설비 설계 제조	
전기·가스·수도 사업	전기자동차 충전소·배터리 교환소의 건설 및 운영, 하수처리시설	환경
전기기계·기자재 제조업	하이테크 녹색 전지	신에너지
통신설비제조업	차세대 인터넷시스템 설비, 소프트웨어, 마이크로칩	차세대정보통신

자료: KOTRA(2011), 中·新외상투자산업 지도목록 윤곽드러나, 중국투자뉴스 제244호(2011.4.22), KOTRA, 8쪽.

4) 2015년 수정판 특징

외상투자산업지도목록(2015년 수정판)이 2015년 4월 10일부로 시행 되었다. 2015년 3월 13일, 국가발개위(國家發改委)와 상무부는 외국기업의 중국진출 가이드라인인 '외상투자산업지도목록(2015년 수정판)'을 공식 발표했다. 국가발개위 관계자는 이번 수정안은 외상투자 관련 제한목록 감소 및 허용 분야 확대 등 방면에서 과거 5차례 '목록' 대비 변화가 가장 큰 수정안이라고 평가했다. 외국기업(또는 외국인)의 독자적 투자를 제한하는 '합자·합작'(合資·合作) 항목을 이전 43개에서 15개로, '중국측 지분통제'(中方控股) 항목을 44개에서 35개로 줄였다. [190]

○ 장려목록: 외자 진입규제 완화부분

- 현대 농업, 첨단기술, 선진제조업, 친환경, 신에너지, 현대 서비스업 등의 분야에 대한 외자투자를 장려하고 외자 지분에 대한 제한을 완화함. '장려' 목록에 해당하는 산업(또는 업종)은 중국 정부로부터 각종 우대정책을 받을 수 있음. 제조업 부문, 특히 선박, 항공기, 전자설비 제조와 부품생산 면에서 외자의 독자적 투자를 제한하는 '합자와 합작에 한함'이라는 조건을 삭제함. 부동산, 전자상거래, 금융, 도매·소매업 등 현대 서비스 분야에서도 외국 자본의 참여와 R&D 투자를 장려함. '녹색 무공해 사료 및 첨가제 개발', '고급 양탄자 및 자수제품 생산', '대형공공건축, 고층건물, 석유화공설비, 삼림/산악/수역(水域)/지하 방재 및 구조 기술개발·설비제조', '고속철로 및 여객전용철로 기초설비 종합보수', '사물인터넷 기술

190) 글로벌 윈도우(2015.3.24.), 中 '외상투자산업지도목록(2015년 수정판)' 4월 발효, KOTRA 베이징무역관.

개발·응용', '공업 · 건축 · 의류 설계 등 창의산업', '양로 시설' 등도 새롭게 장려 목록에 추가함. 건축 설계와 양로 시설은 2011년판 '목록'에서는 제한류였으나 2015년 수정판에서는 장려 목록에 편입됨.

○ 장려목록의 외자 진입 규제

- 장려목록은 349개로 제한(79개) 및 금지(36개) 목록보다 많은데 정책 안정성, 지속성을 확보하기 위해 수량적으로는 큰 변화(2011년판 354개, 2015년판 349개)를 보이지 않음. 특히 장려 목록에 담겨진 자동차(완성차) 관련 외자지분율 제한은 완화하지 않았으며 '합자와 합작에 한함' 등 외자지분율 제한도 풀지 않았음. 장려 목록 중 자동차 산업에 대한 규제완화는 단 2개. ① '무단 변속기(CVT) 제조와 연구개발'을 장려목록에 추가. ② '삽입식 전자시스템의 제조와 연구개발' 항목에서 '합자와 합작에 한함'이라는 장려 조건을 삭제

○ 제한목록: 항목

- 2015년판 '목록'에서는 서비스업과 일반 제조업의 외자 허용을 강화해 제한목록의 항목을 대폭 줄이고 규제조건도 완화함. '제한' 목록은 조건부 허가를 의미함. '합자'(合資) 또는 '합작'(合作) 등 외자지분에 대한 제한항목은 기존 43개에서 15개로 줄어들었고 중국측 지분통제(中方控股) 조항도 기존의 44개에서 35개로 감소함. 삭제된 제한 항목을 분야별로 살펴보면 농·임·목축·어업 분야에서 2개, 채광업에서 6개, 제조업 분야에서 26개, 에너지 공급 분야에서 1개, 교통 운송 분야에서 2개, 제조업 분야에 대한 개방이 주를 이룸.

○ 제한목록: 제조업

- 제조업 분야, 특히 에너지 절감 및 환경보호 외자지분율 규정을 완화하며 제한 업종을 줄여 제조업 분야의 개방도를 확대함. 강철, 에틸렌, 정유, 제지, 기중기기, 선박기기, 전자기기, 석탄설비, 경형헬기, 자동차 전자기기, 고급백주(名優白酒) 등 부분의 외자 지분율 제한을 완화함. 유색금속, 소형 공정기기, 일반 베어링, 감광자재, 클로로 마이 세틴 등도 제한목록에서 제외됨.

○ 제한목록: 서비스업

- 이번의 개정판 '목록'에는 국제해상운송, 전자상거래, 금융회사, 보험회사, 프랜차이즈, 부동산 개발, 수출입 상품검사 등 기존 제한업종을 대대적으로 완화하는 내용을 담고 있음.
- 전자상거래, 프랜차이즈 경영, 지선철도, 철도, 지하철, 경전철, 해상운송, 연출 장소 등에 대한 외자제한을 취소하거나 완화. 직판, 통신 판매, 수출입 상품 검험인증, 철도화물 운송, 보험중개회사, 재무회사, 신탁회사, 자금중개 등은 제한목록에서 제외. 가장 눈에 띄는 변화는 부동산 개발, 고급 호텔·사무실 건설과 운영, 부동산 중개 등 부동산 관련 서비스업을 제한목록에서 삭제한 것임. 단, 문화·체육·엔터테인먼트·교육 등 분야에 대한 외자 진입 규제는 2011년판 '목록'과 비교해볼 때 변화가 없으며 제한을 풀지 않음.

○ 금지 목록

- 2015년판 '목록'은 무기 및 탄약 제조, 상아 공예(품), 항공 교통 등 36개 산업(및 업종)에 대해서 외자 진입을 금지, 2011년 버전과 비교하면 일부를 폐지했지만 담배 판매 등을 신규 추가하기도 함. '금지' 목록은 외국기업에 대한 진입 불허를 의미. 기존 금지 업종이었던 '중국 전통 공법의 녹차 및 특수차 가공'이 폐지된 반면, 임대차 · 비즈니스서비스업의 '중국법률사무 컨설팅'과 '골프장' 및 '별장' 건설 등이 새로이 외상투자 금지 항목으로 추가됨. 담배 도매 · 소매는 기존에는 제한류였는데 이번 수정판에서는 금지목록으로 이행됨. 지질탐사, 온라인 출판, 문화재 경매 등은 금지목록에 신규 포함됨. 중국 법률사무 컨설팅은 여전히 외자 진입에 제한을 두는 제한목록에 편입, 예외(중국 법률환경에 영향을 미치는 정보 제공)의 경우를 두었지만 외자 진입에 높은 장벽이 존재함.

5) 2017년 판 - 네거티브 리스트 도입

가. 네거티브 리스트 제도

네거티브 리스트 제도(Negative List System. 본고에서는 NLS으로 약칭)는 무역관리의 필요성에 의해서 만들어진 제도이다. 원칙적으로 수입을 자유화하되 예외적으로 수입을 제한·금지하는 품목만을 열거하는 형식의 상품 품목표(Negative List. 본고에서는 NL로 약칭)를 가지고 무역관리를 하는 제도를 의미한다. 중국어로 네거티브 리스트는 '负面清单'이다.

중국은 2001년 WTO에 가입하면서, 2006년까지 수입허가증제도와 수입쿼터제를 폐지하기로 양허하였다. 중국은 허가된 국영무역기업만이 무역을 영위할 수 있었다. 모든 수출입 품목은 국가의 엄격한 수출입허가증제도 아래 관리되어 국영무역기업이 포지티브 리스트에 있는 품목만 수출입 할 수 있었다. 중국은 WTO 가입 3년 후인 2004년에 〈대외무역법〉을 수정하여 자격만 갖추면 국내 혹 외국기업 구분 없이 무역을 영위할 수 있도록 대외무역권을 자유화 하였다. 또한 수출입 품목 역시, WTO가 인정하는 예외조항(위험 및 화학물질 등)을 제외하고는 모든 물품을 자유롭게 수출입 할 수 있는 NLS를 운용하는 국가가 되었다.

NLS 탄생 배경은 무역관리제도에 있었다. NL의 상반된 개념이 포지티브 리스트(Positive List. 본고에서는 PL로 약칭)이며, 원칙적으로 수입은 금지 · 제한하지만 수입이 자유화된 품목만을 열거한 상품 품목표를 의미한다. 그러므로 네거티브 방식은 포지티브 방식보다 수입 자유화 폭이 광범위하다. 포지티브 방식은 수입제한정책을 실현하기 위한 방편으로 사용되며, 주로 개발도상국이나 보호주의 무역정책을 실시하는 국가에서 많이 실시하고 있다.[191]

---

191) 미주기구(Organization of American States: OAS) 무역정보 사이트 DICTIONARY. [검색일자: 2020.1.12.] www.sice.oas.org/Dictionary/SV_e.asp

NLS를 다른 말로는 '포괄주의(包括主義)'라고도 하는데, 즉 제한 · 금지하는 규정 및 사항을 나열하고 나머지는 원칙적으로 자유화하는 것이다. 포지티브 시스템의 다른 말은 '열거주의(列擧主義)'인데, 원칙적으로 모든 것을 금지하고 예외적으로 규제나 금지가 되지 않는 사항을 나열하는 체제이다. '시장경제'를 채택한 우리 나라는 1967년 〈무역거래법〉 제정을 통해 이전의 PL 방식에서 NLS로 무역관리 방식을 전환하였다. '수출입공고에 의한 자동승인' 방식의 NLS는 1996년 〈대외무역법〉 개정으로 완전한 NLS로 바뀌었다. 192)

나. NLS의 중국 도입

중국은 1979년 개혁 · 개방 정책을 시작하면서, 기본적으로 대외무역과 해외직접투자(FDI) 그리고 내수시장까지 모두 포지티브 방식의 관리를 해왔다. 중국은 2001년 WTO 가입후, 외국기업에게 대표적인 내수시장 영역인 금융, 유통, 서비스 시장을 개방하였으며, 중국 시장에 진입하려는 외자(外資)에게 내국민대우를 약속했다. 그럼에도 불구하고, PL제도를 통하여 외자도입을 관리를 해왔다.

1995년 중국정부가 처음 공포한 '외상투자 산업지도목록(外商投资产业指导目录)'이 대표적인 PL제도이다. 동 '목록'은 중국정부가 외국인 투자유치에 대해 정부차원에서 업종별로 정한 '인허가 가이드 라인'이다. 즉 '목록'의 장려산업에 포함될 경우, 설비수입시 관세면세, 증치세(부가가치세) 면제 또는 환급 등의 특혜가 주어진다. 반면 제한업종일 경우, 투자관련 심사를 엄격하게 진행하게 되며, 금지업종에 해당되면 투자자체가 금지된다. 193)

'외상투자산업 지도목록'은 1995년 6월 처음 공포한 이후, 8차례에 걸쳐 수정해 현재 적용되고 있는 것은 2019년 개정판이다. 최초 공포 당시에는 '장려-제한(갑·을)-금지' 등 4종류로 구분했고, 3차에서는 외국인 투자업종을 '장려-허가-제한-금지' 등 4종류로 구분했으나, 다시 2004년 수정판부터는 '장려-제한-금지' 등 3종류로 나누고 있다.

중국 내수시장은 기본적으로 PL제도 아래서 심사비준제와 등록제를 통해 운영되어 오고 있다. 우리의 허가제에 해당하는 심사비준제(审批)194)는 중국정부 자체에서 PL를 가지고 사안에 따라 시장진입 허용여부를 결정하는 것이다. 중국의 심사비준제는 행정기관이 객관적인 '합법성'은 물론 주관적인 '진실성'을 따져서 인허가를 결정하는 행정절차로 동일자격 조건의 신청자들이라도 A는 허가가 나고, B는 불허가 나는 경우가 많다.

192) 김창봉·박상안·정재우, 『알기 쉬운 무역학원론』, 박영사, 2010, p.39.

193) KOTRA, 「중국 외상투자 산업지도목록 개정의 영향과 전망」, 『Global Business Report』, 07-43, 2007, pp.1-43..

194) 심사비준(行政审批)은 행정심사(行政审核)와 행정비준(行政批准)의 약칭이다. 행정심사는 행정인가(行政认可)로 불리기도 한다. 상반된 개념이 등록제(备案)인데, 이는 법률·법규에서 정한 자격을 갖춘 민원인이 행정절차를 신청할 경우, 자격의 합치 여부만 심사하여 승인을 결정하는 행정절차이다. 심사비준제 보다는 승인절차에서 객관성을 담보하고 있지만, 역시 PL 안에서 움직인다.

이처럼 PL제도를 운용하던 중국에 처음으로 NLS가 도입된 계기는 바로 2013년 9월, 상하이 자유무역시험구(Shanghai Pilot Free Trade Zone:SPFTZ로 약칭)의 등장이다. SPFTZ는 국무원 비준을 받아 중국에서 최초로 외자에 대한 NLS를 도입한 구역이다. 중국정부는 이후 자유무역시험구 내 NLS를 운영하기 시작했고, 이 과정에서 2013년판, 2014년판, 2015년판, 2017년판, 2018년판 그리고 2019년판 자유무역시험구NL가 발표되었다.

두 번째 단계는 FTA(자유무역협정)에서의 NL적용이다. 2003년 6월 29일, 중국정부는 홍콩과 CEPA(포괄적 경제동반자 협정, Comprehensive economic partnership agreement)[195]를 체결했으며, 이는 실질적인 FTA이다. 중국정부는 홍콩특별행정구, 마카오특별행정구(2003.10)와 체결한 CEPA에서 처음으로 NLS를 시범 도입하였다. 2003년 최초 CEPA 체결 이후, 매년 보충협정을 체결하고 있는데, 2014년 12월 18일에 중국정부는 홍콩 및 마카오특별행정구와 CEPA 서비스 협정을 추가로 체결하고, 동 협정에 중국 최초로 외자진입 NL를 도입하게 된다. 또한 2017년 6월 28일에는 홍콩과 CEPA 투자협정을 체결하여, NL를 적용했다.

세 번째 단계는 중국 내수시장에의 NL도입이다. 2013년에 상하이 자유무역시험구에서 NLS를 운용해 본 중국정부는 그 범위를 내수시장으로까지 넓히기로 결심한다. 그 결심이 처음으로 공식화 된 것은 2013년 11월 9일 베이징에서 개최된 중국 공산당 18차 3중전회의 '전면적 개혁심화에 관한 약간의 중대문제 결정'이다. 이후 중국정부는 일련의 방침, 결정, 정책을 통해서 중국 내수시장에 NLS를 도입하게 된다. 먼저 국무원은 2014년 6월 4일에 '시장공평경쟁을 촉진하고 시장정상질서보호를 위한 약간 의견'을 공포하고, 시장 진입장벽 해소를 명시했다. 앞선 '결정'이 중국 공산당 최고기구 차원에서 NL(负面清单)라는 단어를 사용한 문서라면, 동 '의견'은 중국 최고 행정기구 차원에서 처음으로 NL라는 단어를 사용한 문서이다. 총 9항 33조로 이루어진 '의견' 중 제4항 시장진입제도 개혁에서 중국정부는 향후 내수시장에 대해서 내·국인기업 구분없이 NLS를 적용함을 명시했다. 즉 국무원이 명시한 금지, 제한영역(업종·영역·업무)을 제외하고는 자유롭게 시장진입이 허용됨을 천명했으며, 특히 지방정부 차원에서 각 지방 상황을 고려하여 중앙정부(국무원) 승인 아래 적당한 개별적 조정을 허용했다. 아울러 외상투자 영역에서 진입전 내국민대우와 NLS를 적용할 것을 명시했다.

2015년 10월 19일, 국무원은 '시장진입 네거티브 리스트 제도 실행에 대한 의견'을 공포하여, 적용대상과 종류, 제정절차, 행동계획(Action Plan), 다른 제도와의 정합성 등을 명시해 놓았다. 기존 〈산업구조조정 지도목록〉[196] 에서 도태류로 규정한 것은 NL에 넣어 '투자금지'로 분류하고,

---

195) 중국-홍콩간 CEPA는 교역시 무관세 혜택, 서비스시장 우선개방 등이 주요 골자임. 상품 및 서비스무역, 무역 및 투자진흥을 포함하며, 2003년 이후 매년 보충협정을 체결함.

196) 2005년 12월, 발개위는 이전 장려목록(1998·2000)과 도태목록(1999·2000·2002) 발표후, 장려·제한·도태류 3가지로 구분된 중국의 첫 번째 '산업구조조정 지도목록'을 공포했다. 이후 중국정부는 2011년판, 2013년(수정), 2016년(수정), 2019년판까지 5차례 동 '목록'을 공포했다. 동 '목록'의 제정목적은 산업구조조정과

제한류로 규정한 것 중 필요한 부분도 NL에 넣기로 했다. 또한 〈산업구조조정 지도목록〉을 수정하여, 향후 실시될 NLS와의 정합성을 제고하기로 한 것이다.[197)]

NL 작성시 업종 기준은 '국민경제업종분류'를 따르는데, 이는 1984년에 처음으로 제정하였고, 이후 4번(1994·2002·2011·2017) 수정했다. 국가통계국이 초안을 잡았으며, 국가품질감독검사검역총국(国家质量监督检验检疫总局), 국가표준화관리위원회가 승인했다.

2016년 4월 13일, 중국 최초의 내수시장 NL라 할 수 있는 '시장진입 네거티브 리스트 초안/시험판(이후 시장진입NL초안(2016년판)으로 약칭)'이 국가발전개혁위원회(이후 발개위로 약칭)와 상무부에서 공포(국무원 승인)되었다. 시장진입NL초안(2016년판)에는 모두 328개 항목이 나열되었으며, 이중 진입금지 항목은 96개, 진입제한 항목은 232개가 나열되었다. '초안'에 '시험판(试点版)'이라는 부가 제목을 붙인 이유는 국무원이 관련 부서 의견을 참조하여, 추후 조정할 것을 명시했기 때문이다. '시장진입 네거티브 리스트 초안(2016년판)'이 공포되고 난 2년 후인 2018년 12월 25일, 국무원은 '시장진입 네거티브 리스트(2018년판)'을 공포했다. 이전 초안에는 NL를 진입금지류와 진입제한류(限制准入类)로 나눈 반면, 2018년판에서는 진입금지류와 진입허가류(许可准入类)로 명칭을 변경하였다. 진입금지류는 4개, 진입허가류는 147개가 나열되어 전체 리스트는 151개로, 2016년에 공포된 '시장진입NL초안(2016년판)' 대비 177개나 감소했다. 또한 구체적 소분류(관리 조치사항)는 288개가 감소한 결과를 보였다.

최근 2019년 11월 22일에 발개위와 상무부는 '시장진입 네거티브 리스트(2019년판)'을 공포했다. 리스트에는 진입금지류 5개, 진입허가류 126개로 총131개 항목이 나열되어 있다. 이처럼 현재 중국에서는 2013년부터 3종류의 NLS가 운영되고 있으며, 자유무역시험구판 NL, FTA판 NL(2014년부터), 내수시장용 NL(2016년부터) 등으로 크게 나눠 볼 수 있다.

다. 2017년판 외상투자산업 지도목록

2017년 6월 28일, 발개위와 상무부는 '외상투자산업 지도목록 2017년 수정본'을 공표하고 2017년 7월 28일부터 시행하였다. 동 목록은 이전 7차례와 다르게 처음으로 '외상투자진입 특별관리조치[네거티브 리스트](外商投资准入特别管理措施(负面清单))'를 추가하여 발표하였다. 즉, 이전의 포지티브 관리 시스템을 네거티브 시스템 방식으로 전환한 것이다.

2017년판 목록은 '외상투자권장 산업목록'과 '외상투자진입 특별관리조치'(또는 '외상투자진입 네거티브 리스트')의 2개 부분으로 나뉜다. '외상투자진입NL'는 또 '설명'과 '제1부분 외상투자산업 제한목록', '제2부분 외상투자산업 금지목록'의 3개 부분으로 나뉜다.

업그레이드이다.

197) '의견' 원문은 中国政府网 참조할 것. www.gov.cn/zhengce/content/2015-10/19/content_10247.htm [검색일자: 2020.1.30.]

2017년판 NL는 국제무역 규범상의 NL 특성에 더욱 근접한 것으로 평가된다. 2015년판(7차) 목록 중 지분비율 요구가 있는 권장형 조목, 제한형 조목, 금지형 조목을 통폐합하여 NL를 마련하였다. 2017년판에서는 산업에 대한 분류를 하지 않고 단순하게 제한조목과 금지조목을 제시하고 특별관리조치를 제시하는 방식을 취하였다. 또한 중국자본과 외국자본에 동일한 특별관리조치가 적용되는 경우와 진입단계에서의 특별관리조치에 해당하지 않는 경우에는 외상투자 진입 NL에서 배제시키고 있다. 이로 인해 2015년판(초안) 중 제한형과 금지형에 속하는 11개 조목이 2017년판 NL에서 삭제되었다. 이런 산업들은 NL에서 삭제되었다고 하여 개방되는 것이 아니라, 내외자 일치의 원칙에 따라 별도의 중국 내자기업에 적용되는 규정이 동일하게 적용되게 된다. 2017년판 NL는 63개 조목(제한형 조목 35개, 금지형 조목 28개)을 명시하고 있다. 2017년판 NL는 2013년부터 자유무역시험구에서 실시되어 온 네거티브 리스트 제도에서 영향을 받은 것으로 판단된다. [198]

6) 2018년 판 NL

2017년까지 중국정부가 외상투자산업 지도목록 제도와 NL 제도를 병행했다고 정의한다면, 2018년부터 중국정부는 외상투자에 대해서 NL 제도를 독립적으로 운용하게 된다. 즉 중국정부(국가발전개혁위원회, 상무부)는 2018년 6월 28일에 '2018년판 외상투자진입 특별관리목록[네거티브 리스트] '을 별도로 공포하고, 동년 7월 28일부터 실시하기로 결정한 것이다.

2018년판 NL는 외상투자산업 지도목록에서 분리되어 단독발표되었고, 기존 자유무역시험구 NL 형식을 차용·작성하면서 투명도가 제고되었다는 평가이다.[199] 2018판 NL 발표로 2017년 외상투자산업 지도목록 내 NL는 폐지되었으나, '장려산업'은 계속 유지되었다. 또한 기존 외상투자산업 지도목록 분류방식이었던 '제한산업', '금지산업'으로 구분하지 않았으며, 특히 내·외자 기업에 대해 동일하게 진입이 제한된 산업은 NL에서 제외했다. '중국의 법률 · 법규에 별도규정이 있을 경우, 그 규정을 따름'이라는 설명이 서문에서 삭제되면서, NL 이외 영역의 내·외자 동일대우 원칙이 전면 적용된 것이다.

2018년판 외상투자 NL는 총 48개 항목을 열거하고 있으며, 이중 금지류는 27개, 제한류는 21개 수준이다. 2017년판 NL와 비교할 때 금융, 교통운송, 서비스, 제조업, 인프라, 에너지, 자원, 농업 등 22개 영역에서 진입장벽이 폐지되거나 완화되어 외국인투자에 대한 개방 범위가 확대되었다. 특히 동 리스트와 2018년판 자유무역시험구 NL간 항목 수의 차이가 3개에 불과해 자유무역시험구 NL에 크게 영향을 받았음을 알 수 있다.

198) 최송자, 「중국의 외자 진입 네거티브 리스트 제도에 관한 소고」, 『中國法硏究』, 32집, 2017a, p.318.
199) 이한나·김홍원·최재희, 「중국의 외국인투자 개방정책 동향 및 평가: 네거티브 리스트(2018년)를 중심으로」, 『KIEP 기초자료』, 18-22. 2018, p.6.

7) 2019년 판 NL

2019년에 국가개발위원회와 상무부는 6월 30일에 '2019년판 외상투자진입 특별관리목록[네거티브 리스트]'을 별도로 공포하고, 동년 7월 30일부터 실시하기로 결정했다. 2019년판 NL는 2018년판 NL와 비교하여 새롭게 추가된 규제·제한 조치는 없으며, 광업, 제조업, 수상운수, 통신, 문화엔터테인먼트 분야의 외국인투자 지분제한이 폐지되어 진입장벽이 완화되었다.

2019판 NL 특징 중 하나는 2019년 3월 15일에 통과된 '외상투자법(外商投资法)'에서 명시한 '진입 전 내국민대우와 네거티브 리스트 관리제도' 시행에 법적 근거를 두고 공포된 점을 들 수 있다. 동 법 28조와 29조에는 '외국인투자에 대해 NL 제도를 시행하여 투자 범위를 규정하고, 이를 위반할 경우 법적 책임을 추궁하는 조항을 명시하였다.

항목별 변화를 보면, 2018년 48개에서 2019년 40개로 8개 항목이 축소 조정되었다. 처음으로 외상(外商)투자에 NL 제도가 도입된 2017년과 비교할 때 투자금지 항목의 변화는 크지 않으나, 투자제한 항목 수가 절반 수준으로 축소되었다.

[표 4-14] 중국의 외국인 투자 관리제도 및 NL 항목 변화

시기	2017년 이전	2017년	2018년 이후
적용 규범	'외상투자산업지도목록'	'외상투자산업지도목록'	외상투자진입 특별관리조치 (네거티브 리스트)
리스트 분류	장려산업, 제한산업, 금지산업	장려산업, 네거티브 리스트 (제한산업, 금지산업으로 구분)	네거티브 리스트
	2017년판	2018년판	2019년판
투자제한 항목수	35	21	17
투자금지 항목수	28	27	23
합계	63	48	40

자료: 해당 NL 참조하여 저자 작성 (2022.2).

4. 외상투자법(2020)의 공포와 변화

1) 외자 3법의 폐지와 외상투자법의 등장

중국정부는 1978년 개혁·개방 정책 도입 후, 중국에 진출하는 외자기업에 대해 '외자 3법'과 외상투자산업 지도목록을 통해 관리를 해왔다. '외자 3법'은 외자기업법(外资企业法), 중외합자경영기업법(中外合资经营企业法), 중외합작경영기업법(中外合作经营企业法)을 의미한다. 이와는 별도로 중국정부는 1993년 12월에 〈회사법(公司法)〉을 공포하고, 1994년 7월부터 시행하면서, 내·외국기업을 포함한 모든 기업의 경영활동을 규범해 왔다. 즉, 외자기업은 1994년 이전에는

'외자 3법'에 의해, 1994년 이후에는 '회사법'까지 더해서 중복적으로 관리를 받아 온 것이다.

중국정부는 '외자 3법'을 통합·수정하기로 결정하고, 2015년 1월에 '외국투자법(外国投资法)'이라는 명칭으로 초안(11장 170조항)을 공개하여 의견수렴 작업을 진행했다. 3년에 걸친 의견수렴, 제정, 초안 재수정 등 작업을 거쳐, 법률 명칭은 외상투자법(外商投资法)으로 변경되었으며, 2018년 12월에 '외상투자법(초안)'을 공개하고 전국인민대표대회에서 1차심의를 했다. 2019년 3월 15일, 전인대는 13기 2차회의에서 '외상투자법(外商投资法)'을 통과시키고, 2020년부터 실시하기로 결정했다. 외상투자법의 시행으로 기존 '외자 3법'은 폐지되었다.

2020년 〈외상투자법〉 실행으로 기존 '외자 3법'에 근거하여 존재했던 중외합자기업, 중외합작기업, 외상독자기업은 2024년 12월 31일전까지 기업 규모나 유형을 고려하여 그 명칭을 〈회사법〉에서 규정한 유한책임회사나 주식유한회사 중 하나로 변경해야 한다.

〈외상투자법〉은 총 6장, 42개 조항으로 구성(1장 총칙, 2장 투자촉진, 3장 투자보호, 4장 외국인투자관리, 5장 법률책임, 6장 부칙)되어 있으며, 동 법 시행으로 개혁·개방 초기부터 40년간 외국인투자기업에 적용되었던 '외자 3법'이 폐지된다. 동법은 외국인투자자 보호조치 강화, 투자 촉진, 투자관리 규제 등에 중점을 두었다. 외국인투자기업에 대한 내국민대우 확립과 지식재산권 보호 및 강제 기술이전 금지조치가 강화되었다. 동법의 NL 제도 관련 법조항을 보면 다음과 같다.

동법 4조에서 외국인투자에 대해 진입전 내국민대우와 NLS 적용을 천명했다. 또한 '진입전 내국민대우'에 대해 '투자 단계에서 외국투자자는 국내투자자와 동일한 대우를 받는 것'이라고 정의했다. 외국인투자에 대해 NLS를 시행하면서 2015년 초안에 있었던 28개 진입 조항(외자진입 시 심사·비준 필요)을 삭제하고, 투자범위를 규정했다(28조). NL에 해당하는 투자항목의 경우는 반드시 심사·비준을 시행할 것을 규정했다(29조). NL를 위반한 외국인투자자에 대해서는 법적책임을 추궁하는 조항을 추가(36조)하여 외국인투자의 진입을 관리할 계획이다.

[표 4-15] 중국의 기업 관리 법제 적용 현황

기업 구분		2019.12 이전 관련 법률	2020.1 이후 관련 법률	비고
국내 기업		〈회사법〉	〈회사법〉	〈회사법〉은 1994년부터 실시
외자 기업	독자기업	외자기업법	〈외상기업법〉	외자 지분 100%
	합자기업	중외합자경영기업법		외자 지분 25% 이상
	합작기업	중외합작경영기업법		자본 외에도 기술, 토지, 설비로 출자 가능 (외자 25% 이상)

자료: 기존 문헌, 법률·법규 참고하여 저자 작성 (2022.2).

2) 〈외상투자법〉의 주요 내용

외상투자법은 중국 국경 내에 발생하는 모든 외상투자 행위에 적용되며 외상투자 행위에는 아래의 직접 또는 간접 투자활동을 포함한다.

① 외국투자자가 단독 또는 기타 투자자와 공동으로 중국 경내에 기업을 설립할 경우

② 외국투자자가 중국 경내기업의 주식, 지분, 재산 또는 기타 유사한 권익을 취득할 경우

③ 외국투자자가 단독 또는 기타 투자자와 공동으로 중국 내 프로젝트건설에 투자할 경우

④ 법률, 행정법규 또는 국무원에서 규정한 기타 방식의 투자

○ 투자촉진

① 기업지원을 위한 정부의 각종 정책을 외국기업에게 평등하게 적용

② 국가차원에서 완벽한 외상투자 서비스체계 수립

③ 국가는 필요에 따라 특별경제구역을 설치하여 외상투자 시범용 정책을 실시하며 특정지역이나 영역에 투자할 경우 우대혜택을 제공

④ 평등한 조건으로 정부조달 업무에 참여하며 공식적인 절차를 통해 중국시장에 주식 및 채권발행 가능

⑤ 지방정부는 법적 권한내에서 외상투자촉진에 관련한 정책을 제정하여 실행 가능

○ 투자보호

① 국가에서 공공이익을 위하여 외국인투자를 수용 시 합리적인 보상을 주어야 함.

② 외국투자자의 중국경내 투자금, 이윤, 자본수익, 자산처분소득, 지적재산권 사용허가비용, 취득한 보상금과 배상금 등을 자유로 유입, 전출 가능

③ 외상투자과정 중 기술협력 조건은 자유평등 협상을 통해 정할 수있고 행정기관에서 행정수단을 이용하여 강제로 기술이전을 요구할 수 없다.

④ 지방정부는 법률근거 없이 외상투자기업의 합법적 권익을 손해하거나 기업의 부담 증가, 시장진입과 퇴출조건을 설치하지 말아야 하고 외상투자기업의 정상 경영활동을 간섭하지 말아야 한다.

⑤ 지방정부는 외국투자자에 승낙한 정책과 체결한 계약을 이행하여야 한다.

○ 투자관리

① 외상투자진입 “네거티브리스트”(外商投资准入负面清单)상 투자금지 영역에 외국인투자를 허용하지 않는다. 외상투자진입 “네거티브리스트”상 투자제한 영역에 투자할 경우 규정한 조건에 부합되어야 한다.

② 외상투자에 대한 심사는 비준과 등록으로 분류하여 관리한다. 특별행정허가 취득이 필요한 업종에 투자할 경우 해당 행정허가 절차를 거쳐야 한다.

③ 외상투자기업의 조직과 구조는 〈중화인민공화국 회사법〉과 〈중화인민공화국 합화기업법〉에 따른다.

④ 외국투자자가 기업합병의 방식으로 경영자집중(经营者集中)을 진행할 경우 〈중화인민공화국 반독점법〉에 의한 심사를 거쳐야 하며 국가안보에 영향을 미치는 외상투자는 안전심사도 받아야 한다.

○ 법률책임

① 투자금지 영역에 투자할 경우 즉시 투자를 중단하고 투자전의 상태로 원상복구해야 하고 위법소득은 국가에서 압수한다. 투자제한 영역에 투자 할 경우 기한 내에 시정하여 규정한 조건에 도달하도록 조치해야 하며 시정에 거부할 경우 위의 규정에 따라 처리한다.

② 외국투자자와 외상투자기업이 외상투자 정보신고제도에 따라 투자정보를 보고하지 않을 경우 10만~50만 위안의 벌금을 가할 수 있다.

3) 기존 외자 3법과의 차이점

○ 중국 자연인과 공동 투자하여 법인설립 가능

지금까지 실행해오던 〈중외합자경영기업법〉과 〈중외합작경영기업법〉의 규정에 의하면 외국투자자는 중국 내의 기업(법인과 합화기업)과 공동 투자하여 기업을 설립할 수 있으며 중국의 자연인과 공동으로 기업을 설립할 수 없다. 그 후 2006년에 실행한 〈외국투자자 경내기업인수합병에 관한 규정〉에서 지분인수 방식으로 중국 내 기업을 인수할 경우 중국 자연인과의 공동투자 제한을 취소하였다. 〈외상투자법〉은 중국측의 합작파트너에 대한 제한사항이 없고 〈외상투자법〉이 실행됨에 따라 〈중외합자경영기업법〉과 〈중외합작경영기업법〉이 폐지됐으므로 신규 설립 또는 인수에 있어서 외국투자자는 중국 자연인과 공동투자를 할 수 있게 되었다.

○ 중국투자자와 공동투자 시 외국 측 최저 지분비율 취소

〈중외합자경영기업법〉과 〈중외합작경영기업법〉에 의하면 외국 측 투자자는 최저 25%의 지분을 소지해야 한다. 〈외상투자법〉에는 해당 제한이 없으므로 외국투자자는 중국투자자와 공동투자 시 지분비율에 대해 협의후 자유로 정할 수 있다.

○ 중국에 법인설립 없이 신규 프로젝트건설에 투자가능

기존 〈중외합작경경기업법〉에는 법인을 설립하지 않은 중외합작 경영형식을 허용했지만 실무상 해당 사례는 드물다. 〈외상투자법〉의 규정에 의하면 외국투자자는 단독 또는 기타투자자와 공동으로 중국경내의 신규 프로젝트건설에 투자할 수 있다. 따라서 상기 규정은 외국인투자를 더욱 활성화하고 적극 유치하고자 하는 중국정부의 입법취지로 풀이된다.

○ 진입 전의 "국민대우 및 네거티브리스트" 관리제도 도입

중국정부는 1995년부터 정기적으로 〈외상투자 산업지도목록〉을 발표하여 외국투자에 대한 심사와 관리를 진행하여 왔다. 2018년 6월 28일 처음으로 〈외상투자네거티브리스트〉(负面清单) 을 발표하여 리스트에 포함된 (금지항목과 제한항목) 외국투자에 대해 심사하는 제도를 도입하였다. 〈외상투자법〉은 진입 전의 "국민대우 및 네거티브리스트" 관리제도를 도입하여 외상투자 영역을 점차 확대하고자 하는 중국정부의 입법취지를 반영하였으며 핵심 포인트의 하나이기도 하다. 진입 전의 "국민대우"는 법인의 설립, 취득, 증설 등 단계에서 외국투자자 및 투자에 대해 내국의 투자자 및 투자보다 낮지 않은 대우를 제공하는 것을 의미한다.

○ 지방정부의 행정 간섭과 방해행위에 대한 법적제한

〈외상투자법〉에 의하면 지방정부는 법적근거 없이 외국투자 진입과 퇴출을 제한하거나 투자기업의 정상 경영활동을 방해해서는 안된다. 따라서 과거에 빈번하게 발생되었던 외상투자기업이 지방정부의 행정 간섭 및 장애로 인해 사업을 철수하기 어려운 상황이 많이 개선될 될 것으로 전망된다.

○ 지방정부와 체결한 투자계약에 대한 법적 보호

실무 중 외국투자자가 중국진출 시 사전에 지방정부와 투자협의서를 체결하는 경우가 많다. 투자협의서에는 공장부지 제공으로부터 세금혜택이나 재정지원 등의 내용들이 포함된다. 그러나 외국투자자가 법인설립 및 투자가 이루어진 후 정부가 투자협의서의 약정을 이행하지 않는 경우가 있다. 또한 분쟁발생시 정부의 계약주체상 결격사유로 인해 투자협의서의 법적효력에 대해 이론상 쟁점이 존재하고 있다. 〈외상투자법〉에서 지방정부는 외국투자자와 체결한 각종 계약을 성실하게 이행해야 한다고 규정함으로서 외국투자자와 지방정부간 체결한 투자계약에 대한 법적보호를 명시하였다.

○ 회사법의 규정에 의해 외상투자기업의 지배구조 재편

〈외상투자법〉은 모든 외상투자기업의 조직과 구성은 회사법의 규정에 부합되어야 한다고 규정하는 동시에 기존 외상투자기업이 지배구조를 재편하도록 5년의 과도기를 설정하였다. 따라서 동사회를 최고권력기구로 운영해오던 중외합자기업과 중외합작기업은 〈외상투자법〉 실행 후 5년안에 회사조직과 구조변경을 진행하여 주주총회를 최고권력기구로 설치하는 동시에 지분비율에 의한 의결방식을 확정해야 할 것이다.

4) 중국 진출 우리 기업에 대한 영향

○ 중국 측 파트너 선택범위 확대

〈외상투자법〉 실행 후 외국투자자는 중국의 자연인과 합자하여 공동법인을 설립할 수 있으며 기존 설립된 외상투자법인도 지분의 일부를 중국 자연인에 양도할 수 있으므로 외국투자자는 과거보다 더 폭 넓은 범위에서 중국파트너를 선택할 수 있게 된다.

○ 중국파트너와 공동투자시 자본금 납입부담 과중

기존 〈중외합작기업법〉에 의하면 외국투자자는 회사자본금 납입 없이 기술이나 기타 합작조건을 제공하는 방식으로 중국파트너와 중외합작경영기업을 설립할 수 있으며 원하는 비율의 투자이윤을 배당받을 수 있었다. 하지만 〈외상투자법〉 실행 후 외국투자자는 기술을 제공한다 하여도 일부 자본금을 납입해야 하고, 원하는 이윤을 배당받기 위해서는 해당 비율의 자본금을 납입해야 하므로 향후 이로 인한 자본금 납입부담이 과중 될 것으로 예상된다.

○ 중국파트너와 공동투자시 지분비율의 중요성 확대

〈외상투자법〉 규정에 의하면 외국투자자는 중국파트너와 공동법인을 설립할 경우 주주총회를 최고권력기구로 설치해야 하며 주주총회는 회사의 중대 사항에 대한 결정권이 있다. 주주총회의 의결은 투자자의 지분비율에 의하여 결정되며 중외합작경영기업일 경우 원칙상 지분비율에 의해 이윤이 배당되므로 향후 회사 통제권에 있어서 지분비율이 더욱 큰 영향력으로 작용될 것이다.

○ 외상투자법 실행 후 기존 외상투자기업은 5년안에 회사 지배구조 재편 필요

〈외상투자법〉 실행 후 기존 중외합자기업과 중외합작기업은 5년 과도기 내에 회사 지배구조를 재편해야 되므로 이에 따른 영향이 클것으로 보인다. 회사의 최고권력기구를 동사회에서 주주총회로 변경해야 하고 의결방식을 기존 동사회 인원수에 의한 의결에서 지분비율에 의한 의결방식으로 변경해야 한다. 특히 현재까지 지분비율을 설정하지 않았거나, 지분비율과 관계없이 이윤을 배당해왔던 중외합작경영기업은 투자자의 지분비율 확정과 이윤배당 방식을 재편해야 하는 현실에 직면하게 되므로 향후 이로 인한 분쟁도 증가될 것으로 전망된다. [200]

200) KOTRA 해외시장뉴스 (2019.4.1), 中 외상투자법 주요 내용 및 중국 진출기업에 영향, 중국 칭다오무역관 이맹맹.

[주요 용어]

국가자본주의, 국진민퇴(國進民退), 중앙기업, 연영기업(聯營企業), 합영기업(合營企業), 합자기업, 합작기업, 독자기업, 외자기업, 집체기업, 향진기업, 방권양리(放權讓利), 발개대(撥改貸), 이개세(利改稅), 청부경영책임제, 현대기업제도, 유한책임회사, 주식유한회사, 외상투자주식회사, 심사비준, 예산외자금, 저우추취(走出去), 외상투자산업지도목록, 네거티브 리스트, 외상투자법

[연습문제]

1. 국가자본주의는 최근 중국에서 어떻게 나타나고 있는지 서술하시요.
2. 삼자기업(三資企業)을 비교하여 그 특징을 서술하시요.
3. 향진기업의 최근 발전 방향에 대해 논술하시요.
4. 국유기업과 국영기업의 개념은?
5. 방권양리(放權讓利) 개혁의 중심인 이윤분배는 국유기업 내에서 어떠한 형태로 이루어졌는가?
6. 발개대(撥改貸) 개혁에 따른 장점은 어디에 있는가?
7. 1980년말, 앞서 실행된 이개세(利改稅) 개혁이 최대의 효과를 나타내지 못한 이유는?
8. 1994년 청부경영책임제의 한계점은 어디에 있었는가?
9. 현대기업제도의 특징을 기업지배구조 측면에서 설명하시요.
10. 국유자산감독관리위원회를 조직하여 '중앙정부 관할기업'을 따로 감독·관리하게 된 배경은?
11. 비유통주 개혁이 주식시장에 초래한 단점은?
12. 중앙기업을 업종별로 본 특징은 무엇인가?
13. 외자기업(단독투자기업)과 합자·합작기업을 양분하여 놓고 볼 때, 외국투자자 입장에서 본 각자의 장단점은?
14. 중소규모기업이 주식유한회사 보다는 유한책임회사 형태로 설립되는 경우가 많은데, 그 이유와 배경은?
15. 분세제 개혁으로 세수입이 줄어든 지방정부가 세수를 확보하기 위해서 쓰는 방법은 어떤 것들이 있는가?
16. 외상투자산업 지도목록 공포를 통해 중국정부가 경제발전에 FDI를 활용하는 전략은?
17. 2020년 〈외상투자법〉의 공포로 중국에 투자한 외국기업들에게 변화될 상황을 서술해 볼 것.

제5장 중국 무역관리제도

제1절 중국 무역제도

1. 수출입 절차

1) 수출입 절차 개요

〈세관법(海關法)〉에 근거해 중국은 대외개방항구 및 세관의 감독관리가 집중된 지역에 세관을 설치하고 있으며, 수출입 운송수단 및 화물은 반드시 세관 설립지에서 수입 또는 수출하도록 하고 있다. 특수상황의 발생시 국무원 혹은 그 수권기관의 비준을 거쳐 세관의 미설립지역에서 임시로 수입 혹은 수출이 가능하나 반드시 세관수속을 거쳐야 한다.

통관은 수출입 운송수단의 경영자, 송수화인 및 그 대리인, 화물 소유자가 세관에 수출입 내역을 신고한 후, 세관이 신고서류 심사 및 수출입화물과 운송수단의 검사, 관세 징수 및 수출입 승인 등 일련의 절차를 진행하는 것을 말한다.

중국의 수출입화물 통관절차 단계는 일반적으로 세관신고→ 화물검사→ 관세징수→ 통관, 반출입 등 4단계를 거친다.

가공무역방식의 수출입화물 혹은 관세의 감면 혹은 추후 납부대상 수출입화물 및 화물인출 후 일정기간 내 세관감독이 필요한 수출입화물은 신고→ 화물검사→ 관세징수→ 통관, 반출입→ 통관종료 등 5단계의 통관 절차를 거쳐야 한다.

가. 화물수입 절차

외국인투자기업이 자체사용 기계설비, 물자 및 가공생산용 원자재를 수입할 경우에 해당기업 혹은 대리인은 외국인투자기업 전용 '화물수입통관서류'을 작성하여 수입지 세관에서 수입 수속을 밟아야 한다. 감면세 우대정책을 받는 화물인 경우 관할세관이 발급한 '수입화물 면세증명'을 제출해야 하고 가공무역과 관련된 화물일 경우 관할세관이 심사·발급한 '가공무역 등기수책(登記手冊)' 을 제시해야 하며, 허가증이 필요한 화물인 경우 '수입허가증'을 제출해야 한다.

외국인투자기업이 투자자본으로 기계설비를 수입할 경우에는 국가상품검사기구의 자산평가를 거쳐 수입통관 수속을 밟으며, 이때 상품검사기관이 발급한 '외국인투자기업 자산가치평가통지서

(外商投資財産鑑定報驗通知單)'를 제출해야 한다. 수입지 세관이 통관서류를 심사한 후 이상이 없으면 수입을 허가한다. 수입화물에 대해 '수입화물면세증명'를 발급받지 못하거나 해당화물에 세관이 '징세' 라고 의견을 표명한 화물인 경우에는, 수입지 세관이 관련규정에 따라 수입관세와 증치세를 징수한 후 통관을 허용하게 된다.

'수출입화물면세증명'을 신청 중인 화물에 대해서 수입지 세관은 보증금을 먼저 징수한 후 통관을 허용하며, 해당기업은 3개월 이내에 '수출입화물 면세증명'을 보완제출한 후 보증금을 환급받게 된다.[201]

나. 화물수출 절차

외국인투자기업이 생산하는 제품을 수출하기 위해서는 해당기업 혹은 대리인은 외국인투자기업 전용 '화물수출 통관서류'를 작성, 수출지 세관에서 수출통관 수속을 밟아야 한다.

[사진 5-1] 중국세관 수입화물 신고서

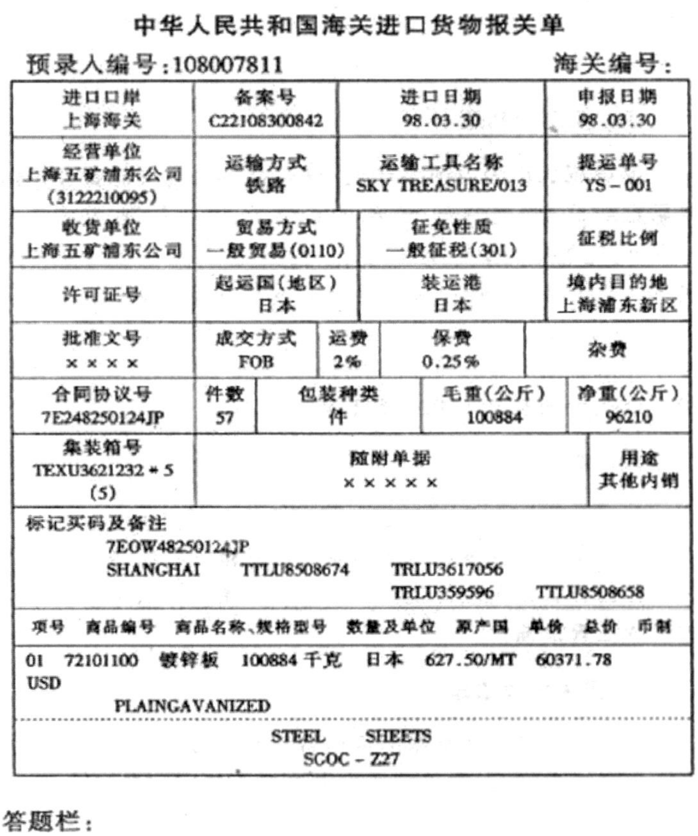

中华人民共和国海关进口货物报关单

预录人编号:108007811　　海关编号:

进口口岸 上海海关	备案号 C22108300842	进口日期 98.03.30	申报日期 98.03.30
经营单位 上海五矿浦东公司 (3122210095)	运输方式 铁路	运输工具名称 SKY TREASURE/013	提运单号 YS－001
收货单位 上海五矿浦东公司	贸易方式 一般贸易(0110)	征免性质 一般征税(301)	征税比例
许可证号	起运国(地区) 日本	装运港 日本	境内目的地 上海浦东新区

批准文号 ××××	成交方式 FOB	运费 2%	保费 0.25%	杂费
合同协议号 7E248250124JP	件数 57	包装种类 件	毛重(公斤) 100884	净重(公斤) 96210
集装箱号 TEXU3621232＊5 (5)	随附单据 ×××××			用途 其他内销

标记买码及备注
7EOW48250124JP
SHANGHAI　TTLU8508674　TRLU3617056
TRLU359596　TTLU8508658

项号　商品编号　商品名称、规格型号　数量及单位　原产国　单价　总价　币制

01　72101100　镀锌板　100884千克　日本　627.50/MT　60371.78
USD
PLAINGAVANIZED
STEEL　SHEETS
SCOC－Z27

答题栏:

자료: 바이두 이미지 D/B (2012.4)

201) 한국외국어대학교 국제지역연구센터(2011), 『중국중소기업 진출 가이드』, 중소기업진흥공단, 131-149쪽.

국가가 시행하는 허가증 관리상품인 경우에는 '수출허가증'을 제출해야 하며, 가공무역을 위한 가공제품인 경우에는 관할세관이 심사 발급한 '가공무역등기수책(登記手冊)'을 제시해야 한다. 만약 타사가 생산한 제품을 구매하여 수출할 시에는, 대외경제무역부서가 허가한 관련 서류를 제출해야 한다. 수출지 세관은 통관서류에 따라 심사하고 이상이 없으면 관련 화물의 수출통관을 허용하게 된다. 수출세 납부대상 상품인 경우에는 수출관세를 납부한 후에 수출통관을 허용한다.

2) 수출입 화물의 신고

신고는 수출입화물 통관절차의 첫 단계이다. 현재 중국세관이 실시하는 통관신고방식은 구두신고, 서면신고, EDI(Electronic Data Interchange) 등 3가지로 구성되어 있다. 세관신고는 세관에 등록된 통관전문회사, 통관대행회사, 자체적으로 통관업무를 수속하는 회사 및 그 통관인원이 신고업무를 처리할 수 있다.

수입화물의 경우 운송기관의 입항신고일부터 14일내에, 수출화물은 세관의 특별허가한 경우를 제외하고, 화물이 세관관리감독지역에 도착한 후 선적 24시간 내에 신고를 마쳐야 한다.

위의 규정기간을 경과하여도 세관에 신고하지 않으면 수입화물은 도착가격의 5/1000 를 수입신고지체금으로 징수하게 된다. 수출화물은 이 기간이 지난후 3개월까지도 세관신고가 없는 경우 임의로 매각된다.

신고시 필요한 서류는 다음과 같다. 수출입화물통관단, 수출입허가증(필요시) 및 기타 관련서류(송장, 운송서류 등)를 제출하여야 한다. 동 서류에는 수출입화물 경영업체, 송수화인, 신고업체, 운수방식, 무역방식, 무역 대상국 및 화물의 설명(명칭, 규격, 수량, 중량, 가격 등)에 대한 내용을 신고해야 한다.

3) 신고 절차

가. 수입화물의 인출통보/수출화물의 준비완료

수입화물의 수하인 혹은 그 대리인은 운송업체 혹은 우편송달업체의 '수입화물 인출통보서' 접수 후, 직접 또는 전문(대행) 통관업체를 통하여 세관신고를 진행한다.

수출화물의 경우 송화인은 수출계약에 근거하여 화물을 '준비완료'한 후 직접 또는 전문(대행) 통관업체를 통하여 세관신고를 한다.

수입 혹은 수출전 수출입항구 부근지역의 전문(대행) 통관업체에 위탁하여 통관신고를 한다. 통관위탁서는 위/수탁 업체의 명칭, 세관등기번호, 주소, 법인대표 및 대행내역, 권한, 기한, 위수탁자 간의 책임 등을 기재하며 양측 업체의 인장을 날인해야 한다.

나. 통관 필요서류

통관서류는 일반적으로 수출입화물신고서 외 기본서류, 특수서류 및 예비서류 등 3가지로 분류한다.

① 기본서류: 수출입화물과 직접 연관성이 있는 상업 및 운송서류

- ▸ INVOICE (송장): 운송보험서류가 있는 경우 함께 제출
- ▸ P/L (Packing List. 포장명세서): 산적화물, 단일품종화물 또는 포장과 내용이 일치하는 화물제외
- ▸ B/L (bill of lading, 船荷證券): 해운 수출입의 경우
- ▸ AWB (항공화물운송장. AirWay Bill): 항공운송의 경우
- ▸ 소포명세서: 우편운송의 경우
- ▸ 화물수취증: 육상운송의 경우
- ▸ 수출대금 영수신고확인증: 수출의 경우
- ▸ 세관이 발급한 수출입화물의 감면세증명 및 보세등기증명서

② 특수서류: 국가의 법률·법규에 근거한 특수관리증서

- · 쿼터허가증(국가계획부문의 쿼터증명, 대외경제무역부처 수출입허가증 등)
- · 기타 특수서류(기계전자제품수입, 상품검사, 동식물검역, 약품검사 등)

③ 예비서류: 필요시 세관이 요구하는 서류

- · 무역계약서
- · 원산지증명서
- · 위탁업체의 영업허가증
- · 위탁업체의 장부자료 및 기타 관련서류

다. 통관서류 작성

〈수출입화물신고서〉는 수출입화물의 송수화인 혹은 그 대리인이 세관에 화물의 상황을 신고하는 법률문서로서 세관감독에 필요한 중요한 증빙서류이다. 중국세관의 현행 〈수출입화물신고서〉는 1996년부터 사용한 것으로 무역방식별로 양식(색상)이 다르다.

- 일반무역방식의 통관신고서(通關單)는 백색
- 원자재조달 가공무역(進料加工)의 통관신고서는 분홍색
- 가공조립무역(來料加工, 補償貿易)의 통관신고서는 옅은 녹색
- 외국인투자기업의 통관신고서는 옅은 남색
- 수출세금 환급의 통관신고서는 옅은 황색

일반 수출입화물은 동일 양식의 신고서 3부(각각 세관보관용, 세관통계용, 기업보관용)를 작성

하고, 컴퓨터 전산망을 통한 통관등록시스템(EDI)의 경우, 신고서 1부만 작성하여 등록센터에 제출하게 된다.

기타 무역방식은 유형에 따라 다음과 같이 추가로 신고서를 작성하게 된다.

- 위탁 가공무역(來料加工)
  - ▸수입: 통관신고서 4부를 작성하며, 기본 3부외 나머지 1부는 세관신고 확인용임.
  - ▸수출: 외화수취가 없으면 4부를 작성하며, 그중 1부는 세관신고 확인용임. 외화수취가 있으면 5부를 작성하며 그중 1부는 수출외화대금영수신고 확인용임.
- 원자재조달 가공무역(進料加工)
  - ▸수입: 통관신고서 4부를 작성하며 기본 3부 외 나머지 1부는 세관신고 확인용임.
  - ▸수출: 외화수취가 없으면 4부를 작성하며 그중 1부는 세관신고 확인용임. 외화수취가 있으면 5부를 작성하며 그중 1부는 수출외화대금 영수신고확인용임.[202]
- 기타 무역방식
  - ▸수입: 외화결제가 없으면 3부를 작성하며, 외화결제가 있으면 4부를 작성하고 그중 1부는 수입외환대금 결제신고확인용임
  - ▸수출: 세금환급 혹은 외화수취가 없으면 3부를 작성하며, 세금환급 혹은 외화수취가 있으면 4부를 작성하며 그중 1부는 수출외화대금 영수신고확인용임
- 통관신고서의 예비 입력

〈해관통관업체/통관원 관리규정〉 제19조 규정에 근거, 전산화등록시스템(EDI)의 경우 전문(대행)통관업체, 자체적으로 통관업무를 수속하는 회사 및 그 통관원은 우선 신고 데이터를 컴퓨터에 입력한 후 세관에 제출해야 한다. 이러한 절차를 '통관단 예비입력'이라 호칭하며, 수동작업의 통관단과 동등한 법률효력이 있다.

- 직접신고 (온라인으로 신고 가능)

중국세관은 2008년 1월 1일부터 통관 명세서 네트워크 검사제도를 실시하고 있다. EDI 전자수속을 하는 기업은 온라인상으로 데이터 작성, 신고한 후, 세관으로부터 일련번호를 받은 뒤 전자통관 데이터 수속을 진행할 수 있다.

4) 신고시 유의사항

가. 신고지역 및 자격

수입화물의 경우 수화인 혹은 그 대리인이 수입지 세관에 신고하며, 수출화물의 경우 송화인 혹은 그 대리인이 수출지 세관에 신고한다. 타지역 통관신고 수출입화물은 통관이전 화물로 호칭

202) 위탁가공무역은 단순 가공비만 취득하는 가공무역(來料加工)이고, 원자재 조달 가공무역은 원자재 수입에서부터 수출까지 관여하는 가공무역(進料加工)이다.

한다. 케이블, 파이프라인 혹은 기타 특수방식의 수출입화물은 세관의 직접검사가 불가능한 경우 특수기기로 검사하며 정기신고제를 실시한다. 국경통과, 중계운송, 통과운송 화물은 중국 내 운송 시스템을 통해 해외로 운송하는 화물로서, 운송수단 책임자가 입항지 세관에 신고한다.

중국 세관규정에 근거, 통관자격대상은 세관에 등록한 전문(대행) 통관업체 혹은 수출입 경영자격이 있는 기업이다. 세관은 통관신고 수리시 우선 통관업체 및 통관원의 신고자격을 확인하게 된다. 세관규정에 따른 통관업체 및 통관원의 조건을 보면 다음과 같다.

- 수출입화물의 송수화인은 수출입경영자격이 있는 기업으로 제한
- 자체적으로 통관업무를 수속하는 회사는 세관에 등록하여야 함
- (대행)통관업체는 세관에 등록한 기업이며, 위탁인은 수출입경영자격이 있어야 함
- 통관인원은 세관의 연수 및 승인을 거친 통관업체의 지정 담당자임

나. 통관기한

통관기한은 수출입화물의 개항지 도착 후 송수화인 혹은 그 대리인이 세관통관에 필요한 기간을 의미한다. 수입화물의 통관신고기한은 운송수단의 입항신고일부터 14일 내이다. 중계운송은 운송수단의 입항신고일 혹은 지정도착지에 운송된 후 14일 이내이다. 수출화물의 통관신고기한은 화물선적 후 24시간 이내에 종료해야 한다.

다. 체납금 관련 사항

수입화물의 수하인 혹은 그 대리인이 규정 신고기한을 초과하면 일정액의 체납금을 납부해야 한다. 체납금의 징수기간을 보면 다음과 같다.

먼저 해운, 항공운수, 도로운송 방식의 수입화물의 체납금 징수기간은 운송수단의 입항신고일부터 15일이 되는 시점에서 수입통관의 종료일까지이다. 우편운송 수입화물은 우편국의 통보접수일부터 15일이 되는 시점에서 수입통관의 종료일까지며, 중계운송화물은 운송수단의 입항신고일 혹은 화물의 지정도착지 도착일부터 15일이 되는 시점에서 수입통관의 종료일까지이다. 운송수단의 입항신고일(우전국 통보접수일, 중계운송화물의 지정 도착지 도착일 등)부터 14일이 되는 시점이 법정휴가일인 경우 그 다음일로 순연한다.

체납금의 계산은 日단위로 하며 통관신고일도 포함한다. 체납금의 면제범위를 살펴보면 다음과 같다.

- 수화인 혹은 그 대리인(신고인으로 약칭)이 운송수단의 입항신고일로부터 3개월이 지나 통관신고하지 않는 경우(〈세관법〉 제30조 규정에 근거 화물을 전매 처분함)
- 신고인이 세관의 비준을 거쳐 담보제공 후 화물을 인출하며 담보기한 내에 통관신고 수속을 보완, 처리하는 경우
- 세관 압류화물의 경우(압류기간 내 체납금을 납부하지 않음)

- 징수액이 10위안 이하인 경우
- 신고인은 특수한 이유로 규정기한 내에 통관신고를 하지 못한 경우, 세관에 상황 설명자료를 제출하여 비준을 취득하면 체납금을 감면할 수 있음.

5) 수출입 화물의 검사

〈세관법〉 제28조 규정에 근거 수출입화물은 송수화인의 신고 및 해관총서의 특별비준을 거쳐 검사면제를 취득한 것 외에 반드시 세관의 검사를 받아야 한다. 수출입상품의 통관을 위한 화물검사는 수출입기업에 대한 세관검사와는 별도이다.

세관의 화물검사는 일반적으로 세관이 정한시간에 세관통제구역인 부두, 창고 또는 화물존치장 등 지정된 장소에서 실시한다. 그러나 플랜트설비, 정밀기기, 귀중품, 긴급수요물자, Door to Door로 운반되는 컨테이너화물과 같이 세관이 지정한 장소에서 검사가 곤란한 화물에 대해서는, 세관신고인의 신청에 의하여 세관원이 현장에 파견되어 검사를 할 수 있다.

가. 세관검사 및 통관업체의 유의사항

검사는 통관신고업체의 신고접수후 수출입화물의 성질, 원산지, 화물의 상태, 수량, 금액 등의 신고내역과의 일치여부를 확정하기 위해 진행하는 세관절차를 말한다. 수출입화물의 실제상황과 통관단(통관증) 등 서류신고내역의 일치성에 대한 검사확인을 통해 서류심사과정에서 발견하지 못한 누락, 허위, 사기 등 밀수, 위법행위 및 기타문제를 실질적으로 확인하는 것이다.

화물검사를 통해 서류심사과정에서 제출된 의문사항을 재확인하여 세금징수, 통계 및 사후관리를 위한 감독근거를 제공하게 된다. 수입화물의 HS code, 적용세율, 도착항인도가격 등은 검사결과를 통해 최종 결정된다.

화물검사는 일반적으로 세관의 감독지역내 항공, 기차역, 공항, 우전국 혹은 기타 세관감독장소에서 진행된다. 다량의 산적화물, 위험품, 해산물, 바지선 운수화물 등은 신고인의 작업현장에서 직접검사한다. 특수상황에서는 세관 담당자를 공장, 창고 혹은 공사현장에 파견하여 검사를 진행할 수도 있다.

수출입화물의 검사종료 후 세관 담당자는 〈세관수출입화물검사기록〉 1부를 작성하며, 주로 검사시간, 장소 및 송수화인 혹은 그 대리인의 명칭, 화물상황, 검사종료후 화물의 운송포장상황(운송수단 명칭, 컨테이너번호 및 규격, SEAL NO. 등), 화물의 명칭, 규격, 원산지, 품질, 수(중)량, 상태(원자재, 반제품, 완제품, 조립품, 부품 등) 및 기타 검사과정에서 발생한 화물의 유실로스 및 그 원인, 견본품의 인출 등 내역 외 세관의 검사결과를 기재한다. '화물검사기록부'는 세관의 관세징수, 통계, 사후관리 및 〈수출입화물증명서〉의 발행근거이며 밀수 등 위법안건 조사 및 납세분쟁 처리의 증거가 된다.

나. 검사 종류

세관은 실제경험 및 현장감독에 소요되는 인력·물자·장소 등 조건에 근거, 전수검사, 추출검사, 외형검사 등 검사방식을 채택한다. 포장된 화물의 개봉은 반드시 화주(貨主) 또는 대리인의 현장입회하에 통관원의 요구에 따라 이루어진다. 포장되지 않은 광물질, 곡물, 원유, 원목과 같은 화물과 화학비료, 시멘트, 설탕, 철강재와 같은 대량의 화물 및 위험물에 대한 검사는 선적선박현장에서 실시된다.

- 전수검사: 매 건마다 포장을 개봉하여 검사하는 방법으로서 화물의 품종, 규격, 수량, 중량, 원산지, 상태 등 모든 내역을 신고서류내역과 대조, 확인.
- 추출검사: 일정비례의 화물을 선정한 후 포장을 개봉하여 검사하는 방법으로서 검사대상화물의 품종, 규격, 수량, 중량, 원산지, 상태 등을 신고서류내역과 대조, 확인.
- 외형검사: 주로 화물의 포장, 마크 등에 대한 검사로서 화물의 겉면포장의 개폐여부, 파손흔적 및 기타 음란성 문자 혹은 그림의 유무 등을 확인.

6) 수출입화물의 통과(放行)

통과(放行)는 수출입화물에 대한 세관의 현장감독방식으로 통관절차의 마지막 단계이다. 〈세관법〉 제29조 규정에 근거, 세관의 특별허가를 득한 기타 경우는 납세완료(혹은 담보제공) 후 통과(放行)(인)을 날인하게 된다. 통과(放行)는 수출입화물에 대한 서류심사, 화물검사, 관세(비용)징수 등의 확인 후 세관의 현장감독을 종료하는 단계이다. 일반적으로 신고인의 서류제출 및 관세납부 후 세관은 신고서류에 통과인(放行章)을 찍어 화물을 통과시킨다.

통과(放行)는 통상적으로 수출입화물에 대한 세관의 현장감독업무의 종료를 의미하나 특수무역방식의 경우는 다소 상이하다. 예를 들면 보세화물, 가공무역화물 및 감면세 혹은 추후납부 화물은 통과된 후, 세관의 사후관리가 종료되어야 최종적으로 통관수속이 완료된 것이다.

가. 수출입화물 증명서 발급

수출입화물증명서(이하〈증명서〉)는 세관감독화물의 실제 수입 혹은 수출을 증명하는 증빙서류로서 화물의 소유자 혹은 그 통관원의 요청에 의해 통관수속 종료 후 발행한다.

- 수출환급통관단 발급

  환급 관련 수출화물의 통관신고시 신고인은 옅은 황색의 〈수출환급 통관단〉을 작성한다. 세관은 통과(放行)결정 후 통관단에 검사완료인, 세무기관 등록표시를 하고 수출환급 담당자의 인감 심사 및 위조방지표식 부착후 반환하면 신고인은 이를 세무기관에 제출한다. 고액관세율품목에 대해서는 세관이 밀봉서류로 작성하여 신고인에게 돌려주면 신고인은 이를 환급지 세무기관에 제출하게 된다.

- 수입외화결제, 수출외화영수 수출입화물 통관단 발급

  세관은 수출외화영수와 수입외화결제용 수출입화물 통관단에 대하여, 세관은 통과종료 후 통관단에 검사필인, 위조방지표시(우측상단)를 부착한 후 신고인에게 반환한다. 신고인은 이를 가지고 수출입 관련 등록말소 수속을 진행하게 된다.

나. 수출화물의 취하

통관취하는 수출신고화물이 통과수속 후 특별한 이유로 선적하지 못한 상태에서, 신고인이 반송을 신고하여 수출하지 않는 것을 말한다. 통관반송화물은 반송일부터 3일내에 세관의 비준을 거쳐 세관감독지역에서 반출운송한다. 수출세금 기납부 화물은 납세일부터 1년내 서면신고서 및 납세영수증에 의해 세관에 반환을 요청한다.

세관의 통과수속 후, 운송수단의 선적배치 등 원인으로 수출화물의 전부 혹은 부분이 선적되지 못하면 신고인은 〈수출화물통관단 변경신청서〉를 작성한다. 화물전부가 선적하지 못한 경우 세관의 승인을 거쳐 우선 통관반송으로 처리한 후, 다시 수출통관수속을 밟는다. 미선적된 것이 부분화물의 경우는 신고화물의 전부를 통관반송으로 처리한 후, 다시 새로이 실제 수출화물 부분의 통관수속을 진행해야 한다.

7) 수출입 담보

수출입 담보는 수출입활동에 종사하는 개인, 법인, 조직이 특수 수출입무역 혹은 세관사무 등의 실행을 위해 세관에 현금, 담보서 등을 제공함으로서 관련행위의 합법성 혹은 일정기간내 약정의무의 이행을 보장하는 것을 말한다. 수출입 담보의 특징은 다음 몇가지를 꼽을 수 있다.

- ▸ 약정의무의 이행: 신고인은 규정기간 내에 세관수속 보완 등 약정의무를 이행해야 함. 예를 들어 수입통관과정에서 수입화물의 송장을 제출하지 못하면 우선 해당액의 담보제공 후 화물을 인출하나 반드시 규정기한 내에 송장을 보완해야 함.
- ▸ 법적 제재: 신고인이 담보관련 약정의무를 이행하지 못하면 세관법규에 따라 처리하는 동시에 일정한 법률적 책임을 추궁함. 예를 들어 신고인의 감면세 수속신고과정에서 수입화물이 개항지에 도착하여 지급인출이 필요한 경우, 관련세금의 추후 납부를 신청하고 담보를 제공한 후 우선적으로 통관할 수 있음. 단, 규정기한에 감면세 수속을 완료하지 못하면 관세를 납부해야 하므로 세관은 통상 보증금 공제방법을 채택함.

가. 수출입 담보의 범위

화물의 종류 및 가격의 확정, 각종 증빙서류의 제출 및 기타 세관수속의 종료 전에 화물을 통관하는 경우 등 다음과 같은 상황이 발생하는 경우, 해당하는 담보를 제공해야 한다.

- 화물의 종류 및 가격이 불명확하여 통관수속이 지체된 상황에서 신고인이 화물의 통과를 신청한 경우
- 통관 수속시 관련 증빙서류(송장, 계약서, P/L 등)를 제출하지 못한 상황에서 수입화물의 지급 반입 혹은 수출화물의 지급 반출이 필요한 경우
- 화물의 감면세 수속 신고과정에서 화물이 이미 개항지에 도착하여 지급 반입 혹은 지급 선적이 필요한 경우
- 화물의 신고인이 관세의 추후납부를 신고한 경우
- 임시 수출입화물
- 통과하지 못한 화물을 임시로 세관감독 외 장소에 보관하는 경우
- 가공무역방식의 보세수입화물
- 위법혐의가 있는 수출입화물(혹은 물품) 의 통과

단, 국가 법률·법규의 별도규정이 있으면 그에 따르며 수출입관리 법률·법규가 담보관련 별도규정을 포함하고 있는 경우에도 세관의 담보제도를 적용하며 주요 내용은 다음과 같다.

- 납세의무 수출입화물을 규정기간 내 이전 혹은 은폐하는 경우
- 지적재산권 침해혐의의 수출입화물의 압류 혹은 통과
- 수입화물의 덤핑(혹은 보조금) 임시판정으로 상무부가 동종제품의 수입관련 담보제공을 요구한 경우
- 위법혐의가 있으나 몰수하지 않은 수출입화물
- 중국 내 영구거주지가 없는 세관의 행정처벌 대상자가 처벌에 불복하거나 출국전 벌금 혹은 위법소득을 납부하지 못한 경우

나. 수출입 담보 방식

위안화는 중국의 법정화폐로서 중국내 모든 공적(혹은 사적) 채무의 지급수단이다. 이외에 자유태환화폐도 국가외환관리국의 대외공시 국제지불수단으로서 통상 외화현금을 가리킨다. 담보의 지급형태는 통상 어음, 수표, 채권, 예금증서 등이며, 이 외에 외화지급증서, 외화유가증권 등도 포함된다.

은행 혹은 非은행금융기구가 제시한 보증도 가능하다. 보증서는 보증인의 신용 및 무형자산을 근거로 채무 관련 담보를 제공하는 방식으로서, 통상 은행 혹은 기타 금융기구가 발행한다. 단

〈인민은행법〉에 근거 인민은행은 중국의 중앙은행으로서 담보를 제공하지 못한다. 상기 담보물 외 기타 세관의 인가를 취득한 재산 혹은 권리 역시 담보가 가능하다.

세관의 담보관련 업무집행 주요내용을 보면 다음과 같다. 〈수출입화물담보신청 관리방법〉에 근거 '보증금'은 현금방식의 담보이며, 담보액은 관세 및 기타 비용의 합계와 같고, '보증금' 방식의 적용범위는 아래와 같다.

· 감면세수속 과정의 수입화물의 통과

· 담보방식의 미확정 상태에서 신용도가 낮은 통관업체 혹은 민감성제품

· 담보인이 보증금 담보를 자원 신청

보증금 방식 외의 모든 경우가 '보증서' 방식이 적용되나, 그 보증인 자격이 규정요구에 부합되어야 한다. 세관의 담보 신청조건에 부합되는 화물은 담보를 신청할 수 있으며, 세관은 상황에 따라 담보방식을 확정한다.

일반 수출입화물의 담보기한은 통상 20일을 초과하지 않는다. 특수상황 발생시 담보 기한내 세관에 연기신청을 하여 비준을 받는다. 임시 수출입화물은 통상 화물의 수입일부터 6개월이 담보기한이다. 담보인의 법률책임을 보면, 먼저 담보기한 내에 담보의무를 이행하지 않으면 해당 법률책임을 추궁한다. 관세액을 보증금에서 공제하는 동시에 통관신고업체가 수출입수속을 보완하도록 재촉하며 해당벌금을 요구할 수 있다. 또한 담보인의 납세의무를 추궁하며 은행통보 및 벌금을 징수한다. 통관업체의 통관자격을 잠정중지 혹은 취소할 수 있다.

2. 수출입 관련 세금

1) 관세 법률 · 법규 근거

중국의 관세 법령은 〈세관법(海關法)〉, 〈수출입관세조례〉 등으로 구성되어 있으며, 최근 국가세수를 보장하고 납세의무자의 권익을 수호·유지하기 위해 2009년 8월 19일에 〈세관세수보전과 강제조치 잠행방법(海关税收保全和强制措施暂行办法)〉을 공포했다.

관세 관련하여, 총9장 102조로 구성된(2001.1.1 개정발효) 〈세관법〉 중에서 제5장 53조~65조까지가 관세에 관한 규정이다. 〈수출입관세조례〉는 국무원령 제392호 2004년 1월 1일부터 발효되었고, 총 8장 42조로 이루어져 있다. 동 〈조례〉는 세율운용, 과세가격결정방법, 세금납부, 환급, 추징, 감면 관련 내용 등을 규정하고 있다.

2) 관세 종류

가. 수입관세, 수출관세

'수입관세율'은 대상국가에 따라 보통세율, 최혜국세율[203], 아태무역협정(APTA)[204]세율 및 특혜세율로 구분한다. 대상물품에 따라서는 일반물품세율, 쿼터세율 및 잠정세율로 구분하며, 관세부과방법에 따라 종가관세, 종량관세 및 복합관세로 구분된다.

중국정부는 국내자원의 보호와 선진국과의 통상마찰을 회피하기 위한 수출 자율규제 차원에서 일부품목에 대해 수출세를 부과하고 있다. 그러나 2008년 글로벌 경기침체로 인한 중국의 수출급감을 해소하고자, 2009년 7월 1일부로 일부제품에 대한 수출관세를 폐지하고, 일부는 수출관세율을 삭감하는 조치를 취한바 있다.

실제, 2009년 7월 1일부터 밀, 입쌀, 콩 등 곡류 제품 및 황산, 철사 등의 공예품 임시수출관세가 취소되었다. 또한 황산, 인광석, 인산, 인산칼슘, 중과인산석회 등 제품의 임시특별 수출관세가 취소되었으며, 동시에 미세탈크, 중소형 유색금속 제품의 임시수출관세도 낮추어졌다.

나. 관세율 인하 현황

세계세관기구의 '상품명칭 및 코드 조정제도'의 개편과 중국의 산업세수정책 및 수출입관리 수요의 변화로 기존의 수출입 코드 중 1,600개(HS코드 8단위 기준)를 조정하여, 2009년 기준 중국의 수출입 총 세목은 7,868개로 2008년의 7,758 개에서 110개 품목이 증가했다.

또한 WTO의 관세인하 협정에 따라 2009 년 1월 1일부터 딸기 등 5개 세목 제품의 수출입관세율을 낮추고 밀, 옥수수, 벼와 입쌀, 사탕, 양털, 털실, 목화 등 7개 농산물 및 요소, 복합비료, 인산이암모늄 등 3개 화학비료에 대해 지속적으로 관세쿼터제를 실시하고 있다.[205]

중국 재정부 관련 담당자는 관세율 인하대상 품목 범위와 세율인하폭이 비교적 작아서 총관세율에 영향이 크지 않으며, 농산물 평균 세율은 15.2%, 공업제품 평균세율은 8.9%로 2008년과 같다고 밝힌 바 있다.

---

203) 최혜국세율은 최혜국대우(MFN. most-favored-nation treatment)에 따른 세율이다. MFN이란 통상 등에서 한 나라가 특정국과 조약을 신규로 체결 또는 갱신하면서 지금까지 다른 나라에 부여한 대우 중 최고의 대우를 그 나라에 부여하는 것이다. 최혜국대우 실행세율은 최혜국대우를 받는 나라들에 적용하는 관세율을 의미한다. 한국과 중국은 1992년 수교직후 한·중 무역협정을 체결함에 따라 양국간 최혜국대우 실행세율을 적용한다.

204) 1976년에 체결한 아·태국가들간 특혜무역협정이 아시아·태평양 무역협정(APTA. Asia-Pacific Trade Agreement)이다. APTA 목적은 개발도상국간 무역확대로 가입국은 한국, 인도, 스리랑카, 방글라데시, 라오스, 중국 등 6개국이다. 1976년에 '방콕협정'으로 발효되었고, 회원국간 무역확대를 통한 유대관계 강화를 위해 2006년 9월 APTA로 개정발효되었다. 관세, 비관세장벽 제거를 통해 '아시아 태평양 경제사회위원회(ESCAP)' 관할내 개발도상국간 무역확대를 목적으로 특정 품목에 대하여 양허관세를 실시하고 있다.

205) 관세쿼터: 정부가 정한 일정수입량(쿼터량)까지는 저율의 관세를 부과하고 이를 초과해 수입되는 물품에는 고세율을 적용하는 것이다. 이를 할당관세라고도 하는데, 탄력관세(Flexible Tariff)의 일종이다. 관세쿼터는 수입할당제와 관세제도의 기술적인 특성을 혼합한 것으로, 두 제도가 개별적일 때의 결함을 보완해 준다. 중국은 2011년말 밀, 옥수수, 벼, 면화 등 45개 세목에 대해서 수입관세쿼터를 적용하고 있다.

2008년말 금융위기의 영향으로 중국의 대외무역이 타격을 받는 상황하에 중국은 기존에 맺은 자유무역협정과 관세특혜협정을 기반으로 2009년에는 최혜국세율보다 더 낮은 협정세율과 특혜세율을 부과해 통상협력을 촉진함으로써 상호이익을 실현하고 공동발전을 도모하고 있다는 평가이다.206)

다. 과세대상 및 의무자

관세의 과세대상은 중국 국경을 통과하는 화물과 물품이다. 납세의무자는 수입화물의 수화인, 수출화물의 발송인, 수출입물품의 소유자가 관세의 납세의무자이다. 먼저 화물의 납세 의무자를 보면 다음과 같다.

- 수출입회사
- 공업무역 또는 농업무역 결합의 수출입회사
- 기타의 비준을 거쳐 수출입상품을 취급하는 기업물품의 납세 의무자

다음으로 물품의 납세 의무자는 다음과 같다.

- 몸에 휴대하여 입국하는 물품의 소유자(해외 여행객)
- 자신이 쓰고자 휴대하여 입국하는 각종 운송기관에서 근무하는 직원(항공승무원)
- 선물할 물품 및 기타 방식으로 입국한 개인물품의 소유자
- 수입하는 우편물의 수취인

[키워드] 종가관세, 종량관세

종가관세(從價關稅)는 물품의 가격을 과세표준으로 하는 관세이다. 동일물품에 대하여 동일비율의 관세를 부과하더라도, 물품가격이 상승하면 관세수입도 많아지며, 가격이 하락하면 관세수입이 적어지는 것이 특징이다. 종가세는 관세의 과세표준을 물품가격에 의하여 세율을 책정하는 것이다. 장점으로는 관세를 상품가격에 따라 공평균등부과, 상품가격등락에도 과세부담 균형유지가능, 급격한 인플레이션에도 세율설정 당시와 동등한 관세부담으로 안정적 재정확보 등이 있다. 반면 단점으로는, 정확한 과세적정가격 확보 어려움, 이에 따른 분쟁발생 가능성, 복잡한 절차와 비용지출 우려, 동일물품이라도 상품원산지에 따라 다른 시장가격으로 과세상 차이발생, 근거리 수입촉진 및 원거리 무역저해 등을 들 수 있다. 종량관세(從量關稅)는 수출입 품목의 수량이 관세의 과세표준이 되는 관세이다. 종량세는 보조선적서류인 중량용적증명서에 따라 상품의 개수·중량·길이·용적 및 면적 등을 파악하여 이에 대한 관세율을 적용하여 관세액을 산출한다. 종량관세는 과세표준을 물품수량에 의하여 세율책정하는 것이다. 장점으로는 관세를 쉽고 정확하게 부과할 수 있는 행정상 편리, 분쟁 발생가능성 최소화, 간단한 절차로 비용절감 등이 있다. 반면 단점으로, 상품수량측정 계량단위(計量單位) 다양화에 따른 어려움, 가격변동에 따른 관세부과 불가, 상품중량이 품목에 따라 달라 과세의 공평성 결여, 인플레이션 상태에서 재정수입 확보 어려움 같은 단점이 있다.

206) 한국외국어대학교 국제지역연구센터(2011), 『중국중소기업 진출 가이드』, 중소기업진흥공단, 149-161쪽.

3) 감면세 혜택

가. 법정감면

법정감면은 〈세관법〉, 〈관세조례〉와 〈수출입세칙〉 등 법령에서 규정한 감면을 의미하며, 세관은 규정에 따라 세금감면을 실시하되 일반적으로 사후관리를 하지 않는다. 주요 감면대상은 아래와 같다.

- 관세세액이 10위안 이하인 화물
- 상품가치가 없는 광고용품과 견본품
- 외국정부, 국제기구에서 무상으로 증여한 물자
- 국경을 출입하는 운송수단에 적재된 것으로 운송중에 필요한 연료, 물자 및 음식
- 중국이 체결하거나 참가한 국제조약이 관세의 감면을 규정하는 화물, 물품
- 다음에 상황에 해당하는 수입화물로 세관이 심사하여 감면 가능
  · 국외에서 운송 도중 하역중에 파손되거나 손실된 화물
  · 하역 후 통관전에 불가항력에 의해 훼손 또는 손실된 화물
  · 세관 검사시 이미 탈루, 파손 또는 부패한 것으로 보관상의 부주의로 발생한 것이 아니라는 사실이 입증된 화물
- 외국 제조업체를 위한 가공·조립상품과 수출상품을 위해 수입한 원자재, 부자재, 부품, 부속품 및 포장재는 세관이 실제 가공수출된 상품의 수량에 따라 수입관세를 면제함. 또는 부품에 대해 먼저 수입관세를 징수하고 다시 실제 가공수출된 상품의 수량에 따라 환급함
- 세관에 승인을 얻어 임시반입 또는 반출되어 6개월 내에 다시 반출 또는 반입되는 견본품, 전시용품, 시공기계, 공사용 차량·선박 등은 화물의 수하인 또는 송하인이 세관에 관세 상당의 보증금을 납부하거나 담보를 제공한 후에 관세의 임시면세를 허가함
- 특정한 사유로 수입한 화물을 퇴환한 경우, 수출한 화물이 퇴환되어 돌아온 경우
- 대가없이 변상한 화물
- 법률규정에 의하여 감면한 기타화물

나. 특정감면 및 임시감면

특정감면은 정책성 감면이라고도 한다. 법정감면 이외에 실제 상황을 고려하여 제정 공포한 정책성 감면이다. 특정감면에는 일반적으로 지역, 기업, 용도에 대한 제한이 있고 세관은 후속관리를 해야 한다. 감면 품목은 교과용품, 장애인 전용품, 구호물품, 자선성 기부물품, 가공무역물품, 변경무역 수입물자, 보세구 수출입화물, 수출가공구의 수입화물, 수입설비, 특정산업 및 용도에 관한 감면세 정책 해당화물 등이다.

임시감면은 법정감면과 특정감면대상 물품이외의 수출입화물에 대해 특별한 필요에 의해 개별

적으로 감면세를 허용하는 감면제도이다. 즉, 국가정책과 경제체제의 변화 등 정책상의 원인으로 운영상의 적자 혹은 세금부담이 과중한 경우, 재난구호용 물품을 수입할 때 활용한다.

4) 과세가격 결정방법

가. 수입관세의 결정

- 수입관세율 적용방법

▸수입관세율은, 수입신고일 현재 시행중인 관세율을 적용

▸수입화물 도착전 사전 수입신고한 화물은 동 화물을 선적한 선박, 항공기의 입항신고일에 시행중인 수입 관세율을 적용

▸적용환율은, 세관의 납세증 발급일에 외환관리부서에서 공포한 환율의 매매중간가격으로 환산

- 수입에 부과되는 내국세

▸수입시 관세 외에 부가가치세인 증치세(增值税)가 일률적으로 부과되고, 일부물품에 대해서는 소비세를 부과

· 부가가치세(증치세): 16%

· 소비세: 골프용품, 고급손목시계, 유류, 화장품, 자동차, 타이어, 담배, 주류 등에 대해 3~50%의 종량세 또는 종가세 부과

- 수입화물의 과세가격 결정 방법

▸수입화물의 과세가격은 실제 지불하였거나 지불할 실제거래가격을 기초로 한 CIF 가격[207]

▸實제거래가격을 확정할 수 없는 경우의 과세가격 결정방법

· 동 화물과 동일한 수출국에서 수입한 동일화물 혹 유사화물의 거래가격

· 동 수입화물과 동일 또는 유사화물이 국제시장에서 공개된 거래가격

· 수입화물과 동일하거나 유사한 화물의 국내도매가격에서 수입관세, 수입시 발생하는 기타세 및 수입후의 정상운수 및 저장에 소요되는 경비, 영업비 등 각종비용 및 이윤을 공제한 후의 가격 (수입후의 각종비용 및 이윤의 종합계산은 과세가격의 20%로 정함)

- 수입화물 과세가격 중 운임, 보험료 계산

▸수입화물의 과세가격인 CIF가격에 포함되는 운임, 보험료

· 해상수입화물은, 중국내 하역항구에 도착시까지의 운임, 보험료

· 항공수입화물은, 중국내 하역공항에 도착시까지의 운임, 보험료

---

207) 1) CIF: 운임 및 보험료 포함 인도가격 조건(Cost, Insurance and Freight). 2) C&F: CIF에서 보험을 제외한 가격 조건. 3) FOB: 본선인도 가격조건(Free On Board). 즉 상품원가와 수출항까지의 운송비용, 본선적재비용, 수출통관비용 등을 합한 상품가격을 말함. 운임과 보험료는 포함되지 않음.

▸ 수입화물이 FOB가격으로 거래된 경우, 수출국 항구에서 중국내 항구까지 실제 지불한 운임과 보험료를 가산. 실제지불금액을 확정할 수 없는 경우 규정된 운임률과 보험률(액)에 따라 계산

· 수입화물이 C&F 가격으로 거래된 경우, 수출항구로부터 중국내 항구까지 운송전에 실제로 지불한 보험료를 가산, 실제 지불한 보험료를 확정할 수 없는 경우, 규정된 보험율인 C&F 가격의 0.3%를 보험료로 계산

· 개인이 휴대수입한 화물은 별도로 운임과 보험료를 산정하지 않음.

- 수입물품에 대한 세금 계산방법

▸ 수입물품 세액 = 관세액 + 증치세 + (소비세)

· 수입관세액 = CIF가격 × 관세율

· 소비세액 = [(CIF가격 + 관세액)/1-소비세율] × 소비세율

· 증치세액 = (CIF가격 + 관세액 + 소비세액) × 증치세율

나. 2011년부터 변화된 수입관세율

- 최혜국세율

2011년 중국은 밀 등 8개류 45개 세목의 물품에 대해 관세쿼터관리를 지속 실시하며, 세목과 세율은 현행과 동일하다. 쿼터초과 수입물량의 면화에 대해 활척관세(sliding tariffs)[208]를 적용한다. 요소, 복합비료, 인산제2암모늄 등 3종의 화학비료에 대해 1%의 잠정 쿼터세율 적용한다.

감광재료 등 55종 물품에 대해서는 종량세 및 복합세를 지속 적용한다. 필름세목 8개 품목의 종량세율을 조정한다. 9개 정보기술제품에 대해서는 세관의 검사와 확인관리를 지속 실시하며 세목과 세율은 현행 유지한다. 기타 최혜국세율은 현행 유지한다.

- 잠정세율

연료유 등 637 종의 자원성 제품과 기초 원자재 및 중요 부품에 대해서는 2011년에 최혜국세율보다 현저하게 낮은 잠정세율을 적용한다.

- 협정세율

중국과 무역 혹은 관세우대협정을 체결한 국가로부터의 수입물품에 대해서는 다음과 같이 협정세율을 적용(원산지가 한국, 인도, 스리랑카, 방글라데시, 라오스인 1,778개 세목의 물품

---

208) 활척관세(滑尺關稅)는 수입품 가격인상 혹 인하에 따라 다른 세율을 적용하는 관세이다. 즉 물품의 수입가격이 인상되면 낮은 세율을, 인하되면 높은 세율을 부과하는 관세이다. 수입품의 국내가격을 안정시키고 수급균형을 유지하기 위해 부과한다. 특정물품의 국제가격이 급등하면 이와 관련된 국내물품의 가격이 안정되지 않을 우려가 있다. 이때 과세가격의 구분에 따라 기본관세율 이하로 관세를 부과한다. 국제가격 변동에 탄력적으로 대처하므로 국내 생산자와 소비자를 보호하는 역할을 한다.

에 대해 아태무역협정세율 적용, 2009년, 2010년은 각각 1,751개, 1,767개)한다.

원산지가 브루나이, 인도네시아, 말레이시아, 싱가포르, 태국, 필리핀, 베트남, 미얀마, 라오스, 캄보디아인 일부 세목의 물품에 대해 중국-아세안 FTA 협정세율 적용한다. 원산지가 칠레인 7,080개 세목의 물품에 대해 중국-칠레 FTA 협정세율 적용(2009년과 2010년은 각각 6,978개, 7,029개)한다. 원산지가 파키스탄인 6,289개 세목의 물품에 대해 중국-파키스탄 FTA 협정세율 적용(2009년, 2010년의 경우 각각 6,191개, 6,240개)한다.

원산지가 뉴질랜드인 7091개 세목의 물품에 대해 중국-뉴질랜드 FTA 협정세율 적용(2009년 및 2010년의 경우 각각 6,989개, 7,040개)한다. 원산지가 싱가포르인 2,760개 세목의 물품에 대해 중국-싱가포르 FTA 협정세율 적용(2009년 및 2010년의 경우 각각 2,739개, 2,753개)한다. 원산지가 페루인 6,855개 세목의 물품에 대해 중국-페루 FTA 협정세율 적용한다.

원산지가 홍콩이며, 원산지 특혜표준을 이미 제정한 1,623개 세목의 물품에 대해 영관세 적용 (2009년 및 2010년의 경우 각각 1,539개, 1,587개)한다. 원산지가 마카오이며 원산지 특혜표준을 이미 제정한 1215개 세목의 물품에 대해 영관세 적용(2009년 및 2010년의 경우 각각 681개, 1,209개)한다. 원산지가 타이완이며 중국-대만 ECFA의 상품무역 조기수확 프로그램(對대만 우선개방)에 포함된 557개 세목의 물품에 대해 협정세율 적용한다.

- 최빈국 특혜세율

  중국과 무역 혹은 관세우대협정을 체결한 라오스 등 동남아 4개국, 수단 등 아프리카 30개국, 예멘 등 7개국 등 UN이 인정한 총 41개 최빈국에 대해 특혜세율 적용한다.

- 보통세율은 변화 없음

다. 수출관세 및 수출가격 심사

수출관세의 계산방법을 보면, 수출관세는 수출신고일에 시행중인 수출관세율에 따라 세금을 징수한다. 수출화물의 과세가격은 실제거래가격을 기초로 수출 FOB 가격에서 수출세를 공제한 후의 가격을 과세가격으로 한다.

수출의 정상질서 유지와 저가 덤핑수출을 방지하기 위해 세관은 수출상품에 대한 가격심사를 실시한다. 수출가격 중점가격 심사대상 수출물품을 지정하고 중점가격 심사대상 수출물품에 대해서는 가격을 심사한다. 세관에 수출신고된 수출상품가격이 심사가격보다 낮은 경우, 세관에서 관련 수출입상회와 국가외환관리부서에 통지하여 처벌(수출불허 및 벌금부과)한다.

라. 2011년부터 변화된 수출관세율

- 수출세칙상 세율

  · 수출 세칙상의 수출세율은 2009년, 2010년에 이어 2011년에도 변경사항 없음

· 장어치어 등 일부 수출품목에 대해서는 잠정세율을 적용하며 일부 화학비료에 대해 특별수출관세를 지속 부과함

- 세칙 세목
  · 일부 세칙 세목을 조정, 2011년판 중국 수출입세칙의 세목 총수를 7977개로 함. (2009년 및 2010년의 경우 각각 7,868개, 7,923개)

5) 관세의 납부, 환급(退稅) 및 추징(補稅)

가. 관세의 납부

▸ 수출입화물의 관세는 지정기일 내에 납부해야 하며, 지정기일을 경과한 경우 체납금 가산징수
  · 납부기한 및 체납금: 세관 세금납부서 발급일로부터 15일 이내에 지정 은행에 납부(일요일과 법정공휴일 제외)

나. 관세의 환급(退稅)

▸ 관세를 과다 납부한 경우, 세관에 신청하여 초과납부한 관세액의 환급 가능
  · 1년 이내에 서면으로 환급신청
  · 감면대상물품에 대한 관세 등은 3개월 내에 환급신청

▸ 관세환급이 가능한 경우
  · 세관의 착오로 초과 납부한 경우
  · 세관이 검사면제한 수입화물이 세금을 완납한 후, 부족 하역한 사실이 발견되어 세관의 허가를 받은 경우
  · 수출관세를 완납한 화물이 수출되지 못하여 수출취하(退關) 신고하여 세관이 허가한 경우
  · 감면 가능한 수출입화물에 대해 관세를 납부한 경우

다. 관세의 추징(補稅)

▸ 수출입화물에 대한 관세의 부족징수 또는 징수누락을 발견한 경우
  · 세관은 납세일 또는 화물통관일로부터 1년내에 수화인과 발화인 또는 그 대리인으로부터 추가 징수 가능
  · 수화인과 발화인 또는 대리인의 규정위반으로 인한 경우는 3년내 추징 가능

▸ 관세의 추징방법
  · 감면수입화물을 세관의 허가를 받아 양도 또는 판매함으로 인해 추징해야 할 경우, 당초 수입일에 시행된 관세율과 환율을 적용하여 추징

3. 보세구역과 수출가공구역

1990년 국무원 승인으로 세관이 감독하는 특별지구로 처음에 지정된 상해외고교보세구(上海外高桥保税区)를 시작하여, 현재 15개의 보세구역이 설치되었다. 해당 14개 보세구역을 보면, 천진항(天津港), 다롄(大连), 장가항(张家港), 심천사두각(深圳沙头角), 심천복전(深圳福田), 복주(福州), 해구(海口), 하문(厦门象屿), 광저우(广州), 칭다오(青岛), 닝보(宁波), 산터우(汕头), 심천 염전항(深圳盐田港), 주해(珠海保税区), 해남양포경제개발구(海南洋浦经济开发区) 등이다.

보세구역(保税区·Duty-Free Zone)에서는 관세신고 수속으로 우대정책의 혜택을 받을 수 있으며, 가공무역을 위한 제조공장만이 아닌 가공무역에 관계되는 무역회사, 금융, 창고, 물류, 보험 등의 개설도 가능하다.

수출가공구역(出口加工区 ·Export Processing Zone)에 대해 중국정부와 세무총국은 가공무역이 내륙으로 확산되는 현상을 막기 위해 출입을 제한한 특별한 특별지역을 설치하고 보세관리를 집행한다는 방침을 표명하고 있다. 즉 수출가공구역은 수출가공 무역 및 이에 관련된 창고, 운송업만으로 한정되어 있으며, 세관이 구역 내를 엄격히 감시, 관리하고 있다.

2000년 4월 중국정부의 결정으로 1차로 15개소가 수출가공구역으로 지정된 바 있으며, 2011년 말 기준으로 50여개의 수출가공구역이 지정되어 있다.

보세구역과 수출가공구역은 표면상으로는 유사하지만 설치목적은 다르다. 보세구역은 제조가공업만이 아닌 창고, 무역, 전시장으로써의 큰 역할을 가지고 있는 반면, 수출가공구역은 '외국→←외국'의 수출가공만을 위해 설치된 중국판 제조업 전용의 EPZ(Export Processing Zone)인 셈이다.

1) 보세구역

가. 국내 일반지역과의 차이점

보세구역은 중국 국내에 있으면서 세관으로부터 해외와 동일하게 취급된다. 즉 보세구역으로부터 보세구역이 아닌 중국 내 일반지역에 유입되는 화물은 수입화물로 인정함과 동시에 일반지역으로부터 보세구역에 유입되는 화물은 수출화물로 인정된다.

증치세(부가가치세)에 대해서는 세관의 관할이 아닌 세무국의 판단에 의해 국내거래라고 인정이 될 경우 일반과세에 해당되며, 해외거래로 인정될 경우 증치세 세율이 제로로 매입 증치세가 환급대상이 된다. 현재 일반지역으로부터 보세구역으로의 판매는 세관으로부터 '수출', 세무국으로부터 국내 판매로 인정되는 것이 현실이다. 해외수출의 판단은 보세구역에 반입된 보세화물이 최종적으로 해외에 반출이 되는 여부에 기준을 두고 있다.

나. 보세구역과 국내 일반지역과의 매매

보세구역 내에서 사용하는 기기, 설비, 건설자재 및 물자를 일반지역에서 보세구역으로 유입되는 경우는 보세구역 내의 사용자가 이들의 물품 리스트를 명확하게 세관에 제출하고 심사를 받아야 한다. 이들 물품은 국내 판매로 인정되기 때문에 이미 지급한 관세와 유통세(증치세 등)는 환급받지 못한다.

다. 보세구역 내 가공제품의 국내 판매

외국에서 수입한 원재료만을 사용하여 보세구역 내에서 가공 제조한 물품을 중국 일반지역에 판매하는 경우는 부가가치를 포함한 완성품의 금액에 대해서 증치세가 과세된다.

국외에서 유입된 원료에 국내 일반지역에서 구입한 재료를 혼합하여 제조한 물품을 국내 일반지역에 판매하는 경우, 일반지역에서 유입된 재료의 품명, 수량, 가격을 정확히 신고해야 한다. 만일 부정확하게 신고한 경우에는 완제품 수입의 경우와 동일하게 과세된다.

라. 보세구역과 국외의 매매

국외에서 보세구역으로 유입된 물자에 대한 관세, 증치세 등은 각 '보세구역조례'에 의해 다음과 같이 처리된다.

- 보세구역 내의 생산적인 시설의 설비, 기계, 물자 등은 면세
- 보세구역 내 기업의 자가생산설비, 관리설비, 합리적인 수량의 사무용품, 유지보수용의 부품류, 생산용의 원료 등은 면세
- 보세구역 내 기업의 공장, 창고, 시설건설 등에 사용한 설비, 물자 등은 면세
- 보세구역 내 기업이 가공제조해서 재수출하는 원재료, 부품, 소재, 포장재료는 보세취급
- 상기 이외의 화물 혹은 물품을 국외로부터 보세구역에 유입한 경우에 대해서는 과세

즉, 국내 판매용의 원재료는 보세구역에 유입될 때 과세되지만, 국내 판매하는 경우 부가가치를 포함한 완성품 가격에 대해 과세된다. 국내 판매용의 원재료 부분은 관세와 유통세 등의 이중과세가 되는 셈이다.[209]

외국과의 협의에 의해 자주규제, 할당관리를 집행한 물품 이외의 수출품은 보세구역에 있어서 할당에 의한 수출입허가증 관리가 적용되지 않는다.

2) 수출가공구역

수출가공구역은 수출 전용으로서 보세구역처럼 국내와 매매하는 것을 금지하고 있다. 구역은 완전히 폐쇄되어 있기 때문에 출입시 세관원이 통제하는 전용통로만을 이용함으로써 출입국,

209) 장경식(2008),『중국을 읽는 기술』, 천케이, 146-149쪽.

수출입에 준한다. 수출가공구역에 근무하는 자는 여권 대신 구내에 종사하고 있다는 신분증명서를 지참해야 한다. 차량은 사전에 등록해야하고 화물, 물품은 수출입통관세 수속을 해야 한다.

수출가공구역에서는 보세구역의 최대 문제인 '일반지역에서 수출가공구역에의 판매'의 변칙적인 판매는 이루어질 수 없다. 이는 세관, 외환관리국, 세무국 등으로부터 '수출'이라고 인정을 받아야 하기 때문이다. 그러나 수출가공구역 내에서 사용된 '비생산용 물자'에 대해서는 보세구역과 동일하게 국내판매로 인정하여 증치세가 과세된다.

[표 5-1] 중국의 주요 수출가공구 현황

지역	수출가공구 명칭	지역	수출가공구 명칭
하북성	河北廊坊出口加工区 河北秦皇岛出口加工区	절강성	浙江杭州出口加工区 浙江慈溪出口加工区
강서성	江西赣州出口加工区 江西南昌出口加工区 江西九江出口加工区	복건성	福建泉州出口加工区 福建福清出口加工区 福建福州出口加工区
상해시	上海松江出口加工区 上海青浦出口加工区开发有限公司 上海闵行出口加工区开发有限公司 上海金桥出口加工区（南区） 上海漕河泾出口加工区发展有限公司 上海嘉定出口加工区发展有限公司	산동성	山东威海出口加工区 山东青岛出口加工区 山东济南出口加工区 山东青岛西海岸出口加工区
호북성	湖北武汉出口加工区	길림성	吉林珲春出口加工区
안휘성	安徽芜湖出口加工区	신강	新疆乌鲁木齐出口加工区
호남성	湖南郴州出口加工区	하남성	河南郑州出口加工区
광서	广西北海出口加工区	운남성	云南昆明出口加工区
섬서성	陕西西安出口加工区（A）区 陕西西安出口加工区（B）区	내몽고	内蒙古呼和浩特出口加工区
천진시	天津出口加工区	사천성	四川绵阳出口加工区
요녕성	辽宁大连出口加工区	광동성	广东深圳出口加工区
강소성	江苏无锡出口加工区 / 江苏南京出口加工区 / 江苏连云港出口加工区 江苏常州出口加工区 / 江苏吴江出口加工区 / 江苏常熟出口加工区 江苏武进出口加工区 / 江苏南通出口加工区 / 江苏南京出口加工区(南区) 江苏镇江出口加工区 / 江苏吴中出口加工区 / 江苏扬州出口加工区 江苏淮安出口加工区 / 江苏泰州出口加工区		

자료: 중국보세구·수출가공구협회(2012.4) www.cfea.org.cn

제2절 중국 무역구조 및 현황

1. 중국 대외무역체제의 개혁

중국의 대외무역체제 개혁은 다음과 같이 시기별, 단계별로 나누어 볼 수 있다.

1) 개혁개방 이전의 대외무역체제(1949~1978년)

이 시기는 중국정부가 계획경제를 추진하던 시기이며, 따라서 고도로 집중된 중앙정부의 계획 하에 집행되는 무역체제를 보유했다. 각 정부 부처와 국유기업의 요구를 바탕으로 정부는 공동으로 수출입 계획 수립하였다. 수립된 계획은 당시 유일한 수출입 무역권을 보유했던 수출입공사(進出口公司)에서 일괄적으로 수출입 계약 체결을 체결하고 집행했다. 또한 수출입 가격 역시 정부가 지정을 했다.

2) 개혁개방 시기 대외무역체제(1979~2001년)

개혁개방 정책의 시작에 따라 광동성, 복건성 등 화남지역을 중심으로 경제특구가 지정되었으며, 이어서 대외 개방지역이 상하이 등 화동 연해지역으로 확대되었다. 이에 따라 중국정부는 단계별로 대외무역체제를 개방형으로 전환하게 된다.

1979년부터 2001년까지 중국의 대외무역정책 변화는 기존의 통제와 보호주의 틀에서 벗어나 대외무역에 자율성과 경쟁을 도입함으로써 사회주의체제와 시장경제요소의 조화를 유지하는 방향으로 진행되었다. 대외무역의 행정관리를 강화하면서 정부의 무역관리권 이양을 통해 무역기업의 적극적인 자율성을 유도하고, 수출입대리제(進出口代理制)와 전면적 수입경영대리제(進口經營代理制)의 실시를 통해 무역회사의 대외무역경영관리를 개선했다. 또한, 수입허가증 대상을 축소하고, 수입관련 세제(稅制)를 정비하며, 관세를 인하하여 중국시장에 대한 개방도를 점차 제고하였다.

가. 무역업 허가 관리

대외개방 이전 중국의 대외무역은 수출입을 전담하는 소수의 수출입전업공사(輸出入專業公司)가 독점하고 있었다. 그러나 대외개방 이후 경제와 무역규모가 확대됨에 따라 대외무역을 취급하고자 하는 기업이 늘어나게 되어 대외무역의 독점체제는 비난을 받기 시작했다. 이에 따라 중국정부는 1982년 대외경제무역부에게 대외무역기업의 설립을 일괄적으로 관리할 수 있는 권한을 부여했다. 그 결과 공무공사(工貿公司), 변경무역공사(邊境貿易公司), 무역서비스공사(貿易服務公司) 등이 탄생하였다. 이들 기업은 형태에 따라 무역업에만 종사하는 기업, 기존의 업무를 하면서 무역업무를 하는 기업, 대외무역과 관련된 자문, 광고, 운송 등의 서비스를 제공하는 기업으로 분류된다.

당시 무역기업의 설립 조건으로는 ① 자립경영의 독립경제실체로서 재무적으로 독립채산제, 손익자기책임을 유지해야 하고, ② 고정된 명칭과 완비된 정관을 갖추고 명확한 업무범위와 수출입상품목록이 있어야 하며, ③ 국가규정에 합치되는 자금, 고정된 영업장소, 업무진행에 필요한 기타 물적 조건을 갖추고 있어야 한다. 상기조건을 갖추고, 중국내에서 수출입에 종사하고자 하는 기업은 당시 대외경제무역부 또는 대외경제무역부가 권한을 위임한 각 지방의 대외무역 관련 주관부서의 허가를 얻은 후, 중앙 또는 각 지방 공상행정기관에 등기를 함으로써 무역업 취급자격을 취득할 수 있었다.

한편, 1994년에 공포된 중국의 대외무역관리의 법률적 기반인 〈대외무역법(對外貿易法)〉에 따르면, 대외무역권의 신청자격은 중국의 법인과 기타조직으로서 자연인이나 외국법인은 포함되지 않았다. 다만, 외국인투자기업(外商投資企業)의 경우는 외국인투자기업에 대한 법규에 의거하여, 기업자체 사용물품의 수입 및 기업생산에 필요한 각종설비, 원료, 기타 물자의 수입, 그 생산품의 수출은 가능하게 되어있다.

나. 수출입 품목 허가관리

1980년 이전의 대외무역은 국가기관인 수출입전업총공사(進出口專業總公司) 및 그 지사가 수출입 권한을 가지고, 국가계획에 따라 수출입을 하였기 때문에 별도의 수출입허가증은 필요하지 않았다. 그러나 대외개방 이후 수출입업무를 취급할 수 있는 기업이 늘어나게 됨에 따라, 내구소비재의 대량수출과 무분별한 수입증가 등의 현상이 나타나게 되었다.

이러한 문제를 해결하고 무역기업에 대한 통제를 위해, 대외무역경제부는 1980년 6월 〈수출허가증제도에 관한 잠정규정(出口許可制度的暫行辦法)〉을 제정했고, 4년후에 국무원은 1984년 1월 〈수입허가증에 관한 잠정조례(進口許可制度的暫行條例)〉를 공포했다.

먼저 수출허가증 제도를 살펴보면, 수출업체가 수출허가대상품목을 수출하고자 할 때는 반드시 수출 전에 대외경제무역부 등 지정된 발급기관에 신청하여 수출허가증(Export Licence: E/L)을 수령한 후 세관에 수출 신고시 제출해야 한다. 수출허가증은 일반적으로 한 번 수출시 한 장의 허가증이 요구되며, 매번 발행일로부터 최장 3개월을 초과하지 않는 E/L을 가지고 유효기일 내에 단 한 번만 사용할 수 있다. 단, 외국인 투자기업의 수출품, 보상무역 수출품, 중국 특산품의 경우는 E/L의 유효기간이 최장 6개월이며 이 기간 안에 12회까지 복수로 사용할 수 있다.

수입업체는 수출과 마찬가지로 수입 전에 지정된 발급기관에서 수입허가증(Import Licence: I/L)을 발급받아야 한다. 단, I/L을 신청하기 전에 국가계획위원회 등이 발급하는 수입유효증서를 발급받아 이를 I/L 신청서에 첨부해야 한다. 이는 수입허가 전에 수입물품의 적합성 등을 검토한 뒤 I/L을 발급함으로써 무분별한 수입증가를 적극적으로 통제하려는 것이다. I/L 유효기간의 연장은 최장 6개월까지 가능하며 일단 유효기간이 연장된 I/L은 어떤 경우에도 다시 연장 받을 수 없었다.

다. 관세 및 통관제도

중국정부에게 관세(關稅)는 대외개방 이전까지만 하더라도 단지 주요 수입원(收入源)중 하나에 불과했다. 그러나 대외개방 이후 대외무역량의 증가에 따라 중국정부는 관세를 수출입의 조절기능과 국내산업의 보호기능으로 활용할 필요성을 느끼게 되었다. 이에 따라 1980년에 대외무역부 관세국을 관세총국으로 개칭하고 국무원 산하 조직으로 승격시켰다. 또한 1985년에 〈수출입관세조례(進出口關稅條例)〉, 1987년에 〈세관법(海關法)〉'을 공포함으로써 중국의 관세제도의 틀을 잡게 된다.

중국이 관세관련 법률·법규를 통해 주장하는 관세의 기본원칙은, ① 국가경제와 국민생활에 꼭 필요하지만 국내에서 생산이 불가능한 수입품에 대해서는 관세를 면제하거나 저율의 관세를 부과, ② 원자재의 관세율은 반제품 혹은 완제품보다 낮게 책정, ③ 국내에서 생산이 불가능하거나 품질이 일정한 수준에 도달하지 못한 기계설비 및 기기를 만드는 데 필요한 각종 부품의 관세율은 완제품보다 낮게 책정, ④ 국내에서 생산이 가능하며 국가경제와 국민의 생활에 직접적으로 필요하지 않은 제품에 대해서는 높은 관세율 적용, ⑤ 국내에서 생산 및 공급이 가능하고 국내산을 보호할 필요가 있는 제품은 높은 관세율을 부과, ⑥ 수출을 증대하기 위해 대부분의 수출상품에 대하여 수출관세를 면제한다는 것이다.

중국은 종가세와 종량세를 혼용하는 복합관세제도(複合關稅制度)를 실시하고 있다. 중국과 관세협정을 맺고 있는 국가에 대해서는 우혜관세율(優惠關稅率)을 적용하고, 관세협정을 맺고 있지 않은 국가에 대해서는 우대관세율보다도 높은 관세율인 보통관세율(普通關稅率)을 적용하는 차별적인 관세제도를 운영하고 있다. 또한 중국은 수출상품 영세율(零稅率) 원칙에 근거하여, 1983년부터 수출상품 세금환급정책을 시행하기 시작했다. 이것은 지정된 수출화물에 대하여 중국 내에서 부과하는 증치세(增値稅. 부가세)를 돌려주거나, 중국내 생산과 유통중에 부과된 간접세를 돌려주는 것을 말한다. 관련기관은 세수증감 및 수출량의 증감에 따라 증치세의 환급률을 조정하여 적용할 수 있다.

한편, 통관제도는 중국 내로 들어오거나 또는 반출되는 모든 화물 및 운송수단은 세관을 거쳐야 한다는 원칙 하에 운영되고 있다. 세관을 통과하려면 수출입 허가증명과 기타 공적인 증명서류가 있어야 하며, 상품에 따라 상품검사, 동식물검역 등 검사증명서(檢査證明書)가 요구되기도 한다. 중국의 수입조사제도는 수입품에 대해 국산품보다 더 높은 품질기준을 요구하고 있어, 국내산업을 보호하기 위한 비관세장벽 작용을 하고 있다.

라. 무역구제조치

중국의 대외무역 구제조치에 관한 법체계는 1994년 WTO 가입에 대비하여 〈대외무역법(對外貿易法)〉을 제정하면서 시작되었다. 대외무역법은 총 8장 44조로 구성되어 있으며, 그중 제30조에서 반덤핑 관련 조항을 규정하고 있다. 하지만 〈대외무역법〉 시행 이후에도 관련 시행령이나 규칙의 미비로 대외무역 구제조치가 실시되지 못하다가, 1997년 〈반덤핑 조례〉를 제정하면서 시행하게 되었다.

참고로 1997년 12월에 실시된 한국산 신문지에 대한 반덤핑조사가 외국산 제품에 대한 최초의 반덤핑 조사였다. 중국의 〈반덤핑 조례〉는 보호주의 색채가 지나치게 강하며, 다음과 같은 문제점이 있다. 첫째, 반덤핑 운용절차를 당국의 내부규정에 맡겨두고 있어 투명성이 결여되어 있다. 둘째, 사법심사에 대한 언급이 없어 절차의 공정성에 대한 의문이 제기되고 있다. 즉, 최종판정 이후 결과에 불복하면 어떠한 절차로 행정조치가 되는지 명확하지 않다. 셋째, 동종상품의 정의와 정상가격 산정의 방법이 명확하지 않다. 이같이 규정이 불명확하여 분규발생시 중국이 유리한 방향으로 해석할 수 있다.

한편, 〈반덤핑 조례(1997)〉는 일방적 보복조치를 가능하게 하는 조항을 가지고 있어 무역상대국으로부터 많은 비난을 받고 있었다. 〈반덤핑 조례〉 제40조에는 '어떤 국가나 지구(地區)가 중국상품에 대하여 차별적인 반덤핑조치를 취하면 중국 역시 이러한 상황에 근거하여 그 국가나 지구에 대하여 상응하는 조치를 취할 수 있다'고 되어 있다.

중국은 어떤 국가와의 무역역조가 심화되면 이 조항을 적용하여 보복을 취하는 경향이 있다. 실제 한국은 한중수교이후 중국과의 무역수지가 계속 흑자를 나타내고 있는 관계로, 석유화학, 철강 등 제품에 대해 다른 국가보다 많은 반덤핑조치를 받았다. 이것은 일방적 보복조치를 금지하고 있는 WTO의 다자주의에 대한 명백한 위반이었지만, 2001년전까지 중국은 WTO회원국이 아니었기 때문에 WTO의 분쟁조정절차에 따른 해결이 원천적으로 불가능 했다.

[표 5-2] 중국 무역체계의 단계별 발전 추이

1단계 1979~1984년	- 중앙정부가 독점하던 무역권한을 지방정부로 점차 이양 - 대외무역공사와 대외위탁공사로 대외관리 이원화(1982) - 무역을 관장할 중앙부처로 대외무역부(对外贸易部. 1952.8-1982.3)를 설치 - 효율적 관리를 위해 대외무역부, 대외경제연락부, 국가수출관리위원회, 국가외국투자관리위원회를 통폐합 후, 대외경제무역부(1982.3-1993.3) 설치
2단계 1984~1988년	- 정부와 무역기업 기능분리(政企分離), 무역권을 무역기업(수출입공사)에 이양 - 권한 이양받은 무역기업은 수출입 대리제도 통해 타사의 무역업 대행(1984) - 수출허가증 관리 및 수입할당제 실시(1985)
3단계 1988~1991년	- 대외무역 분야에서 승포경영책임제 실시(권한 이양) - 상품을 기준으로 중앙정부와 기업 관할을 구분 - 외환관리제도 개혁(획득 외환의 자율 사용)
4단계 1992~2001년	- 덩샤오핑 남순강화(1992) 후 대외무역경영권 확대(연구소, 일반제조기업 등에 수출입권 부여), 수입조절세 폐지 (1992) - 대외경제무역부를 대외무역경제합작부(1993.3.16-2003.3)로 명칭 변경 - 1994년 5월에 〈대외무역법〉 공포, 동년 7월에 실시. - 조건을 갖춘 사영기업에 독자적 수출입 권한 부여(1999)
5단계: WTO 가입이후 (2002년 이후)	- WTO규정 위반 조항을 수정한 〈대외무역법〉을 개정하여 공포(2004.4.6) - 단계별 무역 자유화 (자격을 갖춘 기업에게 무역권 부여) - 금융·유통·서비스 부문에 대한 대외 개방 - 대외무역경제합작부, 국가경제무역위원회, 국내무역부, 국가발전계획위원회에 분산되어 있던 경제부문을 통합하여 상무부(2003.3~현재)를 설립

자료: 관계 법률·제도 참고하여 저자 정리(2012.4)

3) WTO 가입 이후의 무역정책

중국은 국제정치·경제적 위상 제고와 WTO가입에 따른 최혜국대우 획득 등을 위해 WTO가입을 추진해왔다. 15년이라는 협상 끝에 2001년 11월 카타르 도하에서 개최된 WTO 제4차 각료회의에서 WTO 가입이 승인됐다. WTO 가입으로 중국정부에게는 각종 무역장벽(貿易障壁)이나 제도적인 문제점 등을 국제규범에 맞게 수정해야 한다는 과제도 동시에 부여되었다. 무역상대국이 요구하고 있는 관세인하 및 무역제한조건의 철폐, 국영무역에 대한 조정, 무역장벽의 완화 등이 대표적인 개선과제이다. 이에 따라 중국의 경제및 무역정책은 WTO가입과 더불어 급속히 변화해 왔다.

가. 〈대외무역법〉 개정을 통한 제한 완화

중국의 무역규모는 2003년 8,500억 달러를 돌파하여 세계 순위가 11위에서 4위로 오르는 등 급속한 성장을 보이고 있다. 이러한 성장세를 감안할 때, 기존의 〈대외무역법(1994)〉으로는 변화하는 무역환경에 적응하는 데 한계가 있다는 지적 하에, WTO규정에 의거하고 미국, EU, 일본의 입법사례를 참고하여 〈대외무역법〉을 개정했다.

동 법은 2004년 4월 6일 제10기 전국인민대표회의 상임위원회에서 통과되어 2004년 7월

1일부터 시행되었다. 개정 〈대외무역법〉은 총 11장으로 구성되어 있으며, 주요 내용은 다음과 같다.

첫째, 개인도 수출입업무를 영위하는 무역업자가 될 수 있다. 개정 전에는 중국의 자연인은 수출입에 종사하는 대외무역경영자(對外貿易經營者)가 될 수 없었다. 이번 조치로 일반 개인의 무역활동 참여가 크게 늘어나게 되었다.

둘째, 전략비축물자(戰略備蓄物資)의 교역을 부분적으로 일반 무역업자에게도 허용했다. 그동안 석유, 곡물, 비료, 면화, 설탕 등과 같은 전략비축물자의 수입은 국유기업에게만 허용되었으나, 이제는 일반기업도 수입허가를 받을 수 있으며, 전략비축물자의 일정비율에 대하여는 비허가업체도 무역을 할 수 있게 되었다. 이로써, 중국은 WTO 가입시 약속했던 수출입 대상품목의 전면적 개방을 이행하게 되어, 상기품목의 교역증대도 가능하게 되었다.

셋째, 지적재산권 보호(知識産權保護) 조항의 신설이다. 개정법에서는 지적재산권을 침해한 상품의 수입을 금지하고, 기존 수입품도 지적재산권을 침해하거나 대외무역질서를 어지럽힌 것으로 판명될 경우 수입금지 조치를 취할 수 있도록 했다. 또한, 중국 기업과 개인의 지적재산권을 보호하기 위한 조치를 취하지 않은 국가에 대해서는 국제조약과 협정에 따른 대응조치를 취할 수 있도록 했다.

넷째, 제7장 대외무역조사 부분의 신설이다. 대외무역질서를 수호하기 위하여 국무원 대외무역 주관부처는 단독 또는 국무원 관련 부처와 협동하여 법률, 행정법규의 규정에 따라 아래사항을 조사할 수 있도록 규정했다. 즉 ① 상품수출입, 기술수출입, 국제서비스무역이 국내산업 및 그 경쟁력에 대한 영향, ② 관련 국가 또는 지역의 무역장벽, ③ 법에 따라 반덤핑, 반보조 또는 세이프가드 등 대외무역구제조치의 실시를 확정하기 전에 조사해야 할 사항, ④ 무역구제조치를 회피한 행위, ⑤ 대외무역중의 국가안전이익과 관련된 사항 등이다.[210]

나. 관세 및 통관 관리

중국은 WTO 가입시 약속한 관세인하를 대체로 충실히 이행하고 있다는 평가를 받고 있다. 중국은 2010년까지 평균관세율을 9.8%까지 인하하기로 약속했었다. 이에 따라 2002년 이후 두 차례나 관세율을 인하하였으며, 2003년말 기준으로 중국의 평균 관세율은 10.4%로 낮아졌다. 제품별로는 농산물은 15.6%, 광공업품은 9.5%이고, 정보기술협정 해당품목 중 대부분에 대하여 관세감면을 이행하여 대부분 영세율을 적용하게 되었다.

다. 무역구제 조치

중국은 〈대외무역법(1994)〉에 근거하여 1997년부터 대외무역 구제조치 관련 법률인 〈보장조

210) 강효백(2006), 중국 2004년 대외무역법에 관한 연구, 「한국동북아논총」 제40집, 183-184쪽.

치(세이프가드)조례〉, 〈반덤핑조례〉, 〈반보조금조례〉를 제정하고 운영하여 왔다. 그러나 이들 법령은 외국기업에 대한 투명하고 공정한 대우를 보장할 구체적 내용이 결여되어 있다는 지적을 받았다. 이에 따라 2004년 4월 개정된 〈대외무역법〉의 기초 아래, 중국은 대외무역 구제조치 관련 법률을 대외개방 확대와 정책의 투명성 확보에 초점을 두고 개정하여, 2004년 6월 1일부터 시행하게 되었다.

이는 WTO의 관련 법칙에 부합되게 개정한다는데도 의의가 있다. 〈보장조치(세이프가드)조례〉 개정안은 총 5장 34조로 구성되어 있으며, 주요 개정내용은 다음과 같다.[211]

첫째, 과거에는 예비판정 후에 최종결정을 내려 세이프가드를 발동했으나, 개정 후에는 예비판정을 생략하고 바로 최종결정을 내릴 수 있도록 했다. 과거에는 수입제품의 증가로 국내산업이 심각한 피해를 입거나 그러한 우려가 있을 경우, 관련사항을 조사하고 그 결과에 기초하여 예비판정을 내리고, 다시 일정기간의 추가조사를 거쳐 최종결정을 내렸다. 예비판정에서 세이프가드 조치가 취해질 것으로 판정이 난 경우, 최종 결정시까지 대상국에게는 그 결과에 대응할 시간적 여유가 주어졌던 것이다.

둘째, 세이프가드 실시기한을 최장 10년으로 연장했다. 종전 세이프가드의 실시기한은 4년을 초과하지 못하고, 그 피해정도가 심각한 경우에 한하여 실시기한을 4년 더 연장할 수 있었다. 그러나 개정안에서는 실시기한을 종전과 같이 4년을 초과할 수 없다고 규정했으나, 연장기한을 6년으로 하여 최장 10년까지 늘렸다. 이는 'WTO 세이프가드 협정'에 명시된 총 연한 8년보다도 긴 것이다.

개정된 〈반덤핑조례〉의 특징은 첫째, 조사기관의 통일이다. 개정 조례에서는 과거 대외경제무역합작부와 경제무역위원회가 책임지던 반덤핑 조사를 상무부가 모두 관할하는 것으로 되어있다. 상무부가 통일된 원칙과 절차로 조사를 행함으로써, 외국의 업체들이 〈반덤핑조례〉의 가장 큰 문제로 지적한 조사과정의 복잡함과 중복을 줄인다는 방침이다. 둘째, '반덤핑 관세는 공공이익에 부합해야 한다'는 조항이 추가됐다. 과거 반덤핑 관세가 특정산업의 요구에 따른 수입제한기능을 주로 했다는 비난을 피하기 위해, 공공이익이라는 정당성을 내세웠다.

셋째, 반덤핑관세의 소급적용을 강화했다. 종전에는 수입상품이 국내산업에 손해를 입힌 사례가 있거나, 단기에 대량으로 수입된 경우에 한해서 반덤핑관세 부과 결정일로부터 90일 전까지 소급하여 반덤핑관세를 부과할 수 있었다. 하지만, 개정안에서는 상무부의 조사결과 상기사항에 모두 해당될 경우 반덤핑관세를 소급적용할 수 있다고 명시하면서, 반덤핑관세의 소급적용에 대한 구체적인 기간을 명시하지 않음으로써 소급기간을 연장한 것으로 판단된다. 또한, 상기의 경우에 해당하는 상품은 수입계약을 체결하기 전에 수입상품에 대한 수입등기를 하게 하여 수입절

211) 세이프가드를 중국어로는 보장조치(保障措施)라고 한다. 본고에서는 서술시에는 세이프가드로 서술하고, 법규명칭 등을 표현할 때는 '保障措施'라는 원어를 사용하였다.

차를 까다롭게 변경했다.

한편, 상계관세라고도 불리는 〈반조금조례〉는 조례 내용상에 특별한 개정사항은 없다. 다만, 관련 정부기관의 명칭이 대외무역경제합작부(對外貿易經濟合作部)에서 상무부(商務部)로 수정되는 등의 정도로 개정되었다.

[표 5-3] 중국의 WTO 가입시 무역관련 양허 조건

구분	주 요 내 용
원 칙	- 중국은 모든 WTO 회원국에 대하여 WTO 회원국으로서의 지위에 상응하는 대우를 하여야 하며, 가입협상에서 합의한 조건과 일정에 따라 양허를 이행하여야 함
관세 인하	- 공산품 평균관세율을 2005년까지 현행 17%에서 9.4%로 인하 - 농산품 평균관세율을 2004년까지 현행 19%에서 17%로 인하
무역 제한	- 수입허가증 관리제를 2006년까지 폐지(현행 35종 373개 품목) - 2004년까지 모든 기업에 대외무역권 부여
수량 제한	- 수입쿼터제를 2006년까지 폐지(현행 28종 245개 품목)
예외 사항	- 곡물, 담배, 연료, 광물 등에 대해서는 국영무역 유지 가능 - 중국 국내에서의 물품 분배와 운송에 대해서는 규제 가능

자료: 탁세령(2004), 중국의 무역정책과 우리의 대응방안, 수은해외경제 2004년 7월호, 10쪽.

[키워드] 최혜국대우

최혜국대우(最惠國待遇, most-favored-nation treatment. MFN)란 통상, 항해조약 등에서 한 나라가 특정국과 조약을 신규로 체결 또는 경신하면서 지금까지 다른 나라에 부여한 대우중 최고의 대우를 그 나라에 부여하는 것을 의미한다. MFN은 각국이 산업보호를 위해 관세장벽을 높이던 시대에 양국간 무역협상에서 장벽을 없애는 방법으로 적용되던 기준이다. 그러나 최근에는 무역장벽을 없애는 GATT나 WTO체제가 정착되면서 MFN은 사실상 대부분의 나라에 공통으로 적용되고 있다. 이와 관련 최혜국대우 실행세율(MFN Applied Rate)은 최혜국대우를 받는 나라들에 적용하는 관세율을 의미하며, 줄여서 최혜국세율로 통칭하기도 한다. 한국과 중국은 1992년 〈한·중 무역협정〉을 체결함에 따라 양국간 최혜국대우 실행세율을 적용하기로 합의한 바 있다.

[표 5-4] 중국의 수출 절차

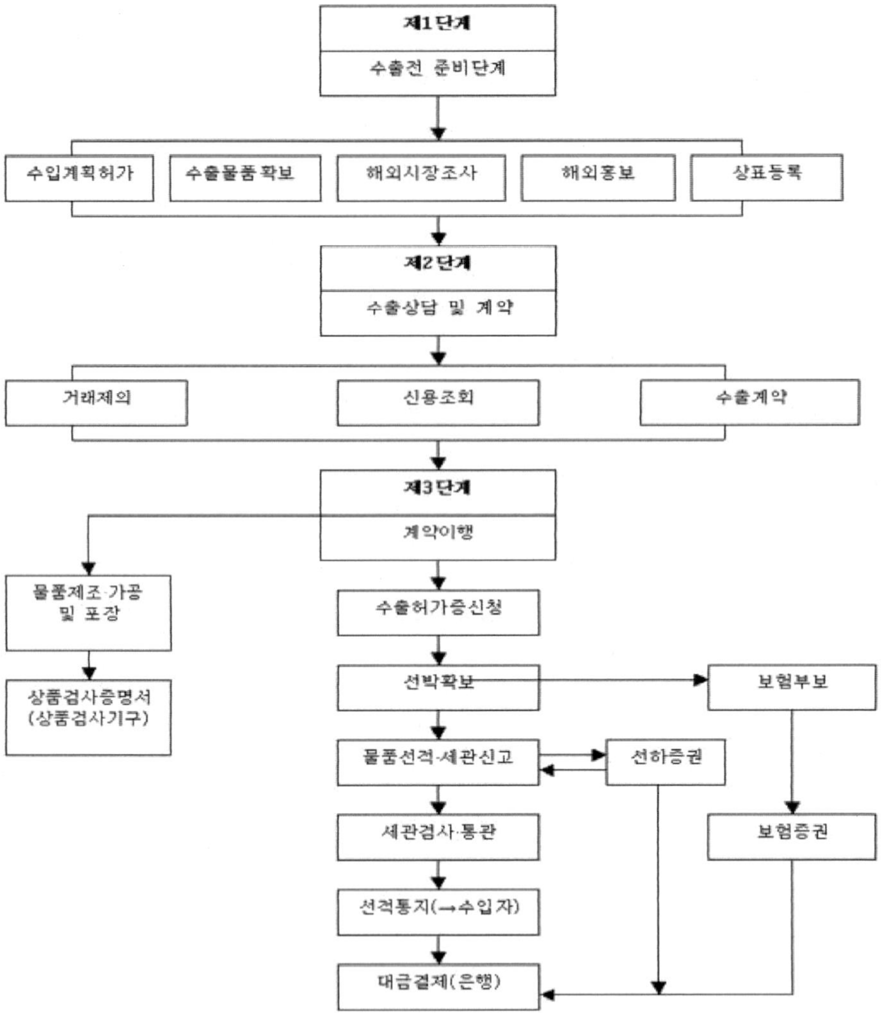

2. 중국의 무역관리제도

중국이 WTO에 가입함에 따라 대외 무역면에서도 WTO의 일반원칙을 준수하여야 한다. 즉, 비관세장벽은 철폐되어야 하고, 관세율도 지속적으로 인하되어 2000년 1월 기준 평균 15.3%의 관세율이 향후 2005년에는 평균 10% 수준으로 낮아지게 된다. 특히 비관세장벽 수입쿼터제와 수입허가제도는 단계적으로 완화되거나 철폐되며, WTO 가입후 3년 내에 대외무역에 대한 제한이 완화되어 외국인투자기업도 생산제품 이외의 품목을 수출입할 수 있게 된다.

1) 수출관리제도

가. 수출허가제도

중국은 수출품의 관리, 각 지역 및 부문에서의 대외거래에 대한 조율, 대외수요에 대한 효율적인 대응을 위하여 수출허가 제도를 실시하고 있다.

수출허가증이 필요한 수출상품은 ① 수입국가에서 쿼터가 주어진 상품, ② 각 지역, 각 부문의 수출총량이 수입국가의 시장규모를 초과하는 것을 방지하기 위해 상무부가 수출허가제도를 실시하는 것이 필요하다고 판단한 상품, ③ 수출가격이 낮아지는 것을 방지하기 위해 상무부가 최저수출가격을 정한 상품, ④ 국무원 등의 관련 부문이 수출을 제한하거나 금지한 상품, ⑤ 국제시장의 변화 또는 국가별 정책수요에 따라 상무부가 일정기간 수출을 제한한 상품 등이다.

위와 같은 상품을 수출하는 경우를 제외하고 대외무역권을 취득한 수출입회사는 승인(비준)범위 내에서 수출할 수 있으며 이 때 수출허가증의 신청이 필요하지 않다. 다만 승인범위를 초과하거나 수출업무를 승인 받지 못한 기업·국가기관·단체·학교 또는 개인이 국외로 수출하는 경우, 각 유관부문·기업·단체의 외국에서의 전시용 전시품 및 판매품을 수출하는 경우, 각 기업이 외국과 보상(補償)무역·녹다운 및 차관계약을 체결하는 경우, 대외무역권이 있는 수출입공사를 통하지 않고 직접 상품을 수출하고자 할 때 반드시 수출허가증을 신청하여야 한다.[212]

수출허가증을 발급 받으려면 수출입공사 등이 수출허가증 발급기관에 수출상품의 명칭, 규격, 수출대상국가의 명칭, 수량, 단가, 총금액, 상품 인도기일, 지불방식 등을 포함하는 수출허가신청을 제출하고, 수출허가증 발급기관은 이를 심사한 후 규정에 부합하면 수출허가증을 발급한다. 수출허가증의 유효기간은 수출허가증을 발급한 후 6개월이며 이를 초과하면 효력이 상실된다.

예를 들면 철합금의 경우, 상무부는 2008년 9월 1일 현재 수출허가증 제도 해당상품으로 규정하였으며, 총 51개 기업이 철합금 수출이 가능한 수출자격을 취득했다.

2012년 현재 수출허가증 관리제품은 아래 〈표〉에서 보이는 것처럼, 육류, 오존층 파괴물질, 일부 광물, 자동차 및 오토바이 등 22개 종목에 달한다.

나. 수출쿼터제도(Quota, 割當, 配額)

중국의 수출쿼터제도는 2종류로 구분된다. 하나는 수출대상국가가 쿼터제도를 실시하는 상품에 대해 쿼터량을 충분히 이용하기 위해 수출쿼터제도를 실시하는 것이고, 다른 하나는 수출대상국가의 시장규모를 고려하여 수출품의 수량을 제한 할 필요가 있는 경우이다. 전자는 피동적으로 이루어지는 것이라면, 후자는 수출에서 과당경쟁을 막기 위해 자율적으로 이뤄지는 것이다.

중국이 수출쿼터를 실시하는 대상은 국민생활에 밀접한 관계가 있는 자연자원이나 수출품

212) 녹다운(knockdown): 자동차, 기계 따위를 부품이나 반제품의 형태로 수출하고, 현지에서 조립하여 판매하는 방식.

중 중요한 지위를 차지하는 전통수출상품, 국제시장 혹은 특정시장에서 주도적 지위를 차지하는 상품으로서 외국이 중국에게 쿼터제를 실시하거나 수출량을 제한할 것을 요구하는 상품, 수출액이 커 수출시장 질서를 교란시킬 우려가 있는 상품 등이다. 이러한 수출쿼터 대상의 상품을 수출하려면 수출쿼터에 대한 입찰을 응하여 수출쿼터를 받아야 한다.

2010년말 현재 수출쿼터 대상 품목을 살펴보면, 우선 알루미늄, 코크스, 형석, 마그네슘, 망간, 규소, 인, 주석 등을 들 수 있는데 이들 제품은 주로 원자재로써 자국의 자원보호를 위해 쿼터대상에 포함시킨 것이다. 또한 일부 방직품도 수출쿼터 대상품목에 들어 있는데, 이는 해당 중국산 제품이 특정국가에 너무 많이 수출되어 무역분쟁을 야기할 수 있는 것을 방지하는데 목적이 있다. 살아있는 농축산물(生牛, 生豚, 生鷄)의 경우, 주로 질병 전염예방 및 기타 위생문제로 인해 수출쿼터 상품품목으로 지정하여 관리하는 경우이다.

2012년 현재 수출쿼터 허가증 및 입찰관리상품은 각각 24종목, 6종목으로 아래 〈표〉에서 보이는 것처럼, 일부 곡류, 육류, 석탄, 원유, 금속류 등이 포함되어 있다.

[표 5-5] 2012년도 중국의 수출입 허가증 관리화물 목록

수출 (총 61종목)	
수출쿼터 허가증 관리 (24종목)	밀, 쌀, 옥수수, 목재, 면화, 살아있는 소·돼지·닭(對홍콩), 석탄, 코크스, 원유, 정제유, 희토류, 안티몬, 주석, 백은, 아연, 텅스텐, 인듐, 몰리브덴, 인산염 외
수출쿼터 입찰 관리 (6종목)	탄화규소(실리콘 카바이드), 활석, 매트러쉬, 마그네사이트, 보크사이트, 감초,
수출허가증 관리 (22종목)	살아있는 소·돼지·닭(홍콩외 시장), 냉장 및 냉동 쇠고기, 냉장 및 냉동 돼지고기, 냉장육류, 냉동 닭고기, 오존층 훼손물질, 파라핀 왁스, 아연 및 아연기반 합금, 백금(수출가공 무역), 자동차 (CKD포함) 및 섀시, 오토바이 및 엔진과 섀시, 천연모래, 몰리브덴 제품, 구연산, 비타민C, 페니실린공업염, 황산나트륨
국영무역 관리 (9종목)	옥수수, 쌀, 석탄, 원유, 정제유, 면화, 안티몬 및 안티몬 제품, 텅스텐 및 텅스텐 제품, 백은
수입 (총 132종목)	
화공 및 금속제련설비	증류설비, 액화기, 금속제련 주조기, 주조용 전로 등 5종
공정기계류	타워크레인, 리프팅, 엘리베이터, 기중기 등 17종목
기중운수 및 제지설비	기중기 설비, 펄프 제조기 등 9종
전력·전기설비	교류발전기, 디젤발전기, 용접기 등 23종
식품가공 및 포장설비, 농업·인쇄·방직기계류	가열식품 기계장치, 유제품 가공기, 착유기, 탈곡기, 구형인쇄기, 구형 씨실기계, 구형 염색기 등 8종
선박류	고속여객선 외 9종
실리콘 드럼 외	인쇄 (인쇄) 복사기와 드럼을 포함하는 팩스 기계 드럼 및 토너 카트리지, 오존층 파괴물질 등 49종

자료: 상무부(2011.12.31)

2) 수입관리제도

가. 수입허가제도

중국은 수입상품에 대해 품목을 정하여 수입허가증을 발급 받도록 하고 있으며 1992년부터 지속적으로 그 품목을 줄여왔다. 2002년 1월 현재, 수입허가증을 받아야 하는 수입품목은 총 12항목 총 170개 세목(관세코드 8단위 기준)이다.

이는 중국의 WTO에 가입에 따라 수입허가증제도가 적용되는 품목을 감소한 결과이다. 수입을 하려면 상무부, 상무부 15개 항구 사무소, 30개 지방정부와 14개 계획단열도시 대외경제무역청 등의 수입허가증 발급기관에서 수입허가를 받아야 한다. 현재 중국이 수입허가증제도를 실시하는 주요 상품은 석유제품, 천연고무, 자동차용 타이어, 레이저 디스크 제조설비, 감시화학품 중 화학

[표 5-6] 중국의 수입 절차

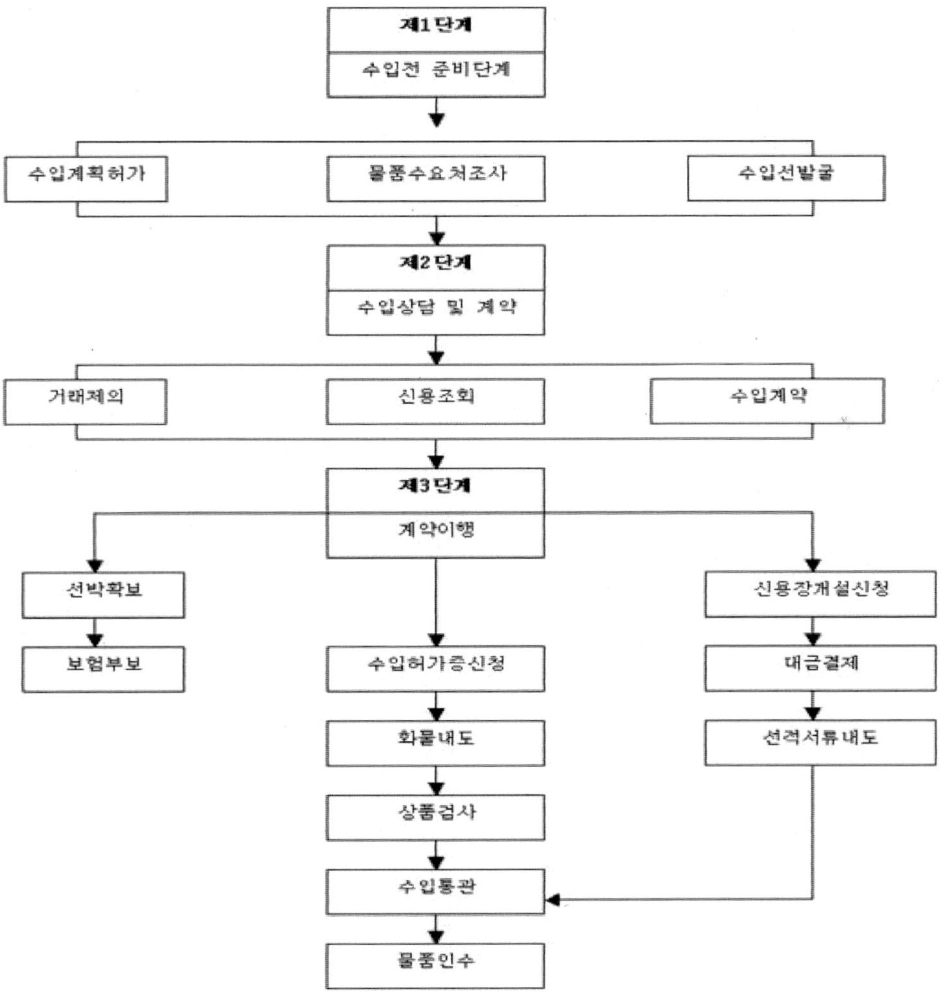

무기제조 가능한 화학품, 제조가 용이한 유독 화학품, 오존층 파괴물질 등이다.

2011년말 상무부가 발표한 수입허가증 관리화물 목록에 따르면 2012년 중국정부는 총 132개 종목에 달하는 제품을 수입허가증 관리품목으로 지정하였는데, 특히 2009년부터는 중고설비 위주로 지정하여 오염유발형, 고에너지 소비형 구형 중고설비 및 기계가 중국에 수입되지 않도록 관리해오고 있음을 알 수 있다. 이들 설비는 화공 및 금속제련설비, 공정기계류, 기중기, 제지설비, 전력 및 전기설비(발전기), 식품가공설비, 포장설비, 농업기계, 인쇄기, 방직기계, 선박, 실리콘 드림, 오존층 파괴물질 등이 망라되어 있다.

나. 수입쿼터제도

중국은 국내산업보호와 국제수지균형을 위한 보호무역주의 정책의 일환으로 수입쿼터제도를 채택하고 있다. 그러나 중국이 WTO에 가입함에 따라 2004년까지 수입쿼터 대상 품목이 점진적으로 감소되고, 수입쿼터제도가 폐지될 때까지 매년 쿼터량을 15%씩 증액(증량)하기로 하였다. 수입쿼터제를 실시하여 수입을 제한하는 대상은 대량수입하는 경우 국내의 공업발전에 심각한 피해를 끼치거나, 수입구조·산업구조조정에 직접적 영향을 미치는 상품 및 국가외환수지에 영향을 미치는 수입품이다. 현재(2010) 수입쿼터관리 품목은 모두 8개로서, 석유제품, 천연고무, 자동차용 타이어, 레이저 디스크 제조설비, 철광석 등이다.

한편, 자동차 및 부품은 중국의 WTO 가입에 따라, 2005년부터 수입쿼터 대상 품목에서 제외되었다. 2012년 현재 중국 상무부가 수입쿼터를 적용하고 있는 제품으로는 연료(완성유), 원유, 면화, 옥수수, 비료, 설탕 등 6종류에 불과하다.

수입쿼터제가 적용되는 물품을 수입하는 경우, 우선 수입자가 수입쿼터 신청서를 작성하여 해당물품의 수입쿼터관리기구에 신청하고, 수입쿼터관리기구는 기업신청을 심사하여 수입쿼터 증명을 발급한다. 수입자는 수입쿼터 증명을 취득한 후 대외무역권이 있는 수출입회사를 통하여 상무부 등의 수입허가증 발급기관으로부터 수입허가증을 발급받아 세관에 제출하여야 한다.

3) 통관제도

가. 수출입신고

중국 〈세관법(海關法)〉은 별도의 규정이 없는 한 세관에 등록된 통관대행업체 또는 수출입 업무를 수행할 수 있는 권한을 가진 회사가 통관업무를 할 수 있다고 규정하고 있다. 해당기업은 반드시 세관에 통관기업으로 등록되어 있어야만 하며, 통관업무 등록신청서, 영업허가증 사본, 은행이 발급하는 신용보증서 등을 제출하여 세관으로부터 통관업무 등록증명서와 보관권 증명서를 발급받고, 소정의 자격시험을 통과한 보관원(報關員)을 1명 이상 두어야만 실질적으로 통관업무를 이행할 수 있다.[213)]

수출입신고는 수입화물의 수화인, 수출화물의 송화인 또는 그 대리인이 화물을 수출입할 때에 규정된 기한 내에 세관에 수출입 상황에 대하여 신고하는 것으로서, 세관에서 수출입화물을 통관하기 위해서는 반드시 수출입화물 신고를 하야야 한다. 화물을 수입하는 경우 수하인은 운수기관의 도착신고일로부터 14일 내에, 화물을 수출하는 경우 송하인은 선적 24시간 이전에 신고하여야 한다. 기일 내에 수입화물에 대해 신고를 하지 않으면 연체료를 납부하여야 하고, 3개월 이내 수입신고를 하지 않으면 세관에서 매각 처리할 수 있다.

통관용어 중 과경(過境)은 중국 국경 안의 육로를 통과하여 다시 국경 밖으로 운송되는 화물이다. 전운(轉運)은 세관 설치지역에서 다른 운송수단으로 바꿔 싣는 것으로 환적(換積)을 의미한다. 통운(通運)은 선박이나 항공기가 화물을 적재한 상태로 입항했다가 그대로 출항하는 경우이다. 그리고 일시 수출입 화물이란 6개월 이내 다시 반출되거나 반입되어야 하는 물품을 말한다.

나. 수출입검사

중국은 수출입상품의 품질, 환경보호, 건강과 안전, 수출입 상대국의 합법적 권익을 보호하기 위해 수출입상품에 대하여 검사를 시행하고 있다. 수출입상품에 대한 검사기관은 국가질량기술감독국(国家质量技术监督局)에서 수행하였으나, 2001년 4월에 국무원이 국가출입국검험검역국(国家出入境检验检疫局)과 합병하여 설치한 국가질량감독검사검역총국(国家质量监督检验检疫总局)에서 2017년까지 수행했다. 지금은 2018년 3월에 신설된 국가시장감독관리총국(国家市场监督管理总局. State Administration for Market Regulation. SAMR)에서 수출입 검사 업무를 수행하고 있다.

이번에 신설된 SAMR은 기존의 국가공상행정관리총국, 국가품질감독 검수검역총국, 국가식품약품감독관리총국, 국가발전과 개혁위원회의 가격감독검사와 반독점법 업무, 상무부의 경영자집중 신고(기업결합신고) 관련 반독점법 업무, 국무원의 반독점위원회 사무처 등의 업무를 종합하여 설립된 국무원 직속기구이다. SAMR의 주요 업무는, 시장의 종합적인 감독관리, 시장주체의 통일적인 등기와 정보공시와 공유 시스템의 수립, 시장감독관리에 관한 종합적인 법집행 업무의 조직, 반독점법에 대한 통일적 법집행, 시장질서의 규범화와 보호, 품질강국 전략의 실시, 공업제품의 품질 안전, 식품안전, 특수설비 안전의 감독관리 업무, 통일적인 계량표준, 검수검측, 인증인가 작업 등이다.

참고로 이전 국가질량기술감독국은 1998년에 대외무역부 산하의 국가수출입상품검사국, 농업부의 국가동식물검역국, 위생부의 위생검역국이 합병하여 탄생된 부서였다.

SAMR은 매년 법적 검사대상품목을 발표하고 통관시 출입국 검사검역을 실시하고 있으며, 수출입 상품에 대한 검사, 감정, 관리 및 감독을 한다. 또한 〈상품검사기구 검사대상 수출입

213) 김석민(2007), WTO 무역원활화 논의에 따른 중국의 통관제도 개혁에 관한 연구, 「한국동북아논총」 제43집, 142쪽.

상품 종류표〉를 제정하여 통관시 수출입상품에 대해 검사할 범위를 규정하고 있다.

그 외에 수출입상품에 대해 검사하도록 규정한 것은 ① 수출하는 식품류에 대한 위생검사 ② 수출하는 위험류의 포장용기에 대한 성능 및 사용감정 ③ 부패하기 쉬운 식품류 및 냉동물품을 적재하는 선실, 콘테이너 등 운반도구에 대한 적부 검사 ④ 관련 국제조약에 따라 검사를 해야 하는 수출입상품에 대한 검사 ⑤ 기타 법률, 법규에 따라 검사를 해야 하는 수출입상품에 대한 검사 등이다.

법정검사사항이 아닐지라도 수출입계약서에 검사를 받을 것을 약정하거나 수하인 또는 송하인이 상품검사기구의 검사증서의 발급을 신청한 경우 수출입상품에 대해 검사를 받게 된다. 화물을 수입하는 경우 수하인은 수입물품이 도착한 후 수출입검사기구(상품검사기구)에서 등기절차를 밟아야 한다. 상품검사기구는 적하 목록위에 '등기필'이라는 날인을 하고 이를 근거로 세관은 통관시킬 수 있다.

화물 수하인은 계약서, 송장, 포장명세서, B/L 등의 서류를 제출하여 검사신청을 하고 수입상품에 대한 검사를 받는다. 상품검사기구는 검사를 실시한 결과 특별한 문제가 없으면 검사결과서를 발급하여 준다. 화물을 수출하는 경우 송하인은 상품검사기구에 계약서 등 필요한 서류를 지참하여 수출검사를 신청하고, 상품검사기구는 선적기한 내에 검사를 완료하여 검사에 합격하면 검사증 또는 수출허가증을 발급하거나 통관신고서에 날인하여 준다. 한편 송하인은 검사증 등을 받은 날로부터 60일 이내에 통관신고를 해야 한다.

[그림 5-1] 국가시장감독관리총국 홈페이지

자료: www.samr.gov.cn (검색일자: 2022.2)

다. 수출입상품 품질허가제도

중국은 일정한 수출입상품에 대하여 품질허가제도를 실시하여 품질허가를 취득하여야만 수출입을 허가하고 있다. 수입의 경우를 보면, 안전, 위생, 환경보호, 노동보호와 관련 있는 수입상품에 대하여 수입안전품질 허가제도를 실시하고 있다.

이를 주관하는 AQSIQ는 〈안전품질 허가제도실시 수입상품목록〉을 제정하여 그 목록에 열거된 상품이 안전품질허가를 취득하지 못하면 수입을 금지하고 있다. 이러한 안전품질허가를 취득한 상품에 대해서는 AQSIQ로부터 허가를 취득한 국외검사기관이 일년에 최소한 1회 이상 비정기적인 일상검사를 진행하며, 이 검사에 불합격하면 CCIB 마크를 사용하지 못하도록 규정하고 있다.

수출의 경우도 기본적인 면에서 수입과 그 내용이 동일하다. 중국은 〈수출입상품검사법〉에 수출상품에 대한 품질허가제도에 관한 일반적인 규정을 두고 있으며, 특별히 〈수출경공업기전산품품질 허가증관리방법〉을 두어 경공업기계와 전기제품의 수출에 대한 품질허가제를 실시, 관리를 강화하고 있다.

[표 5-7] 중국의 수출입 화물 통관 절차

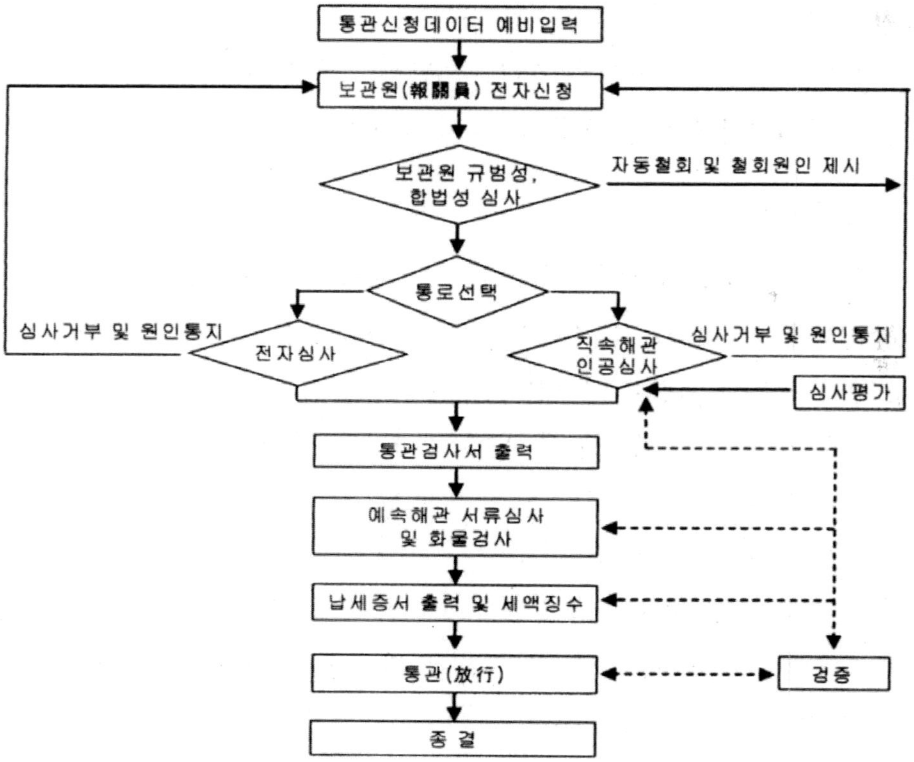

주: 본고에서는 통관의 마지막 단계인 방행(放行)을 '통과'로 번역하였음
자료: 중국세관 (2012)

4) 정부 관리제도의 변화

중국정부는 단계별로 무역관리를 주관하는 중앙부처를 효율적으로 조정하면서 무역체제를 관리하여 왔다. 먼저 신중국 성립 직후인 1952년에 무역을 관장할 중앙부처로 대외무역부(对外贸易部. 1952.8-1982.3)를 설치하게 된다.

이후 개혁개방 정책이 시작되면서, 무역량이 급속도로 늘어날 조짐을 보이게 되자, 1982년에 통합적인 무역관리를 위해 대외무역부, 대외경제연락부(对外经济联络部), 국가수출관리위원회(国家进出口管理委员会), 국가외국투자관리위원회(国家外国投资管理委员会)를 통폐합 한 후, 대외경제무역부(对外经济贸易部. 1982.3-1993.3)를 설치하게 된다. 대외경제무역부는 명칭이 변경된 2003년까지 21년동안 중국 무역관리를 관장하였다.

한편, 대외경제무역부는 대외무역경제합작부(对外贸易经济合作部. 1993.3.16-2003.3)로 명칭이 변경된 바 있다.

이후 중국은 Post-WTO 시대를 맞이하게 되었으며, 글로벌 스탠더드에 맞춘 무역관리 체제를 위하여 새롭게 상무부를 출범시키게 된다. 즉 대외무역경제합작부, 국가경제무역위원회, 국내무역부, 국가발전계획위원회에 분산되어 있던 경제부문을 통합하여 상무부(商务部. 2003.3~현재)를 설립하게 된 것이다.

종전에는 국가경제무역위원회, 대외무역경제합작부로 분리되었던 무역구제 업무가 상무부로 통합되었으며, 그 결과 상무부 산하에 수출입공평무역국, 산업피해조사국이 설치되어 무역구제 담당 업무를 수행하게 되었다.[214]

현재 무역정책 결정과 관련 부처로는 상무부, 국가발전개혁위원회, 중국세관, 관세세칙위원회(국무원 관할), 국가외환관리국 등이 있다. 한편, 상무부의 출범은 국내무역과 대외무역을 이원적으로 관리하던 정부체계를 최초로 통합관리하고 정부조직기구를 대외무역체제의 개혁과 시장지향적인 체제로 개편하였음을 의미한다.

중국에서 국내무역(國內貿易)은 국내소비·유통의 다른 명칭이다. 1993년 3월, 중국정부는 '사회주의 시장경제'를 시작하면서 보다 효율적인 물자관리를 위해서, 기존 물자부와 상업부를 통폐합하여 국내무역부(國內貿易部)를 중앙부처로 신설한다. 동 부서는 당시 많은 비중을 차지했던 국유경제 부문에서 관리하던 현물, 전략물자, 군수품, 중요상품 등의 유통과 비축을 담당했다.

214) 상무부 수출입공평무역국(公平贸易局) 홈 페이지는 http://gpj.mofcom.gov.cn , 산업피해조사국(产业损害调查局) 홈페이지는 http://dcj.mofcom.gov.cn 임.

[그림 5-2] 중국 상무부 홈페이지

자료: 중국상무부(www.mofcom.gov.cn) 검색일자: 2012.4.

시간이 흘러 거의 대부분의 내수용 상품이 자율화된 가격시스템에 의해서 자유롭게 수급이 이루어지자, 1998년 3월, 중국정부는 '사회주의 계획경제'의 잔재라 할수 있는 국내무역부를 폐지하고, 필요한 직능은 국가경제무역위원회에 이관하게 된다.

5) 강제인증제도

가. 개요

중국의 강제인증제도는 중국이 2003년 8월부터 시행하는 품질안전관련 인증제도로서 자국내 소비자 및 동식물의 안전, 환경보호를 위해 실시하는 상품검사제도이다. 그동안 중국은 WTO 가입전 품질 및 안전관련 인증제도를 국내제품과 수입품에 대해 각각 적용하는 등 이원적으로 운영하여 왔다.

즉 과거 중국의 제품안전 인증제도로써 국내 상품에 적용되던 CCEE(상품안정인증)과 수입상품에 적용되던 CCIB(수입상품 안전품질인증) 마크가 WTO의 내국민대우 원칙에 위배된다는 지적을 받아 국무원이 강제인증제도 업무를 정비하고 규범화를 도모하기 위해 2002년 5월부터 CCC(China Compulsory Certification) 마크로 통합한 것이다. 이후 CCC 제도는 유예기간을 거쳐서 2003년 8월부터 본격적으로 시행되고 있다.

CCC(China Compulsory Certification)는 '중국강제인증'으로 번역할 수 있으며, 중국이 WTO에 가입함에 따라 중국에 진출한 외국기업 및 상품을 내국인과 동등하게 대우해야 할 필요성이 생기면서 만들어진 제도이다. 기존에 중국내 생산된 107개 제품에 대해서는 CCEE를, 해외에서 생산된 104개 제품에 대해서는 CCIB 인증을 요구했었는데, CCC는 CCEE와 CCIB를 통합하면서 인증이 요구되는 제품의 품목과 인증 관련기구 등을 재정비한 것이다. 2003년 5월 1일부터는 CCC 마크만 사용이 가능하다.

나. 법률 근거

CCC 제도의 법률·법규 근거로는 먼저 1993년에 공포되고 2000년 7월에 1차 수정된 바 있는 〈제품질량법(产品质量法)〉, 2002년 4월에 수정된 수출입상품검험법(进出口商品检验法), 2003년 11월에 집행된 〈인증인가조례(认证认可条例)〉, 2002년 5월에 집행된 CCC인증관리규정(强制性产品认证管理规定. 2009.7.3 일부개정), CCC인증표지관리방법(强制性产品认证标志管理办法) 등이 있다.

수출기업이 만일 CCC 인증을 받지 못하면 통관이 허가되지 않는 것은 물론, 경우에 따라서는 벌금이 부과된다. 벌금의 부과는 인증대상제품이 인증을 취득하지 않은 경우에는 3만 위안, 인증대상제품이 인증을 획득한 후 마크를 부착하지 않는 경우에는 1만 위안 벌금이 부과된다.[215]

다. CCC 지정 인증기관과 CCC마크의 취급

CCC 인증은 CNCA(中国国家认证认可监督管理委员会. Certification and Accreditation Administration of the People's Republic of China)에 통합관리하며, 제품에 따라 지정인증기관에서 인증신청 및 관련업무를 처리한다. 현재 중국에는 총 10개의 지정인증기관이 있는데, 가장 넓은 범위의 제품인증을 담당하고 있는 중국질량인증중심(中国质量认证中心. China Quality Certification Center)에서 부터, 방범설비제품 담당의 중국안전기술방범인증중심(中国安全技术防范认证中心), 농기계 담당의 중국농기산품질량인증중심(中国农机产品质量认证中心), 유리·벽돌 등 건축재료 담당의 중국건축재료검험인증중심(中国建筑材料检验认证中心)과 북경국건연신인증중심유한공사(北京国建联信认证中心有限公司) 및 방원표지인증집단(方圆标志认证集团), 타이어 담당의 북경중화연합질량인증유한공사(北京中化联合质量认证有限公司), 소방제품 담당의 공안부소방산품합격평정중심(公安部消防产品合格评定中心), 자동차 및 오토바이 담당의 중기인증중심(中汽认证中心), 완구류 담당의 북경경공련인증중심(北京中轻联认证中心) 등이 있다.

표준규격의 인증마크는 CNCA에 의해서만 인쇄가 가능하며, 반드시 인증제품의 외면 특정위치

215) 〈强制性产品认证管理规定〉(国家质量监督检验检疫总局. 2009.7.3), 제54조 및 제55조.

에 부착되어야 한다. 인증마크가 제품 또는 제품 이름판에 인쇄(print), 프레스(압인, press), 몰드(mold), 스크린 인쇄(scree-print), 페인트(paint), 식각(etching), 조각(carve), 스탬프(stamp) 또는 각인(seal) 될 경우, 제품 또는 제품 이름판 외면의 노출된 위치에 표시되어야 한다. 인증마크가 제품 몸체에 표시하기 어려운 경우에는 최소단위의 제품 포장에 표시되거나 부착된 기록표(attached document)에 표시되어야 한다. 외국에서 생산된 물품은 수입되기 전에 인증을 받고, 그 후에 인증마크를 표시하여야 한다. 국내에서 생산된 물품은 공장에서 출하되기 전에 인증을 받고 그 후에 인증마크를 표시하여야 한다.

라. CCC 강제인증 대상 및 CCC 면제 대상

중국의 CCC 강제인증 검사대상은 2006년 7월말 현재 전선 및 케이블, 전기 스위치, 가정용 전기제품, 정보기술 장비, 영상음향 설비, 조명장비, 자동차 및 부품, 타이어, 전동공구, 의료기기, 완구류, 소방설비, 농기계 등 22개 분류에 해당하는 159개 품목이 강제인증 대상품목으로 지정되어 있다.

[표 5-8] 중국의 CCC제도 변화 과정

<table>
<tr><th>국내제품</th><th>수입품</th><th>수출품</th></tr>
<tr><td>국가품질기술감독국
(CSBTS)</td><td>국가수출입검험검역국
(CIQ)</td><td>국가수출입검험검역국
(CIQ)</td></tr>
<tr><td>- CCEE(상품안정인증)
- 가전제품, 조명설비 등 104개 품목</td><td>- CCEE(수입상품안전품질인증)
- 자동차, 가전제품, 의료설비 등 106개 품목</td><td>- CIQ(수출안전인증)
- 전기제품, 완구, 화장품 등 76개 품목</td></tr>
<tr><td colspan="3">↓ 2002년 5월, CCC로 통합</td></tr>
<tr><th colspan="3">국내제품, 수입품, 수출품</th></tr>
<tr><td colspan="3">국가품질감독검험검역총국(AQSIQ): 제도관련 기준 및 인증대상제품 목록승인
국가인증인가감독관리위원회(CNCA): 인증마크, 서식결정, 인증기관 지정
지정인증기관(DCB): 인증신청 및 처리
- CCC마크(중국강제인증마크): 자동차, 전기제품 등 132개 품목</td></tr>
</table>

자료: KOTRA(2005),『세계비즈니스 정보: 중국』, KOTRA, 283쪽.

2003년 3월부터 시행한 중국의 CCC 강제인증 1차 시행품목(19개 분류, 132개 품목)을 보면, 전선 케이블, 전기 스위치 및 보호장비/전기접속장치, 저압형 전기장비, 전동공구, 전기용접기, 생활용 전기제품, 음향제품, 정보기술장비, 조명장비, 정보통신 단말기 설비, 자동차 및 안전부품, 자동차 타이어, 안전용 유리, 농기계제품, 라텍스 제품, 의료기기, 소방기기, 기술안전보호제품 등이 지정되었다.

이후 목재용 도료, 타일, 콘크리트 혼합물을 포함한 가정용 인테리어제품(2005.8.1), 감지기,

방범 경보기, 차량도난방지기, 금고도난방지기를 포함한 안전보호장비(2005.10.1), 주행기록계, 연료탱크, 백미러 등 12개 품목을 포함하는 자동차부품(2006.12.1), 어린이용 자동차(자전거 등 포함), 플라스틱 완구, 금속완구 등 6개 품목을 포함한 완구류(2007.6.1), 농업용 트랙터 등 2개 품목을 포함한 농업용 기계(2008.5.1) 등으로 지정이 확대 되고 있다.

[그림 5-3] 중국의 CCC 강제인증 마크

자료: 국가인증인가감독관리위원회(www.cnca.gov.cn)

다음 경우에는 CCC인증 인증서를 신청하지 않아도 되고, CCC인증 마크를 부착하지 않아도 된다. 중국주재 외국대사관, 영사관 및 사무기관, 입국자가 해외에서 자체용으로 가져온 물품, 정부간 상호원조 및 증정되는 물품, 전시품(비전시판매품), 군사 목적 등 특수용도의 제품 등이다.

또한 아래의 경우에는 강제인증 면제대상이 된다. 과학연구·테스트 등의 필요로 수입 및 생산하는 제품, 완제품 수출을 목적으로 가공방식으로 수입한 부품, 대외무역 계약에 근거하여 100% 수출을 위한 공급제품(본 제품이 부분적으로 국내에 판매 혹은 내수되는 것은 제외), 기술의 개조를 위한 생산라인 도입을 목적으로 수입한 부품, 최종소비자를 위한 직접적인 유지보수의 목적으로 수입 생산한 제품(즉 생산이 정지된 제품을 위해 제공하는 부품) 등이 있다.

3. 중국 무역제도 변화를 통해서 본 수출입 정책

1) 2009년 주요 수출입 정책

가. 정책조정 배경

최근 세계 금융위기로 인한 중국경제의 성장율이 둔화되고 있으며, 세계의 공장기능 감소 및 경기침체 현상이 가속화되고 있다. 또한 가공무역 증가세 하락 및 수출기업의 내수전환 추세 등이 나타나고 있다. 이로 인해 수출입의 균형 및 무역흑자 증가세를 유지하기에 곤란한 상황이다. 세계 경제침체로 대외무역의 안정적 성장에 제동이 걸렸으며, 가공무역 축소로 인한 무역흑자 증가세도 하락하고 있다.

산업 및 무역구조조정이 단계적으로 추진되고 있다. 고기술함량 및 고부가가치 노동집약형 산업에 대한 정부지원이 계속되고 있다. 반면, 고에너지 소모, 환경오염유발 및 자원성 산업에 대해서는 일부 통제가 이루어지고 있다. 외상투자기업에 대해서는 차별적인 우대제도가 점진적으로 폐지되고 있는데, 실제 외상투자사업 소요설비 등에 대한 감면세 혜택이 축소되고 있다. 이는 외상투자기업과 국내기업과의 형평성 유지를 도모하려는 중국정부의 방침 때문이다.

중국내 지역간 경제발전의 불균형 해소를 지속적으로 추진한다는 것이 중국정부의 방침이다. 특히 동부지역에 대한 특혜가 축소되고 있으며, 중서부지역에 대한 특혜는 확대되고 있다. 이에 따라 중앙정부 차원의 국책사업중, 서부대개발, 중부굴기(中部崛起) 및 동북진흥전략 등이 적극적으로 추진되고 있다.

나. 2009년 수출입 관세율의 조정

수입 관세율 조정(2009.1.1)

전체 평균 수입관세율: 9.8%

- 농산품: 15.2%, 공산품: 8.9%

[표 5-9] 중국의 연도별 관세율 조정현황

연 도	2001	2002	2003	2004	2005	2006~2010	2021
세율(%)	15.3	12.7	11	10.4	9.9	9.8	7.4

자료: 주중한국대사관 (2009), 중앙일보(2021.12.2)

o 최혜국(MFN) 세율 인하(평균 9.8%)
  - 신선딸기(16.9% → 15.5%), 황주(44.5% → 42.3%)등 5개 세목

o 수입관세 쿼터관리(2009.1.1)
  - 소맥, 옥수수, 쌀, 면화, 화학비료 등 총 45개 품목
    · 쿼터내 물량에 대해서는 최혜국 세율보다 저세율, 쿼터외의 물량에 대해서는 고세율 적용. (예) 화학비료 : 쿼터내(1%), 쿼터외(50%)

o 수입 잠정세율 조정(2009.1.1)
  - 농업생산 및 첨단기술개발 지원 등 산업구조조정 및 국내산업진흥목적
  - 농업생산기재, 에너지, 자원류, 핵심부품등 총 673개 품목 적용
  - 수입관세율을 종전보다 최소 1% 에서 최대 22%까지 인하
    · 코크스 및 황산칼륨등 자원성 제품: 0~3%

· 휴대폰 렌즈 등 조립부품 및 트랙터 등 농업기기: 0~10%

o 협정세율(2009.1.1)

- 아·태무역협정(APTA) 세율: 한국, 인도, 스리랑카, 방글라데시, 라오스의 일부 상품(1, 751개 품목, MFN 대비 평균 23% 세율 인하)
- FTA 세율(중-아세안, 중-칠레, 중-파키스탄, 중-뉴질랜드 FTA)
- 영관세율: 홍콩 및 마카오산 2, 220개 품목 적용등

o 특혜세율(2009.1.1)

- 아프리카 등 41개 최빈개도국(캄보디아, 미얀마, 라오스, 방글라데시, 수단, 탄자니아등) 수입물품에 대해 영관세율 적용

o 수출관세율의 조정(2009.1.1)

- 고오염, 고에너지소모, 자원성제품의 수출억제 및 일부 품목의 수출목적 철강, 유색금속 등 총 334개 품목에 대한 잠정수출관세조정
- 암모니아 등 269개 품목에 대해 최소 3%에서 최대 35%로 상향조정
- 철강제품 55개 품목에 대해 5%~25%의 잠정관세 적용
- 벤젠 등 65개 품목에 대해 최소 0%에서 최대 15%로 인하조정
- 소맥, 옥수수, 쌀, 대두 등 곡물 27개 품목에 대해 3% 내지 10% 수출잠정관세 적용

o 특별 수출관세의 부과

- 인회석등 55개 품목에 대해 최소 50%에서 최대 75% 부과

다. 수출입 관리대상의 조정

o 수입관리대상의 조정, 자동수입허가증 관리목록(2009.1.1)

- 국가의 통계 및 무역관리 목적으로 실시하며 수입 전에 등록신청하면 조건없이 수입승인. 금속가공선반 등 총 699개 품목(HS10단위) 지정
- 통관 전에 상무부 등에서 발급한 허가증을 제출하여 수입통관

o 수입허가증 관리목록(2009.1.1)

- 이중사용 물질 및 기술 수입허가
  · 무역통제 관련법령에 따라 화학무기 생산용 원료, 방사성 화학물 등 총 241개 품목에 대해 이중사용 물질 및 기술 수입허가증 관리 시행
  이중사용 물질: 일반물품 사용가능하고 무기 등의 생산에 전용가능 물질
- 오존층 소모물질 수입허가: 오존층 소모물질 57개 품목(HS10단위)
- 중요 중고기전제품 수입허가: 화공설비 등 97개 품목(HS10단위)

o 수출관리대상의 조정, 총 50종, 621개 품목에 대해 수출허가증, 수출쿼터입찰 및 수출쿼타허

가증 관리(2009.1.1)

- 수출쿼터 허가증 관리품목: 24종, 옥수수 등 218개 품목
- 수출쿼터 입찰품목: 7종, 활석분등 25개 품목
- 수출허가증 관리품목: 22종, 자동차, 오존층 소모물질 등 389개 품목

* 3개 종(소, 돼지, 닭), 11개 품목은 대홍콩 수출시 쿼타허가증 관리대상이고, 홍콩외 기타 국가로 수출시 허가증 관리대상

변경(국경)소액무역 수출허가증 관리목록: 오토바이 등 555개 품목(2009.1.1.)

수출금지물품목록 신설: 토탄등 3개 품목(2009.1.1)

o 이중사용 물질 및 기술 수출허가(2009.1.1)

- 핵물질, 미사일 등 총 656개 품목에 대해 이중사용물질 및 기술 수출허가증 관리

라. 수출환급률의 조정

o 일부 노동집약형 제품등 3,770개 품목의 수출환급률 인상, 1차 조정(2008.12.1)

- 일부 고무제품 및 임산품의 환급률을 5%에서 9%로 인상
- 일부 모형 및 유리 식기의 환급률을 5%에서 11%로 인상
- 일부 수산제품의 환급률을 5%에서 13%로 인상
- 가방, 모자, 가구, 조명용구 등의 환급률을 11%에서 13%로 인상
- 일부 화공제품, 석재, 유색금속 가공원료 등의 환급률을 각각 5% 또는 9%에서 11% 또는 13%로 인상 등

o 수출증진목적 고기술 및 고부가가치 기전제품 553개 품목 인상, 2차 조정(2009.1.1)

- 항공관성유도기기, 이온 방사선 측정기, 핵원자로, 공업용 로보트 등의 수출환급률을 13%, 14%에서 17%로 인상
- 오토바이, 재봉기 등의 수출환급률을 11%, 13%에서 14%로 인상

o 국민경제의 전통지주산업이고 주요 민생산업인 방직공업의 육성을 위해 3, 325개 방직품 및 복장의 수출환급률을 14%에서 15%로 인상, 3차 조정(2009.2.1.)

마. 가공무역 관련사항의 조정

최근 국제금융위기에 적극 대응하고 대외무역의 안정적인 성장을 위해 가공무역금지 및 제한물품의 목록 조정(2009.2.1 시행)

o 가공무역 금지물품목록 조정

종전 금지목록중에서 국가산업정책에 부합하고 고에너지소모 또는 고오염 물품이 아니면서 고기술을 함량한 물품 등 총 27개 품목 삭제했다. 가공무역수입금지 제외물품은 동정광 등 8개

품목이고, 가공무역수출금지물품 제외물품은 미단조압연, 니켈합금 등 19개 품목이다.

종전 1,816개에서 27개 품목을 삭제한 후의 가공무역금지물품은 총 1,789개 품목으로 종전 가공무역금지물품 관련규정을 계속 적용한다.

o 가공무역 제한물품목록 조정

종전 제한물품중에서 플라스틱원료 및 제품, 목제품 및 방직품등 총 1,730개 품목 삭제, 전체 제한품목(2, 247개)의 77% 차지한다. 조정후 가공무역제한품목은 총 500개이며, 그중 수출제한 품목은 선형저밀도폴리에틸렌 등 106개이고 수입제한물품은 냉동닭 등 394개이다. 가공무역제한 물품에 대해 가공무역업무를 수행하는 경우 최근 보증금 실전관리 중지조치(2008.12.1)의 관련규정에 따라 집행한다.

2) 2021년 중국 수입관세제도 주요 변경사항

중국은 '국내 대순환 위주, 국내외 순환 상호 촉진'의 '쌍순환' 구도 구축을 위해 2021년에도 중국 내 소비 수요가 왕성하고 산업고도화를 촉진하는 제품의 수입관세율을 인하하는 방향으로 관세제도를 변경했다. 2021년 중국 관세제도는 중국정부의 내수확대, 산업고도화, 산업자주화, 녹색성장 등 정책기조를 반영한다. 중국정부는 산업고도화를 위해 하이테크 설비·부품, 의료기기 등 제품의 관세를 인하해왔다. 2021년에는 산업자주화를 위해 일부 타이어, 광섬유용 도료 등 관세율을 상향 조정했다. 이는 대외 의존도 축소에 목적을 둔 조치이다. 수입비용을 확대함으로써 기업들이 산업자주화에 더욱 힘쓰도록 하는 것이다.

2021년에는 환경보호를 위해 6종 금속 스크랩, 담배 등 제품을 잠정관세 적용 품목에서 제외하고 폐기 재순환 밸브 등 친환경제품이 관세는 인하했다. 목재와 종이 등 자원소모형 제품에 대해서는 지속적으로 저관세를 적용한다. 날로 향상되는 소비수요를 만족시키고 코로나 사태로 막힌 해외소비를 국내로 돌리기 위해 소비품 관세 인하, 통관 효율화 등 조치는 지속될 예상이다. 중국 CCPIT 연구원은 중국 쌍순환 구도 구축에 따라 소비재뿐만 아니라 중국 전반 관세수준이 지속 하향 조정될 것으로 판단했다.[216]

① 잠정수입관세

2021년에는 883개 품목에 대해 최혜국세율(MFN)보다 낮은 잠정수입관세율 적용한다. 전년도 대비 잠정세율 적용 품목 수가 24개 늘어났다. 주로 중국 내 소비 수요가 급증하는 소비품, 의료기기, 하이테크 관련 설비와 부품 그리고 친환경 제품들이다. 2020년과 비교해 볼 때 잠정세율 적용 품목에 총 47개 품목이 신규 추가됐다. 특히 항공기 엔진 부품, 항공기용 소화기 등 항공기 관련 품목(총 16개)을 대폭 늘렸다.

216) KOTRA 해외시장 뉴스 (2021.1.20), 2021년 중국 수입관세제도 주요 변경사항, 베이징무역관 김성애.

② ITA 이행에 따른 IT 관련 수입품의 최혜국세율 조정

중국은 2016년 9월 15일부터 세계무역기구(WTO)의 정보기술협정(ITA)에 따라 일부 정보통신(IT) 수입품에 대한 최혜국세율을 낮춰왔다. 2021년 7월 1일부로 6차 관세인하를 시행할 예정이다. IT제품 · 반도체 및 관련 생산설비 · 시청각제품 · 의료기기 등 176개 IT제품에 대한 최혜국세율을 한 차례 더 낮춘다. [217]

③ 수입 할당관세 품목 및 관세율

보리 등 농산품과 요소, 복합비료 등 3종 화학비료 수입품에 대한 할당 관세율 지속 적용한다. 중국은 할당량 이내 보리 · 옥수수 · 쌀 · 설탕 · 양모 · 카드한 양모(Carded wool) · 면 · 화학비료에 대해 1~15% 수준의 할당 관세를, 할당량 이외는 40~65% 수준의 MFN 세율을 적용해 왔다. 할당량을 초과한 수입량에 대해 활준관세(Sliding Duties)를 실시한다. 2021년에는 면의 할당량 이외 수입 관세율을 낮췄는데 활준세율이 13.7%에서 10.7% 수준으로 하향 조정됐다. 할당량 이내의 요소, 복합비료 등 3종 화학비료에 적용되는 할당관세율은 4%이다.[218]

④ 협정세율 조정

한국을 포함한 27개국(지역)에서 생산한 일부 수입 제품에 대해 지속 적용한다. 2021년은 한중 FTA 발효 7년차, 협정에 따라 관세인하가 이뤄질 예정이다.

3) 2022년 중국 수출입 관세제도 주요 변경사항

2022년에도 중국정부는 내수확대, 산업고도화, 녹색성장을 위해 소비재, 하이테크 관련 품목, 자원소모형 제품에 대해 저관세를 적용한다. 또 탄소중립화에 따라 철강 등 품목의 수입 관세율을 낮췄다. 자국 내 철강 산업구조조정을 지속 추진하면서 관세 인하를 통해 수입을 확대하려는 의도로 풀이된다. 산업고도화, 자립형 공급망 구축, 탄소중립은 중장기적 비전을 제시한 정책 방향인 만큼, 향후 관련 품목의 수입 관세율은 지속될 것으로 예상된다.

중국 CCPIT 연구원은 중국 전반 관세 수준이 지속 하향 조정되고 있으며 세계 최대 FTA인 RCEP 발효와 더불어 무역기업들의 관세 부담이 한층 경감될 것으로 전망했다.

---

217) ITA(Information Technology Agreement.)란 컴퓨터·반도체 등 첨단산업 교역 자유화를 위해 정보기술제품을 생산 판매하고 있는 주요 국가들이 2000년까지 교역을 완전 무관세화하는 정보기술협정을 뜻한다. WTO 체제 도입이래 별다른 무역자유화 조항이 없었던 컴퓨터·소프트웨어·통신장비·반도체 등 IT관련 분야에 대해 관세장벽을 없애고 무역자유화를 이룩하자는 취지에서 추진되어온 통상현안이다. ITA대상품목은 컴퓨터·반도체·통신기기 등 정보기술제품을 총망라한 202개 이며, 현재 28개국 참가국의 세계 시장 점유율이 90% 이상을 차지하고 있다.

218) 할당 관세는 특정 물품을 적극 수입하거나 억제하는 등 원활한 물자 수급을 위해 수입품 일정 수량을 기준으로 부과하는 관세임. 활준관세란 물품의 수입가격이 인상되면 낮은 세율을 부과하고 인하되면 높은 세율을 부과하는 관세임. 수입품의 국내가격 안정, 수급 균형 유지를 위해 부과함.

· 수출관세 변화

수출관세란 제품 수출 시 수출국 세관에서 부과하는 관세이다. 수출관세를 부과하는 품목은 대부분 자원형 제품으로 수출관세를 통해 자원유출을 막아 자국시장에 우선적으로 공급하기 위한 목적이 있다. 2022년 중국은 아연 · 텅스텐 정광, 황린, 크롬철(铬铁) 등 106개 품목에 대해 수출관세를 부과한다. 이 중 벤젠, 구리합금 철사, 알루미늄 철사 등 49개 품목에 대해 계속하여 0%의 잠정 수출관세율을 적용한다.

그러나 황린(백린)을 제외한 기타 인(磷), 크롬철, 규소철, 정련되지 않은 동(구리) 등 7개 품목은 더 이상 잠정 수출세율이 적용되지 않는다. 이 중 규소철은 2021년 5월 1일부터 잠정 수출관세율 적용 품목에서 제외됐고 크롬철과 고순도 선철도 같은 해 8월 1일부터 수출세가 상향 조정됐다.

· 수출허가증 관리 변화

수출허가증 관리란 중국 정부가 지정한 대상 품목을 수출하기 전 정부의 허가를 취득하도록 하는 수출관리방식이다. 대상 품목은 농축산물, 광물, 희토, 에너지자원, 오존층파괴물질 등이다. 중국 상무부가 발표한 2022년 수출허가증관리 대상 품목은 총 47종 897개(HS코드 10단위 기준)이다.

그 중 옥수수, 쌀, 밀, 옥수수가루, 쌀가루, 밀가루, 면화, 톱재, 산 소 · 돼지 · 닭(홍콩 · 마카오 대상), 석탄, 원유, 제품유(윤활유 · 윤활유지 · 윤활유 기초유 제외) 수출은 쿼터증명서에 근거해 수출허가증을 신청할 수 있다. 이들 화물을 가공무역 방식으로 수출할 경우, 할당량 증명서, 수출계약서 등도 제출해야 한다. 변경 소액 무역으로 수출할 경우에 성(省)급 상무부서에서 발급한 변경 소액 무역 할당 및 요구사항에 따라 수출허가증을 발급한다. 세륨 및 세륨 합금(입자〈500μm), 텅스텐 및 텅스텐 합금(입자〈500μm), 지르코늄, 베릴륨을 수출할 경우, 수출허가증 대신 '이중용도 물품 · 기술 수출허가증'을 신청해야 한다.

· 일부 품목에 대한 수출통관 관리 시행

2021년 10월 15일부 변경한 요소, 칼륨비료, 인산비료 등 품목의 수출 검역 관리방식은 새해에도 계속 시행하기로 했다. 즉 요소 등 품목은 2022년에도 출입국검험검역기관의 검역을 거쳐 통관증서(=수출통관단)을 발급받아야 수출할 수 있다는 의미이다.

과염소산칼륨에 대한 수출 통제. 오는 4월 1일부터 과염소산칼륨(중국 HS 2829.90.00.20)에 대해 수출 통제를 실시한다. 수출업체는 상무부 등록을 거쳐야 하며 수출 시 상무부에 신청해야 한다. 당국의 심사를 거쳐 상무부로부터 '이중용도물품·기술 수출허가증'을 발급받아야만 수출할 수 있다. 과염소산칼륨은 산화제로써 로켓 연료, 폭약, 불꽃놀이용 등의 원재료로 사용되며 2021년 1~11월 중국의 전체 수출량(HS 2829.90.00)은 6200톤이다.

중국 정부는 2022년에 '자국 우선 공급'을 위해 수출 관리통제를 강화하고 있다. 2021년 중국 내 공급부족으로 시행했던 수출세 인상, 수출관리강화 조치들은 2022년에도 계속된다. 원자재 수급 불균형에 의한 가격 급등세, 글로벌 공급망 차질이 지속될 것으로 점쳐지는 가운데 중국정부는 희토류, 희귀금속, 광물, 에너지자원 등 수출관리대상품목에 대한 관리, 통제를 강화할 전망이다. 자국 수급 상황에 따라 수출 규제 심사 강화 등 방식으로 수출물량을 조절할 것으로 예상된다.

· 잠정 수입관세율

2022년 중국이 최혜국세율(MFN)보다 낮은 잠정 수입관세율을 적용하는 품목은 총 954개(품목 유형 기준), 지난해보다 적용 품목 수가 71개 늘었다. 중국 내 소비수요가 왕성한 소비재와 의료기기는 물론, 산업고도화를 촉진하기 위해 하이테크 관련 설비와 부품, 자원형 제품들이 대거 포함됐다. 2021년과 비교해볼 때 잠정 수입관세율 적용 품목은 총 89개가 신규 추가됐다. 지난해 항공기 관련 품목을 대폭 늘린 것과 대조적으로 2022년에는 목재(25개), 철강(18개) 관련 품목 증가폭이 가장 크다. 이 중 목재 관련 품목 수의 증가는 세목 및 HS코드 조정 때문, 실질적 변화가 있다고 보기 어렵다. 그러나 철강 제품은 합금 선철, 비합금 선철 등 품목에 잠정세율을 적용하는 등, 수입 관세율을 낮췄다.

· ITA 이행에 따른 IT 관련 수입품의 최혜국세율 조정

중국은 2016년 9월 15일부터 세계무역기구(WTO)의 정보기술협정(ITA)에 따라 일부 정보통신(IT) 수입품에 대한 최혜국세율을 낮춰왔다. 올 7월 1일부로 62개 IT제품에 대한 7차 관세인하를 시행할 예정이다.

· 수입 할당관세 품목 및 관세율

보리 등 농산품과 요소·복합비료 등 3종 화학비료 수입품에 대한 할당 관세율 지속 적용한다. 중국은 할당량 이내 보리·옥수수·쌀·설탕·양모·카드한 양모(Carded wool)·면·화학비료에 대해 1~15% 수준의 할당 관세를, 할당량 이외는 40~65% 수준의 MFN 세율을 적용해왔다. 할당량을 초과한 수입량에 대해 활준관세(Sliding Duties)를 실시한다. 2022년에는 면의 할당량 이외 수입 관세율을 낮췄는데 활준세율이 13.7%에서 10.7% 수준으로 하향 조정됐다. 할당량 이내의 요소, 복합비료, 등 3종 화학비료에 적용되는 할당관세율은 4%이다.[219)]

· 협정세율

한국을 포함한 28개국(지역)의 일부 수입 제품에 대해 협정세율을 지속 적용한다. 2022년 초부터 세계 최대 FTA인 역내포괄적경제동반자협정(RCEP) 발효되며 한중 FTA도 발효된 이후 8년차를 맞이하게 된다.

· 2022년판 수입허가증 대상품목

2022년 '수입허가증관리대상목록'으로 지정된 품목은 오존층 파괴물질, 화공설비, 식품가공 및 포장설비, 인쇄기기, 토너 등 14종 제품, HS 10단위 기준으로 156개 품목이 포함돼 있다.

219) KOTRA 해외시장뉴스(2022.1.17), 2022년 중국 수출입 관세 방안 ① 수입(대중 수출), 베이징무역관 김성애.

4. 중국 무역 현황

1) 중국 무역 발전 현황

중국의 대외무역은 개혁개방이래 정부의 적극적인 수출촉진정책과 풍부한 값싼 노동력이 바탕이 된 세계 가공무역기지로서의 중국의 역할이 확고해지면서 놀라운 속도로 규모 확대를 보였다. 2014년 대외무역 총규모는 4조 3,030억 달러로 전 세계 1위를 차지하였다. 전세계 수출총액 중 중국이 10% 이상을 차지 2009년부터 6년 연속 수출 1위 국가 자리를 지켰으며, 전세계 수입총액 중 중국이 약 10%를 차지 2009년부터 연속 6년간 2위를 차지하였다.

개혁개방 당시 중국의 무역규모는 206억 달러에 불과(당시 한국의 무역규모 277억 달러)하였으나, 10년 후인 1988년 1천억 달러 시대(한국 1,125억 달러)에 진입하였다. 중국의 무역규모는 2000년대 들어 급속한 규모 확대를 보였는데 2001년 5천억 달러(한국 2,915억 달러)시대에 진입한 이래, 3년 후인 2004년에 처음으로 1조 달러 시대를 열었다. 그 후 불과 3년 만인 2007년 2조 달러를 돌파하였으며 2011년 3조 달러 시대에 진입한 이래 2013년 4조 달러 시대에 진입하였다.

중국이 2000년대 들어 급속한 무역규모확대를 보인 것은 표면적으로는 2000년 초중반의 세계적인 경기 호황세에 힘입어 선진국과 여타 국가로부터의 수입이 증가한 데 힘입은 바 크지만, 구조적으로는 선진국의 다국적 기업들과 대부분 국가들의 기업들이 중국을 제조가공기지로 활용하면서, 자국으로 수입하거나 제3국으로 수출하는 패턴이 지속되고 규모가 확대되면서, 중국의 대외수출의 급속한 확대와 대외수출용 원부자재와 에너지 분야의 수입이 급증하면서 규모확대를 가지고 왔다.

2000년 첫 10년의 후반부인 2008년에 미국의 부동산관련 금융파생상품(서브프라임 모기지)이 도화선이 되어 발생한 미국의 경제위기가 불러온 세계적인 경제성장 침체와 2010년부터 불거진 유럽의 금융위기로 선진국 시장이 축소되면서 중국의 대외무역 증가규모는 조정기에 들어섰다.

그동안 중국의 대외무역은 1989년 천안문 사태에 따른 대외교역증가율의 급격한 둔화, 1990년대 말 아시아 금융위기로 인한 대외무역의 감소, 2008년 세계금융위기(경제위기)시 대폭 감소를 겪기도 하였지만, 중국은 지속적이며 높은 대외무역 증가세를 보였으며, 증가율도 줄곧 두 자리 수를 지켜왔다. 이러한 대외무역의 급속한 증가는 중국경제성장을 견인하는 일등공신의 역할을 하였으나 대국경제에 걸맞지 않게 40%가 넘는 대외무역의존도를 보이는 다소 취약한 경제구조를 갖게 되었다. 또한 수출의 3~40%가 가공무역으로 이루어지는 무역구조로 말미암아 수출을 해도 실질적으로 중국에 남는 부가가치는 적은 수출구조를 가져왔다. 중국정부는 이와 관련 가공무역에 대한 제한과 일반무역의 장려를 통한 무역의 고부가가치화를 추진하고 있다.

가. 수출입 추세

아래 〈표〉는 중국이 개혁개방을 시작한 1979년 이후 수출입 추이를 보여주고 있다. 중국은 WTO 가입한 2001년 이후부터 교역량이 두자리 수 이상 급등하는 호조를 보여 왔다. 특히 수입보다는 수출 증가세가 가팔랐는데, 2004년에는 수출 증가율 35.3%(전년비), 수입 증가율 35.9%로 정점을 기록한 바 있다. 이후 중국 수출 증가율은 2009년전까지 20% 이내의 고성장을 지속해 왔고, 특히 중국의 무역수지는 이러한 수출호조에 힘입어 2005년에 중국 최초로 1천억달러 흑자를 넘어서는 1,020억달러라는 신기록을 기록하더니 2008년에는 2,981억달러 흑자라는 최고액에 도달하게 된다. 2008년 미국발 금융위기와 이어진 유럽 주요국들의 재정위기로 중국의 최대 수출시장인 미국과 EU로부터의 수입수요가 대폭 감소하게 된다. 그 결과 2009년 중국의 수출 증가율은 2009년에 -16%라는 기록적인 감소세를 기록하였으며 수입역시 전년비 -11.2% 감소하여, 전체 교역량은 전년비 -13.9%를 기록하게 된다.

이후 중국 수출입은 빠른 속도로 회복하여, 2010년에는 다시 수출·수입 모두 두자리수 증가율 추세를 회복하였으며, 2011년에도 20%대를 상회하는 전년비 증가율을 기록했다. 다만 최근 3년간 무역흑자 규모는 감소 추세를 피하지 못해, 2011년 무역흑자는 1551억 달러를 기록하여 2008년의 절반 수준으로 줄어들었다.

[표 5-10] 중국 수출입 현황

(단위: 억달러)

	교역	증감율	수출	증감율	수입	증감율	수지
1979	293	42.2	137	39.8	157	44.0	-20
1980	381	30.0	181	32.1	200	27.3	-19
1981	440.22	15.5	220.07	21.5	220.15	10.0	-0.08
1982	416.06	-5.5	223.21	1.4	192.85	-12.4	30.36
1983	436.16	4.8	222.26	-0.4	213.9	10.9	8.36
1984	535.49	22.8	261.39	17.6	274.1	28.1	-12.71
1985	696.02	30	273.5	4.6	422.52	54.1	-149.02
1986	738.46	6.1	309.42	13.1	429.04	1.5	-119.62
1987	826.53	11.9	394.37	27.5	432.16	0.7	-37.79
1988	1027.84	24.4	475.16	20.5	552.68	27.9	-77.52
1989	1116.78	8.7	525.38	10.6	591.4	7	-66.02
1990	1154.36	3.4	620.91	18.2	533.45	-9.8	87.46
1991	1356.34	17.5	718.43	15.7	637.91	19.6	80.52
1992	1,655.25	22	849.4	18.2	805.85	26.3	43.55
1993	1,957.03	18.2	917.44	8	1,039.59	29	-122.15
1994	2,366.21	20.9	1,210.06	31.9	1,156.15	11.2	53.91
1995	2,808.64	18.7	1,487.8	23	1,320.84	14.2	166.96
1996	2,898.81	3.2	1,510.48	1.5	1,388.33	5.1	122.15

	교역	증감율	수출	증감율	수입	증감율	수지
1997	3,251.62	12.2	1,827.92	21	1,423.7	2.5	404.22
1998	3,239.49	−0.4	1,837.12	0.5	1,402.37	−1.5	434.75
1999	3,606.3	11.3	1,949.31	6.1	1,656.99	18.2	292.32
2000	4,742.97	31.5	2,492.03	27.8	2,250.94	35.8	241.09
2001	5,096.51	7.5	2,660.98	6.8	2,435.53	8.2	225.45
2002	6,207.66	21.8	3,255.96	22.4	2,951.7	21.2	304.26
2003	8,509.88	37.1	4,382.28	34.6	4,127.6	39.8	254.68
2004	11,545.54	35.7	5,933.26	35.4	5,612.29	36	320.97
2005	14,219.06	23.2	7,619.53	28.4	6,599.53	17.6	1,020
2006	17,604.38	23.8	9,689.78	27.2	7,914.61	19.9	1,775.17
2007	21,761.75	23.6	12,200.6	25.9	9,561.15	20.8	2,639.45
2008	25,632.55	17.8	14,306.93	17.3	11,325.62	18.5	2,981.31
2009	22,075.35	−13.9	12,016.12	−16	10,059.23	−11.2	1,956.89
2010	29,740.01	34.7	15,777.54	31.3	13,962.47	38.8	1,815.07
2011	36,418.64	22.5	18,983.81	20.3	17,434.84	24.9	1,548.97
2012	38,671.19	6.2	20,487.14	7.9	18,184.05	4.3	2,303.09
2013	41,589.93	7.5	22,090.04	7.8	19,499.89	7.2	2,590.15
2014	43,015.27	3.4	23,422.93	6	19,592.35	0.4	3,830.58
2015	39,530.33	−8	22,734.68	−2.9	16,795.64	−14.1	5,939.04
2016	36,855.57	−6.8	20,976.31	−7.7	15,879.26	−5.5	5,097.05
2017	41,071.38	11.4	22,633.45	7.9	18,437.93	16.1	4,195.52
2018	46,224.44	12.5	24,866.96	9.9	21,357.48	15.8	3,509.48
2019	45,778.91	−1	24,994.82	0.5	20,784.09	−2.7	4,210.73
2020	46,470.63	1.5	25,903.87	3.6	20,566.75	−1	5,337.12
2021	61,382	21.4	34,120	21.2	27,262	21.5	6,858

자료: 중국 세관총서(2022.2)

중국은 수출시장 다변화에 성과를 거두었다. 2009년 이후 중국은 주요 수출시장인 미국과 EU로 부터의 수요 감소로 어려움을 겪고 있었는데, 그 대체 시장인 아시아, 남미, 아프리카, 호주 등과 같은 지역과 국가로의 수출 비중이 늘었다. 특히 남미 수출 증가율은 32.6%에 달했으며, 이중 아르헨티나(39%), 브라질(30.2%), 멕시코(34.2%), 페루(31.1%), 칠레(34.8%)에 대한 증가율이 현저했다.

중국의 이와 같은 무역증가세는 세계경제 발전에 중국의 공헌도를 확대시키고 있다. 상무부 대변인 선단양(瀋丹陽)은 최근 중국의 대외무역이 글로벌 경제에 중요한 기여를 했다고 밝혔다. 2011년 중국의 글로벌 수출증가에 대한 기여율은 36%에 달한다고 강조했다.

2015년부터 중국경제는 신창타이 즉 뉴노멀 시대에 진입한다. 더 이상의 고성장은 불가능하게 된 것이다. 신창타이는 시진핑 국가주석이 2014년 5월 허난성 시찰 도중 언급한 말이다. 중국경제가 개혁개방 이후 30여 년간의 고도 성장기를 끝내고 새로운 상태로 이행하고 있다는 의미였다. 중국어에서 '신(新)'이란 옛것과는 다른 새롭다는 의미이고, '창타이(常態)'란 정상적인 상태를 뜻한다. 따라서 '신창타이'란 이전의 것과는 다르며, 새롭게 회복된 정상적인 상태를 의미한다. 결국 2015년 중국경제는 6.9% 성장을 기록하였고, 같은 해 교역량(수출 및 수입)은 전년비 8% 감소했다. 2017년 교역량은 다시 11.4%로 성장세를 기록했으나 2018년 미국 트럼프 대통령 등장 후 이어진 미중간 무역갈등으로 다시 교역량은 하락세(2019년 -1%)를 기록한다. 2020년에도 COVID-19 사태에 따른 영향으로 중국 교역 증가율은 1.5%에 머물렀다.

중국 세관총서는 2020년 중국의 대외무역 상황을 다음과 같이 설명한 바 있다. 중국은 코로나19 및 춘절연휴 등의 영향으로 2020년 연초 수출입 규모가 하락했다. 2020년 1월 대외무역은 전년동기비 7.3% 하락했고, 2월에는 전년동기비 16.7% 하락했으며, 이는 전월대비39.5% 감소한 수치였다. 2020년 3월에도 전년동기비 4.3% 감소했으며 4월과 5월 역시 하락폭이 지속 확대됐다. 그러나 코로나19의 타격에도 불구하고 중국의 경기 및 대외무역은 점차적으로 정상화 되어 2020년 중국의 연간 화물 수출입 총액은 32조1,400억 위안에 달하고, 무역 흑자는 3조7,000억 위안으로 확대되었다.

[표 5-11] 중국의 국가별 수출입 (2004년, 2014년)

(단위: 억 달러, %)

	2004년					2014년				
	수출	비중(%)	수입	비중(%)	무역수지	수출	비중(%)	수입	비중(%)	무역수지
총액	5,933	100	5,612	100	321	23,427	100	19,603	100	3,824
일본	735	12.4	944	16.8	-209	1,494	6.4	1,630	8.3	-136
한국	278	4.7	623	11.1	-344	1,003	4.3	1,902	9.7	-899
홍콩	1,009	17	118	2.1	891	3,632	15.5	129	0.7	3,503
대만	135	2.3	648	11.5	-512	463	2.0	1,520	7.8	-1,057
아세안	429	7.2	630	11.2	-201	2,721	11.6	2,083	10.6	638
EU	1,072	18.1	701	12.5	370	3,701	15.8	2,443	12.5	1,258
미국	1,249	21.1	447	8	803	3,961	16.9	1,590	8.1	2,371

자료: 中國海關總署(http://www.customs.gov.cn) (검색일자: 2015.4).

아세안, EU, 미국, 일본 및 한국은 오랜 기간 중국의 주요 교역 파트너였다. 2015-2019년까지 EU은 줄곧 중국의 가장 큰 무역 파트너였으나, 2020년 영국의 EU에서 탈퇴를 기준으로 화물 수출입액 집계 시 영국이 제외돼 화물수출입 총액이 다소 감소하였다. 또한 2020년 중국의 대아세안 화물 수출입액이 최고치를 기록하였고, 이로 인해 아세안이 EU를 앞질러 중국의 제일 큰 교역 상대 파트너가 되었다.

한국은 중국의 주요 무역적자국이며 중국의 5대 교역파트너이다. 2015~2020년 중국의 대한국

화물 수출입 총액은 웨이브형 추세로 등하락 폭을 넘나들었고, 2019년에는 전년비 화물 수출입액이 5.13% 하락했다. 2020년 중국의 대한국 화물 수출입 총액은 1조9,745억 위안으로 소폭 반등해 전년비 0.7% 증가했다.

2013년부터 시작된 중국의 일대일로 정책은 일대일로 연선국가와의 교역을 확대시켰으며, 이를 통해 중국의 대 일대일로 연선국가의 화물 수출입액은 연속으로 최고치를 기록했다. 중국 대 일대일로 연선국가의 화물 수출입액은 2016년의 6조2,500억 위안에서 2020년의 9조3,700억 위안으로 증가했다.220)

중국은 WTO에 가입한 이후 국민경제 발전의 대외무역의존도가 지속적으로 상승하여 한때는 60%를 초과하였다. 그러나 2008년에는 세계 금융위기의 영향으로 대외수요가 부족하여 수출무역이 하락하였다. 그 후 중국정부에서 내수 확대를 거시경제 정책의 핵심 목표로 명시했고, 대외무역 정책, 대외무역 발전 방식 전환 등 조치를 실시했다. 내수정책에 힘입어 2008- 2020년까지 중국 경제의 대외 의존도 점차적으로 감소했다. 2020년 기준, 중국의 대외무역의존도는 31.6%이다.

[표 5-12] 2012년 중국 주요 수출입 대상국(지역) 현황

(단위: 억달러)

국가(지역)	수출액	비중(%)	국가(지역)	수입액	비중(%)
총액	20,501	100%	총액	18,178	100%
일본	1,516.0	7.4%	일본	1,777.2	9.8%
한국	876.46	4.3%	한국	1,665.8	9.2%
홍콩	3,235	15.8%	홍콩	180	1.0%
대만	367.6	1.8%	대만	1,321.9	7.3%
아세안	2,043	10%	아세안	1,958	10.8%
EU	3,340	16.3%	EU	2,121	11.7%
미국	3,518.8	17.2%	미국	1,277.5	7.0%
호주	377.6	1.8%	호주	785.9	4.3%
러시아	440.7	2.1%	기타	7,090.7	39.0%
인도	477.4	2.3%			
기타	4,308.4	21%			

자료: 중국 상무부(2013.3)

중국세관의 통계에 따르면, 2020년 중국 대외 무역의 주요 지역은 아시아이며 무역액은 23865.6억 달러에 달했다. 이는 중국 대외무역총액의 81.4%를 차지하여 전년동기 대비 0.8% 증가했다. 2020년 중국의 대유럽 교역액은 9,075억5,700만 달러로 전년 대비 3.5% 증가했다. 반면 중국의 대 아프리카와 중남미 교역은 여전히 크게 늘지 않고 있다. 2020년 중국은 코로나19를 빠르게 관리감독 하였고, 이에 힘입어 대외무역이 성장해 중국 경제성장에 큰 도움이 됐다. 221)

220) 일대일로란 중국 주도의 '신(新) 실크로드'를 뜻하며 해상, 육상을 통해 중앙아시아와 유럽, 동남아, 아프리카를 연결해 고속철도, 물류허브 등을 건설하고 프로젝트 투자 등을 지원하는 등 대형 경제권을 구축하는 전략이다. 일대일로 연선국가란 일대일로에 포함되는 65개 국가로 대표적으로 몽골, 싱가포르, 이란, 인도, 카자흐스탄, 러시아, 폴란드 가 있다.

2020년 국내외 복잡한 형세와 신종 코로나바이러스 감염증(코로나19)의 심각한 타격에도 중국 경제가 안정적인 성장과 질적 향상을 실현했다. 안정적인 성장이 주로 드러난 세 가지 분야는 다음과 같다.

첫째, 사상 최고치를 갱신한 수출입 규모와 국제 시장 점유율이다. 세계 무역이 대폭 위축된 상황에서도 중국의 2020년 수출 총액은 사상 최고치인 32조 위안을 기록했다. 불황을 거스르는 무역 성장 덕분에 국제 시장 점유율 역시 사상 최고 수준을 기록했다. 둘째, 방역 물자와 홈코노미 상품이 빠른 수출 성장을 이끌었다. 셋째, 중국의 초대형 내수 시장이 수입 확대를 위한 단단한 초석이 되었다. 코로나19의 영향 속에서 중국의 초대형 내수 시장은 더더욱 우위를 드러내며 수입 수요를 안정시켰다.

질적으로 향상된 세 가지 부분은 다음과 같다. 첫째, 무역 구조가 한층 더 고도화되었다. 2020년 중국 민영기업은 전년 동기간 중국 전체 대외무역 증가 속도보다 9.2%p 높은 수출입 증가 속도를 기록하며 중국 대외무역의 수출입 성장을 이끄는 주요 역량이 되었다. 둘째, 대외무역 발전의 원동력이 한층 더 강화되었다. 새로운 형태의 대외무역이 활발해져 2020년 글로벌 전자상거래 수출입 규모가 31.1% 증가한 1조 6,900억 위안을 기록했다. 셋째, 높은 수준의 오픈 플랫폼 역할이 두드러졌다. 2020년 중국 보세 구역의 수출입은 17.4% 증가했고, 자유무역시범지역의 수출입은 10.7%, 하이난(海南) 자유무역항의 면세품 수입은 80.5% 증가했다.

중국 세관총서 발표에 따르면, 2021년 중국의 수출입 총액은 6조 500억 달러로, 전년비 21.4% 증가하면서 역대 최고치를 기록했다. 수출은 전년비 21.2% 늘어난 21조 7,300억 위안, 수입은 17조 3,700억 위안으로 전년비 21.5% 증가했다. 품목별로는 노트북, 태블릿PC, 가전제품 등 재택근무 경제 관련 상품의 수출이 13.2% 늘어났고, 신종 코로나바이러스 감염증(코로나19)으로 인해 의약재 및 의약품 수출이 101.2% 증가했다. 주요 5대 교역 파트너별 교역 규모는 아세안 5조 6,700억 위안, EU 5조 3,500억 위안, 미국 4조 8,800억 위안, 일본 2조 4,000억 위안, 한국 2조 3,400억 위안 순으로 나타났다. 중국과 '일대일로(一带一路, 육·해상 실크로드)' 참여국과의 교역에서 중국의 수출 품목 가운데 중간재 비중이 56.2%를 차지했다.

이 외에 자동차 부품의 수출은 26.7%, 섬유제품은 14.1%, 리튬이온배터리는 50.4% 증가한 것으로 나타났다. 중국이 일대일로 참여국으로부터 수입한 물품 가운데 원유, 농산물, 금속광석의 수입 증가 폭이 비교적 컸다. 특히, 중국의 전체 교역 중에서 5대 교역 파트너와의 교역 비중은 2020년 보다 다소 줄어든 반면, 일대일로 참여국과의 교역 비중은 29.7%까지 늘어났다.

221) KOTRA 해외시장뉴스(2021.6.8) 2020년 중국 대외무역 개황, 칭다오무역관 이맹맹.

[표 5-13] 2020년 중국의 주요 수출입 대상국과 비중 (한국 통계)

(단위: 억달러, %)

	수출	비중	수입	비중	수지	교역	비중
총 계	25,922	100%	20,694	100%	5,228	46,616	100%
미국	4,517	17.4%	1,351	6.5%	3,166	5,868	12.6%
홍콩	2,726	10.5%	70	0.3%	2,656	2,796	6.0%
일본	1,426	5.5%	1,748	8.4%	-322	3,174	6.8%
한국	1,133	4.4%	1,769	8.5%	-635	2,902	6.2%
베트남	1,137	4.4%	785	3.8%	352	1,922	4.1%
독일	868	3.3%	1,051	5.1%	-183	1,919	4.1%
네덜란드	790	3.0%	128	0.6%	662	918	2.0%
인도	667	2.6%	210	1.0%	457	877	1.9%
영국	726	2.8%	198	1.0%	528	924	2.0%
대만	601	2.3%	2,006	9.7%	-1,405	2,607	5.6%
말레이시아	564	2.2%	752	3.6%	-187	1,316	2.8%
태국	505	1.9%	481	2.3%	24	986	2.1%
멕시코	448	1.7%	162	0.8%	286	610	1.3%
호주	535	2.1%	1,176	5.7%	-641	1,711	3.7%
러시아	505	1.9%	577	2.8%	-72	1,082	2.3%
인도네시아	410	1.6%	375	1.8%	35	785	1.7%
필리핀	419	1.6%	193	0.9%	226	612	1.3%
싱가포르	584	2.3%	316	1.5%	268	900	1.9%
브라질	350	1.4%	854	4.1%	-505	1,204	2.6%
캐나다	421	1.6%	220	1.1%	201	641	1.4%

자료: KITA net (검색일자: 2022.2).

나. 국가별 수출입

중국의 지역 및 국가별 수출입과 관련 처음으로 교역규모가 1조 달러를 넘었던 2004년과 4조 달러를 훨씬 넘어선 2014년을 비교해보면 아시아지역과의 교역비중이 제일 높으나 비중 자체 특히 수입에서 차지하는 비중이 확연히 줄어들었다.

2014년 무역수지면에서 보면 전체적으로는 3,824억 달러의 흑자를 기록하였으나 한국, 일본, 대만 등 주요 교역 대상국과는 모두 적자를 기록한 반면, 미국(2,371억 달러), EU(1,258억 달러) 등 선진국과는 상당한 규모의 흑자를 기록하였다. 한편 같은 국가이지만 관세 영역상 별도의 지역으로 간주되는 홍콩과의 거래는 3천 824억 달러에 이르는 대규모의 흑자를 보였다. 이는 홍콩이 중계무역기지로서 중국의 상품을 전 세계로 보내주는 역할을 하고 있음을 보여주고 있다. 미국과의 교역에서 중국은 지속적이며 막대한 무역수지흑자를 기록하고 있어 통상분쟁과 위안화 평가를 둘러싼 미중 양국의 논쟁이 끊이지 않고 있다.

중국의 전체 수출에서 차지하는 수출지역별 점유율(구성비)을 살펴보면 기존의 주요 교역대상

지역과는 점차 그 비중이 줄고 있으며, 수출규모가 상대적으로 적은 아프리카, 라틴아메리카, 오세아니아 지역과 그 비중이 늘고 있는 것으로 나타났다. 이들 지역에 대한 중국의 수출은 중국의 전체 수출에서 차지하는 비중 면에서는 작은 지역이지만, 중국정부가 추진하고 있는 수출지역다변화 노력에 따라 점차 이들 지역으로의 진출이 늘고 있는 것으로 보인다.

중국의 최대 수출지역은 미국으로 2014년 3,961억 달러의 수출을 기록하였으며 지속적인 증가세를 보이고 있다. 이는 미국의 경제회복세와 위안화의 대미달러 절하추세에 따른 것이다. 홍콩에 대한 수출은 무려 3,609억 달러에 이르고 있는데 홍콩의 경우 자체 수입하여 사용하는 수량이 아니라, 홍콩으로 일단 수출된 뒤에 다른 나라로 수출되는 이른바 중계무역(轉口貿易)이 주를 이루고 있기 때문이다. 2012년까지 미국이 중국의 최대 수출국이었으나 2013년 홍콩이 최대 수출국이 되었으며, 2014년에는 다시 미국이 최대 수출국이 되었다.

우리나라 한국무역협회 통계에 따르면 2020년 중국의 주요 수출 대상국(지역)으로는 미국, 홍콩, 일본, 한국, 베트남, 네덜란드, 영국, 싱가포르 등이 있으며, 주요 수입 대상국(지역)으로는 미국, 일본, 한국, 베트남, 독일, 대만, 호주, 브라질 등을 꼽을 수 있다. 이는 2014년 통계치(Top8 순위)와 거의 유사한 수준을 보이고 있음을 알 수 있다.

ASEAN과 EU를 구분해 놓은 2020년 중국의 주요 수출입 국가(지역)에 대한 중국세관총서의 통계를 보면 수출은 미국(17.4%), ASEAN(14.8%), EU(15.1%), 홍콩(10.5%) 수준을 나타냈고, 수입은 ASEAN(14.6%), EU(12.6%), 일본(8.5%), 한국(8.4%) 수준을 보였다. 이는 2014년 통계치(Top4 순위)와 동일하다.

[표 5-14] 2020년 중국의 주요 수출입 대상국과 비중 (중국 통계)

(단위: 억 달러, %)

국가 (지역)	교역	비중	수출	비중	수입	비중
	46470.62	100%	25903.87	100%	20566.75	100%
인도	875.85	1.9%	667.27	2.6%	208.58	1.0%
일본	3175.38	6.8%	1426.64	5.5%	1748.74	8.5%
한국	2852.64	6.1%	1125.05	4.3%	1727.6	8.4%
브라질	1190.4	2.6%	349.57	1.3%	840.84	4.1%
미국	5867.21	12.6%	4518.13	17.4%	1349.08	6.6%
호주	1683.19	3.6%	534.82	2.1%	1148.37	5.6%
말레이시아	1311.61	2.8%	564.28	2.2%	747.33	3.6%
싱가포르	890.94	1.9%	575.41	2.2%	315.52	1.5%
태국	986.25	2.1%	505.27	2.0%	480.98	2.3%
베트남	1922.89	4.1%	1138.14	4.4%	784.75	3.8%
영국	923.69	2.0%	726.06	2.8%	197.63	1.0%
독일	1920.86	4.1%	868.25	3.4%	1052.61	5.1%
네덜란드	917.98	2.0%	790.11	3.1%	127.87	0.6%

국가 (지역)	교역	비중	수출	비중	수입	비중
홍콩	2796.42	6.0%	2726.59	10.5%	69.84	0.3%
대만	2608.06	5.6%	601.42	2.3%	2006.64	9.8%
ASEAN	6845.99	14.7%	3837.23	14.8%	3008.76	14.6%
EU	6495.29	14.0%	3909.78	15.1%	2585.51	12.6%

자료: 중국해관총서(www.customs.gov.cn) (검색일자: 2022.2).

2) 중국 무역의 특징

가. 삼각무역 구조

중국 무역의 특징은 국제적 분업이 심화된 삼각 무역이라고 볼 수 있다. 원래 삼각 무역의 개념은 다음과 같이 설명된다. 먼저 2국간 무역의 경우, A국과 B국 사이의 무역에서 A국의 대(對) B국 수출이 많아서 B국에 대한 수출초과가 계속될 경우, B국은 A국으로부터의 수입을 가급적 억제하여 수출입의 균형을 잡으려고 한다. 이 경우 A·B 양국간의 무역은 확대방향이 아니라 축소경향이 된다.

그러나 C국이 낀 삼각무역의 경우, A국은 B국에 대하여 수출초과이지만, A국은 B국과 특수관계에 있는 C국과의 무역에서는 수입초과 경향이 계속되고, 또한 B국과 C국 사이의 무역에서는 B국의 수출초과 경향이 계속되는 경우, A·B·C 3개국 사이의 수출입 대금결제가 원만하게 돌아간다면, A국과 B국간의 무역, B국과 C국간의 무역, 그리고 C국과 A국간의 무역을 모두 확대시켜 나갈 수 있게 되어 서로가 이익이 된다.

삼각무역은 2국간 무역에 있어서 편무역(片貿易:한쪽 국가의 계속적 수출초과 또는 수입초과)으로 인한 무역축소보다 무역확대를 희망하는 당사국으로서는 유리한 일이며, 무역확대 · 발전을 위한 다각무역(多角貿易)에의 길을 열 수도 있다.

[그림 5-4] 중국의 삼각무역(triangle trade) 구조

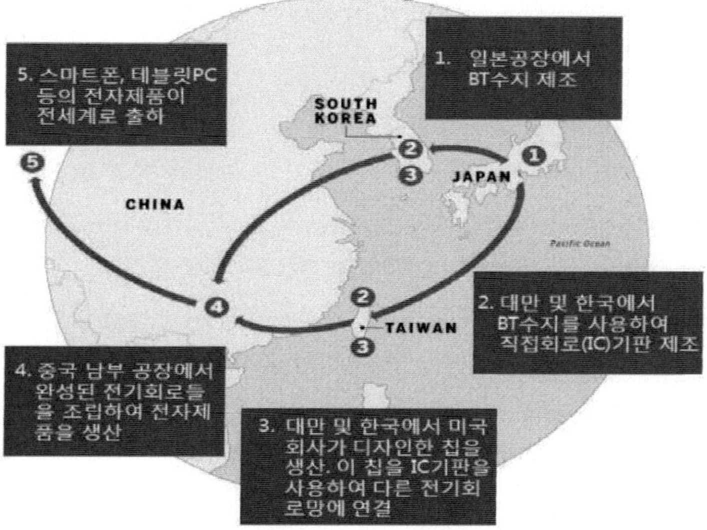

자료: 한국은행(2011), 중국 무역수지의 구조적 특징과 향후 전망 (국제경제정보 2001-22호), Financial Times (2011).

위 〈표〉는 액체 상태의 원재료(수지)가 여러 공정을 거쳐 한 개의 스마트 폰으로 만들어지기까지 중국의 삼각무역 구조를 설명한 그림이다.

1단계로 일본에서 컴퓨터·휴대폰 등 전자제품 생산시 핵심 소재(원자재)로 사용되고 있는 BT(Bismaleimide Triazine) 수지를 생산한다. BT수지는 일본 미쓰비시 화학에서 개발한 재료로 컴퓨터 제조사 인텔을 포함 대부분의 반도체 회사들이 이를 사용하고 있다. 일본이 전세계 BT수지 수요량의 90%를 공급하고 있다.

2단계에서는 대만 및 한국 기업들이 BT수지를 사용하여 직접회로(IC) 기판을 제조한다. IC기판은 반도체 집적회로를 확장 배선하기 위해 만든 절연 기판을 말하며, 미세·고밀도 배선이 가능하도록 세라믹스(ceramics. 도자제품)를 사용한다.

3단계에서는 대만 및 한국에서 미국 회사(예를 들면 애플사)가 디자인 한 칩(Chip)을 생산(삼성전자, TSMC 등)한다. 칩은 IC기판에 반도체 부품의 삽입에서 배선에 이르기까지를 집약적으로 제조한 것이다. 이 칩은 IC기판을 사용하여 다른 전기회로망에 연결하게 되면 스마트 폰·태블릿 PC 등을 구성하는 전자제품 부품이 된다.

4단계에서는 중국 광둥성 공장에서 완성된 전자부품(전기회로들)을 조립하여 전자제품(스마트폰)을 생산한다.

5단계에서는 스마트 폰, 태블릿 PC 등으로 완성된 제품이 전세계로 출하된다.

당연히 중국정부는 '중국제조 2025'와 같은 국가 정책을 통해 저부가가치형인 4단계에 머물러 있는 중국 무역구조를 고부가가치형인 3단계, 2단계로 끌어 올리기 위해 2015년부터 본격적으로 노력하고 있다.[222]

나. 중국의 공급 사슬과 글로벌 가치 사슬

공급사슬(Supply Chain)은 산업의 생산을 국가의 특성에 따라 각 국가별로 배치하는 전략, 즉 생산과정의 배치와 이를 위한 국가간 공급-조달 문제를 가리킨다.

가치사슬(Value chain)은 세분화된 가치창출 활동이 가장 유리한 지역에서 행해지도록 배치하는 시도로 공급사슬보다 포괄적 의미이다. 즉 가치창출 활동 즉 제품이 개발되고 생산되어 판매되는 일련의 프로세스를 펼쳐놓은 것이다. 결국 다양한 가치창출 활동을 어떻게 배치하느냐의 문제를 가리킨다.

[그림 5-5] 아이폰의 스마일 커브 구조

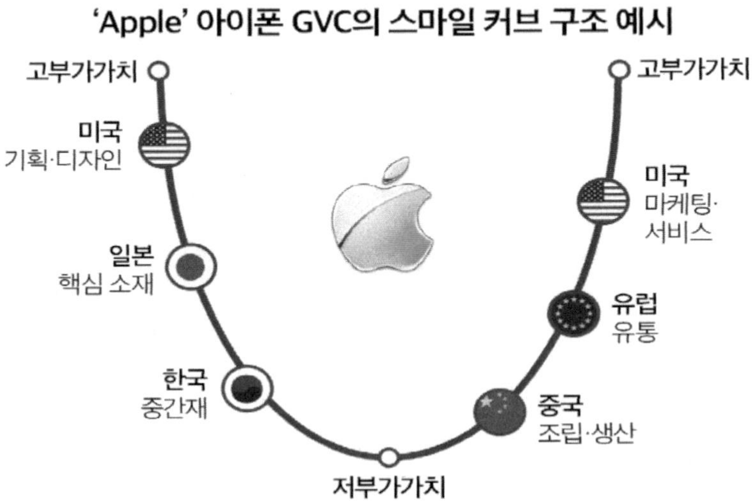

자료: 산업통상자원부(2019.10), 통하는 세상 통상(e-book) 2019.10월호. Vol.89.

가치사슬(Value Chains) 분석은 재화와 서비스의 구상(conception), 생산(production), 소비자 전달, 사용과 폐기에 이르는 전 범위의 활동에 대해 분석이 이루어진다. 아래 〈그림〉에서 아이폰의 글로벌 가치 사슬(GVC: Global Value Chains)을 보면 고부가가치 활동은 미국에서, 저부가가치 활동은 중국에서 이루어짐을 알 수 있다.[223]

222) 중국제조 2025'는 과거 중국의 경제성장이 '양적인 면'에서 '제조 강대국'이었다면, 앞으로는 혁신역량을 키워 '질적인 면'에서 '제조 강대국'이 되고자 하는 전략이다. 특히 기존 제조업과 인터넷의 융합을 통한 제조업 경쟁력 강화가 주된 목표다. 향후 30년간 10년 단위로 3단계에 걸쳐 산업고도화를 추진하는 전략으로, 10대 핵심 산업분야와 5대 중점 프로젝트 계획을 제시했다. [中國製造 2025, Made in China 2025]

아래 〈그림〉은 아이폰의 글로벌 공급 사슬을 나타낸다. 아이폰이 만들어지기 위해 먼저 유리와 화학제품이 투입(Input)되고, 이는 삼성디스플레이(주)에서 휴대폰 액정화면(Display)으로 탄생한다. 플라스틱 소재는 인클로져(enclosure), 즉 아이폰 케이스로 폭스콘에서 만들어진다.

전자 부분의 가장 중요한 메모리 IC(직접회로)는 한국(삼성반도체), 미국(브로드컴, 트라이퀀트), 일본(무라타, 도시바, 엘피다)에서 제작된다.

[그림 5-6] 애플사의 아이폰4S의 공급 사슬(Supply Chain)

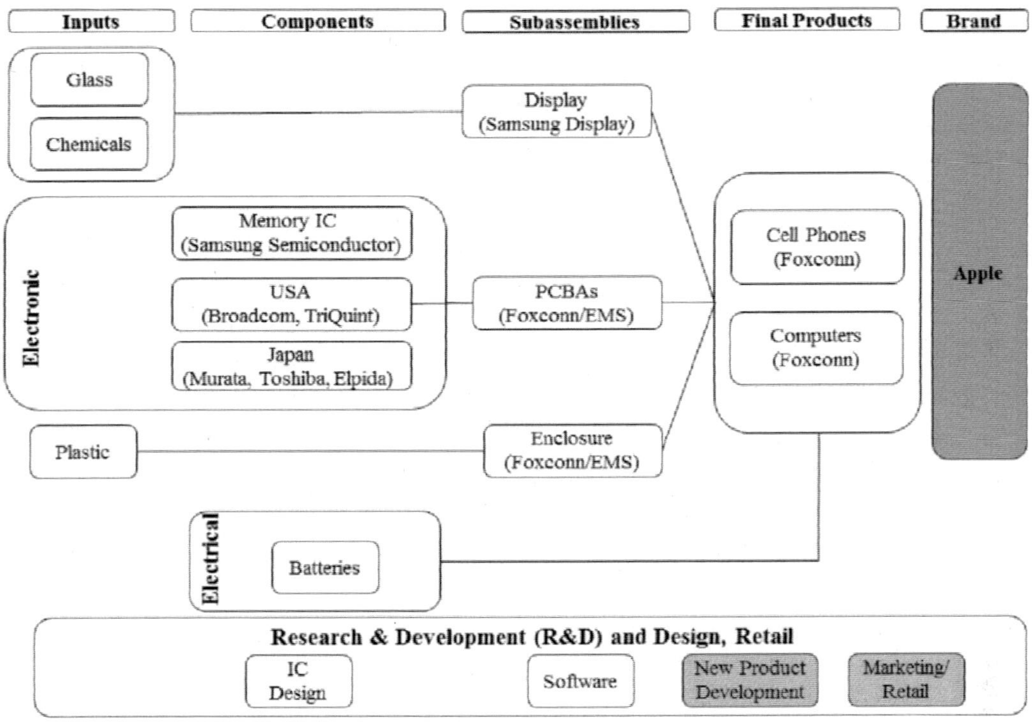

자료: Stacey Frederick and Joonkoo Lee(2017), Chapter 3: Korea and the Electronics Global Value Chain, September 2017, Duke GVC Center, September 2017.

메모리 IC는 다시 세계 최대 EMS(전자제품 위탁생산 서비스) 기업인 대만의 폭스콘(Foxconn)으로 넘어와서 PCBA(인쇄회로기판)로 조립되게 된다. 물론 폭스콘의 대부분 공장들은 중국 대륙에 위치하고 있다.[224] EMS(Electronic Manufacturing Service)는 전자제품 생산 서비스라는

223) smile curve : 제품의 연구개발에서 생산, 마케팅에 이르기까지 부가가치를 나타내는 곡선. 상품개발에서 부품·소재의 생산, 제조, 판매와 A/S로 이어지는 일련의 과정(가치사슬)에 따라서 각 단계의 부가가치를 그려보면, 최고의 부가가치는 핵심 부품과 소재 및 마케팅 서비스에서 나오고 중간단계인 제조 부가가치는 가장 낮다는 개념. 단계별로 부가가치의 정도를 그래프로 그려보면 웃는 모양을 나타내는 곡선이 나오는데 이를 스마일 커브라 부른다.

224) PCB(Printed Circuit Board)는 인쇄회로기판인데, 전기회로를 구성하는 연결선을 없애고 전기회로구성을 쉽게

뜻이다. 외주생산 방식의 일종으로 신제품 개발 속도가 빨라지면서 기업이 설비투자의 부담을 경감하기 위해 등장한 방식이다. 부품 조달과 조립 그리고 서비스 등 저부가가치 부분은 위탁하고, 위탁자 본인은 제품 개발 등 자원을 고부가가치 산업에 집중시킬 수 있다. 대표적인 기업이 바로 미국의 애플사이다.

디스플레이, PCBA, 인클로져(케이스)가 모두 중국에 있는 폭스콘 공장에서 조립되면 아이폰 혹은 PC로 탄생하는 것이다. 미국 애플사는 아이폰 글로벌 공급 사슬 단계에서 직접회로(IC) 디자인, 소프트웨어 개발, 신제품 개발, 마케팅 및 소매 판매 등 R&D, 디자인, 판매만을 담당하고 있다.

다. 무역방식

아래 〈표〉는 중국무역을 일반무역과 가공무역으로 나누어 그 추세를 나타내고 있다. 중국은 상술한 것처럼 WTO 가입을 계기로 부가가치가 낮은 가공무역을 적극적으로 억제하고 있는 정책을 집행하고 있다. 물론 2008년과 2009년에 미국발 금융위기로 수출기업들이 경영 곤란에 직면하자 예외적으로 이 시기에 가공무역 억제책을 잠시 유보한 적이 있지만, 12.5 규획 등을 통해서 천명한 무역정책 기조는 가공무역의 축소와 고부가가치 일반무역의 증대이다.

실제 수치를 보더라도 2005년에 전체 수출중 54.6%를 점유했던 가공무역 수출은 매년 하락세를 시현하여 2011년에는 44% 수준까지 10.6%포인트가 축소되었다. 2009년에는 미국발 금융위기에 따른 수출진착책 영향으로 전년비 가공무역 수출비중이 예외적으로 1.5%포인트 확대되었다. 또한 2005년에 전체 수출중 41.4%를 점유했던 일반무역 수출은 매년 증가세를 시현하여 2011년에는 48.7% 수준까지 7.3%포인트 확대되었다. 2020년말 기준 중국 수출중 가공무역 비중은 27.1%까지 축소되어 있다.

수입 분야에서 가공무역 비중 하락세는 더욱 가파르다. 2005년 전체 수입중 41.5%에 달했던 가공무역 수입비중은 2011년에 이르러 14.6%포인트나 하락한 26.9%를 기록하고 있다. 이에 반해서 일반무역 수입비중은 같은 기간 42.4%에서 58.1%로 15.7% 포인트 증가하였다. 2020년말 수입 중 가공무역 비중은 19.6%에 불과하다.

중국 무역구조를 분석하는 또 한가지 방법은 가공단계별로 수출입구조를 보는 것이다. 중국의 무역에서는 중간재를 수입하여 최종재를 수출하는 무역구조가 지속되고 있다. 2010년을 기준으로 보면, 중간재의 수입비중은 56.9%인 반면 수출비중은 40.4%에 불과했다. 또한 최종재의 수입비중은 26.0%에 불과한 반면 수출비중은 59.0%에 달했다.

하기 위해 절연판 위에 얇은 도체를 인쇄해서 만든 것이다. PCBA(Printed Circuit Board Assembly)는 PCB 조립품이다. PCB에 전기회로 부품과 연결단자, 전선 등을 붙인 상태의 부분품이다. 하나 또는 여러 개의 PCBA와 외관 케이스를 조립하면 완제품(스마트 폰)이 된다. 즉, PCB는 회로부품이 붙어있지 않은 상태이고, PCBA는 PCB에 부품과 단자 등이 연결되어 있는 것을 말한다.

1차산품의 수입비중은 17.1%인 반면 수출비중은 0.6%에 불과했다. 여기에서 1차산품은 주로 가공되지 않은 농산품 및 광산물이다.

[표 5-15] 중국의 무역방식 변화 추이

(단위: %)

		2006	2007	2008	2009	2010	2011	2014	2020
수출	가공무역	52.7	50.7	47.3	48.8	46.9	44	37.7	27.1
	일반무역	43.0	44.2	46.3	44.1	45.6	48.7	51.3	59.3
수입	가공무역	40.6	38.5	33.4	32.1	29.9	26.9	26.7	19.6
	일반무역	42.1	44.8	50.5	53.1	55.0	58.1	56.5	60.4

자료: 중국 상무부(2012.4), 중국세관(2015.4), 중국세관(2022.2).

[표 5-16] 중국의 가공단계별 무역구조

(단위: %)

		수입구조			수출구조		
		2009	2010	2018	2009	2010	2018
1차산품 (소재원료)		15.2	17.1	24.1	0.6	0.6	0.9
중간재	반제품	29.1	27.7	25.3	21.8	22.7	24.2
	부품·부분품	30.3	29.2	27.1	16.9	17.7	18.4
최종재	자본재	20.2	20.1	13.1	34.5	33.7	27.3
	소비재	5.2	5.8	9.0	26.3	25.3	29.2

자료: 중국세관, 한국무역협회 (2012.4), 현대경제연구원(2018.8.17) 한중수출구조 변화비교와 시사점. 국제무역연구원(2019.10) Trade Focus 34호, 중국의 수입구조 변화 및 시사점.

2010년에서 2018년간 추세를 보면, 수입에서는 1차산품과 소비재의 비중이 급증하고 반제품과 부품·부분품은 다소 줄어 들었다. 특히 자본재 수입은 큰 폭으로 줄어들었다. 이는 중국산 반제품, 부품·부분품, 자본재가 꾸준히 시장을 장악하고 있음을 의미한다. 또한 중국의 고성장 지속에 따른 중국의 원재료 수요급증으로 1차산품 수입이 급증했기 때문이다. 아울러 고성장 지속으로 중국 소비자의 고급소비재 수요 증가에 따라 소비재의 수입 비중이 늘어나고 있다

수출에서는 1차산품, 반제품, 부품·부분품이 거의 비슷한 수준을 유지하고 있으며, 자본재 수출은 줄고 소비재 수출은 늘어났다. 중국의 소비재 수출비중이 늘어나고 있는 것은, 중국의 글로벌 생산기지 역할이 계속 강화되고 있음을 의미한다.

[표 5-17] 가공단계별 UN의 BEC 분류기준

3단계	5단계	BEC 코드	BEC 제품명
1차 산품		111 21 31	미가공 산업용 식음료품 미가공 산업용 원자재 연료 및 윤활유
중간재	반제품	121 22 321 322	가공된 산업용 식음료품 가공된 산업용 원자재 자동차 차체 가공된 연료 및 윤활유
	부품 및 부분품	42 53	운송장비를 제외한 자본재의 것 운송장비의 것
최종재	자본재	41 521	운송장비를 제외한 자본재 산업용 운송장비
	소비재	112 122 51 522 61 62 63	가정용 식음료 제품 가정용 식음료 반제품 승객용 자동차 기타 비산업용 운송장비 내구성 소비재 반내구성 소비재 비내구성 소비재

주: BEC (Classification by Broad Economic Categories. 국제표준무역분류에 의한 상품용도 분류)

[키워드] 가공무역

가공무역은 국외에서 원부자재를 수입하고 중국 내에서 가공하고 이를 다시 수출하는 무역방식이다. 중국 관세제도상 무역은 크게 일반무역, 가공무역, 기타 등 3가지로 구분되는데 가공무역으로 분류될 경우, 세관 절차 및 관세상 특혜를 부여받는다. 가공무역은 단순 가공비만 취득하는 '來料가공(Assemble. 위탁가공)'과 원자재의 수입부터 수출까지 전 과정을 중국내 기업이 수행하는 '進料가공(Process. 원자재 조달 가공)'으로 구분된다. 래료가공은 외국기업이 원부자재, 부품, 포장재를 제공(필요시 설비와 기술제공)하며, 중국내 기업이 외국기업의 요구에 따라 가공조립한 완성품을 다시 외국기업에 수출하게 된다. 완성품 판매는 외국기업이 하며 중국기업은 가공비만 획득하고 원재료 및 최종제품에 대한 소유권이 없다. 진료가공은 소유권을 가진 중국 내 기업이 원부자재, 부품, 포장재를 직접 구매하여 완성품(혹 반제품)을 수출한다.

가공무역은 크게 가공수출과 가공수입으로 구분될 수 있으며, 두 가지 모두 중국의 저렴한 생산비용을 이용하는 것이다. 가공수출은 중국에 생산기지를 두고 원재료나 반가공품을 수입하여 조립하고 제3국으로 수출하는 행위를 의미한다. 가공수입은 중국의 가공무역 생산기지에서 사용되는 원재료, 반제품, 부품 등의 중간재에 대하여 중국이 해외로부터 수입하는 행위이다.

1차 산품 (원자재)

☞**(설명) 원자재:** 생산의 원료가 되는 자재로 미가공과 가공 원자재로 세분
예) 철강 등 각종 금속재료, 고무, 유리 등의 광물성원료나 화학물질, 석유화학제품, 화학원료, 화학공업제품, 직물, 강판, 동판 등
※ 식품류도 산업용 원자재에 포함되나 여기서는 소비용과 함께 묶어 소비재로 별도 분류

중간재 = 반제품 + 부품·부분품

반제품: 다른 제품의 제조에 투입되나 제조 과정에서 화학적 변화가 생기는 제품(화학, 철강 등) 다른 제품의 제조에 투입되며, 자신이 홀로 쓰일 수 없는 제품. (자동차 섀시. 베어섀시/Bare Chassis는 차체 프레임에 엔진 등 주요 구동장치만 부착)

부품·부분품: 고유의 형태와 기능을 가진 채, 제조과정에 투입되는 중간재 (볼트, 너트, 전자부품, 자동차 부품 등)

최종재 = 자본재 + 소비재

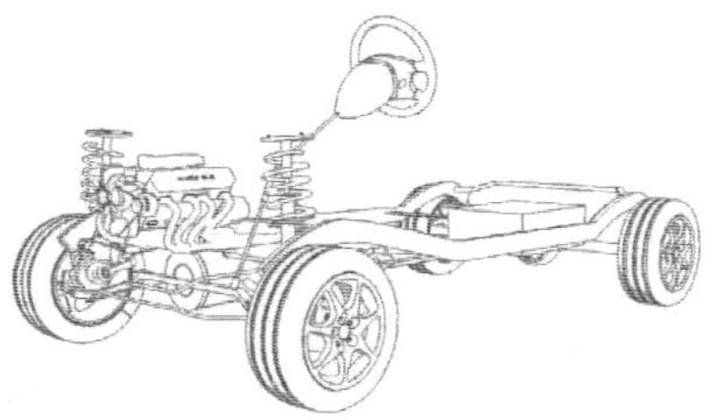

☞**(설명) 자본재(Capital goods):** 생산기계나 원자재 따위의 생산 수단을 만들어 내는 제품
예) 공구, 기계, 장비, 부품, 컴퓨터, 의료용기기, 계측기, 반도체, 건전지, 센서, 발전기, 전동기, 전기부품 등

소비재: 내구성(耐久性) 소비재, 반내구성 소비재, 비내구성 소비재

☞**(설명) 내구소비재(Durable Consumer Goods):** 1년 이상 장기간 사용할 수 있는 상품으로, 일정기간의 사용에 견디는 것을 확보하기 위해 초기에는 일시적으로 거액의 지출을 필요로 하지만, 그 후에는 소액의 유지비만 필요한 특징을 가진 제품
예) 가전제품, 조명기기, 그림, 안경, 위생용품, 목제품, 플라스틱제품, 공예품, 생활용품, 시계, 악기, 완구

☞**(설명) 반내구소비재(Semi-durable Consumer Goods):** 1년 이내에 사용할수 있는 제품. 의류는 상당 기간의 사용에 견딜 수 있는 것이지만 반내구 소비재로 분류
예) 의류, 인쇄물, 귀금속장식품, 물감, 잉크, 화장품, 가방, 운동용구, 간행물, 인쇄물, 양탄자, 섬유, 신발, 이불, 문구, 유리제품. 등

☞**(설명) 비내구소비재 Non-durable Consumer Goods):** 직접 소비재, 즉 사용과 동시에 소멸되는 제품
예) 의류(언더웨어), 살충제, 살균제, 면도용품, 화장품, 의약품, 비누, 계면활성제, 접착제, 낚시용품 등
※식품류도 비내구소비재에 해당하나 여기서는 따로 구분해 분석
예) 육류, 어류, 두류, 채소, 과일, 해조류, 과일주스, 담배 등

라. 한·중교역 특징

아래 〈표〉는 1992년 한·중 수교 이후 양국의 교역 동향을 보여주고 있다. 한중간 교역은 수교 당해 연도인 1992년에만 한국이 무역적자를 기록했고, 이후 줄곧 한국의 무역흑자를 유지했다. 양국간의 교역규모는 1992년에 64억달러에 불과했으나, 2003년에는 500억달러를 넘어선 570억달러를 기록했고, 다시 2년후인 2005년에는 처음으로 1천억달러 관문을 돌파하여 1005억달러를 기록했다. 이는 중국의 WTO 가입에 따른 자체적인 교역량 증대는 물론, 한국의 자동차(현대차), 전기전자 및 IT(삼성, LG, 하이닉스), 화학(SK, GS) 등 대기업 위주의 해외직접투자(FDI) 증대와 이들로부터 유인되는 수출입에 기인한다.

2008년에 한중 양국 관계를 이전의 '전면적 협력 동반자 관계'에서 '전략적 협력 동반자 관계'로 한단계 승격시킨 양국정부는 2010년까지 양국 교역규모를 2,000억달러로 확대시킬 것에 합의하였고, 〈한중 경제통상협력 비전보고서〉를 체택(2009.10.10)하여, 2020년까지 양국간 어떠한 산업분야에서 협력을 증대시킬지 합의한 바 있다. 또한 2015년까지 양국 교역규모를 3,000억달러까지 확대하기 위해 노력하기로 합의했다.

다만 한국의 중국에 대한 무역흑자가 2003년에 100억달러를 넘어선 132억달러를 기록한 것 시점으로 이후 매년 증가세를 유지하여 2010년 이후에는 450억달러 이상 수준을 유지하였다. 2013년에는 628.2억 달러로 최고치를 기록한 바 있다.

2015년과 2016년은 중국의 신창타이 시대 진입으로 한국의 대중국 수출 역시 감소세를 기록했다. 2017년과 2018년에 대중국 수출은 다시 증가세를 기록했으나 이어진 미국 트럼프 대통령 등장에 따른 미중간 무역갈등과 COVID-19 사태로 인해 2019년과 2020년에는 하락세로 전환되었다.

[표 5-18] 한·중 교역 동향

(단위: 억달러)

	1992	1993	1994	1995	1996	1997	1998	1999
대중수출	27	52	62	91	114	136	119	137
대중수입	37	39	55	74	85	101	65	89
대중교역	64	91	117	165	199	237	184	226
대중수지	-11	12	7	17	28	35	55	48
	2000	2001	2002	2003	2004	2005	2006	2007
대중수출	185	182	238	351	498	619	695	820
대중수입	128	133	174	219	296	386	486	630
대중교역	313	315	412	570	793	1005	1180	1450
대중수지	56.6	49	64	132	202	233	209	189.6

	2008	2009	2010	2011	2012	2013	2014	2015
대중수출	914	867	1168.3	1342	1343.2	1458.7	1452.8	1371.2
대중수입	769	542	715.7	864.2	807.8	830.5	900.8	902.5
대중교역	1683	1409	1884	2206.2	2151	2289.2	2353.6	2273.7
대중수지	144.6	325	452.6	477.8	535.4	628.2	552	468.7
	2016	2017	2018	2019	2020	2021	2022	2023
대중수출	1,244	1,421	1,621	1,362	1,326	1,629		
대중수입	870	979	1,065	1,072	1,089	1,386		
대중교역	2,114	2,400	2,686	2,434	2,415	3,015		
대중수지	374	442	556	290	237	243		

자료: 한국무역협회(2022.2)

3) 한·중간 무역통계 차이

한국무역협회에서 공포한 2015년도 한국의 대중국 수출입 실적을 보면 수출은 1,371억 달러, 수입 902억 달러로, 한국이 469억 달러의 대중국 흑자를 거둔 것으로 나타난다. 하지만 중국세관 통계에 의하면 중국의 대한국 수출은 629억 달러, 수입은 1,084억 달러로 455억 달러 적자를 기록했다. 즉 한국이 보는 대중국 수출(중국이 보는 대한국 수입)은 양국간 287억달러 차이가 나고, 한국이 보는 대중국 수입(중국이 보는 대한국 수출)은 양국간 273억 달러 차이가 발생한다. 이렇게 양국간 수출입 통계에서 차이를 보이는 것은 다음 여러 가지 이유 때문이다.

[표 5-19] 2015년 기준 한중간 무역통계 차이

(단위: 억달러)

중국		한국		차액 (韓)
대한국 수출	629	대중국 수입	902	+273 (43.4%)
대한국 수입	1084	대중국 수출	1371	+287 (26.5%)
무역수지	-455	무역수지	469	-
대홍콩 수출	2058	대홍콩 수출	304	-
대홍콩 수입	79	대홍콩 수입	14.9	-

① 수출입 가격 조건의 차이

WTO 규정상 수출은 FOB(운임, 보험 제외), 수입은 CIF(운임, 보험 포함) 가격기준으로 통계를 산정한다. 따라서 100$ 상품이 중국에서 수출될 때는 중국 수출액 100$로 산정되지만, 한국에서 이를 수입할 때는 운임과 보험료가 더해져 수입액 115$로 산정된다. 즉 동일 제품의 가격에 15%의 차이가 생기는 것이다.

② 홍콩 경유 재수출

양국간 무역통계시 홍콩을 경유하는 상품을 각자의 기준에 의해 제외하거나 포함시켜서 나타나는 현상이다. 2015년 중국의 대홍콩 수출액은 2,058억 달러이다. 따라서 중국이 홍콩으로 수출하는 제품 중 일부에 대하여 한국은 이를 중국산 수입으로 잡고 있을 것으로 유추된다. 또한 중국정부 역시 일부 반제품에 대해서 홍콩을 경유할 경우, 최종지 수출이 아닌 홍콩 수출로 산정한다.

③ 홍콩 경유 수입의 과소계상

중국은 홍콩을 경유하여 한국으로부터 수입되는 제품중 일부에 대해 한국산이 아닌 기타산(홍콩 포함)으로 분류하는 것으로 유추된다. 따라서 중국의 한국산 수입액과 한국의 중국향 수출액과 차이가 발생하는 것이다.

④ Mark-up (마크업)

가격인상을 의미하는 마크업이란 무역업에서는 환율변동에 의한 수출가격의 조정을 의미한다. 즉 중국이 홍콩으로 수출한 제품이 다시 한국으로 재수출될 때는 환율 및 중개업체의 이윤이 더해져 통상 25% 이상(저부가가치 제품일수록 높음) 가격이 오른다. 이로 인해 통계 차이가 유발된다.

⑤ 수출자 신고가격과 수입세관 산정가격의 차이

수출 국가에서 수출시 신고된 수출가격을 그대로 인정하여 수입국 세관에서 수입관세를 산정하지는 않는다. 수입국은 보다 많은 관세를 징수하기 위해서 혹시라도 저가신고(언더밸류. Under Value)를 하지 않았는지 면밀하게 검사하며, 그 결과 일반적으로 수입산정가는 수출신고가보다 상승되게 된다.

⑥ 연말 시차에 따른 차이

수출국은 많은 실적을 위해 12월말까지 수출신고를 최대한 하게 되며, 실제 선적후 수입지에 도착하게 되면 다음해 1월이 되는 경우가 많다. 즉 수출국에서는 최대 1달치 물량이 수출로 산정되나, 수입국에서는 그만큼 수입량에서 빠지는 상황이 발생하는 것이다. 이는 2015년 한국의 대중국 월평균 수출액은 114억 달러인데 이만큼(전체 수출량의 8.3%) 2015년도 중국의 한국산 수입액에서 빠질 수 있음을 의미하는 것이다.

제3절 중국 세금제도

1. 기업소득세

중국의 세제(稅制)상 세목의 종류는 29가지가 있으며, 그 특성에 따라 유통세류, 소득세류, 자원세류, 특정목적세류, 재산세류, 행위세류, 농·목축업세류 등 7가지로 분류된다. 이중에서 외국인투자기업에게 적용되는 세목은 기업소득세, 증치세, 영업세 등 총 15가지가 있다. 먼저 기업소득세에 대한 내용을 살펴보면 다음과 같다.

1) 기업소득세 개요

기업소득세는 한국의 법인세에 해당하는 것으로 〈외상투자기업 및 외국기업 소득세법(外商投資企業和外國企業所得稅法 1991.4 제정 2008.1폐지)〉을 근거로 징수해왔으나, 2007년 3월 16일에 새로운 〈기업소득세법(企業所得稅法 2008.1실시)〉이 발표되면서, 중국 및 외자기업에게 모두 통합된 새로운 세법이 적용되었다.

원칙적으로 외국인투자기업에 적용되는 소득세율은 중국기업 소득세율과 동일한 33%로 국세 부분이 30%, 지방세 부분이 3%였다. 그러나 경제특구, 보세구, 수출가공구 등에서는 15%의 우대세율이 적용되기도 하고, 기타 연해 경제개방지구와 중부 및 서부지역에서는 업종에 따라 15~27%의 범위에서 우대세율이 적용되어 왔다.

그러나 2007년 3월 16일에 새로운 〈기업소득세법〉이 제정 공포되어, 2008년 1월 1일부터는 외상투자기업과 중국 내자기업이 차별없이 새로운 〈기업소득세법〉을 적용받게 되었다. 단일화된 新기업소득세법에 따르면 기본세율은 25%이고, 지역별 우대세율과 외상투자기업에 부여하는 각종 조세감면 적용은 폐지하는 대신 소규모기업은 20%, 첨단기술기업은 15%의 세율을 적용하게 된다.

단, 부칙에 의거 2007년 3월 16일 이전에 설립된 외국투자기업은 2008년 1월 1일부터 5년간 종전 세율을 적용받게(유예기간 허용) 되었다.

2) 기업소득세 계산

외국인투자기업에 대한 회계제도는 2002년에 수정되었다. 2002년 이전의 외국인투자기업 회계제도는 세법에 근거하여 소득세의 산정도 회계상 이익을 약간 조정(교제비의 손금불산입, 수취배당금의 익금불산입 등) 하는 방식으로 이루어졌다. 그러나 2002년 이후 적용되는 新회계규칙에 의한 회계상 이익은 세법상의 소득과 많은 차이가 날 수 있으므로 주의가 필요하다.

한편, 손금산입(deduction, 損金算入)이란 기업회계에서는 비용으로 처리되지 않았으나, 세법에 따른 세무회계에서는 손금으로 인정되는 회계방법을 말한다. 또한 익금불산입(exclusion from gross revenue, 益金不算入)은 자본 또는 출자납입을 제외하고 기업 순자산을 증가시키는 것은 모두 익금으로 간주하는 소득개념에 따라 세법에서 별도 명문규정을 둔 사항만을 익금으로 간주하지 않는바, 세법에서 익금으로 간주하지 않도록 규정한 사항을 익금불산입이라고 한다.

新회계규칙에는 적정한 대손충당금의 계상, 자산평가손의 계상 등이 요구되지만, 세법에서는 이러한 종류의 충당금, 평가손이 세무상의 요건을 충족하지 않으면 손금으로 인정되지 않기 때문이다.

2007년 3월 16일 공포된 新기업소득세법에 따르면 이러한 공익성 기부금의 인정 범위가 세전소득의 12%로 대폭 확대되었다. 이는 기업의 사회적 책임을 강조하는 중국정부 및 사회 일반의 요구를 반영한 것으로 이 부분을 대폭 홍보하고 있으며, 외국인투자기업도 이 조항을 적극 활용하기를 기대하고 있다.

2. 증치세(부가가치세)

1) 증치세 개요

증치세(增值税)란 중국의 주요 간접세로 한국의 부가가치세에 해당한다. 증치세의 특징은 '기본적으로 최종 소비자가 부담'하는 것으로, 중국의 증치세 징수방법은 한국과 마찬가지로 거래징수방식을 채택하고 있다. 즉 과세대상 재화를 공급하는 사업자나 기업체가 납세의무자가 되는데, 실제 증치세를 징수하는 방식은 그 재화를 생산하기 위하여 원자재 등을 매입할 때에 거래상대방에게 증치세(매입증치세)를 지급하고, 매입 또는 생산한 재화를 판매할 때에 그 재화의 매입자로부터 증치세(매출증치세)를 징수하여, 과세기간(외국인투자기업의 경우 월단위) 동안의 매출증치세와 매입증치세의 차액을 세무국에 납부하는 방식을 취하고 있다. 현재 중국의 증치세율은 일반세율이 13% 로 한국의 10% 보다는 다소 높은 수준이다.[225)]

중국은 2017년 전까지 증치세와 영업세를 병행하여 실시하였으며, 증치세는 중국의 주요 세원으로서 중국 총 조세수입의 60% 이상을 차지하고 있다. 공업과 상업기업에 대하여 증치세를 과세하고 서비스업과 같은 3차산업(건설, 부동산, 금융, 생활서비스)에 대하여 영업세를 징수한 바 있다. 이후 중국은 2016년 7월에 영업세를 증치세(부가가치세)로 전환하게 된다.

225) 최근 중국에서는 두 번의 증치세 인하가 있었다. 2018년 5월 이전 중국의 증치세율은 17% 였고, 2019년 4월 이전에는 16% 였다.

2) 증치세 세율

2019년 4월 현재, 중국 증치세의 세율은 품목에 따라 다음과 같다.

- 13%: 기본세율
- 9%: 식량, 식용식물유, 수도수, 스팀, 냉기, 열수, 가스, 석유액화가스, 천연가스, 메탄가스, 소비자용 석탄제품, 도서, 신문, 잡지, 사료, 화학비료, 농약, 농업기기, 농업용합성수지필름, 국무원이 정한 기타 재화
- 0%: 재화 수출

3) 수출품에 대한 증치세의 환급

수출의 경우 증치세율은 0%이므로 수출을 위주로 하는 기업의 경우, 매입증치세의 환급문제가 발생하게 된다. 한국과 달리 중국에서는 이 환급률을 증치세율보다는 낮게 적용하므로 실제 수출기업체는 해당제품의 증치세율(13%)과 환급률(10%)의 차이(3%)만큼 원가 부담을 안게 된다.

더구나 이 환급률을 국무원에서 시기별로 거시경제 및 무역상황에 따라 결정하므로 수출장려 또는 수출억제 등 정책적인 목적에 따라 자주 변경을 하고 있다. 실제로 2006년 9월 15일부터 중국에 원부자재가 부족한 목재 제품류와 무역마찰을 일으키고 있는 면제품류에 대하여 환급률을 취소하거나(255개 품목), 하향조정(1130개 품목) 및 상향조정(191개 품목)한 바 있다. 또한 2007년 4월 6일에는 이러한 품목을 대폭 확대조정하였고, 환경저해업종, 자원 과다소비업종, 저부가가치 업종과 무역마찰을 일으키는 업종은 이러한 규제가 자주 변경 되어 왔다.

2010년 재정수지 통계를 보면 중국정부가 수입품에 대한 증치세와 소비세 명목으로 과세한 금액은 1조 490억 위안이나, 수출제품에 대한 환급세액은 7327억 위안으로 환급률은 70%에 불과하다. 즉 수출품에 대한 증치세 및 소비세 미환급률은 30% 수준임을 알 수 있다.

고정자산 관련 증치세도 기업에서는 유의해야 될 사항이다. 한국과 달리 고정자산 구입시에 부담한 매입증치세는 매출증치세에서 공제를 하지 않고, 고정자산 취득원가로 회계 처리하여야 하므로 대규모의 고정자산투자가 필요한 업체는 유의해야 한다.

단, 장려산업으로서 투자총액범위 내의 특정요건을 갖춘 수입설비와 중국산 설비의 경우에 증치세 면제 또는 증치세 공제를 허용하고 있으며, 흑룡강성, 길림성, 요녕성 등 동북3성에서는 특정 업종에 대해 고정자산 증치세의 공제를 시범적으로 허용하고 있기도 하다. 2007년 7월 1일부터는 중서부 지역으로 이러한 공제조치가 확대되어 적용되어왔다.

[그림 5-7] 수출제품에 대한 증치세(부가세) 환급 구조

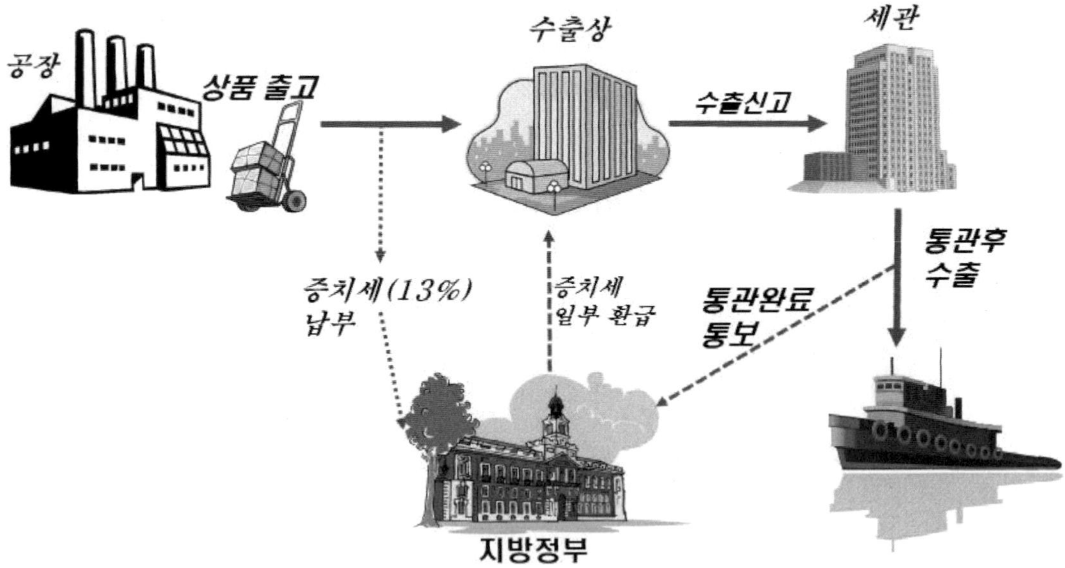

[키워드] 부가가치세(value added tax, 附加價值稅)

부가가치세는 줄여서 부가세 혹은 VAT로 부른다. 생산 및 유통과정의 각 단계에서 창출되는 부가가치에 대하여 부과되는 조세이다. VAT는 국세·보통세·간접세에 속한다. 그리고 부가세는 모든 재화 또는 용역의 소비행위에 대하여 부과되는 일반소비세이며, 조세의 부담이 거래의 과정을 통하여 납세의무가 있는 사업자로부터 최종소비자에게 전가되는 간접소비세이고, 모든 거래단계에서 생성된 각각의 부가가치에 부과되는 다단계거래세의 성격을 가진다. 부가세는 매출세의 일종으로서 발달된 조세이다. 그러나 부가세는 매출세가 재화 또는 용역의 공급총액에 대하여 부과되는 것과는 달리 재화 또는 용역에 새롭게 부가된 가치의 부분에 한하여 부과되므로, 이론상 세액의 계산과 징수에 있어서 매출세보다 훨씬 합리적인 조세이다. 부가세를 산정하는 방식에는 전단계세액공제방식이 있고, 그것을 과세하는 방식에는 전단계거래공제방식이 있다. 전단계세액공제방식은 매출액에 세율을 곱해 얻은 세액을 상품 또는 용역의 대금에 합하여 판매하고, 이것을 판매자가 납부하면 다음 판매자에 대해서는 판매에 부과한 세액에서 구입할 때 지급한 세액을 공제하는 방식이다. 전단계거래공제방식은 매출액에서 구입액을 제외한 금액을 부가가치로 하고 이것에 세율을 곱하여 부가세를 부과하는 방식이다.

부가세는 매출세(중국의 경우 영업세)의 일종이나 다음과 같은 차이점이 있다. 매출세는 일반적으로 유통의 각 단계에서 판매액의 일부 세율에 해당하는 금액으로 과세되기 때문에 소비자에게 인도될 때까지 조세액이 누적작용을 일으켜 소비자가 지불하는 금액 중에서 얼마가 매출세인지 불명확한 것에 반하여 부가세는 유통 각 단계에서 부가세에 대해서 일정비율에 해당하는 금액만큼 과세되므로 소비자 조세부담액이 명확하다. 따라서 부가세는 세수증대효과가 크며 조세저항을 회피할 수 있다는 점과 기능적 납세원천이 분명하다.

3. 관세 및 관련 세율

아래 관세율표는 중국 해관총서 제2015-69호(2016년에 대한 관세실행규정) 및 국무원관세세칙위원회의 최신 수출입 관세율 개정내용을 근거로 작성, 2016년 1월 1일부터 적용됨.

1) 수입관세: 수입관세 = CIF value × 수입관세율

2) 수입관세율

가. 보통세율 (General Tariff Rates)

원산지가 확인이 되지 않거나 MFN 관세혜택, 협정관세율 또는 특혜관세율을 적용 받을 수 없는 국가를 원산지로 하는 수입물품에 적용되는 관세율

나. 최혜국(MFN) 관세율

MFN(Most Favored Nation) 관세율은 중화인민공화국과 상호 최혜국조치를 하는 세계무역기구(WTO)의 회원국을 원산지로 하는 수입물품, 중화인민공화국과 양자간 관세협정을 맺은 국가 또는 지역을 원산지로 하는 수입물품 및 중화인민공화국의 관세영역에서 생산된 수입물품에 적용되는 관세율

다. 잠정세율

MFN 관세율이 적용되는 세율 중 잠정세율이 있는 경우 MFN세율에 우선하여 적용됨.

라. 아·태협정세율(APTA)

아시아-태평양 무역협정에 따라 대한민국, 스리랑카, 방글라데시, 인도 및 라오스를 원산지로 하는 특정 수입물품에 대하여 적용하는 관세율

마. 협정·FTA: APTA를 포함한 중국의 FTA협정관세율

바. 특혜세율

- APTA_최빈국: 방글라데시, 라오스
- GSP: 에디오피아, 베닝, 부룬디, 에리트리아, 지부티, 콩고, 기니, 기니비사우, 코모로, 라이베리아, 마다가스카르, 말리, 말라위, 마우리타니아, 모잠비크, 르완다, 시에라리온, 수단, 탄자니아, 토고, 우간다, 잠비아, 레소토, 차드, 중앙아프리카공화국, 아프가니스탄, 방글라데시, 네팔, 동티모르, 예멘, 사모아, 바누아투, 적도기니, 앙고라, 세네갈, 니제르, 소말리아

3) 증치세 (Value Added Tax)

가. 수입물품에는 보통 13%의 증치세(VAT)가 부과되며, 증치세가 표시되지 않은 물품은 증치세가 면세

나. 증치세 = (CIF value + 수입관세 + 소비세) × 증치세율

4) 소비세 (Consumption Tax)

가. 우리나라의 '개별소비세'에 해당하는 세율로 특정 소비재에 부과되는 간접세

나. 소비세 = (CIF value + 수입관세) / (1-소비세율) × 소비세율
다만 종량세인 경우, 소비세 = 수량 × 단위당 세액

5) 수출관세율

가. 수출물품에 부과되는 관세율. 수출잠정세율은 일정기간 동안 특정물품에 일시적으로 적용되는 세율(수출관세보다 수출잠정세율이 우선적용)

나. 수출관세 = FOB value / (1 + 수출관세율) × 수출관세율

다. 수출특별세율이 있는 경우 적용세율 = 잠정세율 + 특별세율

6) 수출환급

수출장려를 위하여 수출물품에 포함된 세액(증치세 또는 소비세)의 일부 또는 전부를 환급해주는 제도로, 수출환급율(Export Drawback Rate)이 백분율로 표시됨.

[표 5-20] 자동차에 대한 중국내 협정 세율표 (2016)

품목번호	8703.23-41. 2016년 기준 (중국)	
품명	Saloon cars. 귀빈차(小轿车)	
관세	기본세율 : 230%	
구분기호	협정 관세율	관세 구분
MFN	25%	최혜국 세율
FTA_APTA	22.50%	아시아.태평양 협정세율
FTA_CHL	0%	칠레 FTA 세율
FTA_PAK	22.50%	파키스탄 FTA 세율
FTA_NZL	0%	뉴질랜드 FTA 세율
FTA_CRI	0%	코스타리카 FTA 세율
FTA_ISL	0%	아이슬란드 FTA 세율
FTA_KOR	24%	대한민국 FTA 세율
FTA_AUS	20%	호주 FTA 세율
품목번호(HS编码) 8703234101	1.5<排量≤2升装点燃往复式活塞内燃发动机小轿车 进口优惠税率 25% / 出口税率 0% 增值税率 17% / 进口普通税率 230% 出口退税税率 17% / 消费税率 5%	

자료: 관세청 세계 HS정보 www.customs.go.kr , 중국 HS코드 사이트 www.hsbianma.com (검색일자: 2016.7)

[키워드] HS코드

HS는 1988년 국제협약으로 채택된 국제통일 상품분류체계(Harmonized Commodity Description and Coding System)의 약칭이다. 중국어로는 하이꽌삔마(海關編碼)로 통칭한다. 국제통일 상품분류체계는 대외 무역거래 상품을 숫자 코드로 분류하여 상품분류 체계를 통일함으로써 국제무역을 원활하게 하고 관세율 적용에 일관성을 유지하기 위한 것으로, 관세나 무역통계, 운송, 보험 등 다양한 목적에 사용된다. 국제협약에 따라 HS코드는 10자리까지 사용할 수 있다. 6자리까지는 국제 공통으로 사용하는 코드로서 앞의 1~2자리는 상품의 군별 구분, 3~4자리는 소분류로 동일류 내 품목의 종류별·가공도별 분류, 5~6자리는 세분류로 동일번호 내 품목의 용도·기능 등에 따른 분류이다. 7자리부터는 각 나라에서 세분화하여 부여하는 숫자인데, 한국은 10자리를 사용한다. 예를 들면, 컴퓨터에 사용되는 마우스의 한국 HS코드는 8471601030이다. '84'는 기계, '71'은 자동자료처리기, '60'은 입력 및 출력장치에 대한 분류코드로서 여기까지는 국제 공통이고, '10'은 입력장치, '30'은 마우스에 대한 분류로서 한국에서 세분하여 부여한 것이다. 한편, HS코드에 따라 관세율이 달라지기 때문에 수출국에서는 관세율이 낮은 코드를, 수입국에서는 관세율이 높은 코드를 선호함으로써 분쟁이 발생하기도 한다. 예를 들면 한국에서는 휴대전화로 분류하는 DMB폰의 EU 수출시, EU세관당국은 TV수신기(관세 14%) 혹은 GPS(관세 3.7%)로 분류하여 관세를 부과하였다. 2008년 한 해에만 한국기업이 지불한 관세는 1400만 유로(약 250억원)였다. 이에 한국 관세청은 EU당국과 HS분쟁 문제를 적극 해결하여, 2009년 8월부터는 휴대전화로 인정받게 됨으로서, 약 820만 유로에 달하는 관세를 환급받은 바 있다.

[주요 용어]

수출허가증, 수입허가증, 가공무역, 수출관세, 협정세율, 비관세장벽, 보세구역, 수출가공구역, 수출입전업공사, 증치세 환급, 수출쿼터, HS코드, 국영무역, 수입쿼터, 강제인증제도, 중간재, 반제품, 부분품, 최종재, 자본재, 소비재, 증치세, CIF, FOB, C&F, 종가세, 종량세, 최혜국대우, 활척관세, 중국제조 2025

[연습문제]

1. 수출입 통관에 필요한 기본 서류에는 어떤 것들이 있는가?
2. 수입 관세율을 대상국가에 따라 또 대상물품에 따라 어떻게 분류하는가?
3. 중국정부가 일부 제품에 대해 수출관세를 부과하는 이유는?
4. 수입에 부과되는 내국세에는 어떠한 것들이 있으며, 주요 세율은?
5. 최혜국 세율과 협정세율의 차이는?
6. 중국의 주요 비관세 장벽에 대해 설명하시오.
7. 보세구역과 수출가공구역과의 차이점은?
8. WTO 가입시 무역제한 및 수량제한과 관련하여 중국이 WTO에 양허한 주요 조건은?
9. 중국은 어떠한 제품이나 상황에서 수출 쿼터제도를 운영했었나?
10. 중국정부가 수출허가증으로 관리하는 주요 제품들의 특징(관리 원인)은?
11. 중국정부가 수입허가증으로 관리하는 주요 제품들의 특징(관리 원인)은?
12. 2003년 3월, 중국 상무부의 탄생 배경은?
13. 중국 CCC 강제인증제도의 특징은?
14. 중국은 주로 어떤 제품을 국영무역으로 관리해 왔는가?
15. 한중간 무역통계 차이가 발생하는 이유를 서술할 것.
16. 가공단계별 상품분류 중 자본재는 어떤 유형의 제품인가?
17. 중국 가공무역 중 래료(來料)가공과 진료(進料)가공과의 차이점은?
18. 가공단계별 수출입 대상국가(지역)별로 본 중국 무역구조의 특징은?
19. 최근 한중교역시 한국의 일방적인 무역흑자 원인은 무엇 때문인가?
20. 중국의 증치세와 한국의 부가가치세가 다른 점은?

[실습 : HS코드 및 관세율 확인]

1. 한국에서 중국으로 수출은 중국 HS코드 8자리 확인.
2. 중국에서 한국으로 수입은 한국 HS코드 10자리 확인.
3. 한중간 FTA 양허표를 통해 특혜관세 해당 품목인지 확인.
   a. HS코드 확인하기: 관세청 관세법령정보포털 / 세계 HS정보 시스템 접속
   https://unipass.customs.go.kr/clip
      - 상품명(국문, 영문) 입력후, 해당 HS코드 확인
      - HS코드 입력후 관세율 확인 : 중국 HS코드 확인 사이트(중문) www.hsbianma.com

   b. 한중 FTA 관련정보 확인하기
      트레이드 네비(www.tradenavi.or.kr) 접속후 품목별 정보 검색
      FTA 통합 플랫폼 (https://okfta.kita.net) 접속후 한중 FTA 특혜 정보 확인
      FTA 포털 (www.fta.go.kr) 접속후 한중 FTA 관련 정보 확인
      - 관세율 확인, 특혜관세 확인, 원산지 규정 확인

[키워드] HS코드와 원산지 결정 기준(Product Specific Rules)

HS 코드는 FTA 체약국 간 협상대상물품의 기준으로 활용됨. 이러한 양국간 관세양허 내용이 협정문 부속서에 포함됨. 또한 HS 코드는 원산지결정 기준으로 활용됨. FTA는 체약국을 원산지로 하는 물품에 대해서만 관세상 혜택을 주기 때문에 양국간 합의한 원산지 기준이 중요함.

1) 기본 원칙

완전생산품: 농산품, 공산품(부품 및 그 원재료까지 자국산으로 생산)

역내 가공원칙: 물품의 모든 생산공정은 FTA 체약국 역내에서 수행되어야 함
(특수사정시 역외가공 인정. 개성공단 제품은 한중FTA에서 인정)

충분 가공원칙: 단순한 가공은 HS코드 변경이 있더라도 인정하지 않음.

직접운송 요건: FTA 체약국 간에 직접 운송되어야 함. 중간에 제3국 경유 금지.
(한·아세안 FTA는 비체약국 경유를 인정)

2) 분야별 특례 기준

a. 누적기준: 체약국 양국간 상대방의 원재료를 자국 원재료로 서로 인정
(한·미FTA는 미국산 엔진 수입후, 자동차를 만든후 대미 수출시 한국산 엔진으로 인정)

b. 최소기준: 원산지 판정을 면제해 주는 최소 혹은 미소기준
(일반품목 가격기준 10%, 섬유류는 중량으로 7% 허용. 농수산물은 적용 없음. 한미FTA)

c. 세트 기준: 세트 물품 구성품 중 비원산지 상품의 가치 비중
(이발세트.8510. 빗, 가위, 브러시, 직물제 타월 등)

3) 품목별 기준

a. HS코드 변경: 역외산 원재료-완제품 간 HS코드 변경 기준(2단위. 4단위. 6단위)
(87류 자동차. 8703호 승용자동차. 870323소호 승용차 1.5~3L)
(철판/7220을 수입가공하여 부엌용 냄비/7324를 만든 경우, 2단위 HS코드 변경이 인정되어, 냄비를 만든 국가가 원산지로 인정되게 됨)

b. 부가가치 기준 (중간재): 완제품에 소요된 수입산 원재료의 가격이 완제품의 가격에 차지하는 비율이 일정비율 이하인 경우에 원산지로 인정
(기준 80% 이상: 한국이 중국산 부품 100원 수입후 제조한 에어백이 180원이면, 부가가치 80%로 한국산 인정)

c. 가공공정기준: 체약국 역내에서 일정한 가공공정을 거쳐야 원산지 물품으로 인정.
(남성용 직물코트는 당사국에서 재단, 봉재 또는 달리 결합되어야 한다)

자료: 구종순(2014), 『FTA 무역실무』, 관세법령정보포털 3.0 (검색일자: 2016.7)

[표 5-21] HS 상품분류체계 (97개류)

	0	1	2	3	4	5	6	7	8	9
0		산동물	육과식용 설육	어패류	낙농품 조란 천연	기타 동물성 생산품	산수목 꽃	채소	과실 견과류	커피 향신료
10	곡물	밀가루 전분	채유용 종자·인삼	식물성 엑스	기타 식물성 생산품	동식물성 유지	육·어류 조제품	당류 설탕 과자	코코아 초코렛	곡물·곡분 의주제품 과빵류
20	채소 과실의 조제품	기타의 조제 식료품	음료 주류 식초	조제사료	담배	토석류 소금	광 슬랙 회	광물성 연료 에너지	무기화 합물	유기 화합물
30	의료용품	비료	염료·안료 페인트 잉크	향료 화장품	비누 계면 활성제 왁스	카세인 알부민 변성전분 효소	화학류 성냥	필름인 화지사 진용재 료	각종 화학 공업 생산품	플라스틱 과 그제품
40	고무와 그 제품	원피가죽	가죽제품	모피·모피 제품	목재 목탄	코르크 짚	조물재 류의 제품	펄프	지와 판지	서적 신문 인쇄물
50	견 견사 견직물	양모 수모	면·면사 면직물	마류의사 와직물	인조 필라멘 트 섬유	인조 스테이플 섬유	워딩 부직포	양탄자	특수 직물	침투 도포한 직물
60	편물	의류 (편물제)	의류 (편물 제01외)	기타 섬유제품 넝마	신발류	모자류	우산 지팡이	조제 우모 인조 제품	석 시멘트 석면 제품	도자 제품 직물
70	유리	귀석 반귀석, 귀금속	철강	철강제품	동과 그 제품	니켈과 그 제품	알루미 늄과 그 제품	(유보)	연과 그 제품	아연과 그 제품
80	주석과 그 제품	기타의 비금속	비금속제 공구·스픈 포크	각종 비금속 제품	보일러 기계류	전기기기 TV·VTR	철도 차량	일반 차량	항공기	선박
90	광학/의료 측정·검사 정밀기기	시계	악기	무기	가구류 조명 기구	완구 운동용품	잡품	예술품 골동품		

주: 1) HS 분류 체계는 대분류 수준인 21개 부(Section)와 중간단계 수준인 97개 류(Chapter. 부제품을 재질, 가공 형태, 용도 등에 따라 분류. 2단위), 류를 세분한 1244개 호(heading. 4단위), 호를 5 혹 6단위로 세분한 소호(sub-heading) 5,225개. 이중 호와 소호는 법적구속력 있는 협약된 용어임.

2) HS 코드는 6단위는 전세계 동일. 이후는 자국이 자체 세분류함. 미·중·EU는 8단위까지, 일본은 9단위까지, 한국은 10단위까지 분류하고 있음

3) 립스틱: 33류 향료화장품 / 3304호 메이크업 제품류와 기초화장품 / 3304.10소호 입술화장품
배기량 2~3L 자동차: 87류 자동차 / 8703호 승용차 / 8703.23소호 1.5~3L 승용차 / 8703.23-10. 2~3L 승용차 / 8703.23-1010. 2~3L 승용 신차.

자료: 관세법령정보포털 3.0 (검색일자: 2016.7)

제6장 중국 무역구제제도

제1절 개방경제하의 무역구제제도

1. 무역구제제도 개념과 유형

1) 정의

무역구제제도(貿易救濟制度, trade remedies)라 함은 특정물품의 수입으로 인하여 국내산업이 피해를 입거나 입을 우려가 있을 경우, 당해 수입물품에 대하여 관세조치 및 비관세조치 등의 구제조치를 취하여 국내산업을 보호하는 제도라고 정의된다. 그 협의와 광의, 최광의를 정의하면 다음과 같다.

협의

- 반덤핑관세제도(AD), 상계관세제도(CVD), 세이프가드제도(SG)
- WTO가 공식적으로 인정하는 산업피해구제제도
  - 협의의 산업피해구제제도는 GATT 및 WTO 규범으로 보장된 유일한 국내산업 보호장치로서 미국 통상법 301조와 같이 국내법에 따른 일방적 조치와는 구별된다.

광의

- 협의의 개념에 불공정무역행위조사제도를 추가한 개념이다.
- 불공정무역행위조사제도는 WTO협정에는 공식적으로 규정되어 있지 아니하고 각국의 국내법령에 의해서 운영된다.

최광의

- 광의의 개념에 미국의 301조 등 불공정무역제재조치를 추가한 개념이다.
- 불공정무역제재조치는 WTO협정에는 공식적으로 규정되어 있지 아니하고 각국의 국내법령에의해서 운영된다.

[그림 6-1] 무역구제 제도의 개념

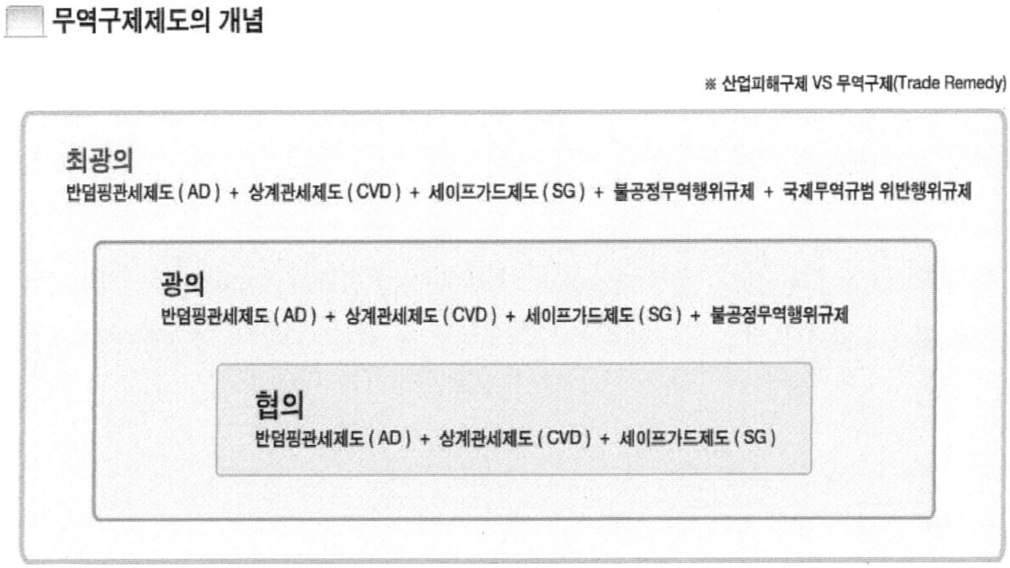

자료: 산업자원부 무역위원회(2001), 산업피해구제제도 개관.

2) 무역구제제도 유형

가. 반덤핑관세제도(Anti-Dumping Duty System, AD)

외국물품이 정상가격(수출국 국내시장 가격)이하로 수입되어 자국산업이 실질적인 피해를 받거나 받을 우려가 있을 때 또는 자국산업의 확립을 지연시킬 때, 조사를 실시하여 정상가격과 덤핑가격의 차액 범위내에서 반덤핑관세를 부과함으로써 공정한 경쟁을 확보하기 위한 제도이다. 그 발동요건은 다음과 같다.

- 수입물품에 덤핑행위가 존재
- 당해 물품의 수입으로 자국산업에 피해가 야기
- 덤핑행위와 자국산업에 대한 피해간에 인과관계가 존재

WTO의 '1994년 GATT 제6조의 이행에 관한 협정'(이하 'WTO반덤핑협정')에 의하면 덤핑이란 한 국가로부터 타국으로 수출된 제품의 수출가격이 수출국에서 소비용으로 판매되고 있는 동종제품에 대한 통상의 상거래에 있어서 비교가능한 가격보다 낮을 경우라고 정의하고 있다.

덤핑은 수입국 내의 효율적인 자원분배를 저해하고 시장질서를 문란하게 한다는 점에서 국제무역에서는 불공정무역으로 간주되고 있다. 따라서 수입국의 정부는 수출국의 생산자가 덤핑을 하였다는 증거를 확보하고, 국내의 동종산업이 덤핑수입으로 인하여 실질적 피해를 입었거나 또는 입을 우려가 있다고 판단한 경우에, 그러한 덤핑행위를 시정함으로써 공정한 경쟁관계를 확립하고 자국산업을 보호하기 위한 목적으로 덤핑차액 이하에 상당하는 관세, 즉 반덤핑관세

(antidumping duties)를 부과할 수 있도록 하고 있다.

그러나 각국은 WTO 반덤핑협정의 모호한 규정을 이용하여 반덤핑제도의 운용절차를 자국에 유리하도록 규정하고 있을 뿐만 아니라, 다수국가들이 덤핑이라는 불공정무역행위의 규제보다는 조사당국의 편의와 보호무역의 수단으로서 반덤핑제도를 남용하는 경향이 있다는 점에서 국제사회에서는 비관세무역장벽으로 분류되고 있다.

나. 상계관세제도(Countervailing Duty System, CVD)

수출국 정부로부터 보조금을 받아 수출경쟁력이 높아진 물품이 수입되어 자국산업이 실질적인 피해를 받거나 받을 우려가 있을 때 또는 자국산업의 확립이 지연될 때, 조사를 실시하여 보조금 범위내에서 상계관세를 부과함으로써 공정경쟁을 확보하는 제도이다. 그 발동 요건은 다음과 같다.

- 수입되는 특정물품에 대한 보조금지급행위가 존재
- 당해 물품의 수입으로 자국산업에 피해가 야기
- 보조금 지급행위와 자국산업에 대한 피해간에 인과관계가 존재

보조금(subsidy)이란 정부가 특정의 정책목표를 달성하기 위하여 산업이나 기업 등에 제공하는 각종 지원을 의미한다. WTO의 '보조금 및 상계조치에 관한 협정'(Agreement on Subsidies and Countervailing Measures)은 보조금의 정의를 명확히 하고 있는데, 보조금을 금지보조금(prohibited subsidy), 상계대상보조금(actionable subsidy), 허용보조금(non-actionable subsidy)으로 구분하고 각 보조금별로 상계관세의 발동요건을 구체적으로 규정하고 있다.

보조금의 사용은 원칙적으로 주권국가의 고유한 권한이나, 수출장려나 수입억제를 위한 보조금의 경우처럼 특정산업이나 기업경쟁력을 인위적으로 변화시켜 국제무역을 왜곡할 우려가 있다.

특정성이 있는 보조금의 지급으로 회원국의 관련 자국산업에 중대한 손해를 야기하거나 손해를 야기할 우려가 있거나 또는 관련 자국산업의 확립을 실질적으로 지연시키는 경우, 동 회원국은 보조금이 지급된 수입제품에 대해 보조금 지급액을 초과하지 않는 범위 내에서 보조금 지급효과를 상쇄시키는 상계관세(compensation duties)를 부과할 수 있다.

FTA하에서의 반덤핑조치와 상계관세조치는 세이프가드와는 달리 FTA 회원국간에만 적용되는 독자적인 규율 제정보다는 대부분 WTO 반덤핑·상계관세 규범을 그대로 수용하고 있다. 이는 WTO 관련규범이 세이프가드 규범에 비해 구체적이고 효과적으로 규정되어 있고, 세이프가드와는 달리 반덤핑·상계관세는 불공정무역행위를 규제하기 위한 목적이기 때문에 FTA 회원국간일지라도 특혜규정을 둘 필요가 없기 때문인 것으로 보여진다.[226]

226) 김석민(2007), 韓·中 FTA 履行을 위한 貿易救濟條項의 比較法的 考察, 「국제지역연구」 제11권 제2호, 540~565쪽.

다. 세이프가드제도(Safeguard, SG)

수출국의 공정한 수출행위에 의한 수입이지만 특정물품의 수입이 급격히 증가하여 자국산업이 심각한 피해를 받거나 받을 우려가 있을 때, 조사를 실시하여 수입수량을 제한하거나 관세율을 인상하는 등의 구제조치를 취하는 제도이다. 발동요건은 다음과 같다.

- 특정물품의 수입이 증가
- 당해 물품의 수입으로 자국산업에 피해가 야기
- 수입의 증가와 자국산업에 대한 피해간에 인과관계가 존재

세이프가드는 특정 물품의 수입이 급격히 증가해서 수입국의 전반적인 경제여건이나 국내 경쟁산업에 피해를 주거나 또는 피해를 줄 우려가 있을 때 WTO의 GATT 1994 제19조 및 세이프가드 협정에 근거하여 실시하는 WTO회원국의 대응조치를 의미한다.

그러나 세이프가드는 덤핑과 보조금과 같이 '불공정한 무역행위'를 대상으로 하는 것이 아니기 때문에 이의 발동을 엄격히 규제하고 있다. 이는 심각한 피해를 방지하기 위해서만 행사되어야 하며, 발동국은 당해 조치로 인해 영향을 받는 수출국과 협의하여야 하고, 또한 동 수출국에 다른 물품의 관세인하와 같은 보상을 제공할 의무를 진다.

현재 체결된 대부분의 FTA 협정에서도 WTO 협정과 유사한 다자간 조치를 도입하고 있는데 일반적으로 상품무역에 있어서 적용되는 세이프가드 조치는 글로벌(global), 지역간(regional), 양자간(bilateral)의 세 가지 형태로 구분될 수 있다.

글로벌 세이프가드 조치는 FTA 회원국 여부와는 상관없이 모든 수입원을 대상으로 세이프가드를 발동하는 것으로서 WTO 세이프가드 협정의 최혜국대우 원칙에 합치된다. 다만, NAFTA의 예와 같이, FTA회원국이 수입국가들 중에 포함된 경우 개별 체약국으로부터의 수입이 전체 수입의 상당한 부분을 차지하고 개별 체약국이 예외적인 경우, 다른 체약국 전체로부터의 수입이 심각한 피해의 발생이나 피해발생 우려에 현저히 영향을 미치는 경우를 제외하고는 각 체약국이 GATT 제19조 및 세이프가드협정에 따른 권리와 의무를 갖지 않는다고 규정하고 있어, 일정한 요건 하에서 체약국에 대해서는 다자간 세이프가드조치의 적용을 배제할 수 있다.

양자간 세이프가드 조치는 수입증가가 FTA 체결국으로부터의 수입으로 인해 발생된 경우, FTA 회원국간에만 적용되는 조치로서 일반적으로 WTO규범에서 벗어나 FTA 체결 당사국간에 적용범위 및 대상, 발동요건, 양자간 조치의 형태, 발동절차, 규제 및 보상수준 등에 대해 상당히 탄력적으로 규율하고 있다.

NAFTA[227]의 경우에는 적용범위를 동 협정상 관세인하 및 철폐대상 품목에 대해 과도기간

227) 북미자유무역협정(North American Free Trade Agreement. NAFTA): NAFTA는 선진국인 미국 및 캐나다와 개발도상국인 멕시코 등 북미 3개국이 자유무역지대를 창설하기 위해 추진한 협정이다. 주요 내용은 3개국간에 재화와 서비스 이동에 대한 각종 관세 및 비관세장벽을 향후 15년간 단계적으로 철폐한다는 것이다.

(transition period)에 한해 체약당사국들간에 쌍무적으로 적용되며, 발동요건은 특정 체약국 제품이 다른 체약국으로 상당히 증가된 양으로 수입되었을 것과 이로 인해 수입 체약당사국의 동종 내지 직접적 경쟁관계에 있는 제품을 생산하는 자국산업에 심각한 피해나 피해의 위협이 초래되었을 것이 요구된다. 이러한 요건이 충족될 경우 당해 수입체약국은 그러한 피해를 구제하거나 예방하는데 필요한 최소한의 범위 내에서 다른 체약국 수입 상품에 대해 양자간 긴급수입제한조치를 허용하고 있다.

지역간 세이프가드 조치는 다자간 및 양자간 세이프가드 조치 이외의 모든 경우로서 수입국 또는 수출국의 일부에만 적용되는 경우가 대표적인 사례이다. EU의 경우, EU와 타국간의 FTA 체결시 EU내 일부지역의 수입으로 인한 피해의 경우도 세이프가드 조치의 발동이 가능하며, EU와 체결하는 국가의 경우도 EU내 일부지역으로부터의 수입으로 인한 피해시 세이프가드조치 발동이 가능하다.

라. 불공정무역행위 조사제도 및 제재조치

무역거래에 있어서 교역상대국 또는 수입국 법령에 의해 보호되는 지적재산권의 침해, 원산지 표시 위반행위 및 수출입질서 저해행위 등 불공정한 무역행위를 조사하여 시정조치를 명령하거나 과징금을 부과하는 제도이다.

미국의 경우, 1930년 〈관세법〉 337조가 이에 해당되며, 한국의 경우에는 〈불공정무역행위조사 및 산업피해구제에 관한 법률〉 제2장 (제4조~제14조)이 이에 해당된다.

외국정부의 무역에 관한 법령·제도·관행 등이 불공정한 경우, 이에 대하여 특정국가가 관세조치 및 비관세조치 등 자국의 법령이 허용하는 모든 보복조치를 취할 수 있는 제도가 불공정무역행위 제재조치이다.

미국의 경우, 1974년 〈통상법〉 301조(일반 301조, 수퍼 301조, 스페셜 301조)가 이에 해당되며, 한국은 〈대외무역법〉 제5조에 이를 규정하고 있다.

1992년 10월 11일 체결돼 인구 3억6300만명, GDP 6.4조 달러에 이르는 거대한 단일시장이 탄생하게 됐다. 2009년말 기준 NAFTA의 교역총액은 990억 달러에 이른다.

[표 6-1] 무역구제제도의 5가지 유형

구제제도	사유	조치내용
덤핑방지관세 (AD)	외국물품이 정상가격 이하로 덤핑수입되어, 자국산업이 실질적 피해 또는 피해우려시 -덤핑수입과 산업피해간 인과관계 증명필요	덤핑 차액의 범위 내에서 관세부과
상계관세 (CVD)	외국정부·공공기관으로부터 부당한 보조금을 받은 물품수입으로 자국산업 실질적 피해 또는 우려시 - 보조금을 받은 물품수입과 산업피해간 인과관계 증명필요	보조금의 범위 내에서 관세부과
세이프가드 (SG)	외국물품의 수입이 급격히 증가하여 자국산업이 실질적 피해 또는 피해우려시 - 수입급증과 산업피해간 인과관계 증명필요	수입수량 제한, 관세율 인상 등
불공정무역 행위조사	수출입 거래에 있어서의 지적재산권 침해, 원산지표지 위반, 기타 건전한 무역질서 저해 등 불공정 무역행위가 있을 때	시정조치 명령 또는 과징금 부과
국제무역규범 위반행위	교역상대국의 국제무역규범위반(제도관행 포함)으로 관련 자국산업의 실질적 피해 또는 피해우려시	보복조치 또는 교역상대국 정부와 시정조치 협의, WTO제소

자료: 무역위원회 공개자료 종합(2012.3)

마. 국제무역규범 위반행위

교역상대국의 무역에 관한 법령 · 제도 · 관행 등이 국제무역규범을 위반함에 따라 국내 산업이 피해를 입은 경우, 관세조치 및 비관세조치 등 법령이 허용하는 보복조치를 취할 수 있는 제도이다. 그 법적 근거는 '불공정무역행위조사 및 산업피해구제에 관한 법률 제25조의 2조' 및 동법 시행령 제25조, WTO GATT 제23조 무효화 또는 침해이다.

조사요건으로는 교역상대국의 제도 및 관행(교역상대국의 법·정책 ·조치 등 포함)이 국제무역규범을 위반하고 당해물품 또는 서비스를 생산하는 국내 산업이 피해(국내외의 부정적 무역효과 포함)를 입거나 입을 우려가 있으며, 국제무역 규범위반사실과 산업 피해간에 인과관계가 있는 경우에 조사를 시행한다.

중국의 경우, 수출 및 수입 금지제도, 수업허가제, 국산품 사용을 강제한 정부조달 규정, 비관세조치(무리한 검사, 복잡한 수입절차, 까다로운 라벨링 부착규정, 과도한 증명서 요구 등) 등이 이에 해당한다.

3) 무역구제제도의 상호비교

가. 제도의 공식성과 공정성

반덤핑관세제도, 상계관세제도, 세이프가드제도는 WTO에서 인정하는 국제무역에서의 공식적인 규범 · 제도이다. 이에 반해 불공정무역행위조사제도, 불공정무역제재조치는 WTO에서 공식적으로 인정하지 아니하고 개별국가의 국내법에서 규정하고 있는 점이 다르다.

반덤핑관세제도, 상계관세제도, 불공정무역행위조사제도, 불공정무역제재조치는 불공정무역행위에 대하여 취해지는 조치이다. 반면, 세이프가드제도는 공정무역행위에 대하여 취해지는 조치이다. 따라서 세이프가드조치를 취하는 경우에는 반덤핑관세 또는 상계관세 부과조치의 경우, 보다 엄격한 발동요건을 요구할 뿐 아니라, 사전에 정부간의 협의나 교섭을 수행해야 한다.

나. 규제조치의 수단, 대상, 목적

반덤핑관세제도, 상계관세제도는 규제조치 수단으로써 관세부과만 허용하고 있다. 그러나 세이프가드제도는 관세의 부과뿐 아니라 수량규제 등 비관세 조치도 허용하고 있다. 불공정무역행위조사제도, 불공정무역제재조치는 관세조치 및 비관세조치는 물론 형벌·과태료 부과 등의 조치를 취할 수 있다.

규제조치의 대상을 보면, 반덤핑관세제도, 상계관세제도, 세이프가드제도, 불공정무역행위조사제도는 모두 개인의 무역행위에 대하여 부과한다. 불공정무역제재 조치는 발동 원인이 개별적인 수입행위에 대한 것이 아닌, 교역상대국의 무역법령·제도 및 관행에 대한 규제조치 성격을 가지고 있는 점이 다르다.

규제조치의 목적을 나누어 보면 다음과 같다. 반덤핑관세제도, 상계관세제도, 세이프가드제도는 교역상대국의 수입물품으로부터 수입국의 자국산업 보호를 위하여 취해지는 규제조치이다. 불공정무역행위조사제도는 공정한 무역질서 확립을 위하여 하는 규제조치이다. 불공정무역제재조치는 주로 교역상대국이 자국의 수출품에 대하여 수입제한을 하는 경우, 교역상대국의 시장개방을 목적으로 취해지는 규제조치인 점이 다르다.

[표 6-2] 무역구제제도의 비교

구 분	반덤핑관세제도	상계관세제도	세이프가드제도
성격	- 불공정무역 - 외국수출기업 규제	- 불공정무역 - 외국정부행위 규제	- 공정무역 - 수입국 산업의 구조조정 촉진
요건	- 덤핑수입사실 - 국내 동종물품 생산산업에 실질적 피해 - 덤핑수입과 실질적 피해와의 인과관계	- 보조금지급사실 - 국내 동종물품 생산산업에 실질적 피해 - 실질적 피해와의 인과관계	- 수입수량 증가 - 동종 또는 직접경쟁물품에 심각한 피해 - 다른 요인에 못지않은 심각한 피해의 중요원인
조치	- 반덤핑관세 부과 - 보상 없음	- 상계관세 부과 - 보상 없음	- 수입수량 제한, 관세율 인상 등 - 보상(또는 보복) 있음

자료: 산업자원부 무역위원회(2001), 산업피해구제제도 개관, 12쪽.

2. WTO 규정에 따른 무역구제제도 규정과 절차

1) 반덤핑관세제도

가. 관련 법규정

〈GATT 1994〉 제6조 이행에 관한 협정(WTO 반덤핑협정)

덤핑률 결정에 관한 사항, 산업피해 결정에 관한 사항, 조사개시 및 조사절차에 관한 사항, 증거채택에 관한 사항, 잠정조치에 관한 사항, 반덤핑관세 부과 및 징수에 관한 사항

나. 실체적 요건

반덤핑관세가 부과되기 위해서는 ① 덤핑수입(dumpted imports), ② 자국산업에 실질적 피해(material injury), ③ 인과관계(causation)의 존재에 대한 입증이 필요함.

□ 덤핑의 존재: 덤핑차액(dumping margin) = 정상가격-수출가격

- o 정상가격(normal value): 수출국에서 소비되는 동종물품에 대한 정상적인 거래에서의 비교가능한 가격을 사용
  - 수출국의 공장도가격기준 내수판매가격(조정된 정상가격)을 사용. 그러나 정상가격 상황이 아닌 경우 대체가격 사용
  - 원가미만 판매(sales below Cost of Production test)
  - 관계사간 거래 등 특수상황(arm's length test)
  - 수출량의 5%미만 국내판매(viability test)이면, ① 제3국 수출가격, 또는 ② 구성가격(생산비+합리적 관리비, 판매비 등 비용+정상이윤)[228]
  - 비시장경제이면, ① 유사여건의 제3국의 내수판매가격 또는 수출가격, 또는 ② 구성가격 사용
- o 수출가격: 수출국의 공장도가격 기준 수출가격(조정된 수출가격)을 사용.
  - 수출자와 수입자간의 특수관계 또는 보상약정 등으로 수출가격을 신뢰할 수 없는 경우에는, 수입자가 최초로 독립된 구매자에게 재판매한 가격을 기준으로 작성한 구성수출가격(constructed export price)을 사용

---

228) **구성가격(Constructed Value)**: 반덤핑 조사 과정에서 국내 정상가격(Normal Value)이 존재하지 않을 경우 수출자가 제출한 정보를 사용하여 조사당국이 계산한 가격. 생산원가, 일반비, 관리비, 판매비 및 적절한 이윤으로 구성된다. Viability Test(**충분성·활력성 테스트**): 시장경제에서 내수시장 판매에 기초한 정상가격을 계산하기 위하여, 당해 시장에서의 판매량이 충분한지 그리고 '특별한 시장상황'이 존재하는지 여부를 결정하여야 한다. 이는 시장이 활력성이 있는지를 통해 확인하는 것이다. 일반적으로 미국 상무부는 외국시장에서의 동종물품의 판매량이 미국에 판매된 물량의 5% 또는 그 이상인 경우에 활력성을 가진 것으로 간주한다.

o 수출가격과 정상가격과의 비교(WTO 반덤핑협정 2.4.2)

- 정상가격의 가중평균과 모든 비교가능한 수출가격의 가중평균간의 비교
- 또는 각각의 개별거래가격에 기준한 정상가격과 수출가격 간의 비교
- 예외적으로 가중평균에 의한 정상가격과 개별거래에 의한 수출가격의 비교를 허용

o 공정비교의 원칙: 정상가격과 수출가격의 비교는 동일한 거래단계(공장도 단계)에서 가능한 한 동일한 시기에 이루어진 판매에 대하여 판매조건, 물품의 물리적 특성 차이, 과세상 차이, 거래단계 차이 등을 조정하여 공정하게 비교하여야 함

o 덤핑차액이 매우 작거나 덤핑수입량이 소량이라고 결정하는 경우에는 조사 종결

- de minimis dumping margin: 2%미만
- negligible imports volume: 3%미만+ 7%

□ 자국산업에 실질적 피해 발생

자국산업에 실질적 피해 또는 실질적 피해 우려 또는 자국산업 확립의 실질적 지연

o 실질적 피해(material injury)

- 수입제품 가격이 동종제품의 국내가격보다 낮으며, 이같은 내외가격 차이로 국내산 제품 가격의 인하 또는 상승억제를 초래하여 자국산업에 피해 발생
- 판매, 이윤, 생산량, 시장점유율, 생산성, 투자수익률, 가동률, 재고 등의 주요지표로 종합 판단

* Material injury is defined as a "harm which is not in consequential, immaterial, or unimportant."(미 1930년 관세법)

o 실질적 피해 우려(threat of material injury)

- 덤핑으로 인한 피해가 명백히 예견되고 급박(clearly foreseen and imminent)해야 함
- 덤핑수입의 현저한 증가, 수출자의 공급능력 증가, 국내가격의 현저한 하락, 수출국내 재고상황 등을 종합하여 판단

o 자국산업 확립의 실질적 지연(material retardation)

- 자국산업의 투자, 가동률, 손익, 시장점유율 등에서의 정상 기대치 및 실제의 경영성과를 비교하여 판단

□ 인과관계(causation)의 존재

자국산업의 피해가 덤핑수입으로 인하여(by reason of) 유발

o 인과관계는 조사당국에 제출한 모든 증거를 근거로 입증해야 함

- 조사당국은 덤핑수입 이외의 다른 요인이 자국산업 피해의 원인이 되었는지를 조사해서

이들 요소를 덤핑수입의 원인에서 배제
· 덤핑가격으로 팔리지 아니한 수입상품의 물량 및 가격
· 국내의 수요감소나 소비행태의 변화
· 외국생산자와 국내생산자의 제한적인 무역관행 및 이들간의 경쟁
· 기술개발과 자국산업의 수출실적 및 생산성

o 세이프가드 조치시와 비교하여 낮은 수준의 인과관계 요구

	반덤핑	〈 세이프가드
피해 정도	material(실질적인)	〈 serious(심각한)
인과 관계	one of them(요건중 하나)	〈 substantial(중대한 원인)

다. 절차적 규정

□ 조사의 개시

o 자국산업 또는 자국산업을 대표하는 자가 제출한 서면신청으로 개시
- 신청에 찬성한 국내생산자의 동종물품의 총생산량이 찬반의사 표시에 참여한 국내생산자의 동종물품의 총생산량의 50%를 초과할 경우
- 단, 명시적으로 신청에 찬성한 국내생산자의 동종물품의 총생산량 합계가 자국산업에서 생산하는 동종물품의 총 생산량의 25% 미만에 해당되는 경우에는 조사개시 불능

□ 조사의 진행

o 모든 이해당사자는 당국이 요구하는 정보에 대하여 통지를 받고 일체의 증거를 서면으로 제출할 충분한 기회를 부여받음. 아래는 주요 이해당사자.
- 조사대상물품의 수출업자, 외국생산자 또는 수입업자 및 이들을 주된 회원으로 하는 무역협회나 생산자협회
- 수출국 정부
- 수입국내의 동종물품의 생산자 또는 이들을 주된 회원으로 하는 무역협회나 생산자협회
- 회원국의 국내법에서 정한 기타의 이해당사자

o 수출업자나 외국생산자의 경우 질의서에 대한 충분한 답변시간을 주기 위하여 최소한 30일의 기간을 부여받음

o 조사의 전과정을 통해서 모든 이해당사자는 자신의 이익을 방어할 충분한 기회(반대의견이나 반론을 제시할 기회를 포함)를 가짐

o 당국은 최종판정전에 반덤핑조치 부과결정의 판단기준이 된 사실을 충분한 시간적 여유를 두고 통지

o 조사는 특별한 경우를 제외하고는 개시후 1년이내에 종결해야 하며, 어떠한 경우에도 18개월을 초과할 수 없음

□ 반덤핑조치의 부과

o 잠정조치: 조사기간중 잠정적으로 추계된 반덤핑관세액에 상당하는 잠정관세를 부과하거나 담보의 제공을 명령함. 그 요건은 다음과 같다.
  - 조사개시가 이해당사자들에게 통지되고, 이해당사자들이 정보를 제출하고 의견을 진술할 적절한 기회를 부여받았을 것
  - 덤핑 및 이로 인한 자국산업에의 피해에 관한 긍정적 예비판정이 있을 것
  - 관계당국이 조사기간중에 야기된 피해를 방지하기 위하여 잠정조치가 필요하다고 판단할 것

o 가격인상 약속: 수출업자가 물품의 수출가격을 인상하거나 덤핑수출을 중지하겠다는 자발적인 약속
  - 예비판정 이전에는 불가
  - 가격인상 약속이 수락되었다 할지라도 조사는 계속될 수 있음(이경우 최종부정판정일 경우 가격인상 약속은 자동으로 실효)

o 반덤핑관세
  - 원칙적으로 5년이내에 종료
  - 직권 또는 청구에 의한 종료재심사에서 덤핑 및 피해의 지속이나 재발 가능성이 있다고 결정할 경우 지속
  - 반덤핑관세액은 덤핑차액을 초과해서는 안됨(lesser duty rule)
  - 직권 또는 청구에 의한 상황변동재심사에서 부정판정이 내려지면 반덤핑관세는 즉시 철회되어야 함

[표 6-3] 한국의 무역구제 절차 개요

덤핑방지 및 상계관세제도 (통상 9~14개월 소요)	불공정무역행위 (지재권 침해 등) (통상 6~8개월 소요)
조사신청	조사신청
↓ 2개월 이내	↓ 30일 이내
조사개시	조사개시 결정
↓ 3개월 이내 (필요시 2개월 연장)	↓
예비판정	잠정조치 (필요시)
↓ 3개월 이내 (필요시 2개월 연장)	↓ 회복할수 없는 피해 또는 피해우려시 수입중지 등 조치
최종판정	조사판정
↓ 1개월 이내 (필요시 20일 연장)	↓
덤핑방지 관세부과	제재조치 (수입판매중지·과징금 부과 등)

자료: 산업자원부 무역위원회(2001), 산업피해구제제도 개관.

2) 상계관세제도

가. 관련 법규정

GATT 1994 제6조 및 제16조, WTO 보조금 및 상계조치에 관한 협정(보조금의 정의, 특정성의 원칙, 금지보조금, 상계가능보조금, 허용보조금)

나. 실체적 요건

상계관세가 부과되기 위해서는 ① 특정산업을 대상으로 지급된 보조금 수혜 물품의 수입, ② 자국산업에 실질적 피해, ③ 인과관계의 존재 입증이 필요하다. 이중 ②, ③의 요건은 반덤핑법의 관련규정을 준용한다.

보조금(subsidy) 정의: 정부(공공기관)의 직접적 자금이전(무상이전, 대출, 지분참여) 또는 잠재적 자금이전(대출보증) i). 정부 세입포기(세액공제). 정부에 의한 SOC 이외의 재화 또는 용역의 공급, 또는 재화의 구매iii). 정부의 자금공여기관 또는 민간기관을 통한 i)혹iii)의 지원 수행.

GATT 제16조의 보조금의 개념: 모든 형태의 소득 및 가격 지원

[표 6-4] 상계관세제도 내 보조금 종류 및 의무사항

구 분	금지보조금	상계가능보조금	허용보조금
내용	수출보조금 수입대체보조금	특정성이 있는 보조금	특정성이 없는 보조금
의무	원칙적 사용금지 - 유예기간내 철폐*	사용가능	사용가능
규제	- WTO(DSB)제소 및 대응조치 - 피해를 입은 국가는 상계관세부과 가능	상대방 국가에 실질적 피해를 줄 경우 - DSB(분쟁해결기구) 제소 및 대응조치 - 상계관세부과 가능	상계관세부과 불가능
WTO 통보	WTO협정 발효후 3월이내 통보	매년 6월 정기통보	-

주: *유예기간내 철폐. 수출보조금은 3년(개도국 8년), 수입대체보조금은 3년(개도국 5년)
자료: 산업자원부 무역위원회(2001), 산업피해구제제도 개관, 25쪽.

□ 보조금 종류

① 금지보조금(prohibited subsidies)

법률상 또는 사실상 수출실적에 따라 공여되거나, 수입물품 대신 국산물품 사용에 대해 공여되는 보조금으로, 자국산업피해의 입증없이 상계조치가 가능하다.

② 상계가능보조금(actionable subsidies)

금지보조금 이외의 보조금으로서 특정성(specificity)이 있는 보조금 이다. 보조금을 특정기업(산업) 또는 특정지역내의 기업에게만 지급할 경우 특정성이 존재한다. 타회원국의 이익에 불리한 효과(산업피해, 관세양허의 무효화침해 등)를 초래한 경우에는 자국산업피해, 인과관계 입증으로 상계조치가 가능하다.

③ 허용보조금(non-actionable subsidies)

특정성이 없는 모든 보조금이다. 연구개발보조금, 지역개발보조금, 환경보조금은 특정성이 있는 경우에도 예외적으로 허용보조금으로 분류되었으나, 잠정적용 규정(협정31조) 적용기간이 1999년 12월 31일자로 만료된 바 있다.

다. 절차적 규정

- 조사의 개시

피해를 입은 자국산업측으로부터의 서면요청에 의해서 개시한다. 자국산업은 동종물품의 국내생산자 전체나, 국내생산의 주요 부분을 차지하는 생산자 집단이다. 동종물품 전체생산량의 50%

이상을 생산하는 국내생산자들을 자국산업을 대표한다고 간주하며, 명백한 지지도가 25% 이하일 때에는 조사를 개시하지 아니한다.

- 조사의 진행

조사개시이전 및 조사중에 이해당사국간의 합의가 이루어질 수 있도록 협의할 수 있는 기회가 부여되어야 한다.

- 상계관세부과조치

o 잠정조치: 조사기간중에 피해방지를 위해 보조금 상당액에 해당하는 현금이나 채권담보 형태로 잠정관세를 부과한다. 조사개시일로부터 60일 이전에는 취할 수 없으며 잠정조치 실시는 4개월을 넘길 수 없다.

o 약속: 수출국 정부가 보조금을 철폐 또는 동일한 효과를 초래하는 조치를 취하기로 동의한 경우, 또는 수출업자가 조사당국이 만족할 만한 수준으로 수출가를 조정하기로 약속한다. 약속이 이루어지더라도 조사는 계속될 수 있다.

ㅇ 상계관세: 상계관세액은 보조금액을 초과할 수 없다. 또한 상계관세 부과기간은 최대한 5년을 초과할 수 없다.

3) 세이프가드제도

가. 관련법 규정

〈GATT 1994〉 제19조. 세이프가드 협정(세이프가드조치의 남용 방지를 위한 다자통제체제 확립 필요성. 조정의 중요성 및 경쟁촉진의 필요성 인정. 발동조건, 조사절차, '심각한 피해'의 판정기준. S/G적용의 한계, 잠정S/G조치, 협의 및 보상 등 규정)

나. 실체적 요건

세이프가드조치를 취하기 위해서는 ① 예상치 못한 상황의 발생(unforeseen developments)으로 인한 특정물품의 수입증가, ② 자국산업에 심각한 피해(serious injury), ③ 인과관계(causation)의 존재 입증 필요하다.

□ 예상하지 못한 상황의 발생으로 인한 수입증가

'예상하지 못한 상황'이란 관세양허 이후 발생한 상황으로서, 양허협상당시 예측할 수 있었거나 예측하였어야 할 것으로 기대하는 것이 불합리한 상황을 말한다.

또한, 수입증가란 수입수량이 절대적으로 그리고 국내생산과 비교하여 상대적으로 증가한 것을 의미한다. 단지 수입의 증가가 있다는 것만으로는 불충분하고, 수입증가가 자국산업에 심각한 피해를 야기할 정도가 되어야 한다.

□ 자국산업의 심각한 피해 또는 피해 우려
- 심각한 피해: 자국산업에 중대하고 전반적인 손상(a significant overall impairment)을 의미
- 심각한 피해 우려: 피해발생이 명백히 급박한(clearly imminent) 상황을 말함

피해 평가방법을 살펴보면, 자국산업의 상황에 영향을 미치는 객관적이고 계량 가능한 모든 관련요인을 평가하여야 하며, 특히, 관련물품의 절대적·상대적 수입증가량, 수입품의 국내시장 점유율, 판매, 생산, 생산성, 가동률, 손익, 고용 등의 변화를 종합적으로 평가해야 한다.

□ 수입증가가 피해발생의 중대한 원인(substantial cause)

수입증가와 피해발생간의 인과관계를 객관적 증거를 통해 입증해야 한다. 수입증가와 피해지표의 악화추세간의 상호 연관성, 수입품 가격이 국산품 판매가격에 미친 영향, 수입 이외의 다른 요인이 자국산업피해에 영향을 미쳤는지 여부('but for' test)가 입증되어야 한다.

이는 수입증가 이외에 다른 요인이 자국산업에 동시에 피해를 초래한 경우에는 그로 인한 피해를 수입증가의 탓으로 돌려서는 안된다는 'S/G협정 제4.2조(b)'에 근거한다. 참고로 미 통상법 201조는 'A substantial cause is "a cause which is important and not less than any other cause"'라고 규정하고 있다.

다. 절차적 규정

□ 세이프가드조치의 유형

o 수입제한조치

세이프가드조치는 〈GATT 1994〉 제19조에서 2가지 유형을 규정하고 있다. ① 수량제한의 부과 등 당해 수입국이 부담하는 관련의무의 정지이며, ② 관세인상 등 당해 물품에 대한 양허의 철회 또는 수정이다. 수입국은 2가지 유형을 선택할 수 있는 재량을 가지나 잠정 세이프가드조치는 반드시 관세인상 방식만을 취하도록 제한(예비판정 이후에 조치 가능)하고 있다. 현행 WTO협정은 관세율 인상조치의 범위와 방법에 관하여 아무런 규정을 두고 있지 않다.

o 산업구조조정 지원조치

자국산업의 구조조정을 촉진하기 위하여 관세인상, 수량제한 등은 물론 보조금지원등도 사용할 수 있다. 다만, WTO협정은 산업구조조정의 범위 및 방법 등에 관하여 구체적으로 규정하고 있지 않으므로, 회원국의 자의적·재량적인 조치가 문제시 될 우려가 있다.

□ 세이프가드조치의 제한

먼저 대상을 제한 할 수 있는데, WTO협정은 수입물품의 원산지에 관계없이 세이프가드조치를 취하도록 함으로써 최혜국대우원칙을 채택하고 있다. 단, 수량제한조치를 발동할 경우 쿼타할당

에 최혜국대우 원칙을 일탈할 수 있도록 허용한다.

다음으로 내용을 제한할 수 있다. 심각한 산업피해를 방지 또는 구제하거나 산업구조조정을 촉진하는데 필요한 최소한 수준에 그쳐야 한다. 수량제한의 경우 과거 3년간의 평균 수입수준을 보장해야 한다.

적용기간도 제한하는데, 심각한 산업피해를 방지 또는 구제하거나 산업구조조정을 촉진하는데 필요한 기간동안에만 적용한다. 총 적용기간의 합계는 어떠한 경우에도 8년을 초과할 수 없다. 다만 개발도상국의 경우 8년외에 추가로 2년연장 가능하다.

재발동 역시 제한된다. 조치대상이었던 물품의 수입에 당해 조치가 적용되었던 기간과 동일한 기간동안 동 조치를 재차 적용할 수 없다.

□ 보상·보복·개도국 우대·회색지대조치 철폐 등

조치국이 당해 조치의 적용을 받는 수출국과 보상방법등에 관한 협의기회 제공해야 한다. 협의 실패시 해당수출국의 보복조치 허용한다. 절대적 수입증가에 대한 조치일 경우 3년내 불가하며, 특정 개도국으로부터 수입물품의 수입국 시장점유율이 3% 이하이고 관련 개도국 전체의 총 시장점유율이 9%이하일 경우, 동 개도국에 대한 세이프가드조치도 불가하다.

모든 회원국은 〈GATT 1994〉 제19조에 일치하지 않는 수입제한조치(VER, OMA 등 회색지대조치)를 발동할 수 없다.[229)]

□ WTO 세이프가드협정·세이프가드위원회

WTO 세이프가드협정은 회원국의 국내 세이프가드제도의 발동요건, 절차 및 조치에 관한 母法的 성격을 가진다. 모든 회원국은 자국의 세이프가드제도와 관련된 모든 법령 및 행정절차의 제·개정사항을 세이프가드위원회에 통보해야 한다.

WTO 세이프가드위원회는 다음 기능을 수행한다. ① WTO협정의 일반적인 이행 감시 및 권고, ② 세이프가드 조치에 의해 영향을 받는 회원국 요청에 따라 당해 조치에 대한 조사 및 보고, ③ 기존의 세이프가드 조치 및 회색지대조치의 검토 및 폐지 감시 등이다. 모든 회원국은 세이프가드 조치의 조사개시, 피해조사 및 조치 결정 등에 관한 제반 진행사항을 세이프가드위원회에 통보해야 한다.

229) 섬유와 철강 등 사양산업 보호를 위해 GATT 규정에 위배되는 수출자율규제조치를 회피하는 수단으로서, 수출자율규제(VER. Voluntary Export Restriction) 또는 시장질서유지협정(OMA: orderly marketing arrangement) 등 회색지대조치(Grey Area Measures)라고 불리는 선별적 수입제한조치를 이용한 바 있다. 회색지대조치란 GATT 규제를 회피하기 위해 GATT규정에 없는 조치를 원용하여 세이프가드와 동일한 목적을 달성하는 것이다. 관세나 수량규제처럼 분명한 형태의 수입규제수단이 아니라는 의미에서 회색(灰色)이라는 명칭을 붙였다. 세이프가드는 모든 국가에 무차별적이고, 일부는 보상을 해야 하며, 특히 해당국가로부터 무역보복의 가능성이 있으므로, 대체용으로 회색지대조치가 활용되고 있다.

제2절 중국 무역구제제도

1. 중국 무역구제제도 발전

1) WTO 가입전

중국은 1979년 8월, 유럽공동체로부터 사카린 반덤핑 제소를 당한 이후, 지금까지도 세계에서 가장 많은 반덤핑 제소를 받은 국가라는 불명예를 안고 있다. 이후 개혁개방이 심화됨에 따라 외국정부의 수많은 반덤핑 제소로 인해, 상당수 수출시장을 잃어야 했고, 이에 대한 대응책은 1994년이 되서야 본격적으로 법제도 확립을 통해서 강구하게 된다.[230)]

이에 옛 대외무역경제합작부는 1994년 4월에 〈중국 수출제품에 대해 외국에서 발생한 반덤핑 안건에 관한 응소 규정(对外贸易经济合作部关于中国出口产品在国外发生的反倾销案件的应诉规定)〉, 1995년에는 〈수출입상회 및 외국투자기업협회의 외국개최 반덤핑 공청회 참가에 관한 몇가지 규정(关于进出口商会、外商投资企业协会组团参加国外反倾销案件听证会的若干规定)〉, 〈수출품 반덤핑 안건의 변호사 선임에 관한 잠정규칙(关于在出口反倾销案件中聘用律师的暂行规定)〉 등을 각각 제정하여 중국 수출기업의 반덤핑 피제소에 대한 적극적인 응소를 독려하였다.

상기 3가지 규정은 2001년 12월자로 〈수출품 반덤핑 응소규정(出口产品反倾销应诉规定)〉이 공포되면서 폐지되었다.

중국 무역구제제도는 1994년 5월 12일 제8기 전국인민대표대회 상무위원회 제7차 회의에서 통과된 〈대외무역법(對外貿易法)1994〉이 제정되면서 본격적인 법적 근거를 마련하게 된다. 동법 제29조, 30조, 31조에서는 수출국으로부터 보조금을 받거나 혹은 덤핑으로 혹은 물량증가로 중국에 수입된 외국산 생산품이 자국산업에 초래한 피해에 대하여 반덤핑, 반보조금 및 세이프가드 조치를 국가가 취할수 있도록 규정하고 있다. 또한 32조에서는 문제가 되는 외국 수입품에 대해서 중국정부의 관련 핵심기관이 법에 의해 조사할 수 있도록 하고 있다.

동법에 근거하여 중국정부는 무역구제 필요한 하위조례와 규정을 제정할 수 있는 법적 근거를 마련하게 된다. 한편, 동법 제7조는 중국 수출상품에 대하여 차별적인 조치를 하는 국가에 대하여 보복조치를 취할 수 있도록 규정하고 있어서, 본고 사례에 나오는 1999년 한국내 '중국산 마늘파동'의 법적 근거로도 작용한 바 있다.

중국정부는 〈대외무역법(1994)〉에 근거하여, 1997년 3월 25일에 국무원은 〈반덤핑 및 반보조금조례(反傾銷和反補貼條例)〉를 제정하면서 첫번째 무역구제조치를 위한 본격적인 법제화에 착수하게 된다. 이 조례는 반덤핑 조사와 반보조금 조사에 대한 실체적이고 절차적인 조항들로

230) 이승영(2004), 중국 무역구제제도의 체계와 운영에 관한 연구, 「중국학연구」 제28집, 635쪽.

이루어져 있다. 그러나 조례의 선언적 규정, 조사자의 재량권 남용 가능성, 조사절차의 투명성 결여, 조례 규정의 WTO협정 불일치 등의 문제점을 내포하고 있었다.

동 조례에 의거해, 1997년 12월 10일, 중국 최초로 미국, 한국, 캐나다산 수입 신문용지를 대상으로 반덤핑조사가 시작된 바 있다. 2002년 새로운 반덤핑 조례가 시행되기 전까지 동 조례에 근거하여 모두 12건의 반덤핑 조사가 진행되었으며, 이 기간동안 반보조금 및 세이프가드 조사는 신청되지 않았다.

2) WTO 가입후

WTO가입을 준비하던 중국은 기존 〈반덤핑 및 반보조금조례〉에 여러가지 문제점이 있다는 것을 인지하게 된다. 따라서 WTO 가입 협상과 동시에 무역구제 관련 법제도의 정비(수정 및 개정)에 나서게 된다.

그 결과, 중국은 WTO가입 직후인 2001년 11월 26일자로 반덤핑 및 상계관세 관련 규정을 WTO 협정에 부합되도록 개정한 법규인 〈반덤핑조례(反倾销条例)〉와 〈반보조금조례(反补贴条例)〉, 〈세이프가드조례(保障措施条例)〉를 국무원령으로 통과시키고 이를 2002년 1월 1일부터 시행하게 되었다.231)

이에 따라 1997년에 제정된 〈반덤핑 및 반보조금조례〉는 폐지되었고, 이를 〈반덤핑조례(2001)〉와 〈반보조금조례(2001)〉로 분리 개정하였으며, 조문은 더욱 늘어나고 보완되었다. 또한 세이프가드 조례에 해당되는 〈세이프가드조례〉가 새로 제정되었다. 〈반덤핑조례(2001)〉는 총 6장 59조로 WTO반덤핑 협정의 기본골격을 수용하면서 옛조례의 문제점을 보완하였다. 특히 사법심사조항 신설, 조사기관 간소화 등의 진전이 있었다. 동 조례 시행 첫해인 2002년 중국은 동판지, PVC, 철강 제품 등 무려 9건의 수입품에 대해 반덤핑 조사를 진행했다.

법과 조례를 실무적으로 적용하고 실행하기 위해서는 시행세칙의 제정이 필요하다. 옛 대외무역경제합작부(MOFTEC. Mininstry of Foreign Trade & Economic Coopertation)는 상기 3개의 조례에 근거하여 2002년 2~3월에 걸쳐서 시행규칙(Implimentation Rule. 중국어로는 部門規章) 18건을 제정 공포하였다.

231) 세이프가드를 중국어로는 보장조치(保障措施)라고 한다. 본고에서는 서술시에는 세이프가드로 서술하고, 법규명칭 등을 표현할 때는 '保障措施'라는 원어를 사용하였다.

[표 6-5] 현행 중국 무역구제제도 관련 법규 체계

법률		对外贸易法(대외무역법)
법규		货物进出口管理条例 (화물수출입관리조례) 反倾销条例 (반덤핑조례) 反补贴条例 (반보조금조례) 保障措施条例 (세이프가드 조례)
부문 규장	반덤핑	反倾销调查立案暂行规则 反倾销调查抽样暂行规则 反倾销问卷调查暂行规则 反倾销调查信息披露暂行规则 反倾销调查公开信息查阅暂行规则 反倾销调查听证会暂行规则 反倾销调查实地核查暂行规则 反倾销价格承诺暂行规则 倾销及倾销幅度期中复审暂行规则 反倾销新出口商复审暂行规则 反倾销退税暂行规则 关于反倾销产品范围调整程序的暂行规则
	반보조금	反补贴调查立案暂行规则 反补贴问卷调查暂行规则 反补贴调查听证会暂行规则 反补贴调查实地核查暂行规则
	세이프가드	保障措施调查立案暂行规则 保障措施调查听证会暂行规则 关于保障措施产品范围调整程序的暂行规则
	기타	出口产品反倾销案件应诉规定 对外贸易壁垒调查规则 商务部行政复议实施办法
사법심의		最高人民法院关于审理国际贸易行政案件若干问题的规定 最高人民法院关于审理反倾销行政案件应用法律若干问题的规定 最高人民法院关于审理反补贴行政案件应用法律若干问题的规定

자료: 상무부 (2012.4)

주요 시행규칙을 보면, 〈반덤핑조사개시 잠정규칙〉, 〈반덤핑가격약속 잠정규칙〉, 〈반덤핑신규수출자재심 잠정규칙〉, 〈반덤핑관세환급 잠정규칙〉, 〈덤핑 및 덤핑마진중간재심 잠정규칙〉, 〈반덤핑조사공개정보열람 잠정규칙〉, 〈반덤핑표본조사 잠정규칙〉, 〈반덤핑현지조사 잠정규칙〉, 〈반덤핑조사정보공개 잠정규칙〉, 〈반덤핑설문조사 잠정규칙〉 등이 있다. 2002년 12월 〈산업피해조사공청회규칙〉, 2003년 10월 〈반덤핑산업피해조사규정〉, 2002년 11월에는 〈반덤핑행정사건심리규정〉을 제정 공포하였다.

또한 중국은 〈반보조금조사개시 잠정시행규칙〉, 〈반보조금질의서조사 잠정시행규칙〉, 〈반보조금조사현장조사 잠정시행규칙〉, 〈반보조금조사공청회 잠정시행규칙〉 등 반보조금 관련 4건의 시행세칙과 〈세이프가드 조사개시 잠정시행규칙〉, 〈세이프가드 조사공청회규칙〉, 〈세이프가드

조치상품범위조정절차관련 잠정시행규칙〉 등 세이프가드 조치 관련 3건의 시행세칙을 제정 공포하였다.

이후 중국 국무원은 2004년 3월 31일에 〈세이프가드 조례〉 및 〈반보조금조례〉, 〈반덤핑조례〉의 제2차 개정안을 확정 공표하고 동년 6월 1일자로 시행에 들어간 바 있다.

2. 무역구제제도의 실체

1) 세이프가드 조치(保障措施)

수입상품의 수량이 증가하여 동종상품 또는 직접경쟁 상품을 생산하는 국내산업에 심각한 피해 혹은 심각한 피해의 위협을 초래할 경우 조사를 진행하고 세이프가드조치를 취한다. 수입상품의 수량증가(进口产品数量增加)는 수입상품 수량의 절대적 증가 또는 국내생산과 대비한 상대적 증가를 가리킨다.

또한 국내산업(國內産業)이란 중국 국내 동종상품 또는 직접경쟁상품의 전부의 생산자 또는 그 총생산량이 국내 동종상품 또는 직접경쟁상품 전부 총생산량의 주요부분을 차지하는 생산자를 말한다.

피해(損害)란 수입상품의 수량이 증가하여 동종상품 또는 직접경쟁상품을 생산하는 국내산업에 심각한 피해 또는 심각한 피해의 위협을 초래한 것을 가리킨다. 직접경쟁상품(直接競爭産品)이란 조사되는 수입상품과 동종상품은 아니지만 조사되는 수입상품과 비슷한 용도와 비교적 강한 대체가능성이 있으며 직접적인 경쟁관계에 있는 상품을 가리킨다.

수입상품수량증가와 피해 사이에는 인과관계가 존재하여야 하며, 상무부는 수입증가가 국내산업에 대한 영향을 확정할 때 확실한 증거에 근거하여 국내산업상황에 영향을 주는 여러가지 계량화될 수 있는 지표를 객관적이고 종합적으로 평가해야 한다. 최종판정에서 수입상품의 수량증가가 확정되고 이로 인해 국내산업에 피해를 초래했다면 세이프가드조치를 취할 수 있다. 세이프가드조치의 실행은 반드시 공공이익에 부합되어야 한다.

조사신청은 국내산업과 관련된 자연인과 법인 또는 기타조직에 의한 신청과 직권에 의해 이루어지며, 상무부는 통상적으로 세이프가드조치의 실시를 요구하는 서면신청을 정식접수한 날로부터 60일 이내에 조사개시여부를 결정하여야 한다. 상무부는 조사개시결정을 내린 날로부터 7일(업무일 기준) 이내에 WTO세이프가드위원회에 이를 통지하여야 한다. 상무부가 세이프가드조치의 조사개시공고 및 세이프가드조치의 판정공고에서 세이프가드조치 조사개시대상이 되는 상품의 범위와 세이프가드조치가 적용되는 상품의 범위를 확정한다.

세이프가드 안건의 산업피해 조사기간은 통상적으로 조사개시 전의 3년부터 5년이다. 명확한 증거가 있어 수입상품 수량이 증가하여 잠정세이프가드조치를 취하지 않으면 국내산업에 치유할 수 없는 피해를 끼칠 급박한 상황에서 예비판정을 내리고 관세를 인상하는 방식으로 잠정세이프가드조치(临时保障措施)를 취할 수 있으며, 잠정세이프가드조치의 시행기간은 잠정세이프가드조치 결정공고에서 규정한 시행일자로부터 200일을 초과하지 않는다.

최종판정에서 수입상품의 수량이 증가하고 이로 인해 국내산업에 피해를 끼쳤다고 확정하면 관세인상, 수량제한 등의 방식으로 세이프가드조치를 취할 수 있다. 세이프가드 조치의 시행기한은 4년을 초과하지 않으며, 한 건의 세이프가드조치의 시행기한 및 그 연장기한은 가장 길어도 10년을 초과하지 않는다. 세이프가드조치 시행기한이 1년을 넘으면, 남은 시행기간 동안 고정된 시간간격으로 점진적으로 조치를 완화해야 하며, 세이프가드조치 시행기한이 3년을 넘으면, 상무부는 시행기간 내에 해당조치에 대해 중간재심(中期复审)을 진행하여야 한다.

한편 중국은 세이프가드조치를 우회하는 행위를 방지하기 위하여 필요한 우회방지조치를 취할 수 있으며 어떤 국가가 중국의 수출상품에 대해 차별적인 세이프가드조치를 취하면, 중국은 실제 상황에 근거하여 해당국가에 대해 상응한 조치를 취할 수 있다.

2) 반덤핑조치(反倾销措施)

수입상품이 덤핑의 방식으로 중국시장에 진입되어 이미 확립된 국내산업에 실질적인 피해 혹은 실질적인 피해의 위협을 초래하거나 또는 국내산업의 확립에 실질적인 지연을 초래하는 경우 조사를 진행하고 반덤핑조치를 취한다.

덤핑이란 정상적인 거래과정에서 수입상품이 그 정상가격보다 낮은 수출가격으로 중국 시장에 진입하는 것이다. 덤핑에 대한 조사와 확정은 상무부가 담당한다.

피해(損害)란 덤핑이 이미 확립된 국내산업에 실질적 피해 또는 실질적 피해의 위협 또는 국내산업을 확립하는 데 실질적인 지연을 초래하는 것을 의미한다. 덤핑이 국내산업에 끼친 실질적인 피해를 확정함에 있어서는 덤핑과 피해의 인과관계가 검토되어야 한다.

상무부는 신청인의 신청에 따라 반덤핑조사를 진행할 수 있으며, 또한 자체적으로 조사개시를 결정하여 반덤핑조사를 진행할 수도 있다.

반덤핑안건의 산업피해조사기간은 통상적으로 조사개시 시작 전의 3년에서 5년이다. 반덤핑조사는 응당 조사개시결정 공고일자로부터 12개월 이내에 종료되어야 하며, 특수한 상황에서 연장하되, 연장기간은 6개월을 초과하지 못한다. 상무부는 질의서, 표본추출, 공청회, 현장조사 등 방식으로 이해당사자에게서 상황을 파악하고 조사를 진행할 수 있다.

예비판정에서 덤핑이 성립되고 이로 인해 국내산업에 피해가 발생한 경우 잠정반덤핑조치를 취할 수 있다. 잠정반덤핑조치(临时反倾销措施)는 반덤핑조사 개시결정 공고일로부터 60일 이내에는 부과하지 못한다. 잠정반덤핑조치의 시행기한은 잠정반덤핑조치 결정공고에서 규정한 일자부터 4개월을 초과하지 못하며, 특수한 상황에서 9개월까지연장할 수 있다.

가격약속(價格承諾)이란 조사에 응한 수출업자와 생산업자가 자발적으로 덤핑가격으로 수출한 조사대상 상품의 가격을 조정하거나 수출을 중지하고 상무부에 이를 받아들여 조사를 중지하거나 종료할 것을 요청하는 경우, 상무부가 이를 받아들여 조사를 중지하거나 종료할 것을 약속하는 경우를 말하며, 가격약속 제출은 예비판정 공고일로부터 45일 이내에 이루어져야 한다. 최종판정이 덤핑의 성립을 확정하고 이로 인해 국내산업에 피해가 발생한 경우, 반덤핑관세를 부과할 수 있으며, 반덤핑관세와 가격약속의 부과기간은 5년을 초과하지 않는다. 반덤핑관세와 가격약속이 효력을 발생한 후, 상무부는 정당한 이유가 있는 상황에서 반덤핑관세를 계속하여 부과할 필요성에 대한 행정재심을 결정할 수 있다.

최종판정에 불복하거나 반덤핑관세 부과여부에 관한 결정 그리고 소급부과, 세금반환, 신규수출업자에 대한 세금부과 결정에 불복하거나 또는 재심결정에 불복하는 경우, 법에 따라 행정심판을 신청하거나 법에 따라 인민법원에 소송을 제기할 수 있다.

한편 상무부는 적당한 조치를 취하여 반덤핑조치를 우회하는 행위를 방지할 수 있으며, 어떤 국가가 중국의 수출상품에 대해 차별적인 반덤핑조치를 취하면 중국은 사실상황에 근거하여 해당 국가에 대해 상응한 조치를 취할 수 있다.

3) 반보조금조치(反补贴措施)

수입상품에 보조금이 존재하고 동 보조금이 이미 확립된 국내산업에 실질적인 피해 또는 실질적인 피해의 위협을 초래하거나 국내산업의 확립에 실질적인 지연을 초래하는 경우 반보조금조사를 진행하여 반보조금조치를 취할 수 있다.

보조금이란 수출국 정부 혹은 수출국 정부의 공공기관에서 제공한, 수혜자에게 이익을 가져다주는 재정지원과 어떠한 형식의 수입 혹은 가격지원을 말한다.

피해(損害)란 보조금이 이미 확립된 국내산업에 실질적인 피해 혹은 실질적인 피해위협을 초래하거나 국내산업의 확립에 실질적인 지연을 초래한 경우를 말한다.

보조금이 국내산업에 끼친 실질적인 피해를 확정함에 있어서는 보조금과 피해의 인과관계가 검토되어야 한다.

상무부는 신청인의 신청에 따라 반보조금조사를 진행할 수 있으며, 또한 직권으로 조사개시를 결정하여 조사를 진행할 수도 있다. 상무부는 질의서, 표본추출, 공청회, 기술검증, 현장조사 등 조사방식을 채택하여 이해당사자에게 상황을 파악하고 조사를 진행한다.

예비판정에서 보조금이 성립되고 이에 의해 국내산업에 피해가 발생했다고 확정되면 잠정반보조금조치(临时反补贴措施)를 취할 수 있다.

협상타결을 위한 노력이 효과를 거두지 못한 상황에서, 보조금이 성립되고 보조금으로 인해 국내산업에 피해가 초래되었다는 최종판정이 내려지면 반보조금관세를 부과할 수 있으며, 반보조금관세의 부과기한과 약속의 이행기한은 5년을 초과하지 않는다. 반보조금관세가 효력을 발생한 후, 상무부는 정당한 이유가 있는 상황에서 반보조금관세를 계속하여 부과할 필요성 여부에 대한 재심을 할 수 있으며, 재심기한은 재심시작을 결정한 일자부터 12개월을 초과하지 않는다.

한편 상무부는 적당한 조치를 취하여 반보조금조치를 우회하는 행위를 방지할 수 있으며, 어떤 국가가 중국의 수출상품에 대해 차별적인 반보조금조치를 취하면 중국은 사실 상황에 근거하여 해당 국가에 대해 상응한 조치를 취할 수 있다.

3. 무역구제제도의 집행

1) 일원형과 이원형 구조

WTO 체제하에서 반덤핑 등 무역구제 조치를 발동하려면 WTO 협정에 부합되는 국내법적 근거와 이를 집행할 무역구제 운영기관이 있어야 한다. WTO협정은 조사 기관에 대하여 구체적인 규정을 두지 않고 각국의 법규에 일임하고 있다. 따라서 각국의 사정에 따라 무역구제 운영기관의 설치와 운영은 다소 차이를 보이고 있다. 각국의 조사기관은 주로 일원적 구조(1-pillar system)인 수직형과 이원적 구조(2-pillar system)인 병렬형 두 가지로 구분된다. 수직형의 대표적인 것은 EU이고, 병렬형의 대표적 유형은 미국이다.

일원적 구조(수직형)은 반덤핑 조사를 진행하고 아울러 예비판정과 최정판정을 내리는 것을 모두 동일한 주관기관에서 관할하거나, 비록 2개의 서로 다른 기관이 있지만 이 두 기관사이에는 상·하급의 예속관계가 존재하는 체제를 가리킨다. EU의 반덤핑 운영에서는 EU집행위원회(Commission) 무역총국이 예비판정 기관으로서 조사개시 결정, 잠정반덤핑의 관세부과, 가격약속의 수락, 재심 등 대부분 반덤핑 절차에 관여한다. 그러나 최종판정으로 확정 반덤핑관세를 부과할 수 있는 권리는 최고 권력기구인 EU이사회(Council)에 있다.

이원적 구조(병렬형)은 반덤핑 조사를 진행하고 아울러 예비판정과 최정판정을 내리는 것을 두 개의 주관기관이 각각 담당하고 이 두 개 기관은 병렬형으로 독립되어 상·하급의 예속관계가 존재하지 않는 체제이다. 미국의 반덤핑조사의 주관기관은 상무부와 미국국제무역위원회(ITC)이다. 상무부는 덤핑의 조사 및 상응하는 예비판정과 최정판정을 하는 기관으로서 수입상품의 덤핑을 존재여부와 덤핑마진을 결정하고 잠정조치를 취한다.

ITC는 산업피해의 조사 및 상응하는 예비판정과 최종판정을 하는 기관으로서 산업피해의 초래

여부를 결정한다. 상무부와 ITC가 각각 예비판정과 최종판정을 내린 후에 상무부는 비로소 잠정조치를 취하거나 반덤핑 관세 부과명령을 내릴 수 있다.

유럽 유형은 한 기관에 너무 많은 권한이 주어진다는 비판을 받을 수 있으며, 반면에 조사의 효율성적 측면에서는 유럽 같은 일원적 구도가 우월하다. 미국 유형은 두 기관이 모두 보호주의 색채를 보일 경우, 덤핑피소국이 이중의 고통을 당할수도 있다. 단 조사가 각각의 전담기관에 의해서 이루어지기 때문에 객관성과 공정성을 유지하는 면에서는 더 우월하다고 평가할 수 있다.232)

2) 중국의 무역구제 구조

1997년 3월, 〈반덤핑 및 반보조금 조례〉 제정이후 2003년 3월, 상무부 출범 이전까지 중국의 무역구제기관 운용은 기본적으로 미국형과 비슷한 이원적 구조의 병렬형에 가까웠다. 수입조사는 대외무역경제합작부에서, 산업피해의 조사는 국가경제무역위원회에서 각각 진행했다. 반덤핑 관세 등 관세부과의 결정권은 국무원 관세세칙위원회가 보유했다.

이전 〈반덤핑 및 반보조금 조례〉에서는 세관이 대외무역경제합작부와 함께 덤핑조사를 했고, 국무원 상품관련 부서가 산업피해 조사시 국가경제무역위원회와 조사를 공동으로 진행했다. 이처럼 당시에는 조사기관이 5개가 난립되어 너무 많다는 지적이 있었다.

2001년 〈반덤핑조례〉, 〈반보조금조례〉가 새로이 분리 제정되면서, 이러한 병폐를 수정하였는데 수입조사는 대외무역경제합작부가, 국내산업 피해조사는 국가경제무역위원회가 전담하도록 규정되었다. 단, 농산품 산업피해조사는 국가경제무역위원회가 농업부와 함께 실시하도록 하였다.

2003년 3월 25일, 중국정부는 기존의 대외무역경제합작부, 국가경제무역위원회, 국내무역부, 국가발전계획위원회 등에 분산되어 있던 경제부문을 통합하여 상무부(商务部. Ministry of Commerce)를 설립하였다. 이는 국내무역과 대외무역을 이원적으로 관리하던 정부체계를 중국 최초로 통합관리하고 정부조직 기구를 대외무역체제의 개혁과 시장 지향적인 체제로 개편함을 의미한다. 이에 따라 종전에 국가경제무역위원회, 대외무역경제합작부로 분리되었던 무역구제 업무가 상무부로 통합되었으며, 중국의 조사기관은 이전의 이원적인 병렬형에서 일원화 된 수직형 시스템으로 변경되었다.

상무부 산하에는 무역구제 담당부서인 수출입공평무역국(进出口公平贸易局)과 산업피해조사국(产业损害调查局)을 두어 무역구제 업무를 전담하였다. 수출입공평무역국은 산업피해 조사국이 담당하는 국내산업의 피해조사를 제외한 무역구제 조사신청 접수, 조사개시 결정, 조사 및 판정, 공고 등을 이행한다. 이외에도 외국의 무역투자제도, 무역투자장벽조사, WTO협상 참여

232) 이승영(2004), 중국 무역구제제도의 체계와 운영에 관한 연구, 「중국학연구」 제28집, 641쪽.

등의 업무를 담당하였다. 산업피해조사국은 반덤핑, 반보조금, 세이프가드 조사와 관련하여 국내 산업이 입은 피해 및 인과관계를 조사하고 판정한다. 이외에도 공공이익, 우회덤핑방지, 산업피해 경고 업무를 담당하였다.

2014년 4월에는 두 부서를 통합하여 무역구제조사국(贸易救济调查局 Trade Remedy and Investigation Bureau)을 설치 하였다.

4. 중국의 보조금 정책

1) 보조금 정책 개요

보조금은 중국경제 및 산업발전 과정에서 중요한 역할을 해왔다. 계획경제시기 이래 중국은 국가경제의 근간인 국유기업에 재정금융 및 세제상의 특혜, 원자재 수급, 제품판매, 인력 등 다양한 형태의 직·간접적인 보조금을 제공하였다. 국유기업에 대한 보조금 정책의 주된 목적은 안정적인 산업생산과 고용보장, 나아가서 이를 통한 사회안정 유지에 있었다. 주관기관은 주로 재정부와 지방정부였으며, 중앙예산 또는 지방예산에서 배당하는 방식으로 국유기업에 대한 증여금을 조달하였다.

개혁개방 이후에는 수출증대와 외국자본유치를 위해 수출기업과 외자기업에 대한 다양한 우대조치가 시행되었다. 이는 주로 수출기업과 외자기업에 대한 세제상의 특혜, 수출실적에 따른 대출 및 외환 확보상의 우선권 부여 등의 조치로 나타났다. 연해지역의 개방도시, 경제특구, 경제기술개발구, 상하이 푸둥신구 등 특정지역 소재 외자기업에 대해서는 기업소득세 감면 외에도 각종 혜택이 부여되었다.

자동차산업의 국산화를 추진하기 위해 제품 국산화율에 따른 특혜관세율을 적용하고, 하이테크 기업에 대한 연구개발 지원과 소득세 감면, 빈곤지역 기업 및 기술이전 기업에 대한 세제 지원도 이루어졌다.

이러한 중국의 정책 혹은 조치들은 WTO 보조금 관련 규정에 위배될 소지가 있는 내용을 다수 포함하고 있다. 중국은 2001년 12월 WTO에 가입한 이후 자국의 정책과 제도, 법규 등을 점차 WTO 규범에 부합되게 개정해 왔기 때문에, 보조금협정을 명백하게 위반하는 규정이나 조치들은 점차 줄어드는 추세이다. 그러나 상당수 보조금은 여전히 존속하며, 새로운 유형의 보조금도 나타나고 있다.

과거 중국의 보조금 정책은 국유기업에 대한 직접적인 자금공여, 수출 또는 수입대체 보조금, 외국투자기업에 대한 세제 혜택을 중심으로 이루어졌다. 그러나 최근 글로벌 금융위기를 거치면서 핵심 산업에서 국제경쟁력을 갖춘 대형기업의 육성, 전통산업의 구조개혁, 하이테크산업, 문화산업, 환경산업, 신흥전략산업 육성을 위한 새로운 지원조치들이 쏟아지고 있다.

형태면에서도 세제(稅制) 지원, 수출 및 수입대체 보조 등 전통적인 방식 외에 기술지원, 연구개발비 지원, 대출금에 대한 이자경감 등 간접적인 방식을 많이 사용하고 있다.

중국의 보조금정책은 몇 가지 측면에서 다른 나라의 그것과 상이한 성격을 갖는다.

첫째, 중국은 WTO 가입과 구조개혁을 통해 과거 국유기업에 제공해온 상당수 보조금을 철폐했으나, 여전히 암묵적이고 불투명한 방식의 지원이 존속하는 등 체제전환국의 한계를 안고 있다.

둘째, 개혁개방 이래 연해지역 우선 발전정책을 고수한 결과 지역간 발전격차가 심화되었고, 이를 완화시키기 위해 중서부 내륙지역과 동북 구공업지구에 새로운 특혜와 보조를 약속할 수밖에 없게 되었다. 이 밖에 소수민족지역 우대책으로 부분적인 세수결정권을 해당지방에 양도함으로써 중앙의 정책과는 별도로 기업에 대한 지방차원의 보조가 이루어지는 경우도 많다.

셋째, 국내기업보다 외자기업을 우대하는 '초국민대우'가 2008년 1월 새로운 〈기업소득세법〉 시행과 함께 공식적으로는 종식되었으나, 앞서 지적한 바와 같이 아직도 일부 특혜조항들이 남아 있다.

넷째, 중국의 보조금은 중앙정부 차원과 지방정부 차원의 조치들이 혼재하면서 복잡한 양상을 띠고 있다. 즉 중앙정부는 큰 틀의 정책 가이드라인만 제시하고 지방마다 현지실정에 따라 시행세칙이나 조치를 마련하기 때문에, 보조금을 식별하는 작업자체가 용이치 않고 지방에 따라 상충된 조치들이 나타나기도 한다.

한편 중국은 자국의 경제발전과 산업보호를 위해 보조금을 적극적으로 활용해 온 만큼, 최근까지 타국의 보조금에 대한 대응에서는 소극적인 자세를 견지해 왔다. 중국은 2009년까지 타국에 대해 단 한 건의 상계관세도 부과하지 않았다. 그러나 2008년 글로벌 금융위기 이후 중국의 보조금에 대한 주요 선진국의 상계관세조사 및 부과조치가 급증하면서 중국의 입장도 공세적으로 바뀌고 있다. 중국은 2009년 6월부터 2011년 9월에 걸쳐 미국산 방향성 전기강판과 닭고기, 일정 배기량 이상의 승용차와 SUV 차량, 그리고 EU산 감자전분에 대한 상계관세조사 및 부과조치를 확정한 바 있다. 중국도 상계관세를 적극 활용하여 자국산업을 보호하겠다는 의지를 명확히 하고 있는 것이다.

중국이 타국의 보조금에 대한 규제를 처음으로 입법화한 것은 1994년 제정한 〈대외무역법〉에서이다. WTO 가입에 대비하여 제정된 동법 제31조는 '특정 수입상품이 어떤 형태이건 수출국의 직·간접적인 보조금을 받아 국내산업에 실질적인 피해 또는 피해 우려를 발생시키는 경우, 그리고 국내산업의 확고한 발전에 실질적인 지연을 야기시키는 경우, 국가는 필요한 조치를 취하여 이러한 피해나 피해 우려 또는 지연을 제거 및 경감시킬 수 있다.'라고 규정하고 있다. 그러나 여기서는 단지 '필요한 조치' 라고 언급하였을 뿐, '반보조금조치'를 구체적으로 언급하지는 않았다.

1997년 3월 25일, 국무원은 〈반덤핑 및 반보조금 조례(反傾銷和反補貼條例)〉를 공포하였으며, 이 조례는 2001년 11월 26일 국무원이 발표한 〈반덤핑조례(反傾銷條例)〉와 〈반보조금조례(反補貼條例)〉로 대체되었다.

또 1994년 제정된 〈대외무역법〉은 2004년에 개정된 〈대외무역법〉으로 대체되었고, 새로운 무역환경과 문제에 대응하기 위해 국무원은 2004년 6월 1일부터 새로 개정된 〈반보조금조례〉를 시행, 현재에 이르고 있다. 이후 이 조례를 더욱 규범화하고 절차의 투명성을 제고시키기 위해 추가적인 규칙 및 부처 시행령을 공포하였다. 그 결과 현재 중국의 보조금 관련 법률·법규는 기본적으로 WTO규정에 크게 위배되지 않는다. 그러나 정책시행 차원에서는 아직도 일치되지 않거나 상충되는 요소들이 많아, WTO규범과 중국의 실정에 부합되는 방향으로 정비할 필요성이 제기되고 있다.[233]

2) 중국이 WTO에 통보한 보조금

중국은 WTO 회원국이 되면서 보조금협정의 규정 또는 기준에 따라 자국 영토 내에 존재하는 각종 보조금을 매년 WTO에 통보할 의무를 갖게 되었다. 그러나 중국은 2001년 WTO 가입의정서의 부속서 형태로 최초의 보조금 목록을 제출한 이후, 2006 년과 2011년 단 두 차례밖에 보조금 통보 의무를 이행하지 않았다.

이에 미무역대표부(USTR. Office of the United States Trade Representative)은 2011년 10월 중국이 공개하지 않고 있는 보조금 항목을 자체조사하여 WTO에 통보하고, 이에 대한 중국의 합당한 조치를 촉구한 바 있다. 아래에서는 중국이 과거 WTO에 통보한 세 차례의 보조금 목록을 중심으로 중국의 보조금 현황을 살펴본다.

가. 2001년 12월, 중국이 WTO 가입시 제출한 보조금 내역

중국은 2001년 12월 WTO에 가입하면서 가입의정서 부속서 5A에 자국이 시행하고 있는 24개 항목의 보조금을 명시하였다. 각 보조금에는 ① 명칭, ② 기간, ③ 정책목표와 보조금 목적, ④ 보조 배경과 주관기관, ⑤ 보조금의 법률 근거, ⑥ 보조 형식, ⑦ 보조 제공의 대상과 방식, ⑧ 단위당 보조금·보조금 총액 혹은 연도 예산액, ⑨ 보조기한·기타기한, ⑩ 보조금이 무역에 미친 영향평가를 위한 통계 등의 정보를 제시하고 있다.

보조의 형식은 공여(grant), 세금면제(tax forgiving), 특혜세율 적용(preferential tax rate), 대출(loan), 세금환급(tax and tariff refund), 특정 산업부문의 투입물에 대한 저가정책(state low pricing for inputs of certain industrial sectors) 등으로 나타나고 있다.

가입의정서에 포함된 24개 항목의 보조금 내역은 아래 〈표〉와 같다. 주요내용은 국내외 기업에 제공되는 직접공여나 세금(관세, 소득세, 증치세)의 감면, 면제 및 환급혜택, 특정 프로젝트(인프라

233) 박월라 외(2011), 중국의 보조금 현황과 주요국의 대응사례 연구, KIEP, 54-65쪽

[표 6-6] 2001년 중국의 WTO 가입의정서 부속서 5A에 열거된 보조금

보조금 항목	보조 형식
1. 중앙예산으로 제공한 결손 국유기업에 대한 보조	공여 및 세금면제
2. 지방예산으로 제공한 결손 국유기업에 대한 보조	공여 및 세금면제
3. 수출실적에 따른 우선적 대출 및 외화 확보 허용	대출 및 외화 확보시 우선권 부여
4. 자동차 생산 국산화율에 따른 특혜관세율 적용	특혜관세율 적용
5. 경제특구 우대정책(상하이 푸동지구 제외)	특혜소득세 적용, 소득세 면제
6. 경제 및 기술개발구 우대정책	특혜소득세 적용, 소득세 면제
7. 상하이 푸동 특별경제구역 우대정책	특혜소득세 적용, 소득세 면제
8. 외자기업 우대정책	특혜소득세 적용, 소득세 면제
9. 국유 정책성은행 대출(국가개발·수출입·농업개발은행)	대출
10. 빈곤감소를 위한 재정 보조	빈곤경감대출의 직접배당과 할당
11. 기술혁신과 연구개발 기금	공여 및 대출
12. 수리 및 홍수방지를 위한 인프라 구축 기금	공여
13. 수출품에 대한 세금 및 관세 환급	세금 및 관세 환급
14. 기업의 관세와 수입관세 감면	관세와 수입관세 감면
15. 특정 산업부문에 제공하는 저가 투입물	일부 산업부문의 투입물에 대한 국가의 저가격 정책
16. 일부 임업 기업에 대한 보조	증치세 환급
17. 하이테크 기업에 대한 소득세 특혜	소득세 감면
18. 폐기물 이용 기업에 대한 소득세 특혜	소득세 감면
19. 빈곤지역 기업에 대한 소득세 특혜	소득세 감면
20. 기술이전 기업에 대한 소득세 특혜	소득세 감면
21. 재해를 당한 기업에 대한 소득세 특혜	소득세 감면
22. 실업자에게 취업기회 제공하는 기업에 소득세 특혜	소득세 감면
23. 17, 18, 19, 20, 21, 22항 통지기업에 대한 소득세 환급통계	소득세 환급
24. 정부 장려분야에 대한 투자자의 기술수입과 설비에 관한 관세 및 증치세 면제	수입기술과 설비에 대한 관세 및 증치세 면제

자료: 박월라 외(2011), 중국의 보조금 현황과 주요국의 대응사례 연구, KIEP, 74쪽.

건설)에 대한 보조금제공을 위한 기금, 기술혁신과 연구개발 관련기금, 빈곤감소를 위한 기금, 농업과 임업에 대한 보조, 일부산업에 대한 가격정책 등을 포함하고 있다.

나. 2006년 4월 중국이 WTO에 통보한 보조금 내역

2006년 4월 11일, 중국은 GATT 제16조 제1 항과 보조금협정 제25조의 규정에 근거하여 WTO에 2001~2004년간 실시한 새로운 보조금 78개 항목을 통보하였다. 이는 2001년 통보내용에 비해 54개 항목이 늘어난 것이다.

한편 2001년 목록중 중앙 및 지방예산에서 제공한 결손 국유기업 보조, 자동차 생산 국산화율에 따른 특혜관세 적용, 국유정책성은행의 대출, 수출품에 대한 세금과 관세에 대한 환급 및 감면,

특정산업에 대한 저가투입물 제공, 정부 장려분야의 기술수입과 설비에 대한 관세 및 증치세 면제 등의 보조금 항목은 삭제되었다.

보조의 형식은 재정배당, 대출이자 할인, 특혜세제의 세 가지 형식으로 통일되어 나타나고 있다. 재정배당의 경우 정부재정에서 직접 예산을 배정하여 심의를 거친 프로젝트나 기금에 제공하는 방식이다. 또한 대출에 대한 이자할인과 관세, 소득세, 증치세 등의 감면, 면제, 환급 등이 주된 보조 형식으로 나타나고 있다. 2001년 목록에 포함되었던 대출과 외화획득에 대한 우선권, 정부의 직접적 가격정책을 통한 보조의 형태로 지급되는 항목은 삭제되어 2006년 목록에는 나타나지 않고 있다.

보조금 형태면에서 볼 때, 이자할인 유형에 포함되는 보조금 항목은 3개, 재정배당 형태는 24개, 재정배당과 대출이자 할인을 통합한 형태는 2개, 특혜세제 유형이 49개로 나타났다. 1~13항목까지는 외자기업에 대한 특혜세제 정책을 열거하였다. 2001년 목록에는 외자기업 우대정책과 관련한 항목이 3개에 불과했지만, 2006년 목록에는 세제혜택의 대상이 되는 외자기업의 종류를 산업과 지역별로 더욱 상세하게 나열하고 있다.

14~18항목은 서부 및 빈곤지역의 빈곤퇴치와 개발을 위한 특혜세제 정책의 내용이고, 19~30항목은 다양한 특혜세제를 적용받는 기업들에 대한 내용이 포함되어 있다. 이러한 기업에는 폐기물 활용 기업, 자연재난을 겪은 기업, 복지기업, 이윤을 내지 못하는 소규모기업, 향진기업, 실업자에 일자리를 제공한 기업, R&D와 기술이전기업, 농업과 임업 관련기업 등이 포함된다.

31~34항목은 중소기업 발전을 위한 재정배당성 기금이고, 35~56항목은 농업과 임업의 발전을 위한 보조금을 포함하고 있다. 57~78항목까지는 특정산업이나 특정목적을 위해 생산, 수입되어 판매되는 제품에 대하여 관세, 증치세, 소득세를 면제해 주는 다양한 보조금을 열거하고 있다.

이러한 세제 혜택대상이 되는 산업이나 제품에는 집적회로, 국내산 설비, 기술수입, 구제식량이나 식량안보용 목적의 곡물, 차와 양귀비, 특정종자, 종축, 멸종위기 동·식물, 교육목적 수입품, 장애인용 제품, 에이즈약품, 구리자원, 기계제품 등 다양한 범위의 제품이 포함되어 있다.

다. 2011년 10월, 중국이 WTO에 통보한 보조금 내역

2011년 10월 20일 중국은 2005~2008년까지 중앙정부 차원에서 공여 혹은 유지한 총 93개 보조금 항목에 관한 정보를 WTO에 통보하였다. 이보다 2주전인 10월 6일 미국은 중국의 보조금을 자체조사하여 그 상세한 목록을 WTO에 통보하고 관련 정보공개를 중국에 촉구한 바 있다. 이번 중국의 보조금 통보는 이 같은 미국의 강경한 조치에 대한 반응이라고 할 수 있다. 2011년 통보 목록은 2006년 목록에 비해 15개 항목이 늘어난 것이다.

반면 2006년 목록중 빈곤지역과 자연재해 지역에 대한 보조(5개), 외자기업 R&D(1개), 농업과 임업 발전을 위한 보조금(10개)과 과학 및 교육목적의 수입품, 멸종위기 동·식물 제품에 대한 세제 혜택을 포함하여 18개 항목이 삭제되었다.

2011년 통보한 보조금 목록에서 보조의 형식은 재정배당, 특혜세제의 두 가지 형식으로 구분하였다. 재정배당의 형식은 30개이고, 나머지 63개는 모두 특혜세제 형식의 보조금이다. 2006년 목록에 나타났던 이자할인 보조금 형식은 재정배당 형식으로 통합되었다고 할 수 있다. 이자할인은 재정배당 유형인 특정 산업이나 프로젝트 관련기업의 보조를 위한 기금에서 직접 보조금을 공여하거나 이자할인을 제공하는 방식으로 나타나고 있기 때문이다.

한편 2011년의 93개 목록중 이전 목록에 포함되지 않았던 새로운 보조금은 총 32개 항목으로 나타났다. 그중 특혜세제 형식의 보조금은 19개, 재정배당 형식은 13개이다. 특혜세제 형식의 신규 보조금은 주로 선진기술 및 하이테크 관련 외자기업(3개), 환경과 자원활용 관련기업(4개), 장애인고용 및 관련제품 생산기업(4개), R&D 및 기술이전 촉진(4개)을 대상으로 하고 있다.

특히 자원의 통합적 활용을 통해 생산된 건축자재 생산기업, 이윤을 내지 못하는 기업, 장애인 고용기업, 기업의 R&D와 기술이전 관련 수입 등에 대한 세제 혜택은 2006년 목록에도 포함되었으나, 2011년 목록에는 더 많은 보조금 내역이 추가되었다.

한편 재정배당 형식의 신규 보조금 13개 항목에는 농업발전기금(5개), 풍력발전, 기계 및 전기제품과 하이테크제품 수출입구조 최적화, 농업·경공업·섬유제품 무역촉진, 지역의 대외무역 발전촉진 등이 포함되어 있다.

3) 중국의 산업별 보조금 형태와 유형

국무원은 2009년 1~2월 글로벌 금융위기에 대처하고 안정적인 성장과 산업고도화 추진으로 새로운 발전단계 진입에 대비하기 위해 10대 핵심산업에 대한 조정 및 진흥계획(十大産業振興規劃)을 발표하였다. 10대 산업에는 국가경제에서 차지하는 비중이 큰 철강, 자동차, 선박, 석유화학, 방직, 경공업, 비철금속, 장비제조, 전자정보, 물류산업이 포함되어 있다. 이어서 2009년 상반기에는 별도의 산업별 진흥책을 마련하였다.

한편 2011년부터 시작되는 제12차 5개년 계획기에는 기존의 핵심산업 외에 7대 전략적 신흥산업을 육성하여 새로운 성장동력으로 발전시킨다는 방침 아래, 분야별로 구체적인 정책을 내놓고 있다. 7대 신흥산업에는 에너지절약과 환경보호산업, 차세대 정보기술산업, 바이오산업, 첨단장비제조산업, 신에너지산업, 신소재산업, 신에너지 자동차산업이 포함되어 있다.

중국의 산업지원은 관련정책과 규정, 다양한 형태의 행정지도 문건들을 통해 이루어진다. 중앙정부가 관련 정책과 법규를 제정하면, 지방정부도 그에 상응하는 수많은 규정과 조치를 마련한다. 정보접근이 어려운 암묵적이고 불투명한 지원도 적지 않다.

게다가 동일한 정책이나 조치라도 구체적인 사안에 따라 보조금의 적용여부나 유형에 대한 판단이 달라질 수 있다는 문제도 있다. 따라서 중국의 공식문건에만 의존해 보조금 여부를 식별하고 유형화하는 시도는 현상을 지나치게 단순화 혹은 일반화시킬 위험을 내포한다.

공개된 지원정책 내용중 문제가 될 수 있는 부분은 다음과 같다.

'전략적 신흥산업 육성 및 발전에 관한 국무원 결정(国务院关于加快培育和发展战略性新兴产业的决定. 2010.10.18 공포)' 제7조 1항에 의하면, 전략적 신흥산업 발전을 위한 전용기금설립, 중앙재정자금 투입에 의한 핵심기술 연구개발 및 산업화 지원, 에너지절약과 친환경제품, 자원리사이클 활용제품 보급 등을 위한 재정지원 강화 내용을 포함하고 있다.

제7조 2항은 과학기술의 상용화, 하이테크산업 투자와 제품소비를 유도하는 세수지원정책을 포함하고 있다. 제7조 3항은 '전략적 신흥산업의 특성에 부합되는 신용대출 관리와 대출금 평가제도 구축' 등의 금융지원, 위험보상을 포함한 재정지원 정책을 언급하고 있다.

제7조 5항은 '정부의 신흥산업 창업 투자규모 확대'를 명시하고 있다. 즉 이 결정은 재정지원과 세수지원정책 추진, 금융기관의 신용대출우대, 자본시장을 통한 자금조달지원, 창업투자와 투자기금 대폭확대 등의 조치를 약속하고 있다. 특히 위험보상 등 재정지원정책의 도입, 금융기관의 지원약속, 투자와 소비를 촉진하기 위한 세수지원정책의 도입 등은 특정 신흥산업에 대한 보조금 공여로 판정될 소지가 있다.

[표 6-7] 중국의 對한국 반덤핑 조치 현황

제소연도	품 목 명	제소근거(규제근거)	조 사 결 과		2011년말 현재상태
			규제확정 및 형태	조사종결	
1997	신문용지	반덤핑	반덤핑관세(99.6)		규제종료
1999	폴리에스터필름	반덤핑	반덤핑관세(00.8)		규제종료
	스텐레스스틸강판	반덤핑	반덤핑관세(00.12)		규제종료(11.4)
2000	휴대용전화기	긴급수입제한	잠정수입중단	조사철회	
	폴리에틸렌	긴급수입제한		조사철회	
	이염화메탄	반덤핑	반덤핑관세(02.5)		규제중
2001	폴리스틸렌	반덤핑		무혐의	
	리진	반덤핑		조사종결	
	폴리에스터 칩	반덤핑	반덤핑관세(03.2)		규제종료
	폴리에스터단섬유	반덤핑	반덤핑관세(03.2)		규제종료
	아크릴산에스테르	반덤핑	반덤핑관세(03.3)		규제종료
2002	인쇄용아트지	반덤핑	반덤핑관세(03.8.6)		규제중
	무스프탈산	반덤핑	반덤핑관세(03.9.2)		규제중
	합성고무	반덤핑	AD관세(03.9.29)		규제중
	폴리염화비닐	반덤핑	반덤핑관세(03.9)		규제중
	철강	긴급수입제한			규제종료
	페놀	반덤핑	반덤핑관세(03.11)		규제중
	TDI	반덤핑	반덤핑관세(04.2)		규제중
	MDI	반덤핑		조사중단	
2003	클로로포름	반덤핑	반덤핑관세(04.11)		규제중
	광섬유	반덤핑	반덤핑관세(05.1.1)		규제중
	히드라진수산화물	반덤핑	AD관세(05.6.17)		규제중
2004	BPA	반덤핑		조사철회	
	골판지	반덤핑	AD관세(05.9.30)		규제종료(06.1.9)
	EPDM	반덤핑	AD관세1차(05.11)	조사철회	
	핵산	반덤핑	AD관세(06.5.12)		규제종료(11.5)
	ECH	반덤핑	AD관세(06.6.28)		규제중
2005	폴리우레탄 및 스판덱스	반덤핑	AD관세(06.10.13)		규제중
	옥탄올	반덤핑		조사철회	
2006	비스패놀A	반덤핑	AD관세(07.08.30)		규제중
2007	아세톤(Acetone)	반덤핑	AD관세(08.06.08)		규제중
2008	디메탄사이클로실록산	반덤핑	AD관세(09.05.28)		규제중
	아디프산	반덤핑	AD관세(09.11.01)		규제중
2009	테레프탈산	반덤핑	AD관세(10.08.12)		규제중

자료: 한국무역협회 통상규제 사이트 http://antidumping.kita.net (2013.7)

[주요용어]

무역구제제도, 반덤핑관세, 상계관세, 세이프가드, 덤핑, 구성가격, 실질적 피해, 보조금, 회색지대조치, 보장조치(保障措施), VER, OMA, Viability Test

[연습문제]

1. 협의의 무역구제제도에 대해서 설명하시요.
2. 반덤핑관세를 부과하기 위한 발동 요건은?
3. 상계관세를 부과하기 위한 발동 요건은?
4. 세이프가드 조치를 부과하기 위한 발동 요건은?
5. 반덤핑관세제도에서 반덤핑 관세 부과 범위는?
6. 상계관세제도에서 상계관세 부과 범위는?
7. 덤핑차액(dumping margin)은 어떻게 구하는가?
8. 반덤핑관세 부과요건인 '실질적 피해'에 대한 개념을 설명할 것.
9. 반덤핑조치는 세이프가드 조치보다 낮은 수준의 인과관계 증명이 요구된다. 그 이유는?
10. WTO 규정에 따른 보조금의 정의는?
11. WTO 규정에 따른 보조금 3가지 종류와 각각의 특징을 서술할 것.
12. 중국이 2001년 이후에 무역구제조치 관련 법률·법규를 재정비한 배경은?
13. 중국 상무부 부처인 무역구제조사국의 주요 기능은?
14. 중국은 주로 누구에게 어떤 형식으로 보조금을 지급하고 있는가?
15. 이전 중국내 보조금 유형과 비교하여 2011년 10월, 중국이 WTO에 통보한 보조금 내역에서 나타난 특징은?
16. 중국이 12·5 규획기간 중 추진 중인 7대 전략신흥산업 육성정책에서 보조금 공여로 판정될 소지가 있는 부분은 어떤 것인가?

제7장 중국의 WTO 가입

제1절 WTO 체제와 기능

1. WTO의 창설과 지위

1) GATT와 WTO 창설

WTO(World Trade Organization) 즉 세계무역기구의 전신은 GATT(General Agreement on Tariffs and Trade. 관세 및 무역에 관한 일반협정)이다. GATT는 세계 2차대전 종료후 국제경제질서의 재정립 과정에서 시장경제 원칙에 바탕을 둔 자유무역의 신장을 위한 '국제무역기구(ITO: International Trade Organization)'가 출범할 때까지 관세인하를 통한 자유무역을 우선적으로 실현하기 위하여 잠정적으로 채택된 조약에 불과했다.

GATT는 1947년 제네바에서 23개국이 관세 철폐와 무역 증대를 위하여 조인한 '관세 및 무역에 관한 일반협정'이다. 1995년 WTO체제로 대체되기 전까지 전세계에서 120여개 국이 가입하였으며, 중국은 1948년 4월 21일, 당시 국민당 정부가 GATT 창립멤버로 가입하였으나, 1950년 3월에 대만 당국이 다시 탈퇴하였다. 한국은 1967년 4월 1일부터 정회원국이 되었다.

GATT가 국제무역의 확대를 도모하기 위하여 가맹국 간에 체결한 협정내용은 다음과 같다. ① 회원국 상호간의 다각적 교섭으로 관세율을 인하하고 회원국끼리는 최혜국대우를 베풀어 관세의 차별대우를 제거한다. ② 기존 특혜관세제도(영연방 특혜)는 인정한다. ③ 수출입 제한은 원칙적으로 폐지한다. ④ 수출입 절차와 대금지불에 차별대우를 하지 않는다. ⑤ 수출을 늘리기 위한 여하한 보조금 지급도 금지한다 등이다.

협정에 불과한 GATT 체제를 대체할 국제기구 창설을 GATT 회원국들이 시도하였으나, 미국 의회가 ITO 창설을 반대함에 따라 국제기구로써의 ITO 성립은 무산되었다. 그럼에도 GATT 체약국들은 계속하여 GATT를 중심으로 관세인하를 위한 협상과 그들 사이의 무역분쟁 해결을 위한 협력관계를 유지하게 된다. 그 결과 GATT는 사실상 국제기구로서의 모양을 갖추게 되었다.

그러나 GATT는 다자조약의 지위를 가졌을 뿐, 여전히 국제기구가 아니었기 때문에 IMF 등 다른 국제경제기구와의 관계에서 지위와 역할이 불완전하고 제한될 수 밖에 없었다. 이에 세계 각국들은 1990년부터 다자무역기구(Multilateral Trade Organization: MTO) 창설을 주창했고, 다자간 무역협상인 우루과이라운드(1986-1993)부터 가시화 되었다.

참고로 다자간 무역협상은 제네바라운드(1948) · 안시라운드(1949) · 토키라운드(1951) · 딜런라운드(1960~1961) · 케네디라운드(1964~1967) · 도쿄라운드(1973~1979) · 우루과이라운드(1986-1993) 등이 진행되어 온 바 있다.

우루과이라운드를 마지막으로 미국이 MTO성립에 지지를 표명함에 따라 MTO의 창설이 다음해에 합의 되었다. 1993년 12월에 MTO는 현재의 명칭인 WTO로 개칭되어 창립된 것이다.

2) WTO 및 WTO 회원국의 지위

WTO는 법인격을 가지며 WTO 회원국은 WTO의 임무수행에 관한 법적 능력을 인정한다. WTO가 국제법상 명시적인 법인격을 갖게 됨에 따라 WTO는 다른 국제경제기구인 IMF(International Monetary Fund. 국제통화기금) 및 IBRD(International Bank for Reconstruction and Development. 국제부흥개발은행)와 동일한 국제법적 지위를 갈게 되었다. 그 결과, WTO는 상시적으로 국제무역의 문제를 검토하고 국가간 국제무역협력 관계의 증진에 중요한 역할을 수행할 수 있게 되었다.

WTO 본부는 1994년 7월 결정에 따라 스위스 제네바에 두고 있다. WTO 회원국은 2012년 3월말 현재 총 153개이며, WTO의 기능수행에 필요한 범위에서 특권과 면제를 부여하고, WTO의 직원과 다른 회원국 대표에게 필요한 범위에서 특권과 면제를 부여한다.

WTO의 경우, 다른 국제기구와는 달리 국가만이 회원국이 되는 것은 아니다. 독자적 관세영역(separate customs territory)도 WTO 회원국이 될 수 있다. 이에 따라 100년간 영국령으로 있다가 1997년 중국에 반환된 홍콩이나, 442년간 포르투갈 식민지였다가 1999년에 중국으로 반환된 마카오 등은 국가가 아님에도 WTO 회원국 지위를 보유하고 있다.

GATT 체약국(contracting party)은 WTO에서 회원국으로 간주된다. WTO 회원국은 WTO협정과 동 부속서 등에서 규정된 권리와 의무의 주체가 된다. WTO 회원국은 WTO협정에 부속된 협정들에 규정된 의무에 자국의 법률, 규정 및 행정절차가 일치할 것들 보장하여야 한다.

WTO회원국은 WTO협정의 발효와 함께 회원국 지위를 보유한 원회원국(Original Member)과 각료회의의 승인으로 가입하는 가입회원국으로 구분할 수 있다. 원회원국은 WTO협정 발효일 당시 GATT 체약국과 유럽공동체(EC)이며, WTO가 출범한 1995년 1월 1일, 한국·미국·일본 등을 포함한 76개 국가가 원회원국 자격으로 WTO 회원국이 되었다.

2022년 2월말 현재 WTO 회원(국) 수는 164개로는 이는 가장 마지막을 가입한 아프가니스탄 가입 시점인 2016년 7월 29일 이후 지금까지 유지되고 있는 회원 수이다.

[표 7-1] 주요 WTO 회원국 가입 현황 (2022년 2월 현재)

<table>
<tr><td>아르헨티나</td><td rowspan="12">1995.01.1</td><td>일본</td><td rowspan="12">1995.1.1</td><td>싱가포르</td><td rowspan="5">1995.1.1</td></tr>
<tr><td>호주</td><td>한국</td><td>필리핀</td></tr>
<tr><td>오스트리아</td><td>독일</td><td>인도네시아</td></tr>
<tr><td>브라질</td><td>Macao, China</td><td>이태리</td></tr>
<tr><td>캐나다</td><td>Hong Kong, China</td><td>스페인</td></tr>
<tr><td>덴마크</td><td>파키스탄</td><td>China</td><td>2001.12.11</td></tr>
<tr><td>EU</td><td>프랑스</td><td>Chinese Taipei</td><td>2002.01.01</td></tr>
<tr><td>말레이시아</td><td>그리스</td><td>사우디아라비아</td><td>2005.12.11</td></tr>
<tr><td>멕시코</td><td>인도</td><td>몽고</td><td>1997.01.29</td></tr>
<tr><td>태국</td><td>네덜란드</td><td>터키</td><td>1995.03.26</td></tr>
<tr><td>영국</td><td>뉴질랜드</td><td>베트남</td><td>2007.01.11</td></tr>
<tr><td>미국</td><td>방글라데시</td><td>캄보디아</td><td>2004.10.13</td></tr>
<tr><td>러시아</td><td>2012.8.22</td><td>타지키스탄</td><td>2013.3.2</td><td>크로아티아</td><td>2000.11.30</td></tr>
<tr><td>리투아니아</td><td>2001.5.31</td><td>라트비아</td><td>1999.7.10</td><td>에스토니아</td><td>1999.11.13</td></tr>
<tr><td>몰도바</td><td>2001.7.26</td><td>우크라이나</td><td>2008.5.16</td><td>아프카니스탄</td><td>2016.07.29</td></tr>
</table>

주: 국가(혹 도시)명칭, 우측 일자는 WTO 가입일자
자료: WTO 홈페이지 (www.wto.org) (검색일: 2022.2)

3) WTO 가입 조건

WTO의 원회원국이 아닌 국가나 자신의 대외무역관계 및 WTO 협정과 다자간 무역협정들의 이행에 관한 완전한 자율권을 보유하는 독자적 관세영역은 자신과 WTO와의 합의에 따른 조건으로 WTO에 가입할 수 있다.

각료회의는 회원국들의 3분의 2 다수결에 의하여 새로운 회원국의 가입조건에 관한 합의를 승인한다. 복수국간 무역협정에 대한 가입은 동 협정에서 정하는 절차에 따른다. 가입을 위해서는 WTO에 가입을 원하는 국가/관세영역의 대외무역체제가 검토되며, GATT 양허표 및 WTO 서비스협정인 GATS(General Agreement on Trade in Services. 서비스무역에 관한 일반협정)의 구체적 약속표가 협상되고 확정되어야 한다. 다음으로 해당국의 가입을 위한 작업반(working party) 보고서가 합의되어야 한다. 마지막으로 가입조건을 규정한 결정과 의정서가 합의되어야 한다.

참고로 WTO 출범 이후 가장 짧은 시간에 가입한 국가는 키르기스공화국(2년 10개월 소요)이며, 가장 오랜 시간에 걸쳐 가입한 국가는 중국(15년 5개월)이다.

2. WTO 기능과 조직

1) WTO 기능

WTO는 WTO협정에 부속된 관련 무역협정에 관계된 사안에 대한 회원국간 '무역 관계의 수행을 위한 공동의 제도적 구조(common institutional framework for the conduct of trade relations)를 제공한다. WTO는 WTO협정과 이에 부속된 다자간무역협정의 이행, 관리 및 운영을 촉진하고 이들의 목적을 증진하며, 또한 복수간 무역협정의 이행, 관리 및 운영의 골격을 제공한다.

WTO는 WTO협정과 이에 부속된 다자간 무역협정의 원활한 이행을 위하여 채택된 '분쟁해결에 관한 규칙 및 절차에 관한 양해'(DSU) 및 '무역정책 검토기능'(TPRM)의 이행을 관장한다.

WTO는 국제경제 관련 정책 결정의 일관성을 유지하기 위하여 IMF와 IBRD 등의 국제기구와 협력하고, WTO 활동에 관련된 책임을 갖는 정부간 기구 및 비정부간 기구와 협력하여야 한다.

2) WTO 조직

가. 각료회의(Ministerial Conference)

WTO의 최고 의사결정기관은 2년에 1회 이상 개최되는 각료회의이다. 각료회의는 WTO의 기능을 수행하며 이러한 목적으로 필요한 조치를 취한다. WTO 첫번째 각료회의는 1996년 12월 싱가포르에서 개최되었으며, 2차는 스위스 제네바(1998.5)에서 3차 미국 시애틀(1999.11), 4차 카타르 도하(2001.11), 5차 멕시코 칸쿤(2003.9), 6차 홍콩(2005.12), 7차 제네바(2009.12), 그리고 가장 최근인 제8차 각료회의는 제네바(2011.12)에서 개최된 바 있다.

참고로 제8차 각료회의에서는 크고 작은 사안이 결정되었는데, WTO 회원 가입처리와 관련하여 러시아, 몬테네그로, 사모아, 바누아투의 WTO 가입이 확정되었다. 즉, 18년간 끌어온 러시아의 WTO 가입협상이 종료되어 각료회의에서 가입을 최종승인한 것이다. 1993년 6월 GATT체제 아래서 가입을 신청한 이래 18년간 회원국과의 가입협상을 거쳐 마침내 2011년 12월 각료회의에서 러시아의 WTO가입이 정식 승인되었다. 2012년 7월 22일, 푸틴 대통령의 서명후 30일이 지나고 가입의정서가 공식 발효되면, 1.9조 달러 규모의 세계9위 경제대국인 러시아는 WTO의 156번째 회원국이 된다. 러시아의 WTO가입에 따른 시장개방 양허는 잠정적으로 미국에는 적용되지 않는다. 그외 사모아, 몬테네그로, 바누아투의 WTO 가입이 최종 승인됨으로써 WTO 회원국은 현행 153개국에서 157개국으로 확대될 예정이다.[234)]

각료회의는 회원국의 요청으로 WTO 협정과 관련 다자간 무역협정의 의사결정 요건에 따라

234) 서진교·이준원(2011), 제8차 WTO 각료회의 주요 결정사항과 정책 시사점, KIEP 오늘의 세계경제 Vol.11 No.35. KIEP, 7쪽.

다자간 무역협정의 모든 사안에 관한 결정을 내릴 권한을 갖는다. 특히 각료회의와 일반이사회는 WTO협정과 부속된 다자간무역협정의 해석에 관한 배타적 권한을 행사한다.

나. 일반이사회(General Council)

일반이사회는 WTO협정에서 규정된 임무와 각료회의가 개최되지 않는 기간 중에 각료회의 임무를 대신 수행한다. 따라서 일반이사회는 WTO협정과 이에 부속된 다자간무역협정의 해석과 이들 협정 규정의 의무면제에 관하여 각료회의와 같은 권한을 갖는다. WTO협정의 각료회의에 관한 규정은 일반이사회에 그대로 적용되어야 한다.

일반이사회는 WTO에 관련된 사실상 모든 사안을 토의할 수 있다. 일반이사회는 분쟁해결기관(Dispute Settlement Body:DSB)과 무역정책검토기관(Trade Policy Review Body:TPRB)으로서 별개의 독립된 기능을 수행한다. 즉 일반이사회가 분쟁해결기능을 수행할 때는 DSB가 되고, 무역정책검토기능을 수행할 때는 TPRB가 된다. 양 기구는 자체적인 의장을 둘 수 있고, 자신의 의사규칙을 채택할 수 있다.

다. 다자간 무역협정 이사회

일반이사회의 일반적인 지침에 따라 운영되는 상품무역이사회(Council for Trade in Goods), 서비스무역 이사회(Council for Trade in Services)와 무역관련지적재산권 이사회(Council for Trade-Related Aspects of Intellectual Property Rights)는 각각 국제무역 규범인 상품무역에 관한 다자간 협정, GATS(General Agreement on Trade in Services. 서비스무역에 관한 일반협정) 및 TRIPS협정의 운영을 감독한다.

WTO의 모든 회원국들에게 개방되는 이들 이사회는 일반이사회의 승인을 받아 각각의 의사규칙을 채택할 수 있으며, 필요할 때마다 회합한다.

라. 주요 위원회

각료회의는 무역개발위원회(Committee on Trade and Development), 국제수지제한위원회(Committee on Banlance-of-Payments Restrictions), 예산재정 행정위원회(Committee on Budget, Finance and Administration)를 설치하며, 이들 위원회는 적절한 산하 위원회를 설치할 수 있다. 모든 회원국들에게 개방되는 이들 위원회는 WTO협정과 다자간무역협정이 부여한 기능과 일반이사회가 부여한 추가적 기능을 수행한다.

이외에 각료회의는 적절한 기능을 수행할 추가적인 위원회를 설치할 수 있다. 실제 1996년 싱가포르에서 개최된 1차 각료회의에서 무역투자관계 작업그룹, 무역경쟁정책상호작용 작업그룹, 정부구매관행투명성 작업그룹의 설치가 결정된 바 있다.

또한 같은 시기에 일반이사회는 시장접근위원회(Committee on Market Access)와 무역환경위원회(Committee on Trade and Environment), 지역무역협정위원회(Committee on Regional Trade Agreements) 등을 설치한 바 있다. 이외에도 아래 WTO 조직도(영문)를 참고하면 2012년 3월말 현재 각 상품무역이사회 하부에 11개 위원회를, 서비스무역 이사회 하부에 2개의 위원회를 설치하고 있음을 알 수 있다.

마. 도하개발아젠다(DDA)와 관련 기구

2001년 11월에 WTO 142개 회원국이 참석한 가운데 카타르의 수도 도하에서 열린 제4차 WTO 각료회의는 '도하개발아젠다(Doha Development Agenda)'로 명명하고 새로운 다자간 무역협상(New Round)체계를 출범시켰다. 1947년 제네바라운드 이래 1986년 우루과이라운드(UR)까지 모두 8차례에 걸쳐 국제협상이 진행되었으며, 라운드의 명칭은 대부분 협상이 시작된 개최지의 이름을 따서 정해 왔다.

DDA협상은 농산물, 서비스, 비농산물 분야의 시장개방 문제뿐만 아니라 반덤핑·보조금·지역협정·분쟁해결에 관한 WTO협정 개정 그리고 환경·지적재산권·투자·경쟁정책·무역원활화·정부조달 투명성에 관한 새로운 무역규범의 수립 등 국제무역의 주요 현안을 포괄한다. 출범 당시 2005년 이전 협상을 일괄타결방식(Sinlge-Undertaking)으로 종료할 계획이었으나 농산물에 대한 수입국과 수출국 간 대립, 공산품 시장 개방에 대한 선진국과 개도국 간 대립 등으로 2012년 들어서도 아직까지 협상 중이다.

WTO는 DDA협상을 총괄하기 위한 협상감독기구로서 무역협상위원회(TNC : Trade Negotiations Committee)를 설치하였으며, 그 아래 각 분야의 협상그룹이 설치되어 협상을 실제적으로 진행하고 있다.

바. 사무국

각료회의는 WTO사무국(Secretariat of the WTO)의 책임자인 사무총장(Director-General)을 임명하고, 사무총장의 권한과 임기 등을 결정한다. 이태리 출신 루지에로가 1995년 5월에 WTO의 초대 사무총장으로 취임하였으며, 루지에로와 함께 사무총장직 경선에 참여하였던 한국의 전임 상공부장관 김철수는 초대 사무차장에 임명된 바 있다. 2005년 9월 이래 EC의 유럽위원회에서 통상담당위원을 역임한 파스칼 라미가 사무총장직을 맡고 있다.[235)]

WTO 사무총장은 각료회의가 채택한 규정에 따라 사무국 직원을 임명한다. WTO사무국의 사무총장과 직원의 임무는 전적으로 국제적인 성격을 가지면 이들은 국제기구 관리로서 WTO회원국 정부 또는 다른 외부기관으로부터 독립적이다.

회권국들의 권리와 의무에 관련된 사안에 있어서는 사무총장의 개입은 가능하지 않다. 다만

---

235) 박노형(2006), 국제기구로서 WTO의 지위, 「고려법학」, 46집, 18쪽

사무총장은 분쟁해결을 비롯한 특별한 경우에 알선과 조정 등을 통하여 WTO의 원만한 운영에 기여할 수 있다. WTO협정과 다자간무역협정 및 이들에 대한 개정은 물론 복수국간 무역협정도 사무총장에게 기탁된다. 현재 진행중인 DDA(도하개발아젠다) 다자무역협상을 총괄하는 무역협상위원회의 위원장이기도 하다.

[표 7-2] WTO 조직 (영문)

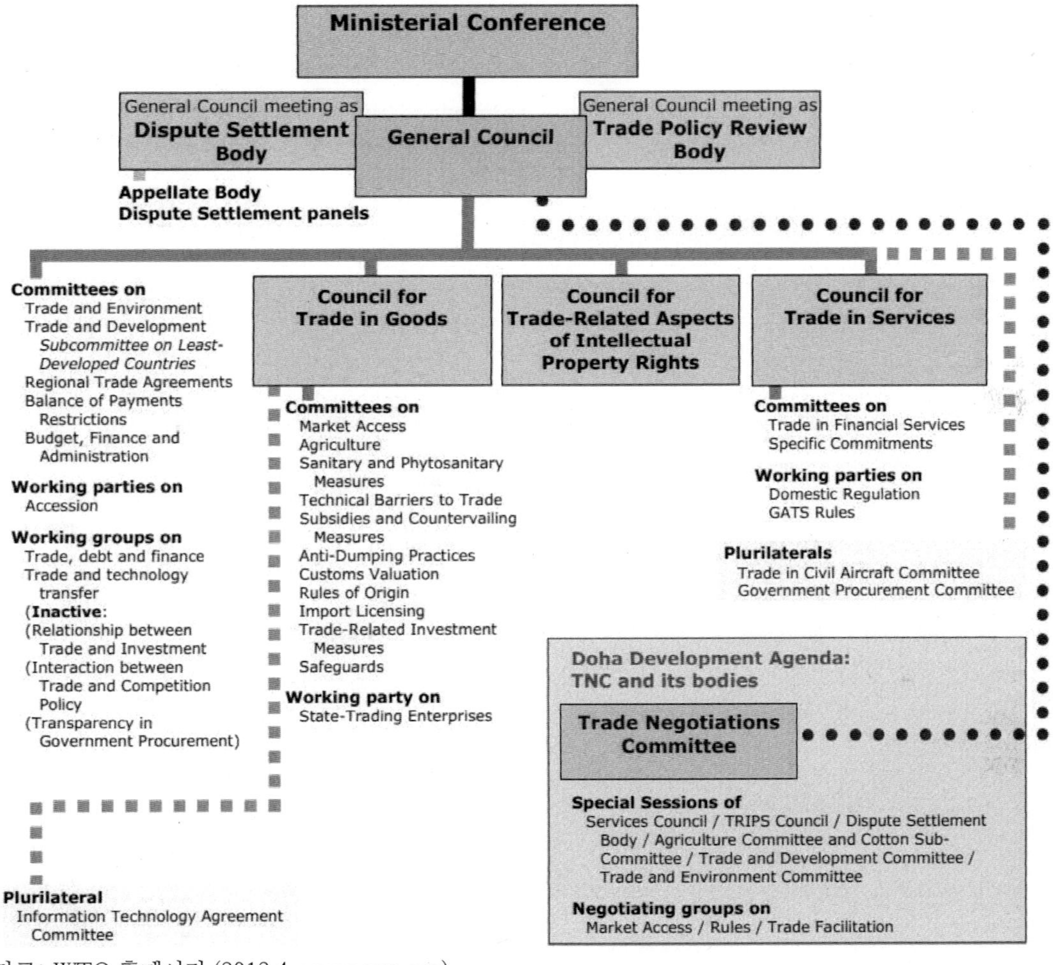

자료: WTO 홈페이지 (2012.4. www.wto.org)

[표 7-3] WTO 조직

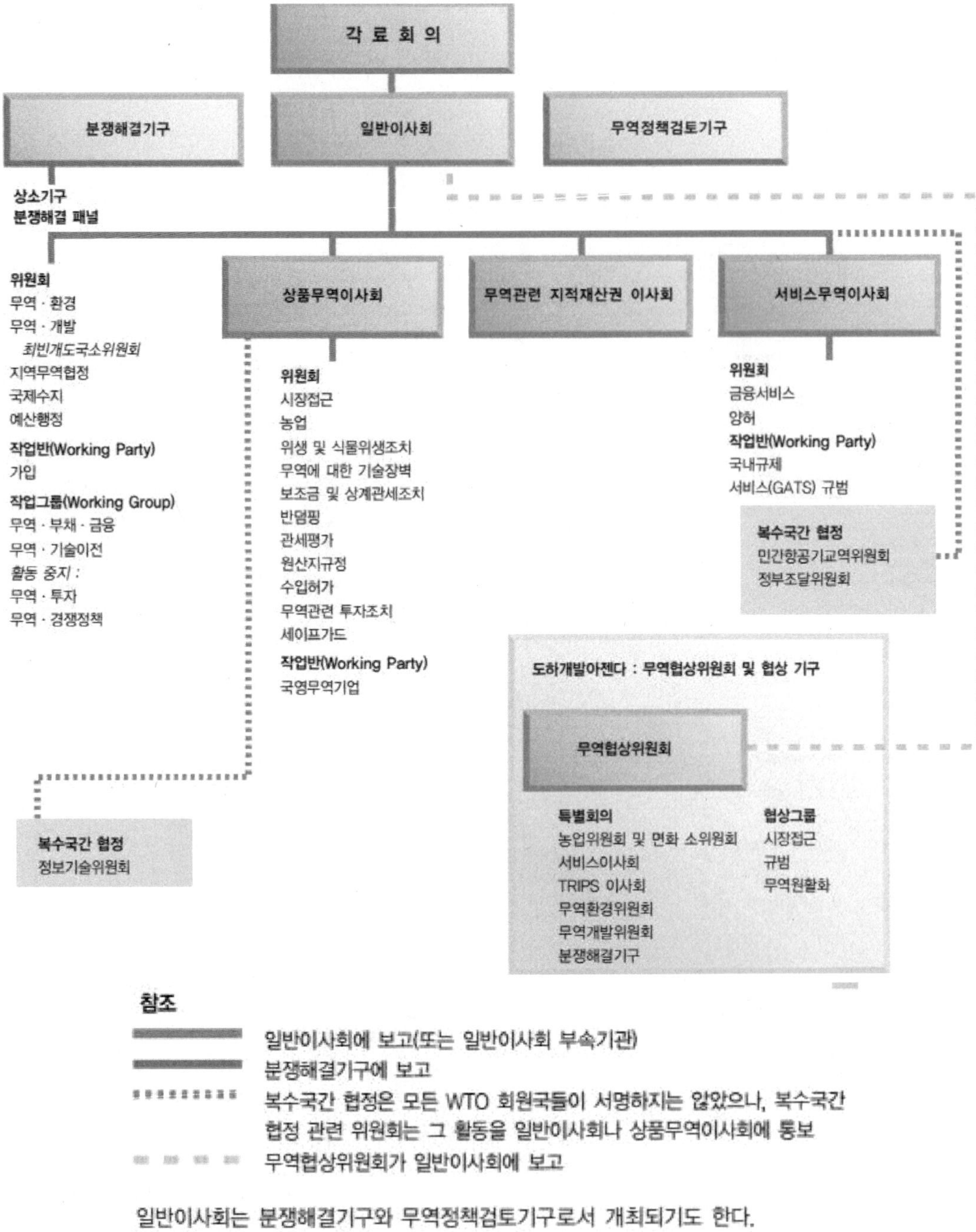

자료: 외교통상부(2007), 「WTO 이해하기」, 103쪽.

[표 7-4] WTO 분쟁해결 절차도

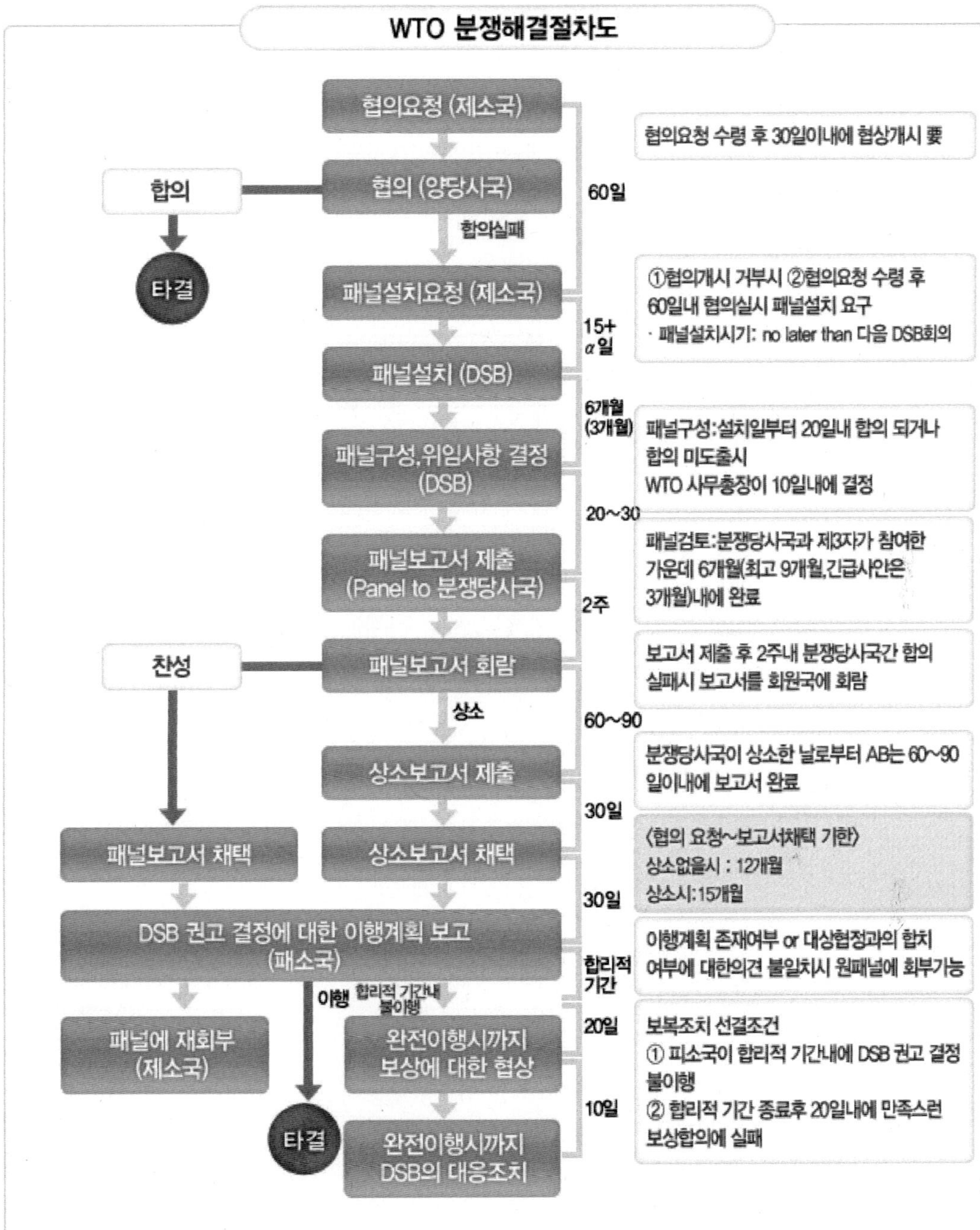

자료: 외교부 홈 페이지 www.mofa.go.kr (2013.7)

제2절 중국의 WTO 가입

1. WTO 가입 경과

중국은 이미 1948년에 GATT 가맹국이 되어 있었지만, 1950년에 대만으로 옮긴 장제스 국민당 정부가 GATT 탈퇴를 선언함으로써, 1949년에 공산당 혁명후 성립된 新중국은 GATT 회원국 지위를 인정받지 못하게 되었다.

[표 7-5] 중국의 WTO 가입 경과

일자	내용
1948.04.21	GATT 의정서에 서명하고, 동년 5월 21일 GATT 창립 회원국 지위 확보 (중화민국)
1950.03.06	대만 국민당 정부, GATT 탈퇴 선언 (중화민국)
1982.11	중국정부, GATT 제36차 가맹국 대회 참가
1985.11.06	GATT 가입신청 및 GATT 업저버 자격 취득
1986.07.10	GATT 복귀 신청서 정식 제출
1987.02.13	〈중국 대외무역제도 비망록〉 제출후, 가맹국 심사 시작 가입 작업반(working party) 설치 (3.4)
1987.10.22	GATT가입 작업반 1차 회의 개최 (스위스 제네바)
1988.02.23	GATT가입 작업반 2차 회의 개최 (스위스 제네바)
1992.10.21	GATT가입 작업반 11차 회의 개최 (스위스 제네바) - 시장 진입허용에 대한 실질 협상 단계 진입
1994.12.20	GATT가입 작업반 19차 회의 개최 (스위스 제네바) - WTO 창립 회원국 시한까지 협상 미종료
1995.05.07	WTO 가입을 위한 협상 개시
1995.06.03	WTO 업저버 자격 취득
1996.03.22	WTO가입 작업반 1차 회의 개최 (스위스 제네바)
1997.08.04	뉴질랜드와 WTO 시장진입허용 협상타결 (첫번째 양자협상 타결) 한-중 양자협상 타결(1, 584개 품목에 대한 관세인하합의)
1999.07.09	일본과 WTO 가입협상 타결
1999.11.10	미국과 WTO 가입협상 타결, 캐나다와 WTO 가입 협상 타결(11.26)
2000.05.15	EU와 WTO 가입협상 타결
2001.09.13	멕시코와 WTO 가입협상 타결 (마지막 양자협상 타결)
2001.09.12	WTO가입 작업반 18차 회의 개최 (스위스 제네바) - 다자간 의정서 작업완료, 가입에 관한 공식합의 도달
2001.11.10	WTO 제4차 각료회의(카타르 도하)에서 중국 가입 승인
2001.12.10	전국인민대표대회 상무위원회에서 중국 WTO 가입안 비준

자료: 왕기공·김민영(2007), WTO가입5년, 중국산업정책의 변화와 경제적 성과, 「지역발전연구」 6권2호 66-67쪽.

중국은 1979년부터 개혁개방 정책을 실시하였으나 GATT 가맹국이 아니었던 까닭에 수출상대국의 많은 무역장벽을 회피할 수 없었고, 통상에서 불공정대우도 빈번했다. 이에 중국정부는 1982년 11월, GATT 제36차 가맹국 대회에 처음으로 참가한 후, 가입신청을하게 되었으며, 1985년 11월에 GATT 이사회는 중국에게 업저버(Observer) 자격을 부여하게 된다. 이에 중국정부는 1986년 7월에 정식으로 GATT 복귀신청서를 제출하였지만, 그후 기존 회원국들의 견제와 받아들이기 힘든 요구 등으로 진전을 보지 못했다.

이후 1987년에 중국의 WTO 가입을 위한 실무 작업반이 발족된 이래, 13년간 여러 차례의 작업반회의가 열렸다. 그동안 중국은 광범위한 분야에 걸쳐서 관세를 인하하고 비관세장벽을 철폐하는 등 무역자유화조치를 수차례에 걸쳐 실시하였다. 또 GATT 가입을 위해 미국, EU, 일본 등 주요교역국들과 관계를 개선하는 동시에 자국의 무역장벽을 완화하는 일정을 밝히는 등 가입작업을 신속하게 진행시켜 왔다.

GATT는 1995년에 WTO 체제로 전환하게 되었으나, 중국은 기한 내 GATT 가입을 완결하지 못하고 WTO 체제를 맞이하게 된다. 중국정부는 새로운 WTO 체제 아래에서 WTO 가입을 위한 협상에 나서게된다. 1995년 6월, 중국은 다시 WTO 업저버 자격을 취득하였으며, WTO 가입을 위한 양자협상을 시작하였다. 1997년 8월, 뉴질랜드와 WTO 가입을 위한 첫번째 양자협상을 타결 지은 후, 1999년 일본 및 미국, 2000년 EU와 양자 협상을 타결하고, 2001년 9월에 멕시코와의 마지막 양자협상을 끝으로 필요한 다자간 무역협상 절차를 마감하게 된다.

2001년 11월 10일, 카타르 도하에서 개최된 제4차 각료회의에서 중국의 WTO 가입이 승인되었고, 한 달후에 승인안이 발효되어 2001년 12월 10일 중국은 WTO 회원국 지위를 획득했다.

2. 중국의 WTO 가입 지위

1) 대만의 GATT 탈퇴와 중국의 복귀신청

중국은 WTO 주요 회원국과 협상하는 과정에서 'GATT 원회원국'의 지위를 포기하고 '비시장경제'로 분류되는 대신, 가입시점에서 '개도국'이라는 지위를 부여받았다. 1950년 대만의 GATT 탈퇴는 정통성이 인정되지 않는 대만정부의 행위이므로 원인무효라는 중국측 주장에 대해, 미국은 1972년 중국이 UN에 가입하기 전까지 중국정부의 정당성은 대만에 귀속되어 있었으므로, 대만정부의 탈퇴결정은 하자가 없다고 반박하였다.

결국 중국은 1986년에 정식으로 GATT에 복귀 신청을 할 수 밖에 없었고, 이후 중국은 약 15년간에 걸쳐 WTO 회원국들과 다자·양자협상을 하여 마침내 2001년 12월 11일 WTO에 가입하였으며, 구체적 약속사항들은 가입의정서(protocol of accession)와 상품·서비스 양허표가 첨부된 작업반 보고서(working party report)에 반영되었다. 이에 따라 중국은 WTO 회원국 전체를 대상으로 다자상품무역, 서비스, 무역관련 지적재산권 등을 규율하는 WTO 규범상의 '보편적' 의무사항은 물론이고, 중국에만 적용되는 가입의정서와 소위 '가입 패키지' 라고 지칭되는 작업반 보고서에 언급된 특정 약속사항을 준수할 의무를 갖게 되었다.

중국의 WTO 가입협정문은 그 경제규모와 독특한 경제발전정책을 반영, 타 회원국의 그것과는 상이한 내용을 일부 포함하고 있다. 보조금과 관련한 합의내용에도 중국의 고유한 상황을 반영한 특성이 나타나 있다.[236]

2) 개발도상국 지위

개발도상국(developing country, 開發途上國)이란 지위를 획득하는 것은 WTO 협정에 따라 자체선언으로 가능함에도 불구하고, 중국의 가입지위는 주요 회원국들과 협상하는 과정에서 주요 이슈 중 하나가 되어 왔다. 중국은 자국의 낮은 1인당 GDP를 이유로 개도국임을 주장하였으나, 이에 대해 미국, EU, 일본, 캐나다 등의 회원국들은 중국의 방대한 총 GDP 규모와 세계 교역에서의 높은 비중을 언급하면서, 중국이 개도국 지위로 가입할 경우 발생할 수 있는 국제통상질서의 교란을 우려하였다.

결국 1999년 11월 베이징 합의에서 중국은 농산물, 비관세장벽, 보조금, 상계관세, TPRM 등에서 개도국의 지위를 인정받게 되었고, 그 결과 중국은 무역장벽을 철폐하고 통상과 관련한 제도를 개선할 수 있는 이행 기간을 개도국의 수준으로 보장 받았다.[237]

이처럼 중국은 WTO 가입 협상시 개발도상국의 지위를 인정받고자 노력하였으나, 개도국이 누리는 '특별하고 차등한 대우 조항(S&D: special and differential treatment)'의 혜택을 모두 부여받지는 못하였다. 중국이 보유하게 된 개도국 권리는 보조금협정의 S&D 규정인 제27조중 상대국의 상계관세 조사를 정지시킬 수 있는 미소마진(de minimis) 보조금 수준과 '무시할 만한' 수입물량에 대한 요건을 완화시키는 10항, 11항, 12항 및 15항에 해당하는 권리이다.

이들 규정에 따르면, 조사대상 상품에 대한 상계관세율이 미소마진 수준일 경우 수입국 당국은 조사를 즉시 종료해야 하는데, 미소마진 수준이 개도국의 경우는 2% 미만이다. 그러나 선진국에 대한 미소마진 수준은 1% 미만이다.

따라서 이 규정상의 개도국 지위를 인정받은 중국은 자국상품에 대해 상계관세를 부과받을 확률이 낮아졌다. 또한 보조금협정에서 개도국에 대해서만 '무시할 만한' 수준의 수입물량 요건에 대한 명확한 기준을 제시하고 있어, 수입국 당국의 조사종료 의무 회피를 방지하고 있다. 필요한 경우 중국은 제27조 15항을 원용하여 미소마진 수준과 '무시할 만한' 수입물량에 따른 조사종료

236) 박월라 외(2011), 중국의 보조금 현황과 주요국의 대응사례 연구, KIEP, 54-65쪽
237) 정인교(2001), 중국 WTO 가입의 경제적 효과와 정책시사점, KIEP, 19-20쪽.

요건이 상대국에 의해 제대로 지켜지고 있는지 여부를 보조금상계관세위원회에 회부하여 검토를 요청할 수 있다.

반면 중국은 개도국의 조치가능보조금에 대해서는 상대국의 조치 발동요건을 보다 엄격하게 규정한 8항과 9항, 그리고 개도국의 민영화계획 범위 내의 일부 보조금을 WTO 규제로부터 면제시켜 준 13항의 혜택은 포기하기로 하였다.

3) 국유기업

중국의 국유기업 문제는 보조금 규범 차원에서 다음 두 가지 쟁점을 내포하고 있다. 첫째, 국유기업을 공공기관으로 분류하여 보조금을 공여할 수 있는 주체로 볼 수 있는지의 문제이다. 둘째, 국유기업이 반대로 보조금의 수혜자인 경우 이 보조금을 특정성 있는 보조금으로 판단해야 할 것인지의 문제이다.

첫째 문제와 관련하여, 중국의 가입 협상시 일부 회원국들은 중국경제의 특성을 고려하여 중국 국유기업·은행을 공공기관으로 명시할 것을 요구했다. 그러나 중국 측은 정부가 국유기업·은행들을 시장경제 원칙에 따라 상업적으로 운영한다는 방침이기 때문에, 이러한 주체들이 재정적 기여를 공여하더라도 꼭 보조금협정에서 규정하는 '혜택'을 부여하지는 않는다고 주장하였다. 즉 중국은 자국 국유기업·은행이 공공기업 범주에 속하지 않기 때문에 보조금을 지급할 수 없다는 입장을 밝힌 것으로 이해된다.

이 문제와 관련, 중국 국유기업을 공공기관으로 간주한 미 상무부 판정에 대해 WTO 상소기관은 다음과 같이 판결한 바 있다. 즉 상무부가 이 판정에서 ① 정부의 소유권, ② 정부인사의 기업 경영진 참여, ③ 기업활동에 대한 정부통제, ④ 정부의 정책·이익 추구, ⑤ 기업이 법에 의해 설립되었는가 여부의 다섯 가지 요인을 각각 검토하지 않고, 오로지 정부 소유권에 대한 정보만으로 국유기업을 공공기업으로 분류한 것은 '보조금' 개념을 정의하고 있는 보조금협정 제1.1(a)(1) 조를 위반하였다는 것이다. 반면 국유상업은행에 대해서는 상무부의 공공기관 관련 판단이 충분한 증거에 의거해서 내려진 것으로 판정하였다.

결국 국유기업·은행이 공공기관에 해당하느냐의 문제는 사안마다 다르게 처리될 수 있다. 그러나 이러한 사례는 앞으로 중국의 보조금에 대해 WTO에 제소하거나 상계관세를 부과하려는 국가들에 입증책임에 대한 상당한 부담을 줄 것으로 예상된다.

특히 중국 국유기업의 공공기관 여부 판단시 미국이 그러했듯이 기업의 대주주라는 근거만으로는 보조금 요건이 성립되지 않으며, 정부권한 소유를 입증할 수 있는 여타 요인도 별도로 검토할 필요가 있을 것이다.

둘째 문제의 경우, 중국의 가입문서에 의하면 국유기업에 제공된 보조금은 특히 ① 국유기업이 지배적인 수혜자(predominant recipient)일 경우 또는 ② 국유기업에게 불균형하게 많은 금액의 보조금이 제공될 경우 특정성 있는 보조금으로 간주된다.

이러한 두 가지 기준은 '특정성' 문제를 다루는 보조금협정 제2.1(c)조에 언급된 특정성 관련 고려요소와 매우 유사한 측면이 있다. 다만 중국의 가입의정서는 특정성 판정에 있어 중국 국유기업들을 하나의 기업군·산업군으로 분류하고 있다는 특징을 갖는다. 원래 보조금협정 제2조는 특정 기업이나 산업뿐만 아니라 기업군 혹은 산업군에 공여된 보조금도 특정성 있는 보조금으로 간주하고 있으나, 기업군 또는 산업군에 대한 정의를 두고 있지는 않다.

반면 중국의 가입 의정서는 기업군·산업군의 성립 기준으로서 '국유(國有)' 개념을 도입하였다. 따라서 여러 산업부문에 속해 있으면서 보조금을 받는 중국 기업들이 국가소유권하에 있고 위의 두 가지 기준 중 어느 하나를 충족시키면 해당 보조금이 특정성 있는 것으로 인정되어 WTO 규제를 받게 된다.

4) 투명성과 금지보조금

중국의 가입협상시 기존 회원국들로부터 가장 빈번하게 제기된 우려사항 중 하나가 보조금을 포함한 중국의 무역관련 조치의 투명성에 대한 지적이었다. 즉 중앙부처와 지방당국 등이 제정한 규정에 대한 접근의 제한, 언어 문제, 정보 통보의 불충분 등의 문제가 제기되었다.

이에 대해 중국은 여타 회원국, 개인, 기업의 접근이 가능한, 공표된 무역 관련 법률, 규정 등의 조치만 시행할 것이며, 타 회원국이 요청하면 관련 법규, 조치를 시행하기 전에 공개할 것임을 약속하였다. 관련 법규 등의 공표는 중국이 지정한 공식매체에 할 것이며, 타 회원국들이 관련 자료를 얻거나 문의할 수 있는 창구(enquiry point)도 설치하겠다고 하였다.

중국은 금지보조금과 관련하여 수출보조금과 수입대체보조금으로 간주되는 기존의 중앙·지방정부 보조금 프로그램을 모두 철폐하고, 가입 이후로는 이와 관련된 지불이나 조세감면 등을 통한 혜택을 일절 제공하지 않기로 약속하였다.

또한 중국 내 경제특구에서 제공되는 일부 보조금이 수출보조금이나 수입대체보조금의 성격을 갖는다는 일부 회원국의 우려에 대해 중국은 이 보조금의 주요 목적이 지방의 개발 촉진, 외국인투자유치 등에 있으며, 보조금협정에 위배되는 보조금은 가입 즉시 폐지하겠다고 약속하였다.

또한 WTO 규범을 경제특구, 소수민족자치구 등을 포함한 전국의 관세영역에 대해 동일하게 적용하겠다고 약속한 바 있다. 따라서 경제특구 등 특별지역 역시 WTO 규제대상이 된다고 볼 수 있다.

5) 비시장경제국 지위

'비시장경제 개도국'의 지위를 확보하는 과정에서도 많은 논란이 있었다. 그중 하나는 '사회주의 시장경제'라는 특이한 체제를 가진 중국을 시장경제로 볼 것인가, 아니면 비시장경제(non-market economy)로 볼 것인가를 판단하여 분류하는 문제인데, 비시장경제로 분류될 경우 기존 WTO 회원국들은 중국에 대해 최혜국대우(MFN)원칙의 적용을 일시 유보하거나 중국에 대해 한시적으로 세이프가드조치를 적용할 수 있다.

중국 내에 잔존하는 계획경제적인 요소들과 WTO 규정과 일치하지 않는 무역 및 투자정책 등이 거론되면서 중국의 비시장경제적인 문제점들이 지적되어 왔다. 결국 베이징 합의에서 통상법규와 정책이행에 투명성이 결여되어 있고, 불공정한 무역관행이 존재하며 또 차별적으로 적용되는 행정규제 등을 이유로 중국은 비시장경제로 분류되었다. 이에 따라 WTO 회원국들은 향후 12-15년간 일정한 조건 아래 중국에 대해 MFN 원칙의 적용을 유보하거나 세이프가드조치를 취할 수 있게 되었다.

원래 WTO 협정문에는 관련 회원국의 가입문서 등에 특별히 기술되지 않는 한 비시장경제국에 관한 항목이 없으며, 비시장경제국에 적용되는 반덤핑 관세율이나 상계관세율 계산방법이 따로 명시되어 있지도 않다. 단지 반덤핑 관세 부과를 위해 수입품의 수출가격과 국내가격 비교를 규정하는 GATT 제6조의 보충규정은 '자국의 무역을 완전히 또는 실질적으로 완전히 독점하고, 모든 국내가격을 국가가 결정하는 국가로부터의 수입' 일 경우, 이러한 국가의 국내가격과의 비교가 적절하지 않을 수 있음을 인정하고 있다. 이에 따라 비시장경제국에 대한 판단기준, 계산방법 등 구체적인 내용은 통상 조사국의 국내법에 의해 규정된다. 그러나 중국의 경우 반덤핑과 보조금·상계관세와 관련하여 비시장경제국 지위에 관한 내용이 가입문서에 포함되어 있다. 반덤핑과 관련해서는 중국의 관련 산업에서 시장경제가 확립되어 있는가에 따라 수입국은 중국 국내가격을 고려하거나 무시할 수가 있다. 그러나 가입 후 15년이 지나면 중국을 무조건 시장경제국으로 인정해야 한다.

보조금 분야에서는 일부 회원국들이 가입협상 당시 중국은 여전히 시장경제국으로 전환되는 과정에 있으므로 보조금 존재여부 판정시 국내가격과의 비교가 불가능하다고 주장한 바 있다. 그 이유는 보조금의 구성요건인 '혜택'이 성립되기 위해서는 정부에 의한 지원의 조건과 중국 국내시장 조건(가격)을 서로 비교해야 하는데, 국내가격이 과연 시장가격인지에 대한 의문이 제기될 수 있기 때문이다. 이 문제와 관련하여 중국의 가입의정서는 다음 두 가지 사항을 규정하고 있다.

첫째, 중국 상품을 수입하는 국가는 금지보조금, 조치가능보조금, 상계관세 등을 규율하는 보조금협정 제2부, 3부, 5부상의 절차를 이용할 때, 우선 수혜자에 대한 '혜택'을 기준으로 한 보조금액 계산방법을 규정한 제14조 중 해당 규정을 적용해야 한다. 그러나 수입국은 중국 내 시장가격 기준의 부재로 인해 이 조항을 적용하기가 어려울 경우, 국외기준을 고려하기 이전에 먼저 중국의 국내기준을 조정하여 적용하도록 해야 한다.

둘째, 수입국은 중국 국내기준을 적용하지 못할 경우, 이용한 보조금 계산방법을 보조금상계관세위원회에 통보해야 한다. 상계관세 조사를 규율하는 보조금협정 제14조의 적용과 관련하여 중국의 가입의정서에 포함된 이러한 내용은 보조금에 대한 WTO 제소에도 확대 적용된다. 또한 15년간의 유예기간 동안 중국에 적용되는 비시장경제국 특별 반덤핑 조항과는 달리 상계관세와 관련된 위 조항은 중국의 시장경제국 지위와 상관없이 영구히 적용된다.

사실 시장기준 부재의 문제가 꼭 비시장경제국에만 한정되지 않기 때문에 이 조항을 반드시 중국에 대한 차별적인 대우라고 보기는 어렵다.

중국의 비시장경제국 지위로 인해 발생하는 소위 '중복부과' 문제는 수입국이 반덤핑관세와 상계관세를 동시에 부과함으로써 상대국 보조금의 부정적 영향을 중복 상쇄하는 효과를 야기한다.

보다 현실적인 대안은 중국의 시장경제국 지위를 인정하는 방법이 있고, 또는 굳이 비시장경제국으로 분류해야 한다면 반덤핑관세·상계관세 중 하나의 조치만 적용하는 방법이 있다. 한편 현재 중국을 시장경제국으로 인정하고 있는 한국 등 40여개국의 경우 이러한 중복부과 문제가 발생할 여지가 거의 없는 것으로 보인다.

3. 중국의 WTO 가입 양허안

1) 관세 양허

1999년 11월 미·중간에 합의된 시장접근분야 양허안의 관세인하 구조를 분석하여 보면, 1999년 현재 전체 6, 223개 품목 중 5, 685개 품목(HS 8단위)이 관세인하 대상이 되는 것으로 나타났다.

WTO가입 협상시점의 기준관세율 구조를 살펴보면, 10-20%의 관세가 부과되는 품목은 대상 품목 5, 685개 중 2, 167개(전체의 38%)로 가장 높은 비중을 차지한다. 다음으로는 1-10% 관세부과 품목이 1, 550개로 27%, 20-30% 부과 품목이 984개(17.3%)를 차지하여 30% 이하의 관세가 부과되는 품목의 비중은 84%이다. 일부 품목에 대해서는 관세가 높게 부과되고 있는데, 50% 이상의 높은 관세가 부과되는 품목은 전체의 2.3%인 132개 품목이며, 주요 품목은 자동차, 모터사이클, 사진필름 등이다.

미·중간에 타결된 시장접근 양허안의 특징 중 하나는 관세율이 높은 품목에 대해서는 관세인하 폭이 크다는 점이다. 예를 들어 100%와 80%의 관세가 부과되는 품목은 5년에 걸쳐 일괄적으로 각각 75%포인트와 55%포인트 관세를 인하하여 2005년에는 25% 수준이 되도록 한다. 한편,

일부 품목에 대해서는 高관세 부과가 허용되었다. 즉 60-80%의 관세가 부과되는 품목 중 일부, 진, 보드카, 포도주 등의 주류에 대해서는 향후에도 50% 이상의 높은 관세가 유지되는 것으로 되어 있다.

중국의 관세인하 양허안이 완전히 이행된 시점의 고관세 품목(관세율 25% 이상)을 들어보면 다음과 같다. 주류, 모터사이클, 사진 필름 및 인화지, 다리미, 토스트, 헤어드라이, 귀금속, 사진, 진주, 컬러TV 수상기, 녹음 및 영상기록매체, 면도기, CD 플레이어, 진공청소기와 같은 가전제품과 귀금속과 같은 사치품 등이 그 주요 대상품목이다.

이들 품목은 중국이 가격경쟁력을 구비하고 있으나 품질경쟁력에서 뒤지는 품목들로서, 중국의 시장이 개방되었을 때 수입이 증가할 것으로 우려되는 품목들이다.

관세인하 양허안의 또 다른 특징은 관세인하 전체 대상품목 중에서 대체로 고관세 품목에 대한 관세인하 비중은 높지 않은 반면에, 상대적으로 낮은관세율이 적용되던 품목에 관세인하가 주로 집중되어 있다는 점이다. 관세인하폭을 중심으로 중국의 양허안을 고찰하여 보면, 30% 이상의 관세인하 품목은 88개로 전체 대상품목의 1.6%에 그쳤다. 즉, 현재 30% 이상의 관세가 부과되는 892개 품목 중 단지 10%에 해당하는 88개 품목만이 관세가 30% 이상 인하되는 것으로 되어 있다. 또한 관세인하폭이 10-20%인 품목은 전체의 21%인 1,204개로 높은 비중을 보이고 있으며, 10% 미만인 품목의 비중은 71.2%(4,045개 품목)이다.

연간 10% 이상의 관세인하율을 보이는 품목은 40개이고, 전체 대상품목의 절반이 넘는 3,146개 품목에 대한 연간 관세인하율도 2.5-5%이다. 한편 1,330개 품목에 대한 관세율은 연간 0.1-2.5% 인하되는 것으로 나타났다.

미·중간에 합의된 중국의 WTO 가입 조건 중 관세인하 양허안은 이행기간을 최장 8년(2008년)까지 유지할 수 있으나, 이행기간이 6년 이상 허용된 품목은 40개에 지나지 않는다. 즉, 대부분의 품목은 5년 이하로 이행기간이 비교적 단기간으로 허용되어 있다. 이행기간이 5년 및 4년까지 허용된 품목은 각각 753개와 936개이다.

2) 비관세장벽의 개선

중국의 비관세장벽 완화는 WTO 회원국 중 주요 對중국 교역국들의 관심사이다. 특히 일부 농산물, 가공식품과 주류, 일부 내구 소비재 등 중국의 많은 상품들은 오랫동안 높은 비관세조치에 의해 보호받아 왔다. 예를 들어, 1999년에는 중국 전체 수입액의 25%(300억달러)에 해당되는 품목들이 수입허가 및 쿼터제의 적용대상이 되었다. 유사한 현상이 투자분야에서도 두드러지고 있는데, Economist지는 중국에의 외국인직접투자 유치실적이 최근에 부진한 이유를 조사한 결과, 외국투자가들이 중국시장 자체의 잠재력(경제성장 정도)을 낮게 평가해서가 아니라, 통상제도가 미비한 관계로 외국인이 중국 내에서 영업하기 어렵다는 점을 심각한 이유로 지적하였다. 아울러 비공식관계('꽌시'문화)와 부정부패가 만연해 있을 뿐만 아니라, 비효율적인 국영기업들이 주요 산업을 독점하고 있다는 점도 언급되었다.

그러므로 중국은 통상마찰을 완화하고 외국인투자를 유치하기 위해서는 그들의 통상제도를 정비하고 선진화하는 일이 시급했다. 이 문제는 중국의 WTO가입 협상에서도 매번 지적되었다. 1999년 4월, 주룽지 총리는 미국을 방문했을 때 비관세장벽을 단계적으로 완화할 의사를 밝혔으며, 베이징합의에서도 WTO가입 후 5년 이내에 수량규제를 모두 철폐할 것을 약속했다.

[표 7-6] 중국 비관세장벽의 유형과 내용

유형	주요내용
가격통제	고정 가격제, 수출가격의 상한 및 하한, 반덤핑조치, 보조금 지급
수량제한	수출입 쿼터, 수입금지, 기업별 수출입 제한, 수출입 허가
독점권	무역 및 도매유통의 국유기업 독점, 일원화된 수입창구
금융부문	선급금 요구, 외환 분배 및 할당, 엄격한 수입외환 결제조건, 송금제한, 자금이체 지체, 기타 금융통제
기타 기술적 제약	중국의 기술인증표준 기준의 강요, 기술규제, 수송전 검사, 복잡하고 관료적인 통관절차

자료: 양평섭(2000), 중국의 WTO 가입이후 산업별 개방계획과 그 영향, KIEP, 47쪽.

실제 중국은 지적재산권을 위반하는 제품에 제재를 잘 취하지 않아 많은 외국기업들이 피해를 보고 있으며, 서비스 분야에서는 사업면허를 제한하여 시장접근을 봉쇄하고 있다. 특히 2008~2009년 글로벌 금융위기 이후 각국의 비관세장벽이 높아지고 있는 추세이다. 이 시기에 지적된 구체적인 분야별 중국의 비관세장벽은 다음과 같다.

▷ 전기전자

가전제품 에너지 효율성 표기 의무화(2005년), 중고가전제품 수입금지, 수입허가증 관리대상 지정(전력, 전기설비 19개 품목). 위성TV방송 수신설비 및 주요부품 생산제한, 일부 전지(일부 납, 산화은, 아연망간전지 등) 투자금지, 전기기계 및 기자재 분야 투자방식 제한 다수

▷ 석유화학

유독 화학물 규제리스트 품목, 유독 화학품 수입환경관리 등록증 발급, 수입쿼터(농약, 화학비료 등), 반덤핑(최대 피소 분야), 수입허가제(화학무기 생산원료, 방사성 화학물 등에 이중사용물질[238] 및 기술수입허가증 관리제 실시). 외상투자목록: 투자 장려항목 다수이나 일부항목은 지분 및 투자방식 제한, 일부 석유가공, 화학원료 및 제품 제조업에 대한 투자 제한

238) 이중사용 물질: 일반 물품으로 사용가능하고 동시에 무기 등의 생산에 전용이 가능한 물질.

▷ 의약품

수입의약품 허가제: 의약품 등록신청시 중국에서 실시하는 임상실험결과 제출 의무 (막대한 비용과 기간 소요), 수입의약품 심사시 관행적으로 중국 자체 규격 적용. 외상투자목록: 중의약 정제기술 응용 및 비방(秘方)제품 생산투자금지

▷ 자동차, 자동차 부품

자동차용 타이어 인증제도: 승용차, 소형트럭, 버스용 타이어 서류심사와 제품시험 거쳐 중국내 수입 및 판매가능, 수입자동차 통관지 지정: 자동차 수입 7개 지역으로 제한, 자동차 부품 수입은 7개 외에 5개 지역 수입가능, 외상투자목록: 자동차 전장품 제조와 연구개발, 신에너지자동차 부품 투자방식 및 지분제한, 자동차부품에 대한 기술이전 요구

▷ 농산품, 식품

수입관세쿼터: 밀, 옥수수, 벼, 면화, 자동수입허가증 제도: 농산물, 수입식품 중국어 라벨링 의무화, 한국 구제역 발생후 한국산 유제품 수입금지, 외상투자목록: 농작물 신품종 선육 및 종자개발 생산지분 제한. 희귀목재 원목가공 투자방식 제한, 대두유통, 식용유지 가공 지분제한. 바이오메스 투자지분 제한

▷ 기타 분야

화장품: 위생안전검사, 위생허가증 검사 관련 애로. 라벨 또는 성분표기 관련 애로 사항, 주류: 라벨링, 보틀링 관련 애로 사항, 목재: 목재 포장재 증명 요구, 가공무역: 가공무역업체 수입허가제 실시 중이며 자격 강화중

가. 수입허가 및 수입쿼터

수입허가란 수입국의 관련 행정기관에서 수입과 관련한 신청서나 기타서류(관세부과 목적으로 요구되는 것을 제외)의 제출을 요구하는 행정절차를 의미한다. 수입허가제도에 대한 WTO규정은 수입허가절차가 공평하고 공정하게 운영되어야 하며, 수입을 제약하거나 왜곡시키지 않도록 절차를 단순하고 투명하도록 해야 함을 규정하고 있다. 그러나 실질적으로는 수입허가절차가 객관적인 자료에 의한 투명성과 공정성 및 공평성이 보장되지 않는 경우가 많아, 수입허가제도는 무역을 제한하거나 왜곡하는 대표적인 비관세장벽으로 인식되어 왔다.

현행 중국의 〈대외무역법(2004)〉에 따르면, 특정제품은 수입허가 혹은 수입쿼터의 적용대상이다. 수입쿼터는 각 지방정부가 요구하는 필요량과 여러 데이터를 검토한 후 중앙정부와 지방정부 간 협상에 의해 결정된다. 중앙정부는 쿼터량을 지방정부에 배정하는데, 일부제품의 경우 수입쿼터 물량과 금액이 일반인에게는 알려지지 않아 투명성이 결여되어 있다는 비판이 제기되어 왔다. 수입허가는 해당 수입이 필요한 근거를 담은 서면신청서와, 신청자가 필요 외환을 보유하고 있다는 관련기관의 증빙서류에 의거해 발급되어 왔다.

1997년 당시 376개 품목이 수입허가 대상이었으며, 이중 246개 품목은 수입쿼터 대상이었다. 그리고 1999년초만 하더라도 총수입의 25%(금액기준)가 수입허가와 수입쿼터의 대상이기도 했다. 특히 쿼터 적용대상이던 기계류와 전자제품에 대해 수입허가를 신청한 자는 '기계류 및 전자제품 수출입공사'가 발급한 '수입쿼터증명서'를 소지해야 하며, 다른 품목에 대해서는 국가발전계획위원회가 발급한 '일반품목 수입쿼터증명서'를 소지해야 했다. 비쿼터 적용품목을 수입하기 위해서는 관련기관이 발급한 '수입등록증명서'를 발급받아야 했다.

중국은 아직도 특정품목에 대해 수출쿼터 및 수출허가제도를 유지하고 있으며, 최근 들어 적용대상의 품목 수를 줄여가고 있는 추세이다. 수출쿼터 및 수출허가 대상품목은 크게 곡물, 유지종자 등 원재료, 자발적 수출대상품목, 의류와 같이 외국의 쿼터적용 대상품목, 수급불일치가 발생하는 특정품목 등 4개 부류로 크게 나눌 수 있다.

1999년 4월, 미국과 중국간 WTO가입 협상에서 중국은 수입허가 및 수입쿼터를 완전철폐할 것을 제시하였다. 주요 대상품목은 농산물 일부, 원자재, 중간재, 소비재 등이다. 구체적으로 보면, 곡물·식용유·설탕 등의 농산물, 석유제품 · 비료 · 고무 · 양모 · 면 · 인조섬유 등 원자재, 냉동기기 · 엔진 · 섬유기계 등 중간재, 음료수 및 주류 · 담배 · 비디오카메라 · 테이프레코더 · 컬러TV · 라디오·카메라 등 소비재 등이 이에 해당된다. 이들 품목의 수출입은 국영무역회사 혹은 중앙정부가 지정한 회사 등에 의해 운영되어 왔다. 일부품목, 예를 들어 곡물, 담배, 석유제품, 비료, 면 등은 가격통제 대상이었으며, 또한 외국인투자를 활성화시키거나 억제하는 '외국인투자지도목록' 적용대상이 될 수 있다.

나. 국영무역

국영무역(State Trading)은 농산품, 석유 등과 같이 비교적 쉽게 시장질서를 혼란시킬 수 있는 상품들에 대하여 각국의 법률 규정에 따라 특정기업에 배타적이거나 특별한 권리 또는 권한을 부여하여 산업내 경쟁을 배제하고 이루어지는 무역이라고 정의된다. 또한 국영무역은 정부 혹은 준정부기관이 수출입과 관련된 가격과 수량 등 중요한 경제조건을 결정하고 실제 영향을 미치는 무역으로 정의될 수 있다. [239]

'1994년 관세 및 무역에 관한 일반협정(〈GATT 1994〉로 약칭)' 제17조 제1(a)항은 '각 체약국은 소재지의 여하를 불문하고 특권을 공식적으로나 또는 사실상으로 허가하는 경우에는 동 기업이 수입 또는 수출에 수반하는 구매 또는 판매에 있어서 민간 무역업자의 수입 또는 수출에 영향을

239) 국영무역기업이란 법령에 의해 부여된 특별한 권리 혹 우선권을 지니며 자신의 구매나 판매를 통해서 수출입 규모나 방향에 영향을 미치는 정부소유의 기업 또는 이러한 영향을 가진 비정부기업을 말한다. 국영무역기업은 저가(低價)의 수입물품으로부터 보호를 받고, 국내생산자의 해외 판매를 보조한다. 또 특정상품의 적정량을 확보하는 역할을 담당하며, 외국정부와 산업정책 목표를 달성하기 위한 수단으로 이용되기도 한다. 국영무역기업의 설립과 운영이 WTO체제에서 금지된 것은 아니다. 그러나 WTO는 각 회원국은 국영무역기업들과 자국 내에 진출해 있는 무역업자를 동일한 방식으로 대우해야 함을 규정하고 있다.

주는 정부조치'를 국영무역으로 규정하고 있다.

〈GATT 1994〉 제17조 해석에 관한 양해'에서는 국영무역기업을 다음과 같이 정의하고 있다. 즉, 법적 또는 헌법적 권한을 포함하여 배타적 또는 특별한 권한 또는 특권이 부여되어 동 권리 또는 특권을 행사함으로써 구입 또는 판매를 통하여 수출 또는 수입의 수준 또는 방향에 영향을 주는 마케팅위원회를 포함하는 정부 및 비정부 기업이다.

이상과 같은 정의에 의거하면, 국영무역기업은 기업의 소유형태 즉 국유기업인지 민간기업인지의 여부와 관계없이 국가로부터 배타적 권한을 부여받고 무역을 하는 기업인 셈이다.

국영무역기업에 대한 WTO규정(GATT 1994의 제17조)에 따르면 모든 WTO는 국영무역기업의 투명성 확보를 위해 회원국의 관련 보고서를 검토하도록 작업반을 설립하고, 각국의 국영무역기업들의 활동에 대한 연간 보고서를 작성하도록 규정되어 있다.

WTO가입 이전 중국의 대외교역시스템은 광범위한 국영무역과 대외교역권의 선택적인 부여로 특징된다. WTO가입 전 대외교역에 종사하려는 기업은 반드시 국가경제무역위원회와 대외무역경제합작부로부터 승인을 받아야 했다. 또한 지방정부의 관할 아래 있는 기업들은 지방정부관서를 통해서 대외교역권을 획득해야 했다. 당시 중국정부는 합법적으로 수출할 수 있는 기업들의 수를 제한했다. 대외무역이 허용되었던 초기에는 12개의 국영무역기업들이 대외무역을 담당하였으나, 이후 대외교역권은 국가와 대기업(集團企業)으로까지 확대되었고, 1996년 중국은 시범적으로 상해와 심천에 첫 해외합자무역회사의 설립을 승인하였다.

중국은 1999년에 대외교역권을 상당한 수준으로 자유화하였다. 2001년 WTO가입 후 중국정부는 6000개의 제조사들이 수출입 활동에 종사할 수 있도록 허용하고, 61개의 민간업체들 역시 중국 역사상 처음으로 대외교역권을 허용 받았다. WTO가입 직전에 중국에는 대외무역에 참여할 수 있는 권리를 소유한 8000여개의 국영회사와 그룹이 소유한 약 22000여개의 기업이 있었다. 원재료를 수입하여 제품을 생산하는 외국투자기업의 경우를 제외한 다른 외국회사는 중국내에서 국제교역에 직접 참여할 수 없었다.

WTO 가입 이후에도 일부 주요 수입품은 상당기간 국영무역기업의 관할 하에 있었다. 이러한 상품들로는 밀, 옥수수, 쌀, 차, 담배, 목화, 식물성기름, 정유, 석유화학제품 등을 들 수 있다. 중국은 2001년 12월 11일, WTO의 143번째 회원국이 되면서, 국영무역과 관련하여 〈GATT 1994〉 관련 규정을 준수할 것을 약속했다. 주요 내용을 보면 다음과 같다.

a) 국영무역 유지와 국영무역기업의 운영

중국은 가입의정서 제5조에서 WTO 가입후 3년 이내에 중국의 관세영역에서 상품무역에 종사하는 모든 중국기업에 무역권을 전면개방할 것을 약속했다. 다만 부속서 2A에 등록된 상품에 대해서는 국영무역을 계속 유지한다고 되어 있다. 또한 이들 상품에 대하여 〈GATT 1994〉의 규정에 근거하여 국내소비, 구매, 운송, 사용 그리고 최종소비자에 대한 직접접촉에 있어서 내국민대우를 적용한다고 약속하고 있다.

다만 무역권의 취득에 있어서 국영무역 상품은 내국민대우 원칙이 적용되는 것은 아니다. 즉 국영무역 상품에 대한 수출입 할당은 국영무역기업에 한정하여 사용되는 것으로, 내국민대우 원칙의 준수가 요구되는 것이 아니기 때문이다.240)

중국은 WTO 가입 의정서 제6조 1항에서 국영무역의 수입구매 절차에 대한 투명성을 보장하고, WTO협정에 규정된 예외 외에는 국영무역기업의 수입구매 상품의 수량, 가격 그리고 원산지에 영향을 미치는 조치를 자제한다고 약정하였다 또 중국은 국영무역기업의 명단 및 수출입 가격체계를 WTO에 통보할 것을 약정하였다.

WTO는 모든 국영무역기업은 시장원리에 따라 구매조건을 결정해야 하며, 국영무역을 수량제한, 관세장벽을 대체하는 무역보호정책의 실행도구로 활용해서는 않된다고 규정하고 있다. 중국은 이에 더해 몇가지 구체적인 약정을 체결하였는데 다음과 같다.

첫째, 국영무역 상품의 일부를 비국영무역기업에 할당한다. 즉 중국 국영무역기업은 국영무역 상품을 독점적으로 수출할 수 없으며, 국영무역 상품의 일부를 비국영무역기업에 할당하여 이들기업이 수출할 수 있도록 한다.

둘째, 비국영무역기업이 직접 또는 최종적으로 소비하기 위한 국영무역 상품의 수입을 허용한다. 기존 〈GATT 1994〉 규정에 따르면 국영무역 상품에 대해 정부 및 국영무역기업이 재판매 또는 판매용 상품생산에 사용하기 위한 것이 아니라 직접 소비하기 위한 것이라면 자유로운 수입이 가능하다. 중국은 이에 더해 비국영무역기업이 재판매 또는 판매용 상품생산에 사용하기 위한것이 아니라 직접소비 하기 위한 것이라면 자유로운 수입이 가능하도록 하였고, 이러한 수입에 대해서 내국민대우 원칙을 적용할 것도 약정하였다.

셋째, 국영무역 상품의 수입차익 또는 재판매가격을 통보한다. 이는 WTO 일부 회원국들이 중국 농산품의 국내가격이 국제가격에 비해 대부분 높게 설정되어 있음을 지적하고, 이러한 이유는 중국 국영무역기업들이 낮은 가격으로 수입한 농산품을 도매상 및 소비자에게 판매시 가격을 높게 책정하기 때문임을 지적한 바 있음에 기인한다.

넷째, 농산품 국영무역의 행정지도 및 수출보조금 지급과 관련하여 중국은 중앙 및 지방 국영무역기업을 통해 수입상품의 수량관리 등과 같은 비관세조치를 통해 행정지도를 유지 및 이용하지 않을 것을 약정하였다. 또한 농산품 분야의 국영무역기업에 대하여 WTO 규정에 부합되지 않는 보조금 정책을 실시하지 않는다고 약속하였다.

이외에도 중국정부는 매 분기마다 비국영무역기업의 국영무역 상품에 대한 수입할당 요구량을 공포할 것과 수입허가증의 발급상황 및 이들 무역상과 관련된 정보를 WTO에 통지할 것을 약속하였다.

---

240) 하현수·윤충원·유찬확(2007), 중국의 국영무역제도 운영에 관한 연구, 「관세학회지」, 제8권 제3호, 7-12쪽.

b) 국영무역 상품목록

중국은 국영무역기업으로 대부분 국유기업을 지정하고 있으며, 곡물, 석유와 같이 국민생활 및 국가안보에 직결되는 상품에 대해서는 국가의 통제를 강화하기 위해서 1~3개의 국영무역기업만을 지정하여 국영무역을 실시하고 있다. 또한 품목별 수입 국영무역기업 수는 수출 국영무역기업수에 비해 현저히 적다. 이는 국영무역을 통한 제품수입이 수출에 비해 경제에 미치는 영향이 크기 때문에, 정부의 효율적인 통제를 위해서이다.

먼저 광산품의 경우, 석탄에 4개 업체를 수출 국영무역기업으로 지정한 것을 제외하고는 텅스텐 13개, 안티몬 10개, 백은 25개 업체 등 대부분 10개 이상의 업체를 수출 국영무역기업으로 지정했다. 그리고 WTO와의 약정에 따라 비단은 2005년에, 유체유, 대두유, 팜유 등 식물성 유지에 대한 수입 국영무역도 2006년에 폐지되었다.

중국정부는 중국양유식품진출구공사(中国粮油食品进出口公司 COFCO)만을 곡물의 수출입 국영무역기업으로 지정했다. 다만 옥수수의 수출과 관련해서는 1999년 3월, 길림성 정부가 설립한 길림곡물수출입공사를 통해서 길림성 및 기타 지역의 옥수수를 수출하도록 허용하였다.

원유와 정제유의 국영무역기업으로 지정된 업체는 중국국제석유화학연합유한책임공사(中国国际石油化工联合有限责任公司 China International United Petroleum & Chemical Co. Ltd.), 중국연합석유유한책임공사(中国联合石油有限责任公司 China National United Oil Corporation), 중국화공무역공사(中国化工进出口总公司 SinoChem) 등이다.

면화의 수출입을 담당하는 대표적인 국영무역기업으로는 중국방직품무역총공사(中国纺织品进出口公司 Chinatex Corporation), 중국면비축관리총공사(中国储备棉管理总公司 China National Cotton Reserves Corporation) 등이 있으며, 화학비료 국영무역기업은 앞서 소개한 SinoChem과 중국농업생산자료집단공사(中国农业生产资料集团公司 Sino-Agri) 등이 있다. 이밖에 설탕은 4개 업체, 담배는 1개 업체가 국영무역기업으로 지정되어 있다.

수입 국영무역 상품으로는 곡물(밀, 옥수수, 쌀), 식물성유(유채유, 대두유, 팜유), 설탕, 담배, 원유, 정제유, 화학비료 그리고 목화를 포함하는 총 8류 84종의 관세번호를 달리하는 상품이 등록되어 있다.

그리고 수출 국영무역 상품으로는 차(茶), 곡물(쌀, 옥수수), 대두, 목화, 텅스텐, 안티몬, 석탄, 원유, 정제유, 비단 그리고 백은 등 총 21류 134종의 관세번호를 달리하는 상품이 등록되어 있다.

일부 제품의 경우, 비국영무역 기업의 수출입권을 단계별로 허용하고 있는데, 2002년부터 일정량의 원유와 정제유를 비국영무역기업에 의해 수입이 가능하도록 할당했다. 즉 2002년 기준으로 원유 720만톤, 정제유 400만톤이 비국영무역기업에 할당하고 이 수량은 매년 15%씩 증가시키기로 양허하였다.

참고로 이들 국영무역 상품을 WTO가입전과 가입후로 살펴보면, 2001년에는 424개 상품이 수입할당, 수입허가제 방식으로 수입 관리되고 있었다. 그러나 2006년말 기준으로는 81개 제품에 대해서 국영무역 방식으로 수입 관리를 하고 있어 많은 제품이 국영무역 방식에서 벗어난 것을 알 수 있다. 이 시기 주요 국영무역 수입 제품으로는 곡물(밀, 옥수수, 쌀), 식물성 유지, 설탕, 담배, 원유, 정제유, 화학비료, 면화 등이 있고, 주요 국영무역 수출 제품으로는 곡물(옥수수, 쌀, 콩), 석탄, 텅스텐, 안티몬, 원유, 정제유, 백은, 면화, 비단 등이 있다. 비국영무역기업이 국영무역 상품의 쿼터 관리제도에 따라 수출입을 시행하는 상품으로는 정제유, 원유, 화학비료, 밀, 옥수수, 쌀, 면화, 설탕 등이 있다.

이와 같은 국영무역 적용 상품은 매년 무역상황에 따라서 상무부가 지정하고 있는데, 2011년 12월말일자로 공포한 최신 국영무역 관리 제품을 보면, 수출품 중 옥수수, 쌀, 석탄, 원유, 정제유, 면화, 안티몬 및 안티몬 제품, 텅스텐 및 텅스텐 제품, 백은 등 9가지로 대폭 줄어들었다.

c) 〈대외무역법〉의 개정과 국영무역

중국은 이미 1994년에 〈대외무역법〉을 제정 공포하여 민간기업도 국무원 대외경제무역관련 주관부서의 허가를 취득한 후, 수출입을 할 수 있도록 하였다. 이후 WTO에 가입한 중국은 무역권의 전면 개방을 약정하였고, 이를 위해 기존 〈대외무역법〉을 2004년에 개정하게 된다.

개정된 〈대외무역법〉에 따라 대외경제무역 주관부서에 등록한 모든 개인, 법인, 조직에게 무역권이 부여되었으며, 동법 11조에 따라 중국정부가 별도로 지정하는 국영무역 상품에 대해서는 정부가 지정한 특정 기업에게만 무역권이 부여된다고 규정하였다. 또한 동 조항에서는 국영무역 상품 중 일부 수량에 대해서는 국영무역 권한을 부여받지 않는 기업이 수출입할 수 있도록 허가하고 있으며, 투명성 확보를 위해서 국영무역 상품과 국영무역기업을 공포할 것을 규정하고 있다.

다. 기술이전과 보호

'무역 관련 지적재산권 협정(TRIPs: Agreement on Trade-Related Aspects of Intellectual Property Rights)'은 지적재산권을 보호하는 것은 물론 WTO회원국의 지적재산권을 실행하기 위해서 광범위한 규범을 수립했다. 이 협정은 공정하고 투명한 실행절차와 효과적인 사법절차에 대해 규정하고 있다. TRIPs 규정에 따르면, WTO 회원국들은 고의적으로 저작권을 침해하거나 위조된 상표를 상용화하는 행위에 대해서는 형사처벌을 할 수 있도록 규정하고 있다.

1999년 중국은 투자와 기술이전에 관하여 유예기간을 조건으로 달지 않고 협정에 가입할 것과, 역내 부품조달의무 규정을 없애고, TRIPs 협정에 부합하는 기술이전에 관한 법률 등을 제정하고 실행할 것을 제시했다. 더불어 중국은 투자승인, 수입허가 및 기타 정부조달, 기술이전, 합작연구 및 수입허가 절차에 관해 부대조건을 붙이지 않기로 합의했다.

기술이전이란 기술 노하우가 한 사용자로부터 다른 사용자에게 양도되는 것을 의미한다. 기술

이전은 세가지 형태를 띠는데, 첫째는 특허권이나 다른 산업재산권 사용의 허가, 둘째는 생산공정, 상품의 디자인 및 품질관리, 셋째는 기술서비스 조항에 부합하는 이전이다. 중국에서 기술이전과 관련하여 부각되는 문제는 크게 두 가지인데, 기술이전을 조건으로 한 중국내 투자허가와 관련한 문제, 그리고 일단 이전된 기술을 보호하는 문제이다.

중국의 기술수입이나 허가 및 투자와 관련한 기술이전 문제는 중앙정부 및 지방정부의 규제를 받게 된다. 기업이 투자 입지를 공고히 하기 위해 100% 소유권을 갖고자 한다면 기술을 이전하거나 일정수준의 수출실적을 올려야 한다. 또한 지방정부가 투자의 목적과 범위, 생산기술의 수준, 생산장비 및 기타 다른 정보를 기업에 제공하도록 규정하고 있다. 합작투자의 경우에도 첨단기술 장비 사용, 수출증대, 전문기술인력 양성과 같은 요구사항을 충족시켜야 한다. 중국에 진출한 기업들은 기술과 장비를 기부하고, 현지인력을 교육하며, 합작연구소를 운영함으로써 기술이전이 이루어지도록 하고 있다. 실제 미국 첨단산업의 선두 주자인 IBM이나 Intel, Bell과 같은 기업들의 실험연구소가 중국에서도 가동되고 있다.

1990년대 들어 미국은 중국내에서의 지적재산권 보호에 큰 관심을 보였고, 양국간 통상마찰로 이어지기도 했다. 그 결과 1996년 중국은 WTO가입 전에 미국과 양자간 지적재산권 협정을 체결하였다. 또한 WTO의 TRIPs가 규정하는 국제규범에 부합하는 국내법도 제정되었다. 이와 함께 1984년에 처음으로 제정된 〈특허법(专利法)〉은 1992년 특허권을 보호하기 위한 개정이 있었고, 이후에도 2000년 8월(2차수정), 2008년 12월(3차수정)에 개정되어, 3차 개정판이 2009년 10월부터 집행되고 있다. 아울러 특허권의 보호기간을 국제규범과 같이 20년으로 연장하였으며, 화학 및 의약 개발품도 이에 포함시켰다.

라. 기타 비관세장벽

- 정부조달(政府調達, government procurement)

WTO 관련규정에 따르면 모든 협정국은 다른 협정국의 조달업자에 대해서도 자국의 공급자와 동등하게 대우해야 하며, 어떤 특정한 공급자에 한하여 특별우대조치를 금지하도록 되어 있다. 또 정부조달은 '정부조달에 관한 복수간 협정'에도 포함되어 있어 참여 회원국들은 이를 준수해야 한다.

중국의 정부조달은 주로 기계와 전기·전자 제품에 관한 것으로, 30개의 조달기관들이 국가기관이나 기술혁신사업, 공공사업 및 외국인투자사업에 필요한 기계와 장비를 조달한다. 입찰은 직접 협상으로 이루어져 투명성이 결여되기 쉽다. 이러한 불투명성은 국내 생산업자를 선호하거나 특정국가의 생산업자를 차별적으로 대우하는 등 불공정한 왜곡을 초래할 수 있다. 정부조달의 해당품목 중 피해를 많이 입을 수 있는 품목으로는 엔진, 기중기, 건설기계, 펄프 제지기, 선박, 실험기기, 담배 가공 기계, 인쇄기, 금속 및 플라스틱 주조기 등을 들 수 있다.

중국정부는 다수의 FTA 체결 및 WTO가입에도 불구하고 정부조달시장은 전혀 개방하지 않고 있다. 2011년말, 현재 중국정부는 WTO 정부조달협정(GPA:Agreement on Government Procurement) 가입협상을 진행 중인 상태이다. 중국은 이미 체결한 일부 FTA 협정에서 '정부조달'이라는 용어를 적시하고 있으나, 시장개방과 관련한 어떠한 구체적인 내용도 기술되어 있지 않고 향후 관련메커니즘의 설립을 장려하고 촉진한다는 간단한 기술만을 언급하고 있을 뿐이다. 다만, 중국-홍콩간 CEPA에서 주요 시험조치로서 홍콩기업의 중국내 공공설비 참여를 기술하고 있다.[241]

- 내국민대우(內國民待遇, national treatment)

관련 조항인 GATT 1994 제3조 4절에 의하면, 다른 계약국의 영토 내에 수입된 계약국 영토의 상품은 그 국가의 국내법과 규칙에 의해 국내 생산품과 차별된 대우를 받을 수 없다. 내국민대우는 WTO의 핵심 규약이며, GATS(General Agreement on Trade in Services. 서비스무역에 관한 일반협정)와 TRIPs도 내국민대우를 WTO 규약으로 규정하고 있고, 대체로 중국기업의 모든 상품과 서비스는 외국상품과 서비스에 비해 특혜대우를 받고 있다. 즉, 수입상품은 중국 내에서 불리한 차별적인 대우를 받고 있는 실정이다. 내국민대우에는 사실상 모든 분야가 해당되며, 대표적인 예로는 의약품의 가격을 조정하는 권한 또는 통신관련 분야의 중국산 장비 구입을 강요하는 행위 등을 들 수 있다. 중국은 WTO가입후 외자기업과 내자기업간 기업소득세 통일(2008) 등 내국민대우를 많은 부분에서 시행하고 있다.

- 투명성(transparency)

GATT 제10조는 법률, 규칙, 사법적 판결 및 행정조치 등에 관한 책자를 신속하게 발행하여 정부와 무역업자가 이에 익숙해질 수 있도록 해야 한다고 명시하고 있다. 투명성 역시 WTO의 핵심 규약의 하나로서 대개 국영기업과 관련되어 있으며, GATT 제17조, GATS, TRIPs 에 의해 규정되어 있다. 투명성 문제는 정부의 의사결정과정과 관련된 문제로서, 의사결정을 이루는 규율과 규칙에 대한 접근이 가능한지, 그 규율과 규칙이 상위 법률과 일치하는지, 의사결정과정에 관한 열람이 가능한지에 따라 투명도가 결정된다. 중국에서는 의사결정과정에 관한 정보가 공개되지 않고 있다는 점에서 투명성이 약하다고 볼 수 있다. 투명성과 관련된 품목으로는 모든 상품과 서비스를 들 수 있으며, 중국에서 불투명성이 심각한 문제로 거론되는 예로는 반도체 산업의 경우 입찰과정, 의약품 사업의 가격통제, 그리고 통신사업은 통신장비의 수입을 허가하는 의사결정과정 등을 들 수 있다.

---

241) 서창배(2011), 중-홍콩/마카오 CEPA의 경제적 효과, 「중국학」 제40집, 394쪽.

- 의무수출실적 및 중국산 부품 의무사용 규정

중국의 수출실적 규정이란 외국인투자 기업들에게 중국내 투자를 허가해 주는 조건으로 특정량 또는 생산의 일정량을 수출하도록 하는 규정으로, 대부분의 외국인투자회사에 이 규정을 적용했었다. WTO가입당시 수출실적의 규정을 준수하는 적용대상 업종은 항공, 자동차, 전자제품, 기계, 반도체, 통신사업, 섬유산업 등이었다. 중국은 2001년 WTO가입으로 수출실적에 관한 규제를 철폐하였다.

3) 금융 부문 양허안

중국은 WTO 가입(2001. 12. 11) 이후 5년 이내 은행, 증권, 보험 등 금융시장을 개방하기로 합의하였다. 외국은행의 외화업무에 대해서는 WTO가입 즉시 지리적 제한 및 고객 제한을 철폐하기로 합의하였으며, 중국기업 및 일반 개인에 대한 위안화 서비스 제공도 각각 2년, 5년 이내에 허용하기로 양허하였다. 또한 2006년 11월에는 〈외자금융기구관리조례〉와 〈외자금융기구관리조례실시세칙〉을 개정하여 외자은행에 소매금융을 개방하고 2006년 12월 11일부터 중국 개인에 대한 위안화 업무를 취급할 수 있도록 허용함으로써 은행업 개방 합의사항에 대한 이행을 완료하였다.

보험의 경우 WTO 가입 즉시 상해 등 5개 도시를 개방하고, 가입 후 2년 이내에 북경 등 10개 도시를 추가로 개방하기로 합의하였으며, 외국회사의 손해보험 지분을 가입 후 2년 내에 100%까지 허용키로 양허하였다. 2003년 12월 〈외자보험공사관리조례〉를 시행하여 외자 재산보험회사가 非생명보험 업무(법정의무보험 제외)를 취급할 수 있도록 허용하였으며, 2004년 12월에는 '중국보험감독관리위원회의 WTO가입승낙 이행에 관한 공고'를 통해 보험회사 설립지역에 대한 제한을 폐지하고, 보험중개서비스업에서의 외자지분 비율을 종전의 50%에서 51%로 상향조정하는 등 WTO 합의사항을 충실히 이행하고 있다.

이처럼 WTO가입에 따른 양허사항을 대부분 이행하였음에도 불구하고 아직도 비제도적 진입장벽과 영업운영상 제한이 존재하고 있어 현재 협상중인 한·중FTA가 체결되어 이러한 각종 장벽이 제거되면 한국금융회사의 중국금융시장 진입 및 영업확대가 용이해질 것으로 기대된다.

[표 7-7] 중국진출 한국계 은행의 영업허가 취득 현황 (2011년말 현재)

	위안화소매	직불카드	외환금리 파생상품	신탁상품	방카슈랑스	위안화 무역결제	신용카드	채권매매
하나	O	O	O	X	O	O	X	O
우리	O	O	O	X	O	O	X	O
신한	O	O	X	X	X	O	X	O
기업	O	X	X	X	X	O	X	X
외환	X	X	X	X	X	O	X	X
*HSBC	O	O	O	O	O	O	X	O
*씨티	O	O	O	O	O	O	X	O
*東亞은행	O	O	O	O	O	O	O	O

주: *표기된 다국적은행은 한국보다 중국에 일찍진출하여 업무를 추진해왔음.
자료: 중앙일보(2012.1.18)

4. WTO 가입 후 평가

1) 가입 10주년 (2010년)

2001년 교역규모 세계 6위에서 2010년에는 2위로 급성장하였다. WTO 가입 후 10년간 교역량은 연평균 21.6% 성장을 보였다. 2002-2010년 중국의 상품 수출입 총액 15조7,288억 달러 중 수출 및 수입 총액은 각각 8조5,188억 달러, 7조2,100억 달러를 기록한 바 있다. 동 기간 중국의 對한국 교역액 1조1,525억 달러 중, 수출 및 수입총액은 각 3,956억 달러, 7,569억달러를 기록했다.

2010년 서비스무역 총액은 3,624억 달러로 2001년 719억 달러보다 5배 증가했다. 서비스 수출은 5.2배 성장, 미국, 독일, 영국에 이어 세계 4위를 차지했으며, 서비스 수입은 4.9배 성장, 미국, 독일에 이어 세계 3위이다.

- 무역불균형 완화

중국의 평균 관세는 2001년 15.3%에서 2010년 9.8%까지 인하되었다. 수입절차 및 관리 간소화, 수입쿼터제 폐지 등을 통해 수출입의 균형을 맞추려 노력한 결과, 무역흑자 규모는 2008년 2, 981억 달러의 고점을 기록한 이후, 2010년에는 미국발 금융위기와 유럽의 재정위기 영향으로 1, 831억 달러를 기록했다. 2010년 무역 불균형 정도는 2007년보다는 약 6% 하락했다.

중국은 한국과의 교역에서는 줄곧 적자를 기록하고 있다. 2001년 109억 달러였던 적자폭은 2010년 692억 달러로 10년 이래 최고 수준 기록하고 있다.

- 일반무역·가공무역 간 불균형 완화

10년 전보다 전체 무역 대비 일반무역의 비중은 증가했고, 가공무역의 비중은 감소했다. 2001년 중국의 가공무역 수출입 총액은 2,415억 달러로 총 교역액의 47.4%를 점유했었다. 이중 가공무역 수출액은 1,475억달러로 전체 수출의 55.4%를, 가공무역 수입액은 940억 달러로 전체 수입의 38.5%를 점유했었다. 가공무역 분야의 무역수지를 보면 534.71억 달러의 흑자를 기록하여, 전체 무역수지 흑자의 1.4배를 기록한 바 있다.

2010년 중국의 가공무역 수출입 총액은 1조 1,577억 달러로 총 교역액의 38.9%를 차지하여 2001년 대비 8.5% 포인트나 감소했다. 이중 가공무역 수출액은 7,403억달러로 전체 수출의 54.4%를, 가공무역 수입액은 4,174억 달러로 전체 수입의 45%를 점유했었다. 가공무역 분야의 무역수지를 보면 3,229억 달러의 흑자를 기록하여, 전체 무역수지 흑자의 1.76배를 기록했다.

- 수출입 품목구조 변화

2010년 공업완제품 수출액은 총 1조 4,962.2억 달러로 전체 수출에서 차지하는 비중이 2001년 90.1%에서 94.8%로 확대되었다. 동 기간 전기기계제품 및 첨단 신기술제품의 비중도 59.2%, 31.2%로 각각 증대되었다. 수입 측면에선 선진기술 및 설비, 관련 부속품 및 에너지 제품의 수입이 지속적으로 증대되고 있다.

중국공업경제연구소 진페이 소장은 과거 10년 간 중국은 가전, 의류 산업 등에서 발전해왔고, 앞으로는 기계제조업, 화공업, 첨단장비업이 유망할 것이라 전망한 바 있다.

[표 7-8] 중국의 주요 수출입품목 변화

	주요 수출 품목	주요 수입 품목
2001년	의류, 컴퓨터, 석탄, 음향기기, 반도체	석유제품, 합성수지, 철강판, 전자관, 컴퓨터
2010년	반도체, 컴퓨터, 철강판, 평판디스플레이 및 센서, 의류	평판디스플레이 및 센서, 반도체, 합성수지, 석유제품, 무선통신기기

자료: 중국세관(2012.4)

- 교역 대상국 확대

기존 3대 교역국인 미국, EU, 일본의 대중국 수출입 비중은 점차 감소한 반면, 아세안, 러시아, 인도, 브라질, 남아공 등 신흥국과의 교역량은 증가 추세를 보였다. 2010년 아세안과의 교역량은 2001년 8.2%에서 9.8%로 증가 하였으며 EU, 미국, 일본에 이어 4위를 차지하고 있다.

한국은 중국의 제6대 교역국이며, 6대 수출대상국이자 4대 수입국이다. 2010년 한중 교역총액은 2,072억 달러로 중국의 6대 교역국이다. 중국 8대 교역국을 보면, EU, 미국, 일본, ASEAN, 홍콩, 한국, 대만, 호주 등이 있다.

- 외자유치 규모 확대

10년간 중국의 외국인직접투자 누적액은, 6,531억 달러로, 2001년 세계 6위에서 2010년 2위로 올라섰다. 한국의 대중 누적 투자규모는 2001년 6억 5,507만 달러에서 2010년 31억 6,639만 달러로 크게 증대되었다. 중국은 한국의 제1위 투자 대상국이다.

- 외자유치 방법 다양화

중국정부가 2003년 역외기관투자자자격(QFII)제도 시행을 시작한 것을 기점으로, 2011년 1월 기준, 전세계 106개 투자기관이 자격을 획득했다. 또한 2006년에는 〈외국투자자 경내기업 인수합병에 관한 규정〉을 공포함으로써, 외국인투자자의 인수합병 관련 정부 규정이 상당 부분이 개선되었다는 평가이다.

* 역외기관투자자자격(QFII): 상하이와 선전 주식시장에서 중국인 투자전용 주식(A주)을 직접 사들일 수 있는 자격을 지닌 외국투자기관

- 외자유치 대상 비중 변화

3차산업에 대한 외자유치 비중이 2001년 23.9%에서 2010년 47.3%로 증가 추세이다. 1차산업은 큰 변화폭 없이 비교적 안정적인 반면 2차산업의 외자유치 비중은 전반적으로 하락세를 나타내고 있다.

- 해외투자의 확대

중국의 WTO 가입후, 외자유치뿐만 아니라 중국의 해외투자 규모도 확대 되어 왔다. 2010년 중국의 비금융업 해외직접투자량은 2003년의 20.7배에 달하는 590억 달러에 달한다. 해외투자 영역도 확대되었는데, 아프리카, 라틴아메리카 등 개도국에 투자가 집중되고 있다. 2010년 12월까지 중국은 88개 기관에 해외자본시장에 투자할 수 있는 자격인 적격국내기관투자자자격(QDII)을 부여했고, 누적 해외투자금액은 684억 달러에 달한다.

2) 가입 15 주년(2015년)

WTO 가입 이후 15년은 중국의 대외무역이 가장 비약적으로 확대된 기간이다. 상품무역 수출액은 2001년 2,661억 달러에서 2015년 2조 2,765억 7,000만 달러로 연평균 14.4%의 성장률을 보이며 약 7.6배 증가했다. 상품무역 수입액은 2001년 2,435억 5,300만 달러에서 2015년 1조 6,820억 7,000만 달러로 연평균 10.3%의 성장률을 보이며 약 6배 증가했다.

가입 초기에는 저렴한 임금을 기반으로 한 노동집약형 상품이 주요 수출품이었으나, 기술수준 향상으로 자본집약형 상품의 비중이 증가하는 등 무역구조의 질적 변화가 발생했다. 대량의 외국자본 도입과 그에 따른 기술 발전에 힘입어 중국 제조업의 전반적 기술수준이 향상 되었다. 인구보

너스 감소와 원가우위 약화에 대한 대응으로 산업 구조전환 업그레이드를 추진하여, 자본집약형 상품의 국제경쟁력이 크게 상승했다.

[표 7-9] 중국의 WTO 15주년 성과

성과	주요내용
가입조건 이행	· 2010년 1월1일 모든 상품에 대한 관세 인하 · 2005년 비관세조치 완화조건 이행완료 · 외국자본 투자 및 서비스무역 개방 확대
대외무역 성장	· 상품무역 수출액 약7.6배, 수입액 약6배 증가
산업구조 전환 업그레이드	· 외국자본과 기술의 도입으로 전반적인 제조업 수준 향상 · 지속적 산업구조 전환 추진으로 자본집약형 상품의 국제경쟁력 상승
중국제조업의 비약적 발전	· 세계 제조업의 중심으로 성장 · '중국제조 2025' 및 '중국 스마트제조' 추진
새로운 개방형 경제체제 구성	· '일대일로' 건설, 자유무역실험구 시행, 중미투자협정(BIT) 등 추진
세계무역 발언권 확대	· 세계 다자간 무역체계 규칙 보호 선도

자료: KIEP 북경사무소 브리핑(2017.1.26), 중국 WTO 가입 15주년 회고와 전망.

전 세계 생산 네트워크와 가치사슬에 적극적으로 참여하여 중국 제조업의 비약적 발전을 달성했다. 현재 중국 제조업은 약 200종류의 상품 생산에서 세계 1위를 차지하고 있으며, 세계 제조업의 중심으로 성장했다. '일대일로' 건설, 자유무역실험구, 중미투자협정(BIT) 등 새로운 개방형 경제체제 구성을 추진하고 있다. 새로운 개방형 경제체제는 '신창타이'하에서 지속가능한 발전을 실현하기 위한 필연적 선택이다. '일대일로' 건설, 자유무역실험구 제도 혁신, FTA 체결, 중미쌍방투자협정 등 여러 방면에서 중요한 진전을 보이며, 새로운 개방형 경제체제 기본구조 구축이 완성단계에 진입했다.

이미 30여 개의 국가와 '일대일로' 건설 공동협력 합의를 체결하였고, 70여 개 국가 및 국제조직이 이에 협력 의사를 표명한 바 있다. 상하이, 광둥, 톈진, 푸젠에 자유무역실험구의 기반을 다진 후 랴오닝, 저장, 허난, 후베이, 충칭, 쓰촨, 샨시(陕西) 등으로 확대했다. 시장진입 전 내국민대우와 네거티브리스트를 기초로 하는 중미투자협정(BIT)이 실질적 성과를 취득했다.

WTO 가입 후 세계 경제무대에서 중국의 발언권이 확대되었으며, 선진국과 협력하여 국제거시경제 정책의 협조를 추진하는 등 세계 경제구조 재편에 큰 역할을 수행하고 있다. 가입 초기에는 중국이 다자간무역 체계의 규칙을 수동적으로 받아들일 수밖에 없었으나, 15년 동안의 경제발전을 거치며 세계 지배구조의 보호자 및 공헌자로서 역할이 확대되고 있다.

3) 가입 20주년(2021년)

중국은 WTO 가입을 통해 막대한 해외 투자를 유치할 수 있었고 빠른 경제성장을 이뤄 세계 2위의 경제대국으로 성장했다. 중국 신화통신은 중국의 WTO 가입 20주년을 돌아보는 기사에서 중국이 세계 경제성장에 크게 기여해 왔음을 강조했다.

프랑스의 화장품 대기업 로레알이 24년전 중국에 처음 진출할 당시 상하이에 몇 사람만으로 구성된 소규모 지점을 개설했었다. 이 지점이 세계최대 화장품 회사의 동북아 본부로 성장해 중국내 고용인원이 1만명에 달하며 25개의 브랜드를 운영하고 있다. 로레알 차이나의 발전은 2001년 중국이 WTO에 가입함으로써 이뤄진 중국의 개방이 가져온 수많은 성과들을 보여주는 사례들 가운데 하나다.

시진핑 국가주석이 2021년 11월, 제4차 중국국제수입박람회(CIIE)에서 밝혔듯이 중국은 지난 20년 동안 지속적으로 세계를 향해 문호를 개방함으로써 국내 발전을 이루고 세계 경제에 새로운 활력을 불어넣었다. 응고지 오콘조-이웨알라 WTO 사무총장은 최근 중국의 WTO 20주년을 맞아 열린 고위직 포럼에서 WTO는 중국 없이는 유지될 수 없다고 말했다.

케이스 록웰 WTO 대변인은 중국이 2001년 가입 이래 가장 빠르게 적응했음을 상기하며 모든 면에서 열정과 노력으로 참여한 두드러지게 활동적인 회원국이라고 말했다. 중국은 WTO 가입 이해 15.3%의 수입관세율을 9.8%로 낮추었다. 현재 전체 평균 수입관세는 7.4%로 개발도상국 평균보다 낮으며 선진국 수준에 다가가고 있다.

서비스 분야 교역과 관련 중국은 2007년까지 9개 범주 100개 하위부문에서 시장을 개방하기로 약속했다. 그러나 실제로는 약속보다 20% 증가한 120개 부문에서 시장을 개방했다. 또 지난 20년 동안 중국 중앙정부는 2,300건의 법률과 규제를 개정했고 지방정부는 19만여건을 개정해 시장을 풀고 사회적 활력을 자극했다.

미 컬럼비아대학교 지속가능발전센터소장 제프리 삭스는 신화통신에 중국의 WTO 가입이 세계화를 크게 진전시켰다면서 중국이 가입하지 않았다면 경제 성장과 통합은 가능하지 않았다고 밝혔다. 지난 20년 새 중국의 경제규모는 세계 여섯번째에서 두번째로 커졌으며 대외 직접투자도 26번째에서 첫번째로 늘었다. 중국은 15년 동안 세계 최대의 경제성장 기여자인 동시에 11년 연속 세계에서 두번째 수입국이었다. 중국은 50여개국 및 지역과 최대 교역 파트너이며 120개국 및 지역과 3위 내 교역 파트너에 든다. 2008년 이래 개발도상국 수출을 가장 많이 받아들이고 있다.[242)]

미국의 대(對)중 무역·투자가 지난 20년 동안 큰 폭으로 증가했다. 중국은 2001년 미국의 11번째 수출대상국이었지만 2020년 미국의 3번째 수출대상국이 됐다. 미중무역전국위원회

242) 한국무역신문 (2021.12.13)

(USCBC)에 따르면 2018년 미국 기업들의 중국 매출은 3,927억 달러로 2000년대 초반의 20배가 넘는다. 중국이 WTO에 가입하면서 성장한 중·미 무역이 미국에 대량의 일자리를 창출한 것으로 알려졌다. 미국중국총상회(CGCC)가 발표한 '2020년 미국 내 중국계 기업 비즈니스 조사 보고서'에 따르면 2019년 기준 해당 기업은 미국에서 약 22만 명의 직원을 직접 고용하고 미국 전역에서 100만 개 이상의 일자리를 간접적으로 지원하고 있다. 미국 경제잡지 포브스에 따르면 2020년 미국 전체 수입품 가운데 중국산 수입품이 19%를 차지했다. 이는 미국의 모든 무역 상대국 중 가장 높은 수치다. 또한 중국산 제품이 생활물자 원가를 낮춰 미국 가정마다 연평균 850달러를 절약할 수 있다는 통계도 있다.

상하이 주재 미국상공회의소가 발표한 조사에 따르면 중·미 무역마찰과 코로나19 사태 속에서도 미국 기업들의 대(對)중 투자 의지는 확고하다. 중국에서 활동 중인 미국 기업 가운데 조사에 응한 338개 기업의 약 60%가 지난 한 해 동안 대중 투자를 늘렸고 80%가 넘는 기업이 2021년 매출이 늘어날 것으로 예측했다. USCBC가 발표한 보고서에 따르면 최근 몇 년 동안 중국은 금융 서비스 개방, 지식재산권 보호 강화, FDI 심사·비준 절차 개선 등 외국 기업에 더 나은 비즈니스 환경을 제공하고 있다는 평가다.[243)]

243) 신화망(2021.12.15)

제3절 분쟁 사례

1. 중국의 WTO 소송 현황

1) 전체 제소 및 피소 현황

2011년말 현재 중국은 사안을 기준으로 총 22건의 소송을 경험하였는데 그중 8건은 중국이 제소한 소송이며 14건(Dispute Number 기준 23건)은 중국이 피소된 소송이다. 국가별로는 미국이 18건에 관련돼 중국 관련 소송의 대부분을 차지하고 있어, 중국의 가장 중요한 무역상대국임을 알 수 있다. 중국이 제소한 소송 중에는 미국 상대 6건, EU 상대 2건이다. 중국이 피소된 소송 역시 미국이 12건으로 가장 큰 비중을 차지하고 있다. 시기별로 살펴보면 2002년을 첫 시작으로 2004년 1건 2006년 1건 등 WTO가입 초기에는 소송 건수가 많지 않았으나, 2007년 이후 크게 증가하고 있는 것으로 나타났다.

[표 7-10] 시기별 중국의 WTO소송 건수(사안 기준)

	2002	2003	2004	2005	2006	2007	2008	2009	2010	2011	합계
제소	1	0	0	0	0	1	1	3	1	1	8
피소	0	0	1	0	1	3	2	1	4	2	14
합계	1	0	1	0	1	4	3	4	5	3	22

자료: KIEP 북경사무소(2012), 중국 WTO 소송 10년: 사안별 배경, 경과와 판결, KIEP, 3쪽

[표 7-11] 중국의 완결된 WTO 소송

DS No.	소송의 사안	제소/피소	결과
252	미국의 철강산업보호조치	제소	승소
309	중국 반도체 제품에 대한 부가가치 환급조치	피소	합의
339/340/342	중국의 자동차부품 관세율	피소	패소
358/359	중국의 산업세제우대 정책과 보조금 정책	피소	합의
362	중국의 지식재산권	피소	패소
368	미국의 중국산 아트지에 대한 반덤핑 및 상계관세조치	제소	승소
372/373/378	중국의 금융정보서비스 관리규정	피소	합의
387/388/390	중국의 수출보조금	피소	합의
392	미국의 중국산 가금류 수입금지	제소	승소
399	미국의 중국산타이어 세이프가드 조치	제소	패소

자료: KIEP 북경사무소(2012), 중국 WTO 소송 10년: 사안별 배경, 경과와 판결, KIEP, 4쪽

2011년말 현재, 완결된 소송은 10건으로 이 가운데 중국이 승소한 것이 3건, 패소한 것이 3건, 관련국들이 판결전 합의에 이른 것이 4건이다. 이중 합의에 이른 4건의 소송은 중국이 피소당한 소송으로 중국이 판결에 이르기전 협의과정에서 관련조치를 취한 것이므로, 사실상 패소에 가깝다고 볼 수 있다.[244]

2) 반보조금 조사, 중국에 집중

최근에 들어 중국산 타이어가 브라질, 이집트, 미국, 아르헨티나, 인도 등 국가의 무역보호조사 대상이 됐다. 조사대상은 자동차용 타이어 등 저부가가치 제품에서 공정기계용 타이어 등 고부가가치 제품에까지 확산되는 추세를 보이고 있다. 이번 중국산 타이어 무역보호조사로 인해 중국산 타이어의 해외수출규모가 크게 줄어들었다.

중국 상무부의 집계에 따르면 2010년 중국을 상대로 진행한 '반덤핑, 반보조금, 무역보호' 조사건 수는 66건으로 관련 금액규모는 71.4억 달러에 달한다. 중국제품 관련조사가 수량적으로만 증가할 경우 대응이 가능하지만, 주목할 부분은 조사대상범위도 과거에 비해 변화가 있다는 점이다. 과거 중국의 국제무역마찰은 전통적인 노동집약형 산업에 집중돼 있었지만 현재에는 점점 국가의 핵심산업과 하이테크산업에 까지 확장되고 있으며, 점점 산업정책 차원에까지 확대되는 양상을 보이고 있다.

중국은 세계 반보조금 조사의 최대 목표 국가가 되고 있으며, 세계 70%이상의 반보조금 조사대상이 중국이다. 또한 지방정부의 기업 및 산업관련 정책도 조사의 중점대상이 되고 있다. WTO의 제3차 무역정책관련 심사에서 중국의 지방산업정책이 중국에 대한 보조금정책 조사의 핵심내용으로 대두되고 있다.

이와 동시에 세계각국의 중국기업에 대한 기술적 무역장벽과 그린무역장벽도 강화되고 있다. 2010년 심천시는 해외 기술무역장벽으로 인해 해외 수출에 직접적으로 47.57억 달러의 손해를 봤으며, 수출시 증가되는 원가규모가 57.1억 달러에 달하고 지역내 54.9%의 수출기업들이 영향을 받은 것으로 집계됐다.

기존에 선진국들이 중국산 단일제품에 대해 기술장벽조치를 취했었는데, 최근에는 점점 제품품목종류(大分類)에 까지 확대해 무역보호조치를 취하는 경향이 강화되고 있다. 그 예로 프랑스는 '신환경보호법'을 시행하고 있는데 규정에 따라 프랑스 국내에서 판매되는 제품은 반드시 환경보호정보를 공개해야 되고 원자재, 제조, 운송, 폐기에서 회수에 이르는 전 과정의 '탄소소비량 라벨'을 부착해야 한다. 일본, 영국, 호주 등 선진국에서도 '그린무역장벽'이라고 통칭되는 환경보호관련 정책을 반포했으며 이런 정책의 실행으로 중국내 기술수준이 낮은 기업들의 생산원가가 상승하고 기존 경쟁우세가 사라질 수 밖에 없다는 분석이다.

244) KIEP 북경사무소(2012), 중국 WTO 소송 10년: 사안별 배경, 경과와 판결, KIEP, 3쪽

[표 7-12] 전세계 무역구제 현황 (WTO 통계, 1995~2021년 6월)

① 반덤핑관세

구분	1위	2위	3위	4위	5위	6위	7위	8위	9위	10위	비고
제소국 (건수)	인도 (1096)	미국 (828)	EU (538)	브라질 (434)	아르헨티나 (400)	호주 (375)	중국 (292)	캐나다 (276)	남아공 (244)	터키 (240)	**한국 (159) 12위**
피소국 (건수)	중국 (1570)	**한국 (480)**	대만 (331)	미국 (316)	인도 (259)	태국 (256)	인니 (241)	일본 (237)	러시아 (191)	말레이시아 (188)	-

② 보조금상계관세

구분	1위	2위	3위	4위	5위	6위	7위	8위	9위	10위	비고
제소국 (건수)	미국 (296)	EU (91)	캐나다 (76)	호주 (39)	인도 (29)	중국 (17)	브라질 (14)	남아공 (13)	이집트 (12)	페루 (10)	**한국 (0)**
피소국 (건수)	중국 (193)	인도 (96)	**한국 (32)**	인니 (30)	터키 (26)	미국 (24)	베트남 (23)	태국 (22)	말레이시아 (19)	이탈리아 (16)	-

③ 세이프가드

구분	1위	2위	3위	4위	5위	6위	7위	8위	9위	10위	비고
제소국 (건수)	인도 (46)	인니 (38)	터키 (27)	우크라이나 (22)	칠레 (20)	필리핀 (20)	요르단 (19)	이집트 (15)	미국 (13)	모로코 (12)	**한국 (4) 31위**

자료: 한국무역위원회(2022.12),「무역구제」월간통계 2021년 12월.

[키워드] WTO 패널 판정의 효과

한국 A브랜드의 소주 한 병(360ml)의 출고가는 868원이다. 제조원가는 400원 남짓이지만 원가의 72%가 주세(酒稅)로 붙는다. 여기에 교육세(30%)·부가세 등이 더해져 출고가가 두 배 이상으로 뛴다. 원래 소주 주세가 이렇게 높은 건 아니었다. 1999년 11월까지만 해도 소주에 붙는 주세는 35%에 불과했다. 반면 수입산이 대부분이었던 위스키의 주세는 100%였다. 지금처럼 소주·위스키에 붙는 세금이 모두 72%로 같아진 건 WTO 분쟁해결기구의 1999년 판정 때문이다. EU가 한국의 주세 제도를 WTO에 제소한 건 1997년 4월. 소주와 위스키가 같은 종류의 술인데 국내외 차별을 하는 것은 국제 무역협정에 위반된다는 이유였다. WTO 분쟁 패널은 이듬해 한국 주세 제도가 WTO 협정에 불합치한다고 판정했다. 한국정부는 '한국의 소주는 희석식이어서 위스키 같은 증류주가 아닌 데다, 시장이 완전히 달라 경쟁하지도 않는다'며 상소했지만, 1999년 최종 패소했다. 결국 '소주와 위스키에 같은 세금을 물려야 한다'는 WTO의 권고에 따라 소주 세금은 대폭 올리고 위스키는 내렸다. 제소한 유럽뿐 아니라 미국 등 다른 나라의 위스키도 100%에서 72%로 세금을 낮춰야 했다. 양국간 무역분쟁이 WTO 제소로 번지고, 여기서 패소하면 패소국은 자국 법령을 수정해야 하는 사례를 보여준다. EU와 양자협상이 결렬돼 WTO로 가는 바람에 법을 바꿔 모든 나라의 위스키에 대해 세금을 낮춰야 했던 것이다. 더한 상황을 피하려면 WTO 패널의 최종 보고서가 나오기 전에 양자간 협의를 마무리하는 것이 낫다는 것이 통상전문가들의 주장이다.[245]

3. 분쟁별 특징, 유형

1) 중국이 제소한 소송

가. 미국의 자국 철강산업 보호 조치(DS252)

□ 소송배경

- 2001년 6월, 미국 부시대통령은 철강업계의 요구에 따라 무역법 201조에 의거하여 미국국제무역위원회에 수입 철강제품에 대해 조사를 실시할 것을 명령함
- 2001년 10월 미국국제무역위원회는 총 16가지 항목에서 수입 철강제품이 미국기업에 커다란 손실을 입혔다고 조사결과를 발표함
- 2002년 3월 부시대통령은 10개 철강제품에 대해 보호조치를 취하고 향후3년 동안 최고 30%에달하는 추가관세를 부과할 것이라고 발표함
- 2002년 3월 26일, 중국을 포함한 6개국이 미국의 철강산업 보호조치를 WTO에 제소함

□ 소송 경과

- 2002년 3월 26일, 중국등 6개국은 미국을 WTO에 제소함
- 2002년 4월 11일 중국을 포함한 6개국과 미국은 WTO절차에 따라 협의를 진행함
- 2002년 7월 25일 협의에서 각측의 의견이 조율되지 않자 분쟁해결기구(DSB)에 패널설치를 요구하고 패널을 구성함
- 2003년 7월 11일 패널은 미국의 철강산업보호조치가 WTO협정에 어긋난다는 최종보고서를 발표함
- 2003년 8월 11일 미국은 패널의 판정에 대해 상소하였으며 중국도 이에 따라 상소함
- 2003년 11월 10일 상소기구의 최종보고서가 발표되었으며 상소기구도 1심 패널의 판정을 지지함
- 2003년 12월 4일 부시대통령은 12월 5일부로 철강산업보호조치를 중지하겠다고 발표함

245) 중앙일보(2011.4.26)

[표 7-13] 중국의 WTO 제소 사안(2001년 12월~2011년 12월)

DSNo.	제소일자	상대국	사안
252	2002. 3. 26	미국	철강산업 보호조치
368	2007. 9. 14	미국	아트지 반덤핑 및 상계관세
379	2008. 9. 19	미국	반덤핑 및 상계관세 중복부과
392	2009. 4. 17	미국	가금류 수입제한조치
397	2009. 7. 31	EU	고정용 철물제품 반덤핑 조치
399	2009. 9. 14	미국	타이어 특별 세이프가드
405	2010. 2. 4	EU	가죽구두 반덤핑
422	2011. 2. 28	미국	냉동새우 및 캔포장 새우 반덤핑

자료: KIEP 북경사무소(2012), 중국 WTO 소송 10년: 사안별 배경, 경과와 판결, KIEP, 5쪽

나. 미국의 중국산 아트지에 대한 반덤핑 및 상계관세판정(DS368)

□ 소송 배경

- 2006년 10월 31일 미국 오하이오주 소재 제지업체인 뉴페이지(NewPage)그룹은 '중국정부가 자국 제지업체들에 세제혜택과 채무연장 저금리 대출 등의 지원책으로 수출단가를 낮추도록 도왔다, … 이로 인해 지난 2005년부터 2006년까지 중국산 아트지 수입은 전년대비 170%나 증가했다'라며 미상무부와 국제무역위원회에 중국산 아트지에 대해 반덤핑 및 불법보조금 문제에 대해 조사해줄 것을 요청함
- 2006년 11월부터 미국은 중국산 아트지에 대해 반덤핑 및 불법보조금 조사를 착수함
- 2006년 12월 15일 미국국제무역위원회는 중국산 아트지가 자국의 관련산업에 커다란 손실을 입혔으며 앞으로도 그럴 가능성이 높다고 예비판정에서 밝히고, 같은날 미 상무부도 30일동안 중국에 상계관세를 적용할 수있는지에 대해 각계각층의 의견을 수렴할 것이라고 발표함
- 2007년 3월 30일 미국은 중국산 아트지에 대해 상계관세를 부과하기로 결정함
- 2007년 9월 14일 중국은 이 문제를 WTO에 정식으로 제소함

□ 소송 경과

- 2007년 9월 14일 중국이 WTO에 제소함
- 2007년 10월 18일 미 상무부는 중국산 아트지 생산업체 및 수출업체에 대해 21.21~99.65%의 반덤핑관세와 7.4~44.25%의 상계관세를 부과하기로 최종 판정함
- 2007년 11월 20일 미국 국제무역위원회는 미 상무부가 중국산 아트지에 부과한 반덤핑 및 상계관세안을 철회할 것을 최종판정함

다. 미국의 반덤핑 및 상계관세중복 부과조치(DS379)

□ 소송 배경

- 1984년 미국은 중국처럼 비시장경제지위 국가들에 대해서는 상계관세조치를 적용하지 않는다는방침을 정하고 2007년 3월 이전까지는 중국에 상계관세 부과조치를 취하지않음
- 하지만 글로벌 금융위기 이후 미·중간 반덤핑 및 상계관세 부과조치를 둘러싼 통상분쟁이 격화되었으며, 이 과정에서 중국에 대한 미국의 반덤핑 및 상계관세 중복부과조치가 크게 확대됨
- 본 분쟁의 직접적인 발단은 미국이 2008년 5월부터 8월까지 중국산 4개제품에 대해 반덤핑 및 상계관세를 연쇄적으로 부과한데서 비롯함
  - o 2008년 5월 30일 미 상무부는 중국산 용접강관에 대해 85.55%의 반덤핑관세와 29.57~615.92%에 이르는 상계관세를 부과
  - o 2008년 6월 16일 미 상무부는 중국산 각강관에 대해 264.64%의 반덤핑관세와 15.28~200.58%의 상계관세를 부과
  - o 2008년 6월 19일 미 상무부는 중국산 우븐색(woven sacks)에 대해 91.73%의 반덤핑관세와 226.85%의 상계관세를 부과
  - o 2008년 9월 4일 미 상무부는 중국산 비도로용 타이어와 관련해 응소한 기업에는 0~19.15%의 반덤핑관세와 2.45~14%의 상계관세를, 미응소기업에 대해서는 각각 210.48%와 5.62%의 징벌성 반덤핑관세와 상계관세를 부과
- 2008년 9월 19일 중국은 미국이 동일제품에 대해 반덤핑 관세 및 상계관세를 동시에 부과하는것은 불공정하고, WTO의 보조금 및 상계조치에 관한 협정에 위반된다고 주장하며 이를 WTO에 제소함

□ 소송경과

- 2008년 9월 19일 중국은 WTO에 정식으로 제소함
- 2009년 1월 20일 패널설치
- 2009년 3월 4일 WTO 분쟁해결기구 패널 구성
- 2010년 10월 22일 패널은 중국의 제소내용을 기각하고 중국에 대해 패소판정을 내림
- 2010년 12월 1일 중국은 다시 분쟁해결기구에 상소함
- 2011년 3월 11일 상소기구는 패널의 판결을 뒤집고 중국에 승소판정을 내림
- 2011년 3월 25일 분쟁해결기구는 상소기구의 보고서를 채택함
- 2011년 4월 21일 미국은 WTO의 판결을 받아들이고 관련사항을 조치하겠다고 밝힘
- 2011년 7월 5일 중·미 양국은 판결이행기간을 11개월로 정하는데 합의하고, 이에 따른 이행 마감기한은 2012년 2월 25일로 정함

라. 미국의 중국산 가금류 수입 금지조치(DS392)

□ 소송배경

중국과 미국은 2004년 조류인플루엔자 발생을 이유로 상호간 가금류 수입을 금지했는데 중국은 곧 금지조치를 해제한 반면 미국은 이를 계속 유지했다. 중국은 이를 중국에 대한 노골적인 차별적 자국 보호주의라고 비판하고 미국은 객관적이고 과학적인 판단에 근거해 미국 공중의 보건을 고려한 조치라고 맞서왔다. 2007년부터 미국은 연례 국회배당금 및 관련조치에 근거하여 중국산 가금류의 대미수출을 막아왔다. 2009년 3월, 오바마대통령이 서명한 2009년 종합세출법안의 727조에 따르면 중국 가금류 수입을 재개하기위한 어떠한 활동에도 의회가 승인한 기금을 사용하지 못한다. 이에 2009년 4월 17일, 중국은 미국의 제727조항을 WTO에 제소하게 된 것이다.[246)]

□ 소송 경과

- 2009년 4월 17일 중국은 WTO에 제소함
- 2009년 7월 31일 분쟁해결기구는 패널을 구성하고 이 문제에 대한 조사를 착수함
- 2010년 9월 25일 패널은 최종보고서를 통해 미국이 중국산 가금류에 대한 수입금지조치를 취한 것이 국제무역규정에 어긋나며 중국경제에 손실을 끼쳤다고 발표하고 해당조치가 비과학적이며 불공평하다고도 지적함. 또한 미국이 다른 회원국과 달리 유독 중국산 가금류에만 수입금지조치를 취한 것은 규정을 위배한 것이라고 밝힘
- 2010년 10월 25일 패널의 보고서가 정식으로 통과함
- 미국은 이에 따라 문제가 된 법조항을 수정함

마. EU의 중국산 고정용 철물제품에 대한 반덤핑조치(DS397)

□ 소송배경

고정용 철물제품에는 볼트류, 너트류, 나사못 등이 포함되는데 중국은 세계최대의 고정용 철물제품 생산국이며 유럽은 중국의 주요시장이다. 유럽 각국의 관련기업들은 중국산 고정용 철물제품의 수입이 급증하자 EU집행위원회에 이에 대한 반덤핑조사를 실시할 것을 요청했다. 2007년 11월 EU집행위원회는 중국산 고정용 철물제품에 대한 반덤핑조사를 착수하고 2009년 1월 중국산 고정용 철물제품에 대해 5년간 26.5~85%의 반덤핑관세를 부과하기로 결정한 것이다. 이에 2009년 7월 31일 중국은 이 사안을 WOT에 제소하게 된다.

□ 소송경과

- 2009년 7월 31일 중국은 WTO에 정식으로 제소함
- 2009년 10월 패널구성

246) KIEP 북경사무소(2012), 중국 WTO 소송 10년: 사안별 배경, 경과와 판결, KIEP, 7쪽

- 2010년 12월 3일 패널은 중국에 승소판정을 내리고 EU에 관련조치를 중단할 것을 권고함
- 2011년 3월 25일 EU는 패널의 판결에 불복하고 상소기구에 상소하였으며, 중국도 상소함
- 2011년 7월 15일 상소기구는 EU가 중국산 고정용 철물제품에 부과한 반덤핑관세는 무역규정에 어긋난다고 지적하고 중국의 수출업체들을 개별기업으로 간주하지 않고 일괄 반덤핑관세를 부과한 것은 잘못된 것이라고 최종판결함
- 2011년 7월 28일 분쟁해결기구는 상소기구의 보고서를 채택함
- 현재 중국과 EU는 WTO 판결의 합리적 이행기간에 대해 의견을 조율중임

바. 미국의 중국산 타이어 특별세이프가드 조치(DS399)

□ 소송배경

- 2009년 4월 20일 타이어노조가 소속된 미국철강노조는 중국의 대미 타이어 수출이 급증하여 이로인해 국내시장이 큰 타격을 받고 있다며 중국산 타이어에 대한 수입제한을 강력히 요구하였고, 이에 미국 국제무역위원회는 조사에 착수함
- 2009년 9월 11일 오바마 대통령은 〈무역법(1974)〉 제421조를 발동하여 중국산 승용차 및 경화물차 타이어에 대해 기본관세율 4%에 3년 동안 연차적으로 35%, 30%, 25%의 징벌성 관세를 부과하는 특별세이프가드조치를 취함
- 대중국 특별세이프가드란 중국의 WTO 가입의정서에 명시된 조항으로 회원국들이 중국에서 수입된 물품에 대해 종전보다 손쉽게 수입제한 등 세이프가드조치를 취할 수 있도록 한 양허조항 중 하나였음. 또한 미국의 〈무역법(1974)〉 제421조 발동에는 별다른 증거자료를 제시할 필요가 없어, 미국은 중국이 아무런 불공정무역을 하지않더라도 필요할 경우 긴급수입제한조치를 취할 수 있는 법률 근거로 작용하게 되었음
- 2009년 9월 14일 중국은 이 사안을 WTO에 제소함

□ 소송경과

- 2009년 9월 14일 중국은 WTO에 정식으로 제소함
- 2009년 9월 21일 중국은 WTO에 패널구성을 요청함
- 2010년 1월 19일 WTO분쟁해결기구 패널구성
- 2010년 12월 13일 패널은 보고서에서 미국의 세이프가드 발동은 WTO관련 규정을 위반한 것이 아니라며 중국의 제소를 기각함
- 2011년 5월 24일 중국은 상소기구에 상소함
- 2011년 9월 5일 상소기구는 최종보고서에서 패널의 판결을 지지하며, 중국이 종전판결에 불복하여 항소한 사안을 기각하고 미국이 3년간 징벌성 관세를 부과한 것이 WTO규정에 부합한다고 판정함

- 2011년 9월 6일, 중국 상무부 조약법률사(條約法律司) 관계자는, 이번 판결에 대해 유감을 표시하면서, 중국산 타이어에 대한 미국의 세이프가드 조치는 국제 무역을 왜곡한 것이며, 미국 내 정치적 압력을 전가시키기 위한 보호무역주의의 의도가 엿보인다고 주장함
- 한편 세이프가드 조치로 2010년 미국의 중국산 타이어 수입 규모는 전년비 23.6% 감소했으며, 2011년 상반기 역시 전년동기비 6% 감소함. 또한 합성고무, 카본블랙(Carbon Black) 등 원자재 산업에도 적지 않은 타격을 끼치고 있으며, 30개에 달하는 관련 기업들은 생산량을 줄이거나 중단함으로써 약 10만 명의 중국 근로자들이 일자리를 잃게 됨.[247)]

사. 미국의 중국산 냉동새우 및 캔포장 새우에 대한 반덤핑조치(DS422)

□ 소송배경

미국은 제로잉(Zeroing) 방식을 사용하여 중국산 냉동새우 및 캔포장 새우에 대한 반덤핑마진을 계산했다. 제로잉 방식이란 반덤핑 마진계산시 품목별로 마이너스로 계산된 부분에 대해 0으로 처리하여 계산하는 방식이다. 가령 중국시장에서 1,000원에 파는 물건을 해외수출시장(미국)에서 한번은 900원에 팔고 한번은 1,100원에 팔았을 때 제로잉 방식에서는 1,100원에 판 것은 무시하고 900원에 판것만을 계산에 넣어 덤핑마진을 계산하는 것이다. 따라서 제로잉방식은 피소국에 대한 반덤핑마진을 부풀린다는 비난을 받고 있다.

- 2004년 12월 8일 미국은 중국산 냉동새우 및 캔포장 새우에 대해 반덤핑관세 부과조치를 취할것이라고 공고함. 최종판정결과 최고 112.81%에 이르는 높은 반덤핑관세부과가 결정되었고 중국의 관련기업들은 큰 손해를 입게됨
- 2010년 12월 28일 WTO의 관련 판결에 따라 미국은 반덤핑세율 결정시 제로잉산정방식을 사용하지 못하게 되었으나, 미국은 여전히 이 방식을 사용하고 있음
- 2011년 2월 28일 중국은 이 문제를 WTO에 정식으로 제소함

□ 소송경과

- 2011년 7월 22일 중국은 2009년 11월에 다이아몬드 절삭공구와 그 부품에 대해 미국이 부과한 반덤핑관세 역시 제로잉방식이 적용되었다며 이에 대해 WTO에 제소함
- 2011년 10월 13일 중국은 미국의 제로잉산정방식에 대해 WTO분쟁해결기구에 패널을 구성할 것을 요청함
- 2011년 10월 25일 WTO분쟁해결기구는 패널구성 완료

247) 上海證券報 (2011.9.7)

2) 중국이 피소된 소송

가. 미국: 중국 반도체 제품 부가가치세 환급조치에 대한 제소(DS309)

□ 소송배경

중국은 당시 국내외 모든 반도체 업체들에 17%의 부가가치세(증치세)를 부과하는 한편, 중국에서 반도체를 디자인하거나 생산하는 업체들에 대해서는 이중 14%를 환급해 결과적으로 3%의 부가가치세만을 적용했다. 이에 미국 반도체 제조업계는 중국의 이러한 불평등한 과세로 인해 반도체 생산공장의 중국이전이 가속화 될 것을 우려했다. 2004년 3월 18일, 미국은 중국이 수입 반도체 제품에 대해 불평등한 과세를 부과한 것은 WTO규정에 위반하는 것이라며 이를 WTO에 제소한 것이다.

□ 소송경과

- 2004년 3월 26일 미국과 중국 협의시작
- 미국과 중국 양국은 2004년 5월부터 7월까지 세 번에 걸쳐 협상을 벌였으며, 주요내용의 합의를 도출함
- 2004년 7월 14일 양국은 합의에 도달했다고 발표함
- 2005년 4월 1일 이후 중국은 반도체기업에 대한 부가가치세 환급조치를 중단함
- 2005년 10월 6일 양국은 분쟁해결기구에 상호간 합의에 성공했다고 밝힘

나. 미국 EU와 캐나다: 중국의 자동차부품 관세율에 대해 제소(DS339/340/342)

□ 소송배경

2005년부터 중국은 자국에서 생산되는 자동차에 중국산 부품을 적어도 40%이상 사용하도록 하고 있으며, 그 기준에 미달할 경우 해당 자동차에 들어가는 수입자동차부품에 대해 완성차 수입관세율을 적용했다. 중국이 수입자동차 부품에 부과하는 관세율은 평균 10%이며 완성차에 적용하는 관세율은 평균 25%이므로 중국산부품을 40%이상 사용하지 않을 경우, 완성차에 들어가는 수입자동차부품의 관세율은 10%가 아닌 25%가 되었다.

□ 소송경과

- 2006년 3월 30일 미국과 EU는 중국의 자동차부품 수입에 대한 관련조치들이 불평등하다고 주장하고 이를 WTO에 제소함
- 2006년 4월 13일 캐나다도 같은 문제로 WTO에 제소함
- 2006년 9월 15일 당사국간 협의가 원만치않자 미국 EU 및 캐나다는 분쟁해결기구에 패널 설치를 요청함

- 2007년 1월 9일 패널구성 완료
- 2008년 7월 18일 패널은 최종보고서를 통해 중국의 자동차부품수입 관련조치들이 WTO 규정에 위배된다고 중국의 패소를 판결함
- 2008년 9월 15일 중국은 상소기구에 상소함
- 2009년 12월 15일 상소기구는 패널의 의견을 지지하며 중국의 상소를 기각함
- 2009년 8월 28일 중국은 9월 1일부터 자동차부품의 수입관세를 10%로 통일하겠다고 발표함

다. 미국, 멕시코: 중국의 산업세제(稅制) 우대정책과 보조금 정책을 제소(DS358/359)

□ 소송배경

중국은 일정한 수출실적기준을 충족한 수출기업에 대해서는 법인소득세 감세 및 면제, 부가가치세 면제, 관세면제, 우대 대출금리적용, 사회보장 분담금 면제 등의 혜택을 제공했다. 또한 자국설비 및 부품을 구매하는 기업에 대해서도 법인소득세 및 부가가치세 환급혜택을 제공했다. 미국은 중국이 대미수출의 60%를 차지하는 철강, IT제품, 목재, 기타 제조업 등의 분야에서 불공정 보조금을 지급해 국제시장에서 공정한 경쟁을 막고있으며, 중국기업들에 대해 자국설비 및 부품구매에 보조금을 지급해 수입품 구매를 차단하였다며 이 문제를 WTO에 제소하게 된다.

□ 소송경과

- 2007년 2월 2일 미국은 WTO에 정식으로 제소함
- 2007년 2월 3일 중국정부는 양국이 이미 의견을 조율중이었음에도 이를 WTO에 제소한 것에 대해 유감을 표시함
- 2007년 2월 26일 멕시코도 같은 문제로 중국을 WTO에 정식으로 제소함
- 2007년 3월 20일 첫번째 협의회 개최
- 2007년 6월 22일 두번째 협의회 진행
- 2007년 8월 31일 분쟁해결기구는 이 문제에 대한 조사를 위한 패널을 구성
- 2007년 11월 29일 중국, 미국, 멕시코 세 나라는 양해각서에 서명함

[표 7-14] 중국의 WTO 피소 사안(2001년 12월~2011년 12월)

DSNo.	제소일자	제소국	사안
309	2004. 03. 18	미국	반도체제품 부가가치세 환급조치
339, 340, 342	2006. 03. 30 2006. 04. 13	미국 캐나다 EU	자동차 부품관세율
358, 359	2007. 02. 02	미국 멕시코	산업세제 우대정책 및 보조금
362	2007. 04. 10	미국	지식재산권 문제
363	2007. 04. 10	미국	출판물 오락 영상물
372, 373, 378	2008. 03. 03 2008. 06. 20	미국 캐나다 EU	금융정보 서비스 관리규정
387, 388, 390	2008. 12. 19 2009. 01. 19	미국 멕시코 과테말라	수출 보조금 문제
394, 395, 398	2009. 06. 23 2009. 08. 21	미국 멕시코 EU	희토류 수출제한조치
407	2010. 05. 07	EU	고정용 철물제품 반덤핑조치
413	2010. 09. 15	미국	전자결제시장 개방
414	2010. 09. 15	미국	방향성 전기강판에 대한 반덤핑 및 상계관세
419	2010. 12.22	미국	풍력발전설비에 대한 보조금
425	2011. 07. 25	EU	엑스레이 안전검사설비 반덤핑판정
427	2011. 09. 20	미국	닭고기 반덤핑 및 상계관세

자료: KIEP 북경사무소(2012), 중국 WTO 소송 10년: 사안별 배경, 경과와 판결, KIEP, 13쪽

라. 미국: 중국의 지식재산권 문제를 제소(DS362)

□ 소송배경

중국의 〈저작권법〉 4조 1항은 '출판·전송이 금지된 저작물은 보호받을수 없다'는 단서규정을 명시하고있는데, 중국의 저작물 사전심사제도로 인해 외국저작물중 심사를 거치지 못한 저작물은 〈저작권법〉의 보호를 받을 수가 없다. 즉 수입심사를 거치지 않은 저작물은 보호 받을수 없는 상황이었다.

□ 소송경과

- 2007년 4월 10일 미국은 중국의 지식재산권침해와 미국산 책, 음반 및 영화에 대한 높은 무역장벽 문제 등 두 건에 대해 WTO에 제소, 양자 협의를 요구함
- 2007년 6월 7일 미국과 중국 양국의 협의진행
- 2007년 8월 13일 미국은 WTO분쟁해결기구에 패널설치 요구
- 2007년 9월 25일 패널 설치
- 2009년 1월 26일 패널에서 최종보고서를 발표하고 중국은 〈저작권법〉 제4조 1항을 수정할 필요가 있다고 판결함

- 2009년 3월 20일 WTO는 패널의 최종보고서를 채택함
- 2009년 4월 15일 중국은 WTO의 판결에 승복한다고 밝힘
- 2009년 6월 29일 미국과 중국 양국은 결과이행에 1년의 기간이 필요하다는데 동의하고 그 시한을 2010년 3월 20일로 정함
- 2010년 3월 19일 중국은 관련된 〈저작권법〉을 수정함

마. 미국: 중국의 출판물, 오락영상물 등에 대해 제소(DS363)

□ 소송배경

본 소송은 중국의 WTO가입후 첫번째 서비스무역에 대한 제소이며 중국이 WTO가입 당시 승인했던 서비스 무역개방과 연관되는 문제이다. 중국은 출판물이나 오락 영상물 등을 국영기업만 수입할 수 있는 권한을 부여하는 제한을 두었다. 즉 외국인투자기업이 수입출판물의 유통서비스에 종사하는 것을 금지하고 있었다. 수입출판물의 유통서비스는 오직 국영기업만이 할 수 있고 승인된 독자들에게만 유통되도록 규제되었다. 수입영화는 2개의 국영기업으로 유통채널을 제한했다. 미국은 중국정부가 외국기업의 수입권한과 유통서비스 권리를 제한하며 외국상품 및 서비스를 차별하고 있다고 주장하고, 무역권한과 유통서비스에 대해 WTO에 제소하게 된 것이다.

□ 소송경과

- 2007년 4월 10일 미국은 중국의 출판물과 영상 오락물 등의 무역권과 유통권 규제에 대해 WTO 에 제소함
- 2007년 6월 5일과 6월 6일 협의를 진행하였으나 합의에 이르지 못함
- 2007년 10월 10일 미국은 전문가 패널설치를 요구했으나 중국은 이를 1차 거부함
- 2007년 11월 27일 전문가패널 구성 완료. 호주, 캐나다, 일본, 한국, 대만은 제3자로 패널에 참가하여 의견을 제출함
- 2009년 6월 23일 최종보고서 발표
- 2009년 8월 12일 패널의 최종보고서는 미국의 입장을 대부분 지지, 중국이 외국의 출판물과 영상오락물에 대해 자국시장에 진입제한조치를 취하는 것은 WTO의 규정과 중국의 WTO가입 당시의 승인사항에 위배된다고 판결함
- 2009년 9월 22일 중국은 상소기구에 상소하였고, 동년 10월 5일, 미국 정부도 상소함
- 2009년 12월 21일 WTO 분쟁해결기구는 상소절차를 거쳐 최종적인 상소기관 보고서를 발표하였는데 최종보고서는 대부분의 쟁점에 대해 패널의 평결을 지지함
- 현재 판결 집행중이며 미국과 중국 양국은 2011년 3월 19일까지 14개월의 이행기간에 합의한 상태임

바. 미국, EU, 멕시코: 중국 희토류 수출제한조치에 대해 제소(DS394/395/398)

□ 소송배경

중국의 희토류 수출제한조치에 대한 미국·EU·멕시코의 WTO 제소이다. 중국은 세계 희토류 사용량의 90%이상을 생산하는데 최근들어 희토류를 국가전략자원으로 규정하고 환경보호와 난개발 등의 명분을 들어 생산, 유통, 수출에 대한 전면적인 관리를 시행하고 있다. 이에 미국, EU, 멕시코는 공동으로 중국정부의 일부 공업 원자재(보크사이트, 코크스, 마그네슘, 아연 등 9가지) 수출제한 조치가 국제 원자재 가격 상승을 부추기고, 자국산업을 불공정하게 보호하려 하는 행위라며 2009년 WTO에 소송을 제기했다.[248]

□ 소송경과

- 2009년 6월 23일 미국과 EU는 중국이 희토류 수출을 수출관세나 수출쿼터의 방식으로 규제하고 있다며 중국의 희토류 수출규제조치에 대해 정식으로 WTO에 제소함
- 2009년 8월 21일 멕시코 역시 같은 문제로 제소
- 2009년 7월과 9월에 소송 당사국들은 두 차례의 협의를 진행했으나 합의에 이르지는 못함
- 2009년 12월 21일 WTO는 패널을 설치하고 조사를 시작함
- 2011년 2월 18일 전문가 패널 예비보고서 제출
- 2011년 4월 1일 전문가패널 최종보고서 제출
- 2011년 7월 5일 최종보고서 승인
- 2011년 8월 31일 중국은 상소기구에 상소함
- 2011년 9월 6일 미국 역시 상소함
- 2011년 11월 30일, WTO 최종 판정 (중국 패소)

□ WTO 전문가 패널 최종보고서(2011년 7월)에 대한 중국의 반응

2011년 7월 5일 WTO는 회원국들에게 미국, EU, 멕시코가 제소한 중국의 원자재 수출 제한 조치와 관련된 보고서를 발표했다. 동 보고서에는 안건 심사범위, 수출관세, 수출쿼터, 중국측이 제시한 예외조항, 수출쿼터할당 및 관리, 수출허가증 발급, 최저 수출 제한가격 등 7가지 영역에 대한 판결 내용이 기록돼 있다.

WTO는 동 보고서에서 중국측의 안건 심사범위, 수출쿼터할당 및 관리, 수출허가증 발급 등에

---

248) 희토류(稀土類; Rare Earth Elements): 원소기호 57번부터 71번까지의 란탄계 원소 15개와, 21번인 스칸듐(Sc), 그리고 39번인 이트륨(Y) 등 원소를 총칭한다. 희토류는 물질의 특성상 경제성이 있을 정도로 농축된 형태로는 산출되지 않고 광물 형태로는 희귀하므로, '자연계에 매우 드물게 존재하는 금속원소'라는 의미의 희토류라는 이름이 붙었다. 화학적으로 안정되면서도 열을 잘 전달하는 성질이 있어 삼파장 전구, LCD 연마광택제, 가전제품 모터자석, 광학렌즈, 전기차 배터리 합금 등의 제품을 생산할 때 쓰인다.

대한 입장을 지지하지만, 수출관세 부과 및 수출쿼터 조치는 WTO 규정에 어긋나는 행동일 뿐만 아니라, 중국 측이 제시한 고갈자원 보호, 인류의 건강과 생명 보호 등 예외조항의 조건과도 부합하지 않는다고 밝힌 바 있다.[249)]

이에대해 대외경제무역대학 WTO연구원의 장쥔성 교수는, WTO는 세계의 공정한 무역을 보호하는 역할을 해야 함에도 불구하고, 선진국들이 주도적인 위치를 점함으로써, 그 판결과 결정들이 정치적 편향과 개별 경제체의 이익을 반영하고 있다는 인상을 지울 수 없다고 지적했다. 현재 중국이 제한하고 있는 원자재 수출 품목은 보크사이트, 코크스, 형석, 마그네슘, 망간, 금속규소, 탄화규소, 황린, 아연 등 총 9개 품종이다. 중국은 현재 심각한 자원 환경의 상황에 처해 있으므로, 고갈되고 소모율이 높으며 오염이 심한 원자재의 수출을 제한하는 것은 WTO의 '지속가능한 발전을 유지하고, 세계 각 회원국들로 하여금 자원을 가장 잘 이용하도록 한다'는 원칙에 완전히 부합한다고 주장했다.[250)]

사. 미국, 멕시코, 과테말라: 중국의 수출보조금 문제를 제소(DS387/388/390)

□ 소송배경

중국정부는 자국상품의 해외인지도 제고와 판매촉진을 위해 중앙정부 및 지방정부의 다양한 부서에서 여러가지 수출보조금 프로그램을 실시하고 있다. 수출보조금 프로그램에는 수출업체에 대한 직접적인 현금지급, 업체들에 대한 특혜융자, 낮은 요율의 보험료, 신상품 연구개발에 대한 자금지원 등이 있다. 미국은 중국의 유명상품 수출보조금 프로그램이 유명상품 여부에 관계없이 사실상 전 세계에 수출하는 대부분의 중국제품(가전, 의류, 경공업품, 농산품, 식품, 금속제품, 화공품, 의약품 등)을 대상으로 하기 때문에, 이는 불공정무역에 해당한다고 주장했다.[251)]

□ 소송경과

- 2008년 12월 19일 미국과 멕시코는 중국 중앙정부와 지방정부가 실시하고 있는 여러종류의 유명상품 수출보조금 프로그램을 WTO에 제소함
- 2009년 1월 19일 과테말라도 같은 문제를 WTO에 제소함
- 2009년 2월 5일 소송 당사국간 협의 진행
- 2009년 12월 18일 중국은 문제가 된 수출보조금 프로그램을 중단하겠다고 발표함

249) 新華網(2011.9.1)
250) 國際在線(2011.11.22)
251) 동 프로그램은 중국어로 '重点支持和发展出口名牌商品' 로 지칭되었으며, 중앙정부와 각 지방정부에서 다양한 지원 조치가 실시되었다. (신화망 및 인민망 뉴스 검색 결과. 2012.3)

아. 미국: 중국의 전자결제시장 개방 문제에 대해 제소(DS413)

□ 소송배경

중국은 2001년 WTO가입 당시 해외카드사에 대한 규제를 모두 철폐하겠다고 약속한 바 있다. 하지만 중국정부는 여전히 마스터, 비자, 아메리칸 익스프레스 등 외국신용카드 업체들이 중국의 독점카드사인 유니언페이(銀聯. 인롄)를 통해야만 결제를 할 수 있도록 규제하고 있다. 미국은 중국정부가 중국전자결제시장에 진출하려는 미국 신용카드 업체에 대해 차별대우를 하고 있다고 지적하고 중국이 전자결제시스템 서비스 제공과 관련하여 특정한 제약과 요구사항을 두고 있는 것에 대해 제소하게 된다.

□ 소송경과

- 2010년 9월 15일 미국 WTO에 제소
- 2010년 10월 미·중 양국은 협상에 돌입함
- 2011년 2월 11일 미국은 분쟁해결기구에 패널설치를 요청함
- 2011년 3월 25일 패널설치. 호주, 과테말라, 일본, 한국은 제3자로 패널에 의견을 제출함
- 2011년 7월 4일 패널구성 완료
- 2012년 7월 16일. WTO는 중국의 신용카드 결제과정이 국제규정을 위반했다고 판결함. WTO는 신용카드 결제사업을 국유기업이 담당하는 것은 불공정하다며 미국 측이 제기한 소송에서 일부 승소 판결을 내림. 이번 판결로 중국의 전자결제시장 개방 압력이 불가피함. 현재 중국의 신용카드 시장은 은행거래 서비스 대행사인 중궈인롄(中國銀聯)이 독점하고 있음. WTO 패널은 모든 외국은행 신용카드 공급자들이 국영기업인 유니언페이의 지급결제망을 이용하도록 한 것은 명백한 차별행위라고 밝힘. 중국 내에서 발행되는 신용카드에 유니언페이 로고를 표시하도록 한 것도 WTO 규정을 위반한 것이라고 지적함.[252]

자. 미국: 중국의 닭고기 반덤핑 및 상계관세부과 판정에 대해 제소(DS427)

□ 소송배경

2009년 10월, 중국정부는 미국산 닭고기가 정부보조금을 받아 적정가격 이하로 중국에 수출되고 있다며 조사를 시작, 2010년 8월에 4~30.3%의 상계관세를 부과하고 이어 9월에는 50.3~105.4%의 반덤핑관세를 부과했다. 2011년 9월 20일, 미국은 중국이 미국산 닭고기에 대해 적절치 않은 반덤핑 및 상계관세부과조치를 내렸다며 이를 WTO에 제소하게 된다.

252) 헤럴드경제(2012.7.17)

□ 소송경과

- 2011년 9월 20일, 미국은 중국이 주관적 증거 조사없이 국내산업의 피해를 찾았고 덤핑마진과보조금 비율을 잘못 계산했으며, 투명하고 적절한 조치를 취하지 않음으로써 적법한 절차를 지키지 않았다고 주장하며 중국을 WTO에 제소함
- WTO 분쟁해결기구는 '닭고기 분쟁' 패널 보고서 발표(모든 회원국에게 회람)를 통해 중국의 패소 판정을 내림(2013년 8월 2일).
- 닭고기 분쟁은 미국이 '중국의 미국산 닭고기에 대한 반덤핑(AD) · 상계관세(CVD) 조치'가 WTO 관련 협정을 위반한 부당한 처사라고 제소한 사건임. 닭고기는 신선 · 냉장 육계제품(broiler products)으로 살아있는 생닭과 조리된 닭고기 제품을 제외한 절단육, 닭날개·내장, 닭발 등을 포함함. 이번 분쟁은 2009년 9월 미국의 대중 타이어 특별세이프가드 조치 발동에 대해 중국이 미국산 닭고기에 AD·CVD 조치로 맞대응한데서 비롯됨. 이는 양국간 무역구제조치를 둘러싼 분쟁 가운데 농산품 분야에서 발생한 최초 사례이며, 양국 통상분쟁의 심화·확대를 초래한 결정적인 계기로 작용함. 이 분쟁의 핵심 쟁점은 중국 상무부의 AD·CVD 조사 절차와 관련된 투명성 결여 문제, AD · CVD 결정시 해당제품의 정상가격 산출에 필요한 생산비용 계산 방법의 적절성 여부임. 이에 WTO 패널은 중국의 조치가 관련 협정을 위반하여 조사 절차상 결함을 보이고, 부적절한 생산비용 계산으로 덤핑마진을 부풀렸다고 판정함.[253)]

4. 한 · 중 마늘교역 분쟁

1) 개요

한중 마늘교역분쟁은 2000년 6월 한국정부의 중국산 마늘에 대한 세이프가드 발동으로 시작되어 한국산 휴대용 무선전화기와 폴리에틸렌에 대한 중국의 보복 조치로 이어지고, 여러 차례의 재협상 과정을 거치며 3년을 끌다가 2003년에 종료되었다.

우루과이라운드(UR) 이후 시장개방에 따라 중국으로부터 양파, 고추, 마늘, 참깨 등 농산물의 수입이 급증하였다. 특히 국내주요 작물인 마늘 수입이 급증하였다. 1993년 UR 협상 당시 50%의 저율관세가 부과되는 최소시장접근(Minimum Market Access, MMA) 물량 초과분에 대해 396%의 고율관세를 부과했음에도 불구하고, 양국간 생산비 차이로 인해 신선마늘의 수입은 1996년과 1998년 2년 사이에 4배 가까이 증가하였다. UR 협상 당시 한국 수요가 없거나 미미할 것으로 판단하여 30%의 저율관세를 허용한 냉동마늘과 초산제조마늘의 경우 1999년에는 1996년

253) CSF(2013.9.11), [동향세미나]중국, WTO 닭고기 분쟁 패소, 나수엽 KIEP 중국팀 전문연구원.

대비 9배 이상으로 수입이 급증하였다. 중국산 마늘의 약 70%가 생산되는 산동성에서 한국시장을 겨냥하여 적극적으로 마늘을 재배하고, 냉동설비 등을 설치하는 등 적극적인 수출 전략을 도입하였기 때문이었다.

중국산 마늘의 수입급증으로 수입마늘의 한국시장 점유율은 1996년 3.3%에서 1999년 12.2%로 크게 증가하였다. 수입급증으로 한국의 농가판매가격과 도매시장가격은 1999년 전년비 42.4%와 37.9%씩 하락하였다. 중국산 마늘의 수입급증에 따라 한국 마늘재배농가의 피해가 확산되자 농협중앙회는 1999년 9월 「대외무역법」 제26조 산업피해조사를 산업자원부 산하 무역위원회에 신청하였으며, 무역위원회는 마늘수입의 급증으로 관련 국내산업이 심각한 피해를 받고 있으며 긴급히 구제조치를 취하지 않으면 관련 국내산업의 피해가 회복하기 어려울 것으로 판단하여, 1999년 10월 냉동마늘과 초산제조마늘에 한해 200일 동안 285%의 잠정긴급관세(30%에서 315%로 인상)를 기본관세에 추가하여 부과해 줄 것을 재정경제부 장관에 건의하였다.

무역위원회의 세이프가드 발동 건의 후 한국정부는 2000년 4월 24일과 5월 18일 두 차례에 걸쳐 중국정부와 실무협상을 진행하였다. 한국정부는 중국정부에 옥수수, 참깨 수입을 늘리고 조정 관세 부과 품목의 관세를 인하시켜주는 타협안을 제시했으나 합의점을 찾지 못하고, 5월 26일 세이프가드 조치를 WTO에 정식 통보했다. 이에 따라 재정경제부 장관은 2000년 6월 1일 중국산 마늘에 대해, WTO 협정과 「대외무역법」 및 「관세법」 에 근거하여 긴급관세를 부과하였다. 예컨대 냉동마늘 및 초산조제마늘의 경우 30% 기본관세에 추가하여 285%의 긴급관세를 부과하였다.

이에 대한 보복으로 중국정부는 2000년 6월 7일부터 한국산 휴대용 무선전화기와 폴리에틸렌에 대해 잠정수입 금지 조치를 취하였다. 그 배경을 살펴보면 다음과 같다.

중국의 입장에서는 한국이 중국에 매년 50억 달러(당시) 수준의 큰 무역흑자를 내고 있는데 한국산업 피해구제조치로 1,000만 달러도 안 되는 마늘 수입에 고율 관세를 물려 사실상 자국의 수출길을 막는 것은 너무나 인색하고 불공평한 처사로 보았던 것이다. 더욱이 중국 마늘의 70%를 생산하는 산동성은 중국정부가 한국 시장을 겨냥해 시장성 있는 작물로 마늘 재배를 적극 권장하고 있던 차였다. 당시 한국에 마늘 수출길이 막혀 생계가 어려워진 중국의 마늘 재배 농민이 자살하는 사태까지 벌어지자, 중국정부는 이를 심각한 문제로 받아들였다. 결국 이는 중국의 보복 조치를 이끌어냈고, 당시 중국은 WTO 회원국이 아니었기 때문에 한국으로서는 국제기구에 제소를 하거나 중재를 요청할 방법도 없었다. 당시 중국의 한국산 휴대폰과 폴리에틸렌 수입은 약 5억달러에 달했다. 이 규모는 마늘 수입액의 거의 60배에 달하는 규모였다.[254)]

---

254) 조환익(2011), 『우리는 사는 줄에 서 있다』, 청림출판, 129-135쪽.

2) 협상 결과

양국 정부는 2000년 6월 29일 북경에서 3차 한중 마늘 협상을 재개하였다. 협상을 통해 세이프가드 기간은 당초보다 6개월 줄여 2002년 말에 종료하고, 한국산 휴대용 무선전화기와 폴리에틸렌에 대한 수입 금지 조치를 중국이 해제하는 대신, 한국은 중국에서 수입되는 냉동마늘과 초산조제마늘을 매년 2만여 톤씩 수입하는 관세율쿼터(TRQ)를 실시하며, 저율의 기본관세 50%로 수입가능한 최소시장접근(MMA)물량 1만 1,895톤을 중국산 마늘로 도입한다는 합의에 도달하였다.

이 같은 합의에 따라 일단락된 듯했던 한중 마늘 분쟁은 2001년 4월 6일 한중 실무협상에서 중국정부가 보복조치를 재개할 것을 경고하면서 재연된다. 중국정부는 한국정부가 2000년에 32,000톤을 수입해주기로 약속하고 22,000톤 밖에 수입하지 않았기에 협정 위반이라고 주장한다. 이에 대해 한국 측은 2000년도 예정된 수입물량이 미 소진된 이유는 도입기간이 4개월 정도(2000년 8월 2일부터 발효)였기 때문이라고 설명했다. 하지만 한국은 2000년 4월 21일 북경에서 열린 한·중 통상장관회담에서 미소진 물량(약 1만 톤)을 2001년 8월 31일까지 전량 수입하고 2001년, 2002년 쿼터물량 수입도 보장하겠다고 약속했다.

중국 측 주장에 일방적으로 굴복한 통상 협상이라는 국내적 비난이 있었지만 한중 마늘 협상은 종결된 듯했다. 그런데 2002년 6월 28일 농협중앙회가 마늘 세이프가드를 2006년 말까지 4년 연장해줄 것을 무역위원회에 요청하면서 파문이 다시 확산된다. 한국정부가 2000년 7월 한·중 마늘협상 타결시 '2003년부터 마늘 세이프가드를 해제하고, 마늘수입을 민간에 맡긴다'라는 내용의 부속서에 합의하고 이를 공개하지 않은 것이다. 이에 정치권과 농민단체는 정부가 책임을 지고 중국과 재협상을 해 세이프가드를 4년 더 연장해야 한다고 주장했으나 정부가 마늘재배농가에 대한 지원을 약속하고, 2000년 7월 한중 마늘합의 부속서에 따라 2003년부터 중국산 마늘이 수입자유화 되었다.

3) 시사점

한중 양국간 교역규모가 커지면서 무역분쟁이 발생하는 것은 당연한 일이라고 할 수 있으나, 농업부문에서 양국간에 심각한 분쟁이 발생한 이유는 다음과 같다.

첫째, 산업구조적 요인이다. 중국이 값싼 농산물을 대량으로 생산할 수 있는 반면, 우리는 그렇지 못할 뿐 아니라 농업구조조정이 빠른 속도로 이루어지지 않고 있기 때문이다. 가격경쟁력의 차이와 함께 산업구조적인 측면이 근본적인 요인으로 작용하고 있다.

둘째, 제도운영적 요인이다. WTO의 수입규제수단으로 반덤핑관세와 세이프가드를 들 수 있다. 그런데 일반적으로 세이프가드는 수입피해국이 수입급증이라는 발동조건을 만족시키기가 용이하지 않으며, '수입과 피해간의 인과관계'도 입증하기 어렵다. 또한 무역당사국으로부터의 보복을 당하거나 보상을 해줘야 할 위험성도 있다.

셋째, 무역분쟁 대응체제에 관련된 요인이다. 무역분쟁은 재화, 서비스, 생산요소의 국제교역과정에서 국익을 극대화하려는 각국의 정책들이 조정되지 못할 때 발생한다. 결국, 무역분쟁은 각국의 정책이 통합·조정되어 운영되지 않는 한, 계속 발생할 수밖에 없는 불가피한 측면이 있다. 이는 통상정책이 결국 국익을 극대화하려는 수단이기 때문에 정책수행의 여하에 따라 이익과 손실이 극명하게 엇갈리므로 당사국으로서는 양보가 용이하지 않다는 속성 때문이다.

한국이 겪은 과거의 무역 분쟁의 사례들처럼 이번 한·중 마늘 교역분쟁에서도, 분쟁이 불거졌을 때에 부처간 협조 원활화가 신속히 이루어지지 못했다는 문제점이 제기되었다.[255]

255) 성신여대 산학협력단(2006), 한중마늘교역 분쟁, 국가기록원 나라기록

[주요용어]

WTO, GATT, GATS, TRIPS, 도하개발아젠다(DDA), DSB, 개발도상국 지위, 비시장경제 지위, 비관세장벽, 정부조달, 내국민대우, 무역수지균형, 외환수지균형, TRIM, 희토류, 제로잉방식, 최소시장접근(MMA), 관세할당(TRQ)

[연습문제]

1. GATT와 WTO와의 관계를 설명하시요.
2. WTO 회원이 되기 위한 자격은?
3. WTO의 주요 기능은?
4. WTO 일반이사회의 주요 임무와 직능은?
5. 도하개발아젠다가 아직까지 종료되지 못한 배경은?
6. 중국의 WTO가입과 관련, 대만의 GATT 탈퇴에 대한 WTO의 시각은 어떤 것이었나?
7. WTO가입시 중국이 개발도상국 지위를 얻고자 했던 이유와 배경은?
8. 비시장경제국 지위를 부여받은 중국에게는 어떠한 불이익이 따르게 되는가?
9. 중국이 WTO 가입시 양허한 주요 비관세장벽에는 어떠한 유형이 있는가?
10. 중국이 현재에도 국영무역제도를 유지하고 있는 이유는?
11. 중국정부가 WTO가입을 전후하여 취한 주요 준비 조치에 대해 서술하시요.
12. WTO 가입 10년후, 중국의 수출입 품목에는 어떤 변화가 있었는가?
13. 전세계 각국이 중국을 WTO에 제소하는 비경제적 배경은?
14. 전세계 반보조금 조사 중 70% 이상이 중국을 대상으로 하고 있는 원인은?
15. 최근 WTO분쟁사례중, 2009년 중국의 희토류 수출제한조치에 대한 WTO 최종판정이 의미하는 시사점은?
16. 미국과 중국이 상호간에 WTO제소를 보복성으로 진행하고 있다고 판단할 수 있는 근거를 사례를 들어서 설명해 보시요.
17. 2009년 한중간 마늘교역 분쟁이 일어난 직접적 원인과 한중교역구조에서 찾을 수 있는 간접적인 배경에 대해 설명하시요.

제8장 중국의 FTA 전략

제1절 FTA와 지역무역협정 개념

1. 지역경제통합의 개념

지역경제통합(Regional Economic Integration), 혹은 국제지역간 경제통합은 지역 내 각 경제체제 사이에 상품과 생산요소 이동의 장벽을 제거하고, 최종적으로는 상품 판매의 자유시장, 자본과 노동의 동일한 시장을 형성하는 과정을 의미한다. 즉 지역 내 각 경제체가 경제적으로 통합을 이루는 과정이다.

통합하는 경제주체의 경제 발달 수준의 차이에 따라 지역경제 통합은 크게 선진국-선진국형(NN형), 선진국-개발도상국형(NS형), 개발도상국-개발도상국형(SS형) 등 3가지로 나누어 볼 수 있다. NN형은 경제가 발달된 체제들 간의 경제통합 과정을 의미하며, 유럽 연합(EU)을 그 예로 들 수 있다. SS형은 개발도상국 간의 경제통합 과정을 의미하며, 동남아시아 국가연합 즉 아시아 지역 10개국이 모인 경제공동체인 아세안(ASEAN)의 대표적인 예이다.

그리고 NS형은 선진국 경제와 개발도상국 경제 사이에 형성된 경제통합 과정으로 북미자유무역협정(North American Free Trade Agreement. NAFTA)를 대표적으로 들 수 있다. 즉 NAFTA는 선진국인 미국 및 캐나다와 개발도상국인 멕시코 등 북미 3개국이 자유무역지대를 창설하기 위해 추진한 협정이다. 주요 내용은 3개국간에 재화와 서비스 이동에 대한 각종 관세 및 비관세장벽을 향후 15년간 단계적으로 철폐한다는 것이다. 1992년 10월 11일 체결돼 인구 3억 6300만명, GDP 6.4조 달러에 이르는 거대한 단일시장이 탄생하게 됐다. 2009년말 기준 NAFTA의 교역총액은 990억 달러에 이르며, 미국은 NAFTA와의 상품교역에서 946억달러 적자를, 서비스교역에서도 283억 달러 적자를 기록하고 있다.[256]

국제지역의 경제통합은 많은 경제적 장점이 있다. 첫째, 비교우위 이론에 의해 통합과정에서 경제적 특화 정도의 제고를 통해 생산효율을 향상 시킬 수 있다. 둘째, 시장 규모의 확장을 통해

---

256) 미국 무역대표부 홈페이지.
http://www.ustr.gov/trade-agreements/free-trade-agreements/north-american-free-trade-agreement-nafta (검색일자: 2012.3)

규모의 경제가 이루어지고 이로 인해 생산수준이 향상 될 수 있다. 셋째, 치열한 경쟁을 통해 보다 높은 경제효율을 도모할 수 있다. 넷째, 통합 지역 내의 기술향상에 의해 상품 수량의 증가와 품질 향상을 도모할 수 있다. 다섯째, 생산요소가 일체화 지역 내에서 자유롭게 이동됨으로서 장점을 극대화 할 수 있다. 여섯째, 지역 내 화폐금융정책이 통합되어 리스크를 분산할 수 있다. 일곱째, 경제 고도성장, 충분한 취업, 공평한 소득분배 등 통합지역 내의 공동적 목표를 성립하고 효과를 극대화 할 수 있는 기반을 마련하게 된다.[257]

2. 지역경제통합의 종류와 특징

지역경제 통합(Regional Economic Integration)을 위한 발전 단계별 특성을 보면 다음과 같다.

첫번째 단계는 상품시장의 통합이다. 즉 지역 내 상품 이동의 장벽을 제거한다.

두번째 단계는 생산요소(토지, 노동, 자본)의 통합이다. 즉 지역 내 생산요소의 자유 이동을 실현한다.

세번째 단계는 정책의 통합이다. 즉 지역 내 각 나라가 경제정책의 일치를 달성한다.

네번째 단계는 완전한 통합이다. 즉 지역 내 모든 나라가 동일한 정책을 집행한다.

지역경제 통합 중 하나인 자유무역협정(FTA. Free Trade Agreement)은 WTO 출범이후 거의 모든 국가의 가장 중요한 통상 현안으로 떠올랐다. 가장 널리 통용되는 지역무역협정 분류방식인 바이너(Viner) 분류에 의하면 지역협력체제에는 네가지가 있는데, 자유무역지대(Free Trade Area), 관세동맹(Customs Union), 경제공동체(EconomicCommunity), 경제연합(Economic Union) 등이 그것이다. 2007년 9월 현재 WTO에 통보된 총 194건의 지역무역협정 가운데 자유무역협정(FTA)이 114건으로 가장 많은 비중을 차지하고 있다. 관세동맹은 18건으로 남아프리카관세 동맹(SACU) 그리고 부분적으로 남미공동시장(MERCOSUR) 등을 들 수 있다.

지역 내 시장 융합의 정도와 진행하고 있는 단계에 따라 지역경제 통합 조직은 다음과 같은 6가지로 나누어 볼 수 있다.

1) 특혜무역협정(PTA. Preferential Trade Arrangement)

협정국간 무역에는 관세를 비롯한 무역장벽을 낮추는 반면, 나머지 비협정국에 대해서는 예전과 똑같은 수준의 관세 및 무역장벽을 적용하는 것이다. 1932년에 영국과 그 식민지가 맺은 특혜관세제도는 PTA의 좋은 예이다. 경제체들간의 FTA를 체결하기 전에 먼저 PTA를 맺는

257) 왕기공·김민영·류경(2008), 아시아·태평양 지역 FTA의 현황과 발전 전망, 「지역발전연구」 제8권 제1호, 55-56쪽.

것은 국제적 관례이다. 그리고 1976년에 '방콕협정'으로 시작한 아시아·태평양 지역 국가들 간의 특혜 무역협정인 아시아태평양 무역협정(APTA. Asia-Pacific Trade Agreement)이 있다.

APTA는 무역자유화와 무역확대를 통하여 아·태지역 개발도상국들의 경제발전과 생활수준향상을 꾀하기 위해 역내의 개도국 사이에서 체결되었고, ESCAP사무국이 있는 방콕에서 체결됐기 때문에 '방콕협정'이라 불린다. 이는 '아시아·태평양 경제사회위원회(ESCAP) 개발도상회원국간 무역협상에 관한 1차 협정'의 약칭이다. 1976년 6월, 발효된 방콕협정은 한국, 인도, 라오스, 스리랑카, 방글라데시 등 아시아 5개국이 상호 교역활성화를 위해 회원국들끼리 WTO규정상의 최혜국대우보다 더 낮은 관세율을 적용하기로 합의하였고, 중국은 지난 2001년 4월 회원국으로 가입했다. 회원국들은 총 782개 품목에 대해 서로 특혜관세를 적용하고 있고, 한국은 250개 품목에 대해 현행 세율 기준으로 평균 30%의 관세인하 혜택을 회원국에 주고 있다.

한편, '방콕협정'은 2006년 9월 1일에 APTA로 개정되어 발효된 바 있다. 관세, 비관세 장벽 제거를 통해 ESCAP 관할내 개발도상국간의 무역확대를 목적으로 현재 회원국간에 특정 품목에 대하여 양허관세(關稅讓許)를 실시하고 있다.

2) 자유무역지대(Free Trade Area, FTA)

자유무역협정(Free Trade Agreement. FTA)을 체결한 나라들이 형성된 하나의 무역지역이다. 자유무역지역 내의 회원국들 간에 관세를 비롯한 무역장벽이 폐지되고 지역내 상품의 자유이동이 실현된다. 반면, 비회원국에게는 이전과 동일한 수준의 관세 및 무역장벽이 적용된다.[258)]

1993년 유럽경제지역(EEA)으로 통합된 유럽공동체(EC)와 유럽자유무역연합(EFTA), 북미자유무역협정(NAFTA)의 모체가 된 1988년 미국과 캐나다간의 자유무역협정이 대표적인 예이다. 미국-캐나다자유무역협정(USA-Canada Free Trade Agreement)는 1988년 1월 2일 미국 대통령 레이건과 캐나다의 수상 멀로니가 오타와에서 조인한 양국간의 무역협정이다. 이 협정으로 미국·캐나다 양국간의 경제장벽 철폐를 목적으로 한 자유무역권이 1989년 1월 1일 탄생하였다.

이 협정은 ① 양국간에 아직 관세가 남아 있는 품목(수출입 총액의 25%)에 대해서 관세를 단계적으로 10년 이내에 철폐하고, ② 농산물 · 자동차제품 · 에너지의 무역을 자유화하고, ③ GATT에서는 다루고 있지 않은 서비스무역·금융서비스·투자에 대해서도 쌍방이 상대방 국민의 내국민대우를 보증하고, ④ 중립적인 분쟁처리기관을 설치하고 그 재정(裁定)에 구속력을 가지게 하는 등을 규정하였다. 이로써, 인구 2.7억명, 역내 총생산 4.9조 달러의 거대시장이 북미에 탄생한 바 있다.

---

258) 이처럼 FTA는 자유무역지대(Free Trade Area) 혹은 자유무역협정(Free Trade Agreement)의 약어이나, 본고에서는 별도 설명이 없으면, 자유무역협정을 뜻하는 Free Trade Agreement를 의미하기로 한다.

3) 관세동맹(Customs Union)

관세동맹이란 경제적 정치적으로 이해 관계가 깊은 2개국 이상이 결합하여 상호간의 관세를 철폐 또는 경감하여 무역을 자유롭게 하고, 동맹 외의 나라에 대해서 경제상 1단위를 구성하여 공통의 관세를 부과하는 경우를 말한다. 1834년에 결성된 독일관세동맹, 이후 1957년에 발족된 유럽경제공동체(EEC. European Economic Community) 등에서 그 예를 찾아볼 수 있다.

1834년 프로이센(Preussen) 주도하에 결성된 독일 관세동맹으로 대내관세(對內關稅)가 철폐되고, 화폐·어음·도량형·교통제도 등의 국내적 경제영역의 통일이 이룩되었으며, 철도망의 발전과 더불어 광범한 국내시장의 형성을 보게 되었다. 이를 통해 중공업을 중심으로 한 독일 자본주의의 본격적인 발전을 이룩했다. 이 동맹은 1871년 독일제국의 탄생과 함께 정치적으로 통일되었다.

제2차 세계대전 후 1944년 네덜란드·벨기에·룩셈부르크 등 3국이 결성한 베네룩스 관세동맹(Benelux Customs Union)은 1958년 '베네룩스 경제동맹(Benelux Economic Union)'으로 발전하였으며, 유럽경제공동체(EEC)는 이 경제동맹이 확대된 것이다. EEC는 프랑스·독일·이탈리아·네덜란드·벨기에·룩셈부르크의 6개국이 역내관세(域內關稅)의 철폐와 대외공통관세의 설정으로 자유시장의 창설과 더불어 자본이나 노동의 이동까지도 자유화하여 역외(域外)에 대항하는 경제권을 설립하려는 것을 목적으로 했다.

관세동맹이 FTA와 가장 큰 차이는 지역 내의 나라들이 공통의 대외 관세를 부여한다는 점이다.

4) 공동시장(Common Market)

관세동맹에서 나아가 경제적인 국경을 철폐하고 국가간 무역량 확대와 사회적 경제적 발전을 도모하기 위해 회원국간 노동(건설, 컨설팅 등), 자본(은행, 기타 금융서비스, 해외직접투자 등), 기술 등의 생산요소를 자유롭게 이동할 수 있는 지역경제협력의 단위를 공동시장이라고 한다.

이전에는 국내 영역으로만 간주되었던 법과 제도에까지 영향이 미침으로써 보다 발전된 통합의 단계이다. 대표적인 예로 유럽연합 이전 형태의 1957년 유럽경제공동체(EEC European Economic Comuunity), 앞서 설명한 1994년 북미자유무역지역(NAFTA)을 들 수 있으며, 중미공동시장(CACM Central American Common Market), 안데스 공동체(ANCOM) 등을 들 수 있다.

먼저 CACM(中美共同市場)의 경우, 1960년 조인된 '중앙아메리카 경제통합에 관한 일반조약'에 의거 1961년 7월 발족한 지역경제 협력기구이다. 가입국은 과테말라·엘살바도르·온두라스·니카라과·코스타리카이다. 주요 기관에는 중미경제통합은행·중미경제통합기금·중미결제기구도 설립되어 있다. 역내무역(域內貿易)의 자유화, 역외관세(域外關稅)의 통일화, 산업통합을 포함한 공동시장의 형성을 목적으로 하며, 이미 역내무역의 자유화, 역외관세의 통일화는 달성된 상태이다. 그러나 CACM은 통합산업제도 개선시점부터 역내 발전격차에 대한 배려 부족으로,

처음부터 유리한 공업조건을 갖고 있던 나라만 더욱 유리해지는 결과를 낳아 과테말라와 엘살바도르에만 이익이 집중됨으로써 균형 발전은 이루어지지 못했다.

다음으로 안데스 공동체(Comunidad Andina)는 콜롬비아 · 페루 · 에콰도르 · 볼리비아 · 칠레 5개국이 1969년 콜롬비아의 카르타헤나에서 조약조인으로 발족한 지역적 경제통합이다. 약칭은 ANCOM이며, 본부는 페루의 리마에 있다. 1976년 외자규제에 반대하여 칠레가 탈퇴했다. ANCOM은 라틴아메리카 자유무역연합(LAFTA)[259]내의 중소국가인 안데스그룹이 브라질·아르헨티나·멕시코와 같은 LAFTA 내의 대국에 대항하여 그룹의 입장을 개선하고, 국내시장의 협소로 인한 불이익을 극복할 것을 목적으로 결성되었다. ANCOM의 특색으로는 ① 지역내 무역장애의 자동철폐 및 공통지역外 관세설정 ② 산업통합, 즉 부문별로 지역내 모든 산업의 계획적 분배 실시 ③ 대외공동제경정책, 특히 공동외자정책 실시를 들 수 있다.[260]

5) 경제 동맹(Economic Union)

공동시장에서 한 단계 더 낳아가 상품과 생산요소가 자유롭게 이동하고 공통의 대외관세를 부과할 뿐만 아니라 정책적인 차이를 철폐하고 같은 경제정책과 사회정책을 집행해서 하나의 경제적 실체를 형성하는 단계를 경제동맹이라고 한다. 현재의 유럽연합(European Union. EU)은 그 전형적인 예이다.

참고로 세계 최대 지역경제통합체인 EU는 'ECSC · EEC · EURATOM → EC → EU' 와 같은 순서로 발전을 해왔다. 1952년 8월 프랑스, 독일, 이태리, 베네룩스 3국이 석탄, 철강 부문 공동정책으로 전후 경제 복구와 독일의 국제사회 복귀를 통한 전쟁 재발 방지를 위하여 파리 조약에 따라 유럽석탄 · 철강공동체(ECSC)를 발족시켰다. 로마조약에 따라 1958년 1월 회원국간 자본, 상품, 노동력, 서비스의 자유로운 이동을 목적으로 하는 유럽경제공동체(EEC)와 원자력의 공동이용을 위한 유럽원자력공동체(EURATOM)를 발족하였다.

다시 1967년 7월 EEC, ECSC, EURATOM 집행부는 유럽공동체(EC)로 일원화 하고 1968년 7월 EC의 관세동맹을 완성(역내관세 철폐 및 공동관세제 실시)하였다. 1979년 6월 최초로 유럽의회를 직접선거에 의해 선출하였다. 1993년 11월 발효된 마스트리히트 조약에 따라 통화 및 정치동맹을 추진하기로 하였으며, 1994년 2월 EC를 유럽연합(EU)으로 변경하였다.

---

259) LAFTA(Latin American Free Trade Association) 1960년 발족한 지역적 경제통합조직이다. 당초 가맹국은 아르헨티나·브라질·칠레·파라과이·페루·우루과이·멕시코 등 7개국이었는데, 그후 콜롬비아·에콰도르·볼리비아·베네수엘라가 가입하였다. 역내무역에 대한 관세 및 기타의 제한을 12년 내에 점차 철폐하여 역내무역의 확대와 공업부문의 상호보완을 목적으로 했다. 본부는 우루과이 몬테비데오에 있다. 성립후 역내무역은 상당량 증가되었으나 가맹국들의 경제 격차와 정치 사정으로, 일부는 ANCOM을 발족시켰다. 결국 LAFTA를 발전적으로 해체한 후 1980년 LAIA(Latin American Integration Association: 라틴아메리카 통합연합)를 발족하였다.

260) ANCOM 홈 페이지 www.comunidadandina.org (검색일자: 2012.4)

[그림 8-1] 유럽의 경제통합 추이

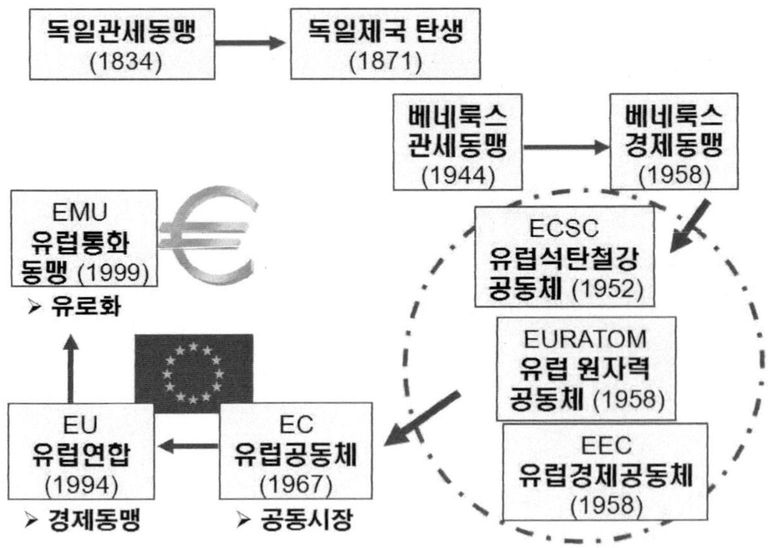

6) 완전경제 통합(Complete Economic Integration)

이 단계는 지역경제통합의 최종 단계이다. 다수국이 경제통합에 관한 협정을 체결하여 가맹국에서 실시되는 경제정책을 조정하는 데만 그치지 않고 초국가적 기구 설립으로 통화, 금융, 재정, 사회, 경기정책 등을 통합함으로써 사실상 새로운 국가를 결성하는 것과 다름없는 하나의 조직체를 구성하는 경제통합체이다. 아직까지 이런 통합체는 세계에 나타나지 않았으나, 유로화를 쓰는 국가들 모임인 유럽통화동맹(EMU European Monetary Union) 가장 유사하다 할 것이다. 단, EMU의 통화정책 창구는 유럽중앙은행(ECB)으로 통일돼 있지만, 재정정책은 각 회원국이 독자적으로 집행하고 있다.

유럽연합(EU)은 1991년 12월 '마스트리히트 조약'에서 EMU 추진일정 및 단일통화 참여조건에 합의하였으며, 1995년 EU 정상회담(마드리드)에서 유럽통화동맹(EMU) 출범과 단일

[사진 8-1] 유로화

자료: 유럽중앙은행(2012.4)

통화인 유로(Euro)화 도입까지의 구체적인 3단계 일정이 확정하였다. 이에 따라 1999년 1월 EMU가 출범하였는데, 1차 참가국은 EU 15개국 중 영국·덴마크·스웨덴·그리스를 제외한 11개국이었다. EU회원국 중 영국·덴마크·스웨덴은 스스로의 불참 결정에 따라, 그리스는 기준 미달로 통화동맹에 참가하지 않았다.

2021년말 현재 EMU(유럽통화동맹) 가맹국은 19개국으로 늘어났다. EMU 19개국은 Austria, Belgium, Cyprus, Estonia, Finland, France, Germany, Greece, Ireland, Italy, Latvia, Lithuania, Luxembourg, Malta, Netherlands, Portugal, Slovakia, Slovenia, Spain 등이다.

EMU 참가국에서는 유럽단일통화 유로(Euro)가 1999년 1월부터 도입돼 금융시장거래, 국가간 거래 등에 사용되기 시작했다. 도입 후 3년간은 장부화폐 및 회계단위로만 사용되었으며, 실물화폐는 2002년 1월부터 통용되기 시작하였다.261)

[표 8-1] 지역경제통합의 각 단계별 특징

구분	특혜관세, 역내관세철폐	상품 자유이동	공통 대외관세	생산요소 자유이동	공동 경제정책조정	초국가 조직
PTA	O					
FTA	O	O				
관세동맹	O	O	O			
공동시장	O	O	O	O		
경제동맹	O	O	O	O	O	
완전경제통합	O	O	O	O	O	O

자료: 왕기공 외(2008), 아시아·태평양 지역 FTA의 현황과 발전 전망, 「지역발전연구」 제8권 제1호, 58쪽

3. FTA 특징 및 현황

1) FTA의 정의

앞서 살펴 본 것처럼, FTA(Free Trade Agreement. 자유무역협정)는 경제통합(economic integration)의 한 형태이다. 경제통합이란 경제의 최적 활동을 저해하는 인위적 장벽을 제거한 후 조정(coordination)과 공통의 규범을 의식적으로 도입하여 상품과 요소이동의 자유가 보장되어 참여국가의 경제적 편익을 증진시킬 수 있는 국제경제제도를 만들어내는 것을 의미한다. 따라서 한 국가는 FTA라는 국제경제제도에 참여할 때에 국익을 도모할 것이다.262)

261) EU 회원국이나 유로를 사용하지 않는 국가로는 Bulgaria, Croatia, Czech Republic, Denmark, Hungary, Poland, Romania, Sweden 등 8개국이다. (2022년.2월 기준)

262) 조현준·이인구(2007), 중국 FTA정책의 정치경제적 목적과 결정요인, 「동북아경제연구」 제19권 1호, 45-47쪽.

일반적으로 일국이 FTA를 추진하면서 추구하는 국가이익은 크게 거시적 관점과 미시적 관점으로 구분할 수 있다. 전자는 세계적인 시대적 조류 즉 글로벌화(globalization) 에 대한 일국의 거시적 반응이라는 시각에서 보는 것이다. 오늘날 세계는 글로벌화 속에서 한편으로는 다자간 무역자유화가 진행되고, 다른 한편으로는 FTA로 대표되는 지역경제통합이 진전되고 있다. 따라서 FTA는 글로벌화에 동참하려는 개별국가들의 노력이라고 볼 수 있으며, 해당 국가는 FTA를 대외통상환경의 변화에 적극적으로 대처하기 위한 수단으로 활용하고 있다.

후자 즉 미시적 관점에서 본 FTA 추진 목적은 다시 경제적 측면, 전략적 측면, 외교·안보적 측면으로 구분할 수 있다. 경제적 측면은 지역경제통합을 통해 진출 가능한 시장이 확대됨으로써 얻게 되는 규모의 경제 효과와, 시장통합에 따라 기업에 보다 경쟁적 환경이 유발됨으로서 얻게 되는 경제적 효율성의 증진 효과이다. 전략적 측면은 FTA에 참여함으로써 국내의 경제개혁 장애요인 해소를 촉진하는 효과와, 다자간 무역협상을 포함한 국제무대에서의 발언권 증대를 추구하려는 것이다. 외교·안보적 측면으로는 지역주의에 참여함으로써 지역내 정치·외교·군사적 마찰이나 충돌 가능성을 약화시키려는 것이다.

국가이익의 개념은 국제정치적 관점에서도 접근할 수 있다. FTA는 광의의 지역주의에 포함되는 개념이다. 지역주의의 발생 원인에 관한 국제정치학적 접근 시각은 크게 네 가지 즉 현실주의, 자유주의, 기능주의, 구성주의 관점으로 구분할 수 있다.

현실주의 시각은 역내 국가들간의 힘의 불균형으로 인한 정치·경제적 안보 불안으로 인해 지역주의가 저해되거나 형성된다는 이론이다. 자유주의 시각은 역내 산업내 무역(intra-industry trade)을 포함한 상호의존도가 높아짐에 따라, 해당국의 국내 이익집단이나 정부가 시장확대를 위해 지역주의를 선택한다는 이론이다. 기능주의적 시각은 역내 국가들의 상호의존이 심화될 경우에 그로 인하여 파생되는 문제들을 해소하기 위해 제도화를 통해 서로 협력한다는 이론이다. 구성주의적 시각은 지역의 구성문제(construction of region)와 구성원들이 같은 지역에 속한다는 공동체의식 문제를 중시하여, 지역정체성(regional identity)이 지역주의 형성을 촉진한다는 설명이다.

위의 네 가지 관점을 FTA 추진동기에 적용하면, 현실주의는 안보적인 이익에 주목하고, 자유주의와 기능주의는 경제적 측면의 이익을 중시하며, 구성주의는 주로 지역질서와 관련된 이해관계와 연결된다. 즉 한 나라는 FTA를 추진하면서 경제적 이익뿐만 아니라 안보상의 이익을 추구하며, 지역질서상의 이익을 도모한다고 볼 수 있다.

세계적인 지역주의 흐름 속에서 FTA가 발전함에 따라 한 나라의 FTA 참여목적은 다양화되고 있다. FTA는 무역창출효과, 무역전환효과와 같은 전통적인 수익 외에도 기타 다양한 수익을 제공한다. 오늘날 수많은 국가들이 FTA에 참여하고 있음은 이를 통해 다양한 편익을 얻을 수 있기 때문이다. 기본적으로 FTA는 무역을 발판으로 다원화된 경제협력 기제를 발전시키려는 것이며, 참여국은 FTA를 통해 무역상의 이익뿐만 아니라 기타 경제이익(투자, 인력교류, 자원개발 등), 경제외적 이익까지 추구한다. 심지어 FTA를 통해 회원국의 정치, 경제, 사회제도의 발전방향에 대한 영향력을 행사할 수 있으며, 국제관계상 회원국 간에 상호지지의 생존발전 공간을 보장할 수 있다.

2) FTA 특징

FTA는 상술한 지역경제통합을 위한 지역경제통합 협정 중 하나이다. FTA는 다른 지역경제협력체제 특히 관세동맹과 구분되는 독특한 성격을 갖는다. 지역경제 통합수준이 높아지게 되는데 특히 FTA는 나머지 세개의 지역무역협력체제와 질적인 차이를 가지고 있다. 즉 FTA는 나머지 세 개 지역무역협력체제와 달리 제3국 즉 역외국가에 대해 역내국가가 관세설정에 있어 재량권을 갖게 되는 가장 느슨한 협력체제로서 손쉬운 협력방안이다. 이는 실제로는 엄청난 차이이다. 즉 FTA의 경우 협상이 체결되더라도 역외국에 대해 여전히 개방된 체제(즉각 역내국가가 자율성을 갖는)인 반면, 관세동맹은 역외국가에 대해 폐쇄적인 명실상부한 장벽(bloc)이라 할 수 있다.

이점에서 FTA와 관세동맹간에는 상당한 정치·외교적 차이가 있다. 관세동맹은 정치적 통합으로가는 중간단계라 볼 수 있는 반면, FTA는 정치적 통합과는 아직은 거리가 멀다. 관세동맹의 성격을 가장 분명하게 확인할 수 있는 사례는 1820-1860년대 독일지역에서 형성된 독일관세동맹이다. 당시 독일지역 소국들은 영국을 따라잡기 위한 추격발전 과정에서 관세동맹을 추진했고, 이는 1800년대 후반 독일 통일로 이어졌다.

이상 논의에서 FTA의 두 가지 특징이 드러난다. 첫째로 각국은 FTA를 확대해 가더라도 계속해서 독자적인 통상정책을 펼 수 있으며, 이에 따라 국가마다 다양한 FTA전략이 구사될 수있다는 것이다. 특히 허브(hub)형 FTA전략은 관세동맹 등 다른 지역경제 협력체제에서 볼 수 없는 FTA만의 특징이다.

두번째 특징은 FTA에 관한 한 지역주의(regionalism)는 사실상 지리적 인접성에 따라 형성되기보다는, 거대경제권(혹은 국가)을 중심으로 해서 형성되어 간다는 것이다. 즉 FTA에 관련된 지역주의는 북미, 중남미, (동)아시아, 유럽, 중동, 아프리카 등 지리적 위치에 의해 결정되기보다는 거대경제권(국가)을 중심으로 이루어지게 된다. 이러한 거대 경제권으로는 미국, 일본, 독일(EU), 중국 등을 들수 있다.[263)]

---

263) 정환우(2008), 과욕과 현실적 제약의 딜레마:중국의 FTA 경험, 「현대중국연구」 제9집 2호, 180쪽.

[키워드] 무역창출효과, 무역전환효과

FTA 체결의 효과중 경제적 효과는 정태적 효과와 동태적 효과로 구분한다. FTA하의 무역자유화 효과를 정태적인 측면에서 살펴보면, 무역자유화는 단기적으로 역내무역을 활성화시키게 되는데, 이에 관한 이론을 처음으로 제시한 Jacob Viner는 이를 '무역창출효과(trade creation effect)'와 '무역전환효과(trade diversion effect)'로 나누어서 설명하고 있다. 무역창출효과는 협정체결 전에 소비하던 고가의 국산품이 상대적으로 저가인 FTA역내산으로 대체되는 것이다. FTA역내국들이 관세인하로 비교우위를 갖게 되는 재화를 중심으로 상호교역을 하게 되고, 따라서 역내국들은 비싼 국산재화를 값싼 역내상품으로 대체하게 된다. 즉 아래 그림에서처럼 FTA체결전에는 1만 달러하는 국산차보다 미국산(세후 13, 500달러)이나 중국산(세후 12, 000달러) 모두 비싸서 무역이 이루어지지 않았으나, FTA 체결후에는 국산보다 저렴해진 미국산 자동차가 한국에 수입되는 경우이다.

무역전환효과는 아래 그림에서처럼 관세율이 20%인 경우, 한국은 자국산보다 싼 중국산 자동차를 수입하고 있었으나, 한미간 FTA가 체결됨으로 인해 관세면제후 자국산 자동차보다 저렴해진 미국산 자동차를 수입하는 경우이다. 즉 무역대상국이 생산원가가 저렴한 중국(세전 8천달러)에서 FTA로 인한 관세효과로 인해 생산원가가 더 비싼 미국(세전 9천달러)으로 전환된 것이다. 이것이 무역전환효과이다. 따라서 한국 입장에서는 FTA 체결전 정부가 거두었던 중국산 차에 대한 대당 1600달러 관세수입이 없어지는 반면, 한국 소비자는 국산차보다 1000달러 저렴한 미국산 차를 살 수 있으니, 국민후생 전체로 보면 대당 600달러 손해일 수 있다. 일반적으로 FTA 체결시 상기 두 무역효과가 동시 발생하는 바, 무역창출효과 〉 무역전환효과이면 FTA 당사국은 이익을, 반대면 손실을 보게 된다.

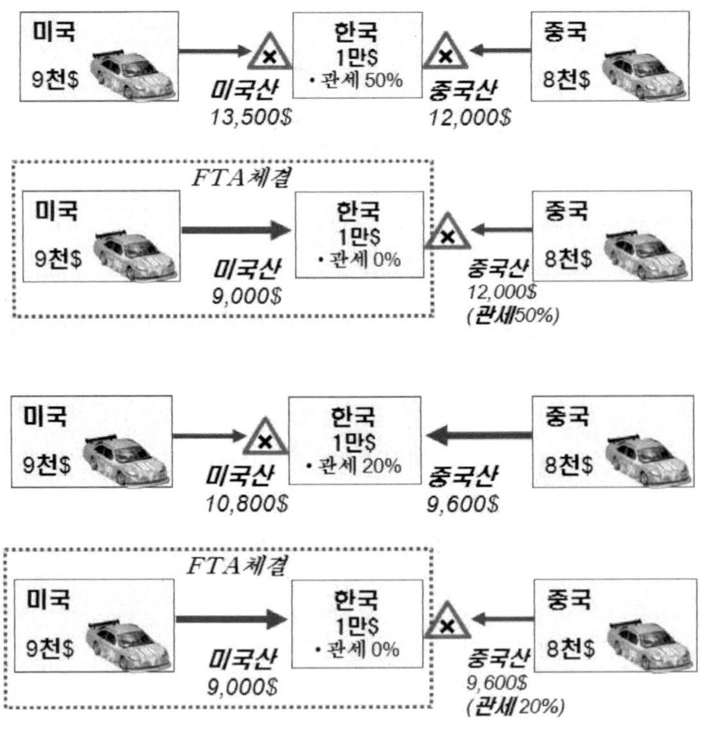

[키워드] CPTPP(포괄적·점진적 환태평양경제동반자협정)

CPTPP(Comprehensive and Progressive Agreement for Trans-Pacific Partnership)의 전신은 TPP(환태평양 경제동반자 협정)이다. 아시아·태평양 지역 경제의 통합을 목적으로 2005년 6월 뉴질랜드, 싱가포르, 칠레, 브루나이 4개국 체제로 출범한 다자간 자유무역협정으로, 2006년 1월까지 회원국간 관세의 90%를 철폐하고, 2015년까지 모든 무역 장벽을 철폐하는 것을 목표로 하였다. 2008년 2월 미국이 협상을 시작하였고, 그해 8월 호주, 베트남, 페루가 참여 의사를 밝혔으며, 2010년 10월 말레이시아가 참여를 선언하였다. 2015년 10월 7일, 미국, 일본, 호주, 캐나다, 페루, 베트남, 말레이시아, 뉴질랜드, 브루나이, 싱가포르, 멕시코, 칠레가 TPP 협정을 타결시켰다. 그러나 자국 우선주의를 표방한 도널드 트럼프가 미국 대통령에 당선된 후 2017년 1월 TPP에서 탈퇴해 버렸다. 이후 일본 주도로 TPP 협상이 진행됐고, 결국 미국을 뺀 11개국이 기존 협정문을 적용하기로 합의(2018.3)하면서 협정의 명칭을 CPTPP로 변경했다. CPTPP는 2018년 12월 30일 발효됐다. 협정 발효로 인구 6억 9000만 명, 전 세계 GDP의 12.9%·교역량의 14.9%에 해당하는 거대 규모의 경제동맹체(메가 FTA)가 출범하게 되었다. 2021년 9월 16일에 중국이 CPTPP에 가입 신청을 했으며, 우리 나라도 가입을 적극 고려중이다.

자료: 최근 공개자료 종합. 2022.2

[키워드] APEC(Asia Pacific Economic Cooperation)

1989년 1월, 보브 호크 당시 호주총리의 제안에 따라 환태평양지역의 주요 경제실체간 경제협력과 무역증진을 목표로 결성된 아시아태평양 지역 최초의 범정부간 협력기구이다. 같은 해 11월 한국, 미국, 일본, 호주, 뉴질랜드, 캐나다와 ASEAN 6개국 등 12개국이 호주 캔버라에서 제1차 각료회의를 열고 공식 출범했다. 현재 회원국은 미국, 중국, 일본, 러시아, 베트남, 페루 등 21개국이다. 이중 12개 창설국가로는 한국, 미국, 일본, 카나다, 호주, 뉴질랜드, 아세안 6개국(태국, 말레이지아, 인도네시아, 싱가포르, 필리핀, 브루나이) 등이 있다. 이후 추가 가입국은 다음과 같다.
제3차 APEC 각료회의(1991.11, 서울)시 가입: 중국, 대만, 홍콩
제5차 각료회의(1993.11, 시애틀)시 가입: 멕시코, 파푸아뉴기니(PNG)
제6차 각료회의(1994.11, 자카르타)시 가입: 칠레
제7차 각료회의(1998.11, 쿠알라룸푸르)시 가입: 러시아, 베트남, 페루

자료: APEC 홈 페이지 www.apec.org (검색일자: 2012.3)

[키워드] EU(유럽연합)

유럽연합 회원국은 1958년의 유럽경제공동체(EEC)를 시초로 하여 유럽연합에 가입한 28개 국가들을 부르는 말이다. 최초의 회원국이었던 6개 국가에서부터 2004년 5월 1일에 10개의 국가가 가입했던 것을 포함하여, 여섯 차례의 성공적인 확장을 통해 현재에 이르게 되었다. 2007년에 루마니아와 불가리아, 2013년에 크로아티아가 가입함에 따라 EU의 회원국은 총 28개 국가가 되었다. 2020년 1월 31일, 영국의 탈퇴로 현재 EU는 27개국으로 구성되어 있다. 한국은 EU와 2011년 7월에 FTA를 체결(발효)했으며, 2021년 1월에는 EU에서 탈퇴한 영국과 체결한 FTA가 발효되었다.

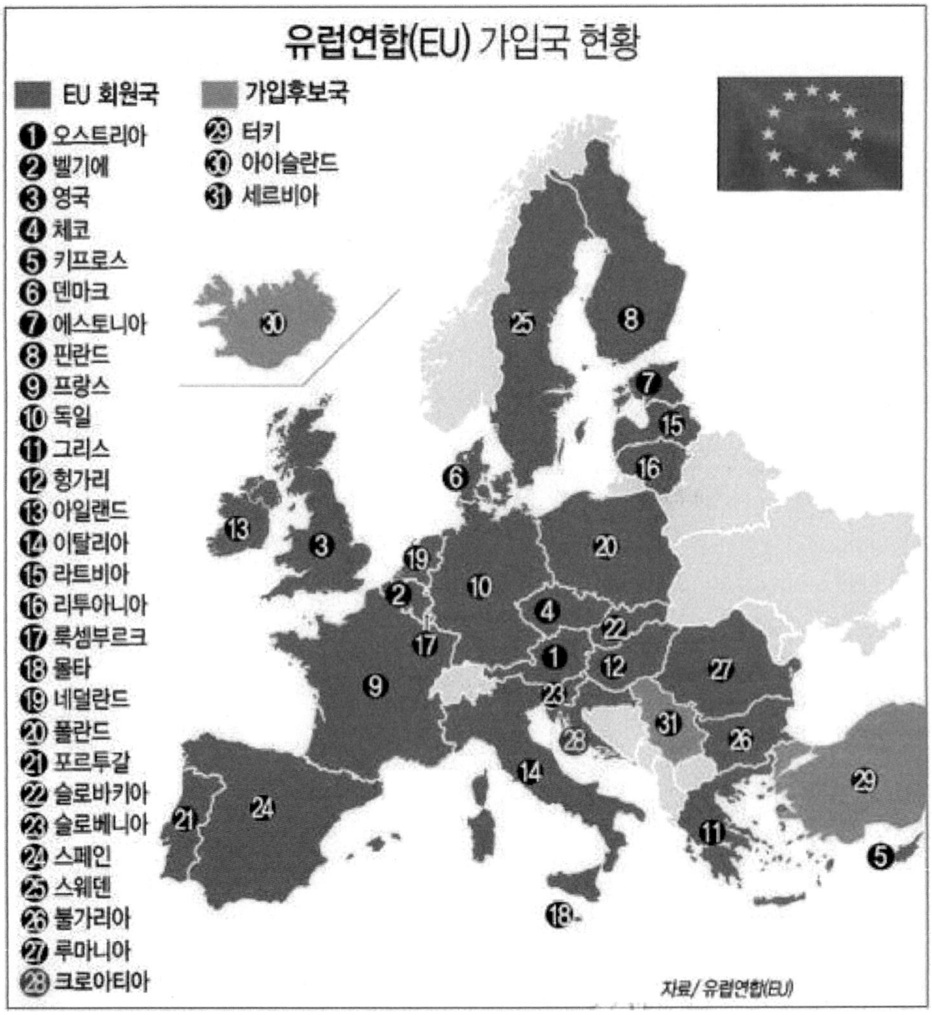

주: 영국은 2020년 1월 31일자로 EU에서 탈퇴함.
자료: 연합뉴스(2013.6.28.)

제2절 중국의 FTA 전략과 개황

1. 중국의 FTA 체결 현황

중국의 첫번째 FTA 체결 실적은 2003년 6월에 체결한 홍콩 및 마카오와의 CEPA 즉 포괄적 경제동반자 협정을 들 수 있다. 이는 중국으로 '内地与港澳更紧密经贸关系安排'라고 칭하며, 영어로는 'Mainland and Hong Kong Closer Economic and Partnership Arrangement' 라고 칭한다. 물론 홍콩과 마카오가 WTO 회원 자격이기 때문에 FTA로써의 의미가 있지만, 1국가 2체제 대상 지역이자 중국의 영토인 홍콩 및 마카오와의 CEPA 체결은 타국과의 FTA 체결과는 다른 의미를 가진다 할 것이다.

중국이 타국과 체결한 첫번째 FTA는 2005년 7월 ASEAN과 체결한 FTA(ASEAN.东盟)를 들 수 있다. 또한 ASEAN이 10개국이 모인 경제공동체임을 고려하면, 중국이 단일국가와 체결한 첫번째 FTA는 2006년 10월 1일, 칠레와 체결한 FTA(Chile.智利)를 들수 있다.

이후 중국은 순차적으로 파키스탄(Pakistan.巴基斯坦), 뉴질랜드(New Zealand.新西兰), 싱가포르(Singapore.新加坡), 페루(Peru.秘鲁), 코스타리카(Costa Rica.哥斯达黎加), 대만(Taiwan-ECFA), 아이슬란드(Iceland.冰岛), 스위스(Switzerland.瑞士) 등 총 12개국가(지역)와 FTA를 체결한 바 있다.

또한 중국이 현재 FTA 협상중인 국가(지역)은 모두 5개로, 한국을 포함하여 걸프연합이사회(GCC. Gulf Cooperation Council.海合会), 호주(Australia.澳大利亚), 노르웨이(Norway.挪威), 남아프리카 관세동맹(SACU. Southern African Customs Union.南部非洲关税同盟) 등이 있다.

마지막으로 현재 중국이 FTA를 검토중인 국가(지역)은 인도(India.印度)와 한·중·일(中日韩) 3국 등 2개이다.

그리고 1976년에 방콕협정으로 시작한 아시아·태평양 지역 국가들 간의 특혜무역협정인 아시아태평양 무역협정(APTA. Asia-Pacific Trade Agreement. 亚太贸易协定)도 중국정부는 FTA 협정으로 정의하고 있다. APTA의 목적은 개발도상국간의 무역 확대이며, 가입국가로는 한국, 인도, 스리랑카, 방글라데시, 라오스, 중국 등 6개국이었다. 1976년에 '방콕협정'으로 발효되었으나 회원국간 무역확대를 통한 유대관계 강화를 위해서 2006년 9월 1일에 '아시아·태평양 무역협정'으로 개정되어 발효되었다. 관세, 비관세 장벽 제거를 통해 '아시아 태평양 경제사회 위원회(ESCAP)' 관할 내 개발도상국간의 무역 확대를 목적으로 현재 회원국간에 특정 품목에 대하여 양허관세(關稅讓許)를 실시하고 있다.

[표 8-2] 중국의 FTA 체결 및 협상 현황

<table>
<tr><th></th><th>국가</th><th>타결 연도</th><th>비고</th></tr>
<tr><td rowspan="19">기체결</td><td>홍콩, 마카오</td><td>2003년 6~10월</td><td>2004.1. 발효. 2006.6. 서비스분야 (HK-CEPA-IV)
2011.12. 제9차 보충협상(HK)</td></tr>
<tr><td>ASEAN</td><td>2005년 7월</td><td>'04.11월 상품무역협정 체결('05.7.발효)
'07.1월 서비스협정 체결('07.7.발효)
2010년. 투자협정 발효</td></tr>
<tr><td>칠레</td><td>2006년 10월 1일</td><td>'05.11. 상품무역협정 체결('06.10. 발효)
'08.4.서비스무역협정 서명('10.8. 발효)</td></tr>
<tr><td>파키스탄</td><td>2006년 11월 24일</td><td>06.8월 상품무역협정 서명(07.6월발효),
서비스('07.11)·투자협정('09.6) 서명</td></tr>
<tr><td>뉴질랜드</td><td>2008년 4월</td><td>2004.12월 협상 개시.
2008.4월 협정 서명('08.10월 발효)</td></tr>
<tr><td>싱가포르</td><td>2008년 10월</td><td>2006.10월 협상 개시.
2008.10월 협정 서명('09.1월 발효)</td></tr>
<tr><td>페루</td><td>2009년 12월</td><td>2007.9월 협상 개시.
2009.4월 서명('10.3월 발효)</td></tr>
<tr><td>코스타리카</td><td>2010년 4월 8일</td><td>2009.1월 협상 개시. 2011.8월 발효</td></tr>
<tr><td>대만</td><td>2010년 6월 29일</td><td>2010.6월 ECFA기본협정 서명('10.9.발효)
2011년 상품·서비스협상 추진</td></tr>
<tr><td>아이슬란드</td><td>2013년 4월 15일</td><td>2007.4월 협상 개시, 2008년 4월, 4차 회담 종결
공산물, 수산물에 대한 관세철폐 합의('14.7.발효)</td></tr>
<tr><td>스위스</td><td>2013년 7월 6일</td><td>2011.1.28. 1차 회담, 2013.8.7. 8차 회담 종결</td></tr>
<tr><td>한국</td><td>2015년 6월 1일</td><td>공동연구종료 MOU('10.5). 1차 협상(2012.5.14.),
14차 협상(2014.11.4.), 발효(2015.12.20)</td></tr>
<tr><td>호주</td><td>2015년 6월 17일</td><td>2005년 6월 협상개시, 2013년 6월 19차 회담 종결</td></tr>
<tr><td>조지아(Georgia)</td><td>2017년 5월 13일</td><td>2015.12.11. 협상개시, 2차 협상(2016.5.16.)</td></tr>
<tr><td>몰디브(Maldives)</td><td>2017년 12월 8일</td><td>2014.9.16. 협상개시. 3차 협상(2016.5.26.)</td></tr>
<tr><td>모리셔스</td><td>2019년 10월 17일</td><td>2017년 12월 1차 협상</td></tr>
<tr><td>캄보디아</td><td>2020년 10월 12일</td><td>2020년 1월 1차 협상.</td></tr>
<tr><td>RCEP
역내포괄적
경제동반자협정</td><td>2020년 11월 15일</td><td>ASEAN+6(한·중·일·호주·뉴질랜드·인도)
1차 협상(2013.5.12. 브르나이), 28차 협상후 타결.</td></tr>
<tr><td colspan="3"></td></tr>
<tr><td rowspan="8">협상중</td><td>노르웨이</td><td colspan="2">2007년 6월 회담 개시, 2010년 9월 8차 회담. 2019년 4월 14차 회담.</td></tr>
<tr><td>걸프연합이사회(GCC)</td><td colspan="2">2005.5.11. 1차 회담 개시, 2009.6.25. 제5차 회담(리야드). 2016년 12월 9차 회담.</td></tr>
<tr><td>중·일·한</td><td colspan="2">연구착수('10.8), 2011.12. 최종산관학회의. 9차 장관급 회담(2012.5.14)
2013. 3.26 제1차 협상개시, 2015.5.12. 7차 협상. 2019년 12월 12차 회담.</td></tr>
<tr><td>스리랑카</td><td colspan="2">2014.9.28. 협상개시. 7차 협상(2017.1.20.)</td></tr>
<tr><td>이스라엘</td><td colspan="2">2016.3. 협상개시.7차 협상(2019.11)</td></tr>
<tr><td>몰도바(Moldova)</td><td colspan="2">2017.12 협상개시. 3차 협상 (2018.9) [구 소련 국가. 동유럽에 소재]</td></tr>
<tr><td>파나마</td><td colspan="2">2018.6 협상개시. 5차 협상 (2019.4)</td></tr>
<tr><td>팔레스타인</td><td colspan="2">2018.10 협상개시. 1차 협상(2019.2)</td></tr>
</table>

자료: 중국 상무부(2016.7), 중국자유무역구복무망(2016.6) http://fta.mofcom.gov.cn

2. 중국의 FTA 전략

1) FTA 전략

2001년 말 다자무역기구인 WTO 회원국이 되면서 중국은 양자 협상인 FTA에도 주목해 왔다. 중국은 그동안 31개 국가와 지역을 상대로 16건의 FTA 협상을 추진해 왔다. 현재 9건의 FTA가 정식 발효됐다. 이들 지역과의 교역액은 중국 대외무역 총액(2008년 기준)의 25%를 차지한다.

2005년 아세안과의 FTA 협상 타결을 신호탄으로, 칠레(2006년 10월 발효)·파키스탄(2007년 7월 발효)·뉴질랜드(2008년 10월 발효)·싱가포르(2009년 1월 발효)·페루(2010년 3월 발효), 코스타리카(2011년 8월 발효)까지 박차를 가해왔다. 지금도 중국의 FTA 열기는 뜨겁다. 호주와는 중단된 협상을 재개했고, 노르웨이와도 협상이 계속되고 있다.

중국이 열심히 FTA를 추진하는 이유에 대해 사회과학 전문가들은 무역이 증진된다는 경제적 이유 외에도 많은 시각으로 분석하고 있다.

먼저 외교 안보적 이익이다. FTA를 체결하게 되면 지역 리더십이 강화되며, 미국의 동아시아 지역 내 영향력을 견제하고 잠식시킬 수 있다. 또한 장기적으로는 EU에 버금가는 중국 중심의 유라시아 FTA 형성을 염두에 둘 수도 있을 것이다. 여기에는 대만과 체결한 ECFA도 포함된다.[264)]

둘째로는 해외 에너지 및 원자재 확보를 들 수 있다. 천연가스 자원이 풍부한 아세안, 남아시아, SCO(상하이 협력국 6국), 원유자원이 풍부한 GCC(걸프연합이사회 6국), 광물자원이 풍부한 남미, 호주, SACU(남아프리카 관세동맹), 아이슬란드(알루미늄이 풍부) 등이 그 예가 될 수 있다.

셋째, 산업 경쟁력 제고를 촉진하기 위해 중국보다 공업화가 선진화 되어 있거나 서비스 산업이 발전되어 있는 국가들과 FTA를 추진하고 있다. 홍콩, 호주, 뉴질랜드, 싱가포르 등을 들 수 있다.

넷째, 신시장 개척이다. 현재 중국은 미국과 EU 그리고 일본에 너무 무역시장이 치중되어 있다. 그 폐해는 과도한 무역흑자 등으로 현재 중국이 무역분규, 통상마찰 등으로 경험하고 있으며, 이는 위안화 평가절상 압력이라는 부작용을 낳기도 한다. 따라서 인도, 브라질, 러시아, 남아공 등 향후 미래 거대시장을 선점하려는 노력이 중국의 FTA를 통해 나타나고 있다. 또한 이들 국가는 중국의 노동집약적 제품이 통하는 성장기에 놓여 있어서, 수요가 비약적으로 증가할 수 있고, 중국이 생산하는 제품군 구조와 유사하다.

마지막으로 중국은 FTA를 추진하면서 상대국으로부터 MES(Market Economy Status), 즉 시장경제적 지위를 인정받고 있다. 중국은 2001년 WTO 가입하면서 비시장경제국(noe-market economy) 대우를 감수해야 했다. 비시장경제국은 서방의 반덤핑 혹 세이프가드 조치에 쉽게

---

264) 중국이 대만과 체결한 ECFA(Economic Cooperation Framework Agreement)는 경제협력기본협정으로 불리며, 중국어로는 '经济合作架构协议' 이다.

노출되는 약점이 있다. 실제로 중국은 호주, 뉴질랜드 등과 FTA를 추진하면서 MES를 인정받은 바 있다.

2) 12.5 규획기간 FTA 추진 전략

가. 기본 목표와 추진 전략(2011-2015년)

중국의 FTA추진 기본목표는 상호이익의 개방전략 실시와 대외개방 수준의 제고이다. 국제경제 협력과 지역협력에 적극 참여하는 한편, 국제 경제체제 개혁을 추진하고 더욱 공정하고 합리적인 국제 경제질서의 발전을 촉진하고자 한다.

또한 무역균형, 일반특혜, Win-Win의 다자무역체제 구축을 추진하고, 각종 형식의 보호주의를 반대한다. 지역협력발전을 유도 및 추진하고 FTA 전략을 가속화 실시하며, 신흥시장국가 및 개발도상국가와의 실무협력을 심화하고 개발도상국가에 대한 경제지원을 강화한다.

서비스산업의 발전을 가속화하며 서비스산업 발전 추진을 산업구조 고도화의 핵심으로 한다. 이를 위해 서비스무역을 대대적으로 발전시키고 무역수지의 기본적인 균형을 촉진하고자 한다.[265)]

나. FTA를 활용한 서비스산업 발전유도

현재 중국 서비스산업의 부가가치 비중은 세계 주요국가보다 낮은 수준으로, 중국의 경제성장 수준에 부합하지 않다. 따라서 중국 서비스산업의 국제화 정도는 FTA 상대국보다 낮아 서비스산업의 국제화 수준이 제고 되어야 한다. 중국의 서비스 무역은 장기간 적자를 보이고 있는 만큼, 서비스무역의 국제경쟁력 역시 더욱 제고되어야 한다. 중국의 여행업과 특허 서비스산업은 비교적 경쟁력을 확보한 반면, 금융서비스는 취약하다. 서비스산업의 발전은 고용확대에 유리하며 서비스산출과 수출증가의 에너지소비에 대한 영향이 제한적인 만큼, 서비스산업 비중상승은 향후 중국의 산업구조 고도화 및 발전방식 전환에 매우 중요하다.

참고로 중국이 체결한 서비스무역협정이 포함된 FTA는 다음과 같다.

* 중국-홍콩 CEPA, 중국-마카오 CEPA, 중국-아세안, 중국-칠레, 중국-뉴질랜드, 중국-싱가포르, 중국-페루, 중국-코스타리카

이중 중국-아세안 FTA를 보면, 중국은 WTO의 양허 토대 하에서 건축, 환경보호, 운송, 체육과 비즈니스 등 5개 서비스분야의 26개 부분에서 아세안국가에 대해 시장개방을 승낙하였으며, 아세안 10개국은 각각 금융, 전신, 교육, 여행, 건축, 의료 등 산업에서 중국에 대한 시장개방을 승낙하였다.

중국-홍콩 CEFA는 중국이 서비스무역을 개방한 최초의 FTA 협정이다. 2010년 5월 27일,

---

265) KIEP 북경사무소(2011), 아태지역의 새로운 지역협력과 중국의 FTA전략, 한중경제포럼 11-01호, 6-9쪽.

상무부와 홍콩정부가 체결한 '보완협정7'은 2011년 1월 1일부터 본격적으로 실시되었다. 서비스무역에 있어, 중국 대륙은 홍콩에 대해 14개 분야에서 27가지 구체적인 조치를 취했다. 그중 건축, 의료, 시청각, 프랜차이징, 은행, 증권, 사회서비스, 여행업, 문화오락, 항공운송, 전문기술자 자격시험과 자영업 등 12개 분야에 대한 원래의 승낙을 토대로 하여 시장진입조건 완화하고 지분 규제 취소, 경영범위와 경영지역 확대 등을 추진하였다. 또한 기술 검사 분석과 상품검사 전문설계 2개 분야가 새로이 추가되었다. 지금까지 중국은 홍콩에 대해 44개 분야의 서비스무역을 개방하였고 277가지에 달하는 개방조치를 취하였다. 이외에도 무역투자 원활화에 있어 교육, 문화, 환경보호, 과학기술 혁신 등 분야의 협력을 확대하였고 협력메커니즘과 협력내용 등을 명확히 하였다.

한편, 서비스무역 자유화는 서비스 산업의 투자와 밀접한 관련이 있다. FTA협정의 서비스무역 조항을 이용해 FTA상대국가의 서비스산업에 대한 투자를 확대할 경우, 여타 국가보다 더욱 많은 개방과 최혜국대우를 부여받을 수 있다.

3. 중국의 FTA 추진 목적

1) 경제적 목적

가. 세계화와 역내 안정화

경제적인 측면에서의 FTA 추진 목적을 살펴보면 대략 다음과 같다. 첫째, 중국경제의 세계화 전략과 개혁·개방의 지속적인 추진이다. 1978년 이후 연평균 10%대에 이르는 고도성장의 가장 큰 원동력이 지속적인 개혁·개방의 추진에서 비롯되었다는 점은 의심의 여지가 없다. 이에 따라, 중국정부는 WTO 가입으로 조성된 국내의 경제제도 개혁을 가속화하기 위한 수단으로 FTA를 활용하고, 향후 본격적인 구조조정에 따른 국내적인 문제점을 FTA 추진을 통해 해결하고자 한다. 즉, 중국경제의 개방화 및 선진화의 수단으로 WTO 가입과 FTA 추진을 적극 활용하고자 하는 것이다.

둘째, 지역주의 확산에의 대응과 경제협력을 통한 역내 경제의 안정화이다. 오늘날 세계경제는 범세계화와 지역주의가 양립하는 가운데, 자국의 경제적인 이해관계로 지역주의의 연계를 통한 경제통합이 급속히 진행되고 있으며, 그러한 추세는 더욱 확대·심화될 것이다.

2005년 7월말, WTO에 통보된 333건의 지역무역협정이 전체 국제무역에서 차지하는 비중은 최소 50%이상에 이르고 있다. 따라서, FTA와 같은 지역무역협정에 참여하지 않은 비회원국의 경제적 손실은 시간이 흐를수록 더욱 증가할 것이다. 중국이 세계화 전략을 검토하면서 다자체제와 더불어 세계통상질서 양대 축의 하나인 지역주의에 대한 대응책을 모색하지 않을 수 없는 이유도 바로 여기에 있다. 또한, 1997년 아시아 금융위기를 거치면서 중국은 동아시아지역내 경제협력의 중요성을 크게 인식하였으며, 역내 경제의 안정과 교역확대 등을 위해 FTA 등 다각적인 지역협력의 필요성을 크게 느끼고 있다.

나. 안정적 수출시장 확보

안정적인 수출시장 확보의 목적이다. 중국이 ASEAN과의 FTA를 서둘렀던 가장 큰 이유도 對美 수출의존도를 감소시키고 지속적인 수출확대를 위한 안정적인 수출시장 확보에 있었다. 특히 ASEAN지역은 중국의 상품 중 선진국에서는 경쟁력이 없는 중저가 제품에 대한 풍부한 수요를 가지고 있어 새로운 수출시장으로 적합하기 때문이다.

새로운 시장의 개척육성을 추구하는 것은 인도, 브라질, 러시아, 남아공 등 미래의 거대한 유망시장으로 빠르게 부상하는 국가들이 주된 대상이다. 중국은 이들 국가들을 대륙별 수출 교두보로 활용할 수 있기를 기대하고 있을 것이다. 또한 중국은 개도국 시장이 노동집약적 제품의 생명주기상 성장기에 있어서 수요가 비약적으로 증가할 수 있고 중국제품이 개도국의 소득수준 및 소득구조의 특성에 잘 부합하며 관련 기술과 설비, 부품의 수출 증가에도 유리하다는 점에 주목하고 있다.

다. 통상압력 해소

세계에서 반덤핑 제소를 가장 많이 당하는 나라가 된 중국은 갈수록 심화되는 무역마찰과 무역장벽을 우회하거나 회피하기 위한 수단으로서 특히 개도국과의 FTA를 활용하고 있다. 중국의 FTA 추진 대상국이 비선진국에 집중되어 있다는 사실은 중국이 선진국시장에 대한 과도한 의존도를 낮추고 무역마찰을 줄이기 위해, 개도국들을 개척해야 할 수출시장으로서 중시하고 있다는 것을 반영한다. 중국 가전제품에 대한 선진국의 수입 장벽에 대응하기 위해 중동, 아프리카, 남미 등의 개도국을 잠재시장으로 개척할 필요가 있으며, 특히 개도국 시장은 가전제품의 생명주기상 성장기에 있으므로 수요가 비약적으로 증가할 수 있을 뿐만 아니라 중국제품이 개도국의 소득수준 및 소득구조의 특성에 잘 부합하여 관련 기술과 설비, 부품의 수출 증가에도 유리한 것으로 평가하고 있다. 중국의 섬유제품에 대한 서방의 무역장벽을 회피하기 위한 방책의 하나로서 섬유산업 미발달국인 러시아, 몽고, ASEAN 일부 국가 등에 진출하여, 이들 국가의 쿼터를 이용해 구미시장에 수출하는 방안을 활용할 필요가 있다고 보고 있다.

한편, 중국은 WTO 가입시 비시장경제국(non-market economy)으로 분류되어 서방의 반덤핑 내지 세이프가드 조치에 쉽게 노출되는 문제에 대응하여, FTA 추진을 통해 상대국으로 하여금 중국의 시장경제지위(MES) 인정을 유도하고 있다. 중국이 호주, 뉴질랜드 등과의 FTA를 추진하면서 MES 를 인정받은 것이 좋은 예이다.

라. 자원 에너지 확보

자원·에너지 확보의 목적이다. 중국의 에너지 소비증가율은 '제10차 5개년 계획(2001~2005년)' 기간 동안 연평균 11% 증가하여 경제성장률 9%를 크게 상회하였다. 향후 15년후에는 에너지 소비량이 현재보다 2배 증가할 것으로 전망되고 있어 안정적인 자원·에너지의 확보 여부가 중국의 경제발전에 있어 핵심적인 문제로 부각되고 있다. 이에 중국정부는 '11차 5개년 규획(2006~2010)' 기간동안 국내외 에너지자원 확보 강화와 에너지수입선의 다변화를 주요 정책으로 채택함으로써, 자원·에너지 외교를 강화하고 다자간 국제협력 네트워크 구축을 위해 노력하고 있다.

이러한 차원에서 중국은 현재 걸프협력기구(GCC: Gulf Cooperation Council), 호주, 뉴질랜드와 FTA 협상을 진행 중에 있으며, 남미 자원부국인 칠레와는 이미 FTA 협정을 체결한 상태이다.

마. 국내 지역개발 전략과의 연계

국토의 균형발전전략을 위한 서부대개발 및 동북진흥사업과의 연계이다. 중국은 개혁·개방정책 이후 고도성장을 이룩하였으나, '선부론(先富論)'에 입각한 불균형성장전략은 동부연안지역과 서부내륙지역간의 경제적 격차를 더욱 확대시켰다. 따라서 중국정부는 다양한 FTA의 추진을 통해 투자환경 개선과 FDI 유입 확대에 기여하고자 한다. 특히 ASEAN과의 FTA는 태국, 라오스, 베트남 등과 지리적으로 인접한 운남성, 광서자치구 등 중국의 서남부지역 개발에, 그리고 동북아 국가들과의 FTA 논의는 동북3성 진흥전략에 도움을 줄 것으로 기대하고 있다.

바. 국내산업 경쟁력 제고

산업경쟁력 제고를 촉진하기 위한 FTA 추진 동기는 주로 중국보다 공업화가 선진적이거나 서비스산업이 발전되어 있는 국가들과의 추진에서 강하게 작용하고 있는 것으로 보인다. 홍콩, 호주, 뉴질랜드, 싱가포르 등과의 FTA에서는 주로 이들 국가의 발달된 서비스 산업으로부터 자본, 경험, 기술을 도입해 중국의 관련 산업의 경쟁력 강화, 산업구조조정, 관리방식 개선 등을 촉진하는 효과를 도모하는 것으로 이해된다. 한편 한국, 대만, 홍콩 등과의 FTA에서는 이들 국가의 발달된 제조업 분야와의 교류 확대를 통해 관련 산업의 효율증진 효과를 기대하고 있을 것이다.

사. 대중화권 경제 블록화

중화경제권(Greater China Economic Zone)의 결속이다. 중국의 입장에서 볼 때, 홍콩과의 '경제·무역관계 긴밀화 협정(CEPA: Closer Economic Partnership Arrangement)' 체결에 따른 경제적 실익은 크지 않음에도 불구하고 전략적인 입장에서 추진된 것으로 평가되고 있다. 즉, 세계 각국 및 화교(華僑)들의 중국에 대한 투자 및 물류창구 역할을 해 왔던 홍콩경제가 최근

침체를 거듭하며 그 위상이 저하되고 있음에 따른 조치로 보인다. 중국은 홍콩이 국제자금조달 창구로서의 역할이 지속되기를 기대하는 한편, 장기적으로 중화경제권의 강화를 도모하기 위해 홍콩정부의 제안을 수용하였다. 대만과 체결한 ECFA 역시 중화경제권에 포함되는 FTA 전략이라 할 것이다.

아. 우회 수출로 확보

미국과 유럽 등 선진국 시장에 대한 우회수출을 목적으로 FTA를 추진하는 동기는 거의 모든 FTA 추진 대상국가(지역)에서 작용하고 있는 것으로 보인다. 호주, 뉴질랜드, 아이슬란드 등에 대해서, 중국은 이들 국가가 다른 선진국들과 FTA 를 맺고 있는 점을 활용해 이들 국가를 통한 서구 시장으로의 우회수출 효과를 도모하고 있고, ASEAN, 남아시아, 중동, 남미, 아프리카 등에 대해서는 주로 이들 국가의 對선진국 수출쿼터를 활용하려 한다.

홍콩을 통한 對서구 우회수출은 자유무역항인 홍콩의 이점을 적극적으로 활용하려는 의도가 포함되어 있다. 이는 중국의 對홍콩 수출의 상당 부분이 서구시장을 최종 시장으로 하고 있는 사실을 통해 이해할 수 있다.

중국이 최근 한국과의 FTA를 서두르려는 배경에는 한국이 미국(2012), EU(2011)와 FTA를 체결함에 따라 아시아 FTA 허브(Hub)로 급부상하게 된 점도 있다. 즉 중국은 한국과의 FTA체결을 통해 미국과 EU로의 우회수출 채널을 확보할 수 있기 때문이다.

2) 정치·외교적 목적

가. 역내 영향권 확대

2001년 WTO가입후 중국은 경제력에 대한 자신감을 바탕으로 아시아에서 경제 이외에 정치 및 외교분야에서도 주도권을 장악하려 한다. 이를 통해 중장기적으로 아시아 경제에서의 주도권을 확보하고자 한다. 특히 ASEAN과의 FTA를 바탕으로 중장기 목표인「동아시아 자유무역지대」설립을 위한 협상시, 동아시아 경제통합의 구체적 기준 결정에 있어 영향력을 행사하는 등 주도권 확보가 가능할 것이다. ASEAN 국가는 중국과의 교역증가시 양자의 경제력에 비추어 볼 때 중국 의존도가 심화됨에 따라 중국의 영향권에 포함될 것으로 전망된다.

둘째, 주변국과의 신뢰관계 구축을 통한 전략적 안보의 도모이다. 미국은 현재 한국, 태국, 말레이시아 등 아시아 국가들과의 FTA 체결을 위해 노력하고 있는데, 이러한 미국의 태도는 동 지역에 있어서 중국의 세력확대를 견제하기 위한 차원에서 진행 중이라고 볼 수 있다. 이에 중국은 그러한 미국을 견제하기 위해 경제협력을 바탕으로 한 주변국과의 신뢰관계 형성이 필요한 상태이다. 현재 중국은 ASEAN과의 FTA체결 이외에도 아시아 각국들과 영유권 문제, 테러 협력 등 안전보장에 관한 협력을 강화하고 있다. 뿐만 아니라, 러시아와 중앙아시아 국가를 포괄하는

'상해협력기구(SCO)'를 구성하여 적극 대응하고 있다.

특히 중동석유에 대한 의존도가 높은 현실을 고려하여 동남아시아와 인도양간의 교통로 확보가 석유 안보를 위해 매우 중요한 상태이다. 중국은 원유를 미안마에서 운남성(雲南省)까지 직접 수송하는 방안과 관련하여 메콩강 개발에 큰 관심을 보이고 있다. 이러한 목적을 달성하기 위해 중국은 ASEAN을 향해 FTA를 먼저 제안하였으며, 전향적인 자세로 협상을 추진했다. 특히 정치 및 경제상황의 차이 등에 따른 ASEAN국가들의 중국위협론을 불식하기 위해 중국은 농업을 비롯하여 많은 부분에서 대폭적인 양보 입장을 취했다.

ASEAN이 경쟁력을 가진 농업분야의 자유화를 중국이 먼저 수용한 후, 공업제품 자유화로 이행한다는 2단계 자유화원칙을 제시하고, ASEAN 후발국들에 대해서는 무역우대조치를 실시하고 있다. 중국의 이러한 전략은 FTAA(미주자유무역지대) 교섭에서 미국이 보여주었던 지나친 자국국익 우선주의와 대조되는 접근방식으로 평가되고 있다.

또한 베트남, 라오스, 캄보디아 등 5개국의 300억 달러에 달하는 對中 채무를 감면하고 메콩강 유역 국가들에 자금원조를 포함하여 포괄적으로 지원하기로 약속하였다. 2003년 8월 중국 운남성에서 열린 제5회「ASEAN 메콩강유역 개발협력회의」에서 중국은 ASEAN 메콩강유역 개발협력의 적극적인 참가자이며 추진주체임을 강조하였다. 경제이외의 면에서도 ASEAN 국가들과 영토분쟁이 이어지고 있는 남사군도(南沙群島) 문제와 관련하여 무력행사 포기 및 현상유지를 약속하

[표 8-3] 중국의 FTA 추진 대상 국가/지역별 추진동기

	지역 리더쉽 강화	대미견제 차별화	자원· 에너지확보	신시장 개척	대서구 우회수출	산업 경쟁력 제고	서부· 동북개발
ASEAN*	O	O	O	△	O	△	O
한국*	O	O	X	X	O	O	O
홍콩·마카오*	O	O	X	X	O	O	△
대만*	O	O	X	X	X	O	△
인도	O	O	X	O	O	△	O
파키스탄*	O	O	△	△	O	X	O
GCC 6국	X	△	O	O	O	X	X
호주*	X	X	O	X	O	O	X
뉴질랜드*	X	X	X	X	O	O	X
아이슬란드*	X	X	△	X	O	△	X
남미	X	△	O	O	O	X	X
싱가포르*	O	O	X	△	O	O	X

주: 1) *표기 국가/지역은 2022년 2월말 기준 FTA 기체결국/지역.
2) O표기는 해당항목의 추진동기가 강하며, △는 보통, X는 거의 없음을 의미함.
자료: 조현준·이인구(2007) 중국 FTA정책의 정치경제적 목적과 결정요인,「동북아경제연구」19권1호, 62쪽 참조하여 재구성.

고 분쟁예방을 위한 〈남지나해(南支那海)행동선언(2002.11)〉에 조인하는 등 유화적인 입장을 표명하고 있다. 다만, 2012년부터는 필리핀과의 황옌다오(스카보로섬), 베트남과 남중국해 영토 분쟁이 격화되고 있다.

나. 대미 견제

외교안보적인 목적으로서 미국을 견제하면서 중국 중심의 지역주의를 강화하려는 의도는 중국의 주변국들을 중심으로 강하게 나타나는 것으로 보인다. 이는 중국이 ASEAN, 한국, 인도, 대만, 파키스탄 등 자국과 인접한 지역·국가와의 FTA 를 우선적으로 추진하고 있으며, 최근 들어서는 심지어 아프리카와 남미에서도 소위 '조화외교'의 기치 아래 미국과 차별화된 방향으로 영향력을 확대하려는 모습을 보여주는 데서 확인할 수 있다.

[키워드] 주요 지역경제통합체 현황

EFTA(European Free Trade Association 유럽자유무역연합): 노르웨이·스위스·리히텐슈타인·아이슬란드 등 4개국이 회원국들간에 공산품 교역 장벽을 제거하기 위해 결성한 단체.

상하이 협력기구(SCO: Shanghai Coopeation Organation): 2001년 6월 15일 창설. 정식 회원국은 중국, 러시아와 카자흐스탄, 타지키스탄, 키르기스스탄과 우즈베키스탄 등 중앙 아시아 4개국과 인접 6개국. 인도, 파키스탄, 이란, 몽골 등 4개국은 옵서버국가임.

남아프리카관세동맹(SACU. The Southern African Customs Union): 남아공화국, 보츠와나, 레소토, 나미비아, 스와질랜드 등 남아프리카 5개국 간에 체결된 관세 동맹

아세안(ASEAN): 부르나이, 캄보디아, 인도네시아, 라오스, 말레이시아, 미얀마, 싱가포르, 필리핀, 태국, 베트남 10개국이 결성한 동남아시아 지역협력기구

메르코수르(Mercosur. 남미공동시장): 아르헨티나·브라질·파라과이·우루과이 등이 회원국. 1995년 성립됨

걸프연합이사회(GCC. Gulf Cooperation Council): 페르시아만 연안의 산유국이 정치, 경제, 군사 등 각 분야에서 협력하여 종합적인 안전보장체제를 확립하기 위해 1981년 5월 설립한 기구. 참가국은 사우디아라비아, 쿠웨이트, 아랍에미리트, 카타르, 오만, 바레인 등 6개국.

CARICOM(Caribbean Community and Common Market. 카리브 공동체): 1973년 8월, 중미 카리브해 독립국인 자마이카, 바베이도, 트리니다드 토바고, 가이아나 4국이 발족한 공동시장. 그후 아이티, 수리남, 그레나다, 세인트 빈센트, 도미니카 등 15개국이 정회원으로 있다

ANZUS Treaty(앤저스조약. Security Treaty between Australia, New Zealand and USA): 호주, 뉴질랜드, 미국이 1951년 9월 서명, 1952년 4월 29일 발효된 태평양지역 안전보장조약.

로메협정(Lome Convention): 1975년 아프리카 토고 수도 로메에서 유럽경제공동체(EEC)와 아프리카 · 카리브해 · 태평양(ACP)그룹 회원국간에 체결한 경제발전 원조협정.

중미자유무역협정(CAFTA. Central American Free Trade Agreement): 2003년 12월, 미국과 과테말라, 엘살바도르, 니카라과, 온두라스, 코스타리카 등 중미 4개국간에 체결된 FTA.

4. 중국의 FTA 사례 분석

1) 중국-아세안 FTA

2001년이 WTO 가입으로 중국에 큰 전환을 가져온 한 해라면, 2010년은 아세안과의 FTA 발효로 새로운 시장이 열린 한 해로 자리매김 할 것이다. 아세안(동남아시아국가연합)은 1967년 8월 태국, 인도네시아, 필리핀, 말레이시아, 싱가포르 5개국이 결성한 지역협력기구이다. 1984년 브루나이가 가입했고 최근에 베트남, 라오스, 미얀마, 캄보디아가 가입해 모두 10개국으로 구성되어 있다.

아세안과 중국은 2001년 1월 중·아세안 FTA 협상을 개시하여 2010년 1월 1일부로 상품무역, 서비스무역, 투자 세 분야에 대한 협정체결을 완료한 바 있다. 2001년 타당성 연구보고서가 완성된 뒤, 2002년에는 중·아세안 전면 경제협력 기본협정이 체결되어 이후 FTA 협상의 근간을 이루게 된다. 2002년 11월에는 관세철폐 촉진을 위한 조기자유화계획(EHP: Early Harvest Program)이 체결되어 2004년부터 실시되었고, 양측간 상품무역협정이 2004년 11월 체결되어 2005년 7월부터 감세가 시행되었다. 또한 2007년 7월부터는 서비스협정이 발효되었으며, 2009년 8월에는 투자협정 체결을 거쳐 2010년 1월부터 상품, 서비스, 투자 부문에 대한 전면적인 FTA를 구축하게 된 것이다.

양측 인구는 19억 명으로 세계 최대 규모의 FTA 체제가 출범한 것이다. 중국과 아세안 10개국의 국내총생산(GDP)는 6조 달러, 역내 교역 규모는 4조5000억 달러에 달한다. 중-아세안 FTA 발효로 중국과 아세안 6개 원회원국 간 교역품목의 90%인 7000여 개 상품에 무관세가 적용된다. 이들 6개 원회원국은 싱가포르, 태국, 말레이시아, 인도네시아, 필리핀, 브루나이이다. 중국과 아세안 4개 신회원국(베트남, 캄보디아, 라오스, 미얀마)은 5년 동안의 유예기간 후 2015년부터 FTA가 전면 발효된다.

중-아세안 FTA 출범은 양측 교역이 사실상 영세율 시대에 진입했음을 의미한다. 중국이 아세안 6개 원회원국에 부과하는 평균 수입관세율은 종전 9.8%에서 0.1%로 사실상 무관세이다. 6개 원회원국이 중국에 부과하는 평균 수입관세율은 12.8%에서 0.6%로 인하되었다. 중국과 아세안 4개 신회원국은 2015년까지 교역품목의 90%에 무관세를 적용하기로 했다.

FTA로 가장 눈에 띄는 변화를 보인 나라는 태국이다. 태국은 2010년 들어 2개월간 중국으로의 수출이 84.4% 증가했다. 중국은 미국을 제치고 태국의 최대 수출 시장으로 떠올랐다. 태국은 농수산업·목재업·고무가공업·전기전자 업종이 중국과의 FTA로 수혜를 보고 있다. 중국과 인도네시아의 교역도 올 들어 2개월간 80% 늘었다. 당초 인도네시아는 중국과 FTA를 하면 중국산 신발이 대거 수입될 것으로 예상했다. 그러나 중국의 투자가 인도네시아로 밀려드는 등 긍정적 효과도 나타나고 있다.[266]

중국과 베트남은 전면 무관세가 2015년에 적용되지만 2010년 1월에만 교역이 30.6% 증가해 벌써 'FTA 효과'를 보고 있다. 이런 추세는 1월의 무역 통계에서도 확인됐다. 중국 상무부에 따르면 2010년 1월 중국과 아세안의 교역액은 214억 8,000만 달러로 전년동월에 비해 평균 80% 늘었다. 중국이 아세안에 105억5,000만 달러를 수출해 52.8% 늘었고, 아세안의 대중국 수출은 9억3000만 달러로 117.3% 증가했다.

양측 FTA 출범으로 중국은 대아세안 철강, 하이테크제품 수출이 확대될 전망이다. 아세안은 철강생산 비용이 높고 생산능력이 부족한 상황이기 때문이다. 아세안은 대중국 원유, 완성유, 플라스틱원료, 천연고무, 석탄 등 에너지상품 수출이 늘어날 전망이다. 중국은 원료 및 에너지 자원 부족을 겪어 해외에서의 도입 확대가 절실하다.

아세안이 비교 우위를 차지한 일부 농산품은 중국이 일정 부분 피해를 볼 수도 있지만, 전체적으로 양측 교역이 상호보완적인 이득을 취하는 구조로 판단된다.

중-아세안 교역규모는 양측 간 FTA 협상이 개시된 1991년 63억 달러에서 2008년 2311억 달러로 약 37배 증가했으며, 향후 보다 큰 폭의 증가세가 예상된다. 2008년 기준으로 중국은 아세안의 3대 교역국이며, 아세안은 중국의 4대 교역 파트너이다. 아세안과 중국의 교역은 2009년에는 2125억 달러에 이르러 중국 전체 교역의 9.7%를 차지하게 됐다. 아세안은 이제 EU, 미국, 일본에 이어서 네 번째로 큰 중국의 교역국이 됐으며 중국은 아세안의 세 번째 교역국으로 자리하게 됐다.

아세안과의 FTA 체결시, 중국 내 가장 큰 수혜를 볼 지역으로 베트남과 국경을 마주하고 있는 광시자치구가 지목 되었는데, 실제 2010년 1~4월간 광서자치구와 아세안간 무역액은 17.5억 달러로 전년동기비 55.2%나 증가하는 등 역대 최고치를 기록했다. 이중 수입액은 5.3억 달러로 전년동기비 64.3%, 수출액은 12.2억 달러로 51.5% 증가했다.

광서자치구과 아세안간의 무역증대 배경은 두 지역간 산업구조상 보완성이 강했기 때문이다. 두 지역 간에는 산업화수준, 산업구조, 자원보유 등에서 차별성이 있어 교역시 강한 보완적 특성을 보이고 있다. 아세안에는 석탄, 석유 등 자원이 상대적으로 풍부한데 이는 최근 급격한 경제발전 드라이브를 걸고 있는 광서자치구가 필요로 하는 부분이다. 광서자치구의 기계·전자제품들은 아세안에 비해 상대적으로 제품 및 가격 경쟁력이 있어서 수출로 이들 국가의 수요를 충족시키고 있다. 또한 중국과 아세안 간 관세율 인하가 무역 확대를 촉진했다.[267]

---

266) 중앙일보 (2010.4.1)
267) 中財網, 廣西日報(2010.5.17)

[표 8-4] 중국의 대아세안 교역 현황

(단위: US$억)

	2009	2010	2011	2012	2014
대ASEAN 수출	1,062.97	1,382.07	1,701	2,043	2,721
대ASEAN 수입	1,067.14	1,545.69	1,929	1,958	2,083
무역 수지	-4.17	-163.62	-228	90	638

자료: 중국 상무부(2016.8)

중-아세안 FTA 출범으로 양측 간 상호 투자가 전반적으로 크게 활성화될 전망이며 향후 아세안의 대중국 투자보다는 중국의 대아세안 투자확대 움직임에 더욱 주목해야 할 것이다. 중국은 막대한 외환보유고와 저부가가치산업의 해외이전, 중국 내 산업구조 조정 가속화 필요성 등에 따라 2010년부터 해외투자(走出去: 저우추취)를 더욱 확대할 예정이어서 중국기업들의 대아세안 투자가 탄력을 받게 될 전망이다.

중국 상무부가 비준한 19개의 해외경제무역협력단지 가운데 6개가 인도네시아, 베트남, 캄보디아 등 아세안에 있음을 주목할 필요가 있다. 중국이 금융 및 산업협력을 강화하는 싱가포르에도 중국기업들의 진출이 확대될 전망이다.

양측 상호 투자규모는 2008년까지 누계 600억 달러 수준이다. 아세안의 대중국 실제 투자는 연간 실적기준으로 2003년 29억3,000만 달러에서 2008년 54억6,000만 달러로 증가하는 추세이다. 중국의 대아세안 투자도 2003년 한해 2억3,000만 달러에서 2008년 21억8,000만 달러로 약 9배 증가하고 있다. 이는 중국의 전체 해외투자 중 11.4%를 점유하는 비중으로 EU, 미국, 일본보다 높다.

한편 중국과의 자유무역협정발효에 대해 우려의 목소리도 있다. 아세안과 중국은 모두 노동집약적 산업이 집중되어 있는 공통점을 가지고 있다. 따라서 유사한 산업구조로 인해 양 지역 제품들의 경쟁이 더욱 가속화될 수 있다. 아세안의 최고 수출품목은 전자제품이며, 중국의 최고 수출품목 역시 전자제품이다. 2008년 아세안의 전자제품 수출은 1,755억 달러에 이르러 전체 수출의 23.4%를 차지했는데 같은 해 중국의 전자제품 수출은 3,421억 달러로서 중국 전체 수출의 23.9%를 차지했다. 원자로, 보일러, 기계류 역시 양 지역의 주요 수출품들이다.

[표 8-5] 중·ASEAN FTA 추진 경과

일시	경과	주요 내용
2001. 11	FTA 협상 개시	-
2002. 11	기본협정 체결	2010년까지 자유무역지대 완성 구상
2004. 01	관세조기철폐계획 (Early Harvest Program)	일부 농수산물(HS 01-08)에 대한 상품양허 발효 전 조기 관세 인하
2004. 11	상품협상 체결	예외품목, 민감/초민감 품목을 제외한 모든 제품: 2010년까지 관세철폐 * 단, 후발가입4국은 2015년까지
2005. 07	상품협상 발효	
2007. 01	서비스협정 체결	GATS의 포지티브(positive) 방식 양허안, 점진적인 자유화 방식 채택**
2007. 07	서비스협정 발효	
2009. 08	투자협정 체결	투자 원활화와 단계적 자유화를 촉진하는 27개 조항으로 구성
2010. 01	전면 발효	상품, 서비스, 투자협정이 완성된 전면적 FTA 발효개시

주: * 캄보디아, 라오스, 미얀마, 베트남
** GATS(General Agreement on Trade in Services). 서비스무역에 관한 일반협정
자료: 여지나(2009), 중·ASEAN FTA투자협정의 내용과 시사점, 지역경제포커스 09-44호, KIEP, 4쪽.

2) 중국-코스타리카 FTA

가. 중국 코스타리카 경제관계

2010년 4월 8일, 중국 상무부 부장 천더밍(陈德铭)과 코스타리카 대외무역부장관 마르코 비니시오루이스는 베이징에서 중국-코스타리카 FTA(이하 CCFTA) 협정에 서명하였다. 중국과 코스타리카는 2007년 6월 외교관계를 수립할 당시부터 FTA 구축 논의를 시작하였고 2008년 8월에 타당성공동연구를 개시하여 동년 7월에 종료한 바 있다. 2008년 11월 17일 후진타오 주석의 코스타리카순방시 아리아스 대통령과 FTA 협상을 시작하는 양해각서에 서명했으며, 2009년 1월에 1차협상을 개시하여 2010년 2월에 6차 협상을 끝으로 공식협상 타결에 도달했으며, 2011년 8월 1일자로 발효되었다.

CCFTA는 중국이 단일국가와 맺은 6번째 FTA이며 중미국가와 맺은 최초의 FTA이다. 특히 CCFTA는 상품무역, 서비스무역, 인력이동, 지식재산권, TBT(무역기술장벽), SPS(위생 및 검역조치), 무역구제조치 등을 일괄타결한 포괄적인 FTA이다.

코스타리카는 2007년 중국과 국교를 수립하였다. 1941년 국민당정부와 수교한 이래 코스타리카는 국제외교무대에서 대만을 지지해왔으나 중국의 적극적인 외교적 노력과 중국의 부상하는 국제적위상을 고려하여 2007년 6월 대만과 단교하면서 중국과 수교했다.

중국은 코스타리카의 2대 무역상대국이며 양국간 교역은 2002년부터 중국이 적자를 시현중이다. 2009년 양국무역액은 2001년보다 35.3배 증가한 31억 8,000만달러를 기록했다. 2009년 현재 중국은 코스타리카에 미국 다음의 2대 무역상대국이며 코스타리카는 중국의 중남미무역

상대국중 중국세관 통계기준으로 칠레, 아르헨티나, 베네수엘라, 페루에 이은 5대 무역상대국이다. 2002년부터 중국의 對코스타리카 무역은 적자를 시현하여, 2002-2009년까지 무역적자 누적액은 85.8억달러를 기록하고 있다.

중국의 對코스타리카 주요 수입품은 전자집적회로, 반도체 관련제품이며, 코스타리카의 대중국 주요 수입품은 컨테이너, 통신 관련부품 및 기기, 신발 등이다. 중국은 코스타리카내에 설립된 인텔 공장으로부터 반도체 관련부품을 수입하고 있으며 이것이 중국의 대코스타리카 수입액의 95.7% 를 차지하고 있다. 코스타리카 대중 수출의 대부분을 차지하는 이 품목은 기존 영관세율 제품인바 FTA 체결로 인한 상품분야의 관세철폐로 중국이 얻는 이득은 미미한 것으로 보인다.

나. CCFTA 체결동기

먼저, 중국의 정치·외교적 고려를 첫번째 체결 동기로 들 수 있다. 2007년 6월, 중남미 지역에서 대만의 중요한 외교교두보이던 코스타리카가 중국의 169번째 수교국이 되면서 대만의 외교적 입지가 한층 약화되었고 이때부터 FTA 구축 논의가 시작되었다.

2004년 뉴질랜드와 호주가 OECD 국가중 최초로 중국의 시장경제지위(MES)를 인정하면서 중국과 FTA 논의를 시작한 것이나, 남아시아지역에서 미국의 세력을 견제하기 위해 파키스탄과 FTA를 체결한 것처럼, 칠레, 페루, 코스타리카 등은 중남미에서 중국의 입지를 확대하고 대만을 고립시키고자 하는 정치·외교적 동기가 크게 작용한 것으로 볼 수 있다.

대만의 23개 수교국 중 과테말라, 그레나다, 니카라과, 벨리스, 도미니카공화국, 도미니카연방, 아이티, 엘살바도르, 온두라스, 파나마, 파라과이, 세인트빈센트그레나딘, 세인트킷츠네비스 등 중남미 국가가 절반을 상회하고 있다.

코스타리카는 인텔 공장이 진출해있는 것에서도 알 수 있듯이 높은 교육수준을 바탕으로 저비용의 우수인력이 풍부하여 다국적기업들의 주요 투자고려국이다. 특히 중국으로써는 코스타리카가 체결하고 있는 다양한 FTA를 통해 북미 및 중남미시장으로 우회 진출하는 전초기지로의 활용가치가 높다.

반면 코스타리카는 미주국가들과 적극적으로 FTA를 체결해왔으나, 최초로 싱가포르, 중국 등과 FTA협정 체결을 통해 수출시장 다각화를 꾀하는데 목적이 있어 보인다. 현재 코스타리카는 미국, 캐나다, 멕시코, 칠레, 카리브공동체(CARICOM), 도미니카공화국, 파나마와의 FTA가 발효중이고, AACUE(중미·유럽연합 연합협정), 싱가포르(2010년 1월 타결)와 협정을 체결중이다.

코스타리카는 거대시장인 중국과의 FTA를 통해 자국상품의 중국시장 진출기회를 확대하고 안정적인 경제성장기반을 유지하려하는데 FTA 동기를 둔 것으로 판단된다. 한편, 코스타리카는 중국과의 FTA를 계기로 아시아지역과의 관계강화와 APEC회원국 가입에 대한 중국의 지원도 기대하고 있다.[268]

3) 중국-칠레 FTA

중국-칠레 FTA는 2006년 10월 타결되어 중국의 첫 비아시아권 국가와의 FTA가 되었다. 2004년 8월 공동연구가 시작된 뒤 2005년 1월부터 5차례의 협상을 거쳐 타결에 이르게 되었다. 이어 2006년 11월, 양국간 FTA 상품협정안이 발효 되었으며, 동 협정은 향후 10년내 양국간 97%에 해당하는 재화의 관세철폐계획을 담고 있다. 중국이 칠레와 FTA를 맺게 된 가장 큰 이유는 개방된 국가이면서도 실질적인 충격이 크지 않은 칠레와 FTA를 맺음으로서 FTA협상 경험을 쌓는 동시에 남미시장 진출의 교두보를 마련하기 위해서라 할 수 있다.

칠레는 미국, 일본, EU, 중국, 한국 등 거의 모든 주요국가/지역과 FTA를 체결한 FTA 선진국이다. 또 칠레는 일정수준(너무 작지도 크지도 않은) 경제적 효과를 도모하면서 FTA를 연습해 볼 수 있는 중간규모의 국가이고, 칠레를 대중남미지역 수출 및 투자진출의 거점으로 이용 할 수 있다는 점도 고려되었다.

이와 동시에 칠레는 중국의 주요한 광물자원 조달 국이기도 하다. 2006년 현재 칠레는 중국의 제43위 수입국에 지나지 않지만 중국은 구리의 31.2%를 칠레에서 들여오고 있으며, 칠레로부터 들여오는 수입품의 77.1%가 동 및 동제련품이다.

4) 중국-파키스탄 FTA

중-파키스탄 FTA의 경우 2006년 11월 체결되었다. 이 FTA는 홍콩·마카오와 체결한 CEPA를 제외하고, 중-아세안, 중-칠레에 이어 중국이 대외적으로 체결한 세번째 FTA이다. 경제적 효과와 관련하여 중국과 파키스탄간 교역량은 많지 않다. 2006년 파키스탄은 중국의 제32위 수출상대국으로 전체 수출의 0.4%를 차지하며, 53위 수입상대국으로 전체 수입에서 차지하는 비중은 0.1%에 지나지 않는다. 그러나 양국간 무역은 상호보완적이다. 중국은 합성섬유, 통신장비, 전화설비, 철도장비 등 공산품을 수출하고 면직물, 동 등 1차원료 및 광물자원을 수입하고 있다. 이점에서 양국은 상당한 경제적 보완성을 가지고 있다. 특히 중국은 FTA 체결직후인 2006년 11월 첫번째 대외경제무역협력단지(하이얼공업단지)를 파키스탄에 공식 설립하여 중국기업 해외투자의 발판으로 삼으려하고 있다.

중국이 파키스탄과 FTA를 체결한 또 하나 중요한 목적은 석유자원을 쉽게 들여오기 위해서이다. 파키스탄이 원유생산국은 아니다. 그러나 파키스탄은 중국의 티벳과 인도양과 페르시아만이 교차되는 아라비아해와 중국을 육로로 연결할 수 있어, 효율적이고 안전한 원유수송로를 제공할 수 있다. 실제로 2006년 2월 파키스탄의 무샤라프대통령은 중국 방문기간에 파키스탄이 아라비아

---

268) 여지나·김진오(2010), 중·코스타리카 FTA타결 주요내용과 시사점, 지역경제포커스 Vol.4 No.22. 2010.5.10, KIEP, 2-9쪽.

해의 과다르심수항과 육로를 이용해 중국으로 원유를 수송하는 '에너지 회랑' 역할을 하겠다는 뜻을 공식적으로 밝힌 바 있다. 또 파키스탄의 아지즈 총리는 2006년 4월 중국방문시 이란, 파키스탄, 인도를 연결하는 천연가스 수송관 건설 프로젝트에 중국의 외자를 사회간접부문으로 유치하는 대신, 중국 서부지역에 에너지자원을 공급하는 방안을 제의하기도 했다. 만일 파키스탄을 이용하는 에너지 수송로가 현실화 될 경우, 중국은 중동 및 중앙아시아 지역의 석유 및 천연가스를 골치 아픈 남지나해와 말라카 해협을 거치지 않고 안전하고 효율적인 육로를 통해 공급받을 수 있게 되는 것이다.

중국이 파키스탄과 FTA를 체결한 세번째 이유는 외교안보상의 고려이다. 근래 들어 여러 유화 제스처에도 불구하고 중국과 인도는 전통적으로 경쟁관계를 이뤄왔으며 1950년대 말과 1960년대초에는 국경분쟁이 일어나기도 했다. 최근에는 미국이 인도와 밀착하여 핵기술협정(2006. 12)을 체결하는 등 미국-인도-중국간의 이른바 '전략적 견제와 협력관계'가 작동하고 있다. 한편 파키스탄은 1947년 인도로부터 갈등 속에서 독립한 국가로 독립후에도 인도와 심각한 갈등을 계속해 온 국가이다. 이런 상황에서 중국은 파키스탄의 핵무기 개발을 공공연하게 도와주는 등 파키스탄과 관계를 강화함으로써 인도를 견제해왔다. 현재에도 중국에게 파키스탄은 효과적인 대인도 견제수단인 것이 사실이다.[269]

5) 중국-뉴질랜드 FTA

2004년 5월, 중국은 뉴질랜드와 무역경제협력기본협정(Trade and Economic Cooperation Framework)을 체결하고 동년 10월부터 공식적으로 협상을 개시했으며, 2007년 10차 협상을 실시하고 2008년 4월 7일 FTA를 체결 했다.

2000년 중국의 대뉴질랜드 수출은 51위(0.2%) 수입은 38위(0.2%)였으며 2006년 수출 57위(0.2), 수입 50위(0.2%)로 거의 변화가 없는 등 양국간 교역이 양적으로 중요하지는 않다. 그러나 중국의 대뉴질랜드 수요 수출품은 컴퓨터, TV, T-셔츠, 통신기기, 여성의류, 일반의류(저지·풀오버)등의 저렴한 노동집약공산품이고 뉴질랜드는 1차 생산품과 광산자원을 주로 수출해 상호보완성이 매우 크다.

다만, 자원확보 및 경제적 효과가 주요 고려사항이긴 하지만, 외교·안보적 이해관계에 대한 고려도 나름의 고려대상이라는 점을 간과해선 안 된다. 호주는 아태국가 가운데 미국과 FTA협정을 맺은 유일한 나라로, 1951년 ANZUS협정(미국-호주-뉴질랜드 안전보장조약, Austrialia, NewZealand, and the U.S. Treaty)을 맺은 뒤 미국과 뉴질랜드·호주는 전략적 이해관계와 이데올로기 면에서 가장 긴밀한 우방국이다.

---

269) 강준영·정환우(2007), 중국의 FTA 추진전략 분석, 「국제지역연구」 제11권 3호, 18-19쪽.

이런 상황에서 중국-뉴질랜드간 경제 관계 강화는 있을지도 모를 대외관계의 긴장, 예를 들면 대만문제를 둘러싼 중미간 갈등 같은 상황에서 뉴질랜드가 일방적으로 미국을 지지하지 못하게 하는 요인으로 작용할 수 있다. 이점에서 중국-뉴질랜드간 FTA는, 비록 큰 비중을 차지하지는 않더라도, 외교·안보적 이해관계를 지니고 있다고 할 수 있다.

실제로 호주와 뉴질랜드는 선진국 중 중국에 시장경제지위를 부여한 첫번째와 두번째 국가로서 중국과의 관계강화에 큰 힘을 쏟고 있다. 이렇듯 다른 많은 나라들을 제치고 중국과의 FTA에 적극나선 것은 뉴질랜드의 적극적 대중국정책의 결과로 볼 수 도 있다. 물론 이러한 동향은 뉴질랜드와 중국간 경제협력 강화가 미국과의 동맹관계를 근본적으로 손상시키는 수준에 이른다고 보기는 어렵다.

6) 중국-아이슬란드 FTA

경제적 효과 증대와 자원 확보를 겨냥한 FTA의 사례로 아이슬란드와의 FTA를 들 수 있다. 2005년 5월 후진타오주석과 아이슬란드 올라풀그림슨(Olafur Ragnar Grimsson) 대통령이 양국간 FTA를 위한 공동연구착수에 합의한 이후, 2007년 4월 제1차 협상에 이어 2007년 6월 2차협상이 개최된 바 있다. 2013년 4월 15일에 양국간 FTA는 체결되었으며, 2014년 7월 1일부터 발효되었다.

중-아이슬란드 FTA의 가장 중요한 목적은 역시 대유럽 경제교류를 강화하는데 아이슬란드가 교두보 역할을 해 줄수 있기 때문이다. 아이슬란드는 적은 규모에도 불구하고 세계1위의 1인당 GDP를 자랑하며 유럽자유무역연합(EFTA)의 일원으로서 FTA를 체결 할 경우 스위스, 노르웨이 등과의 경제협력이 확대될 수 있다. 또 아이슬란드는 작은 규모에도 불구하고 1990년대이후 고성장을 계속해오면서 국제자본의 투자가 집중되어온 곳이다. 특히 아이슬란드는 유럽국가중 중국에 시장경제지위를 부여한 유일한 국가라는 상징성도 가지고 있다.

이상이 중국이 아이슬란드와 FTA를 추진하게 된 경제적 이유이지만, 아이슬란드는 중국에게 자원확보 및 이용면에서도 매우 중요한 국가이다. 아이슬란드는 지열을 이용한 발전(發電)이 잘 발달돼 있으며 이를 이용한 알루미늄 생산이 대대적으로 이루어지고 있는 곳으로 자원 활용도 측면에서 큰 의의가 있다. 또 아직 개발되지 않은 많은 지하자원을 보유하고 있는 국가로 1990년대 이후 집중된 국제자본의 대아이슬란드 투자는 대부분 광산 및 에너지 개발분야였다는 점에서 광산자원과 에너지의 해외개발에 많은 노력을 기울이고 있는 중국에 중요한 의미를 지니고 있는 곳이다.

2013년 4월 15일, 중국은 유럽 국가 중 처음으로 아이슬란드와 FTA를 체결했다. 리커창(李克强) 중국 총리와 요한나 시귀르다르도티르 아이슬란드 총리는 베이징 인민대회당에서 FTA에 공식 서명했다. 양국이 지난 2006년 첫 FTA 담판을 시작한 이래 6년 만에 이뤄진 성과로 중국이 유럽 국가와 FTA를 체결한 것은 이번이 처음이다.

이번 FTA 체결로 아이슬란드는 중국산 공산품과 수산물에 대한 관세를 전면 철폐하기로 했다. 이는 중국의 대아이슬란드 수출품 총액의 99.77%에 해당하는 규모다. 중국도 아이슬란드에서 수입하는 수산물 등 7830개 품목에 대해 관세를 철폐하기로 했다. 이밖에 양국은 서비스무역을 비롯해 투자, 인적교류, 보건위생 및 식물검역조치, 기술적 무역장벽, 원산지규칙, 해관절차, 지적재산권 등에 대해서도 구체적인 규정을 마련하는 등 다방면에서 협력을 강화하기로 했다.

이번 FTA 체결은 양국간 이해관계가 맞아떨어진 결과로 중국은 북극 자원확보 등 북극 진출의 발판을 마련하고 아이슬란드는 중국과의 교역을 늘려 침체된 경기를 살리길 기대하고 있다. 2012년 4월, 당시 원자바오(溫家寶) 총리가 아이슬란드를 방문해 북극 지역의 지속가능한 발전과 평화, 안정은 물론 해양·환경·선박운항 등에서 아이슬란드와 협력을 할 준비가 돼있다는 의지를 내비치는 등 중국은 줄곧 '북극 영토' 에 관심을 가져왔다. 또한 2008년 금융위기 때 디폴트를 선언한 아이슬란드는 침체된 경기를 살리기 위해 중국의 투자를 기대하고 있는 상황이다. 리커창 총리는 향후 양국이 투자·교역뿐만 아니라 지열 등과 같은 에너지, 지질해양 연구 등 방면에서도 협력을 강화해야 한다고 강조했다.[270)]

7) 중국-스위스 FTA

스위스가 2013년 7월 6일, 중국과 FTA에 공식 서명했다. 양국 FTA는 2014년 7월 1일자로 발효되었다. 중국은 2013년 4월 유럽 국가 중 처음으로 북유럽의 아이슬란드와 FTA를 체결했지만 유럽 대륙에서 본격적으로 FTA를 성사시키기는 이번이 처음이다. 신화통신에 따르면 가오후청 중국 상무부장(장관)과 요한 슈나이더 아만 스위스 경제부 장관은 이날 베이징 상무부에서 양국간 FTA를 공식 체결했다.

가오 부장은 높은 수준의 협정으로 양국에 실질적인 이득이 될 것이라며 산업 · 노동 등 다양한 분야에서 협력할 것이라고 말했다. 슈나이더 아만 장관도 중국과 FTA 체결에 대해 위험을 헤징(회피)하는 데 매우 중요할 수 있다고 설명했다. 그는 특히 채무위기를 겪고 있는 유럽 주변국이 스위스 경제에 미칠 위험을 분산시킬 기회를 얻었다고 강조했다.

중국과 스위스 간 FTA가 체결됨에 따라 스위스는 중국산 제품 99.7%에 대한 관세를 단계적으로 완전 철폐하고 중국은 스위스 제품의 84%를 무관세로 처리하게 된다. 부분감세를 감안할 경우 스위스는 99.99%, 중국은 96.5%의 관세가 철폐돼 사실상 무관세 거래가 가능하다. 특히 중국에서 스위스로 수출하는 섬유 · 의류 · 금속제 · 자동차부품 등을 포함해 모든 산업재의 세금

270) 아주경제(2013.4.16)

은 거의 철폐된다. 또 960종이 넘는 중국 농산품도 관세감면 리스트에 포함된 것으로 알려졌다. 중국은 스위스의 3대 교역국으로 양국 교역량은 263억달러 규모다.

특히 중국 입장에서는 이번 FTA 체결이 연합(EU)을 압박해 최종 목표인 중 · EU FTA 체결의 교두보를 마련하기 위한 포석이 될 것으로 기대하고 있다. 또 스위스의 첨단기술을 받아들여 기술 중심의 성공적인 산업 구조조정을 진행할 수 있을 것이라는 희망도 가지고 있다.

스위스 역시 중국인들이 좋아하는 시계 등의 무관세와 함께 의약 · 관광업 등에서 EU 국가보다 한발 앞서 진출할 수 있는 발판이 될 것으로 예측하고 있다. 무엇보다 스위스는 유럽 내 런던 · 프랑크푸르트 등과 위안화 허브 경쟁에서 취리히가 한발 앞설 수 있을 것을 기대하고 있다.[271)]

8) 중국-싱가포르 FTA

2008년 10월 23일, 중국과 싱가포르는 베이징에서 중·싱가포르 FTA 협정문(China- Singapore Free Trade Agreement, 이하 CSFTA)을 체결했다.

CSFTA는 2006년 8월 협상을 개시하여 2008년 9월까지 총8차의 협상 끝에 타결되었며 2009년 1월에 발효되었다. 중-싱가포르 FTA 협상은 원래 2004년부터 논의 되었으나 당시 싱가포르 차기 총리후보였던 부총리 리셴룽(李顯龍)이 타이완을 방문하는 사건이 있은 후 베이징이 양국 FTA 논의 중단을 선언 하여, 협상 개시가 2년 넘게 지연 된 바 있다.

CSFTA는 상품 무역, 서비스 무역, 투자, 인력 이동, 세관 절차, 무역구제, TBT 및 SPS, 경제협력과 분쟁해결 등을 포함하고 있다. 싱가포르는 ASEAN 국가 중에서 중국과의 무역량이 최대인 국가이며 CSFTA는 중국이 체결한 네 번 째 양자 FTA이다. CSFTA는 중국이 아시아 국가와 상품 서비스, 인력이동 등을 포괄적으로 일괄 타결한 최초의 FTA 라는 의의가 있다. 중국은 이미 싱가포르와 중-ASEAN FTA라는 다자적 관계를 맺은 상황에서 다시 양자간 FTA를 체결하였다. 양자간 FTA 협상을 시작한 이유는 중-ASEAN FTA의 다자간 협상틀의 개방 속도보다 더 빠르고 폭 넓은 개방을 달성하기 위한 것이라고 밝혔다. 2007년 기준으로 중국은 싱가포르 제2의 무역 상대국이며, 싱가포르는 중국의 8대 무역상대국 5대 대중 투자국이다. 2007년 양국의 무역액은 472억 달러에 달했으며 특히 중-ASEAN 상품 FTA가 발효된 2005년 이후부터는 더욱 빠른 증가세를 시현하고 있다. 특히 중국의 대싱가포르 수출과 무역흑자가 급상승하여 2007년 중국의 대싱가포르 무역흑자는 120억 달러를 넘어 섰다.

271) 서울경제(2013.7.7)

[그림 8-2] 중국의 對싱가포르 무역 현황

(단위: 백만달러)

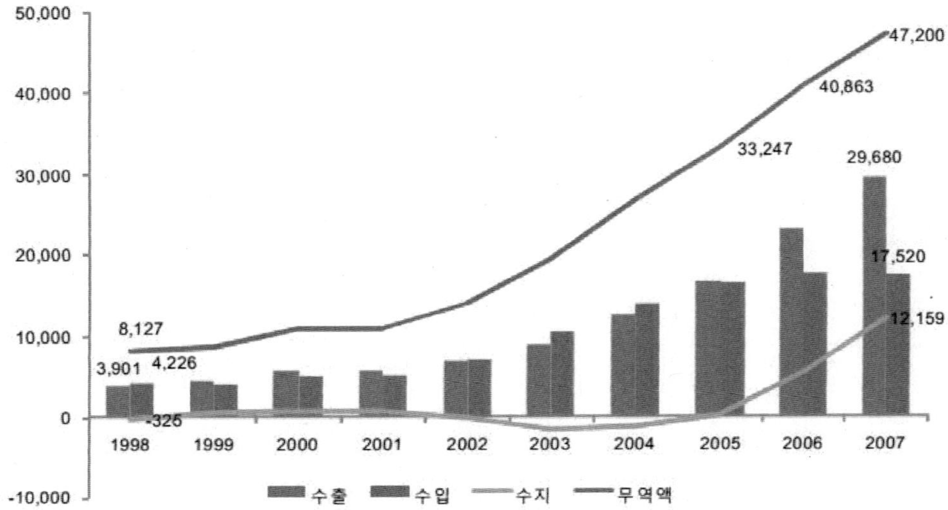

자료 : IMF, Direction of Trade Statistics.

중국 상무부 외자통계에 따르면 2007년말 싱가포르의 대중 투자(실질이용액 기준) 누계액은 333.9억 달러, 1만 6,615건에 달했다. 이러한 대중 투자 실적은 대중 투자국 중 홍콩, 일본, 미국, 한국, 버지니아 군도 제외 다음으로 높은 수준이다.

싱가포르의 대중국 수출품에 대해 2010년까지 95% 상품의 관세를 철폐하고 중국의 대싱가포르 수출품에 대해서는 발효 시점인 2009년 1월부터 영관세를 적용하게 된다. 2009년 1월부터 싱가포르의 대중국 수출품에 영관세가 적용되고 2010년까지 추가적으로 10%의 상품에 대한 관세를 철폐하도록 하였는데 이는 2007년 기준으로 무역액 180억 달러 수준이다. 주요 품목으로는 석유화학, 가공식품 및 전자 전기제품 등이다. CSFTA의 상품 무역 부문은 상품 협상을 기본으로 하여 더 가속화된 관세양허를 허용하도록 하였다.

[표 8-6] 중국의 기체결 FTA 협정문의 주요 구성 비교

	중·싱가포르(08)	중·칠레(05)	중·파키스탄(06)	중·뉴질랜드(08)
1장	최초조항	최초조항	최초조항	최초조항
2장	일반정의	일반정의	일반정의	일반정의
3장	상품무역	상품무역 내국민대우와 시장접근	상품무역 내국민대우와 시장접근	상품무역
4장	원산지규정	원산지규정	원산지규정	원산지규정 및 운용절차
5장	세관절차	원산지규정 관련절차	무역구제	세관절차 및 협력
6장	무역구제	무역구제	SPS	무역구제
7장	TBT 및 SPS	SPS	TBT	SPS
8장	서비스무역	TBT	투명성	TBT
9장	자연인 이동	투명성	투자	서비스무역
10장	투자	분쟁해결	분쟁해결	자연인 이동
11장	경제협력	행정	행정	투자
12장	분쟁해결	예외	최종조항	지식재산권
13장	예외 조항	협력		투명성
14장	일반 및 최종조항	최종조항		협력
15장		서비스무역 보충협정(08)		행정 및 제도조항
16장				분쟁해결
17장				예외
18장				최종조항

주: ( ) 안은 체결 연도. TBT는 기술장벽. SPS는 위생검역.
자료: 여지나(2008), 중싱가포르 FTA 체결의 주요 내용 및 시사점, 지역경제포커스 08-42호, KIEP.5쪽

CSFTA 서비스 협정문은 GATS(General Agreement on Trade in Services. 서비스무역에 관한 일반협정)와 중-아세안 FTA에 기초하여 작성되었으며, 상호인정 분야에서 여타 기체결 서비스 FTA보다 발전되었다. 실제 병원 서비스 분야를 보면, 중국은 지금까지 WTO나 기체결 FTA에서 병원서비스를 기재하지 않았으나 CSFTA에서 최초로 양허하였다. 시장접근과 내국민 대우에 대해 국경간 공급모드(mode1)과 인력 이동(mode4)은 개방 하지 않았으나 해외소비(mode2)와 상업적 주재(mode3)를 개방하였다. 즉, 중국 측 파트너와 합자회사(Joint Venture) 형식으로 싱가포르 자본 비율이 70%를 넘지 않는 조건으로 병원을 설립 하되, 총 수량 제한은 중국 측의 수요에 따라 달라지며 의사와 의료진의 대다수는 중국인이어야 한다. 또한 교육서비스 분야도 개방되었다. CSFTA에서 싱가포르는 WTO나 기존 FTA에서는 개방하지 않았던 분야인 중의학 교육, 중국어교육 및 교육시험서비스 시장을 개방하였다. 다만 시장접근에 있어서 중의학 학위 취득 가능 인원수는 총 공급에 따라 제한을 둘 수 있도록 하였으며, 인력이동에 대해서는 개방하지 않았다.[272]

9) RCEP(역내 포괄적 경제동반자 협정. Regional Comprehensive Economic Partnership)

2020년 11월 15일에 ASEAN, 한·중·일, 호주, 뉴질랜드 등 15개국이 참가하는 중국 주도의 지역경제통합체인 RCEP(Regional Comprehensive Economic Partnership. 역내포괄 경제동반자 협정. 区域全面经济伙伴关系协定)이 타결되었다. RCEP 무역 규모는 5.4조 달러로 전 세계 30% 수준이며, GDP는 26.3조 달러(세계 32%), 인구 22.6억 명 규모의 메가(Mega) FTA이다.

RCEP은 국회 비준을 거쳐 우리나라에서는 2022년 2월자로 발효가 되었으며, 중국을 포함한 10개국은 2022년 1월 1일자로 발효가 되어 다자간 무역에 적용되고 있다.

이와 관련하여 ASEAN측은 2011년 11월 ASEAN 정상회담시 RCEP 작업계획(RCEP Framework) 제시했고, ASEAN과 FTA를 기체결한 6개국(한, 중, 일, 호주, 뉴질랜드, 인도)이 참여하는 RCEP 협상의 2012년 11월 개시 선언을 목표로 설정했다. 2012년 8월 ASEAN+6 통상장관 회의시 2012년 11월 동아시아 정상회의를 RCEP 협상개시 선언을 위한 목표 시점으로 설정하는데 합의(RCEP 협상지침도 확정)했다. 중국은 미국을 중심으로 TPP(환태평양 경제 동반자 협정. Trans-Pacific Strategic Economic Partnership)가 추진중임에 따라, 이를 견제하는 차원에서 동북아시아 및 동아시아 경제통합에 적극적으로 참여했다.

AFP(ASEAN FTA Partners) 6개국 간 FTA 추진 현황(2015년 1월 22일 기준)

	한국	중국	일본	호주	뉴질랜드	인도
한국		2014.11.10 타결	협상 중단	2014.12.12 발효	2014.12.22 가서명	2010.1.1 발효
중국	2014.11.10 타결			2014.11.17 타결	2008.10.1 발효	공동연구 완료
일본	협상 중단			2015.1.15 발효		2011.8.1 발효
호주	2014.12.12 발효	2014.11.17 타결	2015.1.15 발효		1983.1.1 발효	5차 협상 완료
뉴질랜드	2014.12.22 가서명	2008.10.1 발효		1983.1.1 발효		9차 협상 완료
인도	2010.1.1 발효	공동연구 완료	2011.8.1 발효	5차 협상 완료	9차 협상 완료	

※주: ■ 발효 ■ 타결 및 서명 ■ 협상 중 ■ 협상 중단 또는 협상 전 단계
상품협정과 서비스협정의 발효시기가 다른 경우 상품협정 발효년도 기준.
ASEAN과 양자 FTA를 체결한 6개국 간의 양자 FTA 현황이므로 ASEAN은 제외.

자료: 금혜윤(2015), RCEP의 현황과 전망·시사점, 「함께하는 FTA 」 Vol.33. 산업통상자원부. 17쪽.

2005년 중국·ASEAN FTA 체결 이후 중화권과의 FTA(홍콩, 마카오, 대만)에 이어 최근 한·중 FTA 타결 및 한·중·일 FTA가 추진 되고 있다. 일본은 최근까지 FTA 추진이 부진함에 따라,

272) 여지나(2008), 중·싱가포르 FTA 체결의 주요 내용 및 시사점. 지역경제포커스 08-42호. KIEP. 2쪽.

한·일 FTA, 한·중·일 FTA, 나아가 RCEP에 적극적으로 참여했다. ASEAN은 한·중·일 FTA가 추진되고 있음에 따라, 동아시아 경제통합의 주도권 유지 차원에서 RCEP에 참여한 것이다. RCEP을 통해서 그동안 FTA에 소극적이었던 일본과 한국, 중국이 FTA를 체결하게 되었다.

10) 중국-조지아

2017년 5월 13일, 중국은 조지아 정부와 FTA를 체결했다. FTA협상은 2015년 12월에 시작해 2016년 10월에 완료되어 1년도 걸리지 않았다. 이는 중국의 첫 번째 유라시아지역 FTA이다. 중국과 조지아의 상품무역 현황을 보면 다음과 같다.

양국 무역규모는 2012년의 7억7,400만 달러에서 2016년에는 8억1,500만 달러까지 증가했다. 2016년 중국은 조지아의 다섯 번째 무역파트너이다. 중국의 수입 상품은 와인, 과일즙 등의 농산품 및 광산품, 방직의류제품 등의 공업품이다. 조지아의 수입 상품은 주로 공업품이다. 그 중 전자기계 제품은 큰 비중을 차지하고 있으며 대중국 수입 총액의 33.63%를 차지한다.

FTA 발효 후 조지아 측은 중국산 수입품목의 96.5%에 대해 즉시 제로관세로 적용할 것이며, 이는 조지아 대중국 수입액의 99.6%이다. 중국은 대조지아 수입 품목의 93.9%에 대해 관세 철폐를 실시할 계획이며, 이는 대조지아 수입 총액의 93.8%이다.

2016년 중국의 대조지아 와인 수입액은 1,235만6,900달러로, 중국의 대조지아 수입총액의 23.8%를 차지한다. FTA 발효 후 조지아 와인의 평균관세는 14%에서 0%로 하향조정될 것이다. 2016년 중국의 조지아 방직의류제품 수입액은 545만6,100달러로, 대조지아 수입총액의 10.50%를 차지한다. FTA 발효 후 조지아 수입 의류제품 관세는 18.07%에서 2.85%로 하향조정 될 것이다. 2016년 중국의 대조지아 수입품목 중 광사, 광재, 구리 및 구리제품의 금액은 3,180만2,700달러에 달했다. 이는 대조지아 수입 총액의 61.21%를 차지한다. FTA 발효 후, 대조지아 수입 구리와 구리제품 및 광사, 광재와 광산가루의 관세는 즉시 철폐될 것이다. 아울러 FTA는 양국 간 전자 및 기계설비, 육류, 채소, 과일 등의 상품관세를 줄였다.

양측은 서비스무역 부분의 시장진출, 국민대우, 최대수혜국 우대조항 등 규정을 제정하고 금융서비스, 인적교류, 운송 및 관련 서비스, 중의약 협력 등 4가지 서비스에 대한 규정을 첨부했다. 조지아는 유라시아접경에 위치하고 있으며 이는 '실크로드 경제벨트'의 중요한 지역이다.

운수 및 관련 서비스는 중국이 체결한 FTA 중 최초로 단독으로 설립한 별도 규정이다. 여행업은 조지아의 주요 산업 중 하나이다. 조지아의 역사가 오래되고, 풍부한 자연풍경과 인류문화자원이 있으며 세계문화유산 4곳 있다. 조지아는 여행시장을 전면 개방했다. 중국 측은 베이징, 톈진, 상하이 등 3곳에서 시범적으로 시행하는 중국 거주민 해외여행 서비스 개방조치를 무역협정에 포함하며 중-조 합자여행사 등록을 허가했다.

금융서비스는 중점 합작영역 중의 하나이다. FTA 서비스조항에 금융서비스 첨부규정을 제정해 개방 내용을 협의했다. 인적교류영역은 비즈니스맨, 엔지니어 등의 출입국 조건과 절차에 관련된 것이다. 양측의 서비스 무역조항의 자연인 이동 첨부규정 중 자연인 임시입국 원칙, 투명성 등 규정을 제정했다. FTA 조항에는 전문 중의약 합작 첨부규정이 있다. 양측은 감독기관, 부서등록기관과 관련 전문업종 기관이 정보교류, 자격인증, 연구 등에서 협력할 것이다.

중-조 FTA는 중국의 최초 유라시아지역의 FTA라는 중요한 의미를 가지고 있다. 조지아는 우수한 지리적 위치와 풍부한 자원 등의 특성이 있다. 러시아 등의 CIS 국가 및 EU, 터키 등의 국가 및 지역과 FTA를 체결함으로 경제 발전 잠재력이 매우 크다. FTA로 조지아의 대중국 수출액은 약 30% 증가할 것이며 중국의 대조지아 수출액은 약 6.7% 증가할 전망이다. 273)

[사진 8-2] 중국의 FTA 영토

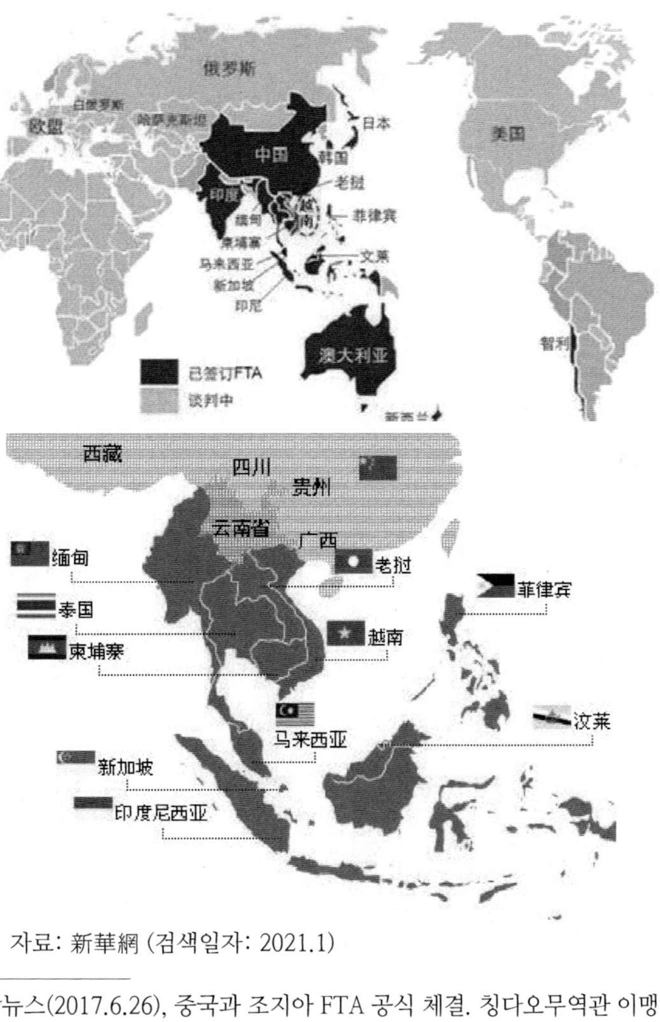

자료: 新華網 (검색일자: 2021.1)

273) KOTRA 해외시장뉴스(2017.6.26), 중국과 조지아 FTA 공식 체결. 칭다오무역관 이맹맹.

5. 한·중 FTA

1) 중국의 대한국 FTA 전략

중국이 한국과 FTA를 추진하려는 동기는 무엇일까? 에너지, 자원확보, 시장확대, 대선진국 우회수출, 중국 동북지역 개발 촉진 등의 경제적 측면이 있을 것으로 판단되며, 또한 자국 중심의 지역주의 형성을 촉진하려는 전략적 목표가 있을 수 있다.

중국의 FTA 로드맵에서 주목할 만한 사항은 중국의 FTA 추진 우선순위에서 한국이 갖는 위치이다. 중국의 입장에서 볼 때 한국은 ASEAN, SCO, 인도 등 남아시아 다음으로 FTA 를 추진할 동기가 강한 대상국으로 분석된다. 중국이 한국과의 FTA에서 기대하는 동기는 에너지·자원확보, 시장확대, 對선진국 우회수출, 국내지역(동북지역) 개발 촉진 등의 경제적인 측면보다는 자국중심의 지역주의 형성을 촉진하려는 전략적 목표가 두드러진다. 즉 중국은 동아시아 지역주의를 둘러싼 미국, 일본과의 주도권 경쟁의 측면에서 중·한 FTA의 전략적 필요성을 우선적으로 중시하며, 중·한 FTA 의 경제적 필요성은 차우선적으로 고려하는 것으로 보인다.

한·중간의 경제교류와 협력관계는 FTA라는 틀 없이도 이미 눈부신 성장을 이루어 왔으며, 양국 경제의 상호의존도는 이미 상당히 높은 수준에 달해 있다. 앞으로 시간이 흐를수록 한국경제와 중국경제는 통합이나 다름없는 수준의 상호의존도를 보이게 될 전망이다. 따라서 최근 중국이 적극적으로 한국과의 FTA 를 추진하려는 데에는 순수한 경제적 동기보다는 역내에서의 영향력을 강화하려는 요인이 강하게 작용하는 것으로 보인다.[274)]

다만 최근 한국이 EU(2011.7.1) 및 미국(2012.3.15)과 FTA를 체결함에 따라 중국정부는 한국을 FTA Hub로서 또 대EU, 대미 우회수출지역으로 활용할 수 있는 경제적 요인이 새롭게 부여되었음을 주목할 필요가 있을 것이다.

2) 한중 FTA 경과

중국은 2009년 12월 시진핑 국가부주석의 한국 방문을 계기로 한·중 FTA 조기 체결 의지를 밝혔다. 하지만 한중간 FTA는 2004년부터 2008년까지 산관학 공동연구 진행 이후 더 이상 진전이 없는 상태였다.

그 이유는 최장수(6년 반) 주중 대사로 유명한 김하중 前대사가 압축해서 설명하고 있다. 한·중 양국은 FTA 체결 필요성을 절감하고 있으나 한국은 중국 농산물 수입에 대한 우려가 크고, 중국은 한국 공산품 수입에 대한 우려가 커 현재로선 타협점을 찾기가 쉽지 않을 것으로 보인다고 말한 바 있다.[275)]

---

274) 조현준·이인구(2007), 중국 FTA정책의 정치경제적 목적과 결정요인, 「동북아경제연구」 제19권 1호, 66쪽.

정인교 교수(인하대)의 지적도 농업에 초점을 두고 있다. 한국의 경우, 농업개방 부담이 생각보다 클 수 있다는 것. 한·미 FTA로 피해를 볼 수 있는 농업품목은 쇠고기와 감귤류에 한정되지만, 중국산 농산물은 고추·마늘·양파·참깨 등 양념류와 축산물, 과실 등 다양하다. 그러나 한국 대부분의 농가들이 자가소비 및 판매 목적으로 양념류 농사를 짓고 있고, 중국산 농산물 수입을 줄이기 위해 높은 수준의 조정관세를 부과해 왔다는 점은 농업부문의 부담을 짐작케 한다.[276]

가. 한중 FTA 협상개시 공식 선언(2012.5.2)

한국과 중국이 2012년 5월 2일, FTA 협상개시를 공식 선언했다. 중국의 협상대표인 천더밍(陳德銘) 상무부장은 이날 우리 측의 박태호 통상교섭본부장과의 회담후 기자회견에서 이달 중에 첫 협상이 열릴 것이라고 밝혔다. 한중 양국이 지난 2005년 민간 공동연구 이후 산관학 연구와 민감 분야 보호에 대한 정부간 사전 절차라는 7년간의 준비기간을 거쳤다는 점에서 향후 협상이 원만하게 진행될 것이라는 지적도 나온다.

양국 실무사령탑인 박태호 통상교섭본부장과 천더밍 상무부장은 이날 회담에서 4가지의 협상 원칙을 담은 공동성명문을 발표했다. 공동성명문의 내용을 살펴보면 우선 민감 품목 보호를 위해 협상을 1, 2단계로 나눠 진행하기로 한 점이 눈에 띈다.

한국 측이 농수산 분야, 중국 측이 자동차, 기계, 석유 분야 등의 제조업을 민감 분야로 여기는 만큼 이를 조심스럽게 다뤄가겠다는 의도로 보인다. 양국은 특히 상품, 서비스, 투자분야의 분야별 협상지침(모달리티)를 합의하고 이를 바탕으로 전면적인 2단계 협상을 하겠다는 의지를 보이고 있다. 그러나 1단계 협상에서 민감 분야 합의가 이뤄지지 않으면 2단계로 넘어가지는 않겠다는 암묵적인 '합의'를 하고 있는 것으로 알려졌다.

민감분야 보호를 세부화한 것도 눈에 띈다. 상품분야의 경우 일반과 민감품목으로 나누고, 민감품목군은 다시 일반적인 민감 상품과 초민감 상품으로 분류해 장기 관세 철폐, 부분 감축, 양허 제외 등의 방식을 적용키로 한 것이다.

서비스와 투자 분야에 대한 협상 체결 목표치도 관심을 끌고 있다. 양국은 서비스 분야의 경우 WTO 협정보다 높은 수준의 자유화를, 투자분야는 이미 체결한 투자협정 등을 고려해 양국간 투자 흐름과 관련된 사항이 적절하게 다뤄지도록 규정했다.[277]

나. 한·중 FTA 체결 결과와 그 함의(2015.12.20. 발효)

2014년 11월 10일 중국 베이징에서 개최된 한·중 정상회담에서 양국 정상은 한·중 FTA 협상이 실질적으로 타결되었다고 공식 선언했다. 한·중 양국은 2014년 11월 4~9일 개최된 한·중

275) 연합뉴스 (2007.8.8)
276) 정인교(2010), 한중 FTA 이제부터 시작이다, 한국경제연구원(2010.5.12)
277) 연합뉴스(2012.5.2)

FTA 제14차 공식협상(수석대표: 韓 산업통상자원부 윤상직 장관, 中 상무부 가오후청 부장)을 통해, 상품 및 서비스 시장 개방과 품목별 원산지기준(PSR) 등 모든 핵심 쟁점에 대해 최종 합의를 도출했다. 동년 11월 10일 개최된 한·중 정상회담에서 양국 정상은 한·중 FTA 협상의 실질적 타결을 공식 선언하고, 기술적인 사안을 연내 마무리할 것을 양국 협상단에게 지시하였으며, 양국 통상장관(韓 윤상직 장관, 中 가오후청 부장)은 이러한 내용을 담은 '한 · 중 FTA 합의의사록'에 서명하였다. 이후 한중 FTA는 비준안이 국회 통과되면서 2015년 12월 20일부터 발효되었다.

이로써 2005년 민간 공동연구를 기점으로 본격적인 논의가 시작된 한 · 중 FTA는 2012년 5월 첫 번째 협상을 개시한 이후 30개월만에 협상 실질 타결이라는 결실에 도달하게 되었다.

□ 한중 FTA 연혁

· 2005~2006 민간공동연구 → 2007~2010 산관학공동연구 → 2010~2012 정부간 사전협의 → 한-중 FTA 제1차 협상 개시(2012.5.2) → 14차례 공식 협상(2014.11.4) → 가서명 (2015.2.25) → 발효 (2015.12.20)

한·중 FTA의 의의는 다음과 같다. 첫째, 한·중 FTA를 통해 우리나라의 최대 수출시장이자 세계에서 가장 빠르게 성장하는 중국이라는 거대 시장을 우리의 제2 내수시장으로 선점할 수 있는 기회를 확보할 수 있게 되었고, 이는 향후 우리 경제 발전의 새로운 활력소와 미래 성장 동력이 될 것이다.

* 中 소비시장 규모(조달러): (2013) 4.7 → (2015) 5.7 → (2020) 9.9 (KIEP)

** 中 총소비 증가(억 위안): (2008) 153,422 → (2013) 292,166 (World bank)

한·중 FTA를 통해 對中 수출 연간 87억불에 해당하는 물품의 관세가 발효 즉시 철폐되며, 對中 수출 458억불에 해당하는 물품은 발효 10년후 관세가 모두 철폐됨에 따라, 중소기업을 포함한 우리 기업들의 對中 수출 활로를 개선하는데 큰 도움이 될 것으로 전망된다. [278]

철강(냉연·열연·도금강판 등) · 석유화학(프로필렌·에틸렌 등) 등 일부 주력 소재 제품에 더하여, 패션(의류·악세사리 등), 영유아용품, 스포츠 · 레저용품, 건강 · 웰빙제품(의료기기 등), 고급 생활가전(냉장고·에어컨·밥솥 등) 등 기술력을 보유한 우리 중소기업 제품들이 對中 특혜 관세로 가격 경쟁력을 강화하게 되어, 기존 가공무역 중심의 對中 수출구조가 중국 내수시장을 겨냥한 고부가가치 최종 소비재 위주로 바뀌는 중요한 전기를 마련할 것으로 기대된다.

또한, 한 · 중 FTA 자유화가 최종 달성될 경우 연간 관세절감액 예상액이 54.4억불(약 6조원)에 달해 한 · 미 FTA(9.3억불)의 5.8배, 한 · EU FTA(13.8억불)의 3.9배에 이를 것으로 예상된다.

278) 산업통상자원부(2014.11.10)

건설, 유통, 환경, 법률, 엔터테인먼트 등 중국 유망 서비스 시장에서 양허를 확보하고, 금융, 통신 분야 규범을 강화함으로써 우리 기업들의 진출 기회가 확대되고, 안정적인 제도 틀 속에서 지속적으로 성장할 수 있는 기반을 마련한 것으로 평가된다.

* (예) 중국에서 설립된 한국 건축.엔지니어링 및 건설서비스 기업의 면허 등급 판정시 한국에서 달성된 실적을 인정받게 됨

아울러, 협정 발효 후 2년내 서비스, 투자 공히 네거티브 방식의 후속협상을 개시하여, 개시 후 2년내 후속협상을 종료키로 합의한 바, 추가적인 중국 서비스 시장 개방의 기회를 확보했다. 폭발적으로 성장하는 중국 상품·서비스 등 내수시장을 경쟁국들보다 나은 조건으로 공략할 수 있게 됨에 따라 향후 중국의 미래·고급 시장을 선점하여 2015년까지 한·중 교역 3,000억불 달성하는 것은 물론 국민소득 3만불 시대를 앞당기는 기폭제가 될 것으로 기대된다.

둘째, 중국 현지화 전략을 추진하고 있는 품목(자동차, LCD 등), 중국내 공급과잉이 심각한 품목(철강 등)에 대한 공세적 이익보다는 우리 주요 농수축산물에 대한 국내적 우려를 최대한 반영하였다. 對中 수입 농수축산물 중 60%(수입액 기준)를 관세철폐(일정기간후 무관세) 대상에서 제외하였으며, 그 중 절반에 해당하는 30%(수입액 기준)는 어떠한 추가적인 개방 의무로부터 보호되는 '양허제외' 지위를 획득하는 등 최대한 보호하였다.

특히, 전체 농수축산물 수입액 기준 30% '양허제외'는 우리가 체결한 12개의 FTA 중에서 유례없이 큰 수준*이며, 국내적으로 우려가 컸던 쌀을 비롯하여 주요 농수축산물 (고추, 마늘, 양파, 사과, 감귤, 배, 조기, 갈치, 쇠고기, 돼지고기 등) 대부분을 양허대상에서 제외한 것이다. 중국 농수축산물에 대한 국내의 식품 안전 우려를 감안하여, 한·중 FTA SPS (위생 · 검역) 협상에서 우리 농업계의 우려가 컸던 지역화 조항 등은 협정문에서 제외하고 WTO/SPS 협정 수준으로 타결함에 따라 WTO/SPS 협정을 넘어서는 추가적인 의무 부담이 발생하지 않는다.

* 한국의 FTA 중 농수축산물 관세철폐율 비교 (품목수기준/수입액기준, %)

\- 한-미(98.3/92.5), 한-호주(90.7/98.4), 한-ASEAN(62.8/56.2), 한-중(70/40)

* 양허 제외율(수입액기준, %): 한-미 FTA 0.9%, 한-EU FTA 0.2%, 한-캐 FTA 3.4%

셋째, 對中 투자 600억불(누계), 在中 기업 2만개, 在中 교민 50만명 시대의 요구에 부응하여, 중국내 각종 비관세장벽 및 우리 기업의 애로사항 해소에 역점을 두어 우리 수출기업 및 현지 진출기업 보호를 위한 제도적 기반을 강화했다. 在中 주재원 최초 2년 체류기간 및 복수비자 발급 확대, 700불 이하 물품 원산지증명서 제출 면제, 48시간내 통관 원칙, 세관집행의 일관성 증진, 특송화물 서류 최소화, 지재권 침해 물품의 압류·폐기 명문화, 중국 정부내 우리 기업 애로 해소 담당 기관(중앙·성 단위) 지정 등을 통하여 우리 기업들의 실질적인 애로사항을 해소하는 동시에, 국제 공인시험성적서 상호 수용, 시험 · 인증기관 설립 지원, 시험 샘플 통관 원활화 등 기술장벽 및 시험·인증과 관련된 중국의 비관세장벽을 해소할 수 있는 방안들도 포함되었다.

또한, 비관세조치 시행 전 충분한 유예기간 확보를 통해 관련 규정 제·개정시 우리 기업의 법규 대응 어려움을 완화할 수 있는 법적 근거를 마련하였으며, 양국 정부가 비관세조치 해결 방안을 모색하기 위해 작업반을 설치하고, 각종 비관세조치를 보다 신속하고 효율적으로 해결하는 중개인을 통한 해결안 마련을 명문화 하는 등 비관세장벽 문제 해소를 위한 제도적인 방안 마련에도 노력하였다.

넷째, 한·중 FTA를 통해 우리나라는 글로벌 3대 경제권과 FTA 네트워크를 완성하여 명실상부한 FTA 허브 국가로 발돋움할 수 있게 되었으며, 이를 통해 국내 투자 유치 확대와 일자리 창출 효과도 얻게 될 것으로 기대된다. 우리나라는 세계 10대 교역 국가 중에서 처음으로 세계 3대 경제권(미국, EU, 중국) 모두와 자유무역협정을 맺게 되었으며, 이를 통해 우리 기업들의 국내 투자를 촉진하고, 국제통상 무대에서 우리 경제력에 걸맞는 위상을 확보하는 계기를 마련한 것이다.

우리나라의 FTA 체결에 따른 경제 영토 확보 순위도 현재 세계 5위(60.9%)에서 3위 (73.2%)로 도약하게 되었으며, 우리나라 전체 교역 중에서 FTA 체결국과의 교역 비중도 62.4%에 이르게 되었다.

FTA 허브 국가로의 부상은 우리가 기체결한 한·EU, 한·미 FTA 활용을 희망하는 중국 기업들의 對韓 투자 확대와 중국시장 진출을 모색하는 미국·EU·일본 등 선진국 기업들의 對韓 투자 증대 및 고부가가치 일자리를 창출하는데 많은 도움이 될 것이다. 나아가, 한·중 FTA는 한중일 FTA, TPP, RCEP, FTAAP 등 아태지역 역내 경제협력 및 동북아 지역 통합 활성화 움직임 속에서 우리나라가 핵심축(Linchpin) 역할을 할 수 있는 중요한 계기를 마련한 것으로 평가된다.

* 美·EU·中 모두와 FTA를 체결한 국가: 칠레, 페루

* 각국의 경제영토: 칠레 (85.1%), 페루 (78.0%), 멕시코 (63.6%), 코스타리카 (63.5%)

다섯째, 한·중 FTA는 한·중 관계 심화의 중요한 계기가 될 뿐만 아니라, 동북아의 평화와 안정적인 발전에도 기여할 것으로 전망된다. 중국은 현재 한국의 최대 교역대상국, 최대 수출대상국, 최다 기업 투자 대상국으로서, 지난해 800만명 이상이 상호 방문하고, 매주 800여편의 항공편이 운항하는 등 우리나라와 인적·물적 교류가 가장 활발한 국가인 바, 금번 FTA를 기반으로 한 양국간 인적·물적 교류 확대를 통해, 한중 양국간 전략적 동반자 관계를 한층 더 강화할 수 있는 발판을 마련했다.

영화 및 TV 드라마, 애니메이션 공동 제작, 방송·시청각 서비스 분야 협력 증진, 중국내 엔터테인먼트 합자기업 설립 개방, 관광 분야(해외 여행 영업) 우리기업 우선 고려 약속 등으로 인해 양국간 문화·관광 교류도 더욱 활성화 될 것으로 기대되며, 이와 동시에, 저작권과 저작인접권(음반·방송사업자)을 강화하여 중국내 한류 컨텐츠를 보호할 수 있는 기반을 마련했다. 또한 한반도 역외가공지역에서 생산되는 제품에 대해 원산지 지위를 인정하기로 합의했다.

한·중 FTA 협정문은 상품관련(6개: 상품, 원산지, 통관 및 무역원활화, 무역구제, SPS, TBT), 서비스·투자(4개: 서비스, 통신, 금융, 자연인의 이동, 투자), 규범·협력(6개: 지재권, 경쟁, 투명성, 환경, 전자상거래, 경제협력), 총칙(5개) 등 총 22개 챕터로 구성되어 있어 명실 공히 무역관련 제반 분야를 총 망라하는 '포괄적인 FTA'로 평가된다.

* 한-미 FTA: 24개 챕터, 한-EU FTA: 15개 챕터

* 중국의 FTA 중 가장 포괄적인 챕터 / 중-뉴질랜드(18개), 중-스위스(16개)

- 통신, 금융, 전자상거래는 중국의 기체결 FTA 중 최초로 독립 챕터로 구성

[표 8-7] 한중 FTA 협상 경과

구분			주요협상내용
1단계 협상	1차	'12.5.14 (中 베이징)	· 협상운영세칙(TOR : Terms of Reference) 확정 · 무역협상위원회(TNC: Trade Negotiating Committee) 설치
	2차	'12.7.3~5 (제주도)	· 상품분야 품목군에 대한 정의와 기준에 대한 논의 개시 · 서비스와 투자 분야 작업반 개최
	3차	'12.8.22~24 (中 웨이하이)	· 상품을 민감도에 따라 일반·민감·초민감 품목군으로 구분
	4차	'12.10.30~11.1 (경주)	· 비관세 장벽 및 무역구제 분야에 대한 논의 개시
	5차	'13.4.26~28 (中 하얼빈)	· 서비스·투자 모델리티의 핵심 요소에 대한 의견 교환
	※ 한 · 중 정상회담(13.6월) "높은 수준의 포괄적 FTA" 추진 합의		
	6차	'13.7.2~4 (부산)	· 상품 모델리티 및 협정 대상 및 범위 등에 대해 상당한 진전
	7차	'13.9.3~5 (中 웨이팡)	· 모델리티(Modality, 협상기본지침) 합의 → 1단계 협상 마무리 – 품목수 기준 90%, 수입액 기준 85% 자유화 수준에 합의 – 서비스/투자 및 규범 분야 협정문 구성 요소에 합의
2단계 협상	8차	'13.11.18~22 (인천)	· 상품은 양허 및 협정문 협상을 동시에 진행 · 원산지, 통관 등 여타 분야는 협정문안 협의
	9차	'14.1.6~10 (中 시안)	· 상품분야 양허수준 및 서비스/투자 분야 자유화 방식 협상 *(韓) 제조업 조기관세철폐 요구 vs. (中) 농수산 품목 개방확대 요구
	10차	'14.3.17~21 (일산)	· 상품분야 양허수준 및 서비스/투자 분야 자유화 방식 협상 *(韓) 제조업 조기관세철폐 요구 vs. (中) 농수산 품목 개방확대 요구
	※ 한 · 중 정상회담(14.3월) "한중 FTA 조기타결"에 대한 정상간 공감대 확인		
	11차	'14.5.26~30 (中 쓰촨성)	· 상품분야 2차 양허안(offer)을 교환하고, 양측 핵심 관심품목에 대해 2차 양허요구안(request) 교환 · 서비스 분야는 1차 양허요구안(request)을 교환하고 상호 관심분야에 대한 의견 교환
	※ 한 · 중 정상회담(14.7월) "한중 FTA 연내타결을 위한 노력 강화"에 합의		
	12차	'14.7.14~18 (대구)	· 서비스·투자분야 자유화 방식(韓 네거티브 vs. 中 포지티브)에 대한 원칙적 합의 도출 * 중국이 양자 FTA에서 네거티브 방식에 합의한 최초 사례
	13차	'14.9.22~26 (中 베이징)	· 상품분야 집중 협의를 진행하여 잠정 종합 패키지(안) 교환
	※ 한 · 중 정상급 회담(14.10월) "한중 FTA 연내타결 목표" 재확인		
	14차	'14.11.4~9 (中 베이징)	· 6개 분야 잔여쟁점 집중 논의
가서명 및 정식 서명	가서명	2015.2.25	· FTA 발효 즉시 개성공단에서 생산되는 제품에도 원산지 지위를 인정해 특혜관세 혜택을 적용하기로 함. · 국내 여행사 진출 및 양국간 금융업체 진출도 간소화
	정식서명	2015.6.01	· 한중 FTA 정식 서명 (총 22장, 205쪽 분량)
발효		2015.12.20	· 한·중 FTA 비준동의안 국회 통과 (11.30)

자료: 산업통상자원부 (2014.11.10., 2015.2.25)

[주요용어]

지역경제통합, 특혜무역협정(PTA), 관세동맹, 공동시장, 경제동맹, TPP,CPTPP, 중화경제권, EFTA, SCO, ASEAN, 메르코수르(Mercosur), GCC, ECFA, CEPA, SACU, 모달리티(Modality), EMU, APTA, CACM, ANCOM, LAFTA, 무역창출효과, 무역전환효과, APEC, 로메협정, EHP, 1국가2체제, 특별행정구, 정부조달협정(GPA), CARICOM, AACUE, ANZUS, RCEP

[연습문제]

1. 바이너(Viner) 분류에 따른 지역경제통합에 대해 설명할 것.
2. 관세동맹과 FTA의 차이점은?
3. 유럽통화동맹(EMU)는 어떠한 경과 과정을 거쳐서 탄생되었는가?
4. 경제적인 측면에서 본 FTA 추진 목적은 무엇인가?
5. 중국이 FTA를 체결한 국가(지역)은 모두 어디인가?
6. 중국의 FTA 추진전략을 경제적인 분야에서 논술하라.
7. 중국의 FTA 추진전략을 정치·외교 분야에서 논술하라.
8. 자원·에너지 확보라는 동기로 중국이 현재 추진(혹 기체결) 중인 FTA 협상에는 어떤 것이 있는가?
9. 중국은 아세안과 FTA 체결시 많은 분야에서 양보한 것으로 알려졌다. 그 배경과 원인은?
10. 중국은 대만과 ECFA체결시 많은 분야에서 특혜를 준 것으로 알려졌다. 그 배경과 원인은?
11. 중국은 중화경제권 구축에 FTA를 적극 활용하고 있다. 이러한 전략이 홍콩경제에 미치는 영향은?
12. 중국이 중미 국가인 코스타리카와 FTA를 체결한 동기는?
13. 중국이 파키스탄과 FTA를 체결한 동기는?
14. 중국이 뉴질랜드와 FTA를 체결한 동기는?
15. 중국이 한국과 FTA를 체결한 배경은?
16. 한중간 FTA를 체결함에 있어 양국간 경제적 측면에서 본 주요 쟁점 사안은?
17. 중국이 FTA를 체결함에 있어서 EHP(조기수확 프로그램)를 적극 활용하고 있는 배경은?
18. 중국이 RCEP 체결을 주도한 배경은? .

제9장 중화경제권과의 통상관계

제1절 타이완

1. 타이완 개황

타이완(臺灣. Taiwan)은 국민당이 1949년 10월 내전에서 공산당에 패한 후 대만으로 이주하여 같은 해 12월 7일, 정권을 수립함으로써 성립되었다. 주민 구성을 보면 98%가 한족이나, 크게는 본성인, 외성인, 원주민으로 구분된다. 즉 17세기부터 중국의 복건성, 광동성 등지에서 이주하여 대만에 정착한 본성인(本省人, 83%), 1945년 일제 패망 후부터 1949년말까지 국민당과 함께 이주한 본토 중국인(外省人, 12%)으로 구분되며, 나머지는 원주민들이다.

[표 9-1] 타이완 개황

국명	臺灣(Taiwan) - 대만이 사용하는 공식국호는 "中華民國(Republic of China)" - 중국이 참석하는 국제 행사에서는 'Chinese Taipei' 사용
위치	동남아시아
면적	36,188㎢ (한반도의 1/6배, 남한면적의 1/3배)
기후	아열대 동북 몬순 기후권
수도	타이베이 (Taipei, 台北, 서울의 약 1/2 크기)
인구	2,360만명
주요도시	Taipei City (263만 명), New Taipei City (390만 명), Kaohsiung City (227만 명), Taichung City (265만 명), Tainan City (187만 명)
민족구성	민남인 (74%), 외성인 (12%), 객가인 (12%), 원주민 (2%)
언어	공용어 (중국어) / 상용어 (민남어, 객가어, 원주민어)
종교	불교 (35%), 도교 (33%), 기독교 (2.6%), 천주교 (1.3%), 회교 (0.2%) 등
건국일	1912. 1. 1 (중화민국 건국일)
정치형태	입헌민주공화국
국가원수 (실권자)	총통: 차이잉원(Tsai, Ing-Wen. 蔡英文) / 부총통: 라이칭더(Lai, Ching-Te. 賴淸德) 14대 총통 (2016.5.20.~2020.5.20.) / 15대 총통(2020.5.20.~2024.5.20)

자료: 대만 행정원 주계처(2021.1), 주타이베이 한국대표부 (http://overseas.mofa.go.kr/tw-ko)

공용어는 표준 중국어이나 74%가 넘는 대만인들은 민남어(閔南語)라고 불리는 방언을 사용한다. 중국 복건성의 최대 경제도시인 취안저우시와 타이완의 3대 도시인 타이중시는 타이완 해협을 두고 직선거리로 210㎞에 불과하여, 복건성과의 지리적 영향은 경제(투자 및 무역), 사회, 문화 등 다방면에서 나타나고 있다.

타이완은 세계적인 반도체, LCD, 컴퓨터 관련 제품 생산지로, 정부주도로 전자, 화학제품 등 자본·기술집약적인 산업을 중점 육성하여 대한민국, 홍콩, 싱가포르와 함께 아시아의 네 마리 용으로 불리는 등 짧은 시간에 비약적 경제 성장을 이룩하였으며, 중소기업 및 공산품 수출 중심의 경제구조를 갖추고 있다. 타이완의 경제적 강점은 효율적 경제 운용, 중소기업 위주의 경제구조를 들 수 있고, 반면 경제적 약점으로는 과도한 외부 의존도(중국, 일본)와 부존 자원이 빈약한 점을 꼽을 수 있다.

[표 9-2] 타이완 경제 특성

일반	기후	아열대성 해양 기후
	민족	대만인 84%, 중국 본토인 14%, 원주민 2%
	언어	중국인(공용어), 대만어
	종교	불교 및 도교 93%, 기독교 5%, 유교
정치	독립일	1911.10.10..(중화민국 건국)
	정치체제	이원집정부제
	국가원수	Tsai Ing-wen 총통(Lai Ching-te 행정원장)
	의회	입법원(단원제, 113석)
경제	GDP	5,715억 달러('17)
	1인당 GDP	24,227 달러('17)
	화폐단위	New Taiwan Dollar(NT$)
	회계연도	1.1.~12.31.
	산업구조	서비스업 62%, 제조업 36%, 농업 2%('16)
	주요수출품	반도체, 석유화학제품, 자동차부품, 선박, 무선통신장비('16)
	주요수입품	석유, 반도체, 천연가스, 석탄, 철강, 컴퓨터, 자동차('16)
	주요부존자원	석탄, 천연가스, 석회암, 대리석
	국제신인도	OECD 1등급, Moody'S Aa3. Fitch AA-

자료: 한국수출입은행 해외경제연구소 국가별통합정보(2018)

2. 대만 약사

대만은 입헌민주공화제 체제를 택하고 있으며, 주요 정당으로는 국민당과 민진당이 있다. 1949년 국공내전에서 패배한 장제스(蔣介石) 국민당 정부가 대만으로 넘어오며 중화민국을 계승하고 있다. 1949년 국공내전(중국내 국민당과 공산당간 전쟁)을 기점으로 중국 대륙에서 옮겨온 한족(漢族)들과 그 이전에 대만으로 이주했던 한족들을 각각 외성인과 본성인으로 부르며, 매번 총통 선거때마다 본성인(本省人)으로 대변되는 민진당과 외성인(外省人)의 지지도가 높은 국민당 간 격전이 벌어진다.

본성인이란 중국에서 대만으로 건너 온 한족 중에서 1949년 이전부터 대만성에 거주한 주민을 지칭하며, 외성인은 1949년 중국 국공내전에서 패한 장제스 국민당 정부와 함께 대만으로 이주해 온 주민을 말한다.

[사진 9-1] 장제스와 그 아들 장징궈(좌)

자료: 바이두 사진 D/B (검색일자: 2014.7)

장제스 총통부터 국민당이 대만을 집권해오다 2000년 처음으로 민진당 천수이벤이 총통 자리에 올라 연임에 성공하며 2008년까지 집권하였으며, 2008년에는 다시 국민당인 마잉지우 총통이 집권하게 되었다.

2008년 총통에 당선된 국민당 마잉지우(馬英九)는 2012년 1월 14일 총통선거에서 재선에 성공함으로써 집권 2기를 이어갔다. 마잉지우 총통의 집권 2기 신임 내각 임명자들은 정치관료보다는 경제, 기술관료들을 포진하였다. 이는 장징궈(蔣經國), 리덩후이(李登輝) 총통 시대 이후로 12년 만에 경제전문가가 행정원장(국무총리)으로 임명된 것으로, 집권 2기 마잉지우 정부의 경제 중심의 국정운영 의지를 시사한 것으로 평가받았다.

집권 2기째인 마잉지우 총통이 당면한 중대 과제로는 양안 경제협력 추진을 첫 번째로 꼽을 수가 있다. 대만은 2010년 중국과의 ECFA 체결을 계기로 양안간 경제협력의 물꼬를 튼 후, ECFA 후속협상을 통하여 조기자유화 무관세화 품목을 확대하여 2012년에 들어서는 조기자유화 품목의 95%가 무관세화 혜택을 받고 있다. 또한 2012년 8월에는 수차례 미뤄졌던 양안투자보장협정이 체결되어 양안간 투자환경 개선에 기여하였다.

2016년 5월 20일에는 다시 타이완에서 정권 교체가 이루어졌다. 2015년 4월에 민주진보당의 총통 후보로 선출되었으며, 2016년 총통 선거에서는 중국 국민당의 주리룬 후보를 누르고 타이완 최초의 여성 총통으로 선출되었다. 차이잉원은 특정 가문이나 결혼의 영향력이 없이 아시아에서 처음으로 자신의 힘으로 취임한 여성 국가원수이기도 하다. 차이잉원은 타이완의 총통을 역임하던 동안에 타이완의 민주주의, 자유의 가치를 중시하는 한편 2025년까지 타이완의 모든 원자력 발전소를 폐쇄하는 탈원전 정책, 타이완의 성소수자의 권리를 지지하고 동성결혼을 법제화하는 정책 등을 시행했다. 하지만 경제 정책, 연금 개혁 정책 등을 놓고 야당인 중국 국민당과의 갈등을 빚기도 했다.

국방 분야에서 타이완에 대한 중국의 군사적 위협과 압박에 대응하기 위해 국산 잠수함 건조 정책, 미국산 최신 무기 구입 정책을 시행했다. 반면 외교 분야에서는 타이완과 외교 관계를 맺고 있던 상투메 프린시페, 파나마, 도미니카 공화국, 부르키나파소, 엘살바도르, 솔로몬 제도, 키리바시가 외교 관계를 단절하고 중국과 수교하면서 외교적 고립 현상이 일어났다. 이에 미국의 도널드 트럼프 행정부에서는 미국과 타이완 고위급 인사들의 상호 방문을 허용하는 내용이 담긴 《타이완 여행법》, 미국이 타이완과 세계 각국 간의 실질적인 외교 관계 증진을 지원하는 내용·미국이 타이완의 국제적 지위 확립을 지지하는 내용이 담긴 《타이완 동맹 국제 보호 강화법》을 제정하여 타이완에 대한 지원을 가속화했다.

[사진 9-2] 타이완 제14~15대 총통 차이잉원

자료: 타이완 총통부 (www.president.gov.tw) (검색일: 2021.1.21.)

이후 4년이 지난 2020년 5월, 차이잉원(蔡英文) 현 대만 총통이 재선에 성공했다. 대만 선관위 최종 개표 결과, 민진당 차이잉원 현 총통이 817만표(57.2%)를 얻어 552만 표(38.6%)에 그친 국민당 한궈위(韓國瑜) 후보를 265만 표 차이로 눌렀다. 역대 총통 선거 중 가장 많은 득표 차이였다.

재선에 성공한 차이잉원 대만 총통의 취임 일성은 대만 독립 선언이었다. 차이잉원 총통은 당선 확정 직후 가진 기자회견에서 '중국은 대만에 일국양제(一國兩制) 방안을 받아들이라고 압박했다'며 주권을 양보하라는 중국의 일방적인 시도에 맞서 대만은 방위체제를 지속적으로 강화하고 대만해의 안전을 지킬 수 있는 국방력을 갖출 것이라고 했다. 나아가 중국이 대만에 대한 무력 위협을 포기하는 것이 평화이고, 양국이 상호 존재를 인정하는 것이 대등이며 쌍방이 마주 앉아 미래 관계 발전을 말할 수 있는 것이 대화라며 대만의 미래는 2,300만 대만 국민이 결정하는 민주에 따를 것이라는 양안(중국과 대만) 관계의 4대 원칙을 천명했다.[279]

3. 대만 경제 개요

1) 대만 경제 구조와 특성

타이완은 정부 주도의 첨단산업 육성으로 반도체, LCD 등 IT산업이 발달해 있다. 타이완 정부는 1973년 ITRI(Industrial Technology Research Institute)를 설립하여, 전자통신부문에 대한 연구개발을 주도하고, 민간기업 창업 촉진을 위해 첨단산업단지를 조성하는 등 정책적 지원을 집중하고 있다. 타이완의 실리콘밸리는 타이페이에서 카오슝에 이르는 서부지역에 주로 발달하였으며, 신주과학공업단지(Hsinchu Science Industrial Park), 타이난(Tainan)의 과학단지, 대만중앙과학단지(Central Taiwan Science Park)가 IT설비산업의 중심지이다. 그 결과 세계적 수준의 반도체 및 LCD 생산능력을 갖추게 되었으며, 특히 반도체 파운드리(Foundry)부문에서는 대만기업인 TSMC와 UMC가 세계 1, 2위를 차지(2007년 기준)한 바 있다.

ICT(Information & Communication Technology) 산업의 명목 부가가치는 타이완 전체 GDP의 13%를 점유하고 있으며, ICT 산업의 연간 수출규모는 총 수출의 40% 이상을 차지하고 있다. 또한 취업인구의 13%가 ICT 분야(R&D 인력은 40% 이상)에서 종사하고 있다. OECD 통계에 따르면 2010년 기준 세계 250대 IT기업 중 타이완 기업은 18개사(한국은 6개사)에 달했다.

타이완은 대외의존도가 높은 경제구조로 대외환경 변화에 민감하다. 타이완의 GDP대비 수출과 수입 의존도는 각각 74.4%, 69.8%로, 대외의존도가 144.2%에 달한다(2008년). 주력 생산품인 기계류와 전기기기가 전체 수출의 약 50%를 차지하는 등 주력 생산품의 수출의존도도 높은 수준이다. 타이완이 신산업으로 육성하고 있는 분야는 신재생 에너지(태양광, 풍력), LED, 바이오테크, 디지털 컨텐츠 등이다.

對중국 규제완화로 중국으로의 설비이전이 활발해지고, 중국에 대한 교역의존도도 증가하고 있다. 1980년대 후반부터 생산비 절감을 위해 일부 생산설비를 중국, 동남아시아 등 해외로 이전하였으며, 1990년대부터 對중국 규제가 완화되면서 중국으로의 설비이전이 특히 활발해졌다. 1993~2007년간 타이완의 중국본토에 대한 투자는 46,365건, 799억 달러에 달한다. 한편, 대만의 對중국 교역액은 매년 증가해 2007년에는 총 수출액의 26.6%, 총 수입액의 12.8%를 기록한 바 있으며, 중국은 타이완의 최대 수출대상국이며 일본에 이어 2위의 수입대상국이다.

타이완 역시 2008년말부터 시작된 미국발 금융위기의 영향을 받아 2009년에는 -1.81%의 경제성장률을 기록한 바 있다. 2009년 수출 역시 전년비 25% 급감했다. 그러나 최대 수출대상국인 중국의 경기회복에 힘입어 2010년 GDP 성장률은 두 자리수인 10.76%를 기록한 바 있으며, 수출도 금융위기 이전수준을 상회하는 수준으로 회복되었다.

---

279) 중앙일보(2020.1.12.)

[표 9-3] 타이완 주요 경제지표

경제지표	2016	2017	2018	2019
경제성장률 (%)	2.17	3.31	2.75	2.71
명목GDP (십억$)	543.08	590.73	608.13	610.69
1인당GDP (PPP. $)	47,272	48,501	50,990	53,275
1인당 명목GDP ($)	23,071	25,062	25,780	25,873
정부부채 (% of GDP)	35.36	34.51	33.98	32.77
물가상승률 (%)	1.02	1.09	1.47	0.54
실업률 (%)	3.92	3.76	3.71	3.8
수출액 (백만$)	280,321	291,454	307,941	-
수입액 (백만$)	230,568	259,266	286,333	-
무역수지 (백만$)	49,753	32,188	21,608	-
외환보유고 (백만$)	434,204	451,500	461,784	478,126
이자율 (%)	1.38	1.38	1.38	1.38
환율 (자국통화)	32.32	30.44	30.16	30.93

자료: KOTRA 국가정보 (검색일자: 2021.1)

인구 2,339만명(2013년)의 타이완은 자체 내수로만 경제를 운용하기에는 한계가 있다. 2008년 금융위기 이전 타이완 GDP 대비 수출액 비중은 100% 수준에 달해 경제성장시 수출의존도가 아주 높았다. 2013년에는 그 비중이 63% 수준까지 떨어졌는데, 이는 금융위기 이후 타이완 역시 내수비중을 높이는데 주력했기 때문이다.

2012년 타이완 GDP 구성을 보면, 주민소비가 60.3%, 정부소비 12.1%, 고정자산투자 19.5%, 재고증가 0.3%, 화물 및 서비스 수출 73.7%, 화물 및 서비스 수입 66.2%(순수출 7.5%) 수준을 나타낸 바 있다. 2010년 이후 경제성장률이 둔화된 타이완은 2013년에 그간 하락세를 멈추고 2.09% 성장을 기록했으며, 2014년 경제성장률은 3.74%를 기록했다.

타이완의 1인당 GDP는 2011년부터 2만달러를 넘어섰으며, 2019년에는 25,893달러를 기록한 바 있다. 이는 세계 32위 수준이다. 한편, 같은 해인 2019년 한국의 1인당 GDP는 31,838달러(IMF 기준)로 세계 27위를 기록한 바 있다.

[표 9-4] 타이완 경제 규모 (2018년 기준)

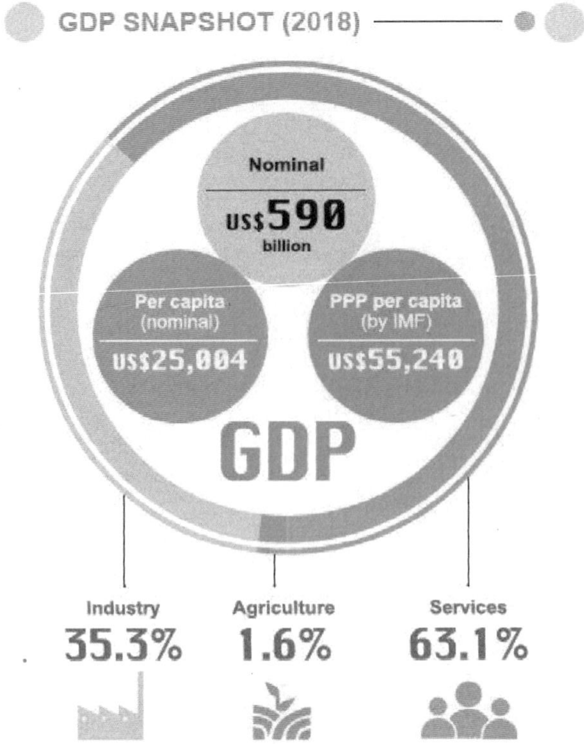

자료: 대만 정부망(https://taiwan.gov.tw) 검색일자 (202.11.22)

2020년 대만 경제는 코로나19로 경기 침체가 우려됐으나 예상보다 선방하고 있다. 2020년 대만 경제성장률 예측치를 -4% 수준까지 하향 조정(2020.4)했던 IMF는 0%대로 재조정(2020.10)한 바 있다. 현지 코로나19 감염 확산이 집중된 2분기에는 경제성장률이 마이너스로 떨어졌으나 추후 안정적인 방역 관리와 세계 언택트 비즈니스 수요 확대에 힘입어 반등하기 시작했다. 부문별로 경제성장 기여도가 높은 수출의 경우 전자부품(반도체 등), 전자제품 수요 증가에 힘입어 2020년 7월 성장세로 전환했고 8월, 10월에는 월 단위 최고치를 경신하는 호조를 보이기도 했다. 민간소비는 상반기 소비 심리 위축과 외래 관광객 급감으로 감소가 불가피했으나, 방역 성과와 국내 관광·소비 촉진 조치가 일부 완충 작용을 했다. 투자 부문에서는 전자, 에너지 업종을 위주로 설비투자가 활발해졌다.

2020년 대만 경제는 코로나19로 세계 경제가 위축된 상황 속에도 안정적인 방역 관리, 전자업 수출·투자 호황에 힘입어 상대적으로 호조를 보였다. 이에 대만 행정원 주계총처는 2020년 GDP 성장률을 2.54%로 예상하고 있다. 또한 국내외 주요 경제 분석기관들은 2021년 대만 경제성장률이 3%를 상회할 것으로 내다보고 있다.

타이완은 중소기업 강국이다. 타이완 중소기업처 통계에 따르면 전체 기업중 약 98%가 중소기업이며 전체 취업인구 중 76% 이상이 중소기업에 종사하고 있다. 이처럼 타이완이 중소기업 강국이 된 이유는 정부 차원의 지원정책은 물론 자유방임적인 기업문화 아래 창업활동이 활발하기 때문이다. 또한 패밀리 비즈니스로 대표되는 '복건상인'의 특성에도 기인한다. 타이완은 정부의 규제와 간섭을 최소화 하여 업체간 상호 자유경쟁 환경을 조성하고 있으며, 타이완 시장은 개방된 구조로 세계 유명 브랜드들의 테스트 마켓 기능을 수행하고 있다.

타이완은 화교 경제와 문화의 중심으로 화교 상권 네트워크의 중심지 중 하나이다. 전통적으로 타이완 소비자들은 일본 제품에 대한 선호도가 높으며, 전체 수입규모 중 일본 비중이 20% 수준이다.

2) 대만 무역 구조

대만은 2018년 세계에서 18 번째로 큰 상품 수출국이었다. 새로운 남향 정책에 따라 대만은 10개 동남아시아 국가 연합 회원국, 6개 남아시아 국가, 호주 및 뉴질랜드와 전반적으로 유대를 강화하고 있다. 대만은 세계 경제에서 중요한 위치를 차지하고 있다. 전 세계 정보 통신 기술 산업의 선두 주자이자 산업 스펙트럼 전반에 걸친 주요 상품 공급 업체이다.

WTO에 따르면 대만은 2018년에 18번째로 큰 상품 수출국이자 17번째로 큰 상품 수입국이었다. 또한 2018년 12월 기준으로 가장 큰 외환 보유고 중 하나였다. 대만의 1인당 GDP는 2018년에 US $25,004에 도달했다. 명목 GDP 측면에서 대만은 아르헨티나와 스웨덴에 가깝다.

2009년 글로벌 금융 위기를 극복 한 대만의 수출 지향 경제는 2015년에 또 하나의 타격을 입었다. 주로 원유 가격 하락과 함께 소비자 가전 제품에 대한 글로벌 수요가 약해졌 기 때문이다. 대만 경제는 2015년 0.81 % 성장에 그쳤고 전체 무역량은 13.2 % 감소했다. 2016년 이후 상황이 개선되었으며 통계에 따르면 2018년 대만의 전체 수출입은 각각 5.9 %와 10.4 % 증가한 반면 경제는 2.63% 증가했다. 대만의 주요 수출 대상국(지역)은 중국(홍콩 포함), 아세안, 미국, EU, 일본 순이며, 주요 수입 대상국(지역)도 이들 5개 국가(지역)이다.

2013년 7월 대만은 뉴질랜드와 OECD 회원국과 최초로 경제 협력 협정을 체결했다. 같은 해 11월 싱가포르와 경제 파트너십 협정이 체결되어 동남아시아 무역 파트너와 대만이 처음으로 협정을 맺었다.

[표 9-5] 타이완 무역 및 투자 규모 (2018년 기준)

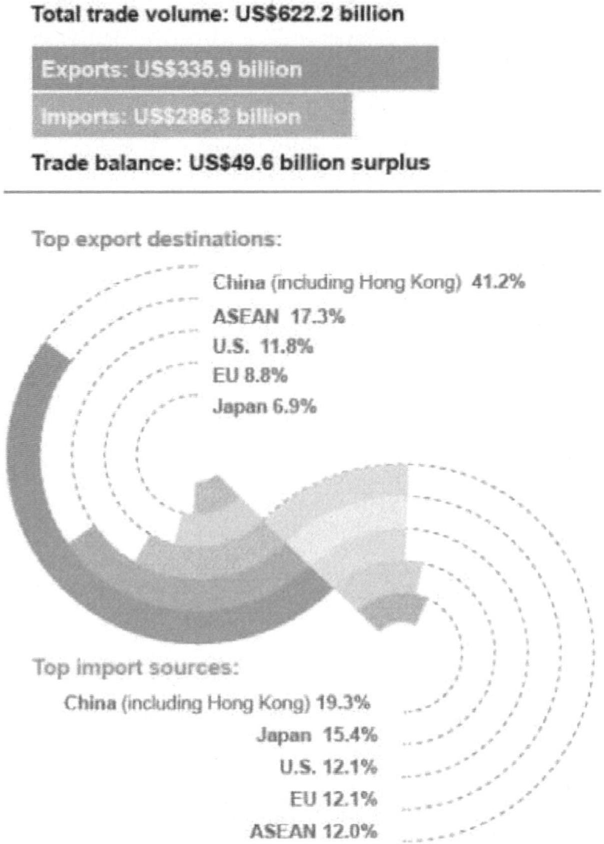

자료: 대만 정부망(https://taiwan.gov.tw) 검색일자 (202.11.22)

3) 한국과 대만과의 관계

타이완과는 1948년 8월, 중화민국이라는 국호로 수교한 바 있고, 1992년 8월에 중국과 수교를 맺게 되면서 단교하게 되었다. 타이완과 단교후 기체결한 모든 협정은 효력이 상실되었다. 이후 1993년 11월에 타이완 대표부를 서울에 설치하여 실질적인 영사업무를 진행하고 있다.

우리나라의 對타이완 주요 수출품목인 반도체, 석유화학제품, 기초유분, 반도체 제조장비 등의 수출 급증으로 2010년도 한-대만 무역규모가 금융위기 이전 수준을 회복했다. 2011년 상반기 양국간 활발한 교역에 힘입어 하반기 세계경기 침체에도 불구하고 양국간 무역액이 사상 최초로 300억 달러를 돌파했다. 한국과 타이완은 산업의 유사성으로 인하여 주요 수출입 품목이 반도체, 철강판, 컴퓨터, 정밀화학원료 등으로 중복되는 경향이 강하며, 상호 비교우위 품목을 위주로 활발한 무역이 이뤄지고 있다. 실제 2011년 1~12월 기준, 對타이완 10대 수출품목이 전체 수출품목의 69.7%, 10대 수입품목이 전체 수입품목의 77.9% 차지하고 있다. 10대 수출품목 중 반도체

제조장비는 타이완 민간투자 경기를 가장 잘 반영하는 품목이다. 2008년말 금융위기 당시 시장 위축으로 민간투자가 동결된 이후 2010년도에 시장 회복에 따른 민간투자 확대로 반도체 장비 수입이 크게 증가했으나, 2011년 하반기 경기위축으로 다시 감소세를 보이고 있다.

1992년 8월 단교 당시 대만은 항공협정 폐기, 한국산 자동차 수입할당제 폐지, 한국 과일 수입금지, 한국기업의 토목 프로젝트 참여 금지 등 각종 경제적인 왕래를 중단했다. 1993년 비공식 대표기구 설치 이후 2000년 민간 경협위원회 합동회의 재개에도 합의했고 단교 후 약 12년 만인 2004년 9월에는 민간항공협정을 체결해 한국-대만 간 하늘길이 열렸다.

경제교류는 2010년 이후 더 활발해졌다. 2015년 12월에는 성실무역업체 상호인정약정을 체결해 한국-대만기업의 수출입 통관이 더 편리해졌고 2016년에는 한국거래소와 대만증권거래소가 상장지수펀드(ETF)를 교차 상장한 데 이어 2018년 6월에 한국-대만 IT 프리미어 ETF도 동시 상장해 상호 투자가 더 쉬워졌다. 2019년 8월에는 한국소비자원과 대만 행정원 소비자보호처가 소비자 보호에 대한 업무체약을 체결해 한-대만 소비자불만 해결에 협력하고 있다.[280)]

특히 교역 부문에서 활발한 교류가 이뤄지고 있다. 2020년 1~9월 기준, 한국과 대만은 각각 5위 교역 파트너로 협력 중이다. 수출입을 구분해서 볼 때 대만은 한국의 수출 6위, 수입 7위 상대이며 한국은 대만의 수출 6위, 수입 4위 상대이다.

4) 대만 소비 특성

대만 인구는 2019년에 2,360만 명으로 정점을 찍고 감소하는 추세다. 2020년 10월 기준 전체 인구는 2,356만 명으로 전년비 0.13% 감소했다. 지역별로 수도권 일대(타이베이시, 신베이시)에 인구의 28%가 밀집해 있다. 연령대별로는 25~64세의 현재 소비 주역이 60%, 24세 이하 미래 소비 주역이 24% 비중을 차지하고 있다. 남녀성비는 2013년에 역전됐고 격차가 점점 벌어지고 있다. 2020년 10월 기준 남, 녀 인구는 각각 1,167만여 명과 1,188만여 명으로 여자가 남자보다 21만 명 이상 많은 수준이다. 인구 고령화도 계속 진행되고 있어 2025년에는 65세 이상 인구 비율이 20% 이상인 초고령사회에 진입할 것으로 예측된다.

대만 소비자들은 트렌드를 선도하는 트렌드 세터(trend setter)는 아니지만 열정적인 트렌드 팔로워(trend follower)로 최신 이슈나 유행에 대한 호기심과 체험 욕구가 강한 편이다. 반면, 관심이 오래 지속되지 않고 빠르게 옮겨가는 특성도 뚜렷하다. 대만은 입소문에 민감한 시장으로 소비자들은 소비자 품평, 지인 추천을 참고해 제품 구매를 결정하는 성향이 강한 편이다. 전자상거래 발달로 오프라인에서 실물을 확인하고 온라인에서 구매하는 소비 패턴도 보여 체험 마케팅이 적극 활용되고 있다.

280) 주 타이베이 대한민국 대표부 (http://overseas.mofa.go.kr/tw-ko) 검색일자 (2021.1.11)

저임금, 빈부 격차 등과 같은 사회 구조적 문제 개선이 더딘 상황 속에 가격경쟁력과 가성비를 우선시하는 성향이 강하고 소확행(작지만 확실한 행복), 스몰 럭셔리로 자기만족을 추구하는 소비자도 많아지고 있다. 주요 소비시즌은 백화점 연례 할인행사 때로 대게 10~11월에 열린다. 춘절(설 연휴), 중추절(추석), 단오절(음력 5. 5.) 같은 명절과 어린이날(4. 4.), 어머니날(5월 두 번째 일요일), 아버지날(8. 8.), 7~8월 여름방학 시즌, 발렌타인데이(2.14.), 칠월칠석(음력 7. 7.), 광군제(11.11.) 등 기념일을 전후로 한 기간도 소비(할인) 시즌이다. [281]

4. 중국-대만 ECFA

1) ECFA 개요

중국과 대만은 둘 사이의 관계를 양안(兩岸) 관계라고 표현하며, 이는 두 해안 사이의 관계라는 뜻이기도 하다. 중국과 대만은 중국이 성립된 1949년부터 1978년까지는 군사적 충돌관계에 있었다. 중국의 주장은 '무력을 통한 대만 해방', 대만의 주장은 '본토 회복'이어서 양자간 갈등 정도를 가늠해 볼 수 있다. 이후 1979년에 대만을 지원해온 미국이 중국과 수교하면서 실질적인 군사적 충돌을 사라졌고, 1987년부터 민간 교류단계에 접어 들었다. 1990년에는 대만에서 '해협교류기금회'를, 1991년에는 중국이 '해협양안관계협회'를 설립하여 정부를 대신하여 양안 관계를 조율하여 왔다.

2000년에는 새로운 형태의 긴장 국면이 조성되었는데, 그 주인공은 대만의 독립을 주장하며 총통(우리 대통령에 해당)으로 당선된 민진당의 천수이벤(59)이다. 실제로 중국은 대만 해협에 미사일을 발사하고 미국은 항공모함을 파견하는 등 일촉즉발 상황을 조성하기도 하였다. 2001년과 2002년에 중국과 대만이 나란히 WTO에 가입하면서 경제적으로 양안은 발전 단계에 접어들게 된다.

2008년 1월, 국민당이 입법원 선거에서 다수당이 되고, 3월에 마잉주 후보가 대만 총통에 당선되면서, 양안 관계는 차이완(ChiWan=China+Taiwan)이라는 신조어를 탄생시킬 만큼 가까워 지고 있다. 이후 양안 관계는 줄곳 역사 이래 '신기록'을 다시 쓰고 있는 중이다.

2008년 5월 28일, 국민당의 우보슝 주석과 후진타오 국가 주석은 59년만에 국공 영수회담(중국공산당과 대만 국민당간 회담)을 다시 열었으며, 10년간 중지되었던 양안 민간기구간 대화 제개에 합의한다.

그에 따라 2008년 6월부터 3차례에 열련 회담 결과, 중국인 단체 관광객의 대만 관광이 허용되었고, 양안간 매주 270편에 달하는 직항기 항로가 개설되었다. 같은 달 대만에서는 시중 은행이

281) KOTRA 해외시장뉴스(2021.1)

위안화를 환전할 수 있도록 허용하였다. 2009년 5월에는 대만 금융감독원이 중국 투자자들의 대만 증시에 대한 투자를 허용하였고, 대만인들은 은행으로 달려가 평가절상 될 위안화를 사들이고 있다.[282] 2010년 4월에는 대만의 6개 은행(토지·제일·화남·창화·합작금고·국태세화)이 중국 대륙에 지점 개설을 신청했다.

2010년 1월 26일부터는 양안간 경제 통합을 위한 경제협력기구협정(ECFA. Economic Cooperation Framework Agreement) 체결을 위한 1차 협상을 개시하였다. ECFA는 실질적인 의미의 FTA 협상으로, 2009년 말까지 4차례에 걸친 양안회담을 통해 경제 이슈에 관한 12개 협정을 체결하였고, 특히 2009년 12월 4차 양안 회담에서 ECFA 협상 개시에 합의한 바 있다. 중국과 대만은 2010년 6월 29일 열린 제5차 양안회담에서 중·대만 경제협력기본협정(ECFA)에 서명(체결)했다. 이제 중국과 대만은 '양안'이 아닌 '차이완'으로써 한국경제에 지대한 영향을 미치게 된 것이다.

2) ECFA 체결 동기

중국은 ECFA 체결을 통해 대만에 대한 정치·경제적 영향력을 확대하고자 한다. 홍콩, 마카오와의 CEPA, 싱가포르와의 FTA 체결 등 중화경제권 강화의 연장선상에 있다고 파악된다. 이러한 전략적 고려 속에서 중국은 EHP에 대만의 대중 주요 수출품을 다수 포함시켰다. 또한 대만의 취약 산업과 농산품의 개방을 요구하지 않았으며, 중국 인력의 대만 이동을 협정에서 제외시켰다.

중국 협상단 발표에 따르면, 양안의 경제발전 수요 및 산업의 상호보완성을 고려하여 조기수확 리스트에 포함시키고, 대만의 취약 산업, 농산품 개방 및 중국 인력 이동에 대한 부분을 협정에서 제외시켜 중국 측의 최대한의 성의와 선의를 표현하였다.

대만은 글로벌 금융위기로 인한 세계 경기침체 속에서 경기회복과 정치적 안정을 위한 돌파구로서 중국과의 ECFA를 활용하고자 했다. 미국의 피터슨국제경제연구소가 발표한 보고서에 따르면 양안 ECFA 체결로 2020년까지 타이완 GDP를 4.5% 상승시킬 것이라고 분석한 바도 있다. 대만 중화경제연구원의 연구 결과 ECFA의 체결로 대만 경제성장률이 1.65~ 1.72%포인트 증가하고, 약 35만 개의 일자리가 창출될 것으로 평가했다. 또한 인프라·석유화학·철강 등 산업에서 긍정적 효과가 나타나고, 對대만 외국 자본의 투자가 크게 증가할 것으로 예상했다.

한편 대만은 ECFA 체결을 계기로 세계 각국과 FTA를 체결하여 국제적 고립상태를 벗어나기를 희망하고 있다. 현재 대만의 FTA 체결 국가는 중남미의 과테말라, 파나마, 니카라과, 엘살바도르,

---

282) 2008년 6월 30일자로 대만은 시중은행의 위안화 환전을 개방했다. 이는 중국 단체 관광객의 대만 방문 허용에 기인한다. 2010년 4월 현재, 위안화와 대만달러의 환율은 1위안당 4.8대만달러 수준이다. 대만 국민들은 2010년 안으로 위안화가 5.1% 이상 절상될 것이라며 위안화 매입을 환율 차익을 노리는 재테크 방법으로 활용하고 있다.(경향신문. 2010.4.20)

온두라스 등 5개 국가이며, 해당 5개 국가가 대만 전체 무역량에서 차지하는 비중은 0.29%에 불과하다.

3) 중국-대만 ECFA의 특징

중국-대만간 ECFA 체결은 FTA의 체결 또는 완결이 아니라, '기본협정'의 체결로서 향후 본협상의 의제와 일정을 규정하는 것이다. ECFA 발효 후 6개월 이내(2011년 6월 이내)에 분야별 확대 협상을 개시하여 조속히 완결할 것을 명문화 했기 때문이다. 실제 2011년 2월 22일, 대만에서는 양안 간 본협상을 위한 1차 회의가 시작됐다.[283]

※ 본협정 발효 후 6개월 이내에 상품무역(서비스무역, 투자, 경제협력) 협상을 진행하여 조속히 완결하도록 한다(ECFA 협정문 제3조 1항, 제4조 1항, 제5조 1항, 제10조 1항).[284]

특징은 조기수확 프로그램(EHP: Early Harvest Program)을 적극적 활용한 점을 들 수 있다. EHP는 협상 양측이 시급하다고 인식한 품목과 업종을 우선 개방하는 것이다. ECFA의 가시적인 효과를 조기에 실현하기 위해 중국-대만은 주요 공산품 및 서비스 분야 EHP를 체결했다.

중국은 ASEAN, 파키스탄과의 FTA에서는 EHP를 활용한 바 있으나 농산물에 한정되거나(ASEAN) 교역액이 작아(파키스탄) 경제적 효과는 크지 않았던 것으로 평가된다. 즉 중국은 동아시아 통합에서 일본에 뒤쳐진 ASEAN에서의 주도권 확보를 위해 2002년 11월 기본협정을 체결하며 일부 농산품에 대한 EHP를 포함시킨 바 있다(HS 01~08단위 500여 개 품목에 대해 2004년 1월 1일부터 무관세 실시). 또한 중국-파키스탄 FTA를 체결하면서 공산품을 포함한 EHP 협정을 2005년 4월 먼저 체결하고, 2006년 11월에 중·파키스탄 상품 FTA를 체결하였다(769개 품목에 대해 3년에 걸쳐 무관세, 1,671 품목에 대해 관세우대 실시).

이번 중·대만 ECFA에서는 양국 간의 주요 교역 대상이 되는 공산품들과 일부 서비스 분야를 EHP에 포함시켰다. 상품 EHP 리스트에는 중국 539개, 대만 267개의 품목이 포함되었다. 중국의 자유화 품목은 농산품(18개), 기계(107개), 석유화학(88개), 자동차부품(50개), 방직(136개), 전자, 경공업, 금속, 의료계측기 및 의료제품 등이며 기계 관련 품목이 금액 및 항목에서 가장 큰 비중을 차지하고 있다.

대만의 자유화 품목은 석유화학(42개), 기계(69개), 방직(22개) 및 기타 제품 등이 포함되었다. 중국이 대만에 개방한 539개 품목은 2009년 기준 대만의 對중국 수출의 16.1%, 137.5억 달러를 차지하고 있다. 현행 수입세율을 기준으로 3단계로 분류하여, EHP 발효 후 2년 동안(2011년 발효 시 2013년 1월 1일까지) 3단계에 걸쳐 관세를 철폐하게 된다.

283) 人民網 (2012.2.23)
284) 지만수·이승신·여지나(2010), 중국·대만 ECFA의 주요 내용과 시사점, 오늘의 세계경제 Vol.10 No.23, KIEP, 2-10쪽.

[표 9-6] 중국-대만 ECFA 조기자유화 품목

구분	중국의 對대만 자유화/개방 품목	대만의 對중국 자유화/개방 품목
상품 EHP 관세인하 품목	539개 품목: 농산품(18), 기계(107), 석유화학(88), 방직(136), 자동차부품(50), 기타(140)	267개 품목: 석유화학(42), 기계(69), 방직(22), 자동차부품(17), 기타(117)
서비스 EHP 개방 부문	회계, 컴퓨터 서비스, 연구개발, 회의, 전문 설계, 시청각, 병원, 항공기 수리, 은행, 보험, 증권 등 11개	연구개발, 회의, 전시, 특제품 설계, 영화, 스포츠 레저, 유통, 항공 컴퓨터 예약 시스템 서비스, 은행 등 9개

자료: 지만수 외(2010), 중국·대만 ECFA의 주요 내용과 시사점, 오늘의 세계경제 Vol.10 No.23, KIEP, 3쪽

서비스 분야 EHP의 경우, 중국은 11개, 대만은 9개 분야에 대한 조기 개방을 약속했다. 중국은 회계·은행·보험·전문 설계·병원 서비스 등 11개 부문에서, 대만은 연구개발·유통·은행 등 9개 부문을 개방하기로 한 것이다.

중·대만 ECFA EHP와 중·홍콩 CEPA 서비스 양허안 비교해 보면 그 특징을 알 수 있다. ECFA EHP 서비스에서 개방한 부문의 개수는 11개로 현재까지 중국이 가장 많은 서비스 부문을 개방한 중·홍콩 CEPA 44개의 1/4 수준이다. 개방 확대된 11개 분야의 경우, 대부분 해당 분야 중국-홍콩 CEPA 8차 협상과 상응하는 수준의 개방을 양허하였고, 은행업 등 일부 부문에서는 중국-홍콩 CEPA보다도 일부 진전된 개방을 기재했다. 이는 향후 ECFA 서비스 본협상이 전개될 때 추가적으로 개방할 서비스 부문들에서, 기체결 FTA보다 훨씬 높은 수준의 개방을 실시한 CEPA 수준이나 혹은 이보다 더 진전된 개방도 할 수 있음을 시사하는 것으로 분석된다.

인력 이동 관련 내용은 포함되지 않았다. EHP 서비스 양허안에는 인력 이동 관련 내용은 다뤄지지 않았는데, 이는 대만이 견지하고 있는 '중국 노동력의 대만 진입을 허용하지 않는다(不开放大陆劳工来台).'라는 원칙을 중국 측에서 수용한 결과이다.

중국은 금융업에 대해 WTO 가입후 중·홍콩 CEPA를 제외하면 FTA를 통해 진전된 개방을 한 적이 없으나, ECFA에서 CEPA 수준의 금융업의 개방 확대를 EHP에 포함시켰다. 먼저 은행업 진입조건을 완화했다. 중·홍콩 CEPA와 동일한 양허 내용으로는 아래 3건을 들 수 있다.

- 독자은행 설립요건에서 대표처(사무소) 설립요건이 기존 3년에서 1년으로 완화.
- 이익 요건 산정 시 중국 내 모든 지점의 이익을 합산하도록 허용.
- 중국법률에 따른 중소기업 대상 전문 금융기관 설립이 가능.

반면, 중·홍콩 CEPA보다 진전된 양허 내용으로는, 첫째 위안화 업무에서 중국 내 대만기업 대상의 경우를 별도로 기재하고 영업 경력 요건은 CEPA의 2년보다 짧은 1년으로 단축시켰고, 둘째 중서부 및 동북부 지역 은행 개설 시 특별절차(綠色通道)를 마련했다.

보험 서비스에 대해서는 중국 내 외자 보험회사의 시장 진입 요건을 충족시키기 위한 대만 보험회사의 재조직(re-grouping) 및 전략적 합병을 허용했다. 즉, 그룹을 이룬 기업의 총자산

50억 달러, 그룹 내 1개 기업 이상의 30년 이상 영업 경력과 중국 내 2년 이상 대표처 설립으로 진입 가능하게 된 것이다.

증권 서비스에서는 대만 금융기관의 적격해외기관투자자(QFII) 신청을 허용하고, 대만 증권거래소 및 선물거래소를 적격국내기관투자자(QDII)가 투자할 수 있는 금융파생상품 교역소 리스트에 조속히 포함시키도록 하였으며, 대만 증권전문가의 중국 활동을 위한 자격 취득 절차를 간소화하기로 합의했다.

비즈니스 서비스, 시청각 및 운송 서비스를 개방했는데, 회계 서비스에 있어서 중국 내 회계서비스업 종사를 위해 발행되는 임시회계비즈니스 허가증의 유효기간을 1년으로 연장했다. 컴퓨터 관련 서비스와 컨벤션 및 전시서비스의 경우, GATS 양허에서 합자(JV)만 허용하던 것을 독자기업으로 확대 개방했다. 자연과학과 엔지니어링 연구개발(R&D) 서비스의 경우, GATS에서 미기재한 부문으로, 중국-페루 FTA에서 처음 개방하였으며, 홍콩 CEPA에 이어 대만과의 ECFA에서도 개방했다. 비디오, 음악 레코딩 유통 분야에서는 WTO 양허 이외에 추가 양허로 대만 저작권이 50% 이상인 영화 수입시 스크린쿼터에서 제외시키는 추가 개방 조건을 기재했다. 또한 항공기 유지보수 서비스에 대해 독자기업의 설립을 허용했다.

4) ECFA 체결과 對한국 영향

ECFA의 출현은 그동안 양안간에 존재했던 투자, 무역 장벽이 제거됨을 의미한다. 2008년 양안 회담 결과, 대만의 對중국 투자 상한선이 확대되기 전까지 대만 중소기업은 순자산가치의 40% 혹 8천만 대만달러 이상을 투자할 수 없었다. 이제 투자 상한선은 순자산가치의 60%로 늘어났으며, ECFA 체결로 더욱 확대될 전망이다.

먼저 양안간 ECFA 체결로 중국과 대만의 경제 성장을 더욱 가속화 될 전망이다. ECFA 체결로 대만은 경제성장률이 1.5%포인트 이상, 중국은 0.36~0.4%포인트 증가할 것으로 대만 경제부는 전망하고 있다. 그러나 절대적 GDP 규모 기준 증가폭은 중국이 대만에 비해 3배나 크다. 또한 중국 상무부는 중국 전체 수출대비 對대만 수출비중이 낮은 이유를 들어 ECFA가 중국 산업에 미치는 영향은 상대적으로 작을 것이라고 중국 산업계를 안심시키고 있다. 2008년 기준 홍콩 포함 대만의 대중국 수출비중은 40%에 육박하며, 전체 해외투자중 대중국 투자비중은 70%에 달한다.

양안간 직항로 개설은 기업 물류비용을 대폭 줄였다. 물류 소요가 가장 많은 노선인 중국 상하이와 대만 타이베이간 종전 비행시간은 홍콩을 반드시 경유하여야 했으므로 6시간에 달했다. 시간은 물론 불필요한 이착륙에 따른 추가 비용은 기업에 부담이 되었다. 이제는 상하이와 타이베이간 직항기가 1시간 반이면 도착한다. 대만 항공사측 추산에 따르면 항공사 및 여행객 시간 및 경비 절감 규모가 연간 30억 대만달러에 달하는 것으로 조사되었다.

해상 운송도 직선화 되었다. 종전에는 일본 오키나와 등 중간 지점을 경유해야만 하였으나, 이제는 직항으로 전환됨에 따라 약 15~30%의 운송비 절감 효과가 기대된다.

실제 ECFA 체결후, 대만의 대중국 수출 및 수입 비중을 보면, 체결전인 2007년 대만의 총수출중 대중국 비중은 30.1%였으나, 체결 후인 2010년에는 39.9%까지 올라갔다. 이후 하락추세를 보였으나, 최근 2년간에는 28% 수준을 유지하고 있다. 대만의 총수입중 중국 비중은 ECFA 체결후 꾸준하게 상승하여, 2019년에는 20.4%까지 상승 되었다.

이제 눈을 한국으로 돌려보자. 중국이라는 수출시장을 놓고 싸우는 한국은 대만보다 불리한 입장에 처하게 될 것이다. 한국과 대만은 현재 중국 수입시장에서 각각 10% 내외의 점유율을 차지하고 있는데, 양국의 수출 품목은 상당수 중복된다. 따라서 양안간의 ECFA 체결은 우리 상품 가격 경쟁력을 저하시키게 될 것이다. 또한 양안간 무관세거래가 시행된다면 상호간 시장에서 상품경쟁력이 상승하게 되어 한국기업은 2중으로 불리한 상황을 맞이할 수 있다.[285)]

[표 9-7] ECFA 체결 전후, 대만의 대중국 수출입 비중

(단위: 억달러)

연도	대만 총수출	중국 비중(%)	대만 총수입	중국비중(%)	대만 전체 무역수지	대중국 무역수지
2001	1263.1	20.3	1079.7	5.5	183.4	197
2003	1506	25.4	1280.1	8.6	225.9	272.7
2005	1984.3	28.4	1826.1	11.0	158.2	361.8
2007	2466.8	30.1	2192.5	12.8	274.3	462.3
2010	1928	39.9	2442	14.8	-514	409
2013	3051	26.8	2706	15.8	345	390
2015	2800	25.3	2251	19.6	549	270
2017	3178	28.0	2598	19.3	580	390
2018	3358	28.8	2865	18.8	493	429
2019	3305	27.8	2817	20.4	488	346

주: 중국 비중에서 홍콩은 제외된 수치임.
자료: CEIC (2009), KITA (2021.1)

아세안 진출에서 중국의 노동력과 대만의 기술력이 협력한 차이완 기업의 약진을 두드러질 전망이다. 우려는 일부 현실로 나타나고 있다. 중국시장에서 LCD패널 판매량의 경우, 2008년 한국 46.2%, 대만 35% 시장점유율을 보였으나, 2009년 1/4분기에는 한국 29.7%, 대만 56.5%로 역전된 것으로 나타났다. 이는 중국의 가전하향 정책의 효과를 대만 업체들이 입고 있으며, 비슷한 품질에 가격은 훨씬 저렴한 대만업체의 제품을 중국 가전기업이 채용하고 있다는 증거이다.[286)]

285) 한국과 대만의 대중국 수출품 상위 20개 품목(HS4분위 기준)중 11개가 중복된다. 이들 11개 품목의 대중국 수출 비중은 각각 39.6%(한국), 61.1%(대만)이다. (한국은행 북경사무소. 2009.6.15)

산은경제연구소도 '국내 IT산업에 대한 차이완의 영향력과 대응전략'이란 보고서를 통해 중국과 대만이 협정을 체결하면 비메모리 반도체와 스마트폰의 시장 잠식이 우려 된다고 지적했다.[287] 즉 비메모리 반도체는 대만의 기술수준이 높은데다 중국의 반도체 설계전문회사(Fabless) 규모가 확대되고 있는 상황이어서, 양안의 협력 강화시 한국의 대중국 수출시장은 잠식될 것으로 내다본 것이다. 휴대폰에서도 한국업체의 기술우위가 크지 않은 가운데 경합관계가 증가되고 있어 시장잠식 가능성이 높다는 설명이다.

5) 중국-대만 ECFA 효과

2010년 9월, 중국·대만 ECFA가 발효된 후 대만에 비해 중국이 더 이득을 본 것으로 분석됐다. KOTRA 베이징무역관은 대만 정부 싱크탱크인 중화경제연구원(CIER) 보고서를 인용해 중·대만이 상대국에 수출할 때 관세인하 혜택을 받는 품목수가 중국에 비해 대만이 2배 더 많았음에도 불구하고 수출증대 효과는 대만에 비해 중국이 더 컸다고 밝혔다. 이는 대만이 더 이득을 볼 것이라는 당초 관측과 다른 결과이다. 중·대만 ECFA는 2011년 1월 조기수확프로그램(EHP) 발효와 동시에 상품관세를 인하하는 EHP를 가동했다. 대상 품목은 중국이 539개, 대만은 267개로 결정됐다. 즉 상대국에 수출할 때 관세 인하 혜택을 받는 품목이 대만은 539개, 중국은 267개라는 뜻이다. 더구나 평균 상품 관세율이 중국은 9%선, 대만은 4%선이어서 즉각적인 관세인하 혜택은 중국보다 대만에 더 크게 돌아갈 것이라는 분석이 일반적이었다.

그러나 중·대만 ECFA 적용 첫 해인 2011년 대만이 관세인하 혜택을 받은 539개 품목의 수출총액 중 대중 수출이 차지하는 비중은 2010년 28.4%에서 2011년 28.1%로 줄어들었다. 가장 큰 수혜가 예상되던 석유화학 제품의 대중 수출 비중이 39.7%에서 37.9%로 가장 크게 감소했다. 반면 중국이 관세인하 혜택을 받는 267개 품목의 수출총액 중 대만으로 수출되는 금액 비중은 2010년 25.5%에서 2011년 29.5%로 크게 늘었다. 석유화학과 기계·부품, 방직, 자동차 등 대부분 품목에서 수출비중이 늘어났다.

[표 9-8] 타이완의 FTA 및 경제협력협정 추진 현황

	내용	타결·발효일시
1	대만-파나마 FTA	2004.01.01. 발효
2	대만-과테말라 FTA	2007.07.30. 타결
3	대만-니카라과 FTA	2006.06.16. 타결
4	대만-엘살바도르-온두라스 FTA	2008.03.01. 발효
5	중국-대만 ECFA	2010.09.12. 발효

286) China Daily (2009.6.4)
287) 산은경제연구소(2010.4.19)

	내용	타결·발효일시
6	대만-뉴질랜드 경제합작협의 (ANZTEC)	2013.12.01. 발효
7	대만-싱가포르 경제동반자협정(ASTEP)	2013.11.07. 체결 2014.04.19. 발효
8	대만-파라과이 경제협력협정 (ECA)	2017.07. 체결
9	대만-에스와티니 경제협력협정 (아프리카 남동부 국가)	2018.06 체결
10	대만-벨리즈 경제협력협정 (남미 국가)	2020.09 체결

자료: 대만경제부 국제무역국 경제자문망(www.trade.gov.tw) 검색일자: 2021.1

이는 단순히 관세인하 혜택만으로 수출증가 여부를 전망한 분석이 틀렸음을 뜻한다. 이에 KOTRA는 관세인하 품목에 대해 중국이 수입처를 다변화했거나, 중국내 자체 조달을 늘렸을 가능성이 있다고 분석한 바 있다.[288)]

대만은 정치·외교적인 여건상 무역협정 추진이 쉽지 않은 상황 속에도 수교국을 중심으로 무역협정 체결을 확대해나가고 있다. 2000년대 들어 중남미 수교국과 FTA를 속속 체결한 데 이어 2013년에는 비수교국인 뉴질랜드와도 경제협력협정(ANZTEC)을 체결했다. 차이잉원 정부 출범(2016.5.20.) 후에는 파라과이(2017.7.), 에스와티니(2018.6.), 벨리즈(2020.9.)와 경제협력협정(ECA)를 체결하는 성과를 거뒀다.

주요 교역국과 체결한 무역협정으로는 2010년 6월 중국과 체결한 양안 경제협력기본협정(ECFA), 2013년 11월 싱가포르(5위 교역국)와 체결한 경제동반자협정(EPA)이 있다.

그러나 이런 노력에도 불구하고 수교국과의 교역 규모는 대만 전체 교역에서 차지하는 비중이 크지 않고 1위 교역국(중국)과 체결한 ECFA 협정은 추가 개방에 대한 협상이 진행되지 않는 상태이다. 현재 ECFA는 HS코드 8자리 기준 539개 품목이 양허관세를 적용 받고 있으며, 이는 대중국 수출금액의 20% 내외 비중이다.

[표 9-9] 타이완의 FTA 체결국과의 교역 현황 (2020년 1-11월)

(단위: 백만달러, %)

협정종류	체결대상국	수출		수입	
		금액	비중	금액	비중
FTA (자유무역협정)	파나마, 니카라과, 과테말라, 엘살바도르, 온두라스	305	0.1	354	0.1
ECA (경제협력협정)	파라과이, 에스와티니, 뉴질랜드, 벨리즈	423	0.1	933	0.4
EPA (경제동반자협정)	싱가포르	17,366	5.6	8,114	3.1
ECFA (경제협력기본협정)	중국(홍콩, 마카오 제외)	92,542	29.6	57,355	22.1

자료: 타이완 경제부 국제무역국, KOTRA 해외시장뉴스 (검색일자: 2020.12.8)

288) 매일경제(2012.5.30)

제2절 홍콩

1. 개황

아편전쟁(1840~1842)이 영국의 승리로 종결되면서, 1842년 난징조약에 따라 홍콩섬이 영국에 영구 할양되었다. 당시 홍콩섬은 인구 3,600명의 암석이 많은 조그마한 어촌에 불과했으며, 향나무가 많은 항구라 하여 香港(광동어로 홍콩)으로 불렸다. 1858년 영국의 동의 없이 ARROW호를 무단 수색한 사건과 영국영사 습격사건 발생을 빌미로 영국군이 구룡반도를 점령하였고, 1860년 베이징조약에 의해 구룡반도 남부지역도 영구 할양되게 된다.

[표 9-10] 홍콩 개황

행정구역명칭	중화인민공화국 홍콩특별행정구 · 영문명: The Government of the Hong Kong Special Administrative Region of the People's Republic of China · 중문명: 中華人民共和國 香港特別行政區
위 치	중국, 광동성 동남해안, 주강 입구 동쪽
면 적	1,104㎢(서울 1.8배) 홍콩섬, 구룡반도, 란타우섬으로 구분
기 후	아열대 몬순형 기후
인 구	751만 명(2019년말)
민족	한족(95% 이상)
언 어	법정 언어: 중국어, 영어 사용 언어: 광동어(공용어), 표준 중국어(상용어), 영어(통용어) – 광동어 88.9%, 보통어 1.9%, 기타 중국방언 3.1%, 영어 4.3%, 기타 언어 1.9%
종 교	도교·불교(34%), 기독교(4%), 천주교(3%), 이슬람교(1%), 소수 종교(1%), 무교(57%)
성립일	1997년 7월 1일(홍콩특별행정구 성립일)
정부 형태	행정수반 책임제(중국과는 1국 2체제의 자치정부)
행정수반	행정장관: Carrie Lam Cheng Yuet-ngor 林鄭月娥 (2017.7.1~2022.6.30)

자료: 홍콩정부웹사이트, 홍콩무역발전국(2020)

[표 9-11] 홍콩 개황

홍콩

Hong Kong SAR, China

위치 중국 남부 해안
면적 1,108 ㎢(한반도의 1/200)
수도 도시 국가
인구 7.4백만 명('17)

32 /195 GDP순위	2 OECD등급	5 /190 기업경영여건	6 /137 글로벌경쟁력지수	15 /176 부패인식지수	12 /188 인간개발지수

일반	기후	아열대성 몬순기후
	민족	중국인 93%, 인도네시아인 2%, 필리핀인 2%
	언어	광둥어(공용어), 영어(공용어), 북경어(공용어)
	종교	토속종교 90%, 기독교 10%
정치	독립일	1997. 7. 1. 중국에 귀속(영국)
	정치체제	중국의 특별행정구(SAR)
	국가원수	Xi Jinping 중국 주석(Carrie Lam 행정수반)
	의회	입법의회(LegCo, 70석)
경제	GDP	3,341억 달러('17)
	1인당GDP	44,999달러('17)
	화폐단위	Hong Kong Dollar(HK$)
	회계연도	4. 1.~ 3. 31.
	산업구조	서비스업 93%, 제조업 7%('16)
	주요수출품	전자기계 및 설비, 섬유 및 의류, 신발('16)
	주요수입품	원자재, 반도체, 소비재, 자본재, 식료품('16)
	주요부존자원	장석
	국제신인도	OECD 2등급, Moody's Aa2, Fitch AA+

자료: 한국수출입은행 해외경제연구소 국가별통합정보(2018)

영국이 중일전쟁(1894)이후 홍콩방위를 위한 토지 무상제공을 요구해 중국정부는 99년간(1898~1997) 구룡 북부와 신계지역 등 235개 섬에 대해 시한부 조차권을 제공했다.[289]

이후 홍콩은 공산당의 신중국 탄생에도 자유시장경제체제가 장점으로 부각되어 무역, 금융 중심의 현대화 된 도시국가로 발전하게 된다. 1941년부터 1945년까지 약 3년 8개월 동안 일본이 점령한 바 있으며, 1946년 영국 직할 통치시대가 재개 되었다. 1982년, 당시 대처 수상의 중국 방문을 계기로 영·중간에 홍콩의 장래를 위한 협상이 시작되었으며, 1984년 영구 할양지를 포함하여 홍콩을 중국에 반환하는 협정이 체결된다. 중국정부는 1997년부터 50년간 1국 2체제 유치하기로 결정하고, 홍콩특별행정구 지정 및 홍콩인에 의한 통치를 보장(港人港治)했다.

[그림 9-1] 홍콩 및 마카오 위치도

자료: 구글 지도 (2013.7)

1997년 7월 1일, 156년 식민통치시대를 종결하면서 홍콩은 중국으로 정식 반환되었고, 1국 2체제가 시작되었으며, 홍콩특별행정구 초대 행정장관으로 둥젠화(董建華)가 취임했다. 1국가 2체제는 중국 소속의 홍콩이 사회주의를 유지하는 본토와 달리, 민주주의에 의한 자치를 허용한 것을 의미한다. 홍콩 반환 이후 국방과 외교만을 중국 중앙정부가 관장하나, 실제로는 홍콩정부의 자치범위가 넓다. 1997년 6월 20일, 중국정부는 1997년 7월 1일 이후에도 홍콩특별행정구정부가 이행하게 될 국제협약 214개를 추인하고 그 리스트를 UN에 정식 통보했다. (127개 조약은 중국과 홍콩이 동시 가입한 조약이며 87개 조약은 홍콩만 가입). 홍콩이 가입해있는 주요 국제기구는 WTO, UNCTAD, IMF, World Bank, ESCAP, OECD(옵저버), APEC, APS, ADB 등이다. 2007

289) KOTRA 해외비즈니스 정보포털(2013), www.globalwindow.org 국가정보-홍콩. (검색일자: 2013.7.4)

년 선거를 통해 재임된 도날드 창(曾蔭權)이나 2012년 선거에 승리한 홍콩의 4대 행정장관인 렁춘잉(梁振英. 2012.7~2017.6)을 지지한 선거인단의 상당수가 중국에 의해 지정된 인원이라는 점은 홍콩과 중국의 정치적 친밀도가 높아지고 있음을 보여준다.

1) 아편전쟁과 홍콩 탄생의 배경

홍콩은 중국 남단에 위치한 살아 숨 쉬는 현대 세계사 현장이다. 홍콩의 면적은 서울의 1.8배이지만 인구밀도는 6,516명/㎢으로 서울(16,492명/㎢)보다 여유롭다. 하지만 거주지가 한정적이어서 체감적으로 복잡하다. Hong Kong은 향항(香港)의 광동어 발음을 영어로 표기한 것이다. 홍콩의 중국 표준어는 샹깡(Xiang Gang)이다. 한자처럼 향기로운 항구라는 이름을 얻게 된 것은 이곳이 향료의 수출 항구였기 때문이다.

지금의 홍콩 지역은 동진 시대(331년)부터 동완군 보안현(東莞郡 寶安縣)에 속해 있었다. 명조에 이르러 신안현으로 분리되었고, 영국 식민지 직전 청대 홍콩의 행정구역은 광주부 신안현(廣州府 新安縣) 관할이었다. 지금은 중국 IT산업의 메카가 된 동관시(東莞市), 즉 옛 동완군이 홍콩의 명칭과 관계가 있다. 동관시는 홍콩과 90㎞ 거리이다.

동관시에는 완향수(莞香树)라는 나무가 있었는데, 목질에서 나오는 유기물이 수년간 침적되면 독특한 향기가 났다. 이를 침향(沉香)이라 하며, 향료 혹은 약재로 쓰였다. 침향은 다양한 향료를 만드는 기본 재료로도 쓰인다. 침향은 홍콩 반도 끝자락인 침사추이(尖沙咀) 부두로 옮겨져, 광저우, 베이징으로 운반되었다. 이런 연유로 향료는 운반하는 항구로 심사추이 주변 지역이 홍콩촌(香港村)으로 불렸고, 이것이 지금 홍콩 지명의 유래이다.

명대 중국은 관영 조공무역만을 허용하는 해금정책(海禁政策)을 취해 왔다. 따라서 외국과의 무역이 원활하지 못했다. 1685년(강희제 24년), 청나라는 해금정책을 폐지하고 자국 상민(商民)과 외국간 무역을 허용했고, 광저우, 닝보 등 4곳에 통상을 위한 세관을 설치했다. 문헌에 따르면 1689년에 영국 상선이 처음으로 광저우에 도착하였다. 점차 교역이 늘어나자 1715년 5월 영국은 동인도회사를 앞세워 광저우에 가장 먼저 상관(商館. 동인도회사 대리점)을 설치하고 중국과의 무역을 본격화 한다. 당시 광저우 세관은 영국 상관과 8조에 달하는 무역협정을 체결했다. 1728년에는 프랑스도 광저우에 상관을 세웠고, 미국 뉴욕을 출발한 첫번째 상선이 광저우에 도달한 해는 1784년(건륭 49년)이었다. 이후 청대는 서구 열강과 활발한 무역을 전개했다.

18세기부터 중국산 차(茶)와 비단이 영국으로 다량 수출되었다. 반면, 아직 농경사회에 머물러 있던 중국이 영국에서 수입할 제품은 그다지 많지 않았다. 아편전쟁(1차) 직후인 1842년 통계로는 청은 영국에서 면제품 등 상품 960만 달러어치를 수입했는데, 영국에 수출하는 상품은 차(1,500만 달러), 비단(920만 달러)을 비롯해서 2,570만 달러에 달했다. 차와 비단이 당시 영국인들 생활에

스며들었음을 알 수 있다.

이처럼 늘어나는 무역 적자를 영국은 아편으로 해소하려 했다. 영국 동인도회사는 인도 벵갈에서 대마를 재배해 만든 아편을 18세기 말부터 중국으로 수출했다. 당시 청나라 부유층은 아편을 담배 형태로 소비했으며, 사교 목적의 연관(煙館)을 두고 아편 흡연을 즐겼다. 박강(2010)에 따르면 1890년 아편 흡연자 수는 중국 총인구의 10%인 4천만명에 달했다.[290)]

마침내 도광제는 임칙서(林則徐)를 특사(흠차대신)로 파견하여 아편거래를 막게 했다. 광저우에 도착한 임칙서는 1839년 6월 3일부터 20일간 2만 상자(1175톤)의 아편을 호문(지금 동관 虎門鎮)에 모아 소금물에 넣고 석회를 부어 분해한 후, 주강에 내버렸다. 중국정부는 1972년에 이곳을 소연지(销烟池. 아편소각연못)로 복원하여, 교육장소로 활용하고 있다. 이러한 임칙서의 조치에 영국은 전쟁으로 대응했는데, 이것이 '아편전쟁'이다.

1840년 6월, 4천여 명의 원정군이 광저우에 도착했다. 대포와 증기터빈으로 무장한 영국 함선 앞에 청나라 군대는 종이 호랑이였다. 1841년 가을, 영국군은 닝보를, 1842년 6월에는 상하이를 점령하고 난징(南京)으로 진격했다. 결국 1842년 8월 영국 함대의 갑판에서 '난징조약'이 체결되었다. 조약 제3조는 다음과 같다. '중국은 광둥성 보안현 연안에 있는 홍콩섬을 영국에게 넘겨준다' 이것이 홍콩 탄생의 배경이다. 당시 홍콩섬은 인구 3,600명의 암석이 많은 어촌이었다.

이후에도 영국과 프랑스의 외침은 계속되었다. 영국의 동의 없이 ARROW호를 수색한 사건과 프랑스 선교사 처형 사건을 빌미로 제2차 아편전쟁(1857~1860)이 일어났다. 이를 근거로 영국군은 홍콩 남단인 구룡반도를 점령했다. 1860년 10월, 영국과 체결한 '베이징조약'에 의해 구룡반도 남부지역도 할양되게 된다. 이에 따라 홍콩섬에서 시작했던 영국의 지배권이 선전강(深圳河) 경계까지 넓어지게 된다. 이에 영국은 지금의 홍콩 대부분을 포함하는 지역을 신계(新界. New Territories)라고 명명하고, 262개 섬을 포함한 홍콩 대부분을 99년간 조차(租借)하는 '전척향항계지조례(展拓香港界址專條)'를 1898년 6월 9일에 북양대신 이홍장과 체결하게 된다. 이후 100년간 홍콩은 영국 식민지 역사를 시작하게 되었다.

2. 1국가 2체제

일국양제(一國兩制)는 '하나의 국가, 두 개의 제도(一个国家 , 两种制度)'의 약칭이다. 중국이 1980년대 이후 타이완과의 통일을 위한 방안으로 제시한 통일방침이 그 효시이다. 즉 통일된 하나의 중국이라는 대전제 하에 국가의 주체는 사회주의 제도를 견지하고, 홍콩·마카오·타이완은 기존의 자본주의 제도를 유지하면서 공존한다는 것이다.[291)]

290) 박강(2010),『아편과 20세기 중국』, 선인.

1981년 당시 전국인민대표대회(전인대) 상무위원장이었던 예젠잉(叶剑英) 명의의 '타이완과의 평화적 통일 관련 9개항 방침정책'을 공포하였는데, 비록 '일국양제'를 직접 언급하지는 않았지만, 최초로 '특별행정구'라는 용어를 사용하고, 기존의 제도를 용인한다는 방침을 구체적으로 제안하는 내용을 담고 있었다. 예를 들면 동 '방침'의 3항에서는 '통일 후 타이완은 특별행정구로서 고도의 자치권을 누리게 될 것이며, 독자적인 군대를 보유할 수 있다. 중앙정부는 타이완의 지방업무에 간여하지 않을 것이다.' 라고 명시하고 있다. 이러한 예젠잉의 제안은 사실상 하나의 국가, 두 개의 제도라는 개념으로 요약할 수 있을 것이다.

1982년에 덩샤오핑은 이 방침을 평가하면서, '양제란 두 개의 제도를 허용하는 것으로 대륙의 사회주의와 홍콩과 타이완의 자본주의가 공존하는 것을 말한다'라고 처음으로 일국양제의 개념을 명확하게 언급하였다. 이 방침은 1982년말 〈헌법〉 개정을 통해 법제화 되었다. 1982년 12월 제5차 전인대 제8차 회의에서 개정 통과된 〈헌법〉 제31조에서는 '국가는 필요할 경우 특별행정구를 설치하며, 이 지역 내에서 시행되는 제도는 전국인민대표대회에서 구체적인 법률로 정한다'고 규정한 것이다. 이에 따라 '일국양제'에 의해 탄생된 '특별행정구'는 외교와 국방업무를 제외한 고도의 자치권을 갖게 된다. 또한 행정관리권, 입법권, 독립적인 사법권과 종심권(終審權)을 행사할 수 있게 되었다.

덩샤오핑은 1983년에 발표한 '6개항의 평화통일 주장'을 통해서 일국양제 구상을 보다 구체화하였다. 동 '주장' 제6항에서는 '통일후 타이완 특별행정구는 자신의 독립성을 가질수 있으며, 대륙과 다른 제도를 시행할 수 있고, 다른 성·시·자치구가 갖지 못한 자신만의 독자적인 모종의 권력을 가질수 있다.'라고 밝힌 것이다. 또한 사법권의 독립을 위해 종심권(최종 사법판결권)이 베이징에 귀속될 필요가 없다고 천명하였다. 아울러 중국 대륙에 위협을 가하지 않으 경우 타이완은 자신의 군대를 유지할 수 있으며, 당·정·군 등의 시스템은 모두 타이완 스스로 관리하게 한다라는 점을 분명히 했다.

이러한 일국양제에 대한 법률적 정의와 중국 최고지도자의 유권 해석은 추후 홍콩과 마카오 반환에 따라 설치된 특별행정구에서 그대로 적용되어 법률적 근거를 가지고 실제로 운영되게 된다.

홍콩 반환을 위한 협상 과정을 살펴보면 다음과 같다. 먼저 첫 번째 단계로 1982년 9월, 영국 대처 수상이 중국을 방문하면서 중국과 영국간에 홍콩 반환문제에 대한 협상이 시작되었으며, 1983년 6월까지 반환 원칙과 절차에 대해서 양국은 협상을 진행하였다. 두 번째 단계로 1983년 7월부터 1984년 9월까지 양국은 구체적이고 실질적인 문제에 대해 22차례 협상을 진행한 바 있다.

---

291) 윤영덕(2007), 중국의 일국양제(一國兩制)와 경제특구 선전, 「아시아연구」 10권 1호, 77-105쪽.

1982년 9월 22일부터 9월 24일간 중국을 방문한 영국 대처수상은 자오즈양 총리 및 덩샤오핑 등과 홍콩 반환 문제에 대한 회담을 개최하였으며, 회담 직후 중국정부는 중국이 홍콩의 주권을 회복한 후 '홍콩특별행정구'를 설치하고 홍콩지역의 중국인에 의한 홍콩의 관리, 현행 사회·경제 제도와 생활방식의 불변 등을 포함한 특수한 정책을 시행할 것을 처음으로 천명했다. 중국의 '일국양제' 구상이 처음으로 실현되는 순간이었다. 이후 2년간의 협상 과정을 거쳐 양국은 1984년 12월 19일, 홍콩반환에 따른 중영 공동성명을 조인하였다. 동 공동성명에서 중영 양국은 홍콩 반환이후 50년간 '일국양제'를 견지하기로 합의한 것이다.

이후 전인대는 1990년 4월에 〈홍콩특별행정구 기본법〉을 제정하여 '일국양제'를 위한 최고 법률 근거를 통과시켰다. 동 '기본법' 제5조에도 '일국양제'는 향후 50년간 변하지 않는다고 명시되어 있다.[292]

1) 홍콩특별행정구 기본법

1990년 4월 4일, 중국정부와 전국인민대표대회는 〈홍콩특별행정구 기본법〉을 제정했다. 홍콩 기본법(The Basic Law of Hong Kong)은 홍콩 반환이후 사실상 홍콩의 헌법 역할을 한다. 영·중공동선언(국제협정)과 홍콩 특구기본법(홍콩특구의 헌법)에 의거, 홍콩의 체제불변을 보장하고 있고, 기존의 정부조직, 의회 및 사회제도 등도 불변을 원칙으로 하고 있어 주권이양 이후에도 홍콩의 법제, 생활방식이 보전되고 있다.

중국은 1997년 6월 30일, 자정을 기하여 홍콩에 대한 주권을 회복했다. 이후 동법은 항인치항(港人治港, Rule by Hong Kong People), 일국양제(一國兩制, One Country, Two Systems) 시행을 위한 정치적, 법적 근거가 된 것이다. 또한 1997년 7월 이후 홍콩특별행정구(Special Administrative Region: SAR)의 체제와 운영 골격 마련했고, 외교·국방을 제외한 분야에서 고도 자치권 향유할 수 있었다. 동법에 따르면, 홍콩의 현행 자본주의 체제 및 생활양식은 주권 회복 후 50년간 불변하며, 그 기한은 2047년 6월 30일까지이다.

292) 第五条 香港特别行政区不实行社会主义制度和政策，保持原有的资本主义制度和生活方式，五十年不变。

[표 9-12] 홍콩특별행정구 기본법 주요 내용

<table>
<tr><td colspan="2">일반 분야</td></tr>
<tr><td colspan="2">홍콩특별행정구(Hong Kong Special Administrative Region)는 중국의 일부
고도의 자치 및 행정·입법과 최종심을 포함한 독립된 사법권 향유
자본주의 체제와 생활양식 불변 및 사유재산권 보호
기존의 홍콩법령(보통법, 형평법, 입법의회 제정법률, 부수법령 및 관습법)은 계속 유효
국기, 국가, 국경일, 국가휘장, 영해법, 국적법 등 예외적으로 중국국법의 적용
독자적인 지역기와 지역 휘장 사용 가능</td></tr>
<tr><td colspan="2">중앙정부와 홍콩특구와의 관계</td></tr>
<tr><td colspan="2">중앙정부는 외교·국방을 책임. - 외교부는 홍콩에 사무소 설치 및 인민해방군 홍콩 주둔
특구행정수반(Chief Executive)은 중앙정부가 임명. 기본법의 개정권한은 중국 전인대가 보유
홍콩특구 제정 법률은 기록을 위해 전인대 상무위에 보고.
- 중앙정부 관련 사항으로 전인대 상무위가 기본법에 저촉된다고 판단하는 법률은 반려 및 무효
중앙정부 각 부처와 지방 각 성은 홍콩특구 업무에 불간섭, 홍콩 내 사무소 설치 시 홍콩특구의 동의와 중앙정부의 승인 필요. 중국인의 홍콩 입국 시 허가 필요 및 거주 목적 입국 제한
중앙정부 관련사항으로 기본법에 대한 최종 해석권은 전인대 상무위가 보유</td></tr>
<tr><td>재정·금융</td><td>재정은 독립운영하며, 재정수입의 중앙정부 불납부 및 중앙정부는 특구 내 불징세
독립된 조세제도 시행 및 현행 저세율 제도 유지.
독자적인 화폐·금융정책 수립. 홍콩달러는 법정화폐로서 계속 유통
외환관리제도 불실시 및 자본의 자유이동 보장</td></tr>
<tr><td>무 역</td><td>자유무역정책 시행 및 법률로 규정된 것 이외에 불관세.
독자적인 관세지역 유지. 독자적인 원산지 증명 발급 가능</td></tr>
<tr><td>해운
민간항공</td><td>기존 해운운영 및 관리체제 유지. 선박·등기업무 수행 및 '중국, 홍콩' 명의 증명서류 발급 가능. 외국 군용 선박은 출입 시 중앙정부의 허가 필요.
기존 민항 관리제도 계속 시행 및 독자적인 항공기 등기체제 수립.
외국 국가 항공기의 특구 진입은 중앙정부의 허가 필요</td></tr>
<tr><td>교육 · 문화
체육 · 종교
노동</td><td>독자적인 교육정책 수립. 특구 이외의 지역에서 학문 추구의 자유. 종교 신앙의 자유 및 종교 활동 불제한. 독자적인 체육 정책 수립, 독자적인 사회 복지제도 유지, 독자적인 노동 법률 제정 및 정책 수립.</td></tr>
<tr><td>대외관계
(대외업무)</td><td>홍콩 정부의 대표는 중국 정부 대표단의 일원으로 홍콩특구와 관련된 외교교섭에 참여.
경제, 무역, 금융, 해운, 통신, 관광, 문화 및 체육등 분야에서 '중국·홍콩' 명칭 하에 외국 정부 및 관련 국제기구와 관계 유지 및 협정체결 가능.
-국가에 한정되지 않은 국제기구 및 회의에는 '중국·홍콩' 명칭으로 참가. 중국이 당사자가 아닌 국제협약은 홍콩에 기적용되던 국제협약으로 계속 적용.
홍콩특구 정부는 독자여권 발급. 외국 내 공식 또는 준공식 사무소 설립 가능. 중국과 외교관계를 맺고 있는 국가의 홍콩 내 기설립된 영사관 및 공식기관은 그대로 유지</td></tr>
</table>

자료: 주홍콩 대한민국총영사관 (http://overseas.mofa.go.kr/hk-ko) 검색일: 2021.1.11

[사진 9-3] 홍콩 반환 기념식 (1997.7.1.)

자료: 中国共青团网 www.ccyl.org.cn (2009.9.3.)

[사진 9-4] 빅토리아 하버에 걸린 오성홍기와 홍콩특별행정구기

자료: 김동하 © 2017.

3. 홍콩 경제 및 교역 현황

1) 홍콩 경제 특징

홍콩 통계청에 따르면, 홍콩 인구는 약 750만 9,200명(2020년 연중 기준)으로 전년 동기 대비 0.02% 증가하였다. 성별 비율은 여성이 54.4%, 남성이 45.6%로 구성되어 있다. 홍콩은 출산율 감소 및 노년 인구 증가로 인구 노령화가 지속되고 있다. 2018년 기준 연령 중위값은 44.2세로 1986년 28.8세에서 많이 증가했다. 2019년 기준으로 홍콩 1인당 GDP는 38만 1,714 홍콩 달러(약 4만 8,938 미 달러)이며 개인 소비 지출 평균치는 196만 7,322 홍콩 달러(약 25만 4,834 미 달러)로 기록하였다.

홍콩 소매업은 2019년 민주화 운동과 2020년 코로나 19로 인하여 매출액이 지속적으로 하락하였지만 2020년 하반기에 회복세를 보이기 시작한다. 소매업 매출 연 성장률은 2020년 1분기의 -35%에서 3분기에는 -16.7%까지 약 18%p 상승하였다. 2020년 10월 소매업 총 매출은 전년 동월 대비 8.8% 하락하여 274억 홍콩 달러(약 35.5억 미 달러)로 집계된다.

홍콩은 자체 생산할 수 있는 여건이 충족하지 않기 때문에 수입품에 의존하는 경향이 높다. 특히 식음료 품목은 수입품이 90%에 달한다. 이는 식음료 품목뿐 아니라 화장품, 약품, 생활용품, 의류 등 다양한 소비재에서 수입품 의존성향을 보이고 있다. 수입품이 높은 시장 점유율을 차지하고 있으며 홍콩 시민은 수입품에 대한 열린 마인드를 가지고 있다. 2020년 10월 기준으로 홍콩 대외(對外) 무역 수입액은 3천814억 홍콩 달러(약 494억 미 달러)로 기록하였다.

홍콩은 중국인 관광객이 가장 많이 찾는 도시이며 유통시장 매출의 35%는 중국 본토 관광객들이 기여한다. 이는 11년 전과 비교했을 때 15% 상승한 것으로 나타난다(자료원: 2019년 닐슨 보고서). 홍콩의 가장 큰 쇼핑 시즌은 성탄절(12월 말), 여름(7월) 세일인데 최근에는 중국 본토의 노동절 황금주(5월 1일), 국경절(10월 1일), 광군제(11월 11일) 등이 새로운 소비 시즌으로 급부상하고 있다. 중국 본토 국경절은 최소 5일의 연휴가 있어서 홍콩을 방문하는 중국인 관광객이 많아 이 시즌에 브랜드들이 세일 행사를 통해 관광객의 이목을 끌기도 한다. 그러나, 코로나19 영향으로 홍콩을 방문하는 여객 수 매일 20만 명에서 2020년 12월 기준 매일 300명으로 대폭 하락한 것으로 나타났다.

코로나19로 인하여 홍콩 내의 소비 방식도 바뀌고 있다. 2020년 3월 Ipsos Media Atlas에서 진행한 홍콩 소비자 소비 패턴 조사에 따르면 5,000명 응답자 중 61%는 전자상거래를 통해 쇼핑하는 습관이 있다고 하며 그중의 4분의 3은 한 달에 최소 한 번 온라인 쇼핑을 한다고 밝힌다.

[표 9-13] 홍콩 주요 경제지표

경제지표	2016	2017	2018	2019
경제성장률 (%)	2.17	3.79	2.86	-1.19
명목GDP (십억 $)	320.9	341.72	362.72	367.71
1인당GDP (PPP. $)	58,359.17	61,447.2	64,199.38	64,927.99
1인당 명목GDP ($)	43,496.3	46,096.48	48,450.61	49,334.35
정부부채 (% of GDP)	0.06	0.06	0.05	0
물가상승률 (%)	2.41	1.48	2.41	2.86
실업률 (%)	3.39	3.12	2.81	3.3
수출액 (백만$)	462,553.85	497,579.33	531,162.65	509,641.18
수입액 (백만$)	516,972.86	559,457.38	602,876.25	563,808.05
무역수지 (백만$)	-54,419.01	-61,878.05	-71,713.3	-54,166.87
외환보유고 (백만$)	386,219.83	431,358.44	424,537.32	441,250.79
이자율 (%)	1	1.75	2.75	2.49
대미 환율(자국통화)	7.76	7.79	7.84	7.84

자료: 한국무역협회, 국가통계국, 홍콩정부통계처 www.censtatd.gov.hk (검색일자: 2021.1)

2) 2019년 및 2020년 홍콩 경제 현황

2019년 중 홍콩의 실질GDP 성장률은 전년대비 -1.2%로 2009년(-2.5%) 이후 처음으로 마이너스 성장률을 기록했다. 2019년 상반기 중 실질GDP(전년동기대비)가 세계경제 성장률 둔화 및 미·중 무역분쟁 등의 영향으로 소폭 성장하는데 그쳤으며, 하반기 들어서는 시위사태 격화로 소비 및 관광 활동이 위축되면서 큰 폭의 마이너스 성장률을 기록한 것이다. (2019년 3/4분기 -2.8% → 4/4분기 -2.9%). 한편 전기대비 성장률을 보면, 2019년 2/4 ~ 4/4분기 기간에 3분기 연속으로 감소세를 나타냈다.

최근 경제 동향을 보면, 2020년 3/4분기 중 홍콩의 실질GDP 성장률(확정치, 전년동기대비)은 -3.5%를 기록하여, 전분기(-9.0%)에 비해 감소폭이 축소 되었다. 이는 기존에 발표된 속보치(-3.4%)보다 소폭 하향 조정 결과이다. 상품수출이 중국본토의 생산 활동 개선 등으로 증가로 전환된 데다, 민간소비도 코로나19 확산세 둔화로 감소폭이 축소되고 금융서비스 수출도 호조를 지속한 데 주로 기인한다. 전기대비 성장률은 2.8%를 기록하여 5분기 연속 감소세에서 벗어나 플러스(+)로 전환되었다. [293]

293) 한국은행 홍콩주재원 동향분석 (2020.11.17.)

[표 9-14] 최근 홍콩의 주요 거시경제 지표

홍콩 실질 GDP[1] 성장률 및 물가지표 추이 (전년동기대비, %,%p)

	2018	2019	2019			2020		
	연간	연간	2/4	3/4	4/4	1/4	2/4	3/4
• GDP	2.8	−1.2	0.4 (−0.3)	−2.8 (−3.0)	−3.0 (−0.5)	−9.1 (−5.5)	−9.0 (−0.1)	−3.5 (2.8)
민간소비지출	5.3	−1.1	1.3	−3.3	−2.9	−10.6	−14.2	−8.2
정부소비지출	4.2	5.1	3.9	5.9	6.1	8.8	9.7	7.0
총고정자본형성	1.7	−12.3	−11.6	−15.1	−16.8	−15.8	−21.4	−11.1
재고증감2)	0.0	−0.6	−0.6	−2.2	0.7	4.2	0.8	1.1
상품수출	3.5	−4.6	−5.3	−6.9	−2.5	−9.7	−2.2	3.9
서비스수출	4.6	−10.2	−1.3	−14.2	−24.2	−37.4	−45.6	−34.6
상품수입	4.7	−7.3	−6.7	−11.0	−7.0	−11.1	−6.7	1.8
서비스수입	2.8	−2.4	1.8	−4.5	−5.2	−24.5	−44.5	−46.8
• GDP디플레이터	3.7	2.4	2.7	2.3	1.8	2.8	0.8	0.6
• 소비자물가 상승률	2.4	2.9	3.0	3.3	3.0	2.0	1.3	−1.7
• 근원인플레이션율	2.6	3.0	2.9	3.3	3.0	2.9	1.8	0.3

주: 1) 2018년 연쇄가격기준 2) GDP 성장률에 대한 기여도(% Point) 3) ( )안은 전기대비 증감률
자료: 한국은행 홍콩주재원 동향분석(2020.11.17.)

3) 홍콩의 무역 구조 특성

인구 750만명의 홍콩은 자체 제조업 생산 인프라가 거의 전무한 상태이다. 따라서 홍콩의 교역 구조는 전적으로 중국대륙에서 상품을 수입하여, 이를 다시 재수출(환적수출. Re-Export)하는 구조를 띠고 있다.

2015년부터 2019년까지 홍콩의 전체 수출 중 재수출(환적수출) 비중은 98.7% 이상을 유지하고 있으며, 이에 따라 홍콩 자체 생산 수출 비중은 1.2% 미만 수준이다. 그 결과, 홍콩의 상품무역수지는 5천억 홍콩 달러 내외의 적자를 시현하고 있으나, 자유무역 중계항의 기능을 수행하고 있는 홍콩은 무역수지 보다는 재수출(환적수출)에 따른 중계 수익, 항만 인프라 이용료, 무역·통관 서비스 수수료 등으로 수익을 올리고 있다. 따라서 홍콩 무역의 경우, 무역수지 보다는 전체 교역액의 규모가 늘어날수록 무역 수익이 증대하고 있다.

[표 9-15] 홍콩의 상품무역 추이 및 구조

(단위: 백만HKD, %)

	수입액	홍콩 자체생산 수출		재수출(환적수출)		전체 수출액	상품무역 수지	교역액
		수출액	전체 수출중 비중	수출액	전체 수출중 비중			
2015	4,046,420	46,861	1.3%	3,558,418	98.7%	3,605,279	-441,141	7,651,699
2016	4,008,384	42,875	1.2%	3,545,372	98.8%	3,588,247	-420,137	7,596,631
2017	4,357,004	43,455	1.1%	3,832,443	98.9%	3,875,898	-481,106	8,232,902
2018	4,721,399	46,294	1.1%	4,111,812	98.9%	4,158,106	-563,293	8,879,505
2019	4,415,440	47,751	1.2%	3,940,935	98.8%	3,988,685	-426,755	8,404,126

자료: 홍콩 정부통계처 www.censtatd.gov.hk (검색일자: 2021.1)

[표 9-16] 홍콩의 주요 교역국 (2019년)

(단위:US $)

NO	수출 상위 10개국		수입 상위 10개국	
	국가명	금액($)	국가명	금액($)
1	중화인민공화국	296,069,012,681	중화인민공화국	264,601,838,140
2	미국	39,186,147,243	Other Asia, nes	42,305,264,183
3	인도	15,897,266,657	싱가포르	38,070,985,253
4	일본	15,476,328,145	일본	34,203,235,065
5	Other Asia, nes	11,630,000,806	대한민국	28,956,376,749
6	싱가포르	10,823,507,988	미국	27,848,010,831
7	타이	10,512,588,758	말레이시아	20,851,823,156
8	베트남	10,286,512,553	타이	11,694,697,275
9	독일	8,959,367,206	스위스	10,563,900,379
10	네덜란드	8,826,037,832	인도	10,445,605,531

자료: 홍콩무역발전국, KOTRA 해외시장정보 (2021.1.11)

4) 홍콩 경제의 추이

1997년 주권 반환 이후 홍콩경제는 아시아 외환위기, 사스(SARS) 충격 등의 악재가 있었으나, 전반적으로 중국경제가 고속성장하는 과정에서 중국 투자와 수출입의 관문 역할을 하며 과실을 얻은 것으로 평가된다. 1997년 주권 반환 직후 해외이민 및 자본유출이 증가하고, 아시아 외환위기 사태까지 겹치며 1998년(경제성장률 -5.3%)을 정점으로 경기침체 구간에 진입하였다가 이후 점진적 회복기를 거쳤다. 2003년 상반기에도 급성호흡기증후군(SARS)의 발발로 홍콩경제가 일시적으로 크게 둔화(2003.2/4분기 성장률 -0.5%)된 바 있다. 2003년 6월에는 중국과의 경제협력동반자협정(CEPA; Closer Economic Partnership Arrangement) 체결을 계기로 중국 본토 관광객이 증가하고, 홍콩 금융기관의 위안화 업무취급이 허용되며 경기회복세에 진입했다. (2003년도 경제성장률 : 3.2%). 2004~2007년 기간은 세계 주요 경제권과의 활발한 교역에 따른 수출 증대, 서비스산업 발전, 중국과의 협력강화 등 모멘텀에 힘입어 6~8% 경제성장을 시현한 바 있다.

[표 9-17] 2019년 홍콩의 주요 통계

일반현황	- GDP: 3,674억 US$. 경제성장률 : -1.2% - 1인당 GDP: 48,940 US$. 소비자물가상승률 : 2.9% . 실업률 : 2.9% 외환보유고: 4,413억 US$ (19년말 기준) - 정부 공공수입: 5,673억 HK$ (전년대비 19.1% 증가) · 정부 공공지출: 6,114억 HK$ (전년대비 17.6% 증가) · 재정적자: 378억 HK$ (※정부채권 발행 63억 HK$ 별도) 산업구조: 서비스산업 93.1%, 건설 4.5%, 제조업 1.0%
대외경제	- 수출입 총액: 1조775억 US$ (전년대비 5.4% 감소) · 수출: 5,114억 US$ (전년대비 4.1% 감소) · 수입: 5,661억 US$ (전년대비 6.5% 감소) - 주요수출 대상지역 · 중국본토(비중 55.4%), EU(9.0%), ASEAN(7.8%), 미국(7.6%), 인도(3.0), 일본(3.0%) 등 - 주요수출 품목 · 전자제품(전체대비 비중 68.3%), 의류(2.4%), 식품(1.7%), 시계(1.6%), 보석류(1.6%), 원단(1.3%), 완구(0.9%) 등
금융분야 주요통계	- 세계 100대 은행 중 70개 은행 진출(로컬 포함 총 200개 은행이 영업 중) 외환시장 일평균 거래량: 6,321억 US$(세계 4위) 주식시장 시가총액: 2.99조 US$(세계 6위) 상장기업 수: 2,315개 / 외국기업 지역본부: 1,530개 역외 위안화 예금규모: RMB 6,150억 위안(세계 1위)

자료: 주홍콩 대한민국총영사관 (http://overseas.mofa.go.kr/hk-ko) [검색일: 2021.1.11.]

2008년부터는 글로벌 금융위기 영향으로 경기침체를 경험하였으나 2009년 하반기 이후 회복세를 시현, 하지만 중국 경제의 성장률 하락과 대내외 악재 발생으로 2019년에는 마이너스 성장을 기록했다. 글로벌 금융위기로 2008-09년 파산기업이 급증(2008.9월에만 1,152개 기업 파산)하고 실업률 증가와 부동산 시세 급락을 경험했다. 2010년, 2011년 각각 7.0%, 5.0%의 성장을 기록하는 등 중국 경제의 급성장과 함께 홍콩 경제도 다시 활력을 얻었으나, 2012년 상반기 유로존 위기로 인한 세계적인 경기침체의 영향으로 성장 둔화되었다. 특히 동 시기 홍콩의 계층간 빈부격차는 최고 수준에 달해 홍콩사회의 불안정 요인으로 작용(지니계수:2001(0.525) → 2011(0.537) → 2016(0.539))하고 있다.

2010년 이후 미국의 경기 회복속도 둔화, 중국의 경제성장률 하락 등의 대외요인에 따라 홍콩의 경제도 저성장 국면으로 진입했다. 2018년 미중 무역분쟁, 2019년 시위 사태, 2020년 코로나-19가 연이어 발생했고, 대외·대내 수요의 동반 감소로 2020년 1/4분기 성장률은 -8.9% 기록 → 2019년 3/4분기 이후 세 분기 연속 마이너스 성장률 시현으로 침체를 경험한 바 있다.

5) 홍콩 경제 특징

첫 번째 홍콩 경제의 특징은 철저한 자유시장 경제체제라는 점을 들 수 있다. 시장질서에 기초한 무역·금융 등 서비스산업이 고도로 발달해 있으며, 민간기업의 경제활동 자유 및 외환의 자유이동이 보장되어 있다. 실제 미국 헤리티지재단이 매년 평가하는 '경제자유도 지표(Index of Economic Freedom)'에서 홍콩은 26년간(1994~2019) 연속 1위를 차지한 바 있다. 2020년에는 싱가포르에게 1위 자리를 내주었다.

둘째는 단순하고 낮은 세율의 조세 체계를 들 수 있다. 홍콩에는 부가가치세, 관세가 없고, 금융소득(이자, 배당, 양도소득), 증여소득에 대해서도 비과세이다. 세관에서는 알콜농도 30% 이상의 주류, 담배, 연료유, 메틸알콜 등 4개 품목의 수입·생산에만 물품세(excise tax, 貨物稅)를 부과하며, 정책상 관리필요 품목 및 마약 등 수출입 금지품목만 엄격관리하고 있따. 또한 홍콩은 내외국인 및 내외국기업 구별 없이 홍콩에서 발생한 소득에 대해서만 조세 부과한다. 따라서 홍콩에 상주하는 기업·개인이라 하더라도, 외국·외부에서 발생한 소득에 대해서는 과세하지 않는다. 이는 수 많은 다국적기업의 아시아 본사, 해외투자은행 등이 홍콩을 찾는 이유 중 하나이다.

홍콩의 3대 세목(稅目)은 이윤세, 급여소득세, 인지세로서, 2018~ 2019 회계년도 3대 세목의 합계가 전체 세수의 50%를 차지하고 있다. 이윤세(Profits tax, 利得稅)는 우리의 법인세에 해당하며, 법인은 16.5%, 비법인은 15% 부과 된다. 급여소득세(Salary tax, 薪俸稅)는 급여소득 수준에 따라 2%~17%의 누진세율이 적용되나, 고소득자는 소득에 관계없이 표준세율(15%) 선택 이 가능하다. 인지세(Stamp duty, 印花稅)는 주식 거래 또는 부동산 거래/임대 시 부과된다. 부동산세(Property tax, 物業稅)는 부동산을 임대할 경우 임대수입에서 부동산을 유지하는 비용 20%를 제외한 금액에 대해 15% 부과한다. 이외에도 도박세(Betting duty, 博彩稅. 경마·복권에 부과)가 있다. 홍콩의 2018.4~2019.3 회계년도 전체 세수(稅收) 규모는 HKD 6,045억달러 수준이다.

세 번째 특징은 3차 산업 위주의 산업구조와 높은 대외의존도를 꼽을 수 있다. 1970년대말 중국의 개혁개방으로 인해 주요 제조기반이 중국 본토로 이전했고, 그에 따라 서비스산업 비중이 93.1%('19년 기준)에 달하는 구조로 변모했다. 즉, 금융·보험·부동산·전문서비스업(30.2%), 수출입 및 도소매유통업(21.4%), 공공행정서비스 등(18.2%), 운수·창고·우편·배송서비스업(5.8%) 등이 전체 GDP에서 76%를 차지하고 있으며, 건설업(4.6%), 제조업(1.0%) 등이 차지하는 비중은 미미한 수준이다.

홍콩 정부는 2009년부터 6대 전략산업 지정하여 적극 지원하고 있다. 6대 전략산업은 ①문화·창의산업, ②의료산업, ③교육산업, ④혁신기술산업, ⑤검·인증산업, ⑥환경보호산업 등이다. 홍콩의 상품 교역량은 GDP의 305% 수준(수출 144%, 수입 161%)으로 높은 대외의존도를 보이고 있다. 2019년도 수출액은 미화 5,114억달러, 수입은 5,661억 달러였다. 수입총액 5,114억U$

중 약 88.8%를 홍콩을 경유하여 제3국으로 수출하는 중계 무역이 차지하고 있다. 홍콩의 중계무역 비중은 1970년대 30% ⇒ 1980년대 40% ⇒ 1990년대 85% ⇒ 2019년 88.8% 로 크게 높아져 왔다.

네 번째 홍콩의 특징은 아시아의 국제금융중심이라는 점이다. 홍콩은 뉴욕, 런던에 이은 세계 3대 국제금융중심지 지위를 보유하고 있고, 對중국 투자를 위한 국제자금조달센터 역할도 담당하고 있다. 2019년말 기준 200개 은행이 홍콩에서 은행업을 영위하며, 세계 100대 은행 중 70개 은행이 홍콩에 진출하고 있다. 외환시장의 일평균거래량은 US$ 6,321억 달러(2019.4)로 세계 4위 수준이며, 주식시장 시가총액은 US$ 4.89조달러(2019년말)로 세계 6위 수준이다. 2004년부터는 중국정부의 지원 하에 역외 위안화 센터 육성을 추진하여, 현재 세계 최대 규모의 위안화 풀을 보유하고 있으며, 위안화 대출·자산관리 센터로 지속 발전하고 있다. 최근에는 중국정부의 적극적인 지원을 바탕으로 역외 위안화 중심으로서의 입지를 굳히고 있다. 2019년말 기준 위안화 예금규모 RMB 6,322억 위안 수준이다.

[그림 9-2] 웨강아오 대만구 위치도

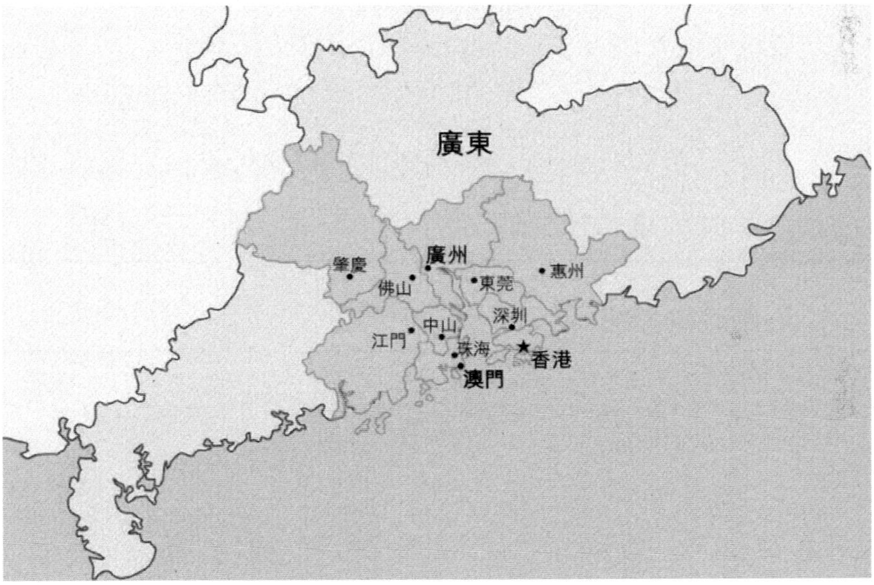

자료: 광동성 정부 홈 페이지 (www.gd.gov.cn) [검색일: 2019.1.4.]

다섯째, 홍콩은 국제 비즈니스의 중심지이다. 2008년 글로벌 금융위기로 홍콩 내 외국기업의 활동이 다소 주춤했으나, 2010년 이후 외국기업의 홍콩지사 설립규모는 다시 증가하고 있다. 현재 홍콩 내 아시아지역본부(2019년말)는 1,541개사이다.

여섯째, 홍콩은 중국 본토와의 경제 통합을 가속화 하고 있다. 홍콩은 중국과 경제협력동반자협정(CEPA) 및 보충협의 체결, 웨강아오 대만구(大灣區) 개발계획 참여 등 중국 본토와의 경제통합을 가속화하는 추세이다. 2003년 6월에 중-홍콩 간 경제협력동반자협정(CEPA, Closer Economic Partnership Arrangement)을 체결하고, 매년 보충협정을 통해 경제 자유화의 범위와 폭을 확대해 왔다. 상품, 서비스 시장 개방에 초첨이 맞춰진 FTA와 달리 CEPA는 투자 증진, 경제·산업 협력 등 경제적 유대관계를 포함하고 있다.

웨강아오 대만구 발전계획은 홍콩이 가진 자유개방 경제체제에 광둥성의 개혁개방 경험을 더해 세계적 만구(灣區. Bay) 경제권으로 육성한다는 전략이다. 웨강아오 대만구는 기존 지역차원에서 추진되었던 주강삼각주(Pearl River Delta) 개발계획이 2017년 3월 이후 중앙정부 차원의 발전계획으로 업그레이드 된 것이다. 홍콩은 마카오, 광저우, 선전과 함께 지역발전의 주축인 '4개 중심도시'에 포함, 중앙정부로부터 향후 대만구 내 나머지 7개 도시의 발전을 견인하는 역할을 부여 받았다. 웨강아오 대만구 개발계획에서 홍콩의 역할은 역외 위안화업무 허브, 국제적 자산관리센터 기능, 국제법률 및 분쟁해결(중재)서비스 기능 등에 관련한 서비스 제공 및 역량 강화이다. 이와 관련하여, 홍콩에는 최근 주요 교통 인프라가 속속 개통되었는데, 2018년 10월 홍콩·마카오·광둥성 주하이를 연결하는 총연장 55㎞의 강주아오대교(港珠澳大桥)가 개통되었다. 또한 2018년 9월에는 광저우-선전-홍콩을 연결하는 광선강(广深港) 고속철도도 개통 되었다.

이외에도 홍콩의 대외교역에서 중국이 차지하는 비율이 매년 50%에 육박하며, 중국의 대홍콩 해외직접투자(FDI) 규모는 US$ 4,968억(2018년말 기준)으로 버진아일랜드 다음 2위를 차지하고 있다.

[표 9-18] 중국이 홍콩의 대외무역에서 차지하는 비중 추이

년 도	2013년	2014년	2015년	2016년	2017년	2018년	2019년
비 율	50.2%	51.1%	52%	59%	58%	56.2%	55.5%

주: 기타국가 비율은 EU 9%, 미국 7.6%, ASEAN 8%, 일본 6.4%, 대만 4.6%, 한국 2.7% 수준임.
자료: 주홍콩 대한민국총영사관 (http://overseas.mofa.go.kr/hk-ko) [검색일: 2021.1.11.]

6) 강주아오 대교 완공

웨강아오 대만구는 가운데 바다를 끼고 동안(동관, 선전, 홍콩)과 서안(포산, 중산, 장먼, 주하이, 마카오)으로 나누어진 형태이다. 따라서 이들 지역 통합화의 가장 큰 걸림돌은 동과 서를 하나로 연결하는 교통·물류망 인프라며, 그 중심에 해상교량이 있다.

2009년 12월 15일 착공된 홍콩(香港)-주하이(珠海)-아오먼(澳門·마카오)을 Y자로 연결하는 세계 최장의 해상대교인 강주아오(港珠澳) 대교가 9년간의 공기를 마치고 2018년 10월 23일 개통되었다. 교량 총길이는 36.5㎞(주하이 해상교량 22.9㎞, 해저터널 6.7㎞, 홍콩 해상교량 6㎞)이며, 전구간 왕복 6차선으로, 최고시속 100㎞ 수준의 고속화 도로로 건설되었다. 웨강아오 대만

구 조성에 필요한 가장 중추적인 교통망이 완성된 것이다.

강주아오 대교 개통으로 광동·홍콩·마카오 지역간 경제통합을 가속화하는 변화들이 지속적으로 발생하고 있다. 실제 홍콩–마카오–주하이 간 통행차량들에 대해 입출경 수속을 자유화(혹 간소화)하고, 이를 3곳 주민들에게까지 확대하자는 구상도 등장한 바 있다. 2018년 10월 24일부터 2019년 1월 31일까지 3개월간 강주아오 대교를 통한 입출경 인원은 316만명에 달했다. 2018년 12월 한 달 입출경 인원은 119만명으로 같은 달 마카오 입출경 전체 인원 수의 7%를 점유한 바 있다.294)

강주아오 대교의 개통으로 주강삼각주 서남지역(중산, 장먼, 주하이)에서 홍콩까지 이동시간이 기존 배편 3시간 내외에서 육로 30분–1시간으로 대폭 단축 되었다. 강주아오 대교 개통으로 주강삼각주 서남지역의 생산기지로의 활용가치가 제고되어 투자 및 인프라 건설의 증가가 예상되며, 이는 동남지역(선전, 동관)과의 격차를 해소할 수 있을 것으로 기대하고 있다. 서남지역 활성화로 홍콩항의 물동량이 증가할 뿐 아니라 홍콩의 관광자원과 마카오의 카지노 산업, 주하이의 테마파크 등이 하나의 여행권으로 통합되어 시너지 효과를 창출할 전망이다.

[그림 9-3] 강주아오대교 위치도

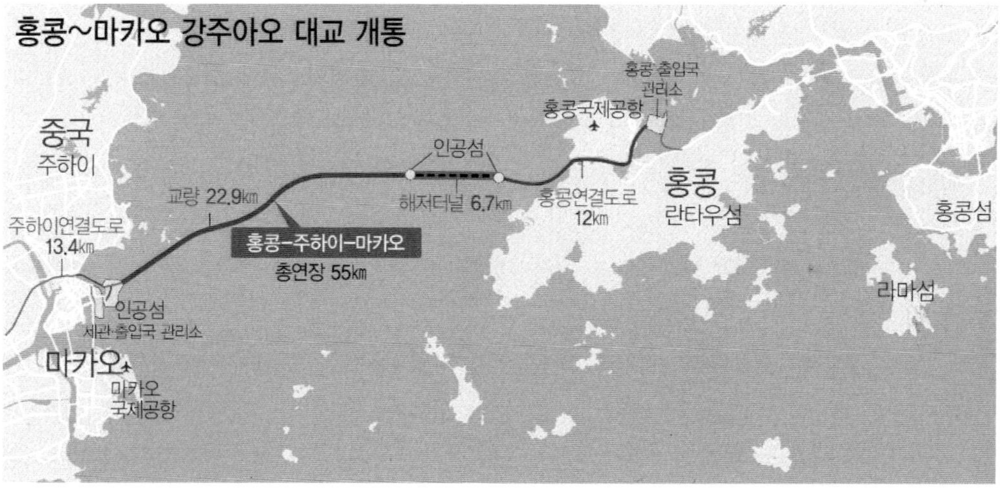

자료: 中新網 (2014.1.20.)

294) 강주아오대교 관리국 홈 페이지(www.hzmb.org) [검색일자: 2019.2.13.]

4. 중국-홍콩 CEPA

1) 개요

중국정부는 영국과 포르투갈에서 각각 주권이 반환된 홍콩(1997년 7월 1일)과 마카오(1999년 12월 20일)에 대해 '특별행정구(Special Administrative Region)'라는 독특한 지위를 부여했다. 특별행정구는 중국 본토와는 다른 체제, 즉 '1국가 2체제'(一国两制)를 의미한다. 동시에 홍콩인과 마카오인에 의한 통치 원칙 등 고도의 자치제가 유지되는 독특한 체제라고 할 수 있다.

국제적인 관심 속에 일국양제를 반드시 성공적으로 정착시켜야 하는 당면과제를 안고 있는 중국정부로서는 홍콩 및 마카오 경제의 지속적인 성장이 매우 중요할 것이다. 이에 중국정부는 최근 홍콩과 마카오에 대한 각종 지원 정책을 내놓고 있다. 특히 국제적인 금융, 비즈니스 및 물류의 중심지인 홍콩에 대한 중국정부의 지원 정책은 더욱 가속화하여 추진될 것으로 보인다.

그 중에서도 특히 중국-홍콩 및 중국-마카오 간에 체결된 '포괄적 경제동반자협정(CEPA; Closer Economic and Partnership Arrangement)'을 통해 더욱 적극적인 지원을 추진하고 있다. 반환직후 침체되었던 홍콩·마카오 경제를 살리기 위해 중국정부는 홍콩·마카오와 각각 CEPA를 체결함으로써 이들과의 경제적인 통합을 적극적으로 추진하고 있는 것이다.

이는 중국정부가 추진 중인 신(新)통상외교전략의 핵심인 지역무역협정(RTA: Regional Trade Agreement)의 측면에서 이루어지고 있다고 볼 수 있다. 중국 상무부 정책연구실은 2005년 7월 '지역경제협력 참여 전략'을 내용으로 하는 연구보고서를 발표하였다. 동 보고서에서 중국정부는 자유무역지대(Free Trade Area)를 중심으로 한 전 세계적인 지역협력체제에 적극 참여한다고 강조하였다. 또한, "주변국과의 협력, 시장개척, 주요 채널확보, 주요 자원·에너지 확보(面向大周边, 面向大市场, 面向主要门户和通道, 面向重要资源和能源)"의 원칙에 따라 전 세계적인 통상협력을 강화해야 한다고 밝히고 있다.

특히 동 보고서는 중국정부가 종합적인 고려를 통해 다차원적인 지역경제협력 네트워크를 안정적으로 구축해야 한다고 강조하고 있다. 동 보고서에서 밝히고 있는 구체적인 지역별 경제협력방안 가운데 홍콩·마카오와 관련된 사항은 다음과 같다. ASEAN과의 지역경제협력을 가속화하여 이를 중심으로 중국이 주도하는 아시아경제와의 전반적인 협력관계를 위한 환경을 마련한다. 특히, 2010년에는 미주 및 유럽지역과 대등한 동북아 중심의 지역경제협력지대를 형성한다. 또한, 홍콩, 마카오와의 보다 긴밀한 경제협력을 구축함으로써 '하나의 중국' 원칙을 제고한다. 우선적으로 중국-홍콩·마카오 등 '3개 경제권의 통일'을 실현하고, 이어서 중국과 대만간의 협력 방식 및 채널을 검토한다"고 하였다. 이처럼 중국-홍콩 및 마카오 간의 CEPA는 중국정부의 ≪지역경제협력 참여 전략≫의 측면에서 추진되고 있는 것이다.

한편, 중국정부는 다수의 FTA 체결 및 추진과정에도 불구하고 정부조달시장은 전혀 개방하지 않고 있다. 현재 중국정부는 WTO 정부조달협정(GPA: Agreement on Government Procurement) 가입협상을 진행 중인 상태이다. 그러나 중국이 이미 체결한 FTA에서 정부조달시장의 개방에 대한 실질적인 언급은 거의 전무한 상태이다. 중국은 이미 체결한 일부 FTA 협정에서 '정부조달'이라는 용어를 적시하고 있으나, 시장개방과 관련한 어떠한 구체적인 내용도 기술되어 있지 않고 향후 관련메커니즘의 설립을 장려하고 촉진한다는 간단한 기술만을 언급하고 있을 뿐이다.

다만, 중국-홍콩 CEPA-Ⅶ에서 주요 선행시험조치로서 홍콩기업의 중국내 공공설비 참여를 기술하고 있다. 즉 홍콩기업이 광동성 지역내 인구 100만 명 미만의 도시에서 도시가스망을 건설하고 운영할 경우 지분제한을 철폐한다고 하였다. 이처럼 중국정부는 홍콩에 대해서는 여타 지역무역협정 국가들과는 다른 특혜조치를 허용하고 있는 것이다.[295]

2) 중국-홍콩 CEPA 체결 배경

외교안보적 이해관계와 경제적 효과가 동시에 고려된 FTA사례로는 홍콩·마카오와의 CEPA를 들 수 있다. 중국이 FTA와 유사하지만 그 범위는 더 넓은 CEPA(Closer Economic Partnership Arrangement)을 홍콩·마카오와 체결했다. CEPA와 FTA의 가장 큰 차이는 CEPA가 대폭적인 서비스 무역개방을 포함하고 있다는 점이다. 중국이 홍콩과 CEPA를 체결한 1차적인 이유는 경제적 효과 때문이다. 즉 중국은 WTO가입이후 시장개방을 확대해야만 하는 처지에서, 중국은 시장개방에 따른 부작용을 최소화 하기위한 일환으로 시장개방 적응기를 설정하고 CEPA를 통해 홍콩을 파트너로 삼은 것이다. 중국은 서비스시장의 경쟁력이 매우 낮은 반면 홍콩은 서비스산업에서 경쟁력을 지니고 있기 때문에 최고의 협력파트너가 될 수 있다. 그러나 경제적 효과는 CEPA 체결의 일부분일 뿐 정치(외교)적인 맥락을 간과할 수 없다.

홍콩은 중국이 주창해 온 '일국양제(一國兩制)'의 시험대였음에도 불구하고 1997년 중국 반환 이후 홍콩경제는 심각한 디플레이션에 시달리는 가운데 중국에 대한 의존도는 더욱 심해지고 있었고, 이러한 경제의존심화와 자생력 상실은 '일국양제'에 대한 반감만을 가져왔다. 따라서 CEPA는 중국이 '일국양제'에 대한 의구심을 해소하기 위해 홍콩경제의 돌파구를 중국이 제공하려는 의도가 기저에 깔려있다.

CEPA는 3단계로 나누어진다. 1단계의 경우 일반무역과 관련하여 2004년 1월 1일부터 홍콩의 대중국 대륙 수출품 273종에 대해 무관세를 적용하고 서비스무역과 관련하여 자본 통신, 법률, 회계 등 16개 영역을 개방하며, 투자 합리화를 위해 투명화·표준화를 통해 무역 및 투자의 합리화를 추진한다. 2단계의 경우, 일반무역 분야에서 2005년 1월 1일부터 홍콩의 대중국대륙 무관세수출품을 713종으로 늘리고, 서비스무역에서 법률, 회계 등 11개 영역에 대한 홍콩기업의 시장가입허

295) 서창배(2011), 중-홍콩/마카오 CEPA의 경제적 효과, 「중국학」 제40집, 389-414쪽.

가조건을 더욱 완화한다. 3단계는 2005년 10월 체결한 보충협의로 일반무역분야에서 홍콩의 대중국대륙 무관세 수출품목을 1,369종으로 확대하고, 서비스무역과 관련하여 기존 10개 품목 진입조건을 더욱 완화하는 동시에 개방 영역을 23개로 확대했다.[296]

3) 중-홍콩 CEPA 주요 내용

홍콩경제는 '중국 속의 홍콩'이라는 대전제 하에 중국과의 경제통합을 더욱 가속화하고 있다. 중국과 홍콩은 2003년 6월 29일 CEPA와 같은 해 9월 29일 CEPA 부속서를 체결하였다. 그 후, 2004년 10월 10일부터 2010년 5월 27일까지 총 7차례에 걸쳐 서비스시장 개방을 중심으로 한 CEPA 보충협정(Supplementary Agreement)을 체결하였다.

중-홍콩 CEPA의 상품무역 관세철폐는 CEPA 2차 보충협정(CEPA-Ⅱ)에서 완결되어 모든 홍콩산 상품에 대해 무관세가 실현되었다. 즉 상품무역에 있어서 CEPA-Ⅱ가 발효된 2006년부터는 홍콩을 원산지로 하는 모든 대(對) 중국 수출품에 대하여 관세가 철폐되었다. 그 후, 보충협정에서는 서비스부문과 무역투자 원활화 조치에 대한 시장개방이 주로 다루어지고 있다. 이처럼 중국은 홍콩에게 더욱 폭넓은 서비스시장 개방과 인력이동 수준을 보장해 줌으로써 CEPA는 중국이 체결한 어떠한 무역자유화협정보다도 높은 수준의 서비스시장 개방을 보장하고 있다. 중-홍콩 CEPA의 보충협정별 주요 내용을 서비스시장 개방을 중심으로 살펴보면 다음과 같다.

2003년 6월 29일 체결된 CEPA는 6장 23조로 구성되어 있다. 주요 내용은 일국양제에 의거한 실시, WTO 협정에의 부합, 안정적이고 지속적인 공동 발전 및 번영 등 CEPA의 전반적인 원칙 및 사항들을 적시하고 있다. 특히 동 협정 제2조에서는 쉬운 것을 우선적으로 실시하고 어려운 부분을 나중에 추진한다는 원칙을 제시함으로써 추가적인 보충협정 체결을 처음부터 고려했다.

그 후, 1차 보충협정(CEPA-Ⅰ)은 2004년 10월 27일 체결되었으며, 총 18개 분야의 서비스시장 개방에 합의하였다. 대상 분야는 법률, 회계, 의료, 시청각, 건축, 다단계 판매(分销), 은행, 증권, 운송, 화물대행, 특허대리, 상표권대리, 공항서비스, 문화오락, 정보기술(IT: Information Technology), 직업소개, 인력중개, 전문 자격증시험 등을 중심으로 이루어졌다.

2005년 10월 18일 체결된 2차 보충협정(CEPA-Ⅱ)에서는 법률, 회계, 시청각, 건축, 다단계 판매, 은행, 관광, 운송, 자영업 등에 대한 추가 및 확대된 중국시장 개방에 합의하였다. 또한, 중국내 증권회사 및 선물회사(期货公司)의 홍콩내 지점 설립 등 금융 부문의 협력에 합의하였다. 3차 보충협정(CEPA-Ⅲ)에서는 법률, 건축, 정보기술, 컨벤션, 시청각, 다단계 판매, 관광, 운송, 자영업 등에 대한 중국 서비스시장의 개방을 확대하였다.

한편, 중-홍콩 간의 4차 보충협정(CEPA-Ⅳ)부터는 중국의 서비스시장이 더욱 확대되어 추가

296) 송민근(2007), CEPA가 범주강삼각주지역 무역·투자에 미치는 영향,「월간한중」인천발전연구원 (2007-4-1호), 2-4쪽.

개방되었다. 중국과 홍콩은 CEPA-Ⅳ을 통해 28개 서비스분야의 시장개방 추가 및 확대를 합의하였다. 그 중, 신규 개방된 분야는 11개 분야이고 기존 17개 분야는 확대 개방되었다. 주요 대상분야는 법률, 의료, 컴퓨터 및 관련서비스, 부동산, 시장조사연구 및 경영자문서비스, 공공사업, 인력중개, 건물청소, 촬영, 인쇄, 번역 및 통역, 컨벤션, 통신, 시청각, 다단계 판매, 환경, 보험, 은행, 증권, 사회서비스, 관광, 문화오락, 스포츠, 해운, 항공운송, 내륙운송, 자영업 등이다.

2008년 7월 체결된 5차 보충협정(CEPA-Ⅴ)에서는 총 17개 서비스분야에 대한 추가 및 확대된 시장개방이 합의되었다. 그 중, 광산관련 서비스, 과학기술관련 자문서비스 등 2개 분야가 신규 개방되었다. 2009년 5월 체결된 6차 보충협정(CEPA-Ⅵ)에서 중국은 연구·개발(R&D), 철도운송 등 2개 신규 개방분야를 비롯하여 총 20개 서비스시장분야를 확대 개방하였다. 가장 최근에 체결된 7차 보충협정(CEPA-Ⅶ)은 기술인증 및 제품인증(技术检验分析与货物检验), 전문디자인(专业设计) 등 신규 개방분야를 비롯하여 총 14개 서비스시장을 확대 개방하였다. 이로써 중국정부는 중-홍콩 CEPA 및 보충협정(Ⅰ~Ⅶ)을 통해 지금까지 총 44개 서비스산업을 개방하였다.

4) 홍콩의 CEPA에 따른 경제적 효과

1997년 홍콩의 중국 반환을 전후한 홍콩인들의 해외이민과 자본유출의 증가로 인해 홍콩경제는 극도로 위축되기 시작했다. 특히 전체산업의 92.3%를 차지할 정도로 서비스산업 비중이 높은 홍콩의 산업구조를 놓고 볼 때 대내외적인 불안 요인은 홍콩경제에 부정적으로 작용했다. 더욱이 반환직후인 1998년 아시아지역에 금융위기가 발생함으로써 홍콩경제를 더욱 위축시켰다. 그 해 홍콩경제는 전년대비 11.1% 포인트나 크게 하락한 -6.0%의 마이너스 성장률을 기록하였다. 그 후, 홍콩경제는 2000년 들어 8.0%라는 큰 폭의 경제성장률을 기록한 것을 제외하고 2001년 0.5%, 2002년 1.8%, 2003년 3.0% 등 비교적 낮은 성장률을 기록하였다.

이를 현지 화폐, 즉 홍콩달러를 기준으로 하면 홍콩경제의 성장률 감소 추세는 더욱 심각한 상태였다. 1998년 홍콩경제는 전년대비 16.3% 포인트나 크게 하락한 -5.3%의 마이너스 성장률을 기록하였고 1999년에도 -2.0%를 기록하였다. 그 후, 홍콩경제는 2000년(4.0%) 한 해를 제외하고 2001년 -1.4%, 2002년 -1.7%, 2003년 -3.3% 등 연속적인 마이너스(-) 성장을 기록하였다.

이를 놓고, 선전, 광저우, 주하이 등 중국 남부연해지역의 경제발전이 오히려 홍콩경제를 위축시키고, 이는 다시 남부연해지역의 경제위축을 야기하는 부메랑 효과가 될 것이라는 우려가 제기되었다. 이에 중국정부는 홍콩경제의 부흥이 중국 본토의 경제성장에 도움이 된다는 생각에 홍콩에 대한 지원과 경제적 부흥을 위해 노력하기 시작한 것으로 풀이된다.

2004년 1월 1일 중-홍콩 CEPA의 발효로 시작된 중국과 홍콩경제의 통합은 홍콩경제의 회복 및 발전에 큰 영향을 미치고 있다. 이와 관련, 홍콩정부는 중·홍콩 CEPA 및 보충협정(Ⅰ~Ⅶ)에 따른 상품 및 서비스무역자유화와 개인관광방문(IVS; Individual Visit Scheme) 홍콩경제에 미친 연구결과를 2005년, 2007년 그리고 2010년 각각 발표하였다. 이를 중심으로 중국과의 CEPA가 홍콩경제에 미친 영향을 살펴보면 다음과 같다.

첫째, 홍콩은 포괄적 경제동반자협정(CEPA 및 보충협정Ⅰ~Ⅶ)을 통해 중국과의 협력을 더욱 확대·강화하고 있다. 특히 상품무역의 경우, 홍콩을 원산지로 하는 모든 對中수출품의 관세가 2006년부터 철폐됨으로써 양자간 무역이 더욱 활발해지게 되었다. 2011년 11월 30일까지 누계기준으로 CEPA 체결에 따른 홍콩 원산지 승인을 신청한 품목의 수는 총 78,609개 품목이며, 그 중 승인된 품목의 수는 총 76,730개 품목에 이르고 있다.

또한 2011년부터는 중-홍콩 CEPA 및 보충협정에 따라 중국의 서비스시장 개방분야가 44개로 확대됨에 따라 홍콩기업들의 對中 비즈니스가 더욱 활발히 이루어지고 있다. 2011년 11월 30일 현재까지 홍콩의 서비스공급업체의 승인 신청건수는 총 1,610건이며, 그 중 승인된 건수는 1,559건을 기록하였다. 이처럼 CEPA를 활용하여 홍콩의 서비스공급업체들이 얻은 영업수입은 2007~2009년 누계기준으로 55.1억 홍콩달러에 달하며, 이는 전체 중국관련 비즈니스 영업수입의 95.4%를 차지하고 있다.

이에 따라, 홍콩기업이 CEPA를 활용하여 이익을 본 對中사업의 영업수입액은 CEPA 체결 초기인 2004년 15.82억 홍콩달러, 2005년 33.23억 홍콩달러, 2006년 41.78억 달러에 불과하였으나 이후 급증가하여 100억 홍콩달러 이상을 계속해서 기록 중이다. 2004~2009년까지 홍콩계 기업이 CEPA를 활용하여 이익을 본 對中사업의 누계기준 영업수입액은 총 615.89억 홍콩달러를 기록하였으며 이는 지속적으로 증가하고 있다.

둘째, 중-홍콩 CEPA는 홍콩관광산업의 발전에도 기여하고 있다. 개인관광방문을 통해 홍콩을 찾은 중국인의 수는 2004년 426만 명에서 2009년 1,059만 명으로 크게 증가함으로써 2010년 3월 말까지 누계기준으로 총 4,900만 명을 기록하였다. 특히 2009년 4월 1일부터는 선전(深圳) 주민의 홍콩 '복수입국(multiple-entry)' 개인관광제도를 시행함으로써, 2008년보다 40% 상승한 264억 홍콩달러의 관광수입을 유발한 것으로 추정된다. 이에 따라, 2004~2009년 동안 중국 관광객에 의한 누계 소비액은 848억 홍콩달러(약 34억 美달러)에 달하는 것으로 추정된다.

셋째, 홍콩-중국 간의 경제적 긴밀화 및 일체화가 진행됨에 따라 홍콩경제의 중국경제에 대한 의존도도 갈수록 증대되는 추세이다. 특히 중국이 홍콩의 대외무역에서 차지하는 비율은 50%대에 근접할 정도로 크게 확대되고 있다. 2001년(40.3%)과 2002년(41.8%) 40%대 초반에 머물렀으나, 2005년 45.0%를 기록한 이래 2007년에는 48.7%의 최고치를 기록하였다. 이는 홍콩의 다른 주요 교역 상대국들인 미국 8.7%, 일본 7.2%, 대만 4.3%, 싱가포르 4.3%, 한국 2.9% 등과 비교해 볼 때 매우 높은 수치로서 중국에 대한 의존도가 얼마나 높은지를 확연히 알 수 있다. 특히 2008년에는 홍콩-중국간 무역액이 총 3,565억 달러를 기록하였는데, 그 중 홍콩의 對中

수출은 1,756억 달러를 차지했고 97%가 재수출 형태였다. 홍콩의 對中 수입은 1,808억 달러를 기록했다. 또한, 해마다 對中투자국 순위에서 1위를 기록해온 홍콩은 2008년 410억 달러를 중국에 투자하였는바, 이는 중국내 전체 외국인직접투자(FDI)의 43%를 차지하는 높은 수치이다.

넷째, 홍콩의 고용창출 및 외국인투자 유입 효과도 크다. 서비스 시장개방과 개인관광(IVS)에 의한 고용창출 효과는 2009년 말 기준으로 홍콩에 54,700개, 중국에 40,600개의 고용이 창출된 것으로 나타났다. CEPA는 중국과 외국자본의 홍콩 투자유치에도 긍정적 효과를 나타냈다. 2009년 홍콩에 투자한 265개 기업 중 26%에 달하는 70개 기업이 홍콩에 투자를 결정하는 데 CEPA가 주요한 고려요소였다고 응답하였다. 2004년 8월부터 홍콩에 투자하는 중국기업의 투자절차 간소화를 통해 양자간 무역투자가 더욱 활성화되어, 2004년 11월에서 2009년 12월까지 홍콩에 대한 중국 기업의 FDI 승인건수는 2,602건으로 244억 달러에 달한 것으로 나타났다.

다섯째, 홍콩과 IT·전기·전자산업 등 제조업 중심지인 주강삼각주지역간의 경제통합 움직임도 적극적으로 추진 중이다. 주강삼각주 지역은 중국의 개혁·개방 초기부터 경제특구로 지정, 개방되었던 선전을 비롯하여 홍콩–광동성간의 관문으로서 PC·전기제품 등을 제조하는 외자기업들이 다수 진출하여 세계적인 제조업 집적지로서 알려진 둥관(東莞) 등이 소재해있다. 특히 범(汎)주강삼각주 협정을 통해 홍콩을 해당 지역내 중국기업이 국제시장으로 진출하기 위한 기지로서 활용하는 방안을 적극 추진중이다. 남부연해지역은 본격적인 경제통합화에 앞서 광동–홍콩·마카오를 연결하는 교량 건설 등 사회간접자본시설을 확충하기 위해 노력하고 있다.

참고문헌

고영근·김동하(2010), 『중국 상관습과 지역별 비즈니스 환경』, 부산외대출판부.

곽복선·김동하·서창배·김형근·장정재(2014), 『중국경제론(1판)』, 박영사.

김동하(1994), 『북경 보통 사람들의 100가지 이야기』, 국제기업전략연구소.

김동하(1995), 『천안문을 두드리면 중국이 흔들린다』, 진명문화사.

김동하(1996), 『한국 유학생 중국 훔쳐보기』, 매일경제신문사.

김동하(1997), 『중국의 경영전략』, 백산서당.

김동하(1998), 『21세기 중국 경제의 비전』, IBS컨설팅그룹.

김동하 외·한중경제포럼(2001), 『차이나 쇼크』, 매일경제신문사.

김동하 외·포스코경영연구소(2001), 『21세기 중국 철강산업을 집중 조명한다』, 한국철강신문.

김동하(2001), 중국 서부대개발 정책이 한국기업에 주는 시사점, 「중국연구」제27권, pp.487-508.

김동하(2002), 『바이 차이나 2005 마스터플랜』, 시대의창.

김동하(2004), 중국 중산층의 부상과 그 특징 및 규모, 「중국학연구」 제27집, pp.309~324.

김동하 외·서울신문 특별취재팀(2005), 『중국의 미래를 읽는다』, 일빛.

김동하 외·포스코경영연구소(2005), 『중국 철강산업의 오늘과 내일』, 한국철강신문.

김동하(2006), 장쑤철본 사례로 본 중국 거시경제정책 장애 요인, 「한중사회과학연구」 4권 2호, pp.33-51.

김동하(2007), 『중국 거시경제정책과 철강산업』, 한국철강신문사.

김동하(2007), 중국 거시경제정책의 한계성에 관한 연구, 「현대중국연구」 8권2호, pp.95~140.

김동하·최병헌(2007), 신(新)심계법을 통해서 본 중국 심계제도의 특징과 정책적 함의, 「POSRI경영연구」 Vol.7 No.2, 포스코경영연구소, pp.89-110.

김동하(2007), 중국의 중부굴기 정책에 대한 소고, 「국제·지역연구」 16권 3호, pp.93-123.

김동하(2007), 중국 산업별 협회 기능 변화에 관한 연구, 「현대중국연구」 9권 1호, pp.93~137.

김동하(2007), 중앙지방 관계를 통해서 본 중국 철강수급 결정요인, 「중국학연구」 제39집, pp.313~339.

김동하(2008), Analysis and Feasibility of China's Coal Industrial Policy, 「International Area

Studies Review」Vol.11. No.2. pp.153~173.
김동하(2009), 사례를 통해서 본 중국 청산제도의 문제점, 「중국연구」 제47권, pp.327-347.
김동하(2009), 중국의 녹색 GDP 등장과 공무원 고과에 대한 영향, 「중국학연구」 제50집, pp.765~787.
김동하(2009), 중국 근현대 경제사 연구에 대한 소고, 「한중사회과학연구」 제7권 3호, pp.291~310.
김동하(2010), 위안화 국제화에 대한 최근 연구동향, 「China연구」 제9집, pp.335~359.
김동하(2010), 최근 중국의 노동쟁의에 따른 공회의 역할 변화에 관한 연구, 「중국학연구」, 제53집, pp.209-237.
김동하(2010), 중국 사회보험법 제정과 그 정책적 함의, 「중국학」, 제37집, pp.279-300.
김동하·안병국(2010), 중국 사회보장제도 개혁이 기업에 미치는 영향, 「한중사회과학연구」 제8권 3호, pp.25-48.
김동하(2010), 『위안화 경제학』, 한스미디어.
김동하(2011), 『차이나 소프트파워』, 도서출판 무한.
김동하(2011), 중국 사회보장제도 구축에 노동법제가 미친 영향력 연구, 협동연구총서 11-03-25, 경제·인문사회연구회
김동하(2011), 중국 행정 공문의 역할과 기능에 관한 연구, 「한중사회과학연구」 9권 3호, pp.61~88.
김동하(2011), 중국 NGO 현황과 제도 연구, 「중국학」 제40집, pp.479~508.
김동하(2011), 중국 리콜 제도 법제화에 관한 연구, 「중국학연구」 제58집, pp.351~380.
김동하 외(2012), 『부산의 차이나 드라이브 전략』. 한국학술정보.
김동하(2012), 『현대중국경제와 통상제도(1판)』. 부산외대 출판부.
김동하(2012), 중국 사회보장제도의 행정단위별 수립 체계 연구, 「한중사회과학연구」 10권 4호, pp.79~102.
김동하(2012), 중국의 도시간 통합화에 관한 연구, 「중국연구」 56권, pp.3~25.
김동하(2012), 중국 저우추취 정책에서 해외경제무역협력단지 역할에 관한 연구, 「중국학」 제43집, pp.387~416.
김동하(2013), 『마윈』, 성공신화.
김동하(2013), 『차이나 머천트』, 한스미디어.
김동하(2013), 『중국지리의 이해(1판)』, 부산외대 출판부.
김동하(2013), 중국 금융종합개혁실험구 정책 평가, 「국제·지역연구」 22권1호, pp.71~104.
김동하(2013), 중국 경제 선행지표의 유효성에 관한 연구, 「중소연구」 37권1호, pp.167~201.

김동하(2013), 부산의 MICE산업 육성 방안에 관한 연구, 중국학」 제46집, pp.405~430.
김동하 외(2014), 『차이나 인사이트』, 산지니.
김동하 외·성균중국연구소(2014), 『차이나핸드북(개정증보판)』, 김영사.
김동하(2014), 중국 주체기능구 발전전략에 관한 연구, 「현대중국연구」 16집1호, pp.67~108.
김동하·윤세경(2014), 한국 화훼산업의 중국 진출 전략에 관한 연구, 「동북아문화연구」 제40집, pp.261-280.
김동하(2015), 『중화경제권의 이해(1판)』, 부산외대출판부.
김동하(2015), 민영은행 출범이 중국 금융개혁에 미치는 영향, 「중국학연구」 제71집, pp.303~329.
김동하(2015), 홍콩의 센트럴 점령 시위를 통해서 본 일국양제 고찰, 「한중사회과학연구」 13권 4호, pp.1~24.
김동하 (2015), 중국기업의 사회적 책임 제도화 체계 분석 연구, 「경영컨설팅연구」 15권 4호, pp.79~92.
김동하(2016), 소비에트 연방이 중국의 제1차 5개년 계획에 미친 영향 요인에 관한 연구, 「경제사학」 40권 1호, pp.47~74.
김동하(2016), 중국의 3·5계획 및 4·5계획에 미친 비경제적 요인에 관한 연구, 「중소연구」 40권 1호, pp.85~136.
김동하(2017), 『화교 역사·문화 답사기 I』, 마인드탭.
김동하·곽복선(2017), 중국 5·5계획의 편제 과정과 특징에 대한 연구, 「한중사회과학연구」 15권 1호, pp.37~70.
김동하(2017), 중국의 8차 5개년 계획과 사회주의 시장경제와의 연관성연구, 「Journal of China Studies」 20권 1호, pp.31~54쪽.
김동하·곽복선(2017), 중국의 5개년 경제개발 '계획'의 '규획'으로의 변화와 함의에 관한 연구, 「중국지역연구」 4권 1호, pp.109~142.
김동하(2018), 중국의 지능정보사회를 위한 교육분야 규범화에 대한 연구, 「중국학」 62집, pp.243~266.
김동하(2018), 홍콩특별행정구기본법과 신의주특별행정구기본법 비교연구, 「한중관계연구」 제4권 3호, pp.65~99.
김동하·오혜정·이창준·신재은(2019), 『차이나 키워드 100』, 시사중국어사.
김동하(2019), 『현대중국경제사-5개년 경제계획을 중심으로』, 차이나하우스.
김동하(2019), 웨강아오 대만구 정책화 과정과 함의, 「중국학」 66집, pp.347~377.
김동하·곽복선(2019), 웨강아오 대만구 발전규획과 광동·홍콩·마카오 통합 관계성 연구,

「중국지역연구」 6권 1호, pp.79～128.
김동하(2020), 중국 내수시장에 대한 네거티브 리스트 제도 연구, 「중국학」 70집, pp.403~426.
김동하(2020), 거시경제지표를 이용한 중국 서부대개발 정책 평가, 「한중관계연구」 제6권 2호, pp.29~55.
김동하(2021), 19세기 중남미 지역 화교 생성 배경과 특성, 「중국학」 74집, pp.319~343.
김동하(2021), 19세기 미국 내 중국 영사관과 중화회관의 역할에 관한 연구, 「중국지식네트워크」 제17호, pp.143~178.
김동하·김동영·최현구(2021), 중국의 5G 정책 확산에 관한 연구 – 이동통신에서 산업인터넷을 중심으로, 「중국지역연구」 8권 3호, pp.65~96.
김동하(2021), 네덜란드 식민통치 시기 인도네시아 중화회관 역할에 관한 연구, 「중소연구」 45권 2호, pp.95~130.
김부용(2012), 질적 변환기 맞은 중국기업의 해외진출, 친디아저널 2012년 2월호, POSRI
김성옥 외(2013), 『중국통상론』, 도서출판 두남
배리 노턴(전용복·이정구 역), 『중국경제』, 서울경제경영, 2010.4
오승렬(2007), 『중국의 발전과 거시경제정책』, 폴리테이아
한국은행(2009), 최근 중국의 고용대책의 주요내용 및 평가, 해외경제정보 2009-34호, 한국은행 (2009.5.6)
한국은행 북경사무소(2010), 중국 상업은행의 부실채권 현황과 전망, China Weekly (2010.3.8)
한국은행 북경사무소(2010), 최근 위안화 절상 압력에 대한 중국의 견해, China Weekly (2010.4.6)
한국은행(2012), 위안화 국제화 추진과정에서의 리스크, 국제경제정보 제2012-2호
한국은행 북경사무소(2012), 중국 자본시장 개방 확대에 대한 평가, China Weekly (2012.4.9)
한국은행 북경사무소(2012) 중국인민은행 금리인하의 배경과 전망, China Weekly (2012.6.11.)
현상백·최원석·문지영·이효진·오윤미(2020). 「중국 14차 5개년 규획(2021~25)의 경제정책 방향과 시사점」. KIEP.
KIEP(2009), 중국 위안화의 국제화 추진과 시사점, 오늘의 세계경제, 2009.3.16., KIEP.
KIEP(2010), 위안화 절상 가능성과 국내에 미치는 영향, 오늘의 세계경제, 2010.3.15, KIEP
KOTRA(2007), 中외국인투자 산업지도목록(2007) 수정판 발표, 중국투자뉴스 (2007.11.7), KOTRA
KOTRA(2009), 대만 양안경협 현황 총정리(중국투자뉴스 183호), 2009.12.31, KOTRA
KOTRA(2009), 중국 도시화를 알면 시장이 보인다(Global Business Report 09-49), 2009.12.17, KOTRA

KOTRA(2009), 중국 내수의 신블루오션 유망 2, 3선 도시 소비트랜드 (2009.3.31)
K.E.Boulding(1958), Principles of Economic Policy, Prentice-Hall, Inc.
『中國財政年鑑』, 中國財政雜志社 (각호)
『中國鋼鐵工業年鑑』, 中國鋼鐵工業協會編輯委員會 (각호)
『中國金融年鑑』, 中國金融年鑑編輯部, (각호)
『中國經濟年鑑』, 經濟年鑑編輯委員會 (각호)
『中國財政年鑑』中國財政雜志社(각호)
『中國汽車工業年鑑』, 中國汽車工業協會編輯委員會(2000년 이후 각호)
『中國統計年鑑』, 中國統計出版社(각호)
『中國投資報告(2004)』 中國計劃出版社, 2005年
『中國物價年鑑』, 中國物價年鑑編輯部 (각호)
『中國貨幣政策執行報告』, 人民銀行/中國金融出版社(각호)
Hongkong Census and Statistics Department「香港統計年刊 2012年版」 政府統計處 綜合統計組

※ 본문에서 인용된 참고문헌 정보 및 신문, 잡지(정간물)은 이곳에 별도로 표기하지 않았음. 본문 내 각주를 참고할 것.

부 록

• 중국 지명 발음 표기 대조표

본고 표기	한자음/중국어	소속 주요도시 본고 표기	한자음/중국어	비고
베이징	북경시 北京市	–	–	중국의 수도
톈진	천진시 天津市	–	–	직할시
상하이	상해시 上海市	–	–	직할시
충칭	중경시 重慶市	–	–	직할시
지린	길림성 吉林省	창춘	장춘 長春	성 수도
		지린시	길림시 吉林市	공업도시
		투먼	도문 圖們	북한 국경도시
랴오닝	요녕성 遼寧省	선양	심양 瀋陽	성 수도
		다롄	대련 大連	동북 최대항구
		단둥	단동 丹東	북한과 국경도시
		잉커우	영구 營口	항구 도시
헤이룽장	흑룡강성 黑龍江省	하얼빈	합이빈 哈爾濱	성 수도
		다칭	대경 大慶	최대 원유산지
허베이	하북성 河北省	스좌장	석가장石家庄	성 수도
허난	하남성 河南省	정저우	정주 鄭州	성 수도
		카이펑	개봉 開封	허난의 옛도읍
		뤄양	낙양 洛陽	허난의 옛도읍
산둥	산동성 山東省	지난	제남 濟南	성 수도
		칭다오	청도 青島	산둥 최대항구
		옌타이	연대 煙臺	산둥 항구도시
		웨이하이	위해 威海	산둥 항구도시
산시	산서성 山西省	타이위안	태원 太原	성 수도
샨시	섬서성 陝西省	시안	서안 西安	성 수도
깐수	감숙성 甘肅省	란저우	난주 蘭州	성 수도
칭하이	청해성 青海省	시닝	서녕 西寧	성 수도
안후이	안휘성 安徽省	허페이	합비 合肥	성 수도
장쑤	강소성 江蘇省	난징	남경 南京	성 수도
		옌청	염성 鹽城	

본고 표기	한자음/중국어	소속 주요도시 본고 표기	한자음/중국어	비고
		우시	무석 無錫	공업도시
		창저우	상주 常州	
		타이저우	태주 泰州	
		쑤저우	소주 蘇州	
저장	절강성 浙江省	항저우	항주 杭州	성 수도
		닝보	영파 寧波	저장 최대항구
		샤오싱	소흥 紹興	방직, 염색
		타이저우	태주 台州	
		린하이	임해 臨海	항구 공업도시
		원저우	온주 溫州	중소기업 집산지
장시	강서성 江西省	난창	남창 南昌	성 수도
후베이	호북성 湖北省	우한	무한 武漢	성 수도
후난	호남성 湖南省	창사	장사 長沙	성 수도
쓰촨	사천성 四川省	청두	성도 成都	성 수도
구이저우	귀주성 貴州省	구이양	귀양 貴陽	성 수도
윈난	운남성 雲南省	쿤밍	곤명 昆明	성 수도
광둥	광동성 廣東省	광저우	광주 廣州	성 수도
		선전	심천 深圳	경제특구
		주하이	주해 珠海	경제특구
		둥관	동완 東莞	완구, IT
		포산	불산 佛山	공업도시
		후이저우	혜주 惠州	석유화학
하이난	해남성 海南省	하이커우	해구 海口	성 수도
푸젠	복건성 福建省	푸저우	복주 福州	성 수도
		샤먼	하문 廈門	경제특구
광시	광서장족 廣西壯族자치구	난닝	남녕 南寧	자치구 수도
네이멍구	내몽고 內蒙古자치구	후허하오터	호화호특 呼和浩特	자치구 수도
닝샤	영하회족 寧夏回族자치구	인촨	은천 銀川	자치구 수도
시짱	서장 西藏자치구	라싸	랍살 拉薩	자치구 수도
신장	신강 新疆위구르자치구	우루무치	오노목제 烏魯木齊	자치구 수도
홍콩	香港특별행정구	홍콩	홍콩 香港	
마카오	澳門특별행정구	마카오	마카오 澳門	

중국수출화물세관신고서

出口退税专用

海关出口货物报关单

预录入编号： 020001909　　　　海关编号：

出口口岸 上海海关	备案号	出口日期 2010-06-25	申报日期 2010-06-25
经营单位 艾格进出口贸易公司 2200001986	运输方式 航空运输	运输工具名称 CZ3103	提运单号 999-00000881
发货单位 艾格进出口贸易公司 2200001986	贸易方式 一般贸易(0110)	征免性质 一般征税(101)	结汇方式 付款交单
许可证号	运抵国（地区） 日本(116)	指运港 名古屋(1287)	境内货源地
批准文号	成交方式 C&F	运费 502 /159.04 /3	保费 / /	杂费 / /
合同协议号 CONTRACT03	件数 20	包装种类 盒	毛重(公斤) 6	净重(公斤) 4.4
集装箱号	随附单据		生产厂家

标记唛码及备注
YALLOW JADEITE JADE TEAPOT
JAPAN
C/NO.1-20
MADE IN CHINA

项号	商品编号	商品名称、规格型号	数量及单位	最终目的国(地区)	单价	总价	币制	征免
1	7116200000	黄翡茶壶 A货翡翠,尺寸: 3.88CM X 2.90CM X 3.00CM	20件	日本(116)	80000	1600000	日本元 (116)	照章征税

税费征收情况

录入员 录入单位	兹声明以上申报无讹并承担法律责任	海关审单批注及放行日期(签章)
报关员		审单 审价
单位地址	申报单位（签章）	征税 统计
邮编 电话	填制日期	查验 放行

报关专用章

国家海关 验放章

중화인민공화국 대외무역법

2004년 4월 6일 수정, 2004년 7월 1일 실시. 2016년 11월 7일 수정 [297]

제1장 총 칙

제1조 대외개방의 확대, 대외무역의 발전과 대외무역질서의 수호, 대외무역경영자의 합법적인 권익 보호 및 사회주의 시장경제의 건전한 발전을 위해 본 법을 제정한다.

제2조 본 법은 대외무역 및 대외무역과 관련한 지적재산권 보호에 적용된다.
본 법에서 대외무역이라 함은 상품수출입, 기술수출입과 국제서비스무역을 말한다.

제3조 국무원의 대외무역 주관부처는 본 법에 의거 전국의 대외무역사업을 관장한다.

제4조 국가는 통일적인 대외무역제도를 실행하고 대외무역의 발전을 권장하며 공평하고 자유로운 무역질서를 수호한다.

제5조 중화인민공화국은 호혜평등의 원칙에 의거하여 기타 국가 및 지역과의 무역관계를 촉진·발전시키며 관세동맹협정, 자유무역협정 등 지역경제무역협정을 체결하거나 가입하여 지역경제조직에 참여한다.

제6조 중화인민공화국은 대외무역 관련 체결하거나 가입한 국제조약, 협정에 근거하여 타 체결국이나 참가국에게 최혜국대우, 내국민대우 등 대우를 부여하거나 호혜, 대등 원칙에 의해 상대방에게 최혜국대우, 내국민대우 등 대우를 부여한다.

제7조 어떤 국가나 지역이 중화인민공화국에 대해 무역관련 차별적인 금지·제한 및 기타 유사 조치를 취할 경우 중화인민공화국은 실제상황에 근거하여 해당 국가나 지역에 상응조치를 취할 수 있다.

제2장 대외무역사업자

제8조 본법에서 대외무역 사업자라 함은 법에 따라 공상등록 또는 영업수속을 하였고 본 법과 기타 관련 법률, 행정법규의 규정에 따라 대외무역 사업활동에 종사하는 법인, 기타

297) 본 〈대외무역법(2004)〉 한글본은 중국한국상회 법률·법규 D/B를 기초로 했으며, 2016년 11월 7일 수정본에서 달라진 내용은 한국법령정보원(www.lawinfo.or.kr) 번역본을 참고하여 저자가 서술하였음.

조직 또는 개인을 말한다.

제9조 상품수출입 또는 기술수출입에 종사하는 대외무역사업자는 국무원 대외무역 주관부처 또는 주관부처가 위탁한 기구에 등록을 해야 한다. 그러나 법률, 행정법규 및 국무원 대외무역 주관부처가 규정한 등록할 필요가 없는 경우는 제외한다. 등록의 구체적인 방법은 국무원 대외무역 주관부처가 규정한다. 대외무역사업자가 규정대로 등록을 하지 않을 경우 세관은 수출입상품의 통관신고 및 통과수속을 해주지 않는다.

제10조 국제서비스무역의 종사는 본 법과 기타 관련법률, 행정법규의 규정을 준수해야 한다. 대외공사하청과 대외노무협력에 종사하는 기관은 상응한 자질 또는 자격을 가져야 한다. 구체방법은 국무원이 규정한다.

제11조 국가는 일부 상품의 수출입에 대해 국영무역관리를 실시할 수 있다. 국영무역관리를 실시하는 상품의 수출입업무는 권한을 부여받은 기업만이 경영할 수 있지만 국가가 허용한 일부 수량의 국영무역관리상품의 수출입업무는 권한을 부여받지 않은 기업이 경영할 수 있는 것은 제외한다. 국영무역관리를 실시하는 상품과 권한을 부여받은 경영기업의 리스트는 국무원 대외무역 주관부처가 국무원 기타 관련 부서와 확정, 조정 및 공표한다. 본 조항 제1조의 규정을 위반하고 사사로이 국영무역관리를 실시하는 상품을 수출입했을 경우 세관은 통과시키지 않는다.

제12조 대외무역 사업자는 타인의 위탁을 받고 경영범위 내에서 대외무역업무를 대리할 수 있다.

제13조 대외무역사업자는 국무원 대외무역 주관부처 또는 국무원 기타 관련 부처가 법에 의해 제정한 규정에 따라 관련 부처에 자신의 대외무역 사업활동 관련문서 및 자료를 제출하여야 한다. 관련 부처는 제공자의 상업비밀을 지켜야 한다.

제3장 상품수출입과 기술수출입

제14조 국가는 상품 및 기술의 자유로운 수출입을 허가한다. 단, 법률, 행정법규가 별도로 규정한 경우는 예외로 한다.

제15조 국무원 대외무역 주관부처는 수출입모니터링의 수요에 기초하여 수출입이 자유로운 일부 상품에 대해서 수출입자동허가를 실시하고 리스트를 공표한다. 자동허가를 실시하는 수출입상품 관련 바이어, 납품자는 세관의 통관수속을 할때 사전에 자동허가신청을 하였을 경우, 국무원 대외무역 주관부처 또는 위탁한 기구는 허가를 해야 한다. 자동허가수속을 하지 않은 경우 세관은 통과시키지 않는다. 자유로운 수출입에 속하는 기술은 국무원 대외무역 주관부처 또는 위탁한 기구에 계약등록을 해야 한다.

제16조 국가는 아래 원인에 근거해 관련 상품, 기술의 수입 또는 수출을 제한 또는 금지할 수 있다.

1. 국가 안전, 사회의 공공이익 또는 공중도덕을 수호하기 위하여 수출이나 수입의 제한이 필요한 경우
2. 인류 건강이나 안전 보호, 동물·식물의 생명이나 건강 보호, 환경보호를 위하여 수입이나 수출을 제한 또는 금지해야 할 경우
3. 황금 또는 백은 수출입과 관련한 조치를 실시하기 위하여 수입 또는 수출 제한이 필요한 경우
4. 국내공급이 부족하거나 국내자원의 고갈을 유효하게 방지하기 위해 수출제한이 필요한 경우
5. 수출대상 국가나 지역의 시장물량의 한계로 수출제한이 필요한 경우
6. 수출경영질서가 심각하게 혼란하여 수출제한이 필요한 경우
7. 국내 특정산업의 육성 또는 육성의 가속화를 위해 수입제한이 필요한 경우
8. 어떠한 형태의 농업, 목축업, 어업 제품이든 수입제한이 필요한 경우
9. 국가의 국제금융에서의 위상과 국제수지 안정을 보장하기 위해 수입제한이 필요한 경우
10. 법률, 행정법규의 규정에 의해 수출이나 수입을 제한하거나 금지를 해야 할 기타 경우
11. 중화인민공화국이 체결하거나 가입한 국제조약, 협정에 의해 수출이나 수입 제한이 필요한 기타 경우

제17조 국가는 핵분열, 핵반응물질 또는 이런 물질을 파생하는 물질과 관련된 상품, 기술의 수출입 및 무기, 탄약 또는 기타 군용물자와 관련된 수출입에 대해 모든 필요한 조치를 취하여 국가안전을 수호할 수 있다. 전쟁시기 또는 국제평화와 안전을 수호하기 위하여 국가는 상품, 기술 수출입 분야에서 모든 필요한 조치를 취할 수 있다.

제18조 국무원 대외무역 주관부처는 국무원 관련 부처와 협동하여 본 법 제16조와 제17조의 규정에 따라 제한 또는 금지해야 할 수출입상품, 기술리스트를 제정 또는 조정 및 공고할 수 있다. 국무원 대외무역주관부처 또는 국무원 기타관련부처와 협동하여 국무원의 비준을 받은 후 본 법 제16조와 제17조가 규정한 범위내에서 아 조항이 규정한 리스트 이외의 특정상품, 기술의 수입이나 수출을 임시로 제한 또는 금지할 수 있다.

제19조 국가는 수입이나 수출을 제한하는 상품에 대해 쿼터, 허가증 등 방식을 실시하여 관리한다. 수입이나 수출을 제한하는 기술에 대해 허가증관리를 실시한다. 쿼터, 허가증 관리를 실시하는 상품, 기술은 국무원 규정에 따라 국무원 대외무역 주관부처 또는 동 부처와

국무원 관련부처의 허가를 받은 뒤에야 수입이나 수출이 가능하다. 국가는 일부 상품에 대해 관세쿼터관리를 실시할 수 있다.

제20조 수출입상품의 쿼터, 관세쿼터는 국무원 대외무역 주관부처 또는 국무원 관련 부처가 각자의 직책범위 내에서 공정·공개·공평 및 효율의 경쟁의 원칙에 따라 분배한다. 구체적인 방법은 국무원이 규정한다.

제21조 국가는 통일적인 상품합격평가제도를 실시하며, 법률과 행정법규의 규정에 따라 수출입 상품에 대해 인증, 검사, 검역을 실시한다.

제22조 국가는 수출입상품에 대해 원산지관리를 한다. 구체방법은 국무원이 따로 제정한다.

제23조 문화재, 야생동물, 식물 및 그 상품 등은 기타 법률이나 행정법규에 수출입의 제한이나 금지 규정이 있는 경우 관련 법률이나 행정법규의 규정에 따라 처리한다.

제4장 국제서비스무역

제24조 중화인민공화국이 국제서비스분야에서 체결 또는 가입한 국제조약, 협정에서 한 약속에 의해 조약체결 상대방이나 참가국에게 시장진입을 허락하거나 내국민대우를 부여한다.

제25조 국무원 대외무역 주관 부처와 국무원 기타 관련 부처는 본 법과 기타 관련법률, 행정법규의 규정에 따라 국제서비스무역에 대해 관리를 진행한다.

제26조 국가는 아래 원인에 근거해 관련 국제서비스무역을 제한 또는 금지할 수 있다.

1. 국가안전, 사회공공이익, 공중도덕의 수호를 위하여 제한 또는 금지해야 할 경우
2. 인류 건강 또는 안전을 보호, 동물, 식물의 생명 또는 건강을 보호, 환경보호를 위하여 제한 또는 금지해야 할 경우
3. 국내 특정 서비스산업의 육성 또는 육성의 가속화를 위하여 제한 또는 금지해야 할 경우
4. 국가의 외환수지 균형 유지를 위하여 제한 또는 금지해야 할 경우
5. 법률, 행정법규의 규정에 의해 제한 또는 금지해야 할 기타 경우
6. 우리나라가 체결하거나 참가한 국제조약, 협정의 규정에 근거해 제한 또는 금지해야 할 기타 경우

제27조 국가는 군사와 관련된 국제서비스무역 및 핵분열, 핵반응 물질 또는 이런 물질을 파생하는 물질과 관련된 국제서비스무역에 대하여 모든 필요조치를 취하여 국가의 안전을 수호할 수 있다. 전쟁시기 또는 국제평화와 안전을 수호하기 위하여, 국가는 국제서비스무역분야에서 모든 필요한 조치를 취할 수 있다.

제28조 국무원 대외무역주관부처는 국무원 기타 관련 부처와 함께 본 법 제26조, 제27조 및

기타 관련 법률, 행정법규의 규정에 따라 국제서비스무역 시장진출 허가리스트를 제정, 조정 및 공표한다.

제5장 대외무역과 관련한 지적재산권 보호

제29조 국가는 지적재산권과 관련한 법률, 행정법규에 의해 대외무역과 관련된 지적재산권을 보호한다. 수입한 상품이 지적재산권을 침해 및 대외무역질서에 해를 끼칠 경우 국무원 대외무역주관부처는 일정기간동안 침해자가 생산, 판매한 관련 상품의 수입을 금지하는 등 조치를 취할 수 있다.

제30조 지적재산권 권리자가 피 허가자가 허가계약에 있는 지적재산권에 대한 유효성에 대해 의문을 제기하는 것을 제지, 강제적으로 일괄적인 허가를 하는 것, 허가계약서에 배타적인 반환조건을 규정하는 등 한가지 행위가 있으면서 대외무역의 공정한 경쟁질서에 해를 끼칠 경우 국무원 대외무역 주관부처는 필요한 조치를 취하여 피해를 해소할 수 있다.

제31조 기타 국가 또는 지역이 지적재산권 보호분야에서 중화인민공화국의 법인, 기타 조직 또는 개인에게 내국민대우를 부여하지 않거나 중화인민공화국에서 온 상품, 기술 또는 서비스 및 그 제공자에게 충분하고 유효한 지적재산권보호를 제공하지 못할 경우 국무원 대외무역 주관부처는 본 법 및 관련 법률법규의 규정에 따라 그리고 중화인민공화국이 체결하거나 참가한 국제조약, 협정에 근거하여 그 국가나 지역의 무역에 필요한 조치를 취할 수 있다.

제6장 대외무역질서

제32조 대외무역활동과정에 반독점관련 법률, 행정법규의 규정을 위반한 행위가 있어서는 안 된다. 대외무역활동에서 독점행위로 시장의 공평한 경쟁에 피해를 줄 경우 반독점법 관련 법률, 행정법규의 규정에 따라 처리한다. 앞 조항의 위법행위가 있고 대외무역질서에 피해를 줄 경우 국무원 대외무역 주관부처는 필요한 조치를 취하여 그 피해를 해소할 수 있다.

제33조 대외무역경영활동과정에 부정당한 저가로 상품판매, 내통하여 응찰, 허위광고 발표, 상업적인 수뢰 등 부정당한 경쟁행위가 있어서는 안 된다. 대외무역활동과정에 부정당한 경쟁행위가 있을 경우, 반부정당경쟁 관련 법률, 행정법규의 규정에 따라 처리한다. 앞 조항의 위법행위가 있고 대외무역질서에 피해를 줄 경우 국무원 대외무역 주관부처는

동 사업자의 관련 상품, 기술 수출입 금지 등 조치를 취하여 그 피해를 해소할 수 있다.

제34조 대외무역과정에 아래의 행위를 해서는 안 된다.

1. 수출입 원산지표기의 위조· 변조, 원산지 증명서, 수출입 허가증과 쿼터증명 또는 기타 수출입증명서류의 위조, 변조 또는 매매
2. 수출환급세 사취
3. 밀수
4. 법률, 행정법규가 규정한 인증, 검사, 검역 회피
5. 법률, 행정법규의 규정을 위반하는 기타 행위

제35조 대외무역사업자는 대외무역 사업활동에서 반드시 국가의 외환관리 관련 규정을 준수해야 한다.

제36조 본 법 규정을 위반하고 대외무역질서에 피해를 줄 경우 국무원 대외무역 주관부처는 사회에 공고할 수 있다.

제7장 대외무역조사

제37조 대외무역질서를 수호하기 위하여 국무원 대외무역 주관부처는 단독 또는 국무원 관련 부처와 협동하여 법률, 행정법규의 규정에 따라 아래 사항을 조사할 수 있다.

1. 상품수출입, 기술수출입, 국제서비스무역이 국내산업 및 그 경쟁력에 대한 영향
2. 관련 국가 또는 지역의 무역장벽
3. 법에 따라 반덤핑, 반보조 또는 세이프가드 등 대외무역구제조치의 실시를 확정하기 전에 조사해야 할 사항
4. 무역구제조치를 회피한 행위
5. 대외무역중의 국가안전이익과 관련된 사항
6. 본 법 제7조, 제29조 제2항, 제30조, 제31조, 제32조 제3항, 제33조 제3항의 규정을 집행하기 위해 조사해야 할 사항
7. 대외무역질서에 영향을 주어 조사해야 할 기타 사항

제38조 대외무역조사를 가동하면 국무원 대외무역주관부처가 공고를 낸다. 조사는 서면설문, 청문회개최, 현지조사, 위탁조사 등 방식으로 진행한다. 국무원 대외무역 주관부처는 조사결과에 따라 보고를 제출하거나 판정을 내림과 동시에 공고를 발표한다.

제39조 관련 기관과 개인은 응당 대외무역조사에 호응, 협조해야 한다. 국무원 대외무역 주관부처와 국무원 관련 부처 및 직원은 대외무역조사를 할 경우 자기가 알고 있는 국가비밀과 상업비밀을 고수할 의무가 있다.

제8장 대외무역 구제

제40조 국가는 대외무역조사결과에 따라 적당한 무역구제조치를 취하여 국가의 이익을 보호할 수 있다.

제41조 기타 국가나 지역의 상품이 정상가격 이하로 덤핑방식으로 우리나라시장에 유입하여 이미 육성된 국내산업에 실질적인 손해를 초래하거나 실질적인 손해의 위협 혹은 이미 육성된 국내산업에 실질적인 장애를 야기할 경우, 국가는 반덤핑조치를 통해 이런 손해, 손해위협, 장애를 제거하거나 경감할 수 있다.

제42조 기타 국가나 지역의 제품이 정상가격 이하로 제3시장에 수출되어 우리나라에 이미 육성된 국내산업에 실질적인 손해나 실질적인 손해의 위협을 초래하거나 국내산업육성에 실질적인 장애를 야기할 경우, 국내산업의 신청에 의해 국무원 대외무역 주관부처는 동 제3국 정부와 함께 협상하여 적당한 조치를 취할 것을 요구할 수 있다.

제43조 수입상품이 직접 또는 간접적으로 어떤 형식이든지 수출국이나 지역의 전문보조를 받고 이미 육성된 국내산업에 실질적인 손해나 실질적인 손해의 위협을 초래 혹은 이미 육성된 관련산업에 실질적인 장애를 야기할 경우, 국가는 반보조조치를 취하여 이런 손해, 손해위협, 장애를 제거하거나 경감할 수 있다.

제44조 수입제품수량의 대폭적인 증가로 동종의 제품 생산 또는 직접경쟁제품의 국내산업에 심각한 손해 또는 심각한 손해의 위협을 초래할 경우 국가는 필요한 세이프가드조치를 취하여 이런 손해 또는 손해의 위협을 해소 또는 경감함과 아울러 동 산업에 필요한 지원을 할 수 있다.

제45조 중화인민공화국경내에 기타 국가나 지역의 서비스제공자의 서비스 증가로 국내의 동종 또는 직접경쟁의 서비스를 제공하는 산업에 손해 또는 손해의 위협을 초래할 경우 국가는 필요한 구제조치를 취하여 이런 손해 또는 손해의 위협을 해소 또는 경감할 수 있다.

제46조 제3국의 수입규제로 모 종의 제품이 중화인민공화국으로의 유입이 대량 증가하여 기존의 국내산업에 손해 또는 손해의 위협을 초래하거나 기존의 산업에 장애를 줄 경우 국가는 필요한 구제조치를 취하여 동제품의 수입을 제한할 수 있다.

제47조 중화인민공화국과 경제무역조약, 협정을 체결한 국가나 지역이 조약이나 협정을 위반하여 중화인민공화국이 동 조약, 협정에 따라 향유하는 이익이 상실 또는 피해를 보게 하거나 조약 또는 협정의 목표실현을 저해할 경우 중화인민공화국 정부는 해당 국가나 또는 지역의 정부가 적당한 구제조치를 취하도록 요구함과 아울러 관련 조약, 협정에 따라 관련 의무를 중지할 수 있다.

제48조 국무원 대외무역 주관부처는 본 법 및 기타 관련 법률의 규정에 따라 대외무역의 양자

또는 다자간 협의, 회담 및 분쟁을 해결한다.

제49조 국무원 대외무역 주관부처와 국무원 관련 부처는 상품수출입, 기술수출입, 국제서비스무역의 사전경보응급메커니즘을 구축하여 대외무역과정의 돌발 및 이상 상황에 대응하고 국가의 경제안전을 수호해야 한다.

제50조 국가는 본 법 규정을 회피한 무역구제조치행위에 대해 필요한 反회피조치를 취할 수 있다.

제9장 대외무역촉진

제51조 국가는 대외무역발전전략을 제정하고 대외무역촉진메커니즘을 구축·개선한다.

제52조 국가는 대외무역 발전 수요에 따라 대외무역서비스를 위한 금융기구를 구축·개선하며, 대외무역 발전기금, 위험기금을 설립한다.

제53조 국가는 수출입 신용대출, 수출신용보험, 수출환급세금 및 대외무역촉진의 기타 방식을 통해 대외무역을 발전시킨다.

제54조 국가는 대외무역 공용정보서비스시스템을 구축하여 대외무역사업자와 기타 사회대중에게 정보서비스를 제공한다.

제55조 국가는 조치를 취해 대외무역사업자의 국제시장개발을 장려하며, 대외투자, 대외공사청부 및 노무협력 등 다양한 형식으로 대외무역을 발전시킨다.

제56조 대외무역사업자는 법에 따라 관련 협회, 상회를 설립하거나 참여할 수 있다. 관련 협회, 상회는 법률과 행정법규를 준수해야 하고 정관에 따라 그 회원에게 대외무역관련 생산, 판매, 정보, 교육 등 분야의 서비스를 제공하고, 조율과 자율역할을 발휘하며, 법에 따라 대외무역 구제조치관련 신청을 하며, 회원과 업계의 이익을 수호하며, 정부 관련부처에 대외무역 관련 건의를 하며 적극적으로 대외무역 촉진활동을 수행한다.

제57조 중국 국제무역 촉진조직은 정관에 의해 대외연락, 전람회 개최, 정보제공, 자문서비스 및 기타 대외무역촉진활동을 한다.

제58조 국가는 중소기업의 대외무역을 지원 및 촉진한다.

제59조 국가는 민족자치구나 경제가 발달하지 못한 지역의 대외무역발전을 지원, 촉진한다.

제10장 법률책임

제60조 본 법 제11조의 규정을 위반하여 수권 없이 사사로이 국영무역관리를 실시하는 상품을 수입할 경우 국무원 대외무역주관부처 또는 국무원 기타 관련 부처는 5만위안이하 벌금

을 부과한다. 상황이 심각할 경우 행정처벌결정의 발효일부터 3년내에 위법행위자의 국영무역관리상품의 수출입업무종사 신청을 수리하지 않거나, 이미 취득한 기타 국영무역관리상품 수출입종사의 수권을 취소할 수 있다.

제61조 수출입금지상품을 수출입하였거나, 수출입이 제한되는 상품을 무허가로 사사로이 수출입하였을 경우 세관이 관련 법률, 행정법규의 규정에 따라 처리, 처벌한다. 범죄가 성립될 경우 법에 따라 형사책임을 추궁한다. 수출입이 금지된 기술 또는 수출입이 제한되는 기술을 무허가로 사사로이 수출입하였을 경우 관련 법률, 행정법규의 규정에 따라 처리, 처벌한다. 행정법규의 규정이 없는 경우 국무원 대외무역 주관부처가 시정토록 명령하고 불법소득을 몰수함과 아울러 불법소득의 1배이상 5배이하의 벌금을 부과한다. 불법소득이 없거나 불법소득이 1만위안 이하일 경우 1만위안 이상 5만위안 이하의 벌금을 부과한다. 범죄가 성립될 경우 법에 의해 형사책임을 추궁한다. 앞 두 조항이 규정한 행정처벌결정 발효일이나 형사처벌결정 발효일부터 국무원 대외무역 주관부처나 국무원 기타 관련 부처는 3년내에 불법행위자가 제출한 수출입쿼터 또는 허가증의 신청을 수리하지 않거나 불법행위자가 1년이상 3년이하의 기한내에 관련 상품 또는 기술의 수출입경영활동에 종사하는 것을 금지할 수 있다.

제62조 금지된 국제서비스무역에 종사하거나 무허가로 사사로이 제한된 국제서비스무역에 종사할 경우 관련 법률, 행정법규의 규정에 따라 처벌한다. 법률, 행정법규의 규정이 없는 경우 국무원 대외무역 주관부처가 시정토록 명령하며 불법소득을 몰수함과 아울러 불법소득의 1배이상 5배이하의 벌금을 부과하며, 불법소득이 없거나 불법소득이 1만위안 이하일 경우 1만위안 이상 5만위안 이하의 벌금을 부과한다. 범죄가 성립될 경우 법에 의해 형사책임을 추궁한다. 국무원 대외무역 주관부처는 불법행위자가 앞 조항이 규정한 행정처벌결정 발효일이나 형사처벌판결 발효일부터 1년이상 3년이하의 기한내에 관련된 국제서비스무역의 활동에 종사하는 것을 금지할 수 있다.

제63조 본 법 제34조의 규정을 위반하면 관련 법률, 행정법규의 규정에 따라 처벌한다. 범죄가 성립될 경우 법에 의해 형사책임을 추궁한다. 국무원 대외무역 주관부처는 불법행위자가 앞 조항이 규정한 행정처벌결정 발효일이나 형사처벌판결 발효일부터 1년이상 3년이하의 기한내에 관련된 대외무역의 활동에 종사하는 것을 금지할 수 있다.

제64조 본법제61조부터제63조의 규정에 의해 관련 대외무역활동종사가 금지된 경우, 금지기한내 세관은 국무원 대외무역 주관부처가 내린 금지결정에 근거하여 동 대외무역사업자의 상품수출입 관련 통관 신고 및 통과수속을 해주지 않으며, 외환 관리부문이나 외환지정은행은 결재, 외환 매매수속을 해주지 않는다.

제65조 본 법에 의해 대외무역관리업무를 하는 부처의 직원이 직무태만, 부정행위 혹은 직권

남용으로 범죄가 성립될 경우 법에 따라 형사책임을 추궁하며, 범죄가 성립되지 않을 시에는 행정처분을 한다. 본 법에 의해 대외무역관리업무를 하는 부처의 직원이 직무상의 이점을 이용하여 타인의 재물을 수수하거나 불법적으로 타인의 이익을 도모할 목적으로 타인의 재물을 수수하여 범죄가 성립되었을 시 형사책임을 추궁한다. 범죄가 성립되지 않을 시에는 법에 의해 행정처분을 한다.

第66조 대외무역경영의 당사자는 본 법에 의해 대외무역관리사업부처가 내린 구체적인 행정행위에 불복할 경우 법에 따라 행정재심을 신청하거나 인민법원에 행정소송을 제기할 수 있다.

제11장 부 칙

第67조 군수품, 핵분열과 원자핵융합 물질이나 이런 물질을 파생하는 물질과 관련된 대외무역관리 및 문화제품의 수출입 관리는 법률, 행정법규의 다른 규정이 있을 경우 그 규정을 따른다.

第68조 국가는 국경도시와 인접국가의 국경도시간의 무역, 민간국경 시장거래에 대해서는 신축성 있는 조치를 취하며 우대와 편의를 제공한다. 구체방법은 국무원이 규정한다.

第69조 중화인민공화국 단독관세지역은 본 법을 적용하지 않는다.

第70조 본법은 2004년 7월 1일부터 시행한다.